Klaus Langer · Sven Steinberg

DEUTSCHE DICHTUNG

Literaturgeschichte in Beispielen
für den Deutschunterricht

Bayerischer Schulbuch Verlag

Die Schriftstellerinnen und Schriftsteller auf dem Umschlag:

Franz Kafka	Alfred Döblin	Annette von Droste-Hülshoff	Theodor Fontane
Friedrich Schiller	Marie Luise Kaschnitz	Peter Handke	Hans Jakob Christoffel von Grimmelshausen
Ingeborg Bachmann	Walther von der Vogelweide	Sarah Kirsch	Bertolt Brecht
Friedrich Dürrenmatt	Johann Wolfgang von Goethe	Caroline Schlegel	Thomas Mann

Gedruckt auf chlorfrei gebleichtem Papier

Die Rechtschreibung der Fremdtexte ist der neuen Rechtschreibung angepasst. Bei Texten, die in der bisherigen Rechtschreibung abgedruckt sind und deren Schreibung nicht bedingt ist durch die Entstehungszeit oder schöpferische Eigentümlichkeit, haben die Rechteinhaber einer Umstellung nicht zugestimmt. Diese Texte sind im Literaturverzeichnis mit * gekennzeichnet.

3. Auflage 2003 R
Druck 06 05 04
Die letzte Zahl bezeichnet das Jahr des Drucks.

Umschlag: Lutz Siebert
Druck: Tutte Druckerei GmbH, Salzweg-Passau
ISBN 3-7627-**2502**-0

Inhaltsverzeichnis

Einer der größten Jugendbucherfolge in Deutschland war „Emil und die Detektive" von Erich Kästner (1899–1974).

1. Schlechte Zensuren für die deutschen Schülerinnen und Schüler

Am 4. Dezember 2001 wurde die Bildungslandschaft in Deutschland nachhaltig erschüttert: Die Ergebnisse der so genannten PISA-Studie (Programme for International Student Assessment) erschienen und dem Bildungssystem in Deutschland wurden keine guten Noten ausgestellt. Bewertet wurde in 31 Staaten die Fähigkeit das Schulwissen zu reflektieren und für die Bewältigung realitätsnaher Aufgaben im Bereich Naturwissenschaften und Mathematik einzusetzen. Im Lesetest wurden alle Arten von Prosatexten (Erzählungen, Sachtexte, Argumentationen) und Formulare, Grafiken und Diagramme verwendet. In Deutschland nahmen an diesem Test rund 5.000 Schüler an 219 Schulen teil.

Aus: Süddeutsche Zeitung 05.12.2001

Die Grafik zeigt, dass der Anteil der Schülerinnen und Schüler in Deutschland mit extrem schwachen Leseleistungen etwa 10% beträgt. Damit belegt Deutschland unter 31 Nationen Platz 27. Entsprechend düster sieht es aus, wenn man analysiert, wie hoch der Anteil der Schülerinnen und Schüler ist, die nicht zum Vergnügen lesen: Mit über 40% ist er in Deutschland doppelt so hoch wie beispielsweise in Finnland. Genauer: 42% der 15-Jährigen empfinden Lesen als Zumutung! Und so sieht die Selbsteinschätzung der Schüler aus: Während sich 31% der Mädchen in Deutschland als Vielleser einstufen, gilt das bei nur 12% der Jungen (Quelle: K. Franz: Befragung unter rund 4000 Schülern der 8. Klasse; zit. nach „Spiegel", Nr. 50, 2001, S. 71).

„Um ein Viertel der deutschen Schüler muss man sich wirklich Sorgen machen", so der Koordinator der OECD (Organization for Economic Cooperation and Development) in Paris. „Deren Lesetest-Versagen zeige, dass sie den Anschluss ans Leben, an die Herausforderungen in Familie, Beruf und Gesellschaft wahrscheinlich nicht schaffen werden." (Zit. nach „Spiegel", a.a. O., S. 77)

Getestet wurde „Reading Literacy". Diesen Begriff mit „Lesefähigkeit" zu übersetzen, greift zu kurz, der englische Begriff bedeutet viel mehr: zum einen Informationsgewinnung, zum anderen Interpretation der Information und schließlich Bezug zur Wirklichkeit, Abgleich mit der Realität.

Auch andere Studien belegen: Die Zahl der

Nichtleser nimmt zu. Haben 1992 von den 14- bis 19-Jährigen noch 83% bis zu einmal pro Woche ein Buch gelesen, so sind es heute nur noch 71% (zit. nach Langzeitstudie von ARD/ZDF „Massenkommunikation 2000"). Viel Zeit dagegen wird für Fernsehen aufgewendet: 2,6 Stunden während der Woche und 3,9 Stunden am Wochenende verbringen deutsche Jugendliche im Schnitt vor dem Bildschirm (zit. nach „Jugend 2000. 13. Shell Jugendstudie"). Dieses Freizeitverhalten hat nicht nur auf die Schule und damit verbundene Leistungserhebungen Auswirkungen, sondern auf das ganze Leben.

2. Warum ist der Leser gegenüber dem Fernsehkonsumenten im Vorteil?

In einem Experiment wurde 348 Jugendlichen ein analytischer Film über den Serienkrimi „Derrick" gezeigt. Von den 33 Minuten der Sendung handelte eine Hälfte von dem Krimi selbst, die andere zeigte Produktion, Dreharbeiten, Zuschauerverhalten und Problembereiche der Gattung Fernsehkrimi.
Wie sehr die Fähigkeit zur Analyse vom Leseverhalten abhängt, zeigt, dass 64 von 100 nach eigenem Verständnis wenig lesende Schüler nicht einmal mitbekamen, dass sie nicht einen Krimi, sondern einen Film über Serienkrimis gesehen hatten. Welche Auswirkungen das Auseinanderfallen der Gesellschaft in Leser und Nichtleser hat, zeigt die Wissenschaftlerin Prof. Birgit Dankert auf:

Die Ver- und Entschlüsselung von Botschaften ist außerordentlich kompliziert und schwierig. Sie muss lange gelernt werden und deswegen sind jene Bevölkerungskreise, die ohnehin am Lernprozess intensiver teilnehmen, auch beim Lesen bevorzugt. In unserer Kultur – nicht in allen Kulturen ist dies der Fall – findet der Zugang zu Wissen, die langsame intellektuelle Differenzierungsmöglichkeit, die Entwicklung der eigenen Meinung und damit auch die Beherrschung der neuen Medien durch die Literatur statt. Wenn man in unserer Gesellschaft ein vollgültiger, selbstständiger, souveräner Bürger werden will, geht dies nur mithilfe der Literatur.

Der folgende Essay stammt von Peter Härtling, der gleichermaßen für Kinder und Erwachsene schreibt.

3. Peter Härtling: Lest, Leute! Lest weiter!

Es gibt eine Menge von mehr oder weniger geistreichen Aufsätzen über Romananfänge, doch, soviel ich weiß, nicht einen einzigen über den, der einen Roman zu lesen beginnt. Das ist kaum zu glauben. Denn hier hätte man die Gelegenheit, über veritables Glück zu schreiben. Oder ist es kein Glück, zum ersten Mal diesen einen langen, die Szene bereitenden Satz lesen zu dürfen, auf eine Musik zu lauschen, von der man gleich sicher weiß, dass sie einen dieses Buch, dieses Leben lang begleiten wird? (...)
Jeden beneide ich um die erste Begegnung mit Effi Briest, den Ruf zu hören, der sie von der Schaukel und aus der Kindheit reißt. Könnte ich doch, ohne Erinnerung, von neuem in die Geschichte hineinfallen, Erfahrungen sammeln, Menschen kennen lernen, den alten Briest oder Innstetten, sie lieben, gegen sie aufbegehren, auf sie einreden, sie in meine Träume verschleppen – aber ich habe ja noch Bücher mit ihren Gestal-

Peter Härtling

ten, Städten, Landschaften vor mir, habe längst noch nicht alle denkbaren und beschriebenen Emotionen und Sensationen erkundet, genossen oder verabscheut. Außerdem kann man Bücher, die man besonders lieb gewonnen hat, immer frisch entdecken, indem man sich mit dem eigenen Leben gewissermaßen an den ihren beteiligt. Wer sich, denke ich mir, als Siebzehnjähriger auf einen spröden Beginn wie diesen einlässt: „Mein Vater war ein Kaufmann. Er bewohnte einen Teil des ersten Stockwerkes eines mäßig großen Hauses in der Stadt, in welchem er zur Miete war –", wer nicht gleich, eingeschüchtert, den dicken Band zur Seite legt, der wird dennoch vieles, was den angehenden Geologen Heinrich Drendorf und seinen Gastgeber im Rosenhaus, den Freiherrn von Risach, verbindet, für versponnen, zeitfern und unnötig halten und die Lektüre von Stifters „Nachsommer" abbrechen.
Das ist bedauerlich, doch kein Fehler, verfügt er über die Geduld, die Ausdauer des eingefleischten Lesers. Sein Gedächtnis bewahrt, wenn auch noch ziemlich gleichgültig, die Fragmente. Und es ist durchaus möglich, dass sie mit der Zeit wieder deutlicher sprechen. Es können Jahrzehnte vergehen, bis er das Buch ein zweites Mal aufschlägt und hineingeht, alles das mitbringt, was er inzwischen erfuhr, sammelte, begriff. Er steht, lesend, nicht mehr im Schatten des jungen Heinrich, beteiligt sich, weiter denkend, an den Unterhaltungen, und die oft allzu gravitätische Liebe zwischen Drendorf und Natalia greift ihm, als Mitwisser, ans Herz und bekommt einen ganz anderen, ungleich zarteren und nahen Ton.
Ja, ich schwärme. Ich tu's, seit ich lese und ich tu's nun mit Vorsatz. Denn mein Neid auf die Erfahrung des ersten Satzes trifft leider viel zu wenige. Fast alle leidenschaftlichen Türöffner und mitreißenden Aufblätterer sind verschwunden. (...) Darum provoziere ich jüngere Leute, die schon mit Büchern umgehen, sich zu ihrer Liebe zu bekennen, über ihre Lektüre zu reden, als ging's um Leben, als kehrten sie zurück von einer unerhörten Reise, die jeder, wenn er mag und wenn es ihm darauf ankommt, „buchen" kann. Es geht ja nicht nur um schöne, schreckliche, spannende Geschichten, sondern genauso gut um Informationen, Neuigkeiten, Entdeckungen oder um Gedanken, Ideen, die uns voranstoßen, erheben oder zerstören können. Auch da braucht's keine Lockvögel. Es genügen Sätze – wie halb geöffnete Türen zu noch unbekannten Kammern, Zimmern, Sälen. (...)
Das Glück des Lesens ist teilbar, mitteilbar. Wer liest, liest auch schon vor. Der Anblick eines über ein Buch gebeugten, ganz und gar in die in ihm tönende Stimme verlorenen Menschen bewegt und zieht an.
Und es könnte ja sein, dass er aufschaut und zu reden beginnt, noch ganz atemlos, zum Beispiel von jenem alten Juden und dem Kind, weißt du, das Kind ist krank, und wie es sich später herausstellt, doch nicht, bloß – ach, lies es doch selber. Du wirst nicht mehr aufhören können, sage ich dir – „Vor vielen Jahren lebte in Zuchnow ein Mann namens Mendel Singer. Er war fromm, gottesfürchtig und gewöhnlich, ein ganz alltäglicher Jude. Er übte den schlichten Beruf eines Lehrers aus. In seinem Haus, das nur aus einer geräumigen Küche bestand, vermittelte er Kindern die Kenntnis der Bibel."
Da sollte nun schon Joseph Roths „Hiob" aufgeschlagen liegen.
Damit es keine Pause gibt.
Damit ich bitten kann: Lest, Leute! Lest weiter!

Zwischen dem achten und dem sechzehnten Lebensjahr bildet sich – wenn überhaupt – ein bleibendes Verhältnis zum Buch heraus. Wer in diesem Lebensabschnitt die Fähigkeit des Buchlesens nicht verinnerlicht, wird später keine echte Beziehung zur Literatur mehr entwickeln. Deshalb ist die Jugendliteratur von großer Bedeutung. Ein Buch für Jugendliche muss besonderen Anforderungen genügen. Der Jugendschriftsteller Otfried Preußler erklärte es so:

Wer für Kinder schreibt, übt den Beruf des Schriftstellers unter erschwerten Bedingungen aus. Er muss wissen, worauf er sich einlässt, wenn er sich solchen Bedingungen freiwillig unterwirft. Die Regeln sind streng: Das geht von der Notwendigkeit, überschaubare Sätze zu schreiben, bis hin zu den Besonderheiten des verfügbaren Vokabulars. Wer jedoch meinen sollte, demnach habe Kinderliteratur zwangsläufig simpel zu sein, ärmlich im Ausdruck, kümmerlich in Bezug auf die literarische Qualität, der ist auf dem Holzweg. Gerade die erschwerten Bedingungen zwingen den für Kinder schreibenden Autor dazu, sich seiner handwerklichen Mittel besonders sorgfältig zu bedienen. Wer gehalten ist, klar und anschaulich zu schreiben, muss klar und anschaulich denken. Er hat keinerlei Möglichkeiten, sich notfalls mit formalen Tricks darüber hinwegzumogeln, dass er über etwas schreibt, was er selber nicht verstanden hat, wovon er nicht überzeugt ist.

Eine Auswahl aus der Fülle der Kinder- und Jugendbuchliteratur ist schwierig, folgende Liste ist nur ein Versuch Klassiker dieser Gattung und gegenwärtige – meist mit Literaturpreisen ausgezeichnete – Werke zu vereinen. Ähnliche Empfehlungen sind auch in gängigen Werken zur Jugendliteratur zu finden.

Daniel Defoe:	Robinson Crusoe	1722
Charles Dickens:	Oliver Twist	1838
James Fenimore Cooper:	Lederstrumpf	1845
Mark Twain:	Die Abenteuer Tom Sawyers	1876
Robert Louis Stevenson:	Die Schatzinsel	1897
Erich Kästner:	Emil und die Detektive	1929
Lisa Tetzner:	Die Kinder aus Nummer 67	1932
John R. R. Tolkien:	Der kleine Hobbit	1937
Kurt Held:	Die rote Zora	1941
Astrid Lindgren:	Pippi Langstrumpf	1949
Willi Fährmann:	Jahr der Wölfe	1962
Hans-Georg Noack:	Rolltreppe abwärts	1970
Otfried Preußler:	Krabat	1971
Christine Nöstlinger:	Maikäfer flieg	1973
Judith Kerr:	Als Hitler das rosa Kaninchen stahl	1973
Max von der Grün:	Vorstadtkrokodile	1976
Leonie Ossowski:	Die große Flatter	1977
Irina Korschunow:	Die Sache mit Christoph	1978
Peter Härtling:	Ben liebt Anna	1979
Michael Ende:	Die unendliche Geschichte	1979
Paul Maar:	Lippels Traum	1984
Dagmar Chidolue:	Lady Punk	1985
Klaus Kordon:	Der erste Frühling	1993
Mats Wahl:	Winterbucht	1995
Andreas Steinhöfel:	Die Mitte der Welt	1998
Joanne K. Rowling:	Harry Potter und der Feuerkelch	2000

4. Otfried Preußler: Krabat

Die Mühle im Koselbruch

Es war in der Zeit zwischen Neujahr und dem Dreikönigstag. Krabat, ein Junge von 14 Jahren damals, hatte sich mit zwei anderen wendischen Betteljungen zusammengetan, und obgleich Seine allerdurchlauchtigste Gnaden, der Kurfürst von Sachsen, das Betteln und Vagabundieren in Höchstderoselben Landen bei Strafe verboten hatten (aber die Richter und sonstige Amtspersonen nahmen es glücklicherweise nicht übermäßig genau damit), zogen sie als Dreikönige in der Gegend von Hoyerswerda von Dorf zu Dorf: Strohkränze um die Mützen waren die Königskronen; und einer von ihnen, der lustige kleine Lobosch aus Maukendorf, machte den Mohrenkönig und schmierte sich jeden Morgen mit Ofenruß voll. Stolz trug er den Bethlehemstern voran, den Krabat an einen Stecken genagelt hatte.

„Krabat" ist die Geschichte eines 14-jährigen Betteljungen, den Traumvisionen zu der Mühle am Schwarzen Wasser führen, wo er sich beim Meister als Lehrling verdingt.

Eines der bedeutendsten Jugendbücher ist der 1971 erschienene Roman „Krabat" von Otfried Preußler. Krabat wurde in 22 Sprachen übersetzt und mit vielen wichtigen Jugendbuchpreisen gewürdigt.

Sein Blick fiel in eine schwarze, vom Schein einer einzigen Kerze erhellte Kammer. Die Kerze war rot. Sie klebte auf einem Totenschädel, der lag auf dem Tisch, der die Mitte des Raumes einnahm. Hinter dem Tisch saß ein massiger, dunkel gekleideter Mann, sehr bleich im Gesicht, wie mit Kalk bestrichen; ein schwarzes Pflaster bedeckte sein linkes Auge. Vor ihm auf dem Tisch lag ein dickes, in Leder eingebundenes Buch, das an einer Kette hing: Darin las er.

Bald bemerkt Krabat, worauf er sich eingelassen hat: Der Müller hat einen Pakt mit dem Teufel, der in Neumondnächten als „Herr Gevatter" unheimliche Fracht zum Mahlen in die Mühle bringt. Der Junge entdeckt im Mahlgang Knochensplitter und Zähne. Neben der üblichen täglichen und der nächtlichen grausigen Arbeit erhält Krabat mit den anderen elf Gesellen vom Meister einen Kurs in schwarzer Magie. Aus dem Koraktor, dem magischen, festgeketteten Buch, trägt der Müller Praktiken, wie den Wetterzauber, die Kunst des Sichverwandelns und auch des Schadenzaubers vor.

Der Meister belehrte ihn: „Du musst wissen, Krabat, dass du in einer Schwarzen Schule bist. Man lernt hier nicht Lesen und Schreiben und Rechnen – hier lernt man die Kunst der Künste. Das Buch, das da angekettet vor mir auf dem Tisch liegt, ist der Koraktor, der Höllenzwang. Wie du siehst, hat es schwarze Seiten, die Schrift ist weiß. Es enthält alle Zaubersprüche der Welt. Ich allein darf sie lesen, weil ich der Meister bin (...)." Der Meister hatte sich wieder hinter den Tisch gesetzt und fing an, einen Abschnitt aus dem Koraktor vorzulesen: langsam, in singendem Tonfall, wobei er sich steif in den Hüften vor und zurück wiegte, vor und zurück.
„Dies ist die Kunst, einen Brunnen versiegen zu machen, dass er von einem Tag auf den anderen kein Wasser gibt", las er vor.

Nach und nach erkennt Krabat die Gesetzmäßigkeiten auf der gespenstischen Mühle: Der Pakt mit dem Teufel, dem unheimlichen „Herrn Gevatter", verlangt, dass alljährlich in der Silvesternacht ein Geselle sterben muss, damit der Meister weiterleben kann.
Krabat nimmt nach dem Tod seiner Freunde

Holzschnitt von H. Holzing zu Otfried Preußlers „Krabat" (Das erste Jahr)

Tonda und Michal den Kampf mit dem dämonischen Meister auf. Der merkt nun, dass ihm in Krabat ein gefährlicher Gegner heranwächst. Vor der entscheidenden Auseinandersetzung versucht er Krabat auf seine Seite zu ziehen.

„Willst du mein Nachfolger werden, hier auf der Mühle? Du hättest das Zeug dazu!"
„Gehst du weg?", fragte Krabat.
„Ich habe es satt hier." Der Meister lockerte sich den Kragen. „Es lockt mich, ein freier Mann zu werden. In zwei, drei Jahren könntest du meine Nachfolge antreten und die Schule fortführen. Wenn du zusagst, gehört dir alles, was ich zurücklasse, auch der Koraktor."

Krabat weiß, dass er auf Macht und Reichtum, auf ein leichtes Leben und auf Abenteuer verzichtet. Trotzdem bekämpft er das dämonische System mit Willenskraft, Solidarität und der Kraft der Liebe. Er findet in dem wegen seiner angeblichen Ungeschicklichkeit verachteten Gesellen Juro einen treuen Freund, gewinnt die Liebe eines Mädchens, der Kantorka, und stärkt seine Willenskraft. Was das bedeutet, schildert das Zwiegespräch zwischen Krabat und Juro:

„Du musst", sagte Juro, „im Lauf des Sommers und des Herbstes dahin zu kommen trachten, dass du imstande bist, dich dem Willen des Meisters zu widersetzen." (...) „Was können wir also tun?", meinte Krabat.
„Du wirst deinen Willen üben."
„Sonst nichts?"
„Das ist mehr als genug, wie du merken wirst. (...)"

Nicht Gegenzauber zu den dämonischen Kräften des Meisters machen Krabat zum Sieger, sondern dass er an sich arbeitet. Doch auch das wäre zu wenig ohne die Hilfe seines treuen Freundes und ohne die Liebe des Mädchens, das sich für ihn in Todesgefahr begibt.

„Was willst du?"
Die Kantorka blickte ihn furchtlos an.
„Gib mir", begehrte sie, „meinen Burschen heraus!"
„Deinen Burschen?" Der Müller lachte. Es hörte sich an wie ein böses Meckern, ein Bocksgelächter. „Ich kenne ihn nicht."
„Es ist Krabat", sagte die Kantorka, „den ich lieb habe."
„Krabat?" Der Meister versuchte sie einzuschüchtern. „Kennst du ihn überhaupt? Bist du fähig ihn unter den Burschen herauszufinden?"
„Ich kenne ihn", sagte die Kantorka.
(...) Der Meister zog aus der Manteltasche ein schwarzes Tuch, das band er der Kantorka vor die Augen, dann führte er sie herein.
„Wenn du mir deinen Burschen zeigen kannst, darfst du ihn mitnehmen."
Krabat erschrak, damit hatte er nicht gerechnet. Wie sollte er nun dem Mädchen helfen? (...)
Die Kantorka schritt die Reihe der Burschen ab, einmal und zweimal. Krabat vermochte sich kaum auf den Beinen zu halten. Sein Leben, das spürte er, war verwirkt. Und das Leben der Kantorka!
Angst übermannte ihn – Angst, wie er nie zuvor sie gespürt hatte. „Ich bin schuld, dass sie sterben muss", ging es ihm durch den Kopf. „Ich bin schuld daran ..."
Da geschah es.
Die Kantorka, dreimal war sie die Reihe der Burschen entlanggeschritten, streckte die Hand aus und zeigte auf Krabat.
„Der ist es", sagte sie.

Damit ist der Zauber gebrochen, Krabat und die übrigen Gesellen sind frei. Zu Mitternacht werden Mühle, der dämonische Müller und alle Zauberei verschwunden sein.
Für Krabat bleibt nur noch eines:

„Wie hast du mich", fragte er, als sie die Lichter des Dorfes zwischen den Stämmen aufblinken sahen, hier eines, da eins – „wie hast du mich unter den Mitgesellen herausgefunden?"
„Ich habe gespürt, dass du Angst hattest", sagte sie, „Angst um mich: Daran habe ich dich erkannt."

Der Dichter selbst beschreibt seine Botschaft so:

Es gibt eine Art von Zauberei, die man mühsam erlernen muss: Das ist die, wie sie im Koraktor steht, Zeichen für Zeichen und Formel für Formel. Und dann gibt es eine, die wächst einem aus der Tiefe des Herzens zu: aus der Sorge um jemanden, den man lieb hat. Ich weiß, dass das schwer zu begreifen ist (...).

Wenn man sich fragt, was ein gutes Jugendbuch ausmacht, so findet man eine Antwort hier: Inhalt sind der Kampf zwischen Gut und Böse, das Leben, das ein Heranwachsender zu meistern beginnt, in all seinen Schattierungen von der Realität bis hin zum Fantastischen. Otfried Preußler hat es verstanden, die Grundfragen des suchenden und irrenden jungen Menschen und seine existenziellen Probleme so darzustellen, dass sich jeder Leser, ob alt oder jung, seiner Poesie nicht zu entziehen vermag.

Die Vorstellungen von schwarzer Magie sind uralt und im Volksglauben weit verbreitet. Am bedeutendsten ist wohl die Bearbeitung des volkstümlichen Stoffes über den angeblich mit dem Teufel verbundenen Wunderheiler und Magier Doktor Faustus durch Johann Wolfgang von Goethe in seinem Drama „Faust".
Auch das älteste Beispiel althochdeutscher Dichtung, die „Merseburger Zaubersprüche", kündet von der unstillbaren Sehnsucht der Menschen nach magischer Kraft.

Carl Larsson, Erster Unterricht

Althochdeutsche Dichtung

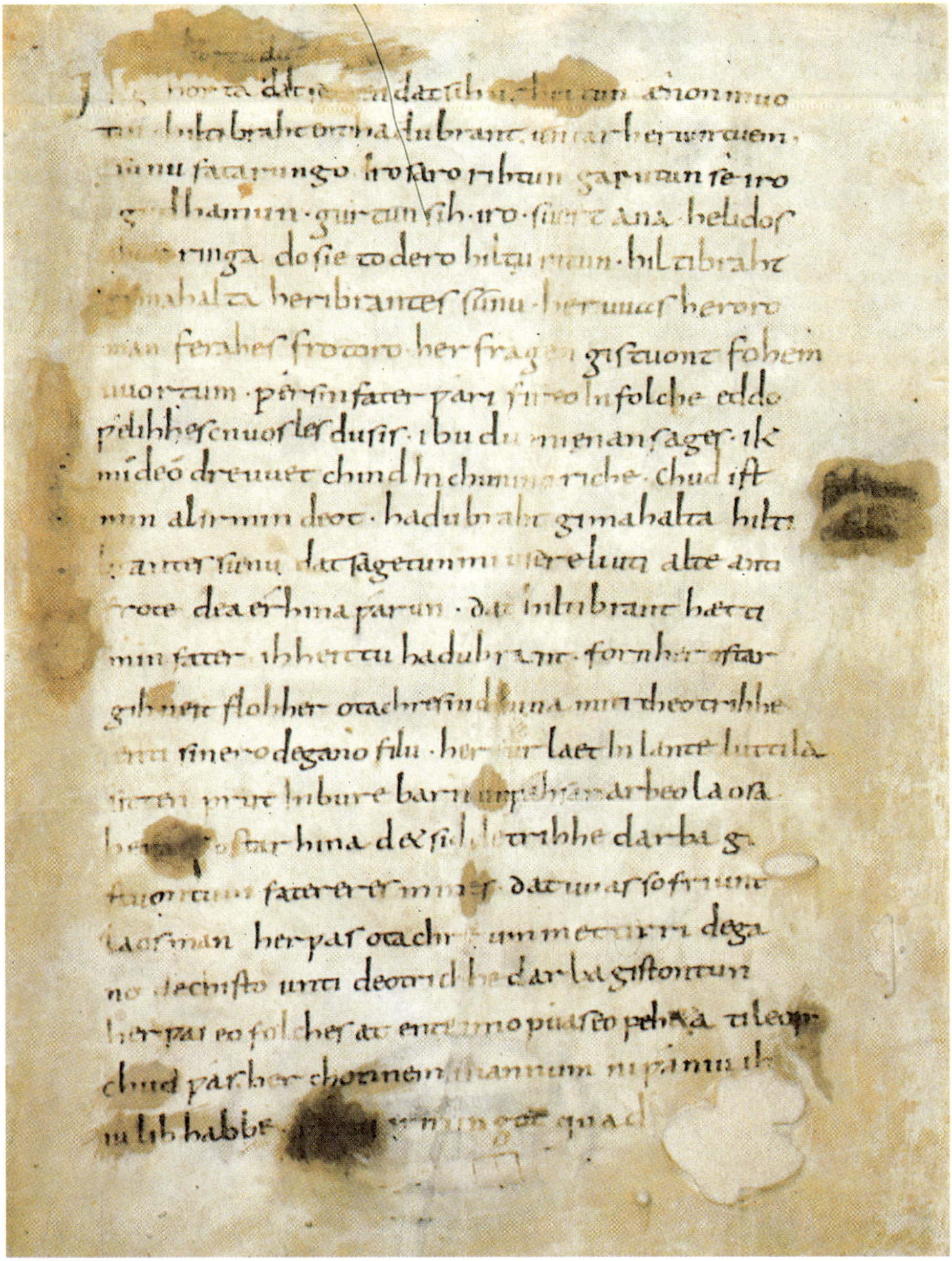

Die erste Seite des Hildebrandsliedes. Die Handschrift aus dem 8.–9. Jahrhundert hat durch die Anwendung von chemischen Stoffen stark gelitten.

1. Heidnische Literatur

Die Völkerwanderungszeit

Bereits vor Christi Geburt gerieten germanische Völker in Bewegung. Während zunächst nur einzelne Völker (zum Beispiel Kimbern und Teutonen) sich auf die Suche nach neuen Siedlungsgebieten machten, kam es ab dem 2. Jahrhundert n. Chr. zu einem Massenaufbruch: Ein Stamm schob den anderen – man spricht von der Zeit der Völkerwanderung. Die Germanen siedelten ursprünglich in Nordeuropa, verdrängten nach und nach die Kelten in Mitteleuropa und breiteten sich auch in Osteuropa aus. Der Angriff der Hunnen 375 n. Chr. auf die Ostgoten löste eine erneute große germanische Wanderbewegung aus, in deren Folge das Weströmische Reich unterging.

Bereits der römische Schriftsteller Tacitus berichtete von der Begeisterung der Germanen für Kriegs- und Heldentaten. Im Kampf ruhmvoll zu sterben galt als höchste Ehre. Bedingungslose Treue gegenüber dem Gefolgsherrn war selbstverständlich. Sich an Tapferkeit übertreffen zu lassen wurde als Schande angesehen.

Auch wenn das germanische Handwerk einen hohen Rang besaß, für geistige Bildung im Sinne der Antike hatten die Germanen nichts übrig. Als die Goten 257 n. Chr. Athen überfielen und plünderten, kommentierte ein Anführer eine Verbrennung von Schriftrollen mit den Worten: „Mit diesen Dingen vertrödeln die Römer ihre Zeit und vernachlässigen den Krieg!"

Zwar gab es germanische Schriftzeichen, die **Runen** (runa = Geheimnis), die auf Buchenstäbe geritzt, jedoch nur im Bereich der Religion verwendet wurden. Losrunen wurden ausgeworfen und wieder eingesammelt (daher: lesen) um das Schicksal zu deuten.

Götter- und Heldenlieder, Schlacht- und Trauergesänge wurden ausschließlich mündlich von Sängern zur Unterhaltung des Adels vorgetragen und überliefert. Erst viel später ließ Karl der Große (768–814 n. Chr.) diese Zeugnisse der Frühzeit aufschreiben. Sein Sohn allerdings, Ludwig der Fromme, befahl alle Werke heidnischen Ursprungs zu vernichten. Nur durch Zufall sind Texte aus dieser Zeit erhalten geblieben.

Die Merseburger Zaubersprüche

Diese Sprüche wurden in der Dombibliothek zu Merseburg gefunden.

Wie bei allen Naturvölkern war der Hang der Germanen zu Magie und Zauberei besonders ausgeprägt. Durch Beschwörung übernatürlicher Kräfte sollte im ersten Zauberspruch versucht werden einem Gefangenen die Fesseln zu lösen. Im zweiten Zauberspruch sollte ein verletztes, lahmendes Pferd geheilt werden:

Phol ende Uuodan vuorun zi holza.
dû uuart demo Balderes volon sîn vuoz birenkit.
thû biguolen Sinthgunt, Sunna era suister.

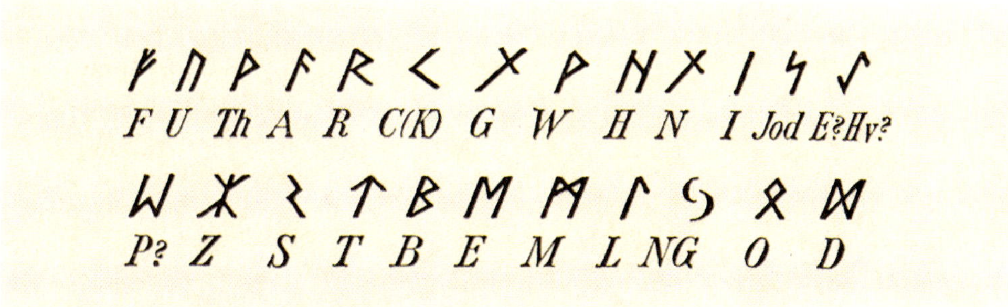

Das germanische Runenalphabet ist uns in Denkmälern aus dem 3.–7. Jahrhundert n. Chr. überliefert. Es besteht aus 26 Zeichen.

thû biguolen Frîja, Volla era suister,
thû biguolen Uuodan, sô hê uuola conda:
sôse bênrenkî, sôse bluotrenkî, sôse lidirenkî:
bên zi bêna, bluot zi bluoda;
lid zi geliden, sôse gelîmida sîn!

Phol und Wodan ritten in den Wald.
Da ward dem Fohlen Balders sein Fuß verrenkt.
Da besprach ihn Sinthgund, (und) Sunna, ihre Schwester.
Da besprach ihn Freyja, (und) Volla, ihre Schwester,
Da besprach ihn Wodan, so gut er es konnte:
Ob Beinverrenkung, ob Bluterguss, ob Gliedverrenkung:
Knochen zu Knochen, Blut zu Blut,
Glied zu Gliedern, als ob sie geleimt seien!

Übertragung: Karl Simrock

Die Germanen verehrten verschiedene Götter:

Phol	= Frühlingsgott Baldur (auch Balder, Baldr)
Wodan (Odin)	= oberster germanischer Gott (vergleiche Wednesday)
Freyja	= Wodans Gattin (vergleiche Freitag)
Volla	= Dienerin der Freyja
Sinthgunt, Sunna	= Walküren (göttliche Wesen), verkünden Kriegern den Tod.

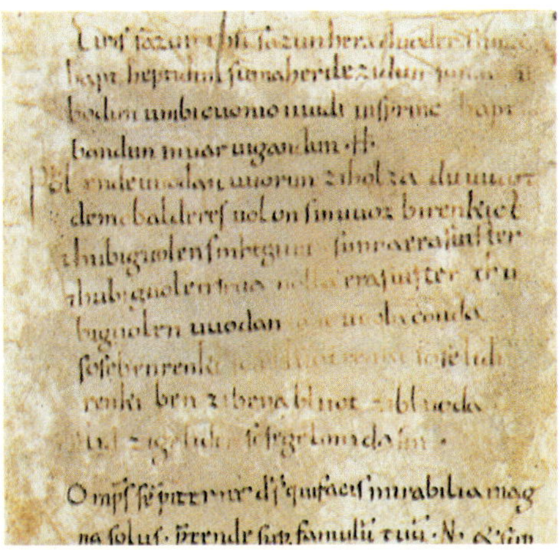

Eines der ältesten Zeugnisse althochdeutscher Dichtung sind die Merseburger Zaubersprüche, die bereits vor der Völkerwanderung entstanden.

Typisch für die Verskunst der althochdeutschen Dichtung ist der **Stabreim** (Alliteration). Schlüsselwörter beziehungsweise Silben, die die Hauptbetonung tragen, werden wiederholt, sie beginnen mit dem gleichen Laut, meist demselben Konsonanten (Vokale im Anlaut sind selten): „bên zi bêna, bluot zi bluoda“.
Der Sprachrhythmus des Stabreimes, die Wortwiederholungen sowie eine feierliche Sprechweise dürften den magischen Klang der Zaubersprüche bewirkt haben. Noch heute sind in Redewendungen diese rhetorischen Figuren (Rhetorik = Redekunst) erkennbar, zum Beispiel mit Mann und Maus, Kind und Kegel usw. Auch die Werbesprache setzt häufig auf die einprägsame Wirkung des Stabreimes.

Das Hildebrandslied

Die Germanen kannten neben den Zaubersprüchen auch noch verschiedene singbare Texte. Dazu gehören der „leich“, ein Tanzlied, und das „liod“, entweder als Liebeslied oder als Heldenlied.
Als **Heldenlied** ist nur das Hildebrandslied teilweise erhalten geblieben. Um 800 wurde es von zwei Mönchen des Klosters Fulda als Schreibübung auf den Umschlag einer lateinischen Handschrift aufgezeichnet.
Die Geschichte erzählt von Hildebrand, dem Waffenmeister und treuen Gefährten Dietrichs von Bern, und Hadubrand, seinem Sohn. Historischer Hintergrund ist der Kampf des Ostgotenkönigs Theoderich (in der Sage Dietrich von Bern) gegen den germanischen Feldherrn Odoaker um Italien. Während die geschichtliche Figur diesen Kampf durch die Schlacht bei Verona (germanisch = Bern) gewinnt, muss die Sagengestalt Dietrich mit seinen Gefolgsleuten zum Hunnenkönig Etzel (= Attila) fliehen. Nach Jahrzehnten des Exils kommt Hildebrand mit seinem Gefolge in sein Land zurück und trifft auf seinen Sohn Hadubrand, der glaubt, sein Vater sei gefallen. Obwohl Hildebrand sich zu erkennen gibt, misstraut Hadubrand seinem Vater, wittert nur eine Falle und verhöhnt ihn schließlich vor seiner Gefolgschaft.

Hildebrand, so herausgefordert, gerät in einen Konflikt zwischen der natürlichen Vaterliebe und der Kriegerehre, dem höchsten germanischen Sittenwert. Ein Kampf auf Leben und Tod ist in dieser Situation für jeden freien Germanen unausweichlich. In diesem Sinne ist das Hildebrandslied noch ganz heidnischen Ursprungs. Hildebrand wendet sich aber nicht mehr an die germanischen Götter, sondern sucht Hilfe bei einem einzigen allmächtigen Gott:

Welaga nû, waltant got,   wêwurt skihit,
ih wallôta sumaro   enti wintro sehstic ur lante,
dâr man mih eo scerita   in folc sceotantero,
sô man mir at burc ênîgeru   banun ni gifasta,
nû scal mih suâsat   chind suertû hauwan,
bretôn sînû billjû   eddo ih imo ti banin werdan.
der sî doh nû argôsto   ôstarliuto,
der dir nû wîges warne,   nû dih es sô wel lustit
gûdeâ gimeinûn,   niuse dê môttî,
huerdar sih hiutû   dero hregilo hruomen muotti,
erdo desero brunnôno   bêdero waltan.

Weh nun, waltender Gott, Wehgeschick erfüllt sich!
Ich wallte der Sommer und Winter sechzig,
Da stets man mich scharte zu der Schießenden Volk:
Vor keiner der Städte doch kam ich zu sterben;
Nun soll mit dem Schwert mich schlagen mein Kind,
Mich strecken mit der Mordaxt oder ich zum Mörder ihm werden!
Der sei doch der ärgste aller Ostleute,
Der den Kampf dir nun weigere, nun dich so wohl lüstet
Handgemeiner Schlacht! Das Treffen entscheide,
Wer heute sich dürfe der Harnische rühmen
Oder der Brünnen beider walten!

Übertragung: Gotthold Bötticher

Das von einem unbekannten Dichter verfasste Heldenlied bricht auf dem Höhepunkt des Kampfes ab, ist somit nur als **Fragment** (unvollständiges Werk) erhalten geblieben. Aus anderen Quellen kann man schließen, dass Hildebrand seinen Sohn tötet. So entfaltet sich eine nicht zu überbietende Tragik, wenn Hildebrand wissentlich seinen eigenen Sohn erschlägt.
Sprachlich ist das Lied ebenso wie die Merseburger Zaubersprüche im Stabreim verfasst: „Welaga nû, waltant got, wêwurt skihit." Die kräftig und heroisch wirkende Form des Stabreimes begünstigte den Vortrag des Sängers an den verschiedenen germanischen Höfen.
Eng verwandt mit den Heldenliedern sind auch die zahlreichen **Sagen,** die ebenfalls aus der Völkerwanderungszeit stammen und meist erst viel später aufgeschrieben worden sind.

2. Christliche Literatur

Christianisierung durch iroschottische Mönche

Die germanischen Könige, vor allem Karl der Große, versuchten mit Macht – und auch mit Gewalt – dem Christentum den Weg zu bahnen. Zahlreiche Wandermönche aus dem von der Völkerwanderung verschonten Irland und aus Schottland christianisierten das Frankenreich und gründeten Klöster: Emmeram in Regensburg, Korbinian in Freising, Kilian in Mainfranken, Pirmin das Kloster Reichenau. Weitere Klostergründungen waren zum Beispiel Schwarzach, Hornbach, Werden und St. Martin. Trotz ihrer Erfolge entstand zunächst noch keine feste Kirchenorganisation. Bonifatius, der durch seine umfangreiche Missionarstätigkeit in Hessen und Thüringen zum „Apostel der Deutschen" wurde, setzte die Christianisierung endgültig durch. Als Bonifatius 754 bei der Bekehrung der Friesen ums Leben kam, wurde er im Kloster Fulda, einer seiner Klostergründungen, beigesetzt.

Der Heliand

Im Kloster Fulda schrieb gut zwei Generationen nach Bonifatius um 830 ein unbekannter sächsischer Mönch den „Heliand" (= Heiland), eine Erzählung des Lebens Jesu.
Dabei handelt es sich um den Versuch den zum Teil noch heidnischen Sachsen das

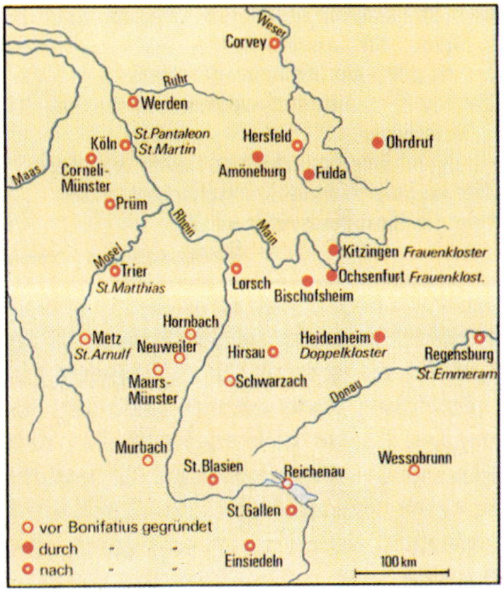

Im Frankenreich gründeten Wandermönche zahlreiche Klöster.

Christentum nahe zu bringen. Deshalb gibt es zahlreiche Rückgriffe auf germanische Stammestraditionen: Zum Beispiel wird Jerusalem als Burg bezeichnet, Christus tritt als Held und König mit seinen Gefolgsleuten auf, Pilatus ist Herzog auf der Römerburg. Alles, was nach kriegerischer Auseinandersetzung aussieht, wird übertrieben und auf breitem Raum dargestellt um das Interesse der kampfgeübten Germanen zu gewinnen. Als Jesus verhaftet werden soll, heißt es in der Bibel dazu lediglich:

Und siehe, einer von denen, die bei Jesus waren, streckte die Hand aus, zog sein Schwert, schlug nach dem Knecht des Hohenpriesters und hieb ihm das Ohr ab. Da sagte Jesus zu ihm: Steck dein Schwert in die Scheide; denn alle, die zum Schwert greifen, werden durch das Schwert umkommen. (Matthäus 26,51f.)

Im „Heliand" dagegen wird die Stelle so ausgestaltet:

Da erboste sich der schnelle Schwertdegen Simon Petrus:
Ihm wallte wild der Mut, kein Wort mocht er sprechen,
so härmt es ihm im Herzen, als sie den Herrn ihm da
zu greifen begehrten. (...) Blitzschnell zog er
das Schwert von der Seite und schlug und traf
den vordersten Feind mit voller Kraft.
Davon Malchus ward durch des Messers Schärfe
an der rechten Seite mit dem Schwert gezeichnet,
am Gehör verhauen, das Haupt war ihm wund,
dass ihm waffenblutig Backe und Ohr
barst im Gebein und das Blut nachsprang
aus der Wunde wallend.

Petrus wird als tapferer Gefolgsmann dargestellt, der seinen Herrn schützt und verteidigt. Doch auch die christliche Lehre der Friedfertigkeit und Nächstenliebe kommt nicht zu kurz:

(...) Da sprach der Sohn des Herrn
zu Simon Petrus: Dein Schwert stecke,
das scharfe, in die Scheide (...) denn wer da Waffenstreit,
grimmen Gerkampf, gern üben mag,
der soll von des Schwertes Schärfe umkommen.

Übertragung: Karl Simrock

Der „Heliand" ist das letzte literarische Werk, das im Stabreim verfasst wurde. Man kann annehmen, dass Kaiser Ludwig der Fromme die 6.000 Verse in Auftrag gegeben hat um in seinem Reich die Christianisierung voranzutreiben. Eine solche längere Verserzählung, die nicht mündlich überliefert, sondern schriftlich aufgezeichnet und vorgelesen wird, nennt man **Epos.** Im Gegensatz zum Hildebrandslied gab es von Anfang an mehrere Handschriften des „Heliand" in verschiedenen Klosterbibliotheken. Dieses Epos ist das einzige vollständig erhaltene Werk in althochdeutscher Sprache.

Otfrid von Weißenburg: Die Evangelienharmonie

Der Mönch Otfrid schrieb zwischen 863 und 871 im elsässischen Kloster Weißenburg ein Werk, das alle vier Evangelien zu einer einheitlichen Geschichte Jesu zusammenfasst (= Harmonie). In fünf Büchern wird aus dem Leben und Wirken Jesu berichtet. Höhepunkt ist die Darstellung von Auferstehung, Himmelfahrt und Jüngstem Gericht im letzten Band. Otfrid wollte den Lesern seiner Zeit das Leben

Jesu in der deutschen Volkssprache nahe bringen. Die zahlreichen kommentierenden Einschübe gestalteten die Dichtung allerdings etwas schwerfällig und umständlich.

Dennoch ist die Evangelienharmonie in einer Hinsicht außergewöhnlich bedeutsam: Zum ersten Mal wurde anstelle des Stabreimes der **Endreim** verwendet. Diese Versform hat sich bis heute in der deutschen Dichtung erhalten.
In jeder Langzeile reimen sich jeweils zwei Endsilben. Dies soll an der Einleitung zum ersten Buch verdeutlicht werden:

Was liuto filu in flîze, in manegem agaleize
sie daz in scrip gicleiptin, daz sie iro namon breitin.
sie des in io gilîcho flizzun guallicho,
in buachon man gimeinti dio iro chuanheiti.
darana datun sie ouch daz duam; ougdun iro wisduam,
ougdun iro cleini in des tihtonnes reini.
iz ist al duruch nôt so kleino geredinot
(iz dunkal eigun funtan, zisamane gibuntan),
sie ouch in diu gisagetin, daz den dio buach nirsmâhetin,
joh wol er sih firwesti, den lesan iz gilusti.

Viele Leute haben eifrig und mit großem Fleiß etwas schriftlich niedergelegt um damit ihren Namen bekannt zu machen. Immer haben sie sich sehr sorgfältig darum bemüht, dass man in ihren Büchern ihre Leistungen dargestellt fände. Daran setzten sie ihre ganze Kraft; sie gaben ihre Fähigkeit zu erkennen und zeigten ihre Geschicklichkeit durch die Fehlerlosigkeit ihrer Dichtung. Es ist alles so ganz und gar kunstvoll dargestellt (der Inhalt ist nicht alltäglich und in gebundener Rede abgefasst), damit auch Leser angesprochen werden und an den Büchern Gefallen haben, die sich ihnen aus reiner Freude am Lesen zuwenden.

Textausschnitt herausgegeben und übersetzt von Rüdiger Brandt

Die gesamte volkssprachliche Dichtung konnte sich aber nicht lange halten. Unter den Ottonen verschwand ab 900 mit dem Aufblühen der Klöster, in denen das Lateinische gepflegt wurde, die deutsche Sprache für 150 Jahre aus der Literatur.

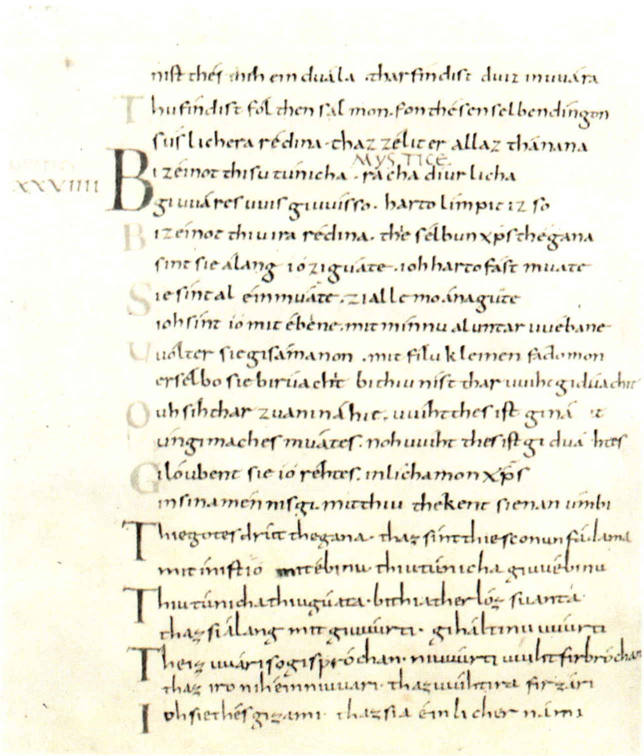

Eine Seite aus der Evangelienharmonie Otfrids von Weißenburg nach einer Handschrift aus dem 9. Jahrhundert

Meister des Registrum Gregorii, Papst Gregor der Große

Merseburger Zaubersprüchen und im Hildebrandslied seinen Ausdruck, wobei der verwendete Stabreim zur geeigneten Kunstform wurde.
Mit der Christianisierung durch iroschottische Mönche änderten sich die literarischen Inhalte. Der „Heliand" und Otfrids Evangelienharmonie berichteten vom Leben und Wirken Jesu und leisteten damit auch einen Beitrag zur Christianisierung der germanischen Stämme. Der aus dem Lateinischen stammende Endreim löste den Stabreim ab.

Wichtige Begriffe:
Runen – Stabreim – Heldenlied – Fragment – Sage – Epos – Endreim

Arbeitsvorschläge

1. Erkläre die Herkunft der Wörter „Rune", „Buchstabe" und „lesen".
2. Nenne Beispiele moderner Magie und Zauberei. Welchem Zweck sollten solche Praktiken damals und heute dienen?
3. Suche Werbeslogans mit Stabreim.
4. Warum kommt es zum Kampf zwischen Hildebrand und seinem Sohn?
5. Welche Sagen anderer Völker kennst du?
6. Vergleiche den Ausschnitt aus dem „Heliand" mit Matthäus 26, 51f. und begründe den Unterschied.

Zusammenfassung

Die ältesten Zeugnisse deutscher Literatur stammen aus der Zeit der Völkerwanderung. Sie wurden zunächst mündlich überliefert und erst später, vor allem durch Mönche aus Fulda, aufgezeichnet. Die germanischen Stämme betonten in erster Linie das Heldenhafte und Magische. Dies findet in den

Geschichtlicher Hintergrund

375 Angriff der Hunnen: Beginn der Völkerwanderung
476 Ende des Weströmischen Reiches
700 Beginn der Ausbreitung des Christentums in den germanischen Stämmen
754 Tod des Bonifatius
800 Karl der Große wird zum Kaiser gekrönt; älteste Zeugnisse deutschsprachiger Dichtung

Autoren und Werke

Merseburger Zaubersprüche (vor der Völkerwanderung)

Hildebrandslied (um 800 niedergeschrieben)

Edda (9.–13. Jahrhundert)

Wessobrunner Gebet (um 800 gefunden)

Der Heliand (um 830)

Muspilli (um 830)

OTFRID VON WEISSENBURG
Die Evangelienharmonie (um 870)

Mittelhochdeutsche Dichtung

Eine Seite aus der berühmten Heidelberger Manesse-Liederhandschrift

1. Glanz des Rittertums

Während Geistliche und Mönche bereits zur Zeit der Karolinger (751–869) als Schreibkundige nicht nur literarische, sondern auch politische Aufgaben wahrnahmen, waren die Ritter bis zum 11. Jahrhundert einfach nur die Kämpfer zu Pferde. Auf sie war man in ganz Europa zur Abwehr feindlicher Reiterheere, wie zum Beispiel der Ungarn oder der Araber, angewiesen. Für ihre Dienste erhielten sie Land und stiegen zu einer angesehenen Stellung auf, sie wurden adelig. Im 11. Jahrhundert wurde der Begriff „Ritter" die allgemeine Bezeichnung für den niederen Adel. Während aber die französische Ritterschaft ab 1096 durch den ersten Kreuzzug und die damit verbundenen Erfahrungen eine Ausweitung des geistigen Horizonts erfuhr, beschränkten sich ihre deutschen Standesgenossen auf ihre Rolle als adelige Kämpfer und traten als Kulturträger nicht in Erscheinung.

Erst im Zeitalter der Staufer (1138–1268) erlebte man in Deutschland durch den Glanz des Kaisertums und durch die Teilnahme an den Kreuzzügen einen Aufschwung der geistigen Interessen und der Literatur. Das neue Selbstverständnis der Deutschen, das im Umgang mit den kulturell weiterentwickelten Franzosen und auch im Erleben der überlegenen arabischen Kultur entstand, führte dazu, dass die Dichtkunst zum wesentlichen Anliegen der adeligen Kämpfer wurde.

Dichtung war nicht mehr nur dazu da, um den Mönchen bei der Verbreitung des Christentums zu helfen, sondern sie vermittelte das Lebensgefühl eines neuen und selbstbewussten Standes.

Die neuen Kulturträger stellten in ihren Werken eine bislang unbekannte Weltanschauung in den Vordergrund. Neue Vorstellungen, wie man als Adeliger zu leben habe, waren über Frankreich – angeregt durch die arabische Kultur Spaniens – nach Deutschland vorgedrungen. Die neuen Werte waren nicht mehr mönchische Demut und weltabgewandte Frömmigkeit, sondern sie formten sich aus in Tugenden:

Wolfram von Eschenbach als Ritter in voller Ausrüstung mit seinem Knappen, Abbildung aus der Manesse-Liederhandschrift

froide und *hoher muot*:
Freude und Hochgestimmtsein wie in Erwartung eines Festes; Freude darüber, zum Ritterstand zu gehören; Tapferkeit

zuht und *mâze*:
Wohlerzogenheit, Anstand und Mäßigung, vor allem der Leidenschaften

êre:
Geltung, Würde, Ansehen bei anderen; entspricht nicht direkt dem, was heute Ehre bedeutet

triuwe und *stæte*:
Treue, Aufrichtigkeit und Beständigkeit, Verlässlichkeit

milte:
Nicht Milde, sondern Freigebigkeit in materieller Hinsicht, Großzügigkeit

hohe Minne:
Verehrung der Frauen

Die neuen Werte wurden zu Leitbildern für die aufblühende höfische Kultur. Wahres Rittertum leitete sich nicht nur von Kraft, Tapferkeit und kriegerischen Aktivitäten her, sondern auch von allen diesen Tugenden.
Die höfische Dichtung, die zuerst in Südfrankreich von fahrenden Sängern (Troubadours) entwickelt wurde, stellte diese Verhaltensnormen auf, nach denen sich die adeligen Zeitgenossen richten sollten. Das Zusammenleben der Menschen an den Adelshöfen wurde dadurch so sehr geprägt, dass bis heute ein Mensch, der gewisse gesellschaftliche Anstandsregeln beherrscht, als höflich bezeichnet wird.
Das Leben des Adels um 1200 war jedoch keinesfalls so vergeistigt und tugendvoll, wie der Minnesang vielleicht glauben machen könnte. Wie sehr diese Zeit von Mord, Erpressung, Verrat und Raub geprägt war, zeigt ein Epos auf, das man im 19. Jahrhundert für das „Nationalgedicht der Deutschen" hielt. Vor allem im Nationalsozialismus des 20. Jahrhunderts wurde es maßlos fehlinterpretiert: das Nibelungenlied.

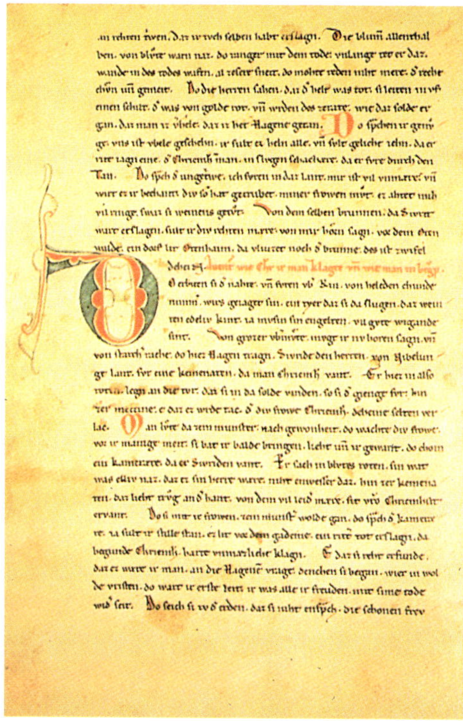

Die Seite aus der Nibelungenhandschrift (13. Jahrhundert) beschreibt das Begräbnis Siegfrieds.

2. Das Nibelungenlied

Bereits nach der Völkerwanderungszeit wurde an den Höfen in den Heldenliedern von verschiedenen Sagenkreisen berichtet: vom fränkischen Sagenkreis mit Siegfried von Xanten im Mittelpunkt, vom Schicksal der Burgunden im mittelrheinischen Sagenkreis, vom ostgotischen Sagenkreis um Dietrich von Bern und Hildebrand. Dass das burgundische Königreich am Mittelrhein durch hunnische Truppen besiegt wurde, ist historisch verbürgt.
Fahrende adelige Sänger und Spielleute dürften die sich überschneidenden Sagenkreise jahrhundertelang mündlich überliefert haben, sodass die Inhalte weithin bekannt waren. Zwischen 1150 und 1200 wurden vor allem zwei Sagenkreise, der um Siegfried und der vom Untergang der Burgunden, von einem unbekannten Dichter zum Nibelungenlied zusammengefasst. Von den 34 Handschriften sind zehn vollständig erhalten geblieben.

Der erste Teil des Nibelungenliedes, die Siegfriedsage, beginnt mit den Worten:

Uns ist in alten mæren	wunders vil geseit
vom helden lobebæren,	von grôzer arebeit,
von fröuden, hôchgezîten,	von weinen unde klagen,
von küener recken strîten	muget ír nu wunder hoeren sagen.
Anvers	Abvers

Die insgesamt 2.000 Strophen bestehen aus je vier Langzeilen im Reimschema aa bb. Diese so genannte **Nibelungenstrophe** scheint germanischen Ursprungs zu sein und verlangt einen langsamen, feierlichen Vortrag. Der Anvers besitzt vier betonte Stellen (vierhebig), der Abvers nur drei (dreihebig), die achte Halbzeile ist auch vierhebig und bringt vor allem die Sinneinheit der ganzen Strophe zum Ausdruck.

Siegfriedsage: 19 „aventiuren“ (Abenteuer)

In Worms am Rhein, das zu jener Zeit zum burgundischen Königreich ihrer Brüder Gunther, Gernot und Giselher gehört, wächst die junge Prinzessin Kriemhild auf. Am Unterrhein, in Xanten, lebt der junge, ungeheuer starke Königssohn Siegfried, der bereits große Abenteuer vollbracht hat. Er hat den Schatz der Nibelungen, eine Tarnkappe und die Liebe der Walküre (Götterbotin) Brünhilde errungen. Außerdem ist er durch ein Bad im Drachenblut fast unverletzlich geworden, nur eine Stelle zwischen den Schulterblättern bleibt verwundbar, weil während des Bades ein Laubblatt darauf fiel.
Siegfried beschließt um Kriemhild zu werben. König Gunther stimmt der Heirat zu, vorher aber muss ihm Siegfried noch bei seiner Brautfahrt zu Brünhilde in Island helfen. Mit Unterstützung Siegfrieds unter der Tarnkappe kann sich Gunther in den Kampfspielen gegen Brünhilde behaupten. Damit wird Brünhilde zum zweiten Mal getäuscht, denn Siegfried gibt sich – um sie nicht heiraten zu müssen – als Lehnsmann Gunthers aus.
Schon während der Doppelhochzeit in Worms schöpft Brünhilde Verdacht, Siegfried muss wieder an Gunthers Stelle unter der Tarnkappe die Widerspenstige bezwingen. Er nimmt ihr dabei Gürtel und Ring ab und schenkt beides Kriemhild.
Einige Zeit darauf fühlt sich Brünhilde durch den Stolz Kriemhilds auf ihren Mann herausgefordert, es kommt zum offenen Streit, wer die Ranghöhere sei, denn Brünhilde geht noch immer davon aus, dass Siegfried Gunthers Lehnsmann ist. Schließlich triumphiert Kriemhild, indem sie Ring und Gürtel zeigt. Brünhilde ist tödlich beleidigt: Sie will Siegfrieds Tod. Der finstere Hagen, Gunthers mächtigster Krieger, will ebenfalls den Tod des strahlenden Helden Siegfried. Gunther stimmt schließlich zu um sich zu entlasten.

Das Täuschungsmanöver des perfekten Mordes gelingt: Hagen verletzt Siegfried tödlich an seiner verwundbaren Stelle feige von hinten:

Den gêr im gein dem herzen stecken er dô lie.
also grimmeclîchen ze flühten Hagen nie
gelief noch in der werlde vor deheinem man.
dô sich der herre Sîfrit der starken wunden versan.

Hagen ließ ihm den Speer im Herzen stecken. Er selbst wendete sich in solch rasender Hast zur Flucht, wie er niemals vorher vor einem Menschen geflohen war. Als nun der Herr Siegfried die schwere Wunde fühlte ...

... Dô sprach der verchwunde: jâ ir vil boesen zagen.
waz helfent mîniu dienest, daz ir mich habet erslagen?
ich was iu ie getriuwe: des ich engolten hân.
ir habt an iuwern mâgen leider übele getân.

Da sprach der todwunde Held: Ach, ihr gemeinen Feiglinge!
Was haben mir nun meine Dienste genützt, dass ihr mich jetzt doch ermordet habt? Ich war euch immer treu ergeben und dafür habe ich jetzt bezahlen müssen. An euren eigenen Verwandten habt ihr euch schrecklich vergangen.

Übertragung: Helmut Brackert

Siegfried wird nach Worms gebracht und Kriemhild lässt ihn mit allen Ehren bestatten. Siegfrieds Vater Siegmund will Kriemhild mit an den heimischen Hof nehmen, aber sie bleibt am Hof zu Worms, wo ihr Glück begann. Mithilfe des Nibelungenschatzes will sie sich Freunde schaffen um sich an Hagen rächen zu können, doch der entwendet ihn und versenkt ihn im Rhein.

Sage vom Untergang der Burgunden: 20 „aventiuren“

Der mächtige Hunnenkönig Etzel lässt durch den Markgrafen Rüdiger von Bechelaren um Kriemhilds Hand anhalten. Nach einigem Zögern willigt sie ein, weil sie erkennt, welch ungeheure Machtmittel sie für ihre Rache in die Hand bekommt. Auch Rüdiger schwört ihr Treue. Kriemhild reist donauabwärts nach Wien – die detaillierten Ortsangaben beweisen, dass der unbekannte Autor aus dieser

Gegend stammt – und heiratet dort Etzel. Nach einigen Jahren lädt sie ihre Brüder ins Hunnenland ein. Hagen rät von einem Besuch ab, er weiß, was Kriemhild vorhat. Wohlgerüstet ziehen die Burgunden an Etzels Hof, obwohl Meerfrauen (wohl Wassernixen) unterwegs bei einer Donauüberquerung Hagen den Untergang der Burgunden prophezeit hatten. In Etzels Residenz kommt es bald darauf zu einer Auseinandersetzung, die in einem fürchterlichen Blutbad endet. Eine Auslieferung Hagens für freien Abzug lehnen die Burgunden ab. Durch die Übermacht der von Kriemhild aufgehetzten Hunnen und durch den Einsatz Rüdigers von Bechelarens, Dietrichs von Bern und Hildebrands werden schließlich die überlebenden Hagen und Gunther gefesselt und vor Kriemhild gebracht. Diese verlangt von Hagen den Nibelungenschatz zurück, lässt Gunther töten und schlägt schließlich dem höhnischen und ungebeugten Hagen, ihrem Todfeind, mit eigener Hand den Kopf ab.
Empört über den schmachvollen Tod Hagens, tötet nun Hildebrand die Königin.

ine kan iu niht bescheiden, waz sîder da geschach;
wan ritter unde vrouwen weinen man dâ sâch,
dazuo die edeln knechte, ir lieben vriunde tôt.
hie hât daz mære ein ende; daz ist der Nibelunge nôt.

Ich kann euch nicht berichten, was danach geschah: nur, dass man Ritter, edle Frauen und Knappen den Tod lieber Freunde beweinen sah. Damit endet die Geschichte vom Ende der Nibelungen.

Übertragung: Kurt Rothmann

Das Nibelungenlied und seine Zeit

Vieles erinnert an die wilden, grausamen Zeiten der Völkerwanderung: die blutige Rache, von der Kriemhild nicht ablassen will, das fatalistische Hinnehmen des eigenen Untergangs, das Blutbad, mit dem das Nibelungenlied endet und der unausweichliche Niedergang, der sich bei einzelnen Helden aus einem tragischen Lebenskonflikt ergibt. Rüdiger von Bechelaren zum Beispiel muss aufgrund seines Lehnseides gegenüber Kriemhild mit seinen Freunden, den Burgunden, und seinem Schwiegersohn auf Leben und Tod kämpfen.
All das widerspricht der ritterlichen Gesinnung des Hochmittelalters, in der die *hêre frouwe* nicht als blutiger Racheengel, sondern als huldvolles Sinnbild hoher Minne gesehen wird. Von christlichen Tugenden der Feindesliebe und des Vergebens ist nirgendwo die Rede. In keiner Dichtung dieser Zeit wird der Unterschied zwischen dem Idealbild in der Literatur und der Realität des Ritterdaseins im 12. und 13. Jahrhundert derart deutlich wie im Nibelungenlied.
Im 19. Jahrhundert wurde das Nibelungenlied Grundlage für Friedrich Hebbels Dramentrilogie „Die Nibelungen" und Richard Wagners Musikdrama „Der Ring des Nibelungen" mit den Teilen „Rheingold", „Die Walküre", „Siegfried" und „Götterdämmerung".

3. Wolfram von Eschenbach: Parzival

Über Wolfram von Eschenbach gibt es wie bei den meisten höfischen Dichtern nur wenig gesicherte Informationen. Sicher ist seine Herkunft aus dem fränkischen Ober-Eschenbach, in der Nähe von Ansbach, das sich 1917 in Wolframs-Eschenbach umbenannt hat.

Wolfram lebte um 1170 bis 1220 und gehörte wahrscheinlich zur Gruppe der Berufsdichter, die auf die Gunst von Gönnern angewiesen waren.
Über Wolframs Stand und Bildung gibt es nur spärliche Selbstzeugnisse aus seinem reichen, über 40.000 Verse umfassenden Werk:

Blick auf das heutige Wolframs-Eschenbach in Franken

Er stammte wohl aus keinem altadeligen Geschlecht, sondern eher aus ärmlichen Verhältnissen und genoss offensichtlich keine lateinische Schulbildung. Wolfram bezeichnet sich selbst in ironischer Weise als Analphabeten, der kein einziges lateinisches Buch gelesen habe.

Dennoch wurde Wolfram von Eschenbach zu einem der größten Dichter des Mittelalters und schon zu seinen Lebzeiten gefeiert.

Die Erzählung von Parzival und dem Gral stammt aus den keltischen Sagen um König Artus und seine Ritter der Tafelrunde. Als literarische Vorlage diente Wolfram der zwischen 1180 und 1190 entstandene „Perceval" des Franzosen Chrétien de Troyes.

Die Arbeit am „Parzival" zog sich über mehrere Jahre (1200–1210) hin. Man kann aufgrund von verschiedenen Schreibweisen annehmen, dass Wolfram im Lauf der Zeit mehreren Schreibern, wahrscheinlich Mönchen, die 20.000 Verse aus dem Gedächtnis diktierte. Wir können davon ausgehen, dass er das französische Original nur vom Hören her kannte. Da Bücher sehr kostbar waren, verwundert es nicht, dass Dichter und fahrende Sänger selbst umfangreiche literarische Texte auswendig konnten. Die Gedächtnisleistung in diesem bücherarmen Zeitalter war enorm.

Der „Parzival" wurde schließlich zu einer literarischen Sensation. Kein anderes Werk des Mittelalters wurde so häufig kopiert. Fast 90 Handschriften und Fragmente sind erhalten geblieben. Die adelige Gesellschaft übernahm sogar einige Namen aus der Dichtung.

Den „Parzival" kann man in drei große Abschnitte einteilen, die jeweils durch Einschübe voneinander getrennt sind:

1. Teil: Geburt bis zur Krönung der ritterlichen Laufbahn

Der Vater Gahmuret ist auf ritterlicher Fahrt im Orient, befreit dort die Königin Belakane und heiratet sie. Belakane bringt den Sohn Feirefiz zur Welt. Gahmuret hält es aber nicht lange in der Fremde, auf der Suche nach „aventiure" verlässt er heimlich seine Familie und kehrt über Spanien nach Europa zurück. In Waleis gewinnt er ein Ritterturnier, veranstaltet von der Königin Herzeloyde, die Gahmuret daraufhin zur Heirat zwingt. Während Gahmuret bei einer zweiten Orientfahrt stirbt,

kommt Parzival in der Heimat auf die Welt. Herzeloyde zieht sich in die Waldeinsamkeit zurück um Parzival vom ritterlichen Leben fern zu halten. Doch angeregt durch die Begegnung mit drei Rittern im Wald, entschließt sich Parzival bei König Artus Ritter zu werden. Auch die Mutter, die ihn mit Narrenkleidern ausstattet, kann ihn nicht abhalten fortzureiten. Kurz nachdem er sie verlassen hat, bricht Herzeloyde vor Schmerz tot zusammen.
Um zu einer Rüstung zu kommen tötet Parzival völlig unritterlich mit seinem Jagdspieß den roten Ritter Ither.
Später findet Parzival in dem greisen Ritter Gurnemanz einen Lehrer, der ihm höfisches Benehmen und ritterlichen Umgang mit Waffen beibringt.

Doch als man weg die Tafel nahm,
Macht er den wilden Mut ihm zahm
Und ließ ihm Lehren angedeihn:
„Ihr redet wie die Kinderlein.
Müsst Ihr denn stets die Mutter nennen,
als wolltet Ihr nichts andres kennen?
Nun haltet Euch an meinen Rat!
Der scheidet Euch von Missetat. (...)
Lasst Euch der Dürftigen erbarmen
Und helft in ihrer Not den Armen
Mit Milde und mit Gütigkeit.
Übt Euch in Demut allezeit. (...)
Prägt fest Euch diese Vorschrift ein:
Lernt weislich arm und reich zu sein.
Denn wirft der Herr sein Gut dahin,
Das ist nicht echter Herrensinn;
Doch nur den Schatz zu mehren,
Das wird ihn auch nicht ehren.
Gebt jedem Ding sein rechtes Maß.
Ich kann nicht leugnen, denn ich sah's,
Dass Ihr des Rats bedürftig seid.
Was sich nicht ziemt, das lasst beiseit.
Vor allem sollt Ihr nicht viel fragen,
Doch wohlbedächtig Antwort sagen,
Dass, was der Frager ihr entnimmt,
Auch recht zu seiner Frage stimmt.
Gebrauchet aller Eurer Sinne,
Dass Ihr des Wahren werdet inne.
Folgt meinem Wort und übt im Streit
Bei kühnem Mut Barmherzigkeit.
Sofern Ihr nicht im Lanzenbrechen
Habt schweres Herzeleid zu rächen,

Die älteste Parzival-Handschrift (Münchener Handschrift G, um 1250): Parzivals Kampf mit dem roten Ritter

Will der Besiegte sich ergeben,
So nehmt sein Wort und lasst ihn leben.
Ihr sollt nun oft die Waffen tragen,
Da wird Euch Eisenruß beschlagen.
Legt Ihr sie ab, so säumet nicht
Und wascht Euch Hand und Angesicht;
Lasst wieder Euch in Anmut schaun;
Denn darauf achten edle Fraun.
Seid mannlich stets und wohlgemut;
So lobt man Euch und wird Euch gut.
Denkt, dass Ihr Frauen liebt und ehrt;
Denn das erhöht des Jünglings Wert.
Bleibt ihnen treu ergeben;
Das adelt Mannes Leben.
Verlegt Ihr Euch auf Lügen,
Ist manche zu betrügen.
Wer aber Lieb mit List erringt,
Dem wird ein Sieg, der Schande bringt. (...)
So geht's auch in der Minne:
Ein Weib von edlem Sinne
Kennt wachsam jeden falschen Laut;
Wenn sie entrüstet Euch durchschaut,
Müsst Ihr in allen Tagen
Schmach und Verachtung tragen.
Ich sag Euch mehr von Mann und Weib:
Die beiden sind ein einz'ger Leib,
Gleichwie der Tag, der heute scheint,
Der Sonne sich untrennbar eint;
Aus einem Kern erblühen sie.
Das wisset und vergesset nie."

Übertragung: Wilhelm Hertz

Parzival verlässt Gurnemanz und erhält in Belrapeire seine erste Bewährungsprobe. Er befreit und heiratet die von einem zudringlichen Bewerber bedrängte Königin Kondwiramur, verlässt sie wieder, bleibt ihr aber in Liebe und Treue verbunden.
Am See Brumbane wird ihm der Weg zur Gralsburg Munsalvaesche gezeigt. Dort erlebt er den eigenartigen Einzug des Grals, der von der Königin Repanse feierlich in den Festsaal getragen wird und dort die ganze Gesellschaft mit Speisen und Getränken versorgt. Weil Parzival von Gurnemanz die ritterliche Schweigetugend gelehrt bekam, fragt er weder nach den Geheimnissen des Grals noch nach dem Grund von König Anfortas' Leiden. Anfortas hatte Sünde auf sich geladen und ist von einer vergifteten Lanze verwundet worden. Bei bestimmten Planetenkonstellationen werden seine Schmerzen so groß, dass nur

Parzival begegnet dem Einsiedler Trevrizent. Dieses Bild stammt aus der französischen Handschrift des „Perceval" von Chrétien de Troyes.

das Auflegen dieser Lanzenspitze ihm Linderung verschafft.
Am nächsten Morgen ist die ganze Gesellschaft wie ein Spuk verschwunden.
Parzival gelangt schließlich an den Artushof und wird feierlich in die Tafelrunde des Königs aufgenommen, womit er den Höhepunkt seiner ritterlichen Laufbahn erreicht hat. Doch die Ereignisse in Munsalvaesche holen ihn ein. Mitten in die Feierlichkeiten am Artushof tritt die hässliche Gralsbotin Cundrie, die Parzival verflucht, weil er die entscheidende Frage nach dem Leid des Königs nicht gestellt hat. Parzival fühlt sich von Gott im Stich gelassen und schwört so lange zu suchen, bis er den Gral wieder gefunden habe.

2. Teil: Parzivals innere Umkehr bei Trevrizent
Parzival ist bereits über vier Jahre auf der Suche nach dem Gral unterwegs, als er am Karfreitag dem Einsiedler Trevrizent begegnet. Zum ersten Mal wird sich Parzival seiner Schuld bewusst, als er von Trevrizent erfährt, dass er den Tod seiner Mutter verschuldet hat, dass er in Ither einen Verwandten erschlagen hat und dass der kranke Gralskönig Anfortas sein Onkel ist. Voller Reue und bußfertig verlässt Parzival die Klause des Einsiedlers.

3. Teil: Parzival erlöst Anfortas und gewinnt das Gralskönigtum
Parzival begegnet einem unbekannten Ritter und muss zum ersten Mal eine Niederlage einstecken. Sein Gegenüber verschont ihn aber und gibt sich als sein Halbbruder Feirefiz zu erkennen. Zusammen begeben sie sich nach Munsalvaesche, wo Parzival endlich die Frage nach dem Grund von Anfortas' Leiden stellt und ihn damit zugleich von seinen Leiden erlöst. Feirefiz verliebt sich in die Gralsträgerin Repanse, heiratet sie und lässt sich taufen. Parzival wird Gralskönig und kehrt zu seiner Frau Kondwiramur zurück. Mit der Geburt des Sohnes Lohengrin endet das Epos.

Parzival – ein Vorläufer des Entwicklungsromans

Einen Roman, der schildert, wie sich ein Mensch durch bestimmte Erfahrungen zu einer Persönlichkeit entfaltet, nennt man **Entwicklungs-** oder **Bildungsroman**. Allerdings entfaltet sich im Parzival nicht wie im Entwicklungsroman seit Goethe ein bestimmter Charakter, sondern ein vorgegebenes religiöses Ideal.

Die Bedeutung des Grals

Der Gral ist bei Wolfram keine Goldschale mit dem Blut Christi wie in der französischen Vorlage, sondern ein Edelstein, der wie ein „Tischlein deck dich" Speisen und Getränke in beliebiger Fülle spendet und deshalb bei feierlichen Prozessionen umhergetragen wird. Sein Anblick verleiht ewige Jugendfrische.

Der Gral hat eine mehrfache religiöse Symbolik:
1. Ungetauften Personen bleibt er unsichtbar.
2. Sündige Menschen können ihn nicht tragen.

Auf dem Bühnenbild der ersten „Parsifal"-Inszenierung in Bayreuth 1882 sieht man das Innere des Gralstempels.

3. Jeden Karfreitag erhält der Gral durch eine von einer weißen Taube gebrachte Hostie seine höchste Kraft.
4. Gelegentlich erscheint auf ihm eine Inschrift, die den von Gott zum Gral Berufenen nennt.

Wolfram von Eschenbach hat in Munsalvaesche um den Gral herum eine vorbildliche höfische Gesellschaft gruppiert, die prachtvoll lebt, ritterliche Ideale pflegt und im Gegensatz zur Artusgesellschaft, wie aus den keltischen Sagen bekannt ist, eine religiöse Bestimmung besitzt. Denn bis auf den Gralskönig haben alle Ritter Minneverbot (Keuschheitsgelübde). Die Ritter hüten den Gral, Jungfrauen pflegen ihn. Beide schulden dem König und der Königin absoluten Gehorsam (Gehorsamsgelübde).
Diese Forderungen, die an die Ritter gestellt werden, ähneln jenen der christlichen Mönchsorden.

Münchener Handschrift G, um 1250: Parzival und sein Halbbruder Feirefiz erkennen einander.

Der Parzival als religiöse Dichtung

Im Mittelpunkt des Werkes stehen die christlichen Auffassungen von Sünde und Gnade. Parzival trägt eine vierfache Schuld:

1. Beim Wegreiten von zu Hause stirbt seine Mutter.
2. In Ither tötet er einen Verwandten.
3. Auf der Gralsburg versäumt er die Mitleidsfrage nach dem Grund von Anfortas' Leiden.
4. Nach der Verfluchung durch Cundrie sagt er sich von Gott los.

Die ersten beiden Sünden sind minder schwer, da sie unbewusst begangen wurden. Parzival erfuhr vom Tod seiner Mutter und von seiner Verwandtschaft mit Ither erst viel später. Wolfram von Eschenbach geht es nicht so sehr um die persönliche Verantwortung des Menschen für sein Handeln, sondern um die unvermeidliche Verstrickung in Schuld.
Die dritte Sünde, nämlich die versäumte Mitleidsfrage in Munsalvaesche, hat andere Ursachen. Denn Gurnemanz lehrte Parzival vorlaute Fragen zu vermeiden. Dies entspricht dem ritterlichen Ideal der Rücksichtnahme. Durch Trevrizent erfährt Parzival aber, dass Nächstenliebe einen größeren Stellenwert besitzt als eine ritterliche Wertvorstellung, die nur auf äußerer Konvention beruht.
Als Parzival diese Tatsache erkennt, bereut er und kehrt um zu einem neuen Verhältnis zu Gott. Bezeichnenderweise vollzieht sich Parzivals innere Wandlung genau am Karfreitag, dem Tag, an dem die Menschheit durch Christus von der Erbsünde erlöst wurde.
Damit erst wird es Parzival möglich, die versäumte Mitleidsfrage auf der Gralsburg zu stellen: „Oeheim, waz wirret dier?" („Was fehlt dir, Oheim?") Anfortas wird dadurch von seinen Leiden erlöst, für Parzival ist der Weg zum Gralskönig frei.

4. Walther von der Vogelweide: Lieder und Sprüche

Im Jahre 1874 wurde ein für die Literatur bedeutsamer Fund gemacht: Man entdeckte eine Reiserechnung aus dem Jahr 1203, in der ein „Waltherus cantor de Vogelweide" von einem Passauer Bischof eine sehr großzügige Geldsumme (fünf Schillinge) für einen Pelzmantel erhielt. Dies ist das einzige gesicherte Zeugnis über das Leben Walthers von der Vogelweide. Alle anderen Informationen zu seinem Lebenslauf müssen aus seiner Dichtung erschlossen werden.
Walther wurde wahrscheinlich um 1170 geboren. Sein Geburtsort ist ungewiss, als gesichert gilt aber, dass er in Niederösterreich bei Wien seine eigentliche Heimat sah („Ze Osterriche lernt ich singen unde sagen"). 1198 verließ er den Wiener Hof, weil er mit den traditionellen Vorstellungen vom Minnesang seines Lehrers Reinmar von Hagenau gebrochen hatte. Walthers Beiname dürfte ein Künstlername sein, den er sich bei seinen zahlreichen Wanderungen von Hof zu Hof zugelegt hat. Erst um 1220 wurde sein unstetes Wanderleben beendet, als ihm Kaiser Friedrich II. ein Lehen gab. Um 1230 starb Walther von der Vogelweide. Seine mutmaßliche Grabstätte dürfte der Kreuzgang des Stifts Neumünster in Würzburg sein.

Die wohl bekannteste Abbildung Walthers von der Vogelweide aus der Heidelberger Manesse-Liederhandschrift (14. Jahrhundert)

Hohe Minne

Wenn Walther von der Vogelweide an den Fürstenhöfen seine Minnelieder vortrug, dann konnte er sich auf eine lange Tradition stützen. Der von Kürenberg, Heinrich von Morungen und Reinmar von Hagenau waren die Vorgänger Walthers.
Im Minnesang wurde die Frau vollkommen idealisiert. Der Lobpreis der „heren frouwe", zum Beispiel einer Gräfin, durch Sänger und Dichter als der Schönsten und Edelsten hatte einen hohen Stellenwert in der höfischen Gesellschaft. Für sie ritt der adelige Sänger ins Turnier, und wenn er es ohne körperlichen Schaden überlebte, war ihm ein Blumensträußchen aus der Hand der Verehrten höchster Lohn. Auch der Ehemann der „heren frouwe" profitierte von diesem Gesellschaftsspiel, er sonnte sich im Ruhm seiner Frau, von deren Tugenden landauf, landab die Rede war. Diese Verehrung aus der Ferne musste aber auf Erfüllung verzichten, denn Ehebruch galt als Verbrechen, das für die Frau meist tödlich ausging. Schon der Verdacht konnte dazu führen, dass sie von ihrem Ehemann lebenslang in ein Kloster verbannt wurde. Leidenschaft hat mit Leid zu tun, wahre Liebe lebt durch den Verzicht, das war die Vorstellung des Zeitalters.
Ob die „hohe frouwe" wirklich so „schoene" und „guot" war, blieb nebensächlich, denn der Minnesang lebte von der Idealisierung. Der Mann verehrte die Frau, doch sie blieb unerreichbar.
Dies musste auch wegen der höfischen Werte „triuwe", „zuht" und „mâze" so sein. Dennoch war die Herrin, wenn ihr ein Minnelied

gewidmet wurde, zu einem Entgegenkommen, zu einem „lon", verpflichtet. Zeitpunkt und Maß legte sie fest. Im Einzelfall konnte dies ein Gruß, ein Lächeln, ja sogar eine materielle Gabe sein.
Hoher Minnesang war außerdem immer Gesellschaftskunst. Das Publikum der höfischen Damen und Herren erkannte durch zahlreiche Anspielungen, um wen es hier ging. Damit erhielt der Minnesang den Charakter einer Zeremonie, der der höfischen Gesellschaft zur Repräsentation diente.
Der Minnesänger war in der Regel Textdichter, Melodist und vortragender Sänger in einer Person, wobei die instrumentale Begleitung mit Fiedel oder Harfe nur eine untergeordnete Rolle spielte. Man kann davon ausgehen, dass gerade Frauen die Literatur entscheidend förderten, ihr Bildungsgrad dürfte weit über dem der Männer gelegen haben, die durch ihre ritterlichen Waffenübungen auch zeitlich anders in Anspruch genommen wurden.

Der Aufbau des traditionellen Minneliedes

1. Lob der Herrin
2. Hinweis auf den geleisteten Minnedienst
3. Forderung nach Anerkennung
4. Klage über die ausbleibende Erhörung
5. Nachdenken über die Gründe der Nichterhörung
6. Konsequenz: meist neuer Lobpreis

Formal besteht das Minnelied aus zweigeteilten Strophen: Entsprechend der Melodie werden die ersten vier Verse als **Aufgesang** bezeichnet. Sie stehen im Kreuzreim abab und haben jeweils gleich viele Hebungen. Daran schließt sich ein davon abweichender Teil an, der **Abgesang** genannt wird und freier gestaltet werden kann. Dieser Strophenaufbau wird beim Vortrag des Minnesängers besonders deutlich.
Walther von der Vogelweide hält sich im Wesentlichen ganz im Sinne seines Lehrers Reinmar an den traditionellen Aufbau, ohne jedoch die „hohe frouwe" in übersteigerter Weise zu verehren, wie dies bei Reinmar üblich war: „Stirbet si, so bin ich tot."
Walthers Anschauung vom Minnesang kommt vor allem in seinem berühmten Preislied „Ir sult sprechen willekomen" zum Ausdruck, mit dem er sich eine Aufnahme am Wiener Hof erhoffte. Dieses Lied hat im 19. Jahrhundert den Dichter Hoffmann von Fallersleben zu seinem Deutschlandlied angeregt.

Ir sult sprechen willekomen:
der iu mære bringet, daz bin ich.
allez daz ir habt vernomen,
daz ist gar ein wint: nû frâget mich.
ich wil aber miete:
wirt mîn lôn iht guot,
ich gesage iu lîhte daz iu sanfte tuot.
seht waz man mir êren biete.

Ich wil tiuschen frouwen sagen
solhiu mære daz si deste baz
al der werlte suln behagen:
âne grôze miete tuon ich daz.
waz wold ich ze lône?
si sint mir ze hêr:
sô bin ich gefüege, und bite si nihtes mêr
wan daz si mich grüezen schône.

Ihr sollt mir ein Willkommen sagen:
Denn der Euch Neues bringt, das bin ich!
Alles, was Ihr bisher gehört,
ist ein Nichts: Jetzt aber fragt mich!
Freilich verlange ich Botenlohn.
Fällt er einigermaßen reichlich aus,
werd ich Euch wohl verkünden, was Euch Freude macht.
Seht zu, was Ihr mir Ansehnliches zu bieten habt.

Ich will deutschen edlen Frauen
solches Loblied singen,
dass sie umso strahlender vor aller Welt dastehen werden.
Und natürlich will ich nicht groß belohnt werden.
Was denn könnte ich mir wünschen?
Sie stehen ja so hoch über mir.
So bin ich brav und bitte sie um nicht mehr,
als dass sie mir freundlich entgegenkommen.

Ich hân lande vil gesehen
unde nam der besten gerne war:
übel müeze mir geschehen,
kunde ich ie mîn herze bringen dar
daz im wol gevallen
wolde fremeder site.
nû waz hulfe mich, ob ich unrehte strite?
tiuschiu zuht gât vor in allen.

Von der Elbe unz an den Rîn
und her wider unz an Ungerlant
mugen wol die besten sîn,
die ich in der werlte hân erkant.
kan ich rehte schouwen
guot gelâz unt lîp.
sem mir got, sô swüere ich wol daz hie diu wîp
bezzer sint danne ander frouwen.

Tiusche man sint wol gezogen,
rehte als engel sint diu wîp getân.
swer si schildet, derst betrogen:
ich enkan sîn anders niht verstân.
tugent und reine minne,
swer die suochen wil,
der sol komen in unser lant: da ist wünne vil:
lange müeze ich leben dar inne!

Der ich vil gedienet hân
und iemer mêre gerne dienen wil,
diust von mir vil unerlân:
iedoch sô tuot si leides mir sô vil.
si kan mir versêren
herze und den muot.
nû vergebez ir got dazs an mir missetuot.
her nâch mac si sichs bekêren.

Ich habe viele Länder bereist
und mich immer bemüht die Besten kennen zu lernen.
Alles Böse soll mich treffen,
könnte ich je mein Herz dazu bewegen,
dass ihm ausländische Sitte und Art wohl gefielen.
Was nützte es mir, für falsche Behauptungen zu
streiten?
Deutsche Lebensart und Bildung übertrifft sie alle.

Von der Elbe bis zum Rhein
und wieder hierher bis an Ungarns Grenze,
da leben gewiss die Besten,
die ich je fand in der Welt.
Versteh ich mich recht auf die Beurteilung
von gutem Benehmen und Schönheit –
bei Gott, ich möchte wohl schwören, dass hier
die Frauen
besser sind als anderwärts.

Deutsche Männer sind wohl gebildet,
und recht wie die Engel sehen die Frauen aus.
Wer sie schmäht, der ist nicht bei Verstand –
anders kann ich ihn nicht verstehen.
Wer Reinheit des Wesens und der Liebe finden will,
der möge in unser Land kommen: Da ist alle
Herrlichkeit!
Möchte ich ewig darin leben!

Sie, deren Dienst ich mich ganz hingegeben habe
und der ich mit Freuden immer dienen will,
sie gebe ich durchaus nicht frei.
Indessen, sie fügt mir nur Schmerz zu.
Denn sie weiß mir zu verletzen
Herz und Sinn.
Vergebe es ihr Gott, was sie an mir sündigt.
In Zukunft kann sie ja darin anderen Sinnes
werden.

Übertragung: Peter Wapnewski

Walther tritt in der ersten Strophe als Dichter auf, der unerhörte Neuigkeiten (mære) bringt. Zugleich fordert er aber seinen Lohn (in diesem Fall: gruoz), was eigentlich gesellschaftliche Anerkennung und letztlich die Hoffnung auf Wiederaufnahme an den Hof bedeutet. Worin bestehen seine Neuigkeiten? Er preist nicht mehr nur eine einzelne Dame, sondern die „site“, „zuht“ und „tugent“ aller deutschen Frauen. Walthers Makel, dass er im Moment ohne feste Anstellung auf Wanderschaft ist, wandelt er in den Vorzug der Erfahrung um: Er hat viele Länder gesehen und kann deshalb die deutschen Frauen besonders preisen. Dieses Lob der Deutschen ist weniger der Ausdruck eines Nationalgefühls, sondern eher eine Antwort auf Spottverse französischer Troubadours.

Erst in der letzten Strophe wendet sich Walther an eine einzelne Dame, der er seine Treue versichert; gleichzeitig fordert er sie zu einem anderen Verhalten auf, das ihm weniger Schmerzen bereiten soll.

Walther sieht die Minne also ganz entscheidend als eine gegenseitige Beziehung zwischen dem Minnesänger und der angesprochenen „frouwe“, bei der beide Herzen glücklich sein sollen. Dieser Gedanke zieht sich wie ein roter Faden durch alle seine Minnelieder:

Saget mir ieman, waz ist minne? (...)
minne ist minne, tuot sie wol:
tuot si wê, so enheizet si niht rehte minne. (...)
minne ist zweier herzen wünne:
teilent si gelîche, sost diu minne dâ:
sol abe ungeteilet sîn,
sô enkans ein herze alleine niht enthalten.

Kann mir jemand sagen, was Minne eigentlich ist?
Minne ist Minne, wenn sie gut tut.
Tut sie weh, heißt sie zu Unrecht Minne.
Minne ist das Glück zweier Herzen:
Teilen sie zu gleichen Teilen, ist Minne vorhanden.
Wenn aber nicht geteilt wird,
ein Herz allein kann die Minne nicht enthalten.

Übertragung: Peter Wapnewski

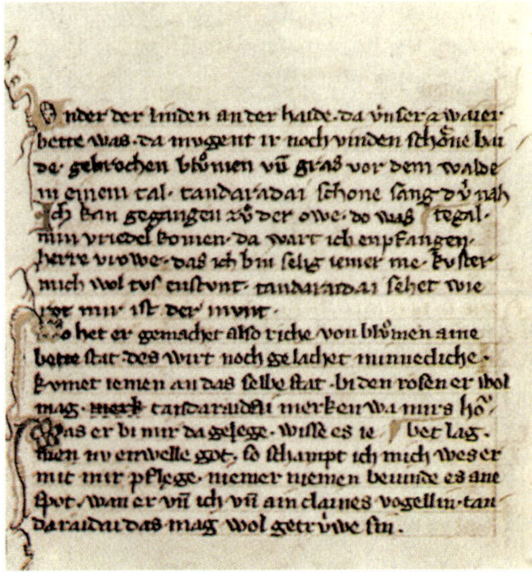

Das Lied „Under der linden" von Walther von der Vogelweide in einer Handschrift aus dem 14. Jahrhundert

Niedere Minne

Nachdem sich Walther kritisch mit dem traditionellen Minnesang auseinander gesetzt hat, sind seine **Mädchenlieder** ein weiterer konsequenter Schritt. In diesen Liedern steht nicht mehr die adelige „frouwe" im Mittelpunkt, sondern ein unverheiratetes Mädchen ohne soziale Auszeichnung. Das neue Ideal ist die gegenseitige, erfüllte Liebe.

Under der linden
an der heide,
dâ unser zweier bette was,
Dâ mugt ir vinden
schône beide
gebrochen bluomen unde gras.
Vor dem walde in einem tal,
tandaradei,
schône sanc diu nahtegal.

Ich kam gegangen
zuo der ouwe:
dô was mîn friedel komen ê.
dâ wart ich enpfangen,
hêre frouwe,
daz ich bin sælic iemer mê.
Kuste er mich? wol tûsentstunt:
tandaradei,
seht wie rôt mir ist der munt.

Dô het er gemachet
also rîche
von bluomen eine bettestat.
Des wirt noch gelachet
inneclîche,
kumt iemen an daz selbe pfat.
Bî den rôsen er wol mac,
tandaradei,
merken wâ mirz houbet lac.

Daz er bî mir læge,
wessez iemen
(nu enwelle got!) sô schamt ich mich.
Wes er mit mir pflæge,
niemer niemen
bevinde daz wan er und ich -
Und ein kleinez vogellîn,
tandaradei,
daz mac wol getriuwe sin.

Walther entwirft in diesem Kunstwerk erotischer Literatur den Wunsch eines erfüllten Minneverhaltens. Der Liebesakt selbst wird sehr diskret dargestellt. Nur das Blumenbett unter dem Liebesbaum und der rote Mund weisen darauf hin. Das Geschehene soll ein Geheimnis zwischen den Liebenden und dem „vogellîn" bleiben, aber bereits durch diesen Hinweis wird der Vorgang ausgeplaudert.

Politische Dichtung

Von der Antike bis ins Hochmittelalter hinein wurden politische Schriften nur in lateinischer Sprache verfasst. Mit seiner **Spruchdichtung** wurde Walther von der Vogelweide zum ersten politischen Dichter der deutschen Sprache. In seinen politischen Liedern bezog er Stellung zu den Problemen seiner Zeit und wandte sich gegen den weltlichen Machtanspruch der Kirche.

In der Zeit nach 1197 war das Deutsche Reich in eine schwierige Lage geraten: Nach dem Tod des Kaisers Heinrich VI. (1190–1197) während der Vorbereitungen zum vierten Kreuzzug brachen Unruhen im Reich aus. Weil der staufische Erbe noch unmündig war und daher nicht selbst regieren konnte, beanspruchten die Welfen den Thron; die gesellschaftliche, rechtliche und politische Ordnung löste sich auf. Walther von der Vogelweide bezieht sich in dem Gedicht „Ich saz ûf eime steine" auf diese Situation: Friede und Recht liegen darnieder, Gewalt beherrscht die Straße. Walther macht diese Verhältnisse dafür verantwortlich, dass an gesellschaftliches Ansehen und Gottes Gnade nicht zu denken ist.

Kaiser Heinrich VI.

Ich saz ûf eime steine
und dahte bein mit beine;
dar ûf satzt ich den ellenbogen.
ich hete in mîne hant gesmogen
daz kinne und ein mîn wange.
dô dâhte ich mir vil ange,
wie man zer welte solte leben.
deheinen rât kond ich gegeben,
wie man driu dinc erwurbe,
der keines niht verdurbe:
diu zwei sint êre und varnde guot,
daz dicke einander schaden tuot;
daz dritte ist gotes hulde,
der zweier übergulde.
die wolte ich gerne in einen schrîn.
ja leider desn mac niht gesîn,
daz guot und wertlich êre
und gotes hulde mêre
zesamene in ein herze komen.
stîg unde wege sint in benomen.
untriuwe ist in der sâze,
gewalt vert ûf der strâze.
fride unde reht sint sêre wunt.
diu driu enhabent geleites niht, die zwei
enwerden ê gesunt.

Ich saß auf einem Stein,
Schlug übers Bein das Bein.
Den Ellenbogen setzt ich drauf,
Und stützend nahm die Hand mir auf
Das Haupt mit Wange und mit Kinn.
Verzweifelt dacht ich her und hin,
Wie man auf Erden könne leben.
Ich wusste keinen Rat zu geben,
Wie man drei Ding besäße
Und keins das andre fräße.
In Ehren und in Gold zu leben –
Das pflegt sich meistens aufzuheben.
Doch beide überstrahlt der Stern
Der Gnade unsres Himmelsherrn.
Die drei wollt ich zusammenzwingen –
Zu meinem Schmerz will's nicht gelingen,
Dass Reichtum, Ansehn in der Welt
Mit Gottes Gnad zusammenfällt,
Und sie drei in ein Herz gelangen.
Weg und Steg sind abgefangen,
Die Falschheit hockt im Hinterhalt,
Und auf der Straße fährt Gewalt.
Friede und Recht sind tödlich verwundet.
Den dreien wird keine Sicherheit, bevor die zwei
nicht ganz gesundet.

Übertragung: Peter Wapnewski

Arbeitsvorschläge

1. Woran ist die Herkunft des Nibelungenliedes aus der Völkerwanderungszeit erkennbar?
2. Erkläre den Aufbau der Nibelungenstrophe.
3. Was ist ein Entwicklungsroman?
4. Welche Wertvorstellungen vermittelt Gurnemanz seinem Schüler Parzival?
5. Nimm zur Schuld Parzivals Stellung.
6. Wie unterscheiden sich hohe und niedere Minne? Warum ist die hohe Minne eine idealisierte Form?
7. Suche traditionelle und neue Minnesangvorstellungen in „Ir sult sprechen willekomen".
8. Bestimme in demselben Lied Auf- und Abgesang sowie das Reimschema.
9. Übertrage das Lied „Under der linden" in die neuhochdeutsche Sprache.

Zusammenfassung

Das Hochmittelalter ist gekennzeichnet durch den Gegensatz zwischen der Kultur an den Höfen und dem harten Alltagsleben. Letzteres wird vor allem im Nibelungenlied deutlich. Im „Parzival" und in zahlreichen Liedern von Walther von der Vogelweide werden die Ideale der ritterlichen Gesellschaft erkennbar: Es sind dies die ritterlichen Tugenden wie „êre", „mâze", „zuht" usw.

Mit dem Beginn der Mädchenlieder wendet sich die Literatur stärker der Wirklichkeit zu. Dies verstärkt sich mit dem Ende der staufischen Epoche um 1250 und dem Niedergang des Rittertums zum Raubrittertum.

Stundenbuch der Maria von Burgund. Dame am Fenster

Missgeschicke haben nach mittelalterlicher Vorstellung allein in der Abkehr von Gott ihre Ursachen. Dies erfährt auch Parzival, als er zunächst kein Mitleid zeigt.

Wichtige Begriffe:
Nibelungenstrophe – Entwicklungsroman – Hohe Minne – Niedere Minne – Aufgesang – Abgesang – Mädchenlieder – Spruchdichtung

Geschichtlicher Hintergrund

1152–1190	Friedrich Barbarossa römisch-deutscher Kaiser
1190–1197	Heinrich VI. römisch-deutscher Kaiser
1197	Tod des Kaisers während der Vorbereitungen zum vierten Kreuzzug: Unruhen im Reich
1250	Tod Friedrichs II.: Ende der Stauferzeit, Zerfall der Zentralgewalt

Autoren und Werke

Nibelungenlied (ca. 1150–1200)

REINMAR VON HAGENAU (1160–1210)
Minnelieder

HARTMANN VON AUE (1165–1220)
Erec

WOLFRAM VON ESCHENBACH (1170–1220)
Parzival

GOTTFRIED VON STRASSBURG (1170–1216)
Tristan und Isolde

WALTHER VON DER VOGELWEIDE (1170–1230)
Minnelieder
Spruchdichtung

OSWALD VON WOLKENSTEIN (1377–1455)
Lieder

Der Reformator Martin Luther. Sein Freund Lukas Cranach malte ihn häufig.

1. Das Ende der Stauferzeit

Mit dem Tod Friedrichs II. im Jahr 1250 endete die mittelalterliche Kaiserherrlichkeit und gleichzeitig die Epoche der staufischen Herrschaft. Die „schreckliche, die kaiserlose“ Zeit begann. Mit dem Zerfall der Zentralgewalt waren Willkür und Gewalt, offener Rechtsbruch und allgemeine Unsitte noch weiter verbreitet als bisher. Auch gab es für Männer aus dem einfachen Volk nicht mehr die Möglichkeit als Königsdienstmannen, als Ministeriale, in den Ritterstand aufzusteigen. Aus dem Berufsadel wurde ein Geburtsadel. Die Standesschranken waren von nun an unverrückbar. Dass diese Ordnung gottgewollt sei und dass das Überschreiten dieser Standesschranken zum Untergang führe, wollte Wernher der Gartenaere in seinem „Helmbrecht“ aufzeigen.

2. Wernher der Gartenaere: Helmbrecht

Autor und Entstehungsgeschichte

Vom Autor ist zu vermuten, dass er wie so viele Dichter des Mittelalters ein Wanderleben geführt haben dürfte. Fest steht, dass er alle literarischen Werke seiner Zeit kannte und über eine bemerkenswerte philosophisch-theologische Bildung verfügte.
Dass er Gärtner – was der Name andeutet – in einem Kloster an der Salzach gewesen sei, ist nicht bewiesen, das Wort „garten“ kann auch (bettelnd) umherziehen bedeuten. Wohl aber ist aus dem Werk eine Fülle von Ortsnamen herauszulesen, was erlaubt, das Geschehen im so genannten Innviertel südöstlich der Salzach anzusiedeln. Aus Texthinweisen kann auf eine Entstehungszeit zwischen 1250 und 1280 geschlossen werden.

Inhalt

Helmbrecht, der Sohn eines Bauern und Verwalters eines adeligen Gutes (Meier), setzt sich über die Kleiderordnung, die damals für die Bauern galt, hinweg. Er trägt sein lockiges Haar lang über die Schultern und darüber eine Haube, kunstvoll bestickt mit Szenen aus dem Ritterleben. Die Mutter spart sich vieles vom Munde ab und staffiert ihn großzügig weiter aus: mit Hemd und Hose feinster Qualität, mit Rüstung und Schwert, schließlich mit einem Rock mit kristallenen Knöpfen und Glöckchen besetzt. In dieser Aufmachung tritt Helmbrecht vor den Vater und eröffnet ihm, dass sein Sinn nach Höherem strebe: Er will Ritter werden. In dem folgenden Dialog bittet nun der Vater den Sohn, Bauer zu bleiben, der Sohn aber äußert sich nur abfällig über die harte Bauernarbeit. Der Vater spricht von der möglichen Heirat des Sohnes mit einer reichen Bauerntochter, von einem glücklichen, erfüllten Bauernleben, von der Not bei Hofe, davon, dass den Bauernsohn dort niemand ernst nimmt. Er ist sogar bereit den Hof vorzeitig zu übergeben um den Sohn davon zu überzeugen: „dîn ordenunge ist der phluoc“.
Doch alles ist vergebens, so wie er aussehe, glaubt der Sohn, müsse er Ritter werden. Der Vater kauft schließlich zu einem Wucherpreis ein Reitpferd, bittet den Sohn aber weiter inständig zu bleiben, denn wer adelig sein will, muss adelig handeln. Der Sohn träumt aber nur vom künftigen Wohlleben bei Hofe.
Als letztes Argument führt der Vater mehrere Träume an, er hat seinen Sohn blind und verkrüppelt herumziehen sehen. Den Sohn beeindruckt dieser Traum ebenso wenig wie der, in dem der Vater ihn an einem Baume aufgehängt sah. Helmbrecht verlässt den Hof und kommt bei einem Raubritter unter, mit seinen Spießgesellen terrorisiert er das Land.
Nach einem Jahr kommt Helmbrecht nach Hause, gibt sich als großer Herr erst nicht zu erkennen, wirft mit Brocken aus fremden Sprachen um sich und muss schließlich seine Identität anhand der Namen der väterlichen Ochsen beweisen.

Raubritter überfallen ein Dorf, zünden es an und treiben das Vieh fort. Oben sieht man den Planetengott Mars, der mit seiner Lanze zum Angriff schreitet.

Er wird nun bewirtet wie der verlorene Sohn, ein Festmahl wird ihm vorgesetzt. Während des Essens sprechen Vater und Sohn über das Ritterleben früher und jetzt, der Vater entwirft das Idealbild, wie es aus der Literatur des Hochmittelalters bekannt ist. Der Sohn schockiert mit dem völligen Gegenteil: Nur von Saufen, Rauben, Betrügen, Töten ist die Rede. Nach sieben Tagen will Helmbrecht wieder hinaus, er erzählt von vermeintlichen Untaten anderer, für die er sich rächen muss, alles nur ein Vorwand für das Rauben und Morden. Stolz bekennt er sich zu seinem Räubernamen: Schlingsland (Slintezgeu). Als der Vater vom Gericht spricht, gibt sich Helmbrecht beleidigt, er will den Hof des Vaters nicht mehr schützen und auch die Schwester Gotelind nicht mehr mit einem Spießgesellen verheiraten.

Gotelind ist jedoch begierig den Lämmerschling zu heiraten, sie glaubt wie Helmbrecht daran, von einem Ritter abzustammen, beide verleugnen den Vater. Für die Hochzeit beginnt ein großes Rauben im Land. Als sie vollzogen wird, gibt sich das Raubgesindel vornehm – das Zeremoniell, die Speisen, die Hofämter vom Mundschenk bis zum Truchsess (für die Küche zuständiger Bediensteter): alles wie bei Hofe. Während des Festmahls aber überrascht der Richter mit seinen vier Bütteln die Gesellschaft. Wer sich vorher seines Mutes rühmte, versucht jämmerlich zu fliehen. Alle Raubritter werden hingerichtet, Helmbrecht als warnendes Beispiel kommt verstümmelt und geblendet mit dem Leben davon. Als er nun so vor dem Hof des Vaters steht, erinnert ihn dieser voll bitterem Spott an seine Schandtaten, auch

swie im sîn herze krachte:
er was sîn verch und sîn kint.

Obwohl dem Vater fast das Herz bricht, jagt er ihn davon. Fast ein Jahr schleppt sich Helmbrecht durch die Gegend, als er von fünf Bauern, denen er Schlimmes angetan hatte, gestellt, furchtbar misshandelt und schließlich aufgehängt wird.

Helmbrecht als bedeutendes sozialkritisches Werk des Mittelalters

Zu Unrecht stand „Helmbrecht" lange Zeit im Schatten der großen Epen des Mittelalters. Einmalig in der Literatur dieser Zeit sind verschiedene Aspekte:

1. „Helmbrecht" ist kein höfischer Roman, sondern die erste deutsche Dorfgeschichte.
2. Der Ausgang ist tragisch: Bis auf das Nibelungenlied haben alle Werke dieser Zeit ein „Happyend".
3. Das Alltagsleben der Bauern und Raubritter im 13. Jahrhundert wird prägnant wie sonst kaum dargestellt.
4. Es herrscht ein Konflikt zwischen Rittertum und Bauernstand und vor allem zwischen zwei Generationen.

5. Es zeigt das Weltbild, das im Mittelalter herrschte: Alle Dinge stammen von Gott, wer sich über die gottgewollte Ordnung hinwegsetzt, revoltiert, versündigt sich gegen Gott, ihm kann nicht geholfen werden. Deshalb weist auch der Meier den verstümmelten Sohn von seinem Bauernhof.

Der Gymnasiallehrer und Literaturkritiker Josef Hofmiller setzte um 1920 das Versepos in Prosa um, in der Absicht möglichst die kraftvolle Sprache des Originals ins Neuhochdeutsche zu übertragen:

Also standen sie um den Helmbrecht in einem Ring und sprachen:
Sag deine Beicht, du Schächer!
Da sagt er ihnen seine Beicht.
Und sprachen aber: Mach Reu und Leid!
Da macht er Reu und Leid.
Währenddem brach einer von dem nassen Acker einen Brocken Erden und gab dem Helmbrecht den Brocken Erden in seine Hand für unseres Herren Leib. Ließen ihm auch eine Frist so lang wie ein Vaterunser.
Taten ihm alsdann einen Strick um seinen Hals, und henkten ihn auf an einem dürren Baum.
Also ist der Traum, der noch ausstand, wahr worden und endt sich die Mär von dem Helmbrecht.

3. Der Herbst des Mittelalters

Auch wenn bis ins 16. Jahrhundert hinein Ritterturniere abgehalten wurden (1559 starb Heinrich II. von Frankreich durch eine Turnierlanze, die ihm ins Auge gedrungen war), die hohe Zeit des adeligen Einzelkämpfers war vorbei. Militärisch sank das Rittertum nach und nach in die Bedeutungslosigkeit: Große internationale Aktionen wie die der Kreuzzüge gab es nicht mehr, die Massenheere der Bürger zeigten sich den Rittern überlegen. Ebenso gerieten die Ritter wirtschaftlich ins Abseits. Das Aufblühen der Städte mit ihren wohlhabenden Handwerkern und Kaufleuten war erst durch den Wechsel von der Naturalwirtschaft zur Geldwirtschaft möglich. Die Ritter aber bekamen dadurch, dass ihre hörigen Bauern einen Teil ihres Ertrages (Naturalien) ablieferten, kein Geld in die Hände und verarmten zusehends. Ein Teil von ihnen versuchte als Raubritter

Bauern bei der Feldarbeit, Holzschnitt um 1500

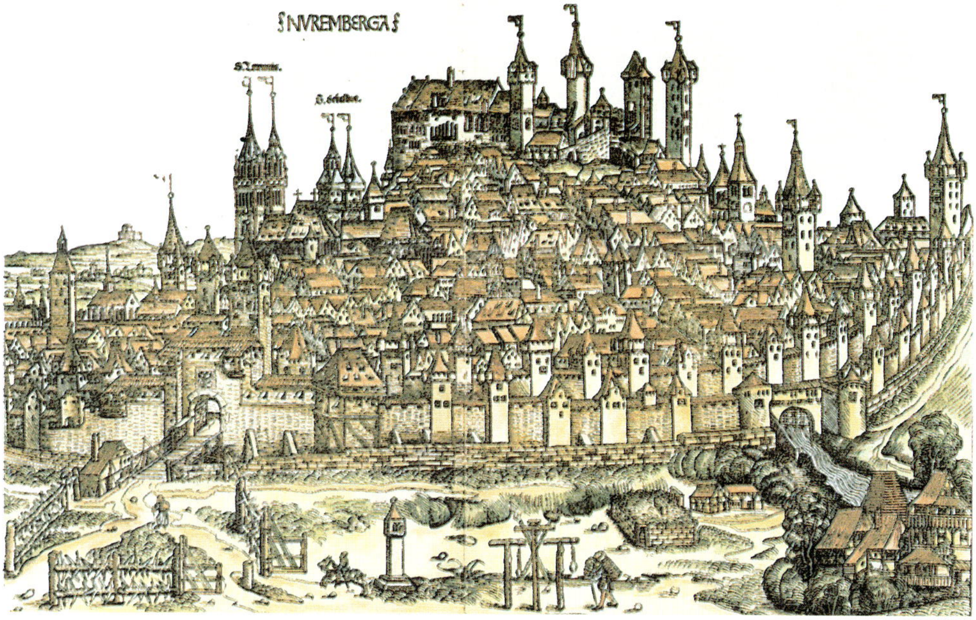

Die Stadt Nürnberg, dargestellt in der Schedel'schen Weltchronik aus dem Jahr 1492

mit Gewalt am Reichtum der Städte teilzuhaben, ein anderer stellte sich den immer mächtiger werdenden Landesherren für militärische Aufgaben als Offiziere zur Verfügung. Der militärische Fortschritt durch die Einführung von Feuerwaffen setzte den Schlusspunkt der Entwicklung: Über einen Stand, der sich zur Stauferzeit gleichberechtigt neben Königen, Fürsten und hoher Geistlichkeit sah, war die Zeit hinweggegangen. Längst war auch die Zeit der höfischen Literatur zu Ende. Die mittelhochdeutsche Sprache als gemeinsame Schriftsprache verlor immer mehr an Bedeutung, es herrschten wieder die verschiedenen Dialekte vor, die Verständigung zwischen den Gebieten in Süd- und Norddeutschland war auf Deutsch kaum mehr möglich.

Dass die Literatur des Hochmittelalters überhaupt erhalten blieb, ist ein Verdienst reicher Bürger in den Städten, die nun das bislang nur mündlich überlieferte literarische Erbe aufschreiben ließen. Bedeutendstes Beispiel dafür ist die mit 137 ganzseitigen Bildern prächtig ausgestattete Manessische Handschrift, benannt nach einem Züricher Ratsherrn und Liedersammler, der viele Werke vor allem süddeutscher Dichter aufschreiben ließ. Überhaupt war es nun im 14. und 15. Jahrhundert das Bürgertum, das die Ideale des Rittertums hochhielt und alles daran setzte, in den Adel aufzusteigen.

Obwohl nun das Bürgertum zur kulturtragenden Schicht wird, wirken die Ideale der Ritterzeit noch sehr lange nach. Dies beweist in der Fülle der Ritterromane im 15. und 16. Jahrhundert vor allem das Werk „Don Quijote" des Spaniers Miguel Cervantes, eine Parodie auf die hohe Minne.

Die freien Reichsstädte wie Nürnberg und Augsburg in Süddeutschland wurden durch den Handel mit Italien reich und selbstbewusst, ähnlich profitierten die Hansestädte an der Küste durch den Warenaustausch mit Skandinavien. Das wohlhabende Bürgertum betätigte sich nun auch literarisch. Herausragender Vertreter dieser Zeit war der Nürnberger Schuhmachermeister Hans Sachs, dessen Feder wir etwa 6.200 Werke verdanken, meist Lieder, **Fastnachtsspiele**, Komödien und Tragödien, Fabeln und **Schwänke**.

4. Hans Sachs

1494 Hans Sachs wird als Sohn eines Schneiders in Nürnberg geboren.
1501 Er besucht bis 1508 die Lateinschule in seiner Heimatstadt, für einen Handwerkersohn eine sehr gute Ausbildung.
1509 Der junge Hans Sachs fängt eine Lehre bei einem Schuhmacher an. Nach der Lehrzeit beginnen für ihn die damals üblichen Wanderjahre, die ihn nach Österreich und an den Rhein bis in die Niederlande führen.
1517 gelingt es ihm, sich in seiner Heimatstadt als Meister niederzulassen. In diesen Reformationsjahren tritt er in einer Reihe von Schriften und dem Gedicht „Die Wittembergisch Nachtigall" für die Lehre Luthers ein.
1551 Zehn Jahre lang ist Sachs Spielleiter der Meistersingerbühne. Wegen seiner Tätigkeit in der Singschule ist er sehr angesehen. Er war „Merker", das heißt, er hatte darauf zu achten, dass keiner der Vorsingenden die strengen Regeln von Reim, Vers, Strophe und Weise (Melodie) verletzte. Im ganzen deutschen Sprachraum war er ein viel gelesener Autor. Als eifriger Leser, der seine Lektüre in Meistergesänge, Lieder, Fastnachtsspiele, Tragödien und Komödien, Fabeln, Sprüche und Schwänke umformte, brachte er dem einfachen Volk fast die gesamte damals bekannte Literatur von der Antike bis zum Spätmittelalter nahe.
1576 Hans Sachs stirbt im 82. Lebensjahr.

Hans Sachs

Im 17. und 18. Jahrhundert geriet sein Werk in Vergessenheit, erst Goethe wies auf seine Bedeutung hin. Durch die Oper „Die Meistersinger von Nürnberg" von Richard Wagner wurde Hans Sachs weltberühmt.

Die Nürnberger Meistersinger laden zu einer Aufführung ein. In der Mitte ist der 81-jährige Hans Sachs abgebildet.

Eines seiner besten und berühmtesten Fastnachtsspiele heißt:

Der fahrende Schüler im Paradies

1550 erfolgte die erste Aufführung von „Der farent Schueler ins Paradeis", wie der Originaltitel lautet.
Ein fahrender Schüler, ein Scholar, heute würde man sagen ein von einer Universität zur anderen ziehender Student, trifft auf eine frisch verheiratete Bäuerin, die ihrem verstorbenen ersten Mann nachtrauert. Den Herkunftsort des Schülers, Paris, kennt sie nicht, sie versteht Paradies. Diese Naivität der Frau nützt der Student aus, er erzählt der Frau, er habe ihren Mann völlig arm und abgerissen dort gesehen. Die Bäuerin gibt ihm Kleider und Geld mit auf seinen nächsten Weg ins Paradies, er soll dies dem Verstorbenen aushändigen.
Bevor der neue, geizige Ehemann der Bäuerin nach Hause kommt, verschwindet der Student. Der Bauer merkt, was sich abgespielt hat, gibt vor, dem Studenten auch noch zehn Gulden für den Verstorbenen mit auf den Weg ins Jenseits mitzugeben, und erfährt so von der Bäuerin den Weg, den der Betrüger eingeschlagen hat. Er will ihm das ergaunerte Gut wieder abjagen. Der Student sieht den Bauern auf seinem Ross heranreiten, versteckt schnell seine Beute und lockt den Bauern auf eine falsche Fährte. Dieser vertraut dem Gauner sein Pferd an, weil er im Moor nach dem Betrüger suchen will. Der Student preist sein Glück, schwingt sich auf das Pferd und jagt davon. Als die Bäuerin ihren Mann sucht, gibt der vor, um nicht als Übertölpelter dazustehen, er habe dem Studenten das Pferd gegeben, damit dieser schneller ins Paradies gelange. Am Schluss kommt der Bauer wegen ihrer beider Fehler zur Einsicht, dass der Ehefrieden am wichtigsten sei.

Die Charaktere der handelnden Personen sind holzschnittartig dargestellt:
Der verstorbene, erste Mann der Bäuerin war nach dem Urteil seiner Frau „einfältig und frumm", der zweite „ist karg und will werden reich, er kratzt und spart zusamm' das Gut", er ist aber auch gewalttätig, er will: „dann mein Weib mit Fäusten schlagen, dass blau ihr Auge werden soll". Dennoch kommt er zur Einsicht: „denn auch der Mann kommt wohl in Schuld".
Die Bäuerin selbst ist einfältig, naiv, sie verwechselt die Stadt Paris mit dem Paradies, ihr Mann hat eine üble Meinung von ihr: „ein Trampeltier; du glotzest wie ein Kalb mich an; ein Esel, Stockfisch, halber Narre, das dümmste Weib in unsrer Pfarre; ganz ohn' Verstand, Vernunft und Sinn, geht wie ein Vieh sie toll dahin." Doch auch positive Seiten kann der Bauer an ihr erkennen: Sie ist „treu mit frohem Mut".
Das Stück, das auch heute noch gern aufgeführt wird, verdankt seine Beliebtheit der knappen, gut spielbaren Form, der ungeschminkten Darstellung von Leben und Sitten im 16. Jahrhundert und der derben, bildhaften Sprache, nach Hans Sachs: „nit zu grob noch unverschemt".

5. Die Renaissance

Mit dem Ende der höfischen Kultur des Hochmittelalters verlor die gemeinsame Schriftsprache, das Mittelhochdeutsche, weiter an Bedeutung. Die politischen Instanzen, vor allem die kaiserliche Kanzlei in Prag und die der Kurfürsten in Sachsen, hatten aber großes Interesse daran, dass die Untertanen Erlasse und Verfügungen auch lesen, verstehen und danach handeln konnten. In Ostmitteldeutschland bildete sich bereits ab dem 14. Jahrhundert auf größerem Gebiet ein Wortschatz heraus, der einem bei Luther begegnet. Diese Sprache, die als Vorläufer des Neuhochdeutschen gelten kann, wurde auch von der kursächsischen Kanzlei in Meißen verwendet.

In der „Schule von Athen" veranschaulicht der italienische Maler Raffael die Philosophie mit den beiden wichtigsten antiken Philosophen Platon und Aristoteles in der Mitte.

Die „schwarze Kunst" blühte um 1500 auf, die Drucker verwendeten das Frühneuhochdeutsche um ihre Erzeugnisse auch in entfernteren Gebieten verkaufen zu können. Diese junge Sprache hatte jedoch eine starke Konkurrenz: Noch 1520 waren 90 % der Schriften auf Lateinisch geschrieben, der Sprache der Gebildeten. Bereits im 14. Jahrhundert begannen die Menschen in Italien die Kunst und Kultur der Antike wieder zu entdecken.

Diese „Wiedergeburt", auf Französisch Renaissance genannt, führte zu einer Art geistigen Revolution. Traditionen wie die der Kirche wurden immer mehr in Frage gestellt. Das wachsende Selbstbewusstsein brachte es mit sich, dass die Gebildeten den Menschen in den Mittelpunkt ihres Denkens stellten. Daher wurde diese neue Weltsicht Humanismus (lateinisch humanum = das Menschliche) genannt. Bedeutendster Gelehrter seiner Zeit war der Humanist Erasmus von Rotterdam.

Die Beschäftigung der Gelehrten mit den Werken antiker Philosophen wie zum Beispiel dem des Aristoteles förderte die Hinwendung zu den alten Sprachen. Latein war die Weltsprache der Gebildeten.

Um in Deutschland die neue Hochsprache, das Neuhochdeutsche, überall zu verbreiten bedurfte es eines Werkes, das wirklich alle Menschen lasen, die damals überhaupt lesen konnten (und das waren etwa 3 % der Bevölkerung): der Bibel.

6. Martin Luther

1483 im thüringischen Eisleben geboren, wurde er gegen den Willen des Vaters 1505 Augustinermönch und lehrte als Professor ab 1512 Theologie an der Universität Wittenberg. Die damaligen Praktiken des Ablasshandels, das heißt der Erlass von Sündenstrafen gegen Geld, erregte jedoch bald seine Kritik. 1517 veröffentlichte Luther darüber seine berühmten 95 reformatorischen Thesen. Mit der katholischen Kirche in Konflikt geraten, verbrannte er 1520 inmitten seiner Anhänger eine päpstliche Bannandrohungsbulle, in der er vor dem Ausschluss aus der Kirche gewarnt wurde.

Im gleichen Jahr entstanden die großen Reformschriften Luthers: „An den christlichen Adel deutscher Nation"; „Von der babylonischen Gefangenschaft der Kirche" und „Von der Freiheit eines Christenmenschen".

Die Druckereien konnten nach Gutenbergs Erfindung der aus Blei gegossenen beweglichen Lettern Mitte des 15. Jahrhunderts die Überzeugungen Luthers verbreiten und machten den Inhalt und damit Luthers ostmitteldeutsche Sprache in ganz Deutschland auf **Flugschriften** (den Vorläufern der Zeitungen) bekannt.

Das gilt in noch stärkerem Maß für die Bibelübersetzung, die Luther 1522 nach dem Reichstag von Worms auf der Wartburg begann.

Luthers Bibelübersetzung unterscheidet sich grundlegend von der seiner Vorgänger. Diese hatten sich auf eine frühchristliche Übersetzung ins Lateinische gestützt, die Vulgata, übersetzten also einen bereits übersetzten Text in eine dritte Sprache. Aus Angst das Wort Gottes zu verfälschen wurde vielfach Wort für Wort entsprechend der lateinischen Satzkonstruktionen übersetzt, worunter die Verständlichkeit im Deutschen sehr litt. Luther hingegen griff auf den hebräischen und griechischen Urtext zurück und versuchte den Text einzudeutschen ohne dessen Sinn zu verfälschen.

In seinem „Sendbrief vom Dolmetschen" (1530) erklärt Luther seine Sprache, seine Übersetzungstechniken und Mühen:

Buchdruckerwerkstätten ermöglichten zu Beginn des 16. Jahrhunderts durch die Erfindung Gutenbergs die Herstellung ganzer Bücher.

Ich habe keine (...) eigene Sprache im Deutschen, sondern brauche der gemeinen deutschen Sprache, dass mich beide, Ober- und Niederländer, verstehen mögen. Ich rede nach der sächsischen Kanzlei, welcher nachfolgen alle Fürsten und Könige in Deutschland. (...)
Ich hab mich des geflissen im Dolmetschen, dass ich rein und klar Deutsch geben möchte. Und ist uns wohl oft begegnet, dass wir vierzehn Tage, drei, vier Wochen haben ein einziges Wort gesucht und gefragt, habens dennoch zuweilen nicht funden. (...) Lieber, nu es verdeutscht und bereit ist, kanns ein jeder lesen und meistern (...) wird nicht gewahr, welche Wacken und Klötze da gelegen sind, da er itzt über hin gehet wie über ein gehoffelt Brett. (...)
(...) Als wenn Christus spricht: „Ex abundantia cordis os loquitur". Wenn ich den Eseln (Luthers Vorgänger beim Übersetzen; die Verf.) soll folgen, die werden (...) also dolmetschen: „Aus dem Überfluss des Herzens redet der Mund". Sage mir, ist das deutsch geredt? Welcher Deutscher verstehet solchs? Was ist „Überfluss des Herzens" für ein Ding? (...) „Überfluss des Herzens" ist kein Deutsch, so wenig, als das Deutsch ist: (...) „Überfluss des Kachelofens, Überfluss der Bank", sondern also redet die Mutter im Haus und der gemeine Mann: „Wes das Herz voll ist, des gehet der Mund über!" (...)
Das heißt gut Deutsch geredt. (...) Denn man muss nicht die Buchstaben in der lateinischen Sprachen fragen, wie man soll Deutsch reden, wie diese Esel tun, sondern man muss die Mutter im Haus, die Kinder auf der Gassen, den gemeinen Mann auf dem Markt drumb fragen und denselbigen auf das Maul sehen, wie sie reden und darnach dolmetschen, so verstehen sie es denn und merken, dass man Deutsch mit ihnen redet.

Der junge Luther als Mönch, Kupferstich von Lukas Cranach d. Ä. von 1520

Der Erfolg der Lutherbibel war enorm: Von 1522 bis 1534 erschienen 85 Auflagen des Neuen Testaments, bis 1534 die ganze Bibel in Luthers Übersetzung vorlag. Ein Wittenberger Buchdrucker verkaufte allein in 50 Jahren 100.000 Exemplare trotz eines Preises, der den Jahreslohn einer Dienstmagd ausmachte, nämlich zwei Gulden acht Groschen. Ganze Generationen lernten mit der Lutherbibel das Lesen, auch die katholische Seite stützte sich bald bei Neuausgaben auf Luthers Übersetzung. Luther hat zwar das Neuhochdeutsche nicht entwickelt – die Sprachentwicklung verläuft über Generationen –, doch ihm höchst wirkungsvoll den Weg durch ganz Deutschland zur gemeinsamen Hochsprache gebahnt.

Aus der ersten, 1446 in Straßburg gedruckten Bibel:

13. Und er sprach zuo in. es ist geschriben: mein haus ist geroufen ein haus des gebets: wann ir habt es gemacht ein gruob der diebe.
14. Und die blinden und die lamen gemachten sich zuo im in dem tempel und er gesunt sy.
15. Wann die fursten der pfaffen und die schreiber die sachen die wunder die er tet und die kind rieffen im tempel und sprachen: osanna der sun dauids: sie verunwürdigtens.

Luther-Bibel, Ausgabe 1546:

13. Und sprach zu inen. Es stehet geschrieben, Mein Haus sol ein Bethaus heissen, Ir aber habt eine Mördergrube draus gemacht.
14. Und es giengen zu jm Blinde und Lame im Tempel und er heilete sie.
15. Da aber die Hohenpriester und Schriftgelerten sahen die Wunder, die er thet, und die Kinder im Tempel schreien und sagen, Hosianna dem Sohn Davids, wurden sie entrüstet.

Christine de Pisan unterrichtet ihren Sohn.

Arbeitsvorschläge

1. Im „Helmbrecht" wird der Verfall des Rittertums aufgezeigt. Weise dies anhand geeigneter Textstellen nach.
2. Welches mittelalterliche Weltbild liegt dem „Helmbrecht" zugrunde?
3. Welcher Aspekt aus dem „Helmbrecht" ist heute noch aktuell?
4. Erkläre den Übergang von der mittel- zur neuhochdeutschen Sprache.
5. Worin unterscheidet sich die Lutherbibel von früheren Übersetzungen? Erläutere dies anhand des „Sendbriefs vom Dolmetschen".

Zusammenfassung

Zwischen dem 14. und 16. Jahrhundert erlebte Europa große gesellschaftliche Veränderungen: Niedergang des Rittertums und der höfischen Kultur, Aufkommen der Städte mit dem neuen Stand der Bürger. Diese Ereignisse hatten auch Auswirkungen auf die Sprache. Die mittelhochdeutsche Sprache verschwand allmählich, Dialekte herrschten wieder vor. Dennoch bestand die Notwendigkeit sich in der Verwaltung zu verständigen. In Ostmitteldeutschland entwickelte sich die sächsische Kanzleisprache, die Grundlage für Luthers Bibelübersetzung in der Reformationszeit wurde. Dieses Werk, das Luther 1522 auf der Wartburg begann, sorgte für die Verbreitung der neuhochdeutschen Sprache. Das lebensnahe Deutsch, das jeder Leser verstehen konnte, und die neuen Druckereien sorgten für eine rasche Ausbreitung.

Wichtige Begriffe:
Flugschrift – Fastnachtsspiel – Schwank

Geschichtlicher Hintergrund

um 1440	Erfindung des Buchdrucks mit beweglichen Lettern durch den Goldschmied Johann Gutenberg
um 1500	Die Fugger größte Bankherren in Europa
1517	Veröffentlichung der 95 Thesen gegen den Ablass durch Martin Luther
1519	Karl V. wird deutscher Kaiser
1522	Beginn von Luthers Bibelübersetzung
1534	Ausgabe der vollständigen Luther'schen Bibelübersetzung

Autoren und Werke

WERNHER DER GARTENAERE (Zweite Hälfte des 13. Jahrhunderts)
Helmbrecht

MARTIN LUTHER (1483–1546)
Bibelübersetzung
Sendbrief vom Dolmetschen
Zahlreiche Kirchenlieder

HANS SACHS (1494–1576)
Meisterlieder
Schauspiele
Fastnachtsspiele

VOLKSBÜCHER
Till Eulenspiegel
Die Schildbürger

Das „Memento mori" (Gedenke des Todes!) veranschaulicht die Vergänglichkeit alles Irdischen. Es ist ein Sinnbild für die Lebenseinstellung im Barockzeitalter.

1. Gesucht: ein Dichterleben im 17. Jahrhundert

Krankheiten: Es war eine Zeit, in der in Europa tödliche Krankheiten, wie Pocken, Tuberkulose, Diphtherie, Typhus, Brechruhr, Cholera und vor allem die Pest, Angst und Schrecken verbreiteten. Die ärztliche Kunst war noch wenig entwickelt, den Ärzten stand meist nur ein fragwürdiges Mittel zur Verfügung, der Aderlass. Gegen die Schmerzen der Kranken gab es keine Medikamente. Wenn die Pest – die Beulenpest oder die noch rascher sich verbreitende Lungenpest – ausbrach, herrschte vollkommenes Chaos; die Reichen versuchten zu fliehen, die Armen starben in ihren Elendsquartieren in sehr großer Zahl (Sterblichkeitsquote 95 %). „Diese Krankheit macht uns grausamer gegeneinander als Hunde!", schrieb ein Zeitzeuge. Eine von der Pest befallene Stadt war wie ausgestorben: strenges Ausgangsverbot für die Bewohner, Zusammenbruch des öffentlichen Lebens, nicht einmal mehr Gottesdienste in den Kirchen, dafür vielfach Leichenberge auf den Straßen.

Hinweis auf unseren Dichter: Als 17-Jähriger erlebte er in seinem Heimatland Schlesien eine Pestepidemie, an der die Hälfte der Bevölkerung starb.

Hunger: Selbst Frankreich, das in Europa am besten abschnitt, erlitt im 17. Jahrhundert elf katastrophale Hungersnöte, vergleichbar jenen, die heutzutage Afrika heimsuchen. Noch 1771 entschuldigen sich zwei Bauern, die Heu gestohlen haben: „Wir sterben vor Hunger. (...) Wir gestehen, dass wir allezeit ein wenig von diesem Heu mitgenommen, welches wir, um etwas zu essen zu haben, kochen ließen. (...)"
Verschärft wurde die Situation durch eine Klimaverschlechterung, die „kleine Eiszeit", die sich auch auf die Ernteerträge auswirkte. Die Ernährung bestand meist aus Brei und Brot, das, da nur alle zwei bis drei Monate gebacken wurde, oft schimmelig und hart war.

Pestkranke und Pesttote vor den Toren einer Stadt

Niedrige Lebenserwartung: Ein Drittel der Neugeborenen starb im ersten Lebensjahr, mit 40 Jahren galt man im 17. Jahrhundert als alt.

Hinweis auf unseren Dichter: Er verlor mit fünf Jahren seinen Vater, mit zwölf seine Mutter. In seiner eigenen Familie erreichte von sieben Kindern nur eines das Mannesalter.

Krieg: Zu alledem kam noch ein schrecklicher Krieg, der Dreißigjährige Krieg, der viele Gegenden Deutschlands verwüstete.

Hinweis auf unseren Dichter: Als Sechsjähriger erlebte er die Plünderung seiner Heimatstadt durch 8.000 Söldner, zwölfjährig die erneute Eroberung, 15-jährig wurde er Zeuge eines großen Stadtbrandes. Mit 22 Jahren verließ er sein Land um fast zehn Jahre später zurückzukehren und beim Wiederaufbau mitzuhelfen. Mittlerweile war er durch den Besuch einer Universität vielseitig gebildet. Dies war in der damaligen Zeit sehr wichtig, denn nur ein Universitätsstudium ermöglichte dem Bürgertum den sozialen Aufstieg.

Sein Werk: Mit 21 Jahren veröffentlichte er einen Gedichtband, später große Schauspiele.

Der Dichter heißt Andreas Gryphius und wurde 1616 im schlesischen Glogau geboren.

Was dürfte nach diesen Lebenserfahrungen im Mittelpunkt seines Werkes stehen?

Andreas Gryphius

Menschliches Elende
von Andreas Gryphius, entstanden 1637

Was sind wir Menschen doch? Ein Wohnhaus grimmer Schmerzen,
Ein Ball des falschen Glücks, ein Irrlicht dieser Zeit,
Ein Schauplatz herber Angst, besetzt mit scharfem Leid,
Ein bald verschmelzter Schnee und abgebrannte Kerzen.

Dies Leben fleucht davon wie ein Geschwätz und Scherzen.
Die vor uns abgelegt des schwachen Leibes Kleid
Und in das Totenbuch der großen Sterblichkeit
Längst eingeschrieben sind, sind uns aus Sinn und Herzen.

Gleich wie ein eitel Traum leicht aus der Acht hinfällt
Und wie ein Strom verscheußt, den keine Macht aufhält,
So muss auch unser Nam, Lob, Ehr und Ruhm verschwinden.

Was itzund Atem holt, muss mit der Luft entfliehn,
Was nach uns kommen wird, wird uns ins Grab nachziehn.
Was sag ich? Wir vergehn, wie Rauch von starken Winden.

Entsprechend dem Geist des Barockzeitalters sieht der junge Dichter das Leben sehr pessimistisch. Die Vergänglichkeit des irdischen Seins ist das Hauptmotiv dieses und vieler anderer seiner Gedichte. Ertragen lässt sich das Leben nur in der Zuversicht auf ein besseres Jenseits.

Das menschliche Schicksal wird in sprachliche Bilder übertragen, in **Metaphern**. Dies führt zu einer besonderen Eindringlichkeit, verstärkt dadurch, dass der Dichter den Leser einbezieht: „Was sind *wir* Menschen doch?"

Der Gebrauch von Metaphern ist ein wesentliches Stilelement der Barockdichtung und wurde als ein Spiel mit Begriffen verstanden. Je ungewöhnlicher diese Kombinationen in ihrer bildhaften Sprache ausfielen, desto größer konnte die Verblüffung, die Nachdenklichkeit des Lesers oder Zuhörers sein.

Gryphius schrieb seinen Lebenspessimismus in vielen Gedichten nieder, fast immer in der typischen Form des Barocks, nämlich im **Sonett** (von lateinisch „sonare" = tönen). Das Sonett ist eine ursprünglich italienische Gedichtform, die aus zwei vierzeiligen (Quartette) und aus zwei dreizeiligen Strophen (Terzette), insgesamt also aus 14 Zeilen, besteht. Die Quartette haben stets dasselbe Reimschema (abba, abba), das der Terzette variiert (cdc, cdc; cdc, dcd; cde, cde etc.). Die Quartette beschreiben eine Situation, in diesem Fall unser menschliches Leben, die Terzette bringen einen Neuansatz, eine Zukunftsperspektive: Wie wird es mit uns weitergehen?

Der Gedanke an das Bedeutungslose, an die Nichtigkeit (lateinisch „vanitas") alles Irdischen taucht schon im Alten Testament auf: „Eitelkeit über Eitelkeit! Alles ist eitel!" (Prediger Salomo)

Diese Lebenseinstellung wurde im Barock entsprechend der Zeitumstände sehr oft aufgegriffen. Insgesamt wirkt das noch sehr mittelalterlich, hier wie dort war man der Meinung, dass das Leben nur eine Durchgangsstation zum Jenseits, zur Ewigkeit sei.

(...) So wachsen wir auf Erden
und denken groß zu werden,
von Schmerz und Sorgen frei;
doch eh wir zugenommen
und recht zur Blüte kommen,
bricht uns des Todes Sturm entzwei. (...)

Eine barocke Totentanz-Darstellung

Aber der Gedanke an den Tod, an die Vergänglichkeit des menschlichen Lebens war nur die eine Seite dieses Zeitalters. Leicht nachvollziehbar ist auch die andere Seite barocken Lebens:
Wenn schon das Morgen gefährdet ist durch Krankheit und Tod, warum soll man dann nicht das Heute genießen?
Weltabgewandte Buße und Askese auf der einen, Genusssucht und Lebensgier auf der anderen Seite, bilden die entgegengesetzten Pole des Barockzeitalters. Entsprechend dem Begriffspaar These – Antithese (Gegenthese) wird diese Haltung barocke **Antithetik** genannt. Dieser Gegensatz ist in den Barockkirchen allgegenwärtig. Auf der einen Seite werden Glanz und Pracht durch vergoldete Stuckatur und blühendes Leben durch dralle kleine Engel (Putten) dargestellt, auf der anderen Seite fehlen in kaum einer Kirche dieser Zeit steinerne Totenköpfe als Zeichen der Vergänglichkeit. Auch wurde der grausige Schnitter Tod, ein Gerippe mit Sense, aus der Vorstellung des ausgehenden Mittelalters übernommen und als „memento mori" (Gedenke des Todes!) im Gemälde dargestellt. Insgesamt ist der Darstellungsreichtum des Barock, verglichen mit den klaren, fast strengen Formen der vorangehenden Renaissance, enorm.

„Die Herrlichkeit der Erden muss Staub und Asche werden!" – das ist das Motto, das allen Werken des Barockdichters Andreas Gryphius vorangestellt werden könnte. Andererseits finden sich in dieser Zeit viele Gedichte wie dieses:

Studentenlied
von Johann Christian Günther

Müdes Herz,
lass den Schmerz
mit dem Atem fahren!
Lebst du doch
jetzo noch
in den besten Jahren.
Toren denken vor der Zeit
an die Nacht der Eitelkeit;
gnug, wenn uns das Alter zwingt
und den Kummer mit sich bringt.

(...) Brüder, wir
sind jetzt hier,
und wer weiß wie lange?
Jeder Schritt
ist ein Tritt
zu dem letzten Gange.
Nehmt die Wollust zum Voraus
und besucht das Freudenhaus,
eh ein ungewisser Tag
uns die Bahre liefern mag.

Stuckatur im Passauer Dom

(...) Dieser Schluck,
dieser Trunk
geht auf das Vergnügen
derer, die
Schoß und Knie
fein gemächlich fügen.
Fort, ihr Brüder, trinkt
und schreit,
weil ihr noch in Leipzig seid
und man in der schönen Stadt
doch kein ewig Leben hat.

Der 1695 wie Gryphius in Schlesien geborene Johann Christian Günther steht für die andere, die dem Leben zugewandte Seite des Barock, obwohl sein eigenes Leben von Hunger und Not gekennzeichnet war. Er liebte die irdischen Freuden und verherrlichte sie in seinen Trink- und Tabaksliedern, aber auch in seiner Liebeslyrik. Diese nimmt übrigens auch bei anderen Barockdichtern einen breiten Raum ein und ist gekennzeichnet von recht konkreten und detaillierten Darstellungen der Liebeslust.
Günther lebte nur für die Dichtkunst, einmal verfasste er im Winter, in einem ungeheizten Dachstuhl hausend, in 24 Stunden 2.000 Verse. Alles, was sein Leben betraf, vor allem sein Unglück in der Liebe, schrieb er sich in Versen von der Seele. Erstmals kann man von **Erlebnislyrik** sprechen. Thema seines Werkes war vor allem die große, an materiellen Nöten gescheiterte Liebe zu Leonore Jachmann.

Abschiedsaria

Schweig du doch nur, du Hälfte meiner Brust;
denn was du weinst, ist Blut aus meinem Herzen.
Ich taumle so und hab an nichts mehr Lust
als an der Angst und den getreuen Schmerzen,
womit der Stern, der unsere Liebe trennt, die Augen brennt (...)

Mit so genannten Brotberufen, wie dem eines Juristen oder Mediziners, wollte er sich nicht ausschließlich befassen. Ohne Unterstützung durch Freunde wäre er verhungert oder erfroren. Damals waren literarische Werke nicht urheberrechtlich geschützt, jeder Verleger konnte Raubdrucke anfertigen, der Dichter verdiente an seinem Werk kaum etwas. Entweder hatte er einen reichen Gönner, der ihn unterstützte, oder er war auf Aufträge angewiesen, Hochzeitsgedichte und Grablieder zu schreiben – bestellte Gebrauchslyrik, die schlecht bezahlt wurde. Die andere dunkle Seite seines kurzen Lebens war die strikte Ablehnung durch den Vater, der für den in seinen Augen nutzlosen Beruf eines Dichters keinerlei Verständnis aufbrachte und den Sohn schließlich verstieß, weil der sein Medizinstudium nicht abschloss. Bis zu seinem frühen Tod durch Not und Elend versuchte der Dichter vergeblich eine Aussöhnung herbeizuführen. Schon frühzeitig legte er seine Grabinschrift fest:

Hier starb ein Schlesier, weil Glück und Zeit nicht wollte,
dass seine Dichterkunst zur Reife kommen sollte;
mein Pilger lies geschwind und wandre deine Bahn,
sonst steckt dich auch sein Staub mit Lieb und Unglück an.

2. Gesucht: ein weiterer Dichter im 17. Jahrhundert

Der Dreißigjährige Krieg (1618–1648) begann als Glaubenskrieg zwischen Protestanten und Katholiken, bald aber mischten sich die europäischen Großmächte ein und Kämpfe um die Ausdehnung der Herrschaftsbereiche standen im Vordergrund. Der Krieg spielte sich auf deutschem Boden ab, große Teile des Landes wurden verwüstet. Vor allem die Jahre von 1635 bis 1648 waren für manche Teile Deutschlands entsetzlich. Getreu dem Motto des kaiserlichen Feldherrn Wallenstein, dass der Krieg den Krieg ernähren müsse, wurden Söldner in Dörfern und Städten einquartiert. Sie raubten die Bewohner oft völlig aus. Vorräte wurden geplündert, die Bewohner nicht selten gefoltert, vergewaltigt und ermordet. Anschließend wurde oft das ganze Dorf in Brand gesteckt. Nachdem die großen Feldherren Tilly, Wallenstein und König Gustav Adolf von Schweden gefallen waren, durchstreiften führerlose, nun völlig undisziplinierte Söldnergruppen mordend und sengend das Land.

Es verwundert nicht, dass durch Krieg, Hunger und Seuchen ganze Gebiete zeitweise menschenleer wurden, dass die Bevölkerung in Deutschland von etwa 15–17 Millionen vor dem Krieg auf 10–11 Millionen Menschen im Jahr 1648 zurückging.

Besonders verzweifelt war die wirtschaftliche Lage der Bauern, die die Hauptlast des Krieges zu tragen hatten und dazu noch unter Missernten litten.

Während des Dreißigjährigen Krieges zogen oft fahrende Händlerinnen mit den Heeren und boten den Soldaten ihre Waren an. Das Leben einer solchen Händlerin behandelt Bertolt Brecht in seinem Stück „Mutter Courage und ihre Kinder. Eine Chronik aus dem Dreißigjährigen Krieg“, das 1939 entstand. Die Abbildung zeigt eine Szene aus dem Stück mit Helene Weigel in der Titelrolle.

Hinweis auf unseren Dichter: 1621 oder 1622 wurde er im hessischen Gelnhausen geboren. 1634 musste er die Plünderung und Brandschatzung seiner Heimatstadt erleben. Dies war für ihn Anlass, die Leiden der Bevölkerung darzustellen. In seinem Hauptwerk, dem Roman „Der abenteuerliche Simplicissimus", schildert er den Überfall von Soldaten auf einen Bauernhof:

Das Erste, das diese Reuter taten, war, dass sie ihre Pferd einstellten, hernach hatte jeglicher seine sonderbare Arbeit zu verrichten, deren jede lauter Untergang und Verderben anzeigte, denn obzwar etliche anfingen zu metzgen, zu sieden und zu braten, dass es sah, als sollte ein lustig Bankett gehalten werden, so waren hingegen andere, die durchstürmten das Haus unten und oben (...); andere machten von Tuch, Kleidungen und allerlei Hausrat große Päck zusammen, als ob sie irgends ein Krempelmarkt anrichten wollten, was sie aber nicht mitzunehmen gedachten, wurde zerschlagen, etliche durchstachen Heu und Stroh mit ihren Degen, als ob sie nicht Schaf und Schwein genug zu stechen gehabt hätten, etliche schütteten die Federn aus den Betten, und fülleten hingegen Speck, andere dürr Fleisch und sonst Gerät hinein, als ob alsdann besser darauf zu schlafen gewesen wäre. Andere schlugen Ofen und Fenster ein, gleichsam als hätten sie ein ewigen Sommer zu verkündigen (...), Hafen und Schüsseln musste endlich alles entzwei, entweder weil sie lieber Gebraten aßen, oder weil sie bedacht waren, nur ein einzige Mahlzeit allda zu halten; unser Magd ward im Stall dermaßen traktiert, dass sie nicht mehr daraus gehen konnte, (...) den Knecht legten sie gebunden auf die Erd, stecketen ihm ein Sperrholz ins Maul, und schütteten ihm einen Melkkübel voll garstig Mistlachenwasser in Leib, das nenneten sie ein Schwedischen Trunk, (...) einem andern machten sie ein Seil um den Kopf und drehten es mit einem Bengel zusammen, dass ihm das Blut zu Mund, Nas und Ohren heraus sprang. In Summa, es hatte jeder seine eigene Invention, die Bauren zu peinigen, und also auch jeder Bauer seine sonderbare Marter.

Er geriet selbst ab 1635 in die Kriegswirren, wurde Soldat in kaiserlichen Diensten in Westfalen, wechselte zwei Jahre später das Regiment, stieg vom Musketier zum Schreiber in der Regimentskanzlei auf und nahm kurz vor Kriegsende noch einmal als Sekretär an

Das satirische Titelbild des „Simplicissimus", ein Kupferstich

einem Feldzug in Bayern teil. Erst nach Beendigung des Krieges verlief sein Leben in geordneteren Bahnen: 1649 heiratete er in Offenburg die Tochter eines angesehenen Ratsherrn, was nicht nur einen gesellschaftlichen Aufstieg bedeutete, sondern auch den Übergang vom unruhigen Soldatenleben in die Sesshaftigkeit eines bürgerlichen Standes. Vom Schaffner (Vermögensverwalter) und Gastwirt stieg er zum Schultheiß (Gerichtsvollzieher, Polizist und Dorfrichter in einer Person) auf. Im badischen Renchen wurde er Beamter des Bischofs von Straßburg.

Ab 1673 wurde der Oberrhein wieder Kriegsschauplatz, worauf sich unser Dichter erstaunlicherweise abermals zum Kriegsdienst meldete, jedoch bereits 1676 im Kreis seiner Familie starb.

Wie reagiert eine Person, die die ersten 25

Lebensjahre nur Plünderungen und Totschlag erlebt hat?
Hans Jakob Christoffel von Grimmelshausen verarbeitete zahlreiche eigene Erlebnisse im „Abenteuerlichen Simplicissimus", der 1669 zum ersten Mal erschien. Sein Roman hat also stark autobiografische Züge.
Grimmelshausen teilte zwar die pessimistische Lebenssicht des Barockdichters Gryphius, seines Zeitgenossen, versuchte aber die Gräueltaten des Dreißigjährigen Krieges auf satirisch-ironische Art zu bewältigen. **Ironie** (griechisch: Verstellung) ist eine Redeweise, die etwas anderes meint als das, was ausgedrückt wird. Das entsetzliche Geschehen bei dem Überfall auf den Bauernhof im „Abenteuerlichen Simplicissimus" wird zum Beispiel so dargestellt, dass manches fast lustig klingt: „Andere schlugen Ofen und Fenster ein, gleichsam als hätten sie ein ewigen Sommer zu verkünden (...)"
Die Ansicht, dass die Verhältnisse dieser Welt nur durch Satire und Spott zu verkraften seien, findet sich im 20. Jahrhundert bei vielen Autoren wieder.
Eine **Satire** übt durch Übertreibung, Ironie und Spott Kritik an Personen und Ereignissen und entlarvt dabei kleinliche und schlechte menschliche Eigenschaften. Grimmelshausens satirische Sichtweise wird nicht nur inhaltlich deutlich, sie zeigt sich auch in dem Kupferstich des Titelblattes (S. 56), das vielleicht sogar vom Autor selbst ausgewählt wurde. Diese Figur hat Ähnlichkeit mit den „Satyren" (Waldgötter), deren Oberkörper als Mensch mit Hörnern und langen, spitzen Ohren dargestellt wird. Im 17. Jahrhundert dachte man fälschlicherweise, dass der Begriff Satire nicht aus dem lateinischen „satura" (eine mit Früchten gefüllte Opferschale), sondern von diesen Satyrgestalten stamme. In dieser Figur zeigen sich die gegensätzlichen Prinzipien und Sichtweisen der Barockzeit: Der Mensch ist von seinem Wesen her nicht nur Mensch, sondern zugleich Tier und Teufel. Interessant ist außerdem die Haltung der linken Hand, die eine gezielte Verhöhnungsgeste zeigt und auf den Inhalt des „Simplicissimus" hinweist.

Hans Jakob Christoffel von Grimmelshausen

Simplicius, das heißt der Einfältige, wird als zehnjähriges Kind vom Bauernhof im Spessart durch plündernde Soldaten vertrieben, gelangt zu einem Einsiedler und macht bei ihm seinem Namen alle Ehre:

Einsiedel: Wie heißest du?
Simplicius: Ich heiße Bub.
Einsiedel: Ich sehe wohl, dass du kein Mägdlein bist, wie hat dir aber dein Vater und Mutter gerufen?
Simplicius: Ich habe keinen Vater oder Mutter gehabt.
Einsiedel: Wer hat dir denn das Hemd geben?
Simplicius: Ei mein Meuder.
Einsiedel: Wie heißet dich denn dein Meuder?
Simplicius: Sie hat mich Bub geheißen, auch Schelm, (...) ungeschickter Tölpel und Galgenvogel.
Einsiedel: Wer ist denn deiner Mutter Mann gewesen?
Simplicius: Niemand.
Einsiedel: Bei wem hat denn dein Meuder des Nachts geschlafen?
Simplicius: Bei meinem Knan.
Einsiedel: Wie hat dich denn dein Knan geheißen?
Simplicius: Er hat mich auch Bub genennet.
Einsiedel: Wie hieß aber dein Knan?

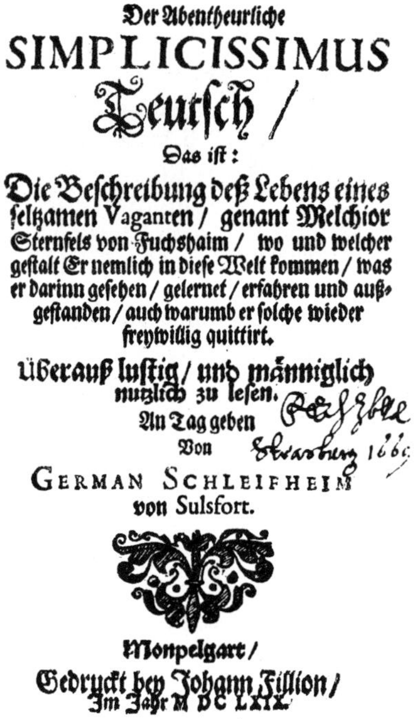
Der Abentheurliche
SIMPLICISSIMUS
Teutsch /
Das ist:
Die Beschreibung deß Lebens eines seltzamen Vaganten / genant Melchior Sternfels von Fuchshaim / wo und welcher gestalt Er nemlich in diese Welt kommen / was er darinn gesehen / gelernet / erfahren und außgestanden / auch warumb er solche wieder freywillig quittirt.
Überauß lustig / und männiglich nutzlich zu lesen.
An Tag geben
Von
GERMAN SCHLEIFHEIM
von Sulsfort.
Mompelgart /
Gedruckt bey Johann Fillion /
Im Jahr M DC LXIX.

Titelseite des „Simplicissimus", 1669 (links). Titelbild einer Ausgabe des „Simplicissimus" von 1670 (rechts)

Simplicius: Er heißt Knan.
Einsiedel: Wie hat ihm aber dein Meuder gerufen?
Simplicius: Knan, und auch Meister.
Einsiedel: Hat sie ihn niemals anders genennet?
Simplicius: Ja, sie hat.
Einsiedel: Wie denn?
Simplicius: Rülp, grober Bengel, volle Sau, alter Scheißer, und noch wohl anders, wenn sie haderte.
Einsiedel: Du bist wohl ein unwissender Tropf, dass du weder deiner Eltern noch deinen eignen Namen nicht weißt!
Simplicius: Eia, weißt dus doch auch nicht.
Einsiedel: Kannst du auch beten?
Simplicius: Nein, unser Ann und mein Meuder haben als das Bett gemacht.
Einsiedel: Ich frage nicht hiernach, sondern ob du das Vaterunser kannst?
Simplicius: Ja ich.
Einsiedel: Nun so sprichs denn.
Simplicius: Unser lieber Vater, der du bist Himmel, heiliget werde Nam, zu kommes d'Reich, dein Will scheh Himmel ad Erden, gib uns Schuld, als wir unsern Schuldigern geba, führ uns nicht in kein bös Versucha, sondern erlös uns von dem Reich, und die Kraft, und die Herrlichkeit, in Ewigkeit, Ama. (...)
Einsiedel: Ach gütiger Gott, nun erkenne ich erst, was für eine große Gnad und Wohltat es ist, wem du deine Erkenntnis mitteilest, und wie gar nichts ein Mensch sei, dem du solche nicht gibst: Ach Herr verleihe mir deinen heiligen Namen also zu ehren, dass ich würdig werde, um diese hohe Gnad so eifrig zu danken, als freigebig du gewesen mir solche zu verleihen.

Der Einsiedler ist, wie sich später herausstellt, sein eigentlicher Vater. Bei ihm soll Simplicius „aus einer Bestia zu einem Christenmenschen" werden. Er bekommt drei Lehren mit auf den Weg: „sich selbst erkennen, böse Gesellschaft meiden und beständig verbleiben". Simplicius gelangt nach dem Tod des Einsiedlers in die Obhut des Stadtkommandanten von Hanau und wird wegen seiner Naivität zum Narren, den man in ein Kalbsfell steckt. In dieser Verkleidung sagt Simplicius in seiner Unschuld jedem die Wahrheit ins Gesicht. Eines Tages wird er von Kroaten entführt und von einem Hofmeister ausgebildet. Mit dem Sohn des Hofmeisters, Herzbruder, freundet sich Simplicius an. Den Winter verbringt er als Knecht eines Dragoners in einem Kloster, wo er sich geistig fortbildet. Danach stellt er sich in den Dienst kaiserlicher Truppen und kommt als „Jäger von Soest" zu großen Schätzen. Auf diesem Höhepunkt seines Lebens gerät er in schwedische Gefangenschaft, wird in Lippstadt zu einer Ehe gezwungen und es verschlägt ihn über Köln bis nach Paris. Am französischen Königshof betätigt er sich wegen seiner Schönheit als Mann für gewisse Stunden. Dadurch bekommt er aber sowohl die Syphilis (eine Geschlechtskrankheit) als auch die Pocken, verliert seinen Besitz, hilft sich mehr schlecht als recht als Quacksalber weiter und sinkt schließlich tief herab, indem er Komplize eines Strauchdiebs und Raubmörders wird. Mit seinem wieder gefundenen und mittlerweile heruntergekommenen Freund Herzbruder pilgert er nach Maria Einsiedeln, zu einer Kur nach Baden und kommt schließlich nach Wien, wo er Hauptmann wird. Seine Krankheit zwingt ihn erneut zu einer Kur, diesmal im Schwarzwald. Dort erhält er die Nachricht vom Tod seiner Frau und heiratet daraufhin eine Bäuerin. Simplicius trifft auch seinen Stiefvater „Knan" wieder, erfährt seinen wahren Namen Melchior Sternfels von Fuchshaim und damit seine adelige Herkunft. Seine zweite Frau verfällt der Trunksucht, woraufhin sich Simplicius mit einem Oberst nach Russland begibt. Durch unglückliche Umstände verschlägt es ihn um die ganze Welt, bis er sich nach drei Jahren schließlich in den Schwarzwald wie zu Beginn seines Lebens als Einsiedler zurückzieht. Der Dreißigjährige Krieg ist zwar mittlerweile beendet, doch Simplicius erkennt, dass er sich nur wenig an die Lehren des Einsiedlers gehalten und sein Leben eigentlich verspielt hat:

Da sagte ich zu mir selber: „Dein Leben ist kein Leben gewesen, sondern ein Tod; deine Tage ein schwerer Schatten, deine Jahr ein schwerer Traum, deine Wollüst schwere Sünden, deine Jugend eine Fantasei und deine Wohlfahrt ein Alchimistenschatz, der zum Schornstein hinausfährt und dich verlässt, ehe du dich dessen versiehest! Du bist durch viel Gefährlichkeiten dem Krieg nachgezogen und hast in demselbigen viel Glück und Unglück eingenommen, bist bald hoch bald nieder, bald groß bald klein, bald reich bald arm, bald fröhlich bald betrübt, bald beliebt bald verhasst, bald geehrt und bald veracht gewesen: Aber nun du o meine arme Seel was hast du von dieser ganzen Reis zu Wegen gebracht? Dies hast du gewonnen: Ich bin arm an Gut, mein Herz ist beschwert mit Sorgen, zu allem Guten bin ich faul, träg und verderbt, und was das Allerelendeste, so ist mein Gewissen ängstig und beschwert, du selbsten aber bist mit vielen Sünden überhäuft und abscheulich besudelt! Der Leib ist müd, der Verstand verwirret, die Unschuld ist hin, meine beste Jugend verschlissen, die edle Zeit verloren, nichts ist, das mich erfreuet, und über dies alles bin ich mir selbst Feind. Als ich nach meines Vaters seligem Tod in diese Welt kam, da war ich einfältig und rein, aufrecht und redlich, wahrhaftig, demütig, eingezogen, mäßig, keusch, schamhaftig, fromm und andächtig; bin aber bald boshaftig, falsch, verlogen, hoffärtig, unruhig und überall ganz gottlos worden, welche Laster ich alle ohne einen Lehrmeister gelernet; ich nahm meine Ehr in Acht, nicht ihrer selbst, sondern meiner Erhöhung wegen; ich beobachtet die Zeit, nicht solche zu meiner Seligkeit wohl anzulegen, sondern meinem Leib zunutz zu machen; ich hab mein Leben vielmal in Gefahr geben und hab mich doch niemal beflissen solches zu bessern, damit ich auch getrost und selig sterben könnte; ich sah nur auf das Gegenwärtige und meinen zeitlichen Nutz und gedachte nicht einmal an das Künftige, viel weniger dass ich dermaleins vor Gottes Angesicht müsste Rechenschaft geben!"
Mit solchen Gedanken quälte ich mich täglich.

An dieser Einstellung ändert auch eine Fortsetzung (Continuatio) nichts, in der sich Simplicius noch einmal auf eine Weltreise begibt, sich aber am Ende doch wieder als Einsiedler auf eine einsame Insel zurückzieht.
Grimmelshausens Roman hat seine Wurzeln in den spanischen **Schelmenromanen**. Viele Abenteuer des „Simplicissimus" erinnern an Cervantes' „Don Quijote". In der Bilanz am Ende des Buches wird das typische antithetische barocke Lebensgefühl deutlich: Das Leben, das Glück und Unglück zugleich bringt, wird mit dem Tod gleichgesetzt. Der Mensch erkennt sich sowohl als redlich und fromm, aber noch viel stärker als verderbt, sündhaft

und erlösungsbedürftig und sieht in banger Erwartung dem Jüngsten Gericht entgegen. Simplicissimus' Weltabsage ist keine bewusste Buße, sondern eher ein Zeichen von Resignation wegen der Situation in Deutschland. Grimmelshausen schildert diesen Krieg weder als Kampf um die Vormacht in Europa noch als Religionskrieg, sondern betrachtet ihn aus der Perspektive eines Betroffenen, der wie ein Spielball umhergetrieben wird und dem es gleichgültig ist, ob eine Stadt, ein Dorf oder ein Bauernhof von kaiserlichen oder schwedischen Truppen überfallen wird.

„Der abenteuerliche Simplicissimus" kann als Vorstufe eines Entwicklungsromans gesehen werden: Simplicius' innerer und äußerer Werdegang wird bis zu einer gewissen Reifung der Persönlichkeit verfolgt. Das Streben und Irren des Helden entspricht der Sicht der Barockzeit. Der Held wird in das Leben hineingeworfen und muss sich bewähren. Für einen modernen Entwicklungsroman fehlt aber noch ein wichtiges Merkmal: Die Handlung müsste in folgerichtiger Weise vorhandene Anlagen eines Menschen entwickeln. Simplicius gelangt dagegen oft zufällig von einem Abenteuer zum anderen. Dies zeigen auch die von Grimmelshausen gewählten Kapitelüberschriften, wie zum Beispiel:

- Simplicii Reiterleben, und was er bei den Kroaten gesehen und erfahren (2. Buch)
- Simplicius überstehet ein unlustig Bad im Rhein (4. Buch)

Der Roman hat zahlreiche Parallelen zum „Parzival": Beide Helden leben in ihrer Kindheit als einfältige, naive Toren in Abgeschiedenheit. Parzival erreicht aber durch bestandene Abenteuer und menschliche Einsicht ein höfisch-christliches Ideal. Simplicius dagegen entschließt sich in einer verderbten Welt nach scheinbarem Erfolg, der sich aber nur auf Plünderungen und Totschlag gründet, zur Weltflucht als Einsiedler und erlangt damit die höchste Erkenntnis des Barocks.

„Der abenteuerliche Simplicissimus" erreichte bereits im 17. Jahrhundert große Popularität. Innerhalb von wenigen Jahren erschienen sechs Auflagen. Grimmelshausen selbst schrieb noch zahlreiche kleinere Erzählungen, die später unter dem Titel „Simplicianische Schriften" zusammengefasst wurden. Der Erfolg des „Simplicissimus" regte auch andere zeitgenössische Autoren an, den Begriff zu verwenden.

Der Dreißigjährige Krieg und Grimmelshausens Werk haben Auswirkungen bis ins 20. Jahrhundert. Friedrich Schiller griff in seinem Drama „Wallenstein" einen der Hauptakteure des großen Krieges heraus, und später, zu Beginn des 20. Jahrhunderts, verfasste die Schriftstellerin Ricarda Huch ein Werk über den Dreißigjährigen Krieg unter dem Titel „Der große Krieg". Bertolt Brechts Drama „Mutter Courage und ihre Kinder" spielt in derselben Zeit.

1896 wurde in München unter dem Namen „Simplicissimus" eine satirische politische Zeitschrift gegründet, die vor allem in der Kaiserzeit und während der Weimarer Republik schärfste Gesellschaftskritik übte.

Titelbild einer Ausgabe der Zeitschrift „Simplicissimus" aus dem Jahr 1906

Jacob Ochtervelt (?),
Der Liebesantrag an die Lesende

Arbeitsvorschläge

1. Lebensumstände können die Dichtung eines Schriftstellers prägen. Erläutere dies am Beispiel von Gryphius und Grimmelshausen.
2. Was ist mit dem Begriff „barocke Antithetik" gemeint? Zeige dies am Titelbild dieses Kapitels auf.
3. Erkläre den Aufbau eines Sonetts anhand des Gedichts „Menschliches Elende".
4. Zeige am Quellentext „Überfall auf einen Bauernhof" satirisch-ironische Merkmale auf.
5. Welche Elemente des Entwicklungsromans finden sich im „Abenteuerlichen Simplicissimus", worin unterscheidet er sich von einem Entwicklungsroman?

Zusammenfassung

Die barocke Dichtung zeichnet sich durch zahlreiche sprachliche Bilder (Metaphern) und Vergleiche aus. Das Barockzeitalter war durch Pestepidemien und den schrecklichen Dreißigjährigen Krieg (1618–1648) geprägt. Dies zeigte den Menschen die Vergänglichkeit alles Irdischen und führte entweder zu einer stark pessimistischen Lebenseinstellung oder auf der anderen Seite zu Genusssucht und Lebensgier um sich der wenigen zur Verfügung stehenden Jahre zu erfreuen. Diese verschiedenen Haltungen bezeichnet man als barocke Antithetik. Im „Abenteuerlichen Simplicissimus" finden wir beide Elemente vereinigt: Nach zahlreichen wechselvollen Schicksalsschlägen wendet sich Simplicissimus als Einsiedler von der Welt ab.

Wichtige Begriffe:
Metapher – Sonett – Antithetik – Erlebnislyrik – Satire – Ironie – Schelmenroman

Geschichtlicher Hintergrund

1568–1575	Erste Barockkirche: Il Gesù in Rom
1618–1648	Dreißigjähriger Krieg
1643–1715	Ludwig XIV. in Frankreich
1640–1688	Friedrich Wilhelm I., der Große Kurfürst, in Brandenburg
1679–1726	Kurfürst Max Emanuel in Bayern
1683	Die Türken belagern Wien

Autoren und Werke

MARTIN OPITZ (1597–1639)
Buch von der Teutschen Poeterey

PAUL GERHARDT (1607–1676)
Kirchenlieder

ANDREAS GRYPHIUS (1616–1664)
Sonette: Menschliches Elende, Es ist alles eitel, Tränen des Vaterlandes
Tragödien und Lustspiele

CHRISTIAN HOFMANN VON HOFMANNSWALDAU (1617–1679)
Lyrik: Die Welt

HANS JAKOB CHRISTOFFEL VON GRIMMELSHAUSEN (1621–1676)
Der abenteuerliche Simplicissimus
Simplicianische Schriften

JOHANN CHRISTIAN GÜNTHER (1695–1723)
Studentenlieder

1783 starteten die Brüder Montgolfier vor begeisterten Zuschauern zum ersten Mal einen bemannten Heißluftballon.

1. Von dunklen Zeiten und neuen Ideen

Der Astronom Johannes Kepler (1571–1630) schuf mit den nach ihm benannten Gesetzen für die Berechnung der Planetenbahnen mit die Voraussetzungen für die moderne Naturwissenschaft. Dieses wissenschaftliche Genie des 17. Jahrhunderts konnte nur mit Mühe das Leben seiner Mutter retten: Sie sollte auf dem Scheiterhaufen verbrannt werden – als Hexe! Die Anklage warf der alten Frau zum Beispiel vor, dass sie durch verschlossene Türen gehen könne, dass sie zwei Kinder durch den bösen Blick getötet habe. Ihr Sohn, der kaiserliche Hofmathematikus, konnte seine Mutter nur dadurch retten, dass die Hexenjäger aufgrund seiner Stellung es nicht wagten, gleich zu foltern, sondern erst durch Herzeigen der grausigen Folterwerkzeuge die alte Frau zu einem Geständnis zwingen wollten. Diese aber blieb standhaft: „Und wenn man ihr auch jede Ader aus dem Leibe herausziehen würde, so würde sie doch nichts bekennen (...)“ Damit wurde der Prozess eingestellt, Keplers Mutter entlassen. Das Besondere an diesem Prozess ist nicht nur der glückliche Ausgang, sondern dass es zur damaligen Zeit nicht einmal ein derart angesehener und bedeutender Wissenschaftler in der Öffentlichkeit wagen konnte, den Hexenprozess als das hinzustellen, was er war, nämlich als Unsinn und Aberglauben. So weit verbreitet waren noch im 17. Jahrhundert in ganz Europa Hexenwahn und tiefe Unwissenheit.

Wer sich gegen den Hexenwahn stellte, war selbst sehr gefährdet. Niemand konnte sich dagegen wehren; selbst Adelige waren hier größtenteils machtlos. Unter der Folter wurden Namen genannt, die Betreffenden gefangen genommen, wieder wurden Namen genannt, und so entstand gleichsam ein Flächenbrand, der Tausende von Unschuldigen das Leben kostete. Nur der regierende Fürst konnte das Treiben beenden. Und das hing in hohem Maß davon ab, inwieweit er sich dem neuen, fortschrittlichen, sich langsam ausbreitenden Zeitgeist verbunden fühlte.

Links: Hexen wurde eine Verbindung mit dem Teufel nachgesagt, rechts: Darstellung einer Hexe, die Wein vergiftet

Die Entwicklung der bürgerlichen Gesellschaft

Längst hatte nämlich in Europa das Zeitalter der Wissenschaften begonnen: die Vorstellung, dass gerade das Denken die Einzigartigkeit des Menschen ausmache.
„Knowledge is power" könnte über dem Werk des großen englischen Wissenschaftlers Sir Francis Bacon stehen. „Cogito, ergo sum" = „Ich denke, also bin ich!" war das Motto des Franzosen René Descartes. „Nur ein Schilfrohr, das zerbrechlichste in der Welt, ist der Mensch, aber ein Schilfrohr, das denkt (...)", schrieb sein Landsmann Blaise Pascal.
Erst allmählich durchdrang der neue Geist das enge, noch mittelalterliche Weltbild. 1775 wurde in der Fürstabtei Kempten der letzte deutsche Hexenprozess geführt. In anderen Gebieten, in Preußen und Österreich, erst recht in Frankreich, wo Denis Diderot das gesamte Wissen seiner Zeit in seiner „Enzyklopädie" zusammenzutragen versuchte, war man stolz auf den geistigen Fortschritt. Am 19. September 1783 stieg der erste Heißluftballon der Gebrüder Montgolfier in Versailles auf. Bereits im November wagten die ersten Pioniere der Luftfahrt mitzufliegen. Hauptrisiko dabei waren die Bauern, die den landenden Ballon als „Werk Satans" mit Dreschflegeln zerfetzten.
Für die Gebildeten aber waren Verstand und Vernunft des Menschen das Maß aller Dinge. Sie galten als alleinige Erkenntnisquelle, das Zeitalter des **Rationalismus** begann. Das Selbstbewusstsein wuchs, man sah sich nicht mehr wie im Barock als eine dem Schicksal ausgelieferte sündige Kreatur. Die neue, vorurteilsfreie, verstandesbetonte Lebenseinstellung bezeichnete man als „aufgeklärt". Dem Bürgertum, politisch immer noch ohne Einfluss, verhalf der Merkantilismus, die Wirtschaftsform dieser Zeit, zu neuem Selbstbewusstsein. Reich geworden als Unternehmer, schickten die Bürger ihre Söhne auf die Universitäten und ihr Interesse an Bildung führte dazu, dass sich die Ideen der Philosophen und Denker stürmisch ausbreiteten. Man sah im aufgeklärten 18. Jahrhundert den strahlend-hellen Gegensatz zum „finsteren Mittelalter".

Bereits im 16. Jahrhundert hatte es ein optimistisches Zeitalter der Vernunft gegeben: den Humanismus. „Oh Jahrhundert, oh Literatur, es ist eine Lust zu leben!", jubelte Ulrich von Hutten, ein Zeitgenosse Luthers. Doch Reformation und Gegenreformation, Dreißigjähriger Krieg und daraus resultierendes Elend hatten es dahin gebracht, dass das Barockzeitalter ebenso wie das Mittelalter eine zutiefst pessimistische Epoche wurde.
Nun aber bewirkte der Glaube an Verstand und Vernunft eine große Fortschrittsgläubigkeit. Diese Welt – so beschwerlich es auch sein mochte in ihr zu leben – war nach Meinung des großen Mathematikers und Philosophen Gottfried Wilhelm Leibniz „die beste aller möglichen Welten". Mithilfe seines Verstandes und seiner Vernunft werde der Mensch – so glaubten Aufklärer – viel Leid und Elend verhindern können und einem gol-

Altes Weltbild

Glaube und Gefühl
jenseitige Welt
sündiger Mensch
Überlieferung (Schriften des Aristoteles)
Mutmaßungen (zum Beispiel Erde als Scheibe)
Ständegesellschaft (Klerus, Adel, Bürger)
Glaubenskämpfe
Absolutismus

Ideen der Aufklärung

Verstand und Wissen
diese, unsere Welt
selbstbewusster Mensch
empirische Methode (Newton): beobachten – verallgemeinern
experimentieren – Naturgesetz erkennen
Menschenrechte: Gleichheit, Freiheit aller Menschen
Toleranz der Religionen
moderner Verfassungsstaat

denen Zeitalter entgegengehen. Auch die Herrschenden wurden mehr oder weniger vom Geist der Aufklärung erfasst, am tiefsten wohl Friedrich II. von Preußen, der sich dem großen französischen Philosophen Voltaire freundschaftlich verbunden fühlte. Sein Selbstverständnis vom Herrscher lief darauf hinaus, dass der König „der erste Diener des Staates sein müsse", man spricht vom aufgeklärten Absolutismus.

Die neue Einstellung zum Leben verändert auch die Kunst, aus dem schweren, manchmal düsteren Barock wird das helle, heitere, elegant verspielte Rokoko.

Jahrzehntelang verwendete man den Begriff „Aufklärung". Erst im Jahr 1783, fast am Ende des aufgeklärten Jahrhunderts, wird in der „Berliner Monatsschrift" die grundlegende Frage gestellt:

Was ist Aufklärung?

Die beste Antwort auf diese Frage stammte von Immanuel Kant, einem der größten Philosophen Deutschlands:

Aufklärung ist der Ausgang des Menschen aus seiner selbstverschuldeten Unmündigkeit. Unmündigkeit ist das Unvermögen, sich seines Verstandes ohne Leitung eines anderen zu bedienen. Selbstverschuldet ist diese Unmündigkeit, wenn die Ursache derselben nicht am Mangel des Verstandes, sondern der Entschließung und des Mutes liegt, sich seiner ohne Leitung eines anderen zu bedienen. Sapere aude! Habe Mut, dich deines eigenen Verstandes zu bedienen! ist also der Wahlspruch der Aufklärung (...)

Der Weg zur neuen Kultur führt über Erziehung und Belehrung, die Literatur soll nicht das Elend der Welt beklagen, sondern die Welt verbessern.

Der Mann, der die deutsche Literatur auf die Höhe der englischen und französischen Dichtkunst führt, heißt Gotthold Ephraim Lessing.

Gotthold Ephraim Lessing im Jahr 1771, Gemälde von Anton Graff

2. Gotthold Ephraim Lessing

1729 Lessing wird in Kamenz (Sachsen) als Sohn eines evangelischen Pfarrers geboren. Schon früh entwickelt er Interesse für Bücher. Er besucht die Fürstenschule in Meißen, damals eine der besten Schulen Deutschlands. In Leipzig studiert er Theologie und Sprachwissenschaften. Als 18-Jähriger veröffentlicht er erste Gedichte und Erzählungen. Ein Jahr später wird Lessings erstes Lustspiel „Damon, der junge Gelehrte" von der bekannten Schauspielertruppe der Caroline Neuber erfolgreich uraufgeführt. Lessing nimmt kurz ein Medizinstudium auf, entschließt sich aber freier Schriftsteller zu werden, ein für die damalige Zeit finanziell riskanter Entschluss.

Um 1750 wird er Kunstkritiker für die „Berlinische Privilegierte Zeitung" und lernt die literarischen Größen der Zeit wie Moses Mendelssohn und Friedrich Nicolai kennen. Daneben übersetzt er die Schriften Voltaires und Friedrichs II. aus dem Französischen. In diesen Jahren erscheint eine Sammlung von Lessings Werken, darunter das erste bürgerliche Trauerspiel „Miss Sara Sampson", das er in sechs Wochen verfasst hatte. Lessing gilt bereits als berühmter Schriftsteller, hat aber kaum Einkünfte und ist auf die Unterstützung von Freunden angewiesen.

1756 Eine Reise nach England bricht er in Ams-

terdam ab. Stattdessen arbeitet er an einem deutschen Wörterbuch. „Briefe, die neueste Literatur betreffend" erscheinen. Während des Siebenjährigen Krieges ist Lessing Sekretär des Generals von Tauentzien.
1767 In dem Lustspiel „Minna von Barnhelm" klingt Kritik am Krieg und an den Verhältnissen in Preußen an.
Bis 1770 arbeitet er am Nationaltheater in Hamburg als Dramaturg. Durch seine „Hamburgische Dramaturgie" gilt Lessing als einer der bedeutendsten Literaturkritiker Deutschlands. Er gründet eine eigene Druckerei, die aber bald bankrott ist.
1770–1781 ist Lessing Bibliothekar des Herzogs von Braunschweig in der berühmtesten Bibliothek Deutschlands, in Wolfenbüttel, um wenigstens bescheidene Einkünfte zu haben.

Innenraum der Bibliothek in Wolfenbüttel

1772 Sein zweites bürgerliches Trauerspiel, „Emilia Galotti", verfasst gegen Fürstenwillkür und Intrige, wendet sich auch gegen den Absolutismus.
1775–1776 Er reist nach Leipzig und Wien, wird dort von Kaiser Joseph II. empfangen. Lessing ist bereits berühmt, er begleitet den Braunschweiger Prinzen auf Befehl des Herzogs nach Italien. Wegen dieser Reise kann Lessing zunächst nicht heiraten.
1776 Nach fünfjährigem Warten heiratet er Eva König.
1778 kommt sein Sohn zur Welt, der aber nach einem Tag bereits stirbt. Nach 15 Monaten Ehe stirbt auch Lessings Frau. Lessing schreibt in dieser Situation: „Ich wollte es auch einmal so gut haben wie andere Menschen. Aber es ist mir schlecht bekommen!" Lessing betäubt seinen Schmerz mit viel Arbeit: Nachdem er verschiedene, kritisch gegen die christliche Glaubenslehre gerichtete Schriften publiziert hat, regen sich empörte Stimmen, darunter besonders wortgewaltig der Hamburger Hauptpastor J. M. Goeze. Mit diesem beginnt Lessing einen Literaturstreit über theologische Fragen. Lessing: „Der Buchstabe ist nicht der Geist; und die Bibel ist nicht die Religion." Der Herzog lässt Lessings theologische Schriften zensieren.
1779 Lessing setzt den Streit in seinem letzten großen Drama „Nathan der Weise" fort, es wird Lessings Vermächtnis.
1781 Lessing stirbt am 15. Februar in Braunschweig.

Lessings Streben nach Wahrheit

Sein Werk ist geprägt von der Suche nach Wahrheit:

Nicht die Wahrheit, in deren Besitz irgendein Mensch ist oder zu sein vermeint, sondern die aufrichtige Mühe, die er angewandt hat, hinter die Wahrheit zu kommen, macht den Wert des Menschen. Denn nicht durch den Besitz, sondern durch die Nachforschung der Wahrheit erweitern sich seine Kräfte, worin allein seine immer wachsende Vollkommenheit bestehet.

So wurde Lessing zur bedeutendsten Gestalt der deutschen Aufklärung, aber er hatte im Vergleich zu französischen oder englischen Dichtern und Philosophen wegen der wirtschaftlichen und gesellschaftlichen Rückständigkeit Deutschlands ein Leben lang schwer für die Wahrheit zu kämpfen.
Er trat dafür ein, „den Vorurteilen die Stirne zu bieten" und dem „vornehmen Hofpöbel (...) die Wahrheit zu sagen".
Lessing war *der* Glücksfall für das deutsche Theater. Im Gegensatz zu Frankreich, wo große Dichter wie Corneille, Racine und vor allem Molière das Theater zu einem Höhepunkt gebracht hatten, war das deutsche Theaterleben meist von enttäuschendem Niveau. Herumziehende Theatertruppen belustigten ihr Publikum mit primitiven Stücken und groben Hanswurststreichen. Bereits Johann Christoph Gottsched, Professor für Dichtkunst und Philosophie, regte die Nachahmung des antiken Theaters an und versuchte das Niveau der

Neuber'sche Wanderbühne in Nürnberg

Wanderbühnen zu heben. Die Theatertruppe der Caroline Neuber entsprach seinen Vorstellungen, dass „vernünftige" Dichtung zu belehren und zu gutem Geschmack zu erziehen habe. Allerdings war Gottscheds Konzept zu moralisierend und streng um sich auf Dauer durchsetzen zu können.

Lessings Hamburgische Dramaturgie

Lessing entwickelt in seiner „Hamburgischen Dramaturgie" neue Vorstellungen des Dramas, des Schauspiels. Der antike Philosoph Aristoteles beschreibt in seiner Poetik als Grundlage der Tragödie, des Trauerspiels, die Einheit des Ortes, der Zeit und der Handlung. Das bedeutet, der Schauplatz wird nicht verändert, die Handlung ist an den Zeitablauf von 24 Stunden gekoppelt und muss Zusammenhänge aufweisen. Diese Forderungen resultierten nach Meinung Lessings aus der Bauart antiker Theater, deren Bühnen durch das Fehlen von Vorhängen und Kulissen eine Änderung des Ortes und der Zeit technisch nicht erlaubten.

Überdies hatte das antike Theater einen religiösen, einen kultischen Zweck. An hohen Festtagen sollten die Zuschauer – durch eine Tragödie im Theater in Mitleid und Furcht versetzt – eine **Katharsis**, eine moralische Reinigung gewissermaßen, erfahren und geläutert und sittlich gebessert nach Hause gehen. Daher wurde auch im antiken Athen dem einfachen Bürger für den Besuch einer Tragödie vom Staat der Verdienstausfall bezahlt. Die Komödie dagegen galt als weniger wichtige dramatische Form, die ursprünglich nur Unterhaltung durch Heiterkeit, später aber auch Spott und Kritik beinhaltete und in der auch Bürger auftraten.

Für Lessing war in der Tragödie nur noch die Einheit der Handlung bedeutend, und was die Faktoren „Mitleid" und „Furcht" betrifft, so sah Lessing in der Furcht „das auf uns selbst bezogene Mitleid". Sollte das Theater aber weiterhin einen moralisch bessernden, erzieherischen Zweck verfolgen, musste sich für

Griechisches Theater auf der Akropolis in Athen

Theater zur Zeit Shakespeares

die entscheidende Gruppe der Zuschauer, die Bürger, etwas ändern. Bisher war die bürgerliche Existenz auf der Bühne nur in der Komödie dargestellt worden. Die Probleme von Königen und adeligen Standespersonen waren bislang als so genannte **Ständeklausel** der Tragödie vorbehalten. Nun aber erfolgt die große Wende, der Bürgerstand wird auch im Bereich der Tragödie bühnenfähig. Lessing schreibt in seiner „Hamburgischen Dramaturgie“:

Die Namen von Fürsten und Helden können einem Stück Pomp und Majestät geben; aber zur Rührung tragen sie nichts bei. Das Unglück derjenigen, deren Umstände den unsrigen am nächsten kommen, muss natürlicherweise am tiefsten in unsere Seele dringen; und wenn wir mit Königen Mitleid haben, so haben wir es mit ihnen als Menschen und nicht als mit Königen.

Nur mit seinesgleichen kann sich der Zuschauer wirklich identifizieren, nur ein Geschehen, das jeden betreffen kann, vermag die reinigende Katharsis, die moralische Besserung, auszulösen: Das bürgerliche Trauerspiel war geboren.

Großes Aufsehen erregte bereits Lessings erstes bürgerliches Trauerspiel „Miss Sara Sampson“ (1755), „Emilia Galotti“ wurde einige Jahre später der Höhepunkt.

Bürgerliches Trauerspiel: Emilia Galotti

Entstehung

Lessing begann sein Trauerspiel 1757 und arbeitete an ihm 15 Jahre lang, bis es 1772 in Braunschweig zum ersten Mal aufgeführt wurde. Das wichtigste Motiv stammt von dem antiken Historiker Livius. Dieser erzählt die Legende der Römerin Virginia, die von ihrem Vater getötet wurde, weil er sie nur so vor den Nachstellungen des Diktators Appius Claudius bewahren konnte.

1. Aufzug

Der Landesfürst, Prinz Gonzaga, hat genug von seiner Geliebten, der Gräfin Orsina. Seit einer zufälligen Begegnung mit dem Bürgermädchen Emilia Galotti ist er von dem Gedanken besessen, diese als neue Geliebte zu besitzen. Nachdem der Prinz von der bevorstehenden Hochzeit Emilias mit dem Grafen Appiani erfährt, gibt er in seiner Verzweiflung dem intriganten Kammerherrn Marinelli freie Hand alles zu tun um die Heirat zu verhindern. Marinelli entwickelt einen ersten Plan: Der Graf soll als Gesandter sofort nach Massa gehen und deshalb die Hochzeit verschieben.

2. Aufzug
Odoardo, der Vater Emilias, ist beunruhigt, weil Emilia ohne Begleitung in die Messe gegangen ist. Er befürchtet einen Anschlag auf die Tugend seiner Tochter. Seine Furcht erweist sich auch als begründet, denn der Prinz stellt Emilia einen Liebesantrag in der Kirche. Emilias Mutter Claudia wäre einer Beziehung ihrer Tochter mit dem Prinzen nicht abgeneigt, weil diese einen scheinbaren sozialen Aufstieg bedeuten würde. Als Appiani Emilia zur Trauung abholen will, erscheint Marinelli und bringt den Auftrag der unverzüglichen Reise nach Massa. Der Graf weist dies aber entschieden zurück.

3. Aufzug
Marinelli bereitet inzwischen ohne die Einwilligung des Prinzen einen neuen Coup vor: Auf dem Weg zur Hochzeit wird das Paar heimtückisch überfallen, wobei der Graf ermordet wird. Emilia wird, angeblich aus Sicherheitsgründen, auf das Schloss Dosalo gebracht, das dem Prinzen gehört. Der Prinz hofft, gegenüber Emilia den Anschlag als die Tat von Wegelagerern hinstellen zu können und damit ihre Gunst zu gewinnen. Emilias Mutter durchschaut jedoch die wahren Zusammenhänge.

4. Aufzug
Bald darauf erscheinen die Gräfin Orsina und Emilias Vater Odoardo. Orsina ist über die Vorgänge empört, berichtet Odoardo vom Tod des Grafen Appiani und von der Gefahr, die Emilia droht. Sie händigt ihm ihren Dolch aus, mit dem Auftrag den Prinzen zu erstechen um sie und den Tod des Grafen zu rächen.

5. Aufzug
Marinelli greift zu einer letzten List: Für die Zeit der vorgetäuschten Untersuchung des Überfalls soll Emilia nach Guastalla in Gewahrsam gebracht werden. Dies scheitert aber an Odoardos bürgerlichem Ehrgefühl.

Mit gnädigster Bewilligung
wird
heute Freytags den 13. März 1772.
Das Höchste Geburts-Fest
der
Durchl. Herzoginn von Braunschweig
Königlichen Hoheit
in tiefster Unterthänigkeit gefeiret
und von der von Sr. Königl. Majestät in Preußen allergnädigst general-privilegirten
Döbbelinischen Gesellschaft
aufgeführet werden:
Diana im Hayne bey dem Feste der Musen,
ein kurzes Vorspiel in Versen.
Personen:
Diana. Apollo. Die Musen. Das Gefolge des Apollo.
Hierauf folgt:
Emilia Galotti
ein neues Trauerspiel des Herrn Leßing in Prosa und fünf Aufzügen.

„Emilia Galotti": Theaterzettel der Uraufführung

Niemand könne ihm etwas gegen seinen Willen vorschreiben. Emilia befürchtet, in Guastalla der Verführung des Prinzen zu erliegen. Sie beschwört ihren Vater ihr den Dolch zu überlassen um sich selbst zu töten. Emilia erinnert Odoardo an die Römerin Virginia, woraufhin dieser seine Tochter ersticht. Der Prinz ist über diese Vorgänge zwar entsetzt und erkennt seine Schuld, er schiebt aber die gesamte Verantwortung auf seinen Kammerherrn Marinelli.

Das Tugendideal in der bürgerlichen Familie

Lessings Dramenschluss wirkt auf uns heute sehr befremdlich. Ein Vater kann doch nicht seine eigene Tochter, die er liebt, umbringen! Um diesen Schluss besser zu verstehen lohnt es sich, den Dialog zwischen Emilia und ihrem Vater genauer anzusehen:

Emilia: Ich allein in seinen Händen? – Nimmermehr, mein Vater. – Oder Sie sind nicht mein Vater. – Ich allein in seinen Händen? – Gut, lassen Sie mich nur; lassen Sie mich nur. – Ich will doch sehn, wer mich hält, – wer mich zwingt, – wer der Mensch ist, der einen Menschen zwingen kann.

Odoardo: Ich meine, du bist ruhig, mein Kind.

Emilia: Das bin ich. Aber was nennen Sie ruhig sein? Die Hände in den Schoß legen? Leiden, was man nicht sollte? Dulden, was man nicht dürfte?

Odoardo: Ha! wenn du so denkest! – Lass dich umarmen, meine Tochter! Ich hab es immer gesagt: Das Weib wollte die Natur zu ihrem Meisterstücke machen. Aber sie vergriff sich im Tone; sie nahm ihn zu fein. Sonst ist alles besser an euch, als an uns. – Ha, wenn das deine Ruhe ist: So habe ich meine in ihr wieder gefunden! Lass dich umarmen, meine Tochter! Denke nur: Unter dem Vorwande einer gerichtlichen Untersuchung, – o des höllischen Gaukelspiels! – reißt er dich aus unseren Armen und bringt dich zur Grimaldi.

Emilia: Reißt mich? Bringt mich? – Will mich reißen; will mich bringen: will! will! – Als ob wir, wir keinen Willen hätten, mein Vater!

Odoardo: Ich ward auch so wütend, dass ich schon nach diesem Dolche griff *(ihn herausziehend)* um einen von beiden – beiden! – das Herz zu durchstoßen.

Emilia: Um des Himmels willen nicht, mein Vater! – Dieses Leben ist alles, was die Lasterhaften haben. – Mir, mein Vater, mir geben Sie diesen Dolch.

Emilia Galotti.
Ein Trauerspiel
in
fünf Aufzügen.
Von
Gotthold Ephraim Lessing.

Titel der Erstausgabe

Odoardo: Kind, es ist keine Haarnadel.

Emilia: So werde die Haarnadel zum Dolche! – Gleichviel.

Odoardo: Was? Dahin wär es gekommen? Nicht doch, nicht doch! Besinne dich. – Auch du hast nur ein Leben zu verlieren.

Emilia: Und nur eine Unschuld!

Odoardo: Die über alle Gewalt erhaben ist. –

Emilia: Aber nicht über alle Verführung. – Gewalt! Gewalt! Wer kann der Gewalt nicht trotzen? Was Gewalt heißt, ist nichts. Verführung ist die wahre Gewalt. – Ich habe Blut, mein Vater, so jugendliches, so warmes Blut, als eine. Auch meine Sinne sind Sinne. Ich stehe für nichts. Ich bin für nichts gut. Ich kenne das Haus der Grimaldi. Es ist das Haus der Freude. Eine Stunde da, unter den Augen meiner Mutter; – und es erhob sich so mancher Tumult in meiner Seele, den die strengsten Übungen der Religion kaum in Wochen besänftigen konnten! – Der Religion! Und welcher Religion? – Nichts Schlimmers zu vermeiden, sprangen Tausende in die Fluten und sind Heilige! – Geben Sie mir, mein Vater, geben Sie mir diesen Dolch.

Odoardo: Und wenn du ihn kenntest diesen Dolch! –

Emilia: Wenn ich ihn auch nicht kenne! Ein unbekannter Freund ist auch ein Freund. – Geben Sie mir ihn, mein Vater; geben Sie mir ihn.

Odoardo: Wenn ich dir ihn nun gebe – da! *(Gibt ihr ihn.)*

Emilia: Und da! *(Im Begriff sich damit zu durchstoßen, reißt der Vater ihr ihn wieder aus der Hand.)*

Odoardo: Sieh, wie rasch! – Nein, das ist nichts für deine Hand.

Emilia: Es ist wahr, mit einer Haarnadel soll ich – *(Sie fährt mit der Hand nach dem Haare eine zu suchen und bekömmt die Rose zu fassen.)* Du noch hier? – Herunter mit dir! Du gehörest nicht in das Haar einer, – wie mein Vater will, dass ich werden soll!

Odoardo: O, meine Tochter! –

Emilia: O, mein Vater, wenn ich Sie erriete! – Doch nein, das wollen Sie auch nicht. Warum zauderten Sie sonst? – *(In einem bittern Tone, während dass sie die Rose zerpflückt:)* Ehedem wohl gab es einen Vater, der seine Tochter vor der Schande zu retten, ihr den ersten, den besten Stahl in das Herz senkte – ihr zum zweiten das Leben gab. Aber alle solche Taten sind von ehedem! Solcher Väter gibt es keinen mehr!

Odoardo: Doch, meine Tochter, doch! *(Indem er sie durchsticht:)* Gott, was hab ich getan! *(Sie will sinken und er fasst sie in seine Arme.)*

Emilia: Eine Rose gebrochen, ehe der Sturm sie entblättert. – Lassen Sie mich sie küssen, diese väterliche Hand.

„Emilia Galotti", Stich von Fr. Bolt

Diese Szene zeigt, dass Emilia weniger Angst vor der Gewaltanwendung des Prinzen hat als vielmehr befürchtet im Haus der Grimaldi der Verführung ihrer Sinne zu erliegen. Emilia ist eher bereit ihr Leben herzugeben um ihre Tugend zu retten, als ihre Unschuld zu verlieren. Dies sieht ihr Vater Odoardo genauso. Unter diesem Gesichtspunkt gibt es kaum einen anderen Ausweg als ein Opfer: Emilia will sich zunächst selbst umbringen, fordert schließlich aber ihren Vater auf sie vor der Schande zu retten. Odoardo handelt deshalb ganz im Sinne der Aufklärungszeit: Ein Leben ohne Tugend wäre nicht lebenswert. Gemessen an heutigen Moralvorstellungen erscheint Odoardos Handlungsweise überzogen, aber man darf nicht außer Acht lassen, dass es sich um Auffassungen von Liebe und Ehre des 18. Jahrhunderts handelt.

Odoardo denkt sogar kurz an einen Tyrannenmord: „Kurzsichtiger Wüterich! Mit dir will ich es wohl aufnehmen. Wer kein Gesetz achtet, ist ebenso mächtig, als wer kein Gesetz hat." Schließlich verwirft er jedoch diese Tat. Der politischen Machtlosigkeit des Bürgertums im 18. Jahrhundert entspricht eher die Haltung der Aufopferung.

Kritik an der absolutistischen Machtausübung

Emilia Galotti steht am Beginn einer Reihe von Dramen mit politischer Zielsetzung, die die folgende jüngere Generation, insbesondere Schiller, beeinflusste (vergleiche „Kabale und Liebe", S. 101 ff.).

Der Prinz Gonzaga ist das Paradebeispiel eines absolutistischen Fürsten, der seine staatlichen Machtmittel nicht nur für politische Ziele, sondern auch für seine privaten Angelegenheiten einsetzt. Einen treffenden Einblick in den oberflächlichen Charakter des Prinzen gibt der Dialog zwischen Gonzaga und seinem Rat Camillo Rota am Ende des ersten Aufzugs:

Prinz: Was ist sonst? Etwas zu unterschreiben?

Rota: Ein Todesurteil wäre zu unterschreiben.

Prinz: Recht gern. – Nur her! Geschwind.

Rota: *(stutzig und den Prinzen starr ansehend)* Ein Todesurteil – sagt ich.

Prinz: Ich höre ja wohl. – Es könnte schon geschehen sein. Ich bin eilig.

Der Prinz urteilt in dieser Szene ohne lange nachzudenken über das Leben eines Menschen. Man hat das Gefühl, dass er seine Entscheidungen entweder aus einer Laune heraus trifft oder sich der Tragweite seiner Beschlüsse gar nicht bewusst ist. Genauso willkürlich handelt der Fürst im privaten Bereich. Seiner Geliebten Orsina überdrüssig, versucht er mit allen Machtmitteln Emilia zu gewinnen. Am Ende des Dramas erkennt der Fürst zwar seine Schuld, indem er die Fürsten auch als „normale" Menschen mit all ihren Fehlern sieht, zieht aber persönlich keine Konsequenzen. Die Verantwortung schiebt er ausschließlich auf seinen Kammerherrn, den er, ganz im Sinne eines absoluten Herrschers, einfach verstößt.

Das Werk greift absolutistische Fürsten an, die ihre Machtstellung durch Willkür und Egoismus missbrauchen. Es gehörte vonseiten Lessings viel Mut dazu, die herrschende Macht, von der er als Bibliothekar eines Herzogs abhängig war, so zu kritisieren. Mit seinem Drama fordert Lessing alle Herrscher auf ihre Ämter verantwortungsvoll und „vernünftig" auszuüben. Ein Fürst soll „der erste Diener seines Staates sein". Gerade in diesem Punkt zeigen sich aufklärerische Absichten. Verstand, Einhaltung der Menschenrechte und Toleranz sind die neuen Werte.

Lessings Vermächtnis: Nathan der Weise

1778, kurz nach dem Tod seiner Frau, gab Lessing die Schriften des verstorbenen Professor Reimarus heraus, in denen dieser sich – nach Art der Aufklärung – recht kritisch mit theologischen Fragen auseinander setzte. Lessing wurde bald sehr wegen dieser Schriften angegriffen, besonders von dem Hamburger Hauptpastor Melchior Goeze. Mitten in diesem Streit, an dem durch die Veröffentlichung der Briefe das ganze gebildete Deutschland teilnahm, gelang es Goeze, bei Lessings Dienstherrn, dem Braunschweiger Herzog, eine Zensur der Arbeiten Lessings zu erwirken. Lessing aber gab nicht auf, er entschloss sich zu versuchen, ob man ihn „auf seiner alten Kanzel, dem Theater, wenigstens noch ungestört wolle predigen lassen". Schon 1776 hatte sich Lessing mit einem Stück befasst, das die Frage nach der wahren Religion behandelte. Lessing nahm die Arbeit daran wieder auf und schloss es unter dem Titel „Nathan der Weise" im Frühjahr 1779 ab, zwei Jahre vor seinem Tod.

Bislang hatte Lessing seine Dramen in Prosaform geschrieben, bei diesem seinem letzten Drama, seinem „dramatischen Gedicht", schien ihm wegen des inhaltlichen Gewichts der **Blankvers** als angebracht, dessen fünfhebigen ungereimten Jambus er damit zum klassischen deutschen Dramenvers machte. Ein Jambus besteht aus einer Senkung und einer Hebung, fünfhebig heißt also, dass die Zeile fünf Betonungen trägt.

Dreißig Jahre früher, 1749, hatte Lessing ein Lustspiel „Die Juden" geschrieben, in dem ein reicher und kluger Jude einem Baron bei einem Überfall hilfreich zur Seite steht. Zeit seines Lebens war der Dichter mit Juden befreundet, beispielsweise mit dem bedeutenden Philosophen und Kaufmann Moses Mendelssohn, dessen Züge Nathan zum Teil zu tragen scheint. In einer Zeit, in der trotz der Lehren der Aufklärung Juden immer ausgegrenzt wurden, weigerte sich deswegen die feine Gesellschaft der Herzogsstadt Wolfenbüttel mit Lessing an einem Tisch zu sitzen.

1. Akt

Das Stück spielt zur Zeit des dritten Kreuzzugs (1189–1192) in Jerusalem. Zurückgekehrt von einer Handelsreise, erfährt der reiche Kaufmann Nathan, dass seine Adoptivtochter Recha von einem christlichen Tempelherrn bei einem Brand gerettet wurde. Dieser – entgegen den üblichen Gewohnheiten von Sultan Saladin begnadigt – will keinen Dank annehmen. Ein Klosterbruder soll ihn im Auftrag des Bischofs von Jerusalem, des Patriarchen, zu einem politischen Mord an Saladin überreden.

2. Akt

Nathan kann den Tempelherrn („wenn's auch nur das Leben einer Jüdin wäre") in seinem Antisemitismus beschämen.

Kostümentwurf für „Nathan der Weise"

Der freigebige und großzügige Sultan braucht für seine mildtätigen Zwecke Geld und schickt nach Nathan.

3. Akt
Der Tempelherr verliebt sich in Recha, die ihn unbewusst bereits liebt und ihm in einem Gespräch für die Rettung dankt. Saladin bittet Nathan nicht um Geld, sondern stellt ihn mit der Frage, was die wahre Religion sei, auf die Probe. Nathan antwortet mit einem Gleichnis, der **Ringparabel**, die Lessing von dem Italiener Giovanni Boccaccio (1313–1375) übernommen hat. Der Sultan ist tief beeindruckt, er bittet Nathan sein Freund zu sein. Der Tempelherr wartet auf Nathan und will Recha heiraten. Nathan muss erst Klarheit über die Herkunft des Tempelherrn bekommen. Danach erfährt dieser, dass Recha nicht die leibliche Tochter Nathans ist. Recha weiß nichts davon, sie wurde als christlich getauftes Waisenkind von Nathan angenommen. Das ist aber nach den Gesetzen nicht erlaubt, denn kein Christenkind darf bei einem Juden leben.

4. Akt
Der enttäuschte Tempelherr will Nathan zunächst beim Patriarchen verraten. Von dessen Judenhass und Grausamkeit abgeschreckt („Tut nichts! Der Jude wird verbrannt!"), klagt der Ritter dem Sultan sein Leid. Dieser sieht in ihm immer deutlicher die Ähnlichkeit mit seinem verstorbenen Bruder. Im Gespräch Nathans mit einem Klosterbruder wird klar, dass dieser dem Juden Recha als Säugling übergeben hat, kurz nachdem Christen bei einer Judenverfolgung Nathans Familie ermordet hatten.

5. Akt
In Gegenwart des Sultans löst sich das Problem: Recha und der Tempelherr sind Kinder des verstorbenen Bruders des Sultans, der mit einer Christin verheiratet war.
Letzte Regieanweisung: Unter Wiederholung allseitiger Umarmungen fällt der Vorhang.

In der Botschaft der Brüderlichkeit liegt das große Anliegen des Dichters. Man hat sein Werk als das „Hohelied der Menschlichkeit" bezeichnet, und gerade in der Ringparabel kommt das zum Ausdruck.

Deutung der Ringparabel

Nathan: Vor grauen Jahren lebt' ein Mann im Osten,
Der einen Ring von unschätzbarem Wert
Aus lieber Hand besaß. Der Stein war ein
Opal, der hundert schöne Farben spielte,
Und hatte die geheime Kraft vor Gott
Und Menschen angenehm zu machen, wer
In dieser Zuversicht ihn trug. Was Wunder,
Dass ihn der Mann im Osten darum nie
Vom Finger ließ und die Verfügung traf,
Auf ewig ihn bei seinem Hause zu
Erhalten? Nämlich so. Er ließ den Ring
Von seinen Söhnen dem Geliebtesten;
Und setzte fest, dass dieser wiederum
Den Ring von seinen Söhnen dem vermache,
Der ihm der Liebste sei; und stets der Liebste,
Ohn Ansehn der Geburt, in Kraft allein
Des Rings, das Haupt, der Fürst des Hauses werde. (...)
So kam nun dieser Ring von Sohn zu Sohn
Auf einen Vater endlich von drei Söhnen,
Die alle drei ihm gleich gehorsam waren,
Die alle drei er folglich gleich zu lieben
Sich nicht entbrechen konnte. Nur von Zeit
Zu Zeit schien ihm bald der, bald dieser, bald
Der dritte – so wie jeder sich mit ihm
Allein befand, und sein ergießend Herz
Die anderen zwei nicht teilten – würdiger

Des Rings, den er denn auch einem jeden
Die fromme Schwachheit hatte zu versprechen.
Das ging nun so, so lang es ging. – Allein
Es kam zum Sterben, und der gute Vater
Kommt in Verlegenheit. Es schmerzt ihn, zwei
Von seinen Söhnen, die sich auf sein Wort
Verlassen so zu kränken. – Was zu tun? –
Er sendet in geheim zu einem Künstler,
Bei dem er, nach dem Muster seines Ringes,
Zwei andere bestellt und weder Kosten
Noch Mühe sparen heißt, sie jenem gleich,
Vollkommen gleich zu machen. Das gelingt
Dem Künstler. Da er ihm die Ringe bringt,
Kann selbst der Vater seinen Musterring
Nicht unterscheiden. Froh und freudig ruft
Er seine Söhne, jeden insbesondere!
Gibt jedem insbesondere seinen Segen –
Und seinen Ring – und stirbt. – Du hörst doch, Sultan?

Saladin (der sich betroffen von ihm gewandt): Ich hör, ich höre! – Komm mit deinem Märchen
Nur bald zu Ende. – Wird's?

Nathan: Ich bin zu Ende.
Denn, was noch folgt, versteht sich ja von selbst. –
Kaum war der Vater tot, so kommt ein jeder
Mit seinem Ring und jeder will der Fürst
Des Hauses sein. Man untersucht, man zankt,
Man klagt. Umsonst; der rechte Ring war nicht
Erweislich; – *(nach einer Pause, in welcher er des Sultans Antwort erwartet)*
Fast so unerweislich, als
Uns jetzt – der rechte Glaube.

Saladin: Wie? Das soll die Antwort sein auf meine Frage? ...

Nathan: Soll mich bloß entschuldigen, wenn ich die Ringe
Mir nicht getraut zu unterscheiden, die
Der Vater in der Absicht machen ließ,
Damit sie nicht zu unterscheiden wären.

Saladin: Die Ringe! – Spiele nicht mit mir! – Ich dachte,
Dass die Religionen, die ich dir
Genannt, doch wohl zu unterscheiden wären.
Bis auf die Kleidung, bis auf Speis und Trank!

Nathan: Und nur vonseiten ihrer Gründe nicht. –
Denn gründen alle sich nicht auf Geschichte?
Geschrieben oder überliefert! – Und
Geschichte muss doch wohl allein auf Treu
Und Glauben angenommen werden? – Nicht? –
Nun, wessen Treu und Glauben zieht man denn
Am wenigsten in Zweifel? Doch der Seinen?
Doch deren Blut wir sind? Doch deren, die
Von Kindheit an uns Proben ihrer Liebe
Gegeben? Die uns nie getäuscht, als wo
Getäuscht zu werden uns heilsamer war? –
Wie kann ich meinen Vätern weniger
Als du den deinen glauben? Oder umgekehrt. –
Kann ich von dir verlangen, dass du deine
Vorfahren Lügen strafst, um meinen nicht
Zu widersprechen? Oder umgekehrt.
Das Nämliche gilt von den Christen. Nicht? –

Saladin: Bei dem Lebendigen! Der Mann hat Recht,
Ich muss verstummen.

An dieser Stelle endet die Novelle Boccaccios damit, dass Sultan und Kaufmann Freunde werden. Lessing aber führt das Gleichnis weiter:

Nathan: Lass auf unsre Ring
Uns wieder kommen. Wie gesagt: Die Söhne
Verklagten sich; und jeder schwur dem Richter,
Unmittelbar aus seines Vaters Hand
Den Ring zu haben. – Wie auch wahr! – Nachdem
Er von ihm lange das Versprechen schon
Gehabt, des Ringes Vorrecht einmal zu
Genießen. – Wie nicht minder wahr! – Der Vater,
Beteu'rte jeder, könne gegen ihn
Nicht falsch gewesen sein; und eh er dieses
Von ihm, von einem solchen lieben Vater,
Argwohnen lass: eh müss er seine Brüder,
So gern er sonst von ihnen nur das Beste
Bereit zu glauben sei, des falschen Spiels
Bezeihen; und er wolle die Verräter
Schon auszufinden wissen; sich schon rächen.

Saladin: Und nun der Richter? – Mich verlangt zu hören,
Was du den Richter sagen lässest. Sprich!

Nathan: Der Richter sprach: Wenn ihr mir nun den Vater
Nicht bald zur Stelle schafft, so weis ich euch
Von meinem Stuhle. Denkt ihr, dass ich Rätsel
Zu lösen da bin? Oder harret ihr,
Bis dass der rechte Ring den Mund eröffne? –
Doch halt! Ich höre ja, der rechte Ring
Besitzt die Wunderkraft beliebt zu machen;
Vor Gott und Menschen angenehm. Das muss
Entscheiden! Denn die falschen Ringe werden
Doch das nicht können! – Nun; wen lieben zwei
Von euch am meisten? – Macht, sagt an!
Ihr schweigt?
Die Ringe wirken nur zurück? Und nicht
Nach außen? Jeder liebt sich selber nur
Am meisten? – Oh, so seid ihr alle drei
Betrogene Betrüger! Eure Ringe
Sind alle drei nicht echt. Der echte Ring
Vermutlich ging verloren. Den Verlust

Saladin und Nathan, Szene aus einer Aufführung von Lessings „Nathan der Weise" im Berliner Schiller Theater, 1962

Zu bergen, zu ersetzen, ließ der Vater
Die drei für einen machen.
Saladin: Herrlich! Herrlich!
Nathan: Und also, fuhr der Richter fort, wenn ihr
Nicht meinen Rat, statt meines Spruches, wollt:
Geht nur! – Mein Rat ist aber der: Ihr nehmt
Die Sache völlig wie sie liegt. Hat von
Euch jeder seinen Ring von seinem Vater:
So glaube jeder sicher seinen Ring
Den echten.– Möglich, dass der Vater nun
Die Tyrannei des einen Rings nicht länger
In seinem Hause dulden wollen! – Und gewiss,
Dass er euch alle drei geliebt, und gleich
Geliebt: Indem er zwei nicht drücken mögen
Um einen zu begünstigen. – Wohlan!
Es eifre jeder seiner unbestochnen
Von Vorurteilen freien Liebe nach!
Es strebe von euch jeder um die Wette,
Die Kraft des Steins in seinem Ring an Tag
Zu legen! Komme dieser Kraft mit Sanftmut,
Mit herzlicher Verträglichkeit, mit Wohltun,
Mit innigster Ergebenheit in Gott,
Zu Hilf! Und wenn sich dann der Steine Kräfte
Bei euern Kindes-Kindeskindern äußern:
So lad ich über tausend tausend Jahre
Sie wiederum vor diesen Stuhl. Da wird
Ein weisrer Mann auf diesem Stuhle sitzen
Als ich und sprechen. Geht! – So sagte der
Bescheidne Richter.

Gott hat den Menschen einen Ring, in Wahrheit eine Religion gegeben. Diese hat die Kraft, „vor Gott und den Menschen angenehm zu machen", wenn man an ihre Wirkung glaubt. Die Religion wird von Generation zu Generation weitervererbt. Wenn nun Gott aber zwei Ringe hinzufügt um „die Tyrannei des einen Ringes" (der einen Religion!) nicht länger zu dulden, müssen alle drei Ringe als echt gelten. Alle drei monotheistischen Religionen lassen sich auf die Uroffenbarung Gottes zurückführen, sie verehren den gleichen, einen Gott. Große Bedeutung hat bei Lessing der Richter, der bei Boccaccio nicht vorkommt. Da die drei

Jerusalem, die Stadt dreier Weltreligionen: 1 Lutherische Erlöserkirche, 2 Islamischer Felsendom, 3 Mauer des Tempelbergs

Brüder sich um das Erbe streiten, anstatt sich gegenseitig zu lieben und zu achten, kann keiner beweisen, dass er den wahren Ring besitzt. Es bleibt für alle drei der Rat des Richters, sich der Aufgabe für die Zukunft zu unterziehen, der Kraft ihrer Religion „mit Sanftmut, mit herzlicher Verträglichkeit, mit Wohltun" nachzukommen. Wer von den dreien den wahren Ring hat, bleibt unerheblich, da der vermeintliche Besitz nur zu Hochmut und Lieblosigkeit führte. Nicht die überlieferte Tradition entscheidet über den Wert einer Religion, sondern die menschlichen Werte und Qualitäten, die sie auszulösen vermag. Alle drei Religionen können, da sie einen gemeinsamen Ursprung haben, brüderlich vereint ihren Weg gehen, die Gebote Gottes zu erfüllen. Selbstverständlich ist dafür gegenseitige Toleranz und auch das Hineindenken in die Denk- und Glaubensinhalte der beiden anderen Religionen erforderlich. Der Ehrgeiz der Gläubigen darf nicht darin liegen, die anderen Religionen verächtlich zu machen oder gar zu unterdrücken. Er muss vielmehr im Ringen um die Wahrheit und im Streben nach der Erkenntnis bestehen, wie weit man selbst noch von dieser entfernt ist.

Lessing lässt sein Drama nicht umsonst in Jerusalem spielen, denn diese Stadt ist allen drei Religionen heilig. In unserer heutigen Zeit scheint der Appell an das brüderliche Miteinander von Judentum, Christentum und Islam wichtiger denn je.

Man könnte das dramatische Gedicht „Nathan der Weise" mit dem Satz abschließen, in dem sich die höchste Wahrheit Lessings offenbarte: „Jeder sage, was ihm Wahrheit dünkt, und die Wahrheit selbst sei Gott empfohlen!"

Ein Zeitgenosse Lessings war der Göttinger Physiker Georg Christoph Lichtenberg, der ihm in vielem sehr ähnlich war.

3. Georg Christoph Lichtenberg

1742 Am 1. Juli wird Georg Christoph Lichtenberg als 18. Kind eines evangelischen Geistlichen geboren. Durch einen Sturz in der Kindheit bleibt Lichtenberg zeit seines Lebens verkrüppelt. Wissbegierig studiert er Mathematik, Physik und Astronomie, schreibt aber bereits ab 1764 an seinen „Sudelbüchern", Tagebücher, die erst nach seinem Tod von den Söhnen herausgegeben werden.
1770 Schon mit 28 Jahren wird er Professor für Experimentalphysik in Göttingen. Zwei Englandreisen prägen ihn und vermitteln ihm Einblick in die Kunst des bedeutenden Malers und Kupferstechers William Hogarth. Dessen scharfer, die Gesellschaft mitunter karikierender Blick entspricht Lichtenbergs kritischer, vorurteilsloser Sicht der Dinge.
1777 Lichtenberg macht die Bekanntschaft Lessings. Er gibt den „Göttinger Taschenkalender" heraus, in dem er für die Aufklärung und gegen den Aberglauben kämpft. In der kleinen, biederen Universitätsstadt Göttingen erregt Lichtenberg durch seine unbürgerliche Lebensweise Aufsehen, da er mit einem jungen Mädchen zusammenlebt und diese Verbindung nach der Geburt von Kindern – wie später Goethe – durch Heirat legitimiert.
1799 Am 24. Februar stirbt Lichtenberg in Göttingen.

Lichtenbergs Lebenswerk waren seine Tagebücher. Als er damit begann, schrieb er:

Die Kaufleute haben ihr Waste book (Sudelbuch, glaube ich im Deutschen); darin tragen sie von Tag zu Tag alles ein, was sie kaufen und verkaufen, alles untereinander, ohne Ordnung. (...) Dies verdient nachgeahmt zu werden. Erst ein Buch, worin ich alles einschreibe, so wie ich es sehe, oder wie es mir meine Gedanken eingeben.

Dieses Sudelbuch, das erst nach Lichtenbergs Tod herausgegeben wurde, ist eine Sammlung von geistreichen Gedanken, von **Aphorismen**, von Gedanken also, die knapp und inhaltsreich, möglichst mit einer überraschenden Wendung, einer Pointe, formuliert wurden. Der bedeutende Wiener Kulturphilosoph Egon Friedell formulierte es so:
„Gib einem wahrscheinlichen Gedanken eine unwahrscheinliche Form und du hast einen Aphorismus." Lichtenberg war ein Meister des Aphorismus, wie später nach ihm nur noch der Dichter der Romantik Novalis und

Kupferstich mit dem Porträt Lichtenbergs

im ausgehenden 19. Jahrhundert der Philosoph Friedrich Nietzsche. Lichtenbergs Werk ist eine philosophische Materialsammlung, die er aber in kein System oder einen größeren Zusammenhang brachte. Für eine Angleichung seiner Gedankenbruchstücke war er zu kritisch. Lichtenberg war ein Mann der Aufklärung, immer auf der Suche nach der Wahrheit, deren philosophischen Gehalt er sozusagen auf den kleinsten Nenner bringt:

Der oft unüberlegten Hochachtung gegen alte Gesetze, alte Gebräuche und alte Religion hat man alles Übel in der Welt zu danken.

In jedes Menschen Charakter sitzt etwas, das sich nicht brechen lässt, das Knochengebäude des Charakters; und dieses ändern wollen, heißt immer, ein Schaf das Apportieren lehren.

Ich habe immer gefunden, die so genannten schlechten Leute gewinnen, wenn man sie genauer kennen lernt, und die guten verlieren.

Vom Wahrsagen lässt sich wohl leben in der Welt, aber nicht vom Wahrheit sagen.

Die Leute, die niemals Zeit haben, tun am wenigsten.

Es gibt wirklich sehr viele Menschen, die bloß lesen, damit sie nicht denken dürfen.

Das Buch hatte die Wirkung, die gemeiniglich gute Bücher haben: Es machte die Einfältigen einfältiger, die Klugen klüger, und die übrigen Tausende blieben unverändert.

Sagt, ist noch ein Land außer Deutschland, wo man die Nase eher rümpfen lernt als putzen?

Ich möchte was darum geben, genau zu wissen, für wen eigentlich die Taten getan worden sind, von denen man öffentlich sagt, sie wären für das Vaterland getan worden.

Die gefährlichsten Unwahrheiten sind Wahrheiten mäßig entstellt.

Wer weniger hat, als er begehrt, muss wissen, dass er mehr hat, als er wert ist.

Jeden Augenblick des Lebens, er falle aus welcher Hand des Schicksals er wolle uns zu, den günstigen sowie den ungünstigen, zum bestmöglichen zu machen, darin besteht die Kunst des Lebens und das eigentliche Vorrecht eines vernünftigen Wesens.

Einer der populärsten Dichter des 18. Jahrhunderts war der Philosophieprofessor Gellert.

4. Christian Fürchtegott Gellert

1715 Gellert wird als fünftes von zwölf Kindern eines Pfarrers in Hainichen in Sachsen geboren.
1738 Das Studium der Theologie in Leipzig unterbricht er aus finanziellen Gründen und verdient sich wie viele andere Dichter der damaligen Zeit seinen Unterhalt als Erzieher und Hauslehrer.
1741 Gellert veröffentlicht erste Fabeln und Lieder.
1744 Als Privatdozent hält er an der Universität Leipzig unter anderem Vorlesungen über Poesie. In den folgenden Jahren verfasst er zahlreiche Fabeln, Erzählungen und Lustspiele. Gellert ist einer der populärsten Dichter jener Jahrzehnte.
1751 Gellert wird Professor für Philosophie in Leipzig.
1760 Friedrich II. würdigt das literarische Schaffen des Dichters bei einem Empfang bei Hofe.
1769 Gellert stirbt nach einer längeren von Schwermut überschatteten Lebensphase in Leipzig.

Trotz der letzten von Hypochondrie geprägten Jahre ist das dichterische Werk Gellerts eher eine vergnügliche Lektüre.
Dass er versuchte das Tugendideal der Aufklärung auch auf recht spöttische und humorvolle Weise zu vermitteln, zeigt eines seiner Gedichte.

Die glückliche Ehe

Gedankt sei es dem Gott der Ehen!
Was ich gewünscht, hab ich gesehen:
Ich sah ein recht zufriednes Paar;
Ein Paar, das ohne Gram und Reue,
Bei gleicher Lieb und gleicher Treue
In kluger Ehe glücklich war.

Drei Kupferstiche von Daniel Chodowiecki zu Gellerts „Fabeln" von 1777

Ein Wille lenkte hier zwei Seelen.
Was sie gewählt, pflegt er zu wählen,
Was er verwarf, verwarf auch sie:
Ein Fall, wo andre sich betrübten,
Stört ihre Ruhe nie. Sie liebten
Und fühlten nicht des Lebens Müh.

Da ihn kein Eigensinn verführte
Und sie kein eitler Stolz regierte:
So herrschte weder sie noch er.
Sie herrschten; aber wenn sie stritten,
kam bloß ihr Streit aus Eintracht her.

So wie wir, eh wir uns vermählen,
Uns unsre Fehler klug verhehlen,
Uns falsch aus Liebe hintergehn:
So ließen sich auch in den Zeiten
Der zärtlichsten Vertraulichkeiten
Sich nie die kleinsten Fehler sehn.

Der letzte Tag in ihrem Bunde,
Der letzte Kuss von ihrem Munde
Nahm wie der erste sie noch ein.
Sie starben. Wann? – Wie kannst du fragen?
Acht Tage nach den Hochzeitstagen;
Sonst würden dies nur Fabeln sein.

Bekannt bei allen Zeitgenossen wurde Gellert insbesondere durch seine Fabeln (Tiergeschichten mit lehrhafter Absicht). Überliefert ist, dass eines Tages sogar ein Bauer mit einer Fuhre Holz vor seiner Wohnung anhielt um sich wegen seiner Fabeln zu bedanken.

Christian Fürchtegott Gellert, Porträt von Anton Graff, nach 1769

Das Pferd und die Bremse

Ein Gaul, der Schmuck von weißen Pferden,
Von Schenkeln leicht, schön von Gestalt,
Und, wie ein Mensch, stolz in Gebärden,
Trug seinen Herrn durch einen Wald;
Als mitten in dem stolzen Gange
Ihm eine Brems entgegenzog,
Und durstig auf die nasse Stange
An seinem blanken Zaume flog.
Sie leckte von dem weißen Schaume,
Der hefigt am Gebisse floss;
Geschmeiße!, sprach das wilde Ross,
Du scheust dich nicht vor meinem Zaume!
Wo bleibt die Ehrfurcht gegen mich?
Wie? Darfst du wohl ein Pferd erbittern?
Ich schüttle nur; so musst du zittern.
Es schüttelte; die Bremse wich.

Allein sie suchte sich zu rächen;
Sie flog ihm nach, um ihn zu stechen,
Und stach den Schimmel in das Maul;
Das Pferd erschrak, und blieb vor Schrecken
In Wurzeln mit dem Eisen stecken,
Und brach ein Bein; hier lag der stolze Gaul.

Auf sich den Hass der Niedern laden,
Dies stürzet oft den größten Mann.
Wer dir, als Freund, nicht nützen kann,
Kann allemal, als Feind, dir schaden.

Die **Fabel** gilt als eine der ältesten literarischen Gattungen. Der griechische Sklave Äsop (6. Jahrhundert v. Chr.), von dem man nicht mit Sicherheit weiß, ob er überhaupt gelebt hat, soll alte Fabeln gesammelt und neue erfunden haben. Im aufklärerischen 18. Jahrhundert erhielt diese Gattung wegen ihrer erzieherischen Absicht eine zentrale Bedeutung. Gottsched, Lessing, Herder und auch Gellert beschäftigten sich intensiv mit der Fabel.
Worin liegt das Besondere der Fabel „Das Pferd und die Bremse"?
In einer Abhandlung definiert Gellert die Fabel als „eine kurze und auf einen gewissen Gegenstand anspielende Erdichtung, die so eingerichtet ist, dass sie zugleich ergötzet und zugleich nutzet". Aufgrund dieser Sichtweise hat der Autor die Fabel in der endgültigen Fassung 1746 ganz auf das Wesentliche beschränkt. Mehr als die Hälfte der ursprünglich 64 Verse wurden gestrichen, ein Dialog zwischen Bremse und Pferd kommt nicht mehr

vor. Durch die vollzogene Straffung wird die typische Zweiteilung der Fabel in die Bildebene und die angehängte Lehre deutlich, wobei die eigentliche Fabelerzählung auch wieder zweigeteilt ist. Die ersten 16 Verse stehen ganz im Zeichen des Pferdes, die nächsten sechs Verse beschreiben die Gegenaktion der Bremse.

Auffällig ist die starke Hierarchie der Tiere. Das Pferd gilt traditionell als edel, die Bremse dagegen nur als lästiges Insekt. Das Pferd ist sich seiner Überlegenheit deutlich bewusst („stolzer Gaul") und verlangt ausdrücklich „Ehrfurcht". Auf die menschliche Ebene übertragen, könnte hier der Umgang des Adels mit seinen Untergebenen gemeint sein, was sich auch mit der Aussage des ersten Lehrsatzes deckt. Wenn man die Fabel so interpretiert, dann ist sie indirekt ein Stück Sozialkritik. Verfehlt wäre es aber, Gellert den Wunsch nach einer Veränderung der Ordnung des 18. Jahrhunderts zu unterstellen. Vielmehr meidet er die direkte Konfrontation und zielt eher auf die moralischen Schwächen und Torheiten der Menschen. So bietet sich hier eine Auslegung im moralischen Sinne an. Stolz, Anmaßung und Arroganz werden angeprangert und deren Folgen drastisch dargestellt. Das Sprichwort „Hochmut kommt vor dem Fall" könnte als Titel über der Fabel stehen.

Lessing und Lavater bei Moses Mendelssohn, Holzstich nach Oppenheim

Arbeitsvorschläge

1. Vergleiche die Bedeutung des Wortes „Aufklärung" im 18. Jahrhundert und heute.
2. Nenne Ideen der Aufklärung, die auch im 20. Jahrhundert eine große Rolle spielen.
3. Formuliere und erkläre Kants Antwort auf die Frage: „Was ist Aufklärung?"
4. Nenne die Hauptmerkmale des Lessing'schen Theaters.
5. Beurteile den Schluss des bürgerlichen Trauerspiels „Emilia Galotti".
6. Inwiefern ist „Emilia Galotti" ein politisches Drama?
7. Wie beantwortet Lessing in der Ringparabel die Frage nach der wahren Religion?
8. Lessings Aufforderung an alle Religionen brüderlich miteinander umzugehen erweist sich heute wieder als aktuell. Begründe dies.
9. Was ist ein Aphorismus?

Zusammenfassung

Mit dem Begriff „Aufklärung" bezeichnet man eine gesamteuropäische Erscheinung, die sich über England und Frankreich im 18. Jahrhundert allmählich auch in Deutschland ausbreitete. Ausgehend von naturwissenschaftlichen Erkenntnissen wurden Verstand und Vernunft zur Richtschnur in allen Bereichen. Immanuel Kants Satz „Habe Mut, dich deines eigenen Verstandes zu bedienen!" wurde zum Wahlspruch der Aufklärung.
Die Literatur dieser Zeit hat vor allem eine erzieherische Funktion. Lessing fordert in seiner „Hamburgischen Dramaturgie" wie schon Aristoteles die sittliche Besserung des Zuschauers.
Lessing wurde auch zum Begründer des „bürgerlichen Trauerspiels": Unter Verzicht auf die traditionelle Ständeklausel erschien zum ersten Mal der bürgerliche Stand auf der Bühne, wodurch sich die Zuschauer mit den „Helden" viel stärker identifizieren konnten.
Aufklärerische Gedanken zeigen sich in vielen Dramen Lessings:

1. In „Emilia Galotti" wird am Beispiel des Prinzen Gonzaga gezeigt, dass absolutistische Machtausübung im Gegensatz zum modernen Verfassungsstaat steht.
2. Die Ringparabel verdeutlicht in „Nathan der Weise" das Ideal einer religiösen Toleranz zwischen verschiedenen Kulturen.

Wichtige Begriffe:
Katharsis – Ständeklausel – Bürgerliches Trauerspiel – Blankvers – Parabel – Aphorismus – Fabel

Geschichtlicher Hintergrund

1740–1786	Friedrich II., der Große, ist König von Preußen
1765–1790	Joseph II. ist deutscher Kaiser
1745–1754	Bau der Wieskirche bei Steingaden (Rokokostil)
1775	Letzter Hexenprozess in Deutschland
1776	Unabhängigkeitserklärung der Vereinigten Staaten von Amerika. Erster moderner demokratischer Staat
1783	Immanuel Kant: „Was ist Aufklärung?"

Autoren und Werke

PIERRE CORNEILLE (1606–1684)
Le Cid
Horace
Cinna

MOLIÈRE (1622–1673)
Der Geizige
Tartuffe
Der Bürger als Edelmann
Der eingebildete Kranke

JEAN RACINE (1639–1699)
Phädra
Athalie

JOHANN CHRISTOPH GOTTSCHED (1700–1766)
Versuch einer kritischen Dichtkunst
Sterbender Cato

CHRISTIAN FÜRCHTEGOTT GELLERT (1715–1769)
Fabeln und Erzählungen
Das Leben der schwedischen Gräfin von G.

GOTTHOLD EPHRAIM LESSING (1729–1781)
Miss Sara Sampson
Minna von Barnhelm
Hamburgische Dramaturgie
Emilia Galotti
Nathan der Weise

CHRISTOPH MARTIN WIELAND (1733–1813)
Geschichte des Agathon
Musarion
Die Abderiten

GEORG CHRISTOPH LICHTENBERG (1742–1799)
Vermischte Schriften (1800–1806 erschienen)

Johann Wolfgang von Goethe, Der Freiheitsbaum

1. Vom Leben im „sklavischsten Land Europas“

Deutschland bestand seit dem Dreißigjährigen Krieg aus über 300 selbstständigen Kleinstaaten, deren Herrscher meist den Ehrgeiz entwickelten dem Vorbild aller absolutistischen Souveräne, Ludwig XIV. von Frankreich, nachzueifern. Zwar gab es auch aufgeklärte Herrscher wie Maria Theresia und ihren Sohn, Kaiser Joseph II., sowie den Preußenkönig Friedrich den Großen, die nach Kräften versuchten ihr Land aufzubauen und damit den Wohlstand der Bevölkerung zu mehren. Doch viele Fürsten gaben für sich und ihren Hofstaat große Summen aus, die das politisch ohnmächtige Bürgertum zu zahlen hatte. Der Erzbischof von Salzburg beispielsweise hielt sich einen persönlichen Hofstaat von 178 Hofbeamten, Lakaien, Pagen und einen Reitstall mit 750 Pferden und Hunderten von Reitknechten.

Waren alle Finanzmöglichkeiten ausgeschöpft, verkauften skrupellose Landesfürsten eine „Ware“, über die sie glaubten frei verfügen zu dürfen: nämlich die Untertanen.

1775 „verpachteten“ der Markgraf von Ansbach-Bayreuth, der Herzog von Braunschweig (Lessings Dienstherr) und einige andere deutsche Fürsten insgesamt 28.875 Mann an die Engländer. Diese schickten sie in den nordamerikanischen Unabhängigkeitskrieg gegen die Truppen George Washingtons, wobei 12.562 deutsche Soldaten fielen.

Lessing sprach von Deutschland als dem „sklavischsten Land Europas“ und griff vorsichtig die Despotenwillkür in seinem Drama „Emilia Galotti“ an. Jetzt aber waren im Theater noch ganz andere Töne zu vernehmen.

1784 erfolgt die Uraufführung von Schillers „Kabale und Liebe“:

Kammerdiener: Seine Durchlaucht der Herzog empfehlen sich Milady zu Gnaden und schicken Ihnen diese Brillanten zur Hochzeit. Sie kommen soeben erst aus Venedig.

Anonymer Kupferstich: Hessische Landeskinder, die von Fürsten an England verpachtet wurden, werden unter strenger Bewachung nach Nordamerika abtransportiert.

Lady: (hat das Kästchen geöffnet und fährt erschrocken zurück): Mensch, was bezahlt dein Herzog für diese Steine?
Kammerdiener: (mit finsterem Gesicht): Die kosten ihn keinen Heller.
Lady: Was, bist du rasend? Nichts? – Und *(indem sie einen Schritt von ihm wegtritt)* du wirfst mir ja einen Blick zu, als wenn du mich durchbohren wolltest – nichts kosten ihn diese unermesslich kostbaren Steine?
Kammerdiener: Gestern sind 7000 Landeskinder nach Amerika fort – sie zahlen alles!
Lady: (setzt den Schmuck plötzlich nieder und geht rasch durch den Saal, nach einer Pause zum Kammerdiener): Mann, was ist dir? Ich glaube, du weinst?
Kammerdiener: (wischt sich die Augen, mit schrecklicher Stimme, alle Glieder zitternd): Edelsteine, wie diese da! – Ich hab auch ein paar Söhne darunter.
Lady: (wendet sich bebend weg, seine Hand fassend): Doch keine gezwungenen?
Kammerdiener: (lacht fürchterlich): O Gott! – Nein – lauter Freiwillige! Es traten wohl so etliche vorlaute Bursch vor die Front heraus und fragten den Obersten, wie teuer der Fürst das Joch Menschen verkaufe? Aber unser gnädigster Landesherr ließ alle Regimenter auf dem Paradeplatz aufmarschieren und die Maulaffen niederschießen. Wir hörten die Büchsen knallen, sahen ihr Gehirn auf das Pflaster spritzen und die ganze Armee schrie: „Juchhe! Nach Amerika!"

Dass Schiller damit sehr viel Mut bewies, zeigt das Schicksal seines Zeitgenossen Christian Friedrich Daniel Schubart, den Schillers Landesherr, Herzog Karl Eugen von Württemberg, verhaften und für zehn Jahre einkerkern ließ. Grund dafür waren Schubarts Gedichte, die geprägt sind von Tyrannenhass und Freiheitsliebe. Besonders im Gedicht „Die Fürstengruft" macht Schubart seinem Hass gegen die absolutistische Obrigkeit Luft:

(...) Damit die Quäler nicht zu früh erwachen,
Seid menschlicher, erweckt sie nicht.
Ha! Früh genug wird über ihnen krachen
Der Donner am Gericht (...)

Die Ideen der Aufklärung, die ein Ende der fürstlichen Tyrannei forderten, waren auch in Deutschland auf fruchtbaren Boden gefallen. Die junge Generation wagte es, das absolutistische System herauszufordern und die Missstände in ihren Werken anzuprangern – trotz Zensur und Unterdrückung.
Was gab ihnen den Mut und die Überzeugung gegen das Unrecht anzutreten?

2. Gefühl ist mehr als Denken!

Zunächst einmal: Die Dichter waren jung. Im Jahr 1770 trafen einige der jungen Dichter in Straßburg aufeinander: Herder, Goethe, Lenz und andere. Der Pastor, Kulturhistoriker und Philosoph Johann Gottfried Herder war der führende Kopf und mit seinen Studien der deutschen und englischen Literatur und seinen Sammlungen europäischer Volksdichtung auch der geistige Anreger, von dem vor allem Goethe profitierte. Die Dichter waren gegen die beherrschende Stellung der französischen Kultur. Jahrzehnte später hob Goethe in seiner Autobiografie (Beschreibung seines eigenen Lebens) „Dichtung und Wahrheit" den jugendlichen Charakter hervor, den „jene berühmte, berufene und verrufene Literaturepoche, in welcher eine Masse junger genialer Männer mit aller Mutigkeit und aller Anmaßung, wie

Christian Friedrich Daniel Schubart

sie nur einer solchen Jahreszeit (Lebenszeit; die Verf.) eigen sein mag, hervorbrachten, durch Anwendung ihrer Kräfte manche Freude, manches Gute, durch den Missbrauch derselben manchen Verdruss und manches Übel stifteten."

Die jungen Dichter des Sturm und Drang waren sich einig in ihrer Forderung nach Freiheit und Selbstbestimmung aller Menschen. Da sie im politischen Leben keine Einflussmöglichkeiten hatten, schufen sie sich eine eigene Welt auf der Bühne. Goethe beschrieb diesen Ausweg folgendermaßen:

Diese Tatkraft, die nicht wusste, woran sie sich verschwenden sollte, ergoss sich wie ein reißender Strom in die Literatur. Da man nicht tätig werden konnte, schrieb man, kämpfte man mit Heftigkeit in Romanen und Dramen.

Dabei war den jungen Dichtern die Regelhaftigkeit der Aufklärung zu starr. Der Künstler muss sich aus dem Gestrüpp der Regeln und Bindungen lösen, will er seine Individualität, sein Genie, entfalten. Das Genie gilt mehr als Vernunft und Verstand, der Dichter schöpft aus Herz und Gefühl – „es dichtet" aus ihm heraus: Dichtung als ekstatischer (verzückter) Zustand. Das Genie dichtet nicht, weil es will, sondern, weil es muss – so wird Dichtung zur Offenbarung. Ausdruck dieses Geniekultes ist auch Goethes Ode „Prometheus" aus dem Jahr 1774. Der junge Dichter zögerte sie zu veröffentlichen, nicht zuletzt wegen der provokativen Schlussstrophe dieses Gesangs:

(...) Hier sitz ich, forme Menschen
Nach meinem Bilde,
Ein Geschlecht, das mir gleich sei,
Zu leiden, weinen,
Genießen und zu freuen sich,
Und dein nicht zu achten,
Wie ich.

Diese „Unabhängigkeitserklärung" des schöpferischen Menschen ist als Absage an die asketische Seite des Christentums und an das traditionelle Gottesbild überhaupt zu verstehen. Im Übrigen galt die Ode (griechisch: der Gesang) in ihrer erhabenen Feierlichkeit als typische Ausdrucksform des Genies.

Der Philosoph Jean-Jacques Rousseau

Auch Shakespeare, auf den schon Lessing aufmerksam machte, wurde zum Vorbild für die Geniebewegung. In seiner „Hamburgischen Dramaturgie" urteilt Lessing, dass „die Tragödie noch einer ganz anderen Wirkung fähig sei, als ihr Corneille und Racine (die großen französischen Dramatiker des 17. Jahrhunderts) zu erteilen vermocht".

Neben Shakespeare ist der französische Philosoph Jean-Jacques Rousseau (1712–1778) der große Beweger des Sturm und Drang.

In einer berühmt gewordenen Schrift macht er den Fortschritt der Kultur für den sittlichen Verfall verantwortlich, denn der menschliche Fortschritt ist für ihn ein unaufhaltsamer Verfallsprozess. Der ursprüngliche Mensch im Schoß der Natur ist gut, rechtschaffen und glücklich. Aber: „Der Mensch, der denkt, ist ein entartetes Tier." Der Naturbursche, der unverbildete Kerl, der alles aus sich heraus kann, ist das Ideal der jungen Dichter. Im Einklang dazu steht die Sprache: Derb und deutlich drückt sie aus, was in der Aufklärung nicht einmal angedeutet wurde.

Rousseaus Aufforderung zur Rückkehr zur Natur wird zum Programm des Sturm und Drang: Nur die Dichtung, die ursprünglich, naturhaft ist und den Bezug zu Volk und Natur noch nicht verloren hat – wie die Werke Shakespeares und auch Homers –, ist rein und echt.

So wird auch verständlich, wieso Herder in seiner bedeutenden Sammlung „Volkslieder" diese als reine und unverfälschte Volkspoesie hervorhebt. Die Zeit der „Kathederpoesie", in der Werke von Gebildeten für Gebildete geschrieben wurden, ist vorbei.
Um die Ungerechtigkeiten von heute darzustellen bedient man sich der Helden von gestern. So steht Goethes spätmittelalterlicher „Götz von Berlichingen" auch gegen die feudalen Ungerechtigkeiten des 18. Jahrhunderts. Das Empfinden der Dichter für politisches und soziales Unrecht entspringt vielfach ihrer bescheidenen Herkunft. Im Gegensatz zu einem Sohn aus vermögendem Hause wie Goethe waren zum Beispiel Lenz, Herder und Klinger, nach dessen Drama „Sturm und Drang" die Epoche später benannt wurde, als armer Leute Kinder sich ihrer politischen und sozialen Unterdrückung immer besonders bewusst.
Dem entsprach auch ihre meist schwierige finanzielle Situation. Nicht einmal berühmte und anerkannte Schriftsteller wie Lessing konnten von ihren Einkünften aus literarischer Tätigkeit gut leben. Das lag zum einen an der relativ geringen Zahl der Leser (noch 1770 waren über 80 % der Bevölkerung Analphabeten), zum anderen an den über 2.000 Autoren, die sich gegenseitig Konkurrenz machten. Die ohnehin starke Stellung der Verleger und Buchhändler wurde dadurch noch ausgebaut. Die meisten jungen Dichter veröffentlichten ihre Erstlingswerke auf eigene Kosten und verschuldeten sich damit auf Jahrzehnte. Neben ihrer literarischen Tätigkeit mussten viele, wie zum Beispiel Herder oder Lenz, im oft nicht sehr geachteten Beruf des Hofmeisters, einer Art Hauslehrer, Zuflucht suchen um überleben zu können. Nur einem blieben die lebenslänglichen Geldsorgen erspart: dem Frankfurter Bürgersohn Johann Wolfgang Goethe.

3. Der junge Goethe

1749 Johann Wolfgang Goethe wird am 28. August in der freien Reichsstadt Frankfurt am Main geboren. Er stammt aus einer recht wohlhabenden Familie. Sein Vater sorgt für eine umfassende Ausbildung durch Hauslehrer, wobei das spielerische Lernen im Vordergrund steht.
1765 Beginn des Studiums der Rechtswissenschaften in Leipzig. Goethe genießt das fröhliche Studentenleben und vernachlässigt sein Studium, er verehrt die Wirtstochter Käthchen Schönkopf. Durch die Schriften Winckelmanns und den Maler Oeser wird Goethe mit der griechischen Antike vertraut. Gesundheitlich angeschlagen, kehrt er drei Jahre später nach Frankfurt zurück.
1768–1770 Goethe kuriert seine schwache Gesundheit und wendet sich den Pietisten zu, einer gefühlsbetonten Gemeinschaft evangelischer Christen. Auch beschäftigt er sich mit den Geheimwissenschaften und der Geisterwelt, mit Okkultismus.
1770–1771 Studium in Straßburg. Goethe lernt viel von Herder über Shakespeare und Volkspoesie, genießt das Leben in der schönen Stadt und schreibt später über das gotische Straßburger Münster im Stil der Geniezeit: „Von deutscher Baukunst". Literarisch noch bedeutsamer wird seine Liebe zur elsässischen Pfarrerstochter Friederike Brion. Dieses Liebeserlebnis und die Trennung schreibt er sich in dem Gedicht „Willkommen und Abschied" von der Seele. Goethe schließt sein juris-

Goethe im Alter von dreißig Jahren

Goethes Gartenhaus

tisches Studium ab. Wieder in Frankfurt hält er vor Freunden eine Rede zum Shakespearetag: „Ich rufe Natur! Natur! Nichts so Natur als Shakespeares Menschen. (...)"

1771–1775 Tätigkeit als Rechtsanwalt in Frankfurt, Goethe betreibt seinen Beruf recht nachlässig. Literarisch wird er von seinem Freund und Kritiker Merck aus Darmstadt gefördert und zur Mitarbeit in der Zeitschrift „Frankfurter Gelehrten Anzeigen" angeregt. Goethe ist für ein halbes Jahr Praktikant am Reichskammergericht in Wetzlar. Er verliebt sich in Charlotte Buff; diese unerfüllte Liebe wird die Grundlage für „Die Leiden des jungen Werthers".

1773 „Götz von Berlichingen mit der eisernen Hand. Ein Schauspiel": Goethe lässt das Drama auf eigene Kosten veröffentlichen und ist mit einem Mal berühmt. Buchhändler drucken das Werk sofort nach, was dem Dichter zwar zu keinen Einnahmen, aber zu größerem Ruhm verhilft. Ritterdramen kommen durch den „Götz" sehr in Mode. Entwürfe zu Dramen entstehen: „Urfaust", „Prometheus", „Mahomet".

1774 „Die Leiden des jungen Werthers" erscheinen, zunächst anonym. Sofort in großen Auflagen nachgedruckt, wird das Werk zum ersten „Bestseller" und macht Goethe europaweit berühmt, selbst Napoleon soll es mehrmals gelesen haben. Es entsteht ein Werther-Kult und eine Werther-Mode: blauer Frack, gelbe Hosen und halbhohe Stiefel. Bald ereignen sich sogar Selbstmorde nach Art des im Buch beschriebenen. Später bezeichnet Goethe seinen Roman als „Rausch auf Papier".

1775 Verlobung mit der Bankierstochter Lili Schönemann, Reise in die Schweiz. Nach der Rückkehr zerbricht die Verlobung, Goethe zieht auf Einladung des Erbprinzen Karl August nach Weimar. Sachsen-Weimar ist ein kleines, armes Herzogtum mit weitgehend bäuerlicher Bevölkerung, Weimar selbst hat kaum 6.000 Einwohner. Goethe wird dem jungen Erbprinzen Freund und unentbehrlicher Berater. Zunächst pflegen sie zum Entsetzen des Hofes die derbe Sprache der Geniezeit und genießen auf wilden Ausritten ihre „Sturm-und-Drang-Zeit". Der bedeutende Aufklärer Wieland hat in Weimar die Stelle als Prinzenerzieher, Herder wird höchster evangelischer Amtsträger. Bald reisen Dichter des Sturm und Drang wie Lenz und Klinger nach Weimar, das im Rufe steht, nicht mehr das langweilige Kleinstädtchen zu sein. Die Mutter des Herzogs, Amalie, fördert Musik, Theater und auch die jungen Genies. So bildet sich allmählich Weimar als kultureller Mittelpunkt heraus, später wird man ihn nach den griechischen Göttinnen der Kunst Musenhof nennen.

1776–1786 Goethe ist Geheimer Legationsrat und erhält mit 1.200 Talern jährlich das zweithöchste Gehalt im Lande (Schiller bekam später als Professor für Geschichte nur 400 Taler). Er ist einflussreicher Berater des Fürsten und greift in die Geschicke des Ländchens ein. Über seinem aussichtslosen Plan den Silberbergbau wieder in Gang zu bringen wird er zum Naturforscher. Daneben ist er als Minister für verschiedene Bereiche zuständig, für den Wegebau, für die Kriegskommission, später auch für die Finanzen.

Ein angebliches Selbstbildnis von Charlotte von Stein

Insgesamt aber resigniert Goethe bald, da sich trotz aller Bemühungen die Amtsgeschäfte in diesem Kleinstaat im Kreise drehen. In sein Leben tritt die Hofdame Charlotte von Stein, zu der Goethe zehn Jahre lang eine sehr intensive, geistige Beziehung hat, die ihn stark prägt. Zeugnis dafür sind die fast 1.700 Briefe, die er ihr schreibt. In dieser Zeit erfolgt – auch durch den Einfluss der Frau von Stein – Goethes Abkehr vom Sturm und Drang.
Nach wie vor aber ist er in der literarischen Welt wegen zwei seiner Werke als genialischer Dichter berühmt: wegen seines Sturm-und-Drang-Dramas „Götz von Berlichingen mit der eisernen Hand" und seines empfindsamen Romans „Die Leiden des jungen Werthers".

Götz von Berlichingen mit der eisernen Hand

Der junge Jurist Goethe war bei seinen Studien in Straßburg auf die Autobiografie des Reichsritters Gottfried von Berlichingen gestoßen, der im 16. Jahrhundert gelebt hatte.
Diese Lebensbeschreibung diente Goethe als Grundlage für eine Dramatisierung des Stoffes, die als Ur-Götz 1771 entstand. Das 1773 zunächst anonym erschienene, 1774 erstmalig aufgeführte Schauspiel war eine Neubearbeitung Goethes.

1. Akt:
Der freie, nur dem Kaiser untertänige Reichsritter Götz von Berlichingen liegt in Streit mit dem Bischof von Bamberg. Götz gelingt es, Weislingen gefangen zu nehmen, einen ehemaligen Freund, der nun im Dienst des Bischofs steht.

Elisabeth: (Götzens Frau): Habt ihr den Weislingen?
Reiter: Ihn und drei Reiter.
Elisabeth: Wie ging's zu, dass ihr so lang ausbleibt?
Reiter: Wir lauerten auf ihn zwischen Nürnberg und Bamberg, er wollte nicht kommen und wir wussten doch, er war auf dem Wege. Endlich kundschaften wir ihn aus: Er war seitwärts gezogen und saß geruhig beim Grafen auf dem Schwarzenberg.
Elisabeth: Den möchten sie auch gern meinem Mann Feind haben.
Reiter: Ich sagt's gleich dem Herrn. Auf! Und wir ritten in Haslacher Wald. Und da war's kurios, wie wir so in die Nacht reiten, hüt' just ein Schäfer da, und fallen fünf Wölf in die Herd und packten weidlich an. Da lacht unser Herr und sagte: „Glück zu, liebe Gesellen! Glück überall und uns auch!" Und es freuet' uns all das gute Zeichen. Indem kommt der Weislingen hergeritten mit vier Knechten.
Maria: Das Herz zittert mir im Leibe.
Reiter: Ich und mein Kamerad, wie's der Herr befohlen hatte, nistelten uns an ihn, als wären wir zusammengewachsen, dass er sich nicht regen noch rühren konnte, und der Herr und der Hanns fielen über die Knecht her und nahmen sie in Pflicht. Einer ist entwischt.

Der 67-jährige Ritter Götz von Berlichingen in einem Porträt auf Glas

Götz und Weislingen reden über ihre frühere Freundschaft und versöhnen sich schließlich auf der Burg Jagsthausen wieder. Es kommt zur Verlobung Weislingens mit Maria, Götzens Schwester.

2. Akt:
Am Hof in Bamberg plant man Weislingen für den Bischof zurückzugewinnen. Die schöne Adelheid von Walldorf bringt den kurz nach Bamberg zurückgekehrten Weislingen dazu, sich in sie zu verlieben.

Weislingen: Ihr seid nicht wohl, gnädige Frau?
Adelheid: Das kann Euch einerlei sein. Ihr verlasst uns, verlasst uns auf immer. Was fragt Ihr, ob wir leben oder sterben.
Weislingen: Ihr verkennt mich.
Adelheid: Ich nehme Euch, wie Ihr Euch gebt.
Weislingen: Das Ansehn trügt.
Adelheid: So seid Ihr ein Chamäleon?
Weislingen: Wenn Ihr mein Herz sehen könntet!
Adelheid: Schöne Sachen würden mir vor die Augen kommen.
Weislingen: Gewiss! Ihr würdet Euer Bild drin finden.
Adelheid: In irgendeinem Winkel bei den Porträten ausgestorbener Familien. Ich bitt Euch Weislingen, bedenkt, Ihr redet mit mir. Falsche Worte gelten zum höchsten, wenn sie Masken unserer Taten sind. Ein Vermummter, der kenntlich ist, spielt eine armselige Rolle. Ihr leugnet Eure Handlungen nicht und redet das Gegenteil; was soll man von Euch halten?
Weislingen: Was Ihr wollt. Ich bin so geplagt mit dem, was ich bin, dass mir wenig bang ist, für was man mich nehmen mag.

Götz erfährt durch seinen Kundschafter Georg vom Verrat Weislingens. Dieser wird von Adelheid angetrieben auf dem Reichstag zu Augsburg gegen Götz aktiv zu werden. Inzwischen zieht Götz gegen die Nürnberger, die ihn beim Bischof verraten haben.

3. Akt:
Auf die Klagen der Nürnberger Kaufleute hin wird Weislingen vom Kaiser mit der Gefangennahme von Götz beauftragt. Nach schweren, für Götz ruhmreichen Kämpfen, wird die Burg Jagsthausen belagert. Obwohl Götz und den Seinen freier Abzug versprochen wurde, werden sie gefangen genommen.

4. Akt:
Götz soll in Heilbronn unter Druck und Drohungen seine Rebellion eingestehen, wird aber durch Franz von Sickingen befreit. Weislingen und Adelheid sind über das Scheitern des Planes sehr verärgert. Zwischen ihnen zeigen sich erste Differenzen. Deshalb macht Adelheid sich Weislingens Diener Franz gefügig. Götz sitzt auf seiner Burg im Hausarrest und erfährt von den Bauernaufständen in Schwaben.

5. Akt:
Der Bauernkrieg weitet sich nach Franken aus, die Bauern wollen Götz als Hauptmann. Dieser willigt für vier Wochen ein, um Ausschreitungen zu verhindern, und bricht so seinen Eid gegen Kaiser und Reich. Die Bauern plündern trotz ihres Versprechens, erleiden eine große Niederlage und Götz wird von Fürstentruppen gefangen genommen. Adelheid stiftet Franz an, Weislingen zu vergiften. Maria sucht den Sterbenden auf und dieser zerreißt noch das Todesurteil gegen Götz. Das geheime Femegericht verurteilt Adelheid zum Tode. Götz ist noch in Heilbronn gefangen, als Maria mit dem treuen Kampfgefährten Lerse zu ihm kommt.

Götz: Allmächtiger Gott! Wie wohl ist's einem unter deinem Himmel! Wie frei! – Die Bäume treiben Knospen und alle Welt hofft. Lebt wohl, meine Lieben; meine Wurzeln sind abgehauen, meine Kraft sinkt nach dem Grabe.
Elisabeth: Darf ich Lersen nach deinem Sohn ins Kloster schicken, dass du ihn noch einmal siehst und segnest?
Götz: Lass ihn, er ist heiliger als ich, er braucht meinen Segen nicht. – An unserem Hochzeitstag, Elisabeth, ahnte mir's nicht, dass ich so sterben würde. – Mein alter Vater segnete uns und eine Nachkommenschaft von edeln tapfern Söhnen quoll aus seinem Gebet. – Du hast ihn nicht erhört und ich bin der Letzte. – Lerse, dein Angesicht freut mich in der Stunde des Todes mehr als im mutigsten Gefecht. Damals führte mein Geist den eurigen; jetzt hältst du

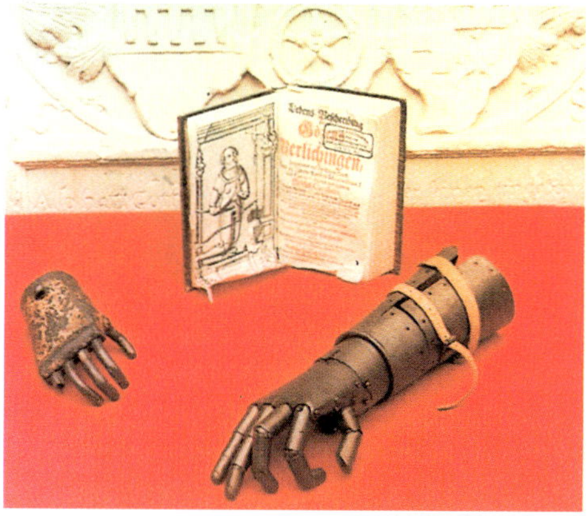

Die eisernen Hände und die Lebensbeschreibung von Götz

mich aufrecht. Ach dass ich Georgen noch einmal sähe, mich an seinem Blick wärmte! – Ihr seht zur Erden und weint – Er ist tot – Georg ist tot. – Stirb, Götz – Du hast dich selbst überlebt, die Edeln überlebt. – Wie starb er? – Ach fingen sie ihn unter den Mordbrennern und er ist hingerichtet?

Elisabeth: Nein, er wurde bei Miltenberg erstochen. Er wehrte sich wie ein Löw um seine Freiheit.

Götz: Gott sei Dank! Er war der beste Junge unter der Sonne und tapfer. – Löse meine Seele nun! – Arme Frau! Ich lasse dich in einer verderbten Welt. Lerse, verlass sie nicht. – Schließt eure Herzen sorgfältiger als eure Tore. Es kommen die Zeiten des Betrugs, es ist ihm Freiheit gegeben. Die Nichtswürdigen werden regieren mit List und der Edle wird in ihre Netze fallen. Maria, gebe dir Gott deinen Mann wieder. Möge er nicht so tief fallen, als er hoch gestiegen ist! Selbitz starb und der gute Kaiser und mein Georg. – Gebt mir einen Trunk Wasser. – Himmlische Luft – Freiheit! Freiheit! *(Er stirbt)*

Elisabeth: Nur droben, droben bei dir. Die Welt ist ein Gefängnis.

Maria: Edler Mann! Edler Mann! Wehe dem Jahrhundert, das dich von sich stieß!

Lerse: Wehe der Nachkommenschaft, die dich verkennt!

Goethes Sturm-und-Drang-Drama umfasst 56 Szenen, allein im dritten Akt gibt es 22 verschiedene Schauplätze. Damit macht das Werk radikal Ernst mit der Absage an die Gesetze des klassischen französischen Dramas. Goethe betrachtete diese Gesetze – wie er es in einem Aufsatz „Zum Schäkespears-Tag" formuliert – als „kerkermäßig ängstlich" und als „lästige Fesseln der Einbildungskraft". Er orientierte sich an Shakespeare, der seine Schöpferkraft nicht durch Regeln und Gesetze einschnüren ließ.

Das Drama erzielte eine große Wirkung bei den Zeitgenossen, erkannten sie doch, dass das nicht ein Ritterstück aus dem 16. Jahrhundert war, sondern eine zeitkritische Darstellung deutscher Verhältnisse auch des 18. Jahrhunderts. Die Zersplitterung Deutschlands in autoritäre Einzelherrschaften, das Fehlen einer starken Zentralgewalt und vor allem der nationalen Einheit – das waren die zentralen politischen Themen im Deutschland des 16. wie des 18. Jahrhunderts. So konnte Goethe in seinem historischen Drama aktuelle bürgerliche Forderungen nach politischer Freiheit aufzeigen. Die Identifizierung des bürgerlichen Publikums mit dem adeligen Ritter gelang auch dadurch, dass Götz in seiner einfachen, ehrlichen Lebensweise den bürgerlichen Idealen des 18. Jahrhunderts entsprach. In seinen Charaktereigenschaften, in seiner Treue, seiner Fähigkeit zu tiefer Freundschaft und ehrlicher Liebe werden Ideale des Sturm-und-Drang-Zeitalters nachgezeichnet. Diese Nähe zur literarischen Epoche geht bis in Details; so werden am Sohn des Götz, an Karl, die Vorstellungen von Kindererziehung aufgezeigt: Nicht Buchstabengelehrtheit und totes Faktenwissen sollen vermittelt werden, sondern am alltäglichen Leben orientierte, praktische Kenntnisse. Karl wird als Gegenstück des Vaters dargestellt, als verweichlicht, während Götz durch natürliches und ursprüngliches Wesen gekennzeichnet ist. Seine Persönlichkeit spiegelt sich nicht in seinem Sohn wider, sondern in Georg, seinem Knappen. Dementsprechend legt Götz in seiner Todesstunde keinen Wert auf die Anwesenheit Karls, denkt aber bis zuletzt an Georg.

Friederike Brion

Ganz im Sinn der Sturm-und-Drang-Zeit schrieb Goethe sein Drama in einer kraftvol-

len, volkstümlichen Prosa mit einer Neigung zum Derben: Im dritten Akt steckt das wohl berühmteste Zitat der deutschen Literatur: „Sag deinem Hauptmann: Vor Ihro Kaiserliche Majestät hab ich, wie immer, schuldigen Respekt. Er aber, sag's ihm, er kann mich (...)"
Neu ist bei Goethe, dass die unterschiedlichen Bevölkerungsgruppen auch durch ihre Sprache gekennzeichnet werden. Bei Hofe in Bamberg spricht man Hochdeutsch (siehe 2. Akt), auf der Burg Jagsthausen Mundart (siehe 1. Akt).
Das ganze Stück ist durchzogen von dem Gegensatz Freiheit – Gefangenschaft, der am Schluss seinen Höhepunkt erreicht. Trotz eines lebenslangen Kampfes kann Götz in der Gesellschaft, in der er lebt, die Freiheit nicht erreichen. Das Gefängnis wurde zu seiner Welt, oder wie Elisabeth es formuliert: „Die Welt ist ein Gefängnis." Wahre Freiheit gibt es „nur droben", im Himmel also. Damit ist der dramatische Konflikt umrissen: Der letzte Freie, Gerechte und Kraftvolle unterliegt einer verderbten Welt. Jedem Leser oder Theaterbesucher war klar, dass mit dem Hinweis am Schluss des Dramas, dass „Nichtswürdige" mit List regieren werden, die Kritik an den Verhältnissen des 18. Jahrhunderts besonders hervortritt. Die Mahnung der letzten Worte im Drama „Wehe der Nachkommenschaft, die dich verkennt!" soll bewirken, dass die Theaterbesucher sich die Charaktereigenschaften des Götz zu Eigen machen um den Triumph der Freiheit über Gefangenschaft, Betrug und List herbeizuführen.

Goethes frühe Lyrik

Willkommen und Abschied

Es schlug mein Herz, geschwind zu Pferde!
Es war getan fast eh gedacht.
Der Abend wiegte schon die Erde
und an den Bergen hing die Nacht;
schon stand im Nebelkleid die Eiche,
ein aufgetürmter Riese, da,
wo Finsternis aus dem Gesträuche
mit hundert schwarzen Augen sah.

Der Mond von einem Wolkenhügel
sah kläglich aus dem Duft hervor,
die Winde schwangen leise Flügel,
umsausten schauerlich mein Ohr;
die Nacht schuf tausend Ungeheuer,
doch frisch und fröhlich war mein Mut:
In meinen Adern welches Feuer!
In meinem Herzen welche Glut!

Dich sah ich, und die milde Freude
floss von dem süßen Blick auf mich;
ganz war mein Herz an deiner Seite
und jeder Atemzug für dich.
Ein rosenfarbnes Frühlingswetter
umgab das liebliche Gesicht,
und Zärtlichkeit für mich – ihr Götter!
Ich hofft es, ich verdient es nicht!

Doch ach, schon mit der Morgensonne
verengt der Abschied mir das Herz:
In deinen Küssen welche Wonne!
In deinen Augen welcher Schmerz!
Ich ging, du standst und sahst zur Erden
und sahst mir nach mit nassem Blick:
Und doch, welch Glück, geliebt zu werden!
Und lieben, Götter, welch ein Glück!

Spätere Fassung von 1789

Im Jahr 1770 beschreibt Goethe sein Liebeserlebnis mit Friederike Brion in diesem Gedicht. Es ist ein Beispiel für **Erlebnislyrik**. Fast zwei Jahrzehnte später arbeitet er in diese Fassung den endgültigen Abschied von dem Mädchen in die letzte Strophe ein, in der ursprünglichen Version verabschiedet sich das Mädchen. Die Schuldgefühle, die bei Goethe möglicherweise dadurch entstanden, dass er Friederike verließ, tauchen auch noch im „Faust" auf. Sie schrieb sich Goethe in der letzten Strophe von der Seele.
Der Versfuß des Gedichts ist ein vierhebiger Jambus (vier Betonungen im Vers) im Kreuzreim (abab). Der Rhythmus ist – entsprechend dem Inhalt – lebhaft, drängend, was auch in den zahlreichen Ausrufezeichen zum Ausdruck kommt.

Das Gedicht hat einen klaren Aufbau:

1. und 2. Strophe:
Abendlicher Ritt zur Geliebten, die Natur personifiziert sich in unheimlichen Gestalten. Aber die Liebe gibt Mut.

3. Strophe:
Der Liebende ist am Ziel, die Zärtlichkeit überwältigt ihn.

4. Strophe:
Im Abschied stehen sich Wonne der Abschiedsküsse und Trennungsschmerz gegenüber, bei der Geliebten überwiegt der Schmerz des Verlassenwerdens. Dennoch setzt Goethe an den Schluss ein Bekenntnis zur Liebe.

Auch bei dem Roman „Die Leiden des jungen Werthers" wurde oft versucht den biografischen Hintergrund zu entschlüsseln. In seiner Autobiografie „Dichtung und Wahrheit" erinnert sich Goethe der Frager, die am Werther nichts anderes interessierte, als „was denn eigentlich an der Sache wahr" sei.

Goethes „Bestseller": Die Leiden des jungen Werthers

Johann Wolfgang von Goethe, auf Vorschlag seines Landesherrn 1782 vom Kaiser geadelt, schuf im Laufe seines langen Lebens (1749 bis 1832) ein umfangreiches literarisches Werk. Seine von ihm selbst noch für den Verleger Cotta zusammengestellte „Ausgabe letzter Hand" umfasst 40 Bände. Von allen diesen Dramen, Romanen, Gedichten und Balladen machte ihn besonders ein Werk berühmt: sein 1774 verfasster **Briefroman** „Die Leiden des jungen Werthers".
Dieser Roman speist sich unmittelbar aus drei Quellen in Goethes eigenem Leben: Goethes Verliebtheit in die bereits verlobte Charlotte Buff, als er in Wetzlar am Reichskammergericht arbeitete, seine Freundschaft zu Maximiliane Brentano, die deren Ehemann zu Eifersuchtsszenen trieb und schließlich der Selbstmord eines Bekannten in Wetzlar aus enttäuschter Liebe.
Hinzu kommt als entscheidende Beeinflussung Jean-Jacques Rousseaus empfindsamer Roman „Die neue Heloise".
Werther, ein junger geistvoller Mann, befindet sich einer Erbschaft wegen in einem kleinen Städtchen, inmitten wunderschöner Natur gelegen.

Die Leiden
des
jungen Werthers.
Erster Theil.

Leipzig,
in der Weygandschen Buchhandlung.
1774.

Titelblatt der Originalausgabe 1774

10. Mai
Eine wunderbare Heiterkeit hat meine ganze Seele eingenommen, gleich den süßen Frühlingsmorgen, die ich mit ganzem Herzen genieße. Ich bin allein und freue mich meines Lebens in dieser Gegend, die für solche Seelen geschaffen ist wie die meine. Ich bin so glücklich, mein Bester, so ganz in dem Gefühle von ruhigem Dasein versunken, dass meine Kunst darunter leidet. Ich könnte jetzt nicht zeichnen, nicht einen Strich, und bin nie ein größerer Maler gewesen als in diesen Augenblicken. Wenn das liebe Tal um mich dampft und die hohe Sonne an der Oberfläche der undurchdringlichen Finsternis meines Waldes ruht und nur einzelne Strahlen sich in das innere Heiligtum stehlen, (...) – dann sehne ich mich oft und denke: Ach könntest du das wieder ausdrücken, könntest du dem Papier das einhauchen, was so voll, so warm in dir lebt, dass es würde der Spiegel deiner Seele, wie deine Seele ist der Spiegel des unendlichen Gottes. (...)

Da trifft er Lotte, Tochter eines Amtmannes, die verlobt ist, von seiner Verehrung jedoch nicht unbeeindruckt bleibt. Werther besucht sie sehr oft und erlebt sie bei ihren kleineren Geschwistern, die sie versorgen muss. Einem wundervollen Frühling, der in wahrer Naturbegeisterung ausgekostet wird, folgt ein schwüler Sommer. Lottes Verlobter Albert ist gekommen. Werther empfindet Schmerz wegen seiner Liebe, weil er weiß, dass er Lotte nicht für sich gewinnen kann. Schließlich nimmt Werther eine Stelle bei einem Minister an, dort aber leidet er unter der Bürokratie und der standesstolzen Adelsgesellschaft. Er kehrt zu Lotte zurück, die inzwischen Albert geheiratet hat. Werthers Liebe zu Lotte wächst zu einer verzweifelten Leidenschaft, bald sieht er keinen Ausweg mehr für sich.

3. November
(...) Ich leide viel, denn ich habe verloren, was meines Lebens einzige Wonne war, die heilige, belebende Kraft, mit der ich Welten um mich schuf; sie ist dahin! – Wenn ich zu meinem Fenster hinaus an den fernen Hügel sehe, wie die Morgensonne über ihn her den Nebel durchbricht und den stillen Wiesengrund bescheint und der sanfte Fluss zwischen seinen entblätterten Weiden zu mir hinschlängelt – o! wenn da diese herrliche Natur so starr vor mir steht wie ein lackiertes Bildchen, und alle die Wonne keinen Tropfen Seligkeit aus meinem Herzen herauf in das Gehirn pumpen kann und der ganze Kerl vor Gottes Angesicht steht wie ein versiegter Brunnen, wie ein verlechter Eimer. (...)

Er verabschiedet sich in einer leidenschaftlichen Szene von Lotte, leiht sich unter dem Vorwand eine Reise zu unternehmen Alberts Pistolen aus und erschießt sich.
Am Anfang lebt Werther ganz in seinen Empfindungen für die Natur, er schwelgt geradezu in seinem Naturerleben. Er schafft sich eine eigene Welt in seiner Fantasie, in deren Mittelpunkt Lotte steht. Die große Illusion bricht aber zusammen, als sein Reich der übersteigerten Empfindungen mit der realen Welt zusammenprallt: Lotte ist durch ihre Verlobung für Werther verloren, und dessen Flucht in einen Beruf scheitert. War Werther bereits vorher gesellschaftlich isoliert, so ist er es jetzt erst recht. Diese Enttäuschungen zerstören die magische Kraft seiner Empfindungen, seiner Illusionswelt:

Ich leide viel, denn ich habe verloren, was meines Lebens einzige Wonne war, die heilige, belebende Kraft, mit der ich Welten um mich schuf; sie ist dahin!

So sieht er nur noch den Selbstmord statt eines völlig vereinsamten, sinnentleerten Lebens.

Die letzte Begegnung zwischen Werther und Lotte, dargestellt auf einem Kupferstich von Chodowiecki

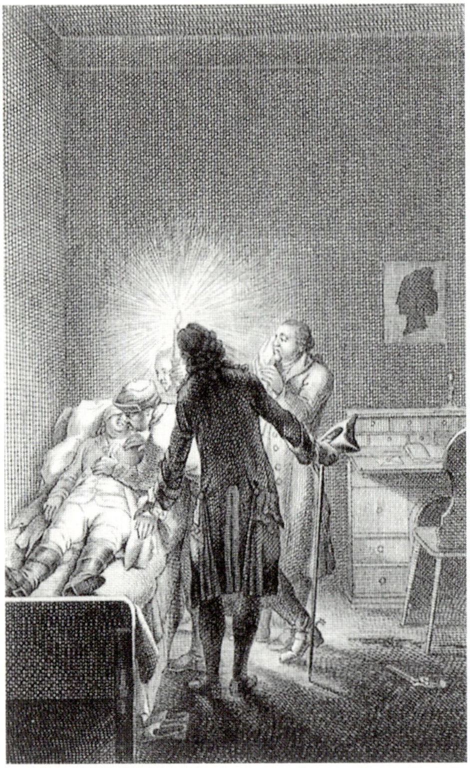

Chodowiecki, Werther stirbt.

Der Roman besteht größtenteils aus Briefen Werthers an seinen Freund Wilhelm. Diese „Ich-Erzählperspektive" ermöglicht Einblick in die ganze Gedanken- und Gefühlswelt Werthers und fördert die Identifizierung des Lesers mit dem Romanhelden. Daraus erklärt sich auch die ganz besondere Wirkung dieses Buches auf junge Menschen. Wie Lotte allerdings für Werther empfindet, erfährt man nur durch dessen Äußerungen. Am Ende des Romans wird eine weitere Erzählperspektive eingebaut, die des Herausgebers, der objektiv über die letzten Ereignisse in Werthers Leben berichtet. Selten schrieb Goethe so lyrische Sätze wie in seinem Werther, erst recht finden sich in seinem Werk nie wieder so wuchtig-nüchterne Sätze wie die am Ende:

Um zwölfe mittags starb er. Die Gegenwart des Amtmannes und seine Anstalten tuschten einen Auflauf. Nachts gegen eilfe ließ er ihn an die Stätte begraben, die er sich erwählt hatte. Der Alte folgte der Leiche und die Söhne, Albert vermocht's nicht. Man fürchtete für Lottens Leben. Handwerker trugen ihn. Kein Geistlicher hat ihn begleitet.

1972 verfasst in der damaligen DDR Ulrich Plenzdorf „Die neuen Leiden des jungen W." Edgar Wibeau, Musterlehrling in einem volkseigenen Betrieb, gibt seine Lehre auf, zieht nach Berlin und lernt dort in einer Laubenkolonie eine Kindergärtnerin kennen, die er Charlie nennt. Sie ist verlobt und Edgar, der später auf dem Bau arbeitet, muss akzeptieren, dass sie Dieter heiratet. Nach einer gemeinsamen Bootsfahrt, auf der sich die beiden sehr nahe kommen, bricht Edgars Kontakt mit Charlie ab. Um sein verkanntes Genie unter Beweis zu stellen entschließt sich Edgar eine Erfindung zu machen, wobei er durch einen Stromschlag stirbt.

Die „Neuen Leiden" beginnen mit den Todesanzeigen für Edgar, daran schließen sich die Dialoge seines Vaters mit verschiedenen Personen an. Dieser will seinen Sohn, den er jahrelang nicht gesehen hat, im Nachhinein kennen lernen. Ein weiteres Element sind die Kommentare Edgars zu den Äußerungen der Befragten „aus dem Jenseits". Zur Erzählung gehören auch 16 Zitate aus Goethes „Werther", in diesem Fall eine Taschenbuchausgabe ohne Titelblatt, die Edgar als einzige Lektüre in der Gartenlaube gefunden hat. Diese Zitate, entweder auf Tonband an Freund Willi geschickt oder als „schärfste Pistole" zur Verunsicherung des Gegenüber gebraucht, umschreiben Edgars Gefühlswelt und seine Ansichten. Sehr salopp formuliert Edgar seine Meinung über das Original:

Der Kerl in dem Buch, dieser Werther, wie er hieß, macht am Schluss Selbstmord (...), weil er die Frau nicht kriegen kann, die er haben will, und tut sich ungeheuer Leid dabei. (...)

Auch die sprachliche Gestaltung missfällt Edgar:

Das war nichts Reelles. Reiner Mist. Außerdem dieser Stil. Das wimmelte nur so von Herz und Seele und Glück und Tränen. (...)

Allmählich erkennt Edgar aber – zunächst scherzhaft – Parallelen zwischen seiner und Werthers Situation: „Ich hatte nie im Leben gedacht, dass ich diesen Werther mal so begreifen würde." Auch im Ende beider Gestalten zeigen sich Übereinstimmungen. Werthers Selbstmord ergibt sich als Folge seines Gefühlslebens und seines Scheiterns in der Gesellschaft. Edgars Tod ist zwar ein Unfall, aber gleichfalls eine Folge seines Ausscherens aus den gesellschaftlichen Normen.

4. Der junge Schiller

Die ersten Jugendjahre bestimmen vielleicht die Gesichtszüge des Menschen durch sein ganzes Leben, so wie sie überhaupt die Grundlage seines moralischen Charakters sind.

(Friedrich Schiller mit 20 Jahren)

1759 Am 10. November wird Schiller in Marbach am Neckar geboren. Der Vater ist ein strenger, ungeduldiger Mann, der in bitterer Armut aufgewachsen ist und deshalb schon früh mit seinem Sohn hoch hinaus will. Einige Jahre später erhält er den Posten eines Werbeoffiziers, woraufhin die Familie in das württembergische Grenzdorf Lorch umzieht. Die drei Jahre in Lorch erscheinen Friedrich Schiller wie ein Paradies, nach dem er sich ein Leben lang zurücksehnt. Der Vater wird nach Ludwigsburg versetzt. Schiller besucht die Lateinschule und muss jedes Jahr zum berüchtigten Landexamen nach Stuttgart. Dies ist die Voraussetzung für ein Theologiestudium.

1773 Karl Eugen, Herzog von Württemberg, will seinen Nachwuchs an Offizieren und Beamten sichern. Deswegen gründet er eine militärische Schule. Alle Schulen des Landes müssen ihre begabten Schüler, darunter auch Schiller, dem Herzog überlassen.

Der ganze Tagesablauf ist militärisch geregelt:

05.00 Uhr	Wecken, Frühappell, Gebet, Frühstück aus Brot- oder Mehlsuppe
07.00 Uhr	Unterricht
11.00 Uhr	Propreté (eine Art Putz- und Flickstunde des Paradeanzugs, Herrichten des Zopfs)
12.00 Uhr	Mittagsappell, Einzug in den Speisesaal, schweigende Einnahme der Mahlzeit
13.00 Uhr	Spaziergang, bei schlechtem Wetter Exerzieren
14.00 Uhr	Unterricht
18.00 Uhr	Wieder peinlichste Propreté
19.30 Uhr	Reichhaltiges Abendessen
21.00 Uhr	Nachtruhe

Zucht und Ordnung dieser Schule beruhen auf totalem Freiheitsentzug: Schulferien sind unbekannt, Urlaub wird nicht erteilt, Besuche der Eltern sind sehr selten. Der Herzog betrachtet die Zöglinge als „seine Söhne". Schiller leidet sehr unter diesem Druck: Leistungsabfall, Krankheiten, Hass gegen die starre Ordnung bleiben nicht aus. Er und einige

Schillers Geburtshaus in Marbach, das im 20. Jahrhundert behutsam restauriert und als Museum eingerichtet wurde

Karl Eugen, Herzog von Württemberg

Die von Karl Eugen gegründete Karlsschule in Stuttgart

Freunde beginnen sich für die Literatur zu begeistern. Der Dichter ist für sie der einzig freie, vollkommene Mensch. Shakespeare, Goethe, Schubart, Klopstock – alles wird verschlungen, obwohl Privatlektüre verboten ist. Schiller beginnt nachts Dramen zu schreiben. Dem Dichter Schubart verdankt er den Stoff zu seinem ersten großen Drama: „Die Räuber".

1780 Mit 21 Jahren wird er aus der Akademie nach sehr gut bestandener Abschlussprüfung entlassen. Auf Weisung des Herzogs wird Schiller Mediziner bei einem zumeist aus Invaliden und Krüppeln bestehenden Regiment. Für Medizin zeigt er kein Interesse: Schillers Rezepte sind berüchtigt. Offenbar ist es nur der guten Natur der Grenadiere zuzuschreiben, wenn sie seine außergewöhnlichen Mixturen überstehen.

1781 „Die Räuber" werden fertig gestellt. Schiller muss das Drama auf eigene Kosten drucken lassen.

1782 Am 13. Januar werden „Die Räuber" im Mannheimer Nationaltheater uraufgeführt. Schiller wohnt der Aufführung ohne Einwilligung des Herzogs bei, was ihn 14 Tage Arrest kostet. Er bittet den Herzog, literarisch arbeiten zu dürfen. Karl Eugen entlässt Schiller mit den Worten: „Ich sage, bei Strafe der Kassation (unehrenhafte Dienstentlassung; die Verf.) schreibt Er keine Komödien mehr." Mit dem Freund Schleicher flieht Schiller über Mannheim nach Frankfurt. Er bricht mehrmals vor Erschöpfung zusammen, findet aber schließlich auf Einladung seiner Gönnerin Henriette von Wolzogen Zuflucht im thüringischen Bauerbach.

1783 In Bauerbach stellt er das Trauerspiel „Luise Millerin" („Kabale und Liebe") fertig. Schiller erhält vom Mannheimer Intendanten Dalberg eine Anstellung als Dramaturg. Die Bedingungen sind hart: 300 Gulden Jahresgehalt und die Verpflichtung drei Theaterstücke pro Jahr zu schreiben. „Die Verschwörung des Fiesco zu Genua" und „Kabale und Liebe" werden uraufgeführt. Letzteres Werk wird ein großer Erfolg. Schiller erkrankt am „Kalten Fieber", einer Seuche, die sich aus den versumpften Mannheimer Festungsgräben verbreitet. Sein Theatervertrag wird nicht verlängert, wodurch er in große finanzielle Schwierigkeiten gerät.

1785 Dieses Jahr markiert einen Wendepunkt in Schillers Leben: Er nimmt eine schon länger vorliegende Einladung des Freundes Gottfried Körner nach Leipzig und Dresden an. Körner bezahlt ihm nicht nur die Anreise, sondern auch einen mehrjährigen Aufenthalt. Der um drei Jahre ältere Körner ist nach Anlage und Bildung ideal dazu geschaffen, Schillers geistige Entwicklung entscheidend zu fördern. In diesen Übergangsjahren erscheinen das Drama „Don Carlos", der Hymnus „An die Freude", den Beethoven in seiner neunten Sinfonie vertonte, sowie das Prosastück „Der Verbrecher aus verlorener Ehre". Schiller verliebt sich leidenschaftlich in Henriette von Arnim. Auf die Dauer ist es ihm unerträglich, von Körners Hilfe abhängig zu sein. Deshalb reist er

1787 einer neuen Epoche seines Lebens entgegen. Weimar, das zunächst nur als vorübergehender Aufenthalt einer Reise zum Nationaltheater nach Hamburg gedacht ist, wird zum Dreh- und Angelpunkt seines weiteren Schaffens. Dort wendet er sich vom Stil des Sturm und Drang ab. Dennoch stehen seine Jugenddramen bis heute in der Zuschauergunst ganz oben, allen voran das Drama „Die Räuber".

Die Räuber

Ein Augenzeuge der Mannheimer Uraufführung berichtet:

Die ersten zwei Akte wurden schweigend aufgenommen. Erst in der zweiten Szene des dritten Aktes, wo der Räuberhauptmann Moor als Büßer und Rächer im Schloss seiner Väter erscheint, löste sich die Spannung des Publikums in einem Beifall, der von da bis zum Schluss immer frenetischere Formen annahm. Das Theater glich einem Irrenhause, rollende Augen, geballte Fäuste, heisere Aufschreie im Zuschauerraum. Fremde Menschen fielen einander schluchzend in die Arme, Frauen wankten, einer Ohnmacht nahe, zur Türe. Es war eine allgemeine Auflösung wie im Chaos, aus dessen Nebeln eine neue Schöpfung hervorbricht.

Schillers erstes bedeutendes Drama hat nichts von seiner Faszination verloren. Die beiden Hauptpersonen, Franz und Karl Moor, sind bis

Die
Räuber.
Ein Schauspiel
von fünf Akten,
herausgegeben
von
Friderich Schiller.

Zwote verbesserte Auflage.

Frankfurt und Leipzig.
bei Tobias Löffler. in Manheim.
1782.

Titelblatt der zweiten Buchausgabe

Der junge Schiller im Jahr 1780

heute begehrte Rollen, in denen Schauspieler nicht zuletzt wegen der energiegeladenen Sprache glänzen können.

1. Akt:
Ausgangspunkt der Handlung ist die Situation in der adeligen Familie Moor: ein alter Vater zwischen seinen ungleichen Söhnen Karl und Franz, die zu unversöhnlichen Feinden werden.
Während sich der jüngere Sohn Franz im väterlichen Schloss aufhält, befindet sich Karl, der als Student ein ausschweifendes Leben geführt hat, an der Grenze zu Sachsen. Er möchte dieses Leben aber aufgeben und sich dem Willen seines Vaters beugen, indem er als Erstgeborener das Erbe antritt. Franz, der von der Erbfolge ausgeschlossen ist und den vom Vater geliebten und bevorzugten Bruder hasst, versucht dies mit allen Mitteln zu verhindern. Er intrigiert gegen seinen Bruder, indem er dessen Briefe fälscht, die Reue zeigen und eine Heimkehr ankündigen.
Der alte Moor lässt sich täuschen, er verstößt seinen älteren Sohn und enterbt ihn. Als Karl davon erfährt, kann er nicht mehr an eine gerechte Welt glauben. Er gründet mit einigen

Kumpanen eine Räuberbande, der er ewige Treue schwört. Von deren Treiben erhofft er sich die Beseitigung allen Unrechts. Unterdessen versucht Franz daheim, die Gunst von Amalia, der Geliebten Karls, zu gewinnen, die ihn aber schroff zurückweist.

2. Akt:
Franz, der des Erbes sicher sein will, greift zu einer erneuten Intrige: Der Diener Hermann soll dem Vater vom angeblichen Tode Karls berichten und als Beweis dessen Schwert bringen. In dieser Szene bricht der alte Moor zusammen, Franz wähnt sich als Herr des Schlosses.
Währenddessen entgleiten Karl seine Ziele immer mehr. Verbrechen, Gewalt und Terror beherrschen die Aktionen der Bande. Einer Gefangennahme kann er sich nur unter großen Verlusten entziehen.

3. Akt:
Hermann bekommt Gewissensbisse – er berichtet Amalia, dass ihr Geliebter noch lebt. Karl entschließt sich trotz allem auf das fränkische Schloss zurückzukehren.

4. Akt:
Karl erscheint im Schloss, was Franz zum Äußersten treibt.
Er zwingt den Hausknecht Daniel, Karl mit einem vergifteten Becher Wein zu beseitigen. Daniel schildert Karl aber die wahren Verhältnisse: Der alte Moor lebt noch, er wurde aber von Franz in ein Verlies geworfen, in dem er bereits drei Monate vegetiert. Sofort befreit Karl seinen Vater.

5. Akt:
Im letzten Akt überstürzen sich die Ereignisse: Franz erkennt die Aussichtslosigkeit seiner Lage und erdrosselt sich. Die Räuber erstürmen das Schloss, das schon zu brennen begonnen hat. Der Vater stirbt, als er erfährt, dass er von Räubern gerettet wurde und Karl deren Anführer ist. Amalia dagegen hält weiterhin zu Karl. Mitten in der Umarmung aber erinnern die Räuber ihren Anführer an seinen Treueschwur. Karl sieht keinen Ausweg mehr: Er ermordet Amalia um sich durch dieses Opfer vom Treueeid zu lösen. Anschließend liefert er sich selbst der Justiz aus.

Der Familienkonflikt
In der Vorrede zu seinem Drama spricht Schiller von „drei außerordentlichen Menschen". Er beschreibt sein Schauspiel damit als **Charakterdrama**.
Der alte Moor ist sehr gebrechlich. Schon immer bevorzugte er seinen älteren Sohn, dem er auch das Erbe hinterlassen will. Bereits die erste Intrige mit den gefälschten Briefen reicht jedoch aus sein Urteil über Karl grundsätzlich zu ändern: Er verstößt seinen geliebten Sohn.
Karl reagiert unangemessen: Aus enttäuschter Liebe zum Vater zweifelt er gleich an der ganzen Menschheit und ihrer sittlichen Ordnung. Er macht sich zum Anführer einer Räuberbande um Gerechtigkeit zu erzwingen, wo immer er kann. In seiner enthusiastischen Art als freiheitsdürstender und draufgängerischer Rebell entspricht er ganz dem Genieideal der Stürmer und Dränger. Seine Kumpane sind aber nichts weiter als gemeine Räuber und Mörder, die auch unschuldige Menschen umbringen. Dadurch verstrickt sich Karl immer weiter in Schuld. Am Ende gibt es für ihn keinen Ausweg mehr. Er gewinnt aber eine Art innere Freiheit, indem er sich von der Verbrecherbande lossagt und sich der Justiz als Stellvertreterin einer höheren Ordnung ausliefert.

O über mich Narren, der ich wähnete die Welt durch Gräuel zu verschönern und die Gesetze durch Gesetzlosigkeit aufrecht zu halten. Ich nannte es Rache und Recht. (...) Da steh ich am Rand eines entsetzlichen Lebens und erfahre nun mit Zähnklappern und Heulen, dass zwei Menschen wie ich den ganzen Bau der sittlichen Welt zugrund richten würden. Gnade – Gnade dem Knaben, der dir vorgreifen wollte – dein Eigen allein ist die Rache. Du bedarfst nicht des Menschen Hand. (...) Aber noch bleibt mir etwas übrig, womit ich die beleidigte Gesetze versöhnen und die misshandelte Ordnung wiederum heilen kann. Sie bedarf eines Opfers – eines Opfers, das ihre unverletzbare Majestät vor der ganzen Menschheit entfaltet – dieses Opfer bin ich selbst. Ich selbst

5. Akt. Karl hat Amalia getötet. Aquarellierte Zeichnung von Hammer, um 1820

muss für sie des Todes sterben. (...) Ich geh, mich selbst in die Hände der Justiz zu überliefern. (...) Ich erinnere mich einen armen Schelm gesprochen zu haben, als ich herüberkam, der im Taglohn arbeitet und eilf lebendige Kinder hat – Man hat tausend Louisdore geboten, wer den großen Räuber lebendig liefert – dem Mann kann geholfen werden.

Franz Moor ist das genaue Gegenteil seines Bruders. Nicht nur die Tatsache, dass er von seinem Vater benachteiligt wird, sondern auch sein Aussehen beklagt er als Ungerechtigkeit der Natur:

Ich habe große Rechte über die Natur ungehalten zu sein, und bei meiner Ehre! ich will sie geltend machen. – Warum bin ich nicht der Erste aus Mutterleib gekrochen? Warum nicht der Einzige? Warum musste sie mir diese Bürde von Hässlichkeit aufladen? Gerade mir? Nicht anders, als ob sie bei meiner Geburt einen Rest gesetzt hätte. Warum gerade mir die Lappländernase? Gerade mir dieses Mohrenmaul? Diese Hottentottenaugen? Wirklich, ich glaube, sie hat von allen Menschensorten das Scheußliche auf einen Haufen geworfen und mich daraus gebacken. Mord und Tod! Wer hat ihr die Vollmacht gegeben jenem dieses zu verleihen und mir vorzuenthalten?

Franz akzeptiert diese zweifache Benachteiligung nicht, sondern leitet daraus das Recht ab sich selbst zu helfen. In seinem Weltbild gibt es keine freundschaftlichen Beziehungen, der Mensch gleicht eher einem Tier mit Trieben und Instinkten, er ist allerdings mit einem Verstand ausgestattet diese Triebe zu befriedigen. Franz versucht mit seinen Möglichkeiten (Intrigen, Fälschungen, Gewalt) sein Ziel, Herr des Schlosses zu werden, zu erreichen:

Frisch also! mutig ans Werk! – Ich will alles um mich her ausrotten, was mich einschränkt, dass ich nicht Herr bin. Herr muss ich sein, dass ich mit Gewalt ertrotze, wozu mir die Liebenswürdigkeit gebricht.

Lange Zeit sah man in der Person des Franz Moor nur den Bösewicht mit einem schlechten Charakter. Schiller wendet sich bereits in seiner Vorrede gegen diese einseitige Sichtweise:

Auch ist ein Mensch, der ganz Bosheit ist, schlechterdings kein Gegenstand der Kunst und äußert eine zurückstoßende Kraft, statt dass er die Aufmerksamkeit der Leser fesseln sollte. (...) Jedem, auch dem Lasterhaftesten, ist gewissermaßen der Stempel des göttlichen Ebenbilds aufgedrückt.

Franz verkörpert zum einen den absolutistischen Tyrannen, zum anderen eine Person,

die den Optimismus der Aufklärung entschieden in Frage stellt. Denn Franz ist ein Schurke, der Verstand und Vernunft – zwei hohe Werte der Aufklärung – für die Erweiterung seiner Macht einsetzt und dabei auch vor Mord nicht zurückschreckt.
Beide Brüder sind typische Figuren der Geniezeit: Karl mit seiner empfindsamen Seele, seinem Mut und seiner Leidenschaft, Franz mit seiner Verstandeskraft, die er allerdings für Verbrechen missbraucht.

Der Vater-Sohn-Konflikt

„Die Räuber" stellen nicht nur eine Auseinandersetzung zwischen ungleichen Brüdern dar, sondern auch zwischen den Generationen. Wie problematisch das Verhältnis zwischen Vätern und Söhnen ist, zeigt ein Vergleich mit dem Gleichnis vom verlorenen Sohn (Lk 15, 11–32), das dem Drama zugrunde liegt. Beide Male ist der Ausgangspunkt der gleiche: Ein Vater hat zwei Söhne, von denen der ältere das väterliche Haus verlässt und nach einiger Zeit reuevoll zurückkehrt, während der jüngere eifersüchtig-neidisch zu Hause geblieben ist. Der entscheidende Unterschied zum biblischen Gleichnis liegt in der Person des Vaters. Bei Lukas trägt der Vater Züge Gottes, er lässt sich von seiner Vergebungsbereitschaft nicht abbringen, er geht dem „verlorenen" Sohn sogar entgegen und veranstaltet ein großes Fest. Ganz anders bei Schiller: Der greise Moor hat seinen Sohn verstoßen und braucht jetzt selbst jemanden, der ihm vergibt:

> Ja ich hab einen Sohn gequält und ein Sohn musste mich wieder quälen, das ist Gottes Finger – o mein Karl! mein Karl! wenn du um mich schwebst im Gewand des Friedens. Vergib mir. Oh vergib mir! (...) Ha! Er war zu herrlich für mich – Aber ich will ihm entgegen mit meinen Tränen, meinen schlaflosen Nächten, meinen quälenden Träumen, seine Knie will ich umfassen – rufen – laut rufen: Ich hab gesündigt im Himmel und vor dir. Ich bin nicht wert, dass du mich Vater nennst.

Schiller spitzt diese Umkehr aber noch weiter zu: Statt sich über die Heimkehr des Sohnes und die eigene Rettung aus dem Verlies zu freuen, stirbt im Drama der Vater, als er erkennt, dass sein Sohn ein Verbrecher ist.
Wie kommt Schiller zu diesem Thema? Zu einem persönlichen Vaterkonflikt bestand kaum Anlass. Es gibt keine Zeugnisse über Verstimmungen oder enttäuschte Kindesliebe. Die Auflehnung gegen den Vater bezieht sich nicht auf den leiblichen Vater, sie ist vielmehr in Verbindung mit der immer stärker getrübten, schwierigen, ja für Schiller gefährlichen Beziehung zu seinem Landesvater, dem Herzog von Württemberg, zu sehen. Karl Eugen bezeichnete sich wörtlich als Vater seiner Zöglinge. Damit gewinnt das Drama auch eine politische Dimension: Schiller wendet sich entschieden gegen eine von oben her gesetzte Ordnung, deren Opfer er selbst ein Jahrzehnt lang gewesen ist. In diesem Zusammenhang ist auch das Räubertum Karl Moors zu sehen, wobei aber die letzte Konsequenz noch fehlt: Das Drama endet in einer schwer nachvollziehbaren Versöhnung mit der staatlichen Ordnung, als Karl Freiheit gegenüber der Räuberbande gewinnt, indem er Amalia tötet und sich anschließend der Justiz stellt.

Die Darstellung der „Räuber" in der heutigen Zeit

Um 1780 konnte man im Theater ohne weiteres herkömmliche Räuberbanden darstellen, denn im gesamten 18. Jahrhundert war das Bandenwesen weit verbreitet. Oft bestanden sie aus 1.000 und mehr Mitgliedern und konnten sich manchmal sogar einige Jahrzehnte halten. Ein berühmter Bandenführer war der Schinderhannes aus dem Rheinland. Ihren Zulauf hatten solche Banden vor allem aus den unterdrückten Volksmassen in Stadt und Land: enteignete Bauern, Tagelöhner, desertierte Soldaten usw. Sie unternahmen Aktionen gegen brutale Fürsten und Beamte, waren also weniger Raub- und Mordbanden, die es auf kleine leibeigene Bauern abgesehen hatten.
Wie soll man heutzutage Räuber auf der Bühne darstellen? Ein interessanter Versuch wurde 1989 am Prinzregententheater in Mün-

Szenenbild einer modernen Aufführung der „Räuber" im Münchener Prinzregententheater 1989

chen unternommen. Aus einer gewöhnlichen Räuberbande wurde eine jugendliche Straßengang, zu deren Lebensinhalt Alkohol und Gewalt gehörte.
Die beabsichtigte Wirkung auf die Zuschauer liegt auf der Hand: Sie sollen einen zeitlich weit zurückliegenden Klassiker in moderner Inszenierung als zeitlos und aktuell erleben und außerdem zur eigenen Meinungsbildung angeregt werden.
Zu Schillers Zeit war sein Drama aktuell genug, sonst wären die Zuschauerreaktionen nicht so heftig ausgefallen. Trotzdem ging Schiller noch einen Schritt weiter. In seinem Drama „Kabale und Liebe" werden die Anklagen gegen Fürstenwillkür und Unterdrückung entschieden heftiger formuliert.

Kabale und Liebe

Nur einige Jahre nach Lessings „Emilia Galotti" entschloss sich Schiller ein bürgerliches Trauerspiel zu schreiben. Er gab dem Stück den Namen „Luise Millerin", auf Vorschlag des Schauspielers Iffland setzte sich aber schließlich der wirkungsvollere Titel „Kabale (= Intrige) und Liebe" durch.
Schiller schrieb sein Drama in dem abgelegenen thüringischen Dorf Bauerbach, in dem er sich nach der Flucht vor dem Herzog von Württemberg ein halbes Jahr lang aufhielt. „Kabale und Liebe" ist das aufwühlendste Werk seiner Jugendepoche, es stellt Schillers Rache an dem Herzog Karl Eugen dar und rechnet mit Korruption und Unterdrückung des absolutistischen Systems ab. Bei der Uraufführung 1784 in Frankfurt gab es ähnlich stürmischen Beifall wie zwei Jahre zuvor bei den „Räubern" in Mannheim. Schiller war nach seinem Misserfolg mit dem Stück „Die Verschwörung des Fiesco zu Genua" so überrascht, dass er spontan aufstand und sich vor dem Publikum verbeugte.

Anhand des Trauerspiels „Kabale und Liebe" wird im Folgenden der typische **Aufbau einer Tragödie** dargestellt:

Exposition: Sie umfasst bei einem fünfaktigen Drama ungefähr den ersten Akt und soll den

Zuschauer an die wichtigsten Personen, die Vorgeschichte der Handlung und den dramatischen Konflikt heranführen.
Luise, die siebzehnjährige Tochter des Musikers Miller, liebt den adeligen Major Ferdinand, den Sohn des Präsidenten von Walther. Beide Väter lehnen diese sich über Standesgrenzen hinwegsetzende Beziehung strikt ab. Schiller verlegt den dramatischen Konflikt konsequent in das Innere einer Person. Luise ist sich ihrer Situation durchaus bewusst: Auf der einen Seite liebt sie Ferdinand, andererseits will sie dennoch entsagen, weil sie sich aufgrund ihrer religiösen Erziehung an das vierte Gebot gebunden fühlt. Trotzdem versucht Ferdinand Luise mit leidenschaftlichen Liebesbeteuerungen zu gewinnen.

Erregendes Moment: Es steht am Ende der Exposition. Man bezeichnet damit diejenige Handlung, die den dramatischen Konflikt auslöst und damit die kommenden Verwicklungen einleitet.
Der Präsident, der erst im Gespräch mit seinem Sekretär Wurm von der Liebe seines Sohnes zu Luise erfährt, fasst einen Plan: Ferdinand soll die adelige Lady Milford, die Geliebte des Fürsten, heiraten. Der Druck auf Ferdinand wird noch dadurch verstärkt, dass der Hofmarschall von Kalb die Nachricht über die bevorstehende Heirat weiterverbreitet.

Steigende Handlung: Vor allem im zweiten Akt entfaltet sich die dramatische Handlung. Sowohl der Präsident als auch Lady Milford, die Ferdinand liebt und um ihre Ehre fürchtet, bestehen auf der Heirat. Ferdinand wehrt sich so gut es geht, indem er droht, Verbrechen des Präsidenten ans Licht zu bringen.

Höhepunkt mit Peripetie: Der dramatische Konflikt findet im dritten Akt seinen Höhepunkt, wobei gegen Ende ein plötzlich eintretender Umschlag der Handlung (Peripetie) notwendig die Katastrophe auslöst. Kennzeichen der Peripetie ist, dass dem Helden die Möglichkeit zum freien Handeln entzogen wird, auch wenn er den Tatbestand erkennen sollte.
Ferdinand sieht keinen anderen Ausweg, er möchte mit Luise fliehen. Deren Schweigen und Zögern – sie fürchtet den Fluch der Väter – versteht Ferdinand als Mangel ihrer Liebe. In dieser Situation greift eine diabolische Intrige des Präsidenten und seines Sekretärs: Miller und seine Frau werden willkürlich festgenommen. Vom Tod, so erklärt man Luise, könne sie ihre Eltern nur durch einen Liebesbrief retten, der an Hofmarschall von Kalb

Drei Kupferstiche von Chodowiecki zu Schillers „Kabale und Liebe":
links: Miller bedroht seine Frau in Anwesenheit des Sekretärs Wurm;
Mitte: Präsident von Walter verhaftet Luises Eltern;
rechts: Der sterbende Ferdinand vergibt dem Präsidenten.

gerichtet ist. Der Sekretär Wurm verpflichtet Luise außerdem unter Eid den erzwungenen Brief als ein Schriftstück auszugeben, das sie freiwillig verfasst hat. Dieser Brief soll Ferdinand zugespielt werden. Damit gerät Luise in eine Konfliktsituation, die nur tragisch aufgelöst werden kann. Aus Liebe zu ihren Eltern verrät sie Ferdinand, schreibt den Brief, den Wurm diktiert, und legt den Eid ab.

Fallende Handlung mit retardierendem (sich verlangsamendem) Moment: Im vierten Akt verlangsamt sich der Handlungsablauf. Die Spannung steigt, weil sich scheinbare Lösungsmöglichkeiten für den dramatischen Konflikt anbieten.
Nach Erhalt des Briefes wird Ferdinand von Verzweiflung und Rachsucht übermannt. Er beschließt sich und Luise zu töten. Luise hofft sich durch den gemeinsamen Selbstmord mit dem Geliebten vom Eid befreien zu können und die Unschuld ihrer Liebe wiederherzustellen. Zu Beginn des fünften Aktes verzögert sich die Handlung, eine Lösung in letzter Minute erscheint möglich: Der aus der Haft entlassene Miller hält seine Tochter vom Selbstmord ab, weil dies eine schwere Sünde sei. Obwohl ihre Eltern nun frei sind und Ferdinand sie bestürmt, fühlt sich Luise an den Eid gebunden und schweigt. Ihre Situation ist ausweglos tragisch.

Katastrophe: Der fünfte Akt bringt die Handlung zum Abschluss, der Konflikt wird gelöst. In der Komödie wenden sich die Ereignisse durch die Lösung der Verwicklungen zum Guten, in der Tragödie ist der Held zum Untergang verurteilt. Entscheidend ist, dass sich der Ausgang des Dramas zwingend aus den Ereignissen und den Charakteren der Personen ergibt.
Ferdinand, nichts ahnend von den wahren Verhältnissen, vergiftet sich und Luise. Erst jetzt fühlt sich Luise von der Bindung an den Eid befreit. Sterbend bekennt sie ihre Unschuld und vergibt Ferdinand, der daraufhin seinem Vater verzeiht. Der Präsident und sein Sekretär werden wegen ihrer Verbrechen von Gerichtsdienern abgeführt.

Luise stirbt in Ferdinands Armen. Aufführung von Schillers „Kabale und Liebe" im Bayerischen Staatsschauspiel München, 1986

Der tragische Konflikt Luises
Nicht nur für Goethes Roman „Die Leiden des jungen Werthers" war der französische Philosoph Rousseau Vorbild, auch in der Karlsschule wurden seine Werke im Verborgenen gelesen. Vor allem der Liebesroman „La nouvelle Héloise" beeinflusste Schiller in der Gestaltung der Hauptperson Luise. So ist auch der Rufname nicht zufällig.
Liebe und Religion beherrschen Luises Gefühlsleben. Dies zeigt bereits ihr erster Auftritt, als sie mit dem Gebetbuch in der Hand aus der Kirche kommt und zu ihrem Vater sagt: „Ich habe keine Andacht mehr, Vater – der Himmel und Ferdinand reißen an meiner blutenden Seele." Mit diesem inneren Konflikt wird Luise zur tragischen Figur. Ihre Erziehung, die eine Beziehung über die Standesgrenzen hinaus verbietet, und ihr Gehorsam gegenüber ihrem Vater geben Luise die Kraft auf eine Flucht mit Ferdinand zu verzichten. Ihre religiöse Prägung wird ihr aber bei der teuflischen Intrige zum Verhängnis: Durch das Festhalten am erpressten Eid, der sie auch dann noch zum Schweigen verpflichtet, als ihre Eltern

längst wieder in Sicherheit sind, ist sie nicht in der Lage Ferdinand die wahren Zusammenhänge zu erklären, was unweigerlich zur Katastrophe führt.
Diese Deutung schließt zugleich auch eine Kritik am kleinbürgerlichen Verhalten der Heldin mit ein. Denn Luises strenge Moralvorstellungen und ihre innere Unfreiheit sind typisch für den kleinbürgerlichen Stand und bilden damit auch eine Grundlage dafür, dass die Fürsten Gewaltherrschaft ausüben können.

Schillers Kritik an der Gewaltherrschaft der Fürsten

In Lessings bürgerlichem Trauerspiel „Emilia Galotti“ wurde bereits die Willkür eines Fürsten angeklagt. Schiller verschärft diese Kritik in dreifacher Weise:

1. Die Handlung spielt nicht mehr in einem fernen italienischen Kleinstaat, sondern inmitten eines deutschen Fürstentums im 18. Jahrhundert.
2. Die Vertreter der höfischen Gesellschaft werden bereits durch die Namengebung lächerlich gemacht: Hofmarschall von Kalb, Sekretär Wurm. In der Sprache setzt sich dies fort. Die affektierte Rede und Aussprache des Hofmarschalls verrät deutlich, dass er die Situation nicht überblickt.
3. In der berühmten Kammerdienerszene im zweiten Akt (vergleiche S. 83 f.) wird im Drama zum ersten Mal am Beispiel des Menschenhandels mit Soldaten absolutistischer Machtmissbrauch gebrandmarkt. Diese Szene gewinnt noch an Brisanz, weil sie sich auch auf Schillers Landesherrn Karl Eugen, den Herzog von Württemberg, bezieht.

So ist Schillers Drama wie kaum ein anderes ein „Dolchstoß in das Herz des Absolutismus“, eine Anklage gegen die völlige Rechtlosigkeit der Untertanen gegenüber den Inhabern der politischen Gewalt, ihre Abhängigkeit von der willkürlichen Gnade oder Ungnade eines Tyrannen, den sie noch dazu verurteilt sind, ihren Landesvater zu nennen. Aufgrund dieser Tatsache ist es verständlich, dass die verfassunggebende Nationalversammlung Frankreichs Schiller 1792 wegen seiner Verdienste um die Sache der Freiheit zum Ehrenbürger der französischen Republik ernannte.

Jacques Louis David, Der Tod des Marat

Arbeitsvorschläge

1. Inwiefern ist das Schauspiel „Götz von Berlichingen" mehr als ein Ritterstück?
2. Erläutere die Charaktereigenschaften des Götz.
3. Was versteht man unter Erlebnislyrik?
4. Vergleiche Goethes Roman „Die Leiden des jungen Werthers" mit Plenzdorfs „Die neuen Leiden des jungen W." aus dem Jahr 1972 unter folgenden Gesichtspunkten:
   - Ort des Geschehens
   - Arbeitseinstellung der Hauptperson
   - Verhältnis der Hauptperson zur Gesellschaft
   - Form des Romans
   - Sprachliche Besonderheiten
5. Erläutere die gegensätzlichen Charaktere der Brüder Karl und Franz Moor in Schillers Schauspiel „Die Räuber".
6. Erkläre anhand von „Kabale und Liebe" den typischen Aufbau eines Dramas.
7. Auf welche Weise übt Schiller in „Kabale und Liebe" Kritik an den Fürsten?

Zusammenfassung

Der Ausdruck „Sturm und Drang" leitet sich von dem gleichnamigen Drama Klingers ab. Er bezeichnet eine Literaturepoche, die den Zeitraum von Herders „Fragmenten" (1767) bis zur klassischen Phase Goethes und Schillers (1785) umfasst. In dieser Zeit übernahmen junge Schriftsteller zwar Ideen der Aufklärung, betonten aber stärker das Gefühlsmäßige. Rousseaus Satz „Gefühl ist mehr als Denken" wurde zum Leitbild der jungen Generation. Stark geprägt davon ist Goethes Briefroman „Die Leiden des jungen Werthers", dem ersten „Bestseller" der deutschen Literatur. Die Zwänge der Aufklärungszeit stießen bei den Autoren ebenfalls auf Widerspruch. Nicht mehr der denkende, sittlich vollkommene, von allen Trieben geläuterte Mensch steht im Vordergrund, sondern unverbildete, nach Freiheit strebende Helden, die empfindsam fühlen, entschlossen handeln und Grenzen durchbrechen, auch wenn sie sich dabei in Schuld verstricken. Diese „Genies" kommen in der Hauptgattung des „Sturm und Drang", dem Drama, voll zur Entfaltung. Formal und sprachlich entspricht das Drama diesen Freiheitshelden: Natürliche Prosasprache statt fünffüßiger Jamben, zahlreiche Schauplätze, lange Dauer der Handlung und große Anzahl von Schauspielern, was Probleme bei der Aufführung gab, kennzeichnen die meisten frühen Dramen Goethes und Schillers. Seit der ersten stehenden Bühne in Hamburg 1765 wurden weitere Theaterhäuser in Mannheim und Weimar gegründet, was den Dramen zu großer Popularität verhalf. Das Theater bekam überdies, weil andere wichtige Medien noch nicht vorhanden waren, eine Bedeutung, die heutzutage kaum noch vorstellbar ist.

Wichtige Begriffe:
Erlebnislyrik – Briefroman
Exposition: einführender Teil eines Dramas
Erregendes Moment: konfliktauslösende Handlung
Peripetie: Umschlag der Handlung
Retardierendes Moment: Ereignis, das die Handlung verlangsamt

Geschichtlicher Hintergrund

1712–1778	Jean-Jacques Rousseau, französischer Philosoph
1772	Erste Aufteilung Polens zwischen Österreich, Preußen und Russland
1785	Die „Halsbandaffäre" schwächt das Ansehen der französischen Krone
1789	Französische Revolution

Autoren und Werke

JOHANN GOTTFRIED HERDER (1744–1803)
Fragmente
Journal meiner Reise im Jahre 1769

JOHANN WOLFGANG VON GOETHE (1749–1832)
neben anderen Werken:
Götz von Berlichingen mit der eisernen Hand (1773)
Die Leiden des jungen Werthers (1774)
Gedichte:
Willkommen und Abschied,
Mailied,
Prometheus

JAKOB MICHAEL LENZ (1751–1792)
Der Hofmeister oder die Vorteile der Privaterziehung
Die Soldaten

FRIEDRICH MAXIMILIAN KLINGER (1752–1831)
Sturm und Drang

FRIEDRICH SCHILLER (1759–1805)
neben anderen Werken:
Die Räuber (1781)
Kabale und Liebe (1784)
Gedicht: An die Freude

Die 1972 gefundenen Bronzestatuen von Riace zeigen ein völlig anderes Bild der Klassik, als Winckelmann in seiner Schrift „Gedanken über die Nachahmung der griechischen Werke in der Malerei und Bildhauerkunst" 1755 beschrieben hatte.

1. Ein neues Menschenbild entsteht

Einer der größten Maler der Renaissance, Raffael, starb nach einer Schatzsuche an einer Unterkühlung. Es war um 1520 in Rom große Mode geworden, unterirdische Gänge zu durchforschen um Kunstwerke der Antike aufzuspüren. 1506 war eine Figurengruppe aus Marmor gefunden worden, die bis heute zu den Prunkstücken der vatikanischen Museen zählt.

Sie stellt den Priester Laokoon dar, der die Trojaner vor dem hölzernen Pferd warnt und deshalb mitsamt seinen Söhnen von Schlangen erwürgt wird. Johann Joachim Winckelmann lenkte 1755 in seiner Schrift „Gedanken über die Nachahmung der griechischen Werke in der Malerei und Bildhauerkunst" mithilfe dieser so genannten Laokoongruppe die Blickrichtung von der römischen auf die griechische Antike, da diese Figurengruppe von einem griechischen Bildhauer im 1. Jahrhundert v. Chr. geschaffen worden war:

Die Marmorgruppe „Laokoon" aus dem 1. Jahrhundert v. Chr., die 1506 in Rom wieder gefunden wurde

> Das allgemeine vorzügliche Kennzeichen der griechischen Meisterstücke ist endlich eine edle Einfalt und eine stille Größe, sowohl in der Stellung als im Ausdrucke. So wie die Tiefe des Meeres allezeit ruhig bleibt, die Oberfläche mag noch so wüten, ebenso zeiget der Ausdruck in den Figuren der Griechen bei allen Leidenschaften eine große und gesetzte Seele. (...)

Mit dieser Vorstellung bestimmte er das Schönheitsideal der deutschen Klassik.

Doch diese Interpretation erscheint heute sehr einseitig und idealistisch. Der Blick auf die 1972 auf dem Meeresboden vor Süditalien gefundenen Bronzestatuen von Riace beweist das Gegenteil. Die kraftvolle Vitalität und Wildheit dieser Meisterwerke aus der Hochblüte, der wirklich klassischen Zeit der griechischen Kunst im 5. Jahrhundert v. Chr., lässt erkennen, dass von „edler Einfalt und stiller Größe" wohl nicht die Rede sein kann. Winckelmann aber prägte mit seiner Ansicht ein ganzes Zeitalter.

2. Was bedeutet „klassisch"?

„Classicus" war bei den Römern der beste Steuerzahler, also ein reicher Bürger. Schon damals erfolgte eine Begriffserweiterung auf „von hohem Rang". In der Renaissance und erst recht im 18. Jahrhundert wurde der Begriff für die Kunst der Antike verwendet, aber auch für das „Mustergültige, Vorbildhafte". In der Literatur wurde Klassik der Inbegriff für die höchste Ausformung der Dichtung einer Nation, so nennt man beispielsweise das 16. Jahrhundert die klassische Zeit der Literatur Spaniens (Calderon, Cervantes). Im 19. Jahrhundert begann man von der Zeit Goethes und Schillers nach deren Abkehr vom Sturm

und Drang als von der deutschen Klassik zu sprechen.
Die Antike, die bereits im 16. Jahrhundert in Italien durch die Renaissance ins allgemeine Bewusstsein gerückt war, wird im 18. Jahrhundert unter anderem durch den Einfluss Winckelmanns auch zum Thema der deutschen Literatur. Viele Dichter zieht es ihrerseits nach Italien. Das Menschenbild der Klassik wurde entscheidend durch das geprägt, was man voller Idealismus aus antiken Kunstwerken herauslesen zu können glaubte.
1789 begann die französische Revolution. Von den deutschen Schriftstellern wurde sie gefeiert, Schiller wurde französischer Bürger ehrenhalber. Doch durch den Verlauf der Revolution wurden viele Hoffnungen enttäuscht. Der Blutrausch der Revolutionäre, der Terror der Jakobiner, dem Zehntausende zum Opfer fielen, entsetzte die deutsche Geisteswelt.
Schiller sieht in seiner Schrift „Ästhetische Erziehung" „denjenigen noch nicht reif zur bürgerlichen Freiheit, dem noch so viel zur menschlichen fehlt". Was ist zu tun? Auch die Aufklärung ist für Schiller gescheitert, denn die Aufklärung des Verstandes zeigt keinen veredelnden Einfluss auf die Gesinnungen. Nicht der Verstand ist gefragt, sondern die Wesensart des Menschen, sein Charakter. Schiller fährt fort:

Alle Verbesserung im Politischen soll von der Veredlung des Charakters ausgehen – aber wie kann sich unter den Einflüssen einer barbarischen Staatsverfassung der Charakter veredeln? Man müsste also zu diesem Zwecke ein Werkzeug aufsuchen, welches der Staat nicht hergibt, und Quellen dazu eröffnen, die sich bei aller politischen Verderbnis rein und lauter erhalten.
Dieses Werkzeug ist die schöne Kunst, diese Quellen öffnen sich in ihren unsterblichen Mustern.

Die Kunst also ist die den Menschen veredelnde Kraft. Erst die Erziehung durch die Kunst schafft die Voraussetzung für die Verbesserung im Politischen. Nicht blutige Revolution wie in Frankreich soll die politischen Verhältnisse in Deutschland voranbringen, sondern die individuelle Bildung der Bürger. Die Kunst ist die von der Politik losgelöste Gegenwelt, die dem Bürger seine individuell erlebte Freiheit geben kann, allerdings weit weg vom politischen Alltagsleben. In seiner Zeitschrift „Die Horen" schreibt Schiller 1795:

In einer Zeit, wo das nahe Geräusch des Krieges das Vaterland ängstigt, (...) möchte es ebenso gewagt als verdienstlich sein, den so sehr zerstreuten Leser zu einer Unterhaltung von ganz entgegengesetzter Art einzuladen. (...) Aber je mehr das beschränkte Interesse der Gegenwart die Gemüter in Spannung setzt, einengt und unterjocht, desto dringender wird das Bedürfnis, durch ein allgemeines und höheres Interesse an dem, was rein menschlich und über allen Einfluss der Zeiten erhaben ist, sie wieder in Freiheit zu setzen und die politisch geteilte Welt unter der Fahne der Wahrheit und Schönheit wieder zu vereinigen.

Das Bildungsziel der deutschen Klassik war formuliert.

3. Der klassische Goethe

1786–1788 Erste italienische Reise: Goethe reist am 3. September von Karlsbad aus ab. Von einer Reise nach Sizilien abgesehen, bleibt Goethe in Rom. Er genießt das Leben, arbeitet als Maler und Zeichner, studiert begeistert antike Kunstwerke.
1786 Goethe vollendet „Iphigenie auf Tauris". 1779 hatte er eine erste Prosafassung geschrieben, 1780 folgte eine erste Versfassung, 1781 eine zweite Prosafassung. In Italien entstand nun die endgültige Fassung in Versen (Erstaufführung am 15. Mai 1802).
1787 In Rom wird das Drama „Egmont" abgeschlossen. Goethe arbeitet an dem Drama „Torquato Tasso", am „Faust" und an dem Roman „Wilhelm Meister".
1788 Juni: Rückkehr nach Weimar; Goethe lässt sich von Regierungsarbeiten freistellen. Er geht zum Schrecken der Weimarer Gesellschaft mit der Arbeiterin Christiane Vulpius ein Verhältnis ein; die Beziehung zu Frau von Stein zerbricht darüber. Das neue Drama „Torquato Tasso", auch „Egmont" und „Iphigenie" verkaufen sich nur schlecht. Goethe plant ständig die Überarbeitung seiner Werke.
1789 Geburt des Sohnes August.

1790 Frühling: Goethe reist nach Venedig, im Sommer nach Schlesien und Polen.
1792 Goethe nimmt am Feldzug gegen das revolutionäre Frankreich teil. „Von hier und heute geht eine neue Epoche der Weltgeschichte aus", soll er gesagt haben.
1794 Goethe beschäftigt sich intensiv mit den Naturwissenschaften.
Er sagt Schiller seine Mitarbeit an der Zeitschrift „Die Horen" zu, wodurch eine engere Verbindung zwischen Goethe und Schiller eingeleitet wird.
1795–1796 Der Roman „Wilhelm Meisters Lehrjahre" wird herausgegeben. Dieser **Bildungs-** oder **Entwicklungsroman** zeigt, wie durch die Welterfahrung die geistige und seelische Reifung des Kaufmannssohnes Wilhelm Meister zu einem Leben führt, das von Menschlichkeit und tätiger Nächstenliebe geprägt ist. Mit diesem Werk wird Goethe Vorbild für Autoren wie Ludwig Tieck, Jean Paul und Gottfried Keller, die ebenfalls bedeutende Entwicklungsromane schreiben.
Die „Xenien" (kleine satirische Verse und Schriften über Personen und Missstände in der Literatur) entstehen als Gemeinschaftsarbeit Goethes und Schillers.
1797 Goethe reist in die Schweiz. Er beginnt das Revolutionsdrama „Hermann und Dorothea". Viele Balladen entstehen: Goethe verdankt diese fruchtbare Schaffenszeit der Anregung durch Schiller.
1805 Schiller stirbt.
1806 Weimar wird durch französische Truppen besetzt: Christiane Vulpius verhindert die Plünderung des Goethe'schen Hauses. Goethe heiratet sie nun. Das Drama „Faust I" wird von der jungen Generation begeistert aufgenommen.
1808 Tod der Mutter in Frankfurt.
Goethe trifft Napoleon in Erfurt und erhält das Kreuz der Ehrenlegion. Er beginnt die Autobiografie „Aus meinem Leben. Dichtung und Wahrheit" (abgeschlossen 1831).
1809 Der Roman „Die Wahlverwandtschaften" entsteht.
1810 Goethe widmet sich verstärkt naturwissenschaftlichen Forschungen und schreibt zahlreiche Abhandlungen, darunter 1.300 Seiten über das Wesen des Lichts in seinem Werk „Zur Farbenlehre".
1814–1819 Angeregt durch die Lieder des persischen Dichters Hafis entsteht ein Gedichtzyklus über die Welt des Orients, genannt „West-östlicher Divan". Dabei verliebt sich Goethe in Marianne von Willemer, die an den Gedichten mitarbeitet.
1816 Tod von Goethes Frau Christiane.
1823 Letzter Besuch Marienbads und Karlsbads in Böhmen: Goethe will mit 74 Jahren die 19-jährige Ulrike von Levetzow heiraten, wozu es aber nicht kommt. Der gealterte Dichter schreibt darüber die „Marienbader Elegien" (Erlebnislyrik). Weimar

Goethe in der Campagna, von Tischbein 1788 gemalt, ist das wohl bekannteste Bild des Dichters. Die Wiederentdeckung der Antike kommt im rechten Teil des Gemäldes deutlich zum Ausdruck.

Goethe im Jahr 1828 auf einem Gemälde von Karl Joseph Stieler

wird durch Goethe international berühmt, fast ein Wallfahrtsort für Gebildete aus ganz Europa.
Der berühmte und skandalumwitterte Dichter Lord Byron huldigt Goethe als „dem ersten aller lebenden Schriftsteller". Johann Peter Eckermann schreibt die „Gespräche mit Goethe" nieder.
1828 Goethes großer Gönner, Herzog Karl August, stirbt.
1829 „Wilhelm Meisters Wanderjahre" erscheinen.
1830 Tod von Goethes Sohn August in Rom.
Goethes Lebenswerk wird als „Ausgabe letzter Hand" bis 1842 in 60 Bänden vom einflussreichen Verleger Cotta herausgegeben, Honorar für Goethe ist die gewaltige Summe von 60.000 Talern. Er führt einen regen Briefverkehr mit dem englischen Schriftsteller Thomas Carlyle.
1831 „Faust II" wird abgeschlossen. Goethe ist geistig noch sehr wach und aktiv.
1832 Der Dichter erkältet sich bei einer Ausfahrt und stirbt am 22. März im 83. Lebensjahr. Am 26. März wird er neben Schiller in der Fürstengruft in Weimar beigesetzt.

Goethes klassische Lyrik

Die Zeit des Sturm und Drang war für Goethe vorüber. Älter und reif geworden, ändert er sich auch durch den Einfluss der Frau von Stein. In dem 1783 entstandenen Gedicht „Das Göttliche" wird das besonders deutlich:

Das Göttliche

Edel sei der Mensch,
Hilfreich und gut.
Denn das allein
Unterscheidet ihn
Von allen Wesen,
Die wir kennen.

Heil den unbekannten
Höhern Wesen,
Die wir ahnen!

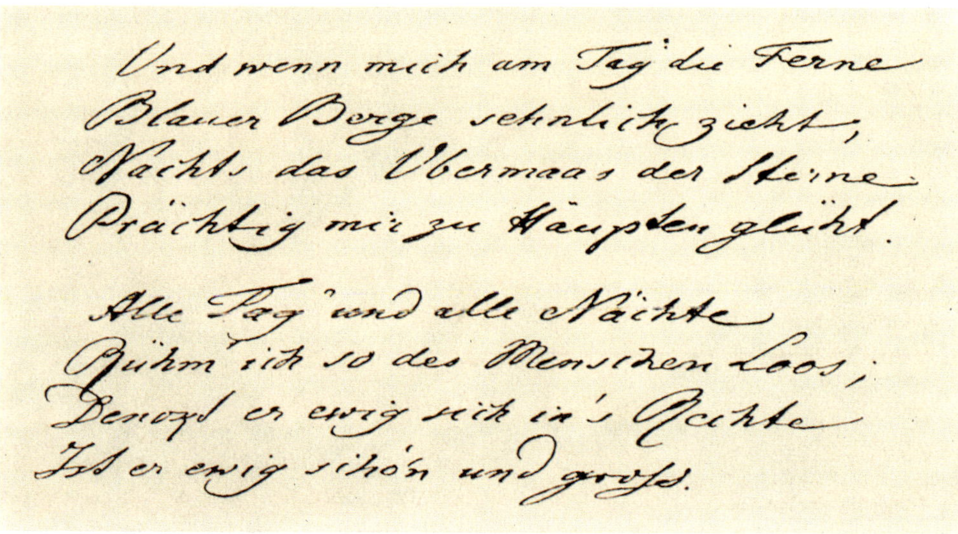

Und wenn mich am Tag die Ferne
Blauer Berge sehnlich zieht,
Nachts das Übermaas der Sterne
Prächtig mir zu Häupten glüht.

Alle Tag' und alle Nächte
Rühm' ich so des Menschen Loos;
Denkt er ewig sich in's Rechte
Ist er ewig schön und gross.

Originalhandschrift Goethes

Ihnen gleiche der Mensch!
Sein Beispiel lehr uns
Jene glauben.

Denn unfühlend
Ist die Natur:
Es leuchtet die Sonne
Über Bös und Gute,
Und dem Verbrecher
Glänzen, wie dem Besten,
Der Mond und die Sterne.

Wind und Ströme,
Donner und Hagel
Rauschen ihren Weg
Und ergreifen,
Vorübereilend,
Einen um den andern.

Auch so das Glück
Tappt unter die Menge,
Fasst bald des Knaben
Lockige Unschuld,
Bald auch den kahlen
Schuldigen Scheitel.

Nach ewigen, ehrnen,
Großen Gesetzen
Müssen wir alle
Unseres Daseins
Kreise vollenden.

Nur allein der Mensch
Vermag das Unmögliche:
Er unterscheidet,
Wählet und richtet;
Er kann dem Augenblick
Dauer verleihen.

Er allein darf
Den Guten lohnen,
Den Bösen strafen,
Heilen und retten,
Alles Irrende, Schweifende
Nützlich verbinden.

Und wir verehren
Die Unsterblichen,
Als wären sie Menschen,
Täten im Großen,
Was der Beste im Kleinen
Tut oder möchte.

Der edle Mensch
Sei hilfreich und gut!
Unermüdet schaff er
Das Nützliche, Rechte,
Sei uns Vorbild
Jener geahneten Wesen!

Der Mensch ist Teil einer sittlichen Weltordnung, er darf sich nicht treiben lassen, darin liegt die Absage an den Sturm und Drang. Alles Leben ist den Naturgesetzen unterworfen, auch der Mensch. Er allein kann sich entscheiden zwischen Gutem und Bösem. Dazu braucht er Ideale, an denen er sich orientieren kann, eine höhere, überirdische Welt. Glaubhaft wird die Existenz dieser höheren göttlichen Ordnung durch das Beispiel des edlen, hilfreichen und guten Menschen. Im Gegensatz zu Goethes Erlebnislyrik werden hier zeitlos gültige Erkenntnisse entwickelt, man spricht von **Gedankenlyrik**.
Dieselbe Botschaft wie „Das Göttliche" verkündet das bereits 1779 in Prosafassung entstandene Drama:

Iphigenie auf Tauris

Der Stoff ist uralt, in seinem Mittelpunkt steht das barbarische Menschenopfer der grauen Vorzeit. Menschen wurden am Altar der Gottheit geschlachtet um Jagdglück zu erbitten. Bereits die Antike deutete das brutale Menschenopfer in eine symbolische Handlung um: Iphigenie wird von der Göttin Diana nach Tauris, an die Küsten der Krim am Schwarzen Meer, entrückt. Der griechische Dramatiker Euripides (5. Jahrhundert v. Chr.) gestaltete als Erster den Stoff. Ihm folgte im 17. Jahrhundert der französische Dramatiker Racine. Unmittelbar vor Goethe feierte der Komponist Christoph Willibald Gluck mit seiner Oper „Iphigenie in Aulis" in Paris Triumphe. Im Vergleich mit den anderen Bearbeitungen des Stoffes zeigt sich, wie ungriechisch Goethes Werk ist. Bei Euripides ist die Überlistung von Barbaren durch Griechen ein gottgefälliges Werk und löst keine Skrupel aus. Orest ist der Retter, Iphigenie betrügt den Barbarenkönig und am Schluss greifen die Götter ein. Der Komponist Gluck hält sich ebenfalls an die Originalversion und lässt die Furien (griechisch Erinnyen = Rachegöttinnen) über die Bühne rasen. Bei Goethe spielt sich – was schon Schiller als Fachmann fürs Dramatische kritisierte – all dies im Kopfe Orests ab. Goethe geht es nicht

Darstellung einer antiken Landschaft in einer Zeichnung Goethes

um eine effektvolle Handlung, sondern um den Austausch von Ideen, seine „Iphigenie" ist ein **Ideendrama.** Der eigentliche Schauplatz ist nicht so sehr die Bühne als vielmehr die Seele des jeweiligen Akteurs.

1. Akt:
Iphigenie ist Priesterin der Jagdgöttin Diana (griechisch Artemis) auf der Insel Tauris des Barbarenkönigs Thoas. Sie sollte beim Aufbruch der Griechen nach Troja für eine Freveltat ihres Vaters Agamemnon der Göttin geopfert werden. Diese jedoch brachte Iphigenie hierher nach Tauris zu ihrem Götterbild. Obwohl sie für das Land viel Gutes getan hat, sehnt sich Iphigenie nach ihrer Heimat. König Thoas will sie heiraten, aber sie weist ihn ab, weil auf ihrer Familie Unheil lastet. Thoas ist über die Abweisung so verärgert, dass er befiehlt die durch Iphigenie abgeschafften alten Bräuche der Menschenopfer wieder einzuführen und zwei gefangene Fremde der Göttin zu opfern.

2. Akt:
Iphigenie schaudert vor dieser Aufgabe zurück, sind beide Fremde doch griechische Landsleute. Dass ihr Bruder Orest und sein Freund Pylades vor ihr stehen, weiß Iphigenie noch nicht. Orest wird von Gewissensqualen – verkörpert durch Rachegöttinnen – verfolgt, weil er seine eigene Mutter getötet hat, die seinen Vater Agamemnon ermordete. Das Orakel von Delphi hatte geweissagt, der Fluch werde sich lösen, wenn er „die Schwester, die an Tauris Ufer im Heiligtume wider Willen lebte" nach Griechenland zurückbrächte. Die beiden meinen also, sie sollten das Bild der Göttin Diana, der Schwester des in Delphi verehrten Apollo, stehlen. Entsetzt erfährt die Priesterin von Pylades, dass der siegreich aus Troja zurückgekehrte Agamemnon durch seine Frau ermordet wurde. Die Identität Orests enthüllt ihr Pylades nicht, er gibt ihn als älteren Bruder aus.

3. Akt:
Iphigenie und Orest stehen einander gegenüber ohne sich als Geschwister zu erkennen. Iphigenie hofft mit den beiden Fremden nach Griechenland zurückkehren zu können. Orest berichtet, wie es zum Muttermord kam, und merkt, dass Pylades die Priesterin getäuscht hat. Er bekennt: „(...) zwischen uns sei Wahrheit! Ich bin Orest." Er ist davon überzeugt, seine Tat mit dem Tode sühnen zu müssen. Iphigenie gibt sich ihm nun als Schwester zu erkennen, doch Orest verfällt den durch die Rachegöttinnen verursachten Schreckensvisionen. Wieder bei Sinnen, ist er von seinen Wahnvorstellungen geheilt. Die drei bereiten ihre Flucht vor.

4. Akt:
Iphigenie weiß, dass der Fluchtplan Lüge und Betrug erforderlich macht:

Weh! O weh der Lüge! Sie befreiet nicht,
wie jedes andre, wahr gesprochene Wort,
die Brust; sie macht uns nicht getrost, sie ängstet
den, der sie heimlich schmiedet, und sie kehrt,
ein losgedruckter Pfeil, von einem Gotte
gewendet und versagend, sich zurück
und trifft den Schützen.

Um dem König gegenüber Zeit zu gewinnen erklärt Iphigenie das Götterbild neu weihen zu müssen, da es durch die Rachegöttinnen entweiht sei. Allmählich aber wird Iphigenie klar, dass ihr der Betrug an König Thoas, den sie wie einen Vater verehrt, und an den Menschen in Tauris sehr schwer fallen wird: „Doppelt wird mir der Betrug verhasst!"
Pylades drängt, mit dem Götterbild Tauris zu verlassen. Iphigeniens Konflikt scheint in zweifacher Hinsicht unauflöslich: Beteiligt sie sich an dem Vorhaben, betrügt sie den König Thoas und verliert die Reinheit, mit der sie den Fluch über ihrer Familie zu tilgen hofft. Flieht sie nicht mit Orest und Pylades, ist die Heimat für sie auf immer verloren, und sie muss mit dem Verlust des Bruders, seiner Gefährten und ihres eigenen Lebens rechnen. Sie bittet die Götter: „Rettet mich und rettet euer Bild in meiner Seele!"

5. Akt:
Selbst auf die Gefahr hin, den Bruder, Pylades und sich selbst zu vernichten, entschließt sich Iphigenie dem König Thoas die Wahrheit zu sagen. Der hat mittlerweile den Verdacht, dass die Fremden mithilfe der Priesterin fliehen wollen, und ist tief enttäuscht. Er durchschaut die Absicht der Priesterin, das Götterbild neu weihen zu müssen, als Vorwand Zeit zu gewinnen.
Iphigenie bittet den König den Fremden das Leben zu schenken, der lehnt aber ab. Nun berichtet Iphigenie dem König die ganze Wahrheit, sie schließt mit den Worten: „Verdirb uns – wenn du darfst."
Sie legt ihr Schicksal und das der anderen in die Hände des Königs, im Vertrauen darauf, dass die auch einem Barbaren angeborene Menschlichkeit geweckt werden wird. Thoas – beeindruckt von dieser außergewöhnlichen Entscheidung für die Tugend – ändert langsam seinen Sinn, will aber das Götterbild keinesfalls herausgeben. Doch Orest – von seinen Wahnvorstellungen geheilt – weiß nun, dass das Orakel ihm nicht die Heimholung der Schwester des Gottes Apollo, sondern die seiner eigenen, nämlich Iphigenie, aufgetragen hat. Schließlich spricht Thoas barsch: „So geht!" Doch Iphigenie kann den König noch dazu überreden, sie in Freundschaft ziehen zu lassen: „Lebt wohl!"

1779 wurde das Werk am Hof von Weimar uraufgeführt. Goethe selbst spielte den Orest, die berühmte Schauspielerin Corona Schröter die Iphigenie, der Bruder des Herzogs den Pylades. Das Wesen der Bühnenfigur Iphigenie ist neben der Frau von Stein, die zu der Zeit auf Goethe großen Einfluss ausübte, auch durch die schöne, von Goethe bewunderte Schauspielerin Corona Schröter geprägt. Nach einigen Liebhaberaufführungen (improvisiertes Theaterspielen mit Laien am Hofe) verweigerte Goethe weitere Vorstellungen, weil er merkte, dass die rhythmische Prosa dem Inhalt des Stoffes nicht angemessen war. Zu dieser

Aufführung der „Iphigenie" mit Goethe als Orest und Corona Schröter als Iphigenie, Gemälde von G. M. Kraus, 1779

Zeit erschien Lessings „Nathan der Weise" im Blankvers und Goethe – der im Übrigen keines seiner Werke je für vollendet hielt – machte sich 1780 daran, sein Werk umzuschreiben. Doch auch diese und weitere Umarbeitungen des „Schmerzenskindes" befriedigten ihn nicht. Auf seiner Reise nach Italien konnte er sich am Ufer des Gardasees ganz in die Rolle der Iphigenie hineinversetzen. Aber erst in Rom, angeregt durch die Kunstwerke der Antike, gelang es ihm, das Werk in die klassische Form der fünffüßigen Jamben umzugießen. Heißt es in der Prosafassung:

„Mein Verlangen steht hinüber nach dem schönen Lande der Griechen und immer möchte ich übers Meer hinüber", so klagt Iphigenie in der endgültigen Fassung:

Und an dem Ufer steh ich lange Tage,
Das Land der Griechen mit der Seele suchend;
Und gegen meine Seufzer bringt die Welle
Nur dumpfe Töne brausend mir herüber.

In Italien gelang es endlich, Inhalt und Form in Übereinstimmung zu bringen, in die Harmonie, die das Wesen der Klassik verkörpert. Goethe schrieb an Herder über sein Werk, in dem sich „die reinste Blüte moderner Sittigung (sittliches Ideal; die Verf.) mit den reinsten Formen des unbewusst schaffenden Altertums in einer so harmonischen Mischung zu verbinden wusste".

In Weimar wurde das Drama, das Goethe selbst als „ganz verteufelt human" sah, zunächst kühl aufgenommen. Erst die Bühnenversion Schillers brachte 1802 den großen Erfolg.

„Nathan der Weise" und „Iphigenie auf Tauris" sind die großen Dramen, die Hohenlieder der Humanität. Daher ist es nicht verwunderlich, dass beide Schauspiele nach 1945, nach dem Grauen des Zweiten Weltkrieges, besonders oft gespielt wurden, denn – wie schon Goethe erkannte – „Alle menschlichen Gebrechen sühnet reine Menschlichkeit".

1797 wird für Goethe durch seine Zusammenarbeit mit Schiller zum großen Balladenjahr. Die **Ballade** (italienisch ballata = Tanzlied), entwickelte sich in Frankreich und England zu einem volkstümlichen Erzähllied und wurde in Deutschland ab 1770 als Gattung heimisch, die ein ungewöhnliches, vielfach gespenstisches und meist tragisch ausgehendes Ereignis zum Inhalt hat.

Ansicht des heutigen Delphi in Griechenland

Rückblickend stellt Goethe über seine klassischen Balladen 1830 in seinen Gesprächen mit Eckermann fest:

Ich verdanke sie größtenteils Schiller, der mich dazu trieb, weil er immer etwas Neues für seine „Horen" brauchte. Ich hatte sie alle schon seit vielen Jahren im Kopf, sie beschäftigten meinen Geist als angenehme Bilder, als schöne Träume, die kamen und gingen, und womit die Fantasie mich spielend beglückte. Ich entschloss mich ungern dazu, diesen mir seit so lange befreundeten glänzenden Erscheinungen ein Lebewohl zu sagen, indem ich ihnen durch das ungenügende dürftige Wort einen Körper verlieh.

Ballade: Der Schatzgräber

Arm am Beutel, krank am Herzen,
Schleppt ich meine langen Tage.
Armut ist die größte Plage,
Reichtum ist das größte Gut!
Und zu enden meine Schmerzen,
Ging ich, einen Schatz zu graben.
„Meine Seele sollst du haben!",
Schrieb ich hin mit eignem Blut.

Und so zog ich Kreis um Kreise,
Stellte wunderbare Flammen,
Kraut und Knochenwerk zusammen:
Die Beschwörung war vollbracht.
Und auf die gelernte Weise
Grub ich nach dem alten Schatze
Auf dem angezeigten Platze:
Schwarz und stürmisch war die Nacht.

Und ich sah ein Licht von weitem,
Und es kam gleich einem Sterne
Hinten aus der fernsten Ferne,
Eben als es zwölfe schlug.
Und da galt kein Vorbereiten.
Heller ward's mit einem Male
Von dem Glanz der vollen Schale,
Die ein schöner Knabe trug.

Holde Augen sah ich blinken
Unter dichtem Blumenkranze;
In des Trankes Himmelsglanze
Trat er in den Kreis herein.
Und er hieß mich freundlich trinken;
Und ich dacht: Es kann der Knabe
Mit der schönen, lichten Gabe
Wahrlich nicht der Böse sein.

„Trinke Mut des reinen Lebens!
Dann verstehst du die Belehrung,
Kommst mit ängstlicher Beschwörung
Nicht zurück an diesen Ort.
Grabe hier nicht mehr vergebens!
Tages Arbeit, abends Gäste!
Saure Wochen, frohe Feste!
Sei dein künftig Zauberwort."

Wie in anderen Balladen, zum Beispiel „Erlkönig" oder „Der Zauberlehrling", führt der Dichter auch hier in den magischen Raum voller geheimnisvoller Gestalten, die auf den Menschen einwirken. Während „Erlkönig" noch in den Bereich naturmagischer Balladen gehört, so zählen „Der Zauberlehrling" wie „Der Schatzgräber" zur neuen Art der Ideenballade.
Eine sittliche Idee, eine moralische Herausforderung für den Menschen wird lyrisch dargestellt. Zeigen sich in den ersten Strophen des Schatzgräbers noch die typischen dämonisch-spukhaften Züge einer nächtlichen Geisterbeschwörung, so endet das Abenteuer für den Schatzgräber in der moralischen Belehrung durch die knabenhafte Lichtgestalt, die in den deutschen Sprichwortschatz einging:

Tages Arbeit, abends Gäste!
Saure Wochen, frohe Feste!
Sei dein künftig Zauberwort.

Nicht durch die blinde Jagd nach geheimen Schätzen wird das Glück erreicht, sondern durch harte, entsagungsvolle Arbeit.

Goethes Alterswerk: Faust

Bis kurz vor seinem Tod beschäftigte sich Goethe mit dem Stoff, aus dem er ein einzigartiges Lebenswerk schöpfte: der Figur des Doktor Faust.

Schon als Kind hatte er die weit verbreitete Faustsage kennen gelernt, die erzählt, dass sich im 16. Jahrhundert ein Doktor Faust aus Genusssucht und Erkenntnisdrang dem Teufel verschrieben habe. Christopher Marlowe, der bedeutendste englische Dramatiker vor Shakespeare, machte aus der Sage im 16. Jahrhundert ein Drama. Goethe selbst verfasste zwischen 1773 und 1775 den so ge-

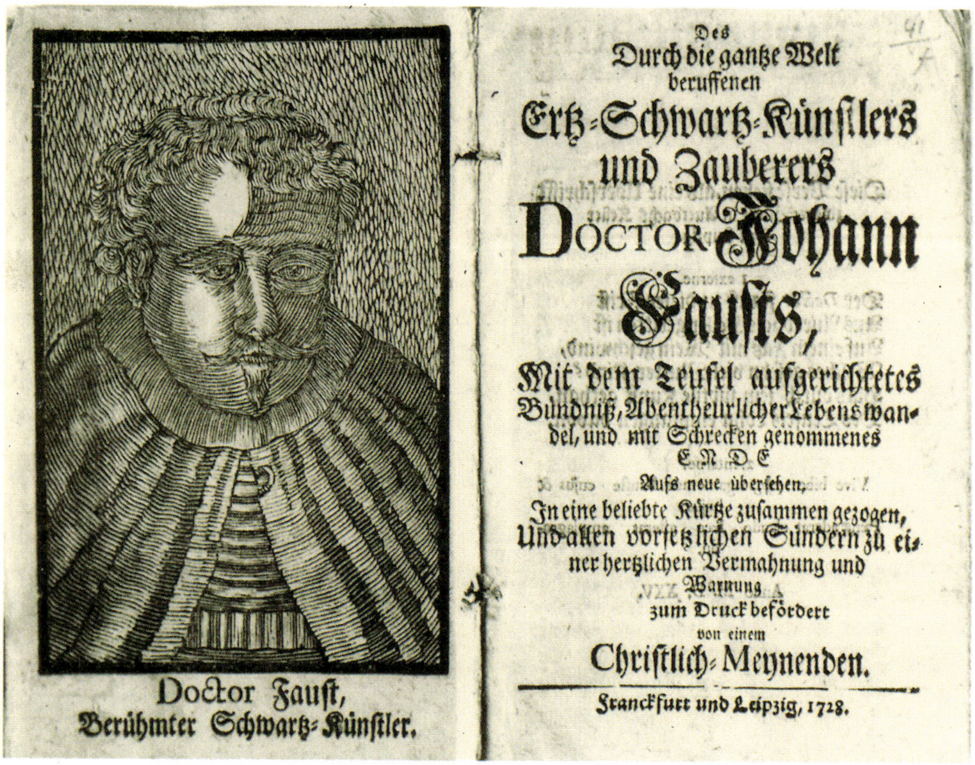
Doctor Faust,
Berühmter Schwartz-Künstler.

Des
Durch die gantze Welt
beruffenen
Ertz-Schwartz-Künstlers
und Zauberers
Doctor Johann
Fausts,
Mit dem Teufel aufgerichtetes
Bündniß, Abentheurlicher Lebens-wandel, und mit Schrecken genommenes
Ende
Aufs neue übersehen,
In eine beliebte Kürtze zusammen gezogen,
Und allen vorsetzlichen Sündern zu einer hertzlichen Vermahnung und
Warnung
zum Druck befördert
von einem
Christlich-Meynenden.
Franckfurt und Leipzig, 1728.

Titelblatt mit dem Bild des Faustbuchs von einem Christlich Meynenden, 1725 herausgegeben

nannten „Urfaust", der erst 100 Jahre später durch Zufall wieder entdeckt wurde. Bis dahin hatte Goethe einen ihm bekannten Kriminalfall einer Kindsmörderin, die in Frankfurt öffentlich hingerichtet wurde, in das Werk eingebracht. Dies wurde der Hintergrund für das Schicksal Gretchens.
1790 erschien eine überarbeitete Fassung mit neuen Szenen: „Faust. Ein Fragment". Die endgültige Fassung „Faust. Erster Teil" wurde 1808 veröffentlicht, „Faust. Zweiter Teil" konnte erst nach Goethes Tod 1832 in Druck gehen.

Faust: Der Tragödie erster Teil
Den 23 Szenen des „Faust I" gehen ein „Vorspiel auf dem Theater" und ein „Prolog im Himmel" voran. Die Idee des Vorspiels entnahm Goethe dem indischen Theater, während der Prolog im Himmel durch das zweite Kapitel des Buches Hiob im Alten Testament angeregt wurde:

Vorspiel auf dem Theater:
Theaterdirektor, lustige Person und Dichter streiten über Wesen und Aufgabe des Theaters. Am Schluss meint der Direktor:

Der Worte sind genug gewechselt,
Lasst mich auch endlich Taten sehn!

Prolog im Himmel:
Die Erzengel rühmen die Schöpfung Gottes, der Teufel Mephistopheles ist anderer Meinung. Gott weist Mephisto auf „seinen Knecht", den Doktor Faust hin. Daraufhin wettet Mephisto, dass es ihm gelingt, den Faust Gott abspenstig zu machen. Gott geht darauf ein, solange Faust auf Erden lebe, denn: „Es irrt der Mensch, solang er strebt."

Fausts Studierzimmer:
Faust ist verzweifelt, denn trotz Studien auf allen Gebieten erkennt er: „Ich sehe, dass wir nichts wissen können." Die Begrenztheit des

menschlichen Wissens quält ihn. Er versucht es mit Magie und beschwört den Erdgeist, der jedoch Faust die unbedeutende Winzigkeit des Menschen vor der Natur erkennen lässt. Als dann auch noch der biedere Gelehrte Wagner, Fausts Gehilfe, beeindruckt davon ist, „wie wir's dann zuletzt so herrlich weit gebracht", ist Faust erst recht verzweifelt und will sterben. Doch als er das Gift trinken will, ertönen die Osterglocken: „Die Träne quillt, die Erde hat mich wieder!"

Vor dem Tor:
Faust unternimmt mit Wagner einen Spaziergang. Dabei erfährt er von der Bevölkerung hohe Anerkennung als Arzt, was ihn nur wieder an die Unzulänglichkeit des Menschen erinnert. Ein schwarzer Pudel schließt sich ihnen an.

Fausts Studierzimmer:
Faust beginnt mit der Übersetzung des Johannes-Evangeliums, wird aber durch den Hund gestört, der sich nach einer magischen Beschwörung durch Faust als Mephistopheles erweist: „Ich bin der Geist, der stets verneint, ein Teil von jener Kraft, die stets das Böse will und stets das Gute schafft." Faust ist bereit mit der Hölle einen Pakt abzuschließen. Nachdem er die Qual des irdischen Daseins verflucht hat, kommt es zum mit Blut besiegelten Vertrag: Mephisto dient Faust auf Erden und bringt ihm unbegrenzten Lebensgenuss, hat dafür aber im Jenseits auf ihn Anspruch. Entscheidend soll sein, ob Faust je durch die Erfüllung seiner Wünsche befriedigt werden kann; dann hätte Mephisto die Wette gewonnen.

Eugène Delacroix: Mephisto erscheint vor Faust.

Eine Darstellung Fausts von Rembrandt unter dem Titel „Der Magier in seinem Laboratorium" (Radierung, 1652)

Kannst du mich schmeichelnd je belügen,
Dass ich mir selbst gefallen mag,
Kannst du mich mit Genuss betrügen –
Das sei für mich der letzte Tag! (...)
Werd ich zum Augenblicke sagen:
Verweile doch, du bist so schön!
Dann magst du mich in Fesseln schlagen,
Dann will ich gern zugrunde gehn!

Auerbachs Keller in Leipzig:
In einem ausgelassenen Zechgelage mit Studenten soll Faust sein neues Leben beginnen: „Uns ist ganz kannibalisch wohl, als wie

Die Szene aus dem „Faust"-Film von 1960 zeigt in den Hauptrollen Gustaf Gründgens (Mephisto) und Will Quadflieg (Faust). Der Film basiert auf der so genannten „Musterinszenierung" des „Faust" im Deutschen Schauspielhaus Hamburg 1957.

fünfhundert Säuen!" Mephisto lässt aus in den Tisch gebohrten Löchern Wein fließen. Nach dem entstehenden Durcheinander bringt Mephisto Faust zur Verjüngungskur, denn er hat gemerkt, dass Faust an derartigen Ausschweifungen keinen Gefallen findet. Nun plant Mephisto mithilfe der Sinnlichkeit seine Wette zu gewinnen.

Hexenküche:
Mitten im Wirbel von Hexensprüchen und magischen Beschwörungen sieht Faust in einem Zauberspiegel Helena, die schönste aller Frauen. Mit einem Verjüngungstrank im Leibe, prophezeit ihm Mephisto, sieht er bald „Helenen in jedem Weibe".

Straße:
Faust begegnet Gretchen, die von der Beichte kommt, und spricht sie an. Von Leidenschaft entbrannt befiehlt er Mephisto: „Hör, du musst mir die Dirne schaffen!" Faust will sich durch die bedingungslose Liebe von seinem Tatendrang und Wissensdurst befreien.

Margaretes Zimmer:
Das Mädchen will wissen, wer der Herr wohl gewesen ist. Als sie das Zimmer verlässt, führt Mephisto Faust herein und gibt ihm ein Kästchen Schmuck, mit dessen Hilfe er das Mädchen betören soll.

Spaziergang:
Mephisto ist wütend, da Gretchens Mutter den Schmuck der Kirche übergeben hat. Faust verlangt von Mephisto, dass er anderen Schmuck herbeischafft.

Der Nachbarin Haus:
Mephisto führt sich und Faust bei der älteren Nachbarin namens Marthe Schwerdtlein mit der Lüge ein, er wisse etwas von ihrem verschollenen Mann.

Straße:
Faust ist über die Lüge empört, macht aber, von Liebe zu Gretchen entflammt, doch mit.

Garten:
Von Mephistos Komplimenten angetan, will Marthe Schwerdtlein eine Beziehung zu ihm anbahnen. Faust und Gretchen gestehen sich inzwischen ihre Liebe.

Gartenhäuschen:
Gretchen gibt Fausts Werben nach und wird von ihm zum ersten Mal geküsst.

Wald und Höhle:
Faust hat Skrupel wegen Gretchen, er ist in einem Zwiespalt zwischen echter Liebe und sexueller Begierde.
Er weiß, dass er der „Unbehauste" ist, der unstete Wanderer auf Erden, der das Mädchen unglücklich machen wird. Gretchens Häuslichkeit ist mehr als bürgerliche Idylle, sie ist freiwillige Selbstbeschränkung und Versöhnung mit der Welt.
All dies ist Faust nicht gegeben, jedoch Mephisto macht seine Bedenken lächerlich.

Gretchens Stube:
Gretchen ist verliebt und wartet auf Faust: „Mein Ruh ist hin, mein Herz ist schwer; (...)" Sie ahnt, dass ihrer Liebe kein Glück beschieden ist, dass ihre Beziehung in den Augen

der Gesellschaft eine Verfehlung ist, die bestraft werden muss.

Marthens Garten:
Gretchen fragt Faust: „(...) wie hast du's mit der Religion?" Als Gretchenfrage wird eine naive Frage bezeichnet, die aber das Wesentliche einer Sache trifft. Die Religion ist die Summe der Normen, in denen Gretchen lebt. Mit Fausts tief empfundenem, Gott mit Natur gleichsetzendem (pantheistischem) Glauben kann sie nichts anfangen. Darüber hinaus verabscheut sie Mephisto, von dem auch Faust sich in den Momenten seiner innigen Liebe zu Gretchen abgestoßen fühlt und den er dennoch braucht um ans Ziel zu gelangen. Gretchen will Faust in der Nacht in ihre Kammer lassen. Faust gibt ihr Tropfen für einen Schlaftrunk, damit die Mutter nicht aufwacht.

Am Brunnen:
Gretchen hört von einer Freundin, wie es einem schwangeren, von ihrem Verführer verlassenen Mädchen ergeht, und von der doppelten Moral der Mitmenschen. Düstere Ahnungen befallen sie.

Zwinger:
Gretchen betet vor einem Andachtsbild, sie weiß, sie ist schwanger.

Straße vor Gretchens Tür:
Gretchens Bruder Valentin hat erfahren, was sich mit Gretchen ereignet hat, und klagt über den verlorenen guten Ruf der Schwester. Als Faust und Mephisto kommen, fällt er im Zweikampf, nachdem Mephisto seine Hand erlahmen ließ. Sterbend verflucht er Gretchen.

Dom:
Während des Gottesdienstes bedrängt das schlechte Gewissen Gretchen so sehr, dass sie ohnmächtig zu Boden sinkt.

Walpurgisnacht:
Im Harzgebirge auf dem Brocken treffen sich die Hexen zu einem wüsten Treiben. Dorthin entführt Mephisto den Faust, um dessen aufkommende Schuldgefühle zu betäuben. Doch Faust sieht in der Ferne ein blasses, schönes Kind, das Gretchen gleicht.

Trüber Tag. Feld:
Faust beklagt vor Mephisto das Schicksal Gretchens. Wegen Mordes an ihrem neugeborenen Kind eingekerkert, wartet sie auf die Hinrichtung. Faust will von Mephisto zu ihr gebracht werden um sie zu befreien.

Nacht, offenes Feld:
An der Hinrichtungsstätte warten schon die Geister.

Kerker:
Wahnsinnig geworden wegen des durch sie verursachten Todes der Mutter und der Tötung ihres Kindes, sieht Gretchen in Faust erst ihren Kerkermeister. Als sie ihn erkennt, liebkost sie ihn, vermag sich zu einer Flucht aber nicht aufzuraffen.
Gretchen ist vollkommen orientierungslos, weiß, dass sie nicht mehr zur sozialen Gemeinschaft gehört. Ihr einziger Beziehungspunkt ist die Strafe, die Hinrichtung: „Gericht Gottes! Dir habe ich mich übergeben!"
Der Anblick Mephistos bringt ihr die völlige Klarheit. Mit dem Aufschrei: „Ihr heiligen Scharen, lagert euch umher, mich zu bewahren! Heinrich! Mir graut's vor dir", wendet sie sich endgültig von Faust ab. Während Mephisto ruft: „Sie ist gerichtet!", ertönt es von oben: „Ist

Szene aus dem „Faust"-Film von 1960: Faust (Will Quadflieg) und Gretchen (Ella Büchi) im Garten

gerettet!" Faust aber scheint verloren, Mephisto reißt ihn an sich mit den Worten: „Her zu mir!"

Faust: Der Tragödie zweiter Teil

Das – wie Goethe sagte – „bloß Subjektive" der Liebestragödie des ersten Teiles wird hier erweitert durch eine „höhere, breitere, hellere" Welt. „Wir sehn die kleine, dann die große Welt." Mit diesen Worten hatte der Aufbruch Mephistos mit Faust begonnen. Die kleine Welt Gretchens liegt hinter ihnen, nun führt Mephisto Faust in den Glanz des Kaiserhofes und in die Kultur des klassischen Altertums. Faust heiratet Helena, ihr gemeinsamer Sohn Euphorion (er trägt Züge des englischen Dichters Lord Byron) fordert das Schicksal heraus und stirbt.

Immer noch gilt der Pakt mit dem Teufel. Nirgendwo fand der in seinem Tatendrang rastlose Faust Ruhe und Zufriedenheit, kein Moment seines Daseins bringt ihn dazu, den verhängnisvollen Satz auszusprechen: „Verweile doch! Du bist so schön!"

Fausts Energie macht ihn zum Kolonisator, er gewinnt dem Meer fruchtbares Land für die Menschen ab. Doch seine Zeit ist um, erblindet freut er sich über die Geräusche der Arbeit für das Wohl der Gemeinschaft. Er spricht nun endlich seine Befriedigung aus:

Ja! Diesem Sinne bin ich ganz ergeben,
Das ist der Weisheit letzter Schluss:
Nur der verdient sich Freiheit und das Leben,
Der täglich sie erobern muss.
(...) Solch ein Gewimmel möcht ich sehn,
Auf freiem Grund mit freiem Volke stehn.
Zum Augenblicke dürft ich sagen:
Verweile doch, du bist so schön!
Es kann die Spur von meinen Erdentagen
Nicht in Äonen untergehen.
Im Vorgefühl von solchem hohen Glück
Genieß ich jetzt den höchsten Augenblick.

In Wirklichkeit aber schaufeln die Lemuren, die Totengeister, für ihn ein Grab. Mephisto hat die Wette trotzdem nicht gewonnen, denn Faust genießt nur die Vorfreude über sein Werk zum Nutzen der Mitmenschen. Der Himmel rettet ihn:

Wer immer strebend sich bemüht,
Den können wir erlösen.

Mephisto verliert den Pakt, es gelang ihm nicht, Faust mit „Genuss" zu betrügen. Im Gegenteil, Faust strebte – obwohl er Schuld auf sich geladen hatte – immer nach einer höheren Daseinsform. Er verweilte nicht selbstzufrieden im Augenblick, weil er wusste, dass damit Höher- und Weiterentwicklung des Menschen, sein „strebendes Bemühen" unmöglich werde. Faust wusste nicht, was die Wahrheit ist, aber er suchte sie. Dass er dabei Fehler machte, ist Menschenschicksal. Daher wird er auch erlöst.

Fast sechs Jahrzehnte arbeitete Goethe am „Faust". Es ist die Summe eines langen, erfahrungsreichen Lebens und das Ergebnis einer genialen Begabung. Dieses Werk – es gilt als die größte deutsche Dichtung – ist vom Erlebniswillen des Sturm-und-Drang-Zeitalters ebenso geprägt wie von der Humanitätsidee der Klassik. Schon zu Lebzeiten Goethes errang das Werk großen Ruhm, und die Fragen an den Autor nach seiner Intention, seiner Wirkungsabsicht, nahmen ständig zu. Die Fülle der Motive und Handlungsstränge, die Vielfalt der Ereignisse und Personen lassen das Werk als recht schwierig erscheinen. Was nun die Deutung seines Werkes angeht, so äußerte Goethe in seinen Gesprächen mit Eckermann unverblümt seine Meinung:

Was sind die Deutschen für wunderliche Leute, sie machen sich durch ihre tiefen Gedanken und Ideen, die sie überall suchen und hineinlegen, das Leben schwerer als billig. So habt doch endlich einmal die Courage euch den Eindrücken hinzugeben, euch ergötzen zu lassen, euch rühren zu lassen, euch erheben, ja auch belehren und zu etwas Großem entflammen und ermutigen zu lassen! Aber denkt nicht nur immer, es wäre alles eitel, wenn es nicht irgendein abstrakter Gedanke und Idee wäre! Da kommen sie und fragen, welche Idee ich in meinem Faust zu verkörpern gesucht. Als ob ich das selbst wüsste und aussprechen könnte. Vom Himmel durch die Welt zur Hölle – das wäre zur Not etwas; aber das ist keine Idee, sondern der Gang der Handlung. Und ferner, dass der Teufel die Wette verliert und dass ein aus schweren Verirrungen immer-

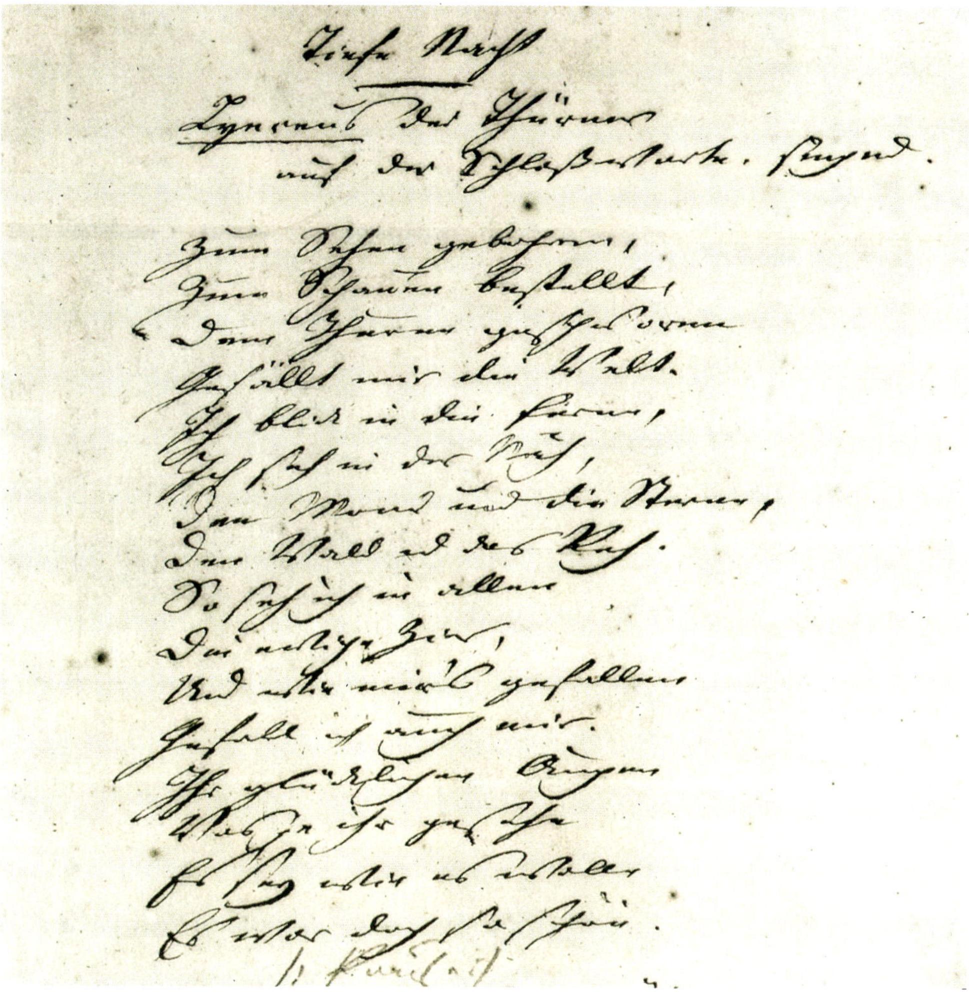

Goethes Handschrift vom Türmerlied aus dem zweiten Teil des „Faust"

fort zum Besseren aufstrebender Mensch zu erlösen sei: Das ist zwar ein wirksamer, manches erklärender guter Gedanke, aber es ist keine Idee. (...)

So wie Goethe nicht der erste Bearbeiter des Faustoffes war, war er auch nicht der letzte. In unserer Zeit ist die Fassung, die Thomas Mann dem Stoff in seinem Roman „Doktor Faustus" gegeben hat, die bedeutendste. Auch hier gibt es einen Pakt mit dem Teufel, in dem der Romanheld Gesundheit und Liebe gegen Inspiration und Genie tauscht.

4. Der klassische Schiller

1787 Schiller hält sich in Weimar auf: Er arbeitet unermüdlich – bis zu 10 Stunden am Tag. Im selben Jahr lernt er die adelige Familie von Lengefeld und deren Töchter Charlotte und Caroline kennen. Schiller zeigt großes Interesse an historischen Themen: „Die Geschichte ist ein Magazin für meine Fantasie, ein Feld, wo alle meine Kräfte ins Spiel kommen und wo ich doch nicht immer aus mir selber schöpfen muss."

1788 Die erste Begegnung mit Goethe verläuft enttäuschend. Schiller: „Sein erster Anblick stimmte die hohe Meinung ziemlich herunter (...) unsere Vorstellungsarten scheinen wesentlich verschieden."

Goethe: „Schiller war mir verhasst."
Schiller wird der Lehrstuhl an der Universität Jena angeboten, er fürchtet aber diesen Anforderungen nicht gewachsen zu sein. Der Geheimrat Goethe erwidert nur: „Lehrend lernt man."
Die Hoffnung Schillers durch diese Berufung seine Schulden bezahlen zu können erfüllt sich nicht.
1790 Nachdem Schiller fast ein Jahr lang täglichen Kontakt mit den Töchtern von Lengefeld hatte, entschließt er sich Charlotte zu heiraten. Ihr gebildetes und gleichzeitig zurückhaltendes Wesen soll ein Gegenpol zu seinem unruhigen, schöpferischen Charakter sein. Nur die 200 Taler Jahrespension des Weimarer Herzogs ermöglichen die Heirat.
Schiller arbeitet unablässig an der „Geschichte des Dreißigjährigen Krieges". Zeichen der Erschöpfung treten ein, verbunden mit heftigem Fieber und Ohnmachtsanfällen. Erst nach zwei Monaten kann er wieder zur Feder greifen. Schiller weiß, dass er von nun an unter dem Schatten des Todes steht. Dies spornt ihn nur noch mehr an.
1791 Schiller erleidet einen schweren Rückfall, der sich in bis zu fünf Stunden dauernden Brust- und Unterleibskrämpfen äußert. Er überlebt nur mit Mühe. In dieser Not kommt eine entscheidende materielle Hilfe: Schiller erhält auf Vermittlung eines Freundes drei Jahre lang aus Kopenhagen eine Ehrengabe von 1.000 Talern. Dies bedeutet für den Dichter endlich die lang ersehnte „Freiheit des Geistes", die er zum Studium der Philosophie Kants nutzt.
1794 Schiller gründet die literarische Zeitschrift „Die Horen". Er bittet Goethe nicht nur um Beiträge, sondern ermuntert ihn auch, dem engeren Redaktionsausschuss beizutreten. Damit beginnt eine tiefe Freundschaft mit Goethe, wodurch Schiller zur Dichtung zurückfindet.
1797 Die erste gemeinsame Produktion sind die „Xenien". Balladenjahr: Im Wettstreit mit Goethe entstehen unter anderem „Der Taucher", „Der Handschuh", „Die Kraniche des Ibykus", „Der Ring des Polykrates".
Schiller beginnt mit seinem gewaltigsten Werk, dem „Wallenstein". Über zwei Jahre benötigt er für dessen Vollendung. Das Drama ist so umfangreich, dass Schiller es in drei Abschnitte teilt: „Wallensteins Lager", „Die Piccolomini" und „Wallensteins Tod". Das ganze Werk ist in Jamben abgefasst.
1799 Der „Wallenstein" wird im Weimarer Schauspielhaus uraufgeführt.
In den kommenden Jahren arbeitet Schiller trotz seiner angeschlagenen Gesundheit mehr denn je. Innerhalb kurzer Abstände erscheinen die Dramen „Maria Stuart", „Die Jungfrau von Orleans" und „Die Braut von Messina".
1803 Schillers Frau Charlotte, die insgesamt vier Kinder zur Welt bringt, begeistert ihren Mann für die Tellsage. Goethe berichtet sehr anschaulich, wie Schiller bei der Arbeit vorging: „Er fing damit an, alle Wände seines Zimmers mit so viel Spezialkarten der Schweiz zu bekleben, als er auftreiben konnte. Nun las er Schweizer Reisebeschreibungen, bis er mit Weg und Stegen des Schauplatzes des Schweizer Aufstandes auf das Genaueste bekannt war. Dabei studierte er die Geschichte der Schweiz; und nachdem er alles Material zusammengebracht hatte, setzte er sich über die Arbeit und buchstäblich genommen stand er nicht eher vom Platze auf, bis der Tell fertig war."
Für Schiller wird es das letzte vollendete Werk, es bringt ihm den größten Erfolg seines Lebens.
1805 In dem harten Winter erleidet Schiller wieder schwere Koliken (Krämpfe). Dennoch hofft er wie immer auf die belebende Kraft des Frühlings. Bei seinem letzten Theaterbesuch Ende April bekommt er einen Fieberanfall, am 9. Mai stirbt er im Alter von 46 Jahren.

Charlotte Schiller, geborene von Lengefeld, auf einem Ölgemälde von Ludovike Simanowiz aus dem Jahr 1794

Auf der Suche nach einer neuen Bestimmung der Kunst

Seit dem Erscheinen des Dramas „Don Carlos" im Jahr 1787 war Schiller als Dichter verstummt. Er suchte nach einer tieferen Grundlage seines Schaffens, die er durch das Studium der Kant'schen Philosophie zu gewinnen hoffte. Begünstigt durch die großzügige Pension aus Dänemark konnte er sich ab März 1791 mehrere Jahre lang in Kants Werk „Kritik der Urteilskraft" vertiefen. Wie sehr ihn dessen Philosophie fesselte, zeigt ein Brief von 1793:

Es ist gewiss von keinem sterblichen Menschen kein größeres Wort noch gesprochen worden, als dieses kantische, was zugleich der Inhalt seiner ganzen Philosophie ist: Bestimme dich aus dir selbst.

Schiller versuchte durch Kant eine eigene Schönheits- und Kunstlehre zu entwickeln. Er teilte die Auffassung von Kant, dass der Mensch ein Doppelwesen, nämlich Verstandes- und Sinnenwesen sei.

Als Dichter konnte er sich nicht mit der Trennung der beiden Bereiche abfinden. Die Kunst erhält die Aufgabe, die Entfremdung des Menschen, die Trennung von Sinnlichkeit und Verstand aufzuheben. Dadurch trägt sie zur Veredelung des Charakters bei.

Als Vorbild dient die Antike. Ausgleich der Gegensätze, Ganzheit, Humanität, Streben nach Vollkommenheit hießen die neuen Ideale.

Schiller. Büste von Johann Heinrich Dannecker

Schillers Totenmaske

Schiller prägte für diesen neuen vollendeten Menschen den Begriff „schöne Seele", wobei mit Schönheit nicht in erster Linie die äußere Schönheit gemeint ist, sondern der Ausdruck der geistigen Freiheit. Schiller fasste dies in die berühmte Formel: Schönheit ist Freiheit in der Erscheinung. Frei sein kann nach Schillers Meinung freilich nur der ganze Mensch und er ist auch nur da ganz Mensch, wo er frei ist.

Durch seine philosophischen Studien und auch angeregt durch Goethe fand Schiller schließlich 1796 zur Dichtung zurück.

In dem von beiden Weimarer Dichtern herausgegebenen Musenalmanach, einer damals sehr beliebten Art eines lyrischen Jahrbuchs, konnte Schiller bereits seine neuen Ideen darstellen. Im Gegensatz zu Goethe, in dessen Dichtung immer auch das persönliche Empfinden mitschwingt, ist Schiller der Meister der Gedankenlyrik, der die Ideen der Klassik mit philosophischer Strenge poetisch darstellt.

Populär bis in die heutige Zeit bleiben Schillers Balladen. Für ihn lag die Aufgabe der Ballade in der Vermittlung von Ideen, deren

Überzeugungskraft durch die Mittel des Dramas gesteigert werden sollte. Die Handlung gipfelt in allen Schiller'schen Balladen in einer sittlichen Pointe. Die einzelnen Personen sind dabei Träger bestimmter Rollen. Auch die Natur wird als dramatisches Mittel benutzt, sie ist Mitspieler, entweder als freundliche oder feindliche Macht.

Die Bürgschaft

Zù Dionys, dem Tyrannen, schlich
Damon, den Dolch im Gewande;
Ihn schlugen die Häscher in Bande.
„Was wolltest du mit dem Dolche, sprich!",
Entgegnet ihm finster der Wüterich.
„Die Stadt vom Tyrannen befreien!"
„Das sollst du am Kreuze bereuen."

„Ich bin", spricht jener, „zu sterben bereit
Und bitte nicht um mein Leben,
Doch willst du Gnade mir geben,
Ich flehe dich um drei Tage Zeit,
Bis ich die Schwester dem Gatten gefreit,
Ich lasse den Freund dir als Bürgen,
Ihn magst du, entrinn ich, erwürgen."

Da lächelt der König mit arger List
Und spricht nach kurzem Bedenken:
„Drei Tage will ich dir schenken.
Doch wisse! Wenn sie verstrichen, die Frist,
Eh du zurück mir gegeben bist,
So muss er statt deiner erblassen,
Doch dir ist die Strafe erlassen."

Und er kommt zum Freunde: „Der König gebeut,
Dass ich am Kreuz mit dem Leben
Bezahle das frevelnde Streben,
Doch will er mir gönnen drei Tage Zeit,
Bis ich die Schwester dem Gatten gefreit,
So bleib du dem König zum Pfande,
Bis ich komme zu lösen die Bande."

Und schweigend umarmt ihn der treue Freund
Und liefert sich aus dem Tyrannen,
Der andere ziehet von dannen.
Und ehe das dritte Morgenrot scheint,
Hat er schnell mit dem Gatten die Schwester vereint,
Eilt heim mit sorgender Seele,
Damit er die Frist nicht verfehle.

Da gießt unendlicher Regen herab,
Von den Bergen stürzen die Quellen,
Und die Bäche, die Ströme schwellen.
Und er kommt ans Ufer mit wanderndem Stab,
Da reißet die Brücke der Strudel hinab,
Und donnernd sprengen die Wogen
Des Gewölbes krachenden Bogen.

Die Radierung zeigt die Stadt Weimar zur Zeit Goethes und Schillers.

Und trostlos irrt er an Ufers Rand,
Wie weit er auch spähet und blicket
Und die Stimme, die rufende schicket,
Da stößet kein Nachen vom sichern Strand,
Der ihn setze an das gewünschte Land,
Kein Schiffer lenket die Fähre,
Und der wilde Strom wird zum Meere.

Da sinkt er ans Ufer und weint und fleht,
Die Hände zum Zeus erhoben:
„O hemme des Stromes Toben!
Es eilen die Stunden, im Mittag steht
Die Sonne, und wenn sie niedergeht
Und ich kann die Stadt nicht erreichen,
So muss der Freund mir erbleichen."

Doch wachsend erneut sich des Stromes Wut,
Und Welle auf Welle zerrinnet,
Und Stunde an Stunde entrinnet.
Da treibt ihn die Angst, da fasst er sich Mut
Und wirft sich hinein in die brausende Flut
Und teilt mit gewaltigen Armen
Den Strom, und ein Gott hat Erbarmen.

Und gewinnt das Ufer und eilet fort
Und danket dem rettenden Gotte,
Da stürzt die raubende Rotte
Hervor aus des Waldes nächtlichem Ort,
Den Pfad ihm sperrend, und schnaubet Mord
Und hemmet des Wanderers Eile
Mit drohend geschwungener Keule.

„Was wollt ihr?", ruft er, für Schrecken bleich,
„Ich habe nichts als mein Leben,
Das muss ich dem Könige geben!"
Und entreißt die Keule dem Nächsten gleich:
„Um des Freundes willen erbarmet euch!"
Und drei mit gewaltigen Streichen
Erlegt er, die andern entweichen.

Und die Sonne versendet glühenden Brand,
Und von der unendlichen Mühe
Ermattet sinken die Kniee.
„O hast du mich gnädig aus Räubershand,
Aus dem Strom mich gerettet ans heilige Land,
Und soll hier verschmachtend verderben,
Und der Freund mir, der liebende, sterben!"

Und horch! Da sprudelt es silberhell,
Ganz nahe, wie rieselndes Rauschen,
Und stille hält er, zu lauschen,
Und sieh, aus dem Felsen, geschwätzig, schnell,
Springt murmelnd hervor ein lebendiger Quell
Und freudig bückt er sich nieder
Und erfrischet die brennenden Glieder.

Und die Sonne blickt durch der Zweige Grün
Und malt auf den glänzenden Matten
Der Bäume gigantische Schatten;
Und zwei Wanderer sieht er die Straße ziehn,
Will eilenden Laufes vorüberfliehn,
Da hört er die Worte sie sagen:
„Jetzt wird er ans Kreuz geschlagen."

Und die Angst beflügelt den eilenden Fuß,
Ihn jagen der Sorge Qualen,
Da schimmern in Abendrots Strahlen
Von ferne die Zinnen von Syrakus,
Und entgegen kommt ihm Philostratus,
Des Hauses redlicher Hüter,
Der erkennet entsetzt den Gebieter:

„Zurück! Du rettest den Freund nicht mehr,
So rette das eigene Leben!
Den Tod erleidet er eben.
Von Stunde zu Stunde gewartet er
Mit hoffender Seele der Wiederkehr,
Ihm konnte den mutigen Glauben
Der Hohn des Tyrannen nicht rauben."

„Und ist es zu spät und kann ich ihm nicht
Ein Retter willkommen erscheinen,
So soll mich der Tod ihm vereinen.
Des rühme der blutge Tyrann sich nicht,
Dass der Freund dem Freunde gebrochen die Pflicht,
Er schlachte der Opfer zweie
Und glaube an Liebe und Treue."

Und die Sonne geht unter, da steht er am Tor
Und sieht das Kreuz schon erhöhet,
Das die Menge gaffend umstehet.
An dem Seile schon zieht man den Freund empor,
Da zertrennt er gewaltig den dichten Chor:
„Mich, Henker!", ruft er, „erwürget!
Da bin ich, für den er gebürget!"

Und Erstaunen ergreifet das Volk umher,
In den Armen liegen sich beide
Und weinen für Schmerzen und Freude.
Da sieht man kein Auge tränenleer,
Und zum Könige bringt man die Wundermär,
Der fühlt ein menschliches Rühren,
Lässt schnell vor den Thron sie führen.

Und blicket sie lange verwundert an.
Drauf spricht er: „Es ist euch gelungen,
Ihr habt das Herz mir bezwungen,
Und die Treue, sie ist doch kein leerer Wahn,
So nehmet auch mich zum Genossen an,
Ich sei, gewährt mir die Bitte,
In eurem Bunde der Dritte."

Die Treue unter Freunden

Entsprechend dem griechischen Vorbild verlegt Schiller die Handlung in die Antike. Mit Dionys ist wahrscheinlich der Tyrann Dionysios I. (430–367 v. Chr.) gemeint, der nicht nur über Syrakus herrschte, sondern auch die Macht über den größten Teil Siziliens erlangte.

Zunächst wird in den ersten fünf Strophen die Rahmenhandlung aufgebaut. Damon wird beim Versuch des Tyrannenmordes gefangen genommen, er bittet nicht um sein Leben, sondern nur um drei Tage, die er braucht um seine Schwester zu vermählen. Als Bürgen hinterlässt er seinen Freund. Auf diese Bitte geht der Tyrann ein, indem er Damon erklärt, dass sein Freund an seiner Stelle sterben müsse, wenn er nach drei Tagen nicht zurück sei. Er führt damit Damon in Versuchung sein eigenes Leben zu retten. In der fünften Strophe wird Schillers Idee, die er dem Leser verdeutlichen will, klar: Der Freund wird nicht nur als treu bezeichnet, er schweigt auch und erfüllt damit selbstverständlich die schwere Rolle des Bürgen. Damon andererseits beeilt sich um die Frist einzuhalten und seinen Freund zu retten.

Alle weiteren Strophen bis zur vorletzten schildern nun in dramatischer Weise die Rückkehr Damons. Seiner Eile werden in vielfacher Weise Hindernisse in den Weg gestellt:

- die Natur in Form eines durch Regen überquellenden Flusses, der eine wichtige Brücke zerstört;
- eine Räuberbande, die ihn ermorden will;
- die eigene Erschöpfung, die ihn kurz vor dem Ziel befällt.

Wichtig ist aber vor allem, wie Damon diese Situationen meistert. Ganz nach Schillers Menschenbild überwindet Damon seine menschliche Schwäche durch entschlossenes Handeln. Dieses vorbildliche Verhalten wird von Gott belohnt, der Damon übernatürliche Kräfte verleiht und ihm auch später auf wunderbare Weise eine Quelle zur Erfrischung bietet.

Die Treue zu seinem Freund wird aber noch auf eine entscheidende Probe gestellt, als Philostratus Damon die Vergeblichkeit seiner Bemühungen vor Augen hält:

> Zurück! Du rettest den Freund nicht mehr,
> So rette das eigene Leben!
> Den Tod erleidet er eben.

Davon lässt sich Damon aber nicht beirren. Er erweist sich ganz im Schiller'schen Sinne als „schöne Seele", indem er vorbildlich handelt, auch wenn dies scheinbar keinen Sinn ergibt. In letzter Konsequenz ist er sogar bereit mit seinem Freund gemeinsam zu sterben. Für dieses Verhalten wird er belohnt, indem er seinen Freund noch lebend vorfindet.

Worin liegt die sittliche Pointe der Ballade? Eine Antwort dazu gibt die letzte Strophe, in der die Umkehr des Tyrannen gezeigt wird. Was Schiller in seiner Schrift „Über die ästhetische Erziehung des Menschen" theoretisch entwickelt hat, konkretisiert er hier: Das absolut vorbildliche Verhalten der Freunde vermag auch einen anderen Menschen zu verändern.

Noch deutlicher wird Schillers Menschenbild in seinem Drama „Maria Stuart", in dem konsequent die sittliche und geistige Veränderung einer Person gezeigt wird.

Maria Stuart

Bereits in den 80er-Jahren sammelte Schiller historisches Material für sein Drama. Doch erst nach der Vollendung des „Wallenstein" beginnt er mit der eigentlichen Arbeit. Ein halbes Jahr nach Schillers Übersiedlung nach Weimar wurde es im dortigen Hoftheater 1800 uraufgeführt.

Über die Entstehung seines Dramas geben die Briefe an Goethe nähere Auskünfte:

> Ich fange schon jetzt an bei der Ausführung mich von der eigentlich tragischen Qualität meines Stoffes immer mehr zu überzeugen, und darunter gehört besonders, dass man die Katastrophe gleich in den ersten Szenen sieht, und, indem die Handlung des Stückes sich davon wegzubewegen scheint, ihr immer näher und näher geführt wird.

Das Weimarer Hoftheater in einer Lithographie um 1835

Hier deutet sich an, dass Schiller sein Drama erst an der Stelle beginnt, als Maria bereits gefangen und verurteilt ist. In äußerster dramatischer Konzentration werden die letzten drei Tage vor Marias Hinrichtung geschildert.

1. Akt:
Die Katholikin Maria Stuart, Königin von Schottland, ist Gefangene auf Schloss Fotheringhay. Der Zuschauer erfährt ihre Vorgeschichte: Wegen diverser, zum Teil blutiger Regierungs- und Liebesaffären, darunter ihre Mitwisserschaft bei der Ermordung ihres Mannes, musste sie aus Schottland fliehen. Im protestantischen England erhoffte sie sich Schutz bei Königin Elisabeth, wird von ihr aber nur als Rivalin um den Thron betrachtet und deshalb verhaftet. Die Handlung beginnt in dem Augenblick, als Maria zum Tode verurteilt wird. Burleigh, einer von Elisabeths Beratern, überbringt das Todesurteil. Maria soll einen Anschlag auf die Königin unterstützt haben, wie falsche Zeugen belegen. Mortimer, der Neffe ihres Kerkermeisters und heimlich Katholik, möchte, von Marias Schönheit fasziniert, die Gefangene retten.

2. Akt:
Im Palast zu Westminster lässt sich Elisabeth, die um des guten Rufes willen das willkürliche Urteil nicht unterzeichnen möchte, beraten. Burleigh plädiert für die Vollstreckung des Todesurteils, Shrewsbury stellt die Rechtmäßigkeit des Urteils in Frage, Leicester rät zur Umwandlung in lebenslange Haft. Mortimer überbringt Elisabeth einen Brief von Maria, in dem diese um eine Aussprache bittet. Elisabeth glaubt, in Mortimer den Mann gefunden zu haben, der ihr bei der heimlichen Ermordung Marias behilflich ist. Dieser vertraut sich aber Leicester an, der, enttäuscht von einer langen vergeblichen Werbung um die Hand Elisabeths, sich wieder Maria zuwendet, die er einst liebte. Mortimer plant eine heimliche Entführung Marias, was Leicester aber zu gewagt erscheint. Er setzt eher auf eine diplomatische Lösung: Bei einem Zusammentreffen der beiden Königinnen hofft er Elisabeth zu einem Gnadenakt bewegen zu können. Leicester kann Elisabeth schließlich zur Konfrontation mit der angeblich in jeder Hinsicht unterlegenen Rivalin überreden.

3. Akt:
Die Begegnung endet anders als erwartet. Maria verhält sich zunächst unterwürfig und hofft die gegenseitige Feindschaft als ein durch Menschlichkeit zu überwindendes Schicksal zu deuten. Elisabeth reagiert hochmütig und weist ihrer Gegnerin alle Schuld zu. Dies provoziert Maria zu schneidendem Hohn und schließlich zu dem alles verderbenden Satz: „Der Thron von England ist durch einen Bastard entweiht." Die Anspielung auf Elisabeths Herkunft, die zugleich Marias Thronanspruch enthält, hat die zu erwartende Wirkung.

4. Akt:
Ein Anschlag, der wenig später auf Elisabeth unternommen wird, liefert der Königin den ersehnten Vorwand das Todesurteil unterzeichnen zu können. Burleigh ist im Besitz eines Briefes von Maria an Leicester und lässt Elisabeth diesen zukommen. Um sich selbst zu retten lässt Leicester Mortimer verhaften, woraufhin dieser sich ersticht. Außerdem erklärt er, dass seine Verbindung zu Maria nur eine List gewesen sei Mortimer zu entlarven. Auch rät er zu einer Vollstreckung des Todesurteils an Maria. Im Selbstgespräch entschließt sich Elisabeth das Urteil zu unterzeichnen um ein für alle Mal ihre Rivalin zu beseitigen. Der Staatssekretär Davison erhält die ausgefertigte Urkunde ohne genauere Anweisung. Burleigh entreißt sie ihm schließlich um das Urteil zu vollstrecken.

Maria Stuart. Begegnung der Königinnen im Park von Fotheringhay. Die Szene aus der Fernsehbearbeitung des Bayerischen Rundfunks von 1989 zeigt Anja Kruse als Maria Stuart (links) und Daniela Ziegler als Königin Elisabeth (rechts).

5. Akt:
Maria nimmt das Todesurteil gefasst auf und verabschiedet sich von ihrer Dienerschaft. In ihrer letzten Beichte erklärt sie sich mitschuldig am Tod ihres Mannes, aber ohne alle Schuld gegenüber Elisabeth. Kurz vor ihrer Hinrichtung begegnet Maria Leicester, dem sie die Hoffnung auf seine Hilfe und ihre Liebe gesteht und diesen damit verzweifelt zurücklässt.
Nach der Hinrichtung stellt sich heraus, dass die Belastungszeugen im Prozess gegen Maria widerrufen haben. Elisabeth gibt die Verantwortung für Marias Tod Burleigh und Davison, den sie in den Tower abführen lässt. Shrewsbury verlässt Elisabeth wegen ihrer Urteile, Leicester lässt sich entschuldigen, er sei „zu Schiff nach Frankreich". Elisabeth bleibt allein zurück.

Maria Stuart als historisches Drama
Nach dem Wallenstein wendet sich Schiller mit „Maria Stuart" wieder einem Stoff aus der Geschichte zu, der aber nur als Gerüst dient und außerdem ziemlich frei behandelt wird. Historisch erwiesen gilt die Abstammung Elisabeths I. (1533–1603) als Tochter Heinrichs VIII. von seiner zweiten Gemahlin Anna Boleyn. Diese und die folgenden Ehen Heinrichs VIII. wurden vom Papst nie anerkannt. Elisabeth galt kirchenrechtlich als unehelich und hatte damit nach ihrer Thronbesteigung 1558 keine gesicherte Position. Sie musste ständig mit Verschwörungen und Attentatsversuchen rechnen. In Schillers Drama verkörpert Elisa-

beth eine Frau, die ausschließlich in der Politik aufgeht und gegenüber Maria deutlich als machtvolle Herrscherin auftritt. Man kann aus der Dichtung nicht ersehen, dass die Monarchin beim Volk beliebt war. Sie zeigte sich gern, sprach mit den Menschen, unternahm viele Rundreisen durch ihr Land. Kulturell war die Elisabethanische Ära eine Blütezeit, in der auch Englands größter Dichter William Shakespeare lebte.
Über Maria Stuart sind sich die Historiker nicht ganz so einig. Ihre legendäre Schönheit bleibt aufgrund unterschiedlicher Porträts umstritten. Über ihr reizvolles, Charme ausstrahlendes Wesen sind sich Freunde und Feinde einig.
Marias Mitwisserschaft bei der Ermordung ihres Mannes Darnley wurde zwar nie erwiesen, dass sie aber drei Monate nach dieser Tat den Mörder ihres Mannes heiratete, wurde ihr schwer angelastet. Das Verhältnis zu Elisabeth blieb wegen Marias Thronanspruch zeitlebens gespannt. Die Feindseligkeit blieb allerdings unter Schmeicheleien verborgen, wozu auch die gegenseitigen Geschenke dienten. Marias 19 Jahre dauernde Haft in verschiedenen Schlössern, zuletzt in Fotheringhay, war eher ein goldener Käfig. Sie durfte sowohl zur Jagd ausreiten als auch Besucher empfangen. Über ihre Hinrichtung im Jahr 1587 berichtet eine Quelle:

Der erste Hieb ging daneben, ein Röcheln war zu hören. Erst beim dritten löste sich der Kopf vom Rumpf. Als der Henker ihn hochhob, fielen Schleier und Perücke ab. Ihr Haar war grau und kurz geschoren. „God save the Queen“, rief er aus. „Amen“, antworteten die Umstehenden. „So gehen die Feinde der Königin zugrunde“, rief der Dekan. Jetzt kroch der kleine Terrier unter ihrem Kleid hervor und kläffte die fremden Menschen an. Er war von ihrem Blut durchnässt und wollte sich nicht fangen lassen.

Eine direkte Begegnung der Königinnen, wie sie im dritten Akt des Dramas geschildert wird, hat nie stattgefunden. Für Schiller war dies aber dramaturgisch notwendig. Bei dem Treffen in Fotheringhay erfolgt der entscheidende Umschwung im Leben Maria Stuarts.

Maria Stuart, dargestellt in einem Miniaturbildnis

Auf dem Weg zur „inneren Freiheit“

Im Mittelpunkt des Dramas steht zunächst keine Heldin, eher ein leidendes Opfer. Maria wurde als Königin gestürzt, aller Rechte beraubt und gefangen genommen. Sie ist zwar im Sinne der Anklage auf Hochverrat und Staatsrebellion unschuldig, der Zuschauer erfährt aber in der Vorgeschichte im ersten Akt, dass sie den Mord an ihrem Mann auf dem Gewissen hat. Maria weiß, dass sie nur mithilfe eines Gnadenaktes durch Königin Elisabeth ihre Freiheit wiedergewinnen kann. In der Begegnung der Königinnen im dritten Akt müsste sich Maria zurückhaltender benehmen und ihren Stolz beherrschen. Dies würde aber nicht nur einen unhistorischen Dramenschluss andeuten, Schiller geht es ganz und gar nicht um die Wiedererlangung einer äußeren Freiheit.
Maria verhält sich in ihrer Begegnung mit Elisabeth anders als erwartet. Nach anfänglicher Zurückhaltung beschimpft sie ihre Rivalin, wohl wissend, dass dieses Verhalten für sie das Todesurteil ist. Den unvermeidlichen Tod akzeptiert Maria im letzten Akt als moralische Befreiung von ihrem Gattenmord. Dadurch ist sie mit Gott und ihrem Gewissen versöhnt. Dieser inneren Veränderung entspricht auch ihr äußeres Erscheinungsbild.

Anders als im ersten Akt, wo sie mit schwarzem Schleier auftritt, trägt sie vor der Hinrichtung ein weißes Gewand.

Maria. Sie ist weiß und festlich gekleidet, am Halse trägt sie an einer Kette von kleinen Kugeln ein Agnus Dei, ein Rosenkranz hängt am Gürtel herab, sie hat ein Kruzifix in der Hand und ein Diadem in den Haaren, ihr großer schwarzer Schleier ist zurückgeschlagen. Bei ihrem Eintritt weichen die Anwesenden zu beiden Seiten zurück und drücken den heftigsten Schmerz aus.

Maria (mit ruhiger Hoheit im ganzen Kreise herumsehend)
Was klagt ihr? Warum weint ihr? Freuen solltet
Ihr euch mit mir, dass meiner Leiden Ziel
Nun endlich naht, dass meine Bande fallen,
Mein Kerker aufgeht und die frohe Seele sich
Auf Engelsflügeln schwingt zur ew'gen Freiheit.
Da, als ich in die Macht der stolzen Feindin
Gegeben war, Unwürdiges erduldend,
Was einer freien großen Königin
Nicht ziemt, da war es Zeit, um mich zu weinen!
– Wohltätig, heilend nahet mir der Tod,
Der ernste Freund! Mit seinen schwarzen Flügeln
Bedeckt er meine Schmach – den Menschen adelt,
Den tiefst gesunkenen, das letzte Schicksal.
Die Krone fühl ich wieder auf dem Haupt,
Den würd'gen Stolz in meiner edeln Seele!
Steht auf! Ihr seid zu Eurer Königin
Triumph, zu ihrem Tode nicht gekommen.

Obwohl jede Hinrichtung ein furchtbares Ereignis ist, stirbt Maria in vollkommener persönlicher Harmonie: eine uns schwer nachvollziehbare Situation. Maria verkörpert aber damit Schillers Vorstellung der „schönen Seele“, in der äußere und innere Schönheit zusammenfallen. Für Schiller kann die wirkliche Freiheit eines Menschen nur von innen, aus der Seele, kommen.
Dies wird am Beispiel von Marias Gegenspielerin Elisabeth noch deutlicher. Sie ist zwar äußerlich frei und als Königin auf dem Höhepunkt ihrer Macht, durch die Verurteilung Marias hat sie aber in Wirklichkeit sich selbst

Szene aus einer Aufführung von „Maria Stuart“ im Münchener Residenztheater 1981

verurteilt. Alle ihre Berater wenden sich von ihr ab, sie bleibt einsam als Verlassene zurück.

Aufbau und Form des Dramas

Maria Stuart wird gern als **analytisches Drama** bezeichnet, in dem nicht alle Ereignisse, die zum tragischen Konflikt führen, gezeigt werden, sondern in einer Vorgeschichte langsam dem Zuschauer näher gebracht werden. Schillers Drama ist streng symmetrisch aufgebaut: Im ersten und fünften Akt steht Maria, im zweiten und vierten Akt Elisabeth im Vordergrund, den Höhepunkt bildet die Begegnung beider Personen im dritten Akt. Die äußeren Schauplätze spielen keine entscheidende Rolle, im Vordergrund steht der seelische Innenraum der Personen. Zeitlich hat Schiller sein Trauerspiel stark gestrafft, nur die letzten drei Tage der schottischen Königin werden geschildert. Dramatisch erweist sich weniger die Handlung – jeder Zuschauer weiß aufgrund des historischen Stoffes vom Ende Marias –, sondern vielmehr die Sprache. Nicht nur in der Begegnung der Königinnen kommt es immer wieder zu erregten Rededuellen. Als Vers hat Schiller für sein Drama den **Blankvers** (= fünfhebige Jamben ohne Reim) gewählt, den gebräuchlichsten Vers des deutschen Dramas.

Gustav Taubert, Berliner Lesecafé

Arbeitsvorschläge

1. Erkläre die verschiedenen Bedeutungen des Wortes „klassisch".
2. Vergleiche das ideale Menschenbild des Sturm und Drang mit dem der Klassik.
3. Erläutere die Bedeutung von Goethes italienischer Reise für sein weiteres Schaffen.
4. Erkläre den Unterschied zwischen Erlebnis- und Gedankenlyrik anhand von Beispielen.
5. Welches Menschenbild liegt Goethes Drama „Iphigenie auf Tauris" zugrunde? Analysiere dazu das Verhalten der Hauptperson.
6. Inwiefern ist die „Iphigenie" ein Ideendrama?
7. Zeige stichpunktartig die Stationen des Weges auf, auf den Mephisto Faust führt.
8. Warum verliert Mephisto am Ende die Wette?
9. Welche Auswirkungen hatte die Französische Revolution auf Schillers Vorstellungen?
10. Welche Aufgabe hat die Ballade nach Meinung Schillers? Erkläre die Funktion der Personen und die der Natur.
11. Worin liegt die sittliche Pointe der Ballade „Die Bürgschaft"?
12. Suche wesentliche Unterschiede zwischen den Königinnen Maria Stuart und Elisabeth.
13. Erkläre Schillers Begriff „schöne Seele" am Beispiel der Wandlung der Königin Maria Stuart.
14. Nenne typische Merkmale im Aufbau und in der Form klassischer Dramen.

Zusammenfassung

Der Begriff „Klassik" hat verschiedene Bedeutungen: Als klassisch im Sinne einer Wertung bezeichnet man kulturelle Höchstleistungen eines Volkes, die zeitlos erscheinen. Der Ausdruck „Klassik" dient aber auch als Epochenbezeichnung. So spricht man in Deutschland von einer mittelhochdeutschen Klassik um 1200 und von der Weimarer Klassik, deren Höhepunkt den Zeitraum von 1786 (Beginn von Goethes italienischer Reise) bis 1805 (Tod Schillers) umfasst. Goethes Tod 1832 markiert das Ende dieser Epoche. Die Klassik war geprägt von einer bestimmten Sichtweise der Antike. Winckelmann entwickelte anhand von Skulpturen die Idealvorstellung der griechischen Kunst, in der sich das Gute, Wahre und Schöne miteinander vereinen. „Edle Einfalt und stille Größe" wurde zum Leitsatz der Klassik und auch auf die Literatur übertragen. Die Helden der klassischen Dramen sind nicht von der Gesellschaft abhängig, sondern zur freien sittlichen Entscheidung fähig. Sie erreichen eine Harmonie zwischen dem sinnlichen und geistigen Teil ihres Wesens und handeln deshalb nach humanen Gesichtspunkten. Das Menschenbild der Klassik hatte direkte Auswirkungen auf Inhalt, Aufbau und Form der Dramen:

1. Die Handlung orientiert sich nicht an der unmittelbaren Gegenwart: Historische und mythologische Stoffe stehen im Vordergrund.
2. Der Schauplatz dient lediglich als Ort der Begegnung verschiedener Menschen, die ihre Gedanken austauschen (Ideendrama).
3. Anders als im bürgerlichen Trauerspiel gehören die Hauptpersonen dem gleichen hohen Stand an. Erkennbar ist dies an der einheitlichen gehobenen Verssprache (Blankverse).
4. Die typische klassische Tragödie ist streng aufgebaut: fünf Akte; Einheit von Ort, Zeit und Handlung; eindeutiger Schluss. Man bezeichnet diesen Typ des Schauspiels als geschlossene Dramenform.

Wichtige Begriffe:
Entwicklungsroman – Gedankenlyrik – Ideendrama – Ballade – analytisches Drama

Geschichtlicher Hintergrund

1789	Beginn der Französischen Revolution
1793–1794	Schreckensherrschaft der Jakobiner
1793	Hinrichtung des Königs Ludwig XVI.
1799	Napoleon erhält als erster Konsul alle Staatsgewalt
1804	Napoleon krönt sich zum Kaiser
1805	Beginn der Napoleonischen Kriege

Autoren und Werke

JOHANN WOLFGANG VON GOETHE (1749–1832)
neben anderen Werken:
Iphigenie auf Tauris (1787)
Wilhelm Meisters Lehrjahre (1795/96)
Dichtung und Wahrheit (1811 ff.)
Faust I, Faust II (1806–1831)
Gedichte und Balladen:
Das Göttliche, Ein Gleiches,
Der Zauberlehrling, Der Schatzgräber

FRIEDRICH VON SCHILLER (1759–1805)
neben anderen Werken:
Über Anmut und Würde (1781)
Über die ästhetische Erziehung des Menschen (1794/95)
Wallenstein (1799)
Maria Stuart (1800)
Wilhelm Tell (1804)
Gedichte und Balladen:
Die Götter Griechenlands, Die Künstler,
Der Ring des Polykrates, Die Bürgschaft,
Das Lied von der Glocke, Die Kraniche des Ibykus

François Gérard, Madame Récamier

1. Eine Zeit des Umbruchs

Am 2. Mai 1808 erhoben sich die Spanier gegen Napoleons Fremdherrschaft über ihr Land. Am Tag darauf ließ der kommandierende französische General zur Unterdrückung des Volksaufstandes 800 Spanier hinrichten. Der spanische Maler Francisco de Goya setzte den spanischen Patrioten mit seinem Bild „Die Erschießung der Aufständischen am 3. Mai 1808 in Madrid" ein Denkmal. Im Jahr darauf versuchte Österreich sich von Napoleon zu befreien. Doch nach Anfangserfolgen Erzherzog Karls setzte sich Napoleon wieder durch. Am volkstümlichsten war wohl der Aufstand der Tiroler unter ihrem Anführer Andreas Hofer, der die Franzosen und vor allem deren Verbündete, die Bayern, dreimal am Berg Isel besiegte. Doch auch diese Erhebung wurde niedergeschlagen und Andreas Hofer in Mantua erschossen. In ohnmächtigem Hass auf die Franzosen schreibt ein deutscher Dichter ein Gedicht „Germania an ihre Kinder", das 1813 als Flugblatt erscheint mit der Bemerkung:

Diese Ode war vom Verfasser beim Ausbruch des Krieges 1809 gedichtet worden, zufällige Umstände verhinderten damals den Druck. Im gegenwärtigen Moment wird ihre Herausgabe dem Publikum nicht weniger passend erscheinen.

Der „gegenwärtige Moment" war der Ausbruch der Befreiungskriege gegen die napoleonische Herrschaft im März 1813. Das Nationalgefühl wird in diesen Hassgesängen auf die Franzosen hoch geputscht:

(...)
Wer, in nie gefühlten Wunden
Dieser Franken Hohn empfunden,
Brüder! Jeder deutsche Mann
Schließe unsern Reih'n sich an.
Alle Triften, alle Städte,
Färbt mit ihren Knochen weiß,
Welchen Rab und Fuchs verschmähte,
Gebet ihn den Fischen preis!
Dämmt den Rhein mit ihren Leichen,
Lasst gestaucht durch ihr Gebein,
Schäumend um die Pfalz ihn weichen,
Und ihn dann die Grenze sein.
(...)

Noch lange Zeit wird man in Deutschland Frankreich als den „Erbfeind" bezeichnen, und erst nach dem Zweiten Weltkrieg wird es zur endgültigen Aussöhnung und zur deutsch-französischen Freundschaft kommen. Der Verfasser dieses Hassgedichts „Germania an ihre Kinder" war niemand anderer als der Dichter Heinrich von Kleist.

2. Heinrich von Kleist

1777 Am 18. Oktober wird Heinrich von Kleist in Frankfurt an der Oder geboren. Die Kleists sind eine alte preußische Offiziersfamilie. Deshalb tritt Heinrich mit 15 Jahren in die Armee ein. Mit 20 Jahren ist er Offizier, reicht aber zwei Jahre später seinen Abschied ein, weil ihm der Drill in der Armee, verbunden mit harten Strafen wie Spießrutenlaufen, als „ein lebendiges Monument der Tyrannei" vorkommt.

1799 Kleist studiert an der Universität in Frankfurt an der Oder und wird von den Schriften des Philosophen Immanuel Kant entscheidend beeinflusst. Er verlobt sich, hat aber sein Erbe bereits aufgebraucht. In dieser Zeit wird er sich seiner Begabung als Dichter bewusst. Er bricht sein Studium ab und ändert sein Leben völlig.

1801 Mit seiner Schwester Ulrike, der er von allen Menschen am meisten vertraut, reist er nach Paris, von dort in die Schweiz, wo er als Bauer leben will. Zurück in Deutschland sucht er Christoph Martin Wieland auf. Dem erscheint er recht sonderbar, weil er oft geistesabwesend vor sich hinmurmelt. Kleist setzt Wieland, diesen bedeutenden Dichter und Freund Goethes in Weimar, dadurch in Erstaunen, dass er aus dem Gedächtnis ganze Szenen aus seinem Werk „Robert Guiskard" vorträgt. Kleist vertraut Wieland an, er wolle sein Genie ersticken um dem Selbstmord zu entgehen. Er reist nach Italien und wieder nach Frankreich, nirgends findet er Ruhe. In seinem Gepäck befindet sich das Drama „Familie Schroffenstein", Entwürfe zu „Robert Guiskard" und die erste Fassung der Erzählung „Die Verlobung in St. Domingo", die erst 1811 erscheinen wird.

1803 Kleist will in die französische Armee eintreten, wird aber abgewiesen. Er erleidet einen Zu

Heinrich von Kleist auf einer Kreidezeichnung von Wilhelmine von Zenge 1806

sammenbruch und denkt wieder an Selbstmord: „Ich habe keinen anderen Wunsch, als bald zu sterben."

1805 Er wird in den preußischen Staatsdienst übernommen. Es entstehen nun nach der blutigen Tragödie „Die Familie Schroffenstein" seine bedeutendsten Werke: das Drama „Robert Guiskard", die Erzählung „Michael Kohlhaas", das Lustspiel „Der zerbrochene Krug" und die Tragödie „Penthesilea".

1807 Kleist wird als Spion von den Franzosen verhaftet und kommt fast für ein halbes Jahr hinter Gitter. Napoleon hat seine Herrschaft inzwischen über ganz Europa ausgedehnt.

Kleists Lustspiel nach Molières „Amphitryon" erscheint. „Penthesilea" und das romantische Ritterschauspiel „Käthchen von Heilbronn" werden fertig gestellt.

1808 Kleist gibt die Monatsschrift „Phöbus" heraus, in Weimar wird die Aufführung des Lustspiels „Der zerbrochene Krug" durch Goethe ein Misserfolg.

1809 Kleist kämpft literarisch gegen die Franzosen, er verfasst politische Lyrik: „Germania an ihre Kinder" (herausgegeben 1813).

1810 Kleist wird Herausgeber einer Zeitung, der „Berliner Abendblätter".

1811 Die Zeitung muss ihr Erscheinen einstellen. Kleist arbeitet an einem Roman, der verschollen ist. In diesem Jahr vollendet er seine letzten Werke „Prinz Friedrich von Homburg" und „Die Hermannsschlacht", beide erst 1821 aus dem Nachlass herausgegeben. In ewigen Geldnöten bemüht sich Kleist um eine Pension oder eine neue Anstellung beim preußischen Staat.

Im November lernt Kleist eine todkranke junge Frau kennen, Henriette Vogel. Ihr gegenüber spricht er von Doppelselbstmord, sie nimmt die Idee begeistert auf. Am 20. November speisen beide noch „sehr vergnügt", wie Augenzeugen berichten, in einem Gasthaus und begeben sich dann an den nahe gelegenen Wannsee. Dort schießt Kleist Henriette Vogel ins Herz und sich selbst in den Kopf. Beide sind sofort tot. Kleist war 34, Henriette Vogel erst 31 Jahre alt. In Kleists Abschiedsbrief an seine Schwester Ulrike heißt es: „(...) Du hast an mir getan, ich sage nicht, was in Kräften einer Schwester, sondern in Kräften eines Menschen stand, um mich zu retten: Die Wahrheit ist, dass mir auf Erden nicht zu helfen war. (...)"

Heinrich von Kleist blieb zeit seines Lebens der große, ihm gebührende Erfolg versagt, nie hat er eines seiner Dramen auf der Bühne gesehen. Bescheidene Anerkennung fand er höchstens durch seine Erzählungen, wie zum Beispiel „Michael Kohlhaas", „Das Erdbeben in Chili" und „Die Verlobung in St. Domingo".

Der Grabstein des Dichters Heinrich von Kleist am Wannsee in Berlin

Michael Kohlhaas

„Aus einer alten Chronik" lautet der Untertitel der Erzählung. Tatsächlich griff Kleist auf eine historische Quelle zurück, nach der ein Hans Kohlhase zum Mordbrenner wurde, als er glaubte, dass ihm keine Gerechtigkeit widerfahre. Kleist folgt der historischen Vorlage nur zum Teil, erfindet viele Details hinzu und verändert den Schluss völlig.

Der Rosshändler Michael Kohlhaas wird auf dem Weg nach Dresden an der Burg des Junkers von Tronka widerrechtlich festgehalten und muss zwei Rappen als Pfand zurücklassen. Auf dem Rückweg findet er die Pferde vollkommen heruntergekommen, seinen Knecht übel misshandelt vor. Kohlhaas setzt eine Klageschrift an die Dresdner Gerichte auf um die Kosten für die Pflege des Knechtes und der Pferde wiederzuerlangen. Nach einem Jahr muss er erfahren, dass durch die Beziehungen des Junkers bei Hofe seine Klage niedergeschlagen worden sei. Kohlhaas versucht alles Legale um zu seinem Recht zu kommen. Doch als seine Frau bei dem Versuch dem Landesherrn eine Bittschrift zu überreichen von einem Wachsoldaten tödlich verletzt wird, beginnt Kohlhaas einen Rachefeldzug. Er überfällt die Tronkenburg, tötet die Dienstboten des Junkers und zieht mit einem kleinen Heer nach Wittenberg um die Herausgabe des geflohenen Junkers zu erzwingen. Mit seinem zugelaufenen Heerhaufen verwüstet Kohlhaas das Land des Kurfürsten von Sachsen und veröffentlicht eine Schrift mit der Forderung „dem Junker Wenzel von Tronka, mit dem er in einem gerechten Krieg liege, keinen Vorschub zu tun". Nach einer Unterredung mit Martin Luther verzichtet Kohlhaas auf seinen privaten Rachefeldzug, entlässt sein Heer, erhält eine Strafbefreiung, eine Amnestie, und geht nach Dresden, wo man ihm einen Prozess gegen Tronka verspricht. Die Pferde von Kohlhaas, um die es geht, sind inzwischen zu Schindmähren geworden. Nachdem ihr Anblick auf dem Marktplatz in Dresden zu handgreiflichen Szenen geführt hatte, wendet sich die

Szene aus der Verfilmung des „Michael Kohlhaas" mit Rolf Boysen (1971)

öffentliche Meinung von Kohlhaas ab. Seine Amnestie wird eingeschränkt, Kohlhaas in eine Falle gelockt und in den Kerker geworfen. Kohlhaas' Landesherr, der Kurfürst von Brandenburg, setzt die Auslieferung durch, aber der Fall war bereits zum kaiserlichen Gericht nach Wien gelangt und soll streng abgeurteilt werden. Plötzlich will nun der Kurfürst von Sachsen das Leben des Rosshändlers retten, besitzt dieser doch eine Kapsel mit einer Weissagung über die sächsische Dynastie. Kohlhaas lehnt eine Herausgabe der Prophezeiung ab und verschluckt den Zettel vor seiner öffentlichen Hinrichtung wegen Landfriedensbruch vor den Augen des Kurfürsten. Zuvor führt man ihm noch seine inzwischen wieder wohlgenährten Rappen vor und setzt ihn in Kenntnis, dass seiner Klage gegen den Junker stattgegeben wurde. Die Novelle endet mit der Mitteilung, der Kurfürst von Brandenburg habe die Söhne des Rosshändlers zu Rittern geschlagen und an einer Pagenschule ausbilden lassen.

Schon in den ersten Sätzen der Novelle wird Kohlhaas als „einer der rechtschaffensten zugleich und entsetzlichsten Menschen seiner Zeit" vorgestellt. Dabei geht es ihm nicht um

seine Pferde, sondern um ein gerechtes menschenwürdiges Dasein. Seiner Frau bekennt er: „(...) weil ich in einem Lande, liebste Lisbeth, in welchem man mich, in meinen Rechten, nicht schützen will, nicht bleiben mag. Lieber ein Hund sein, wenn ich von Fürsten getreten werden soll, als ein Mensch!" Sein zum Absoluten gesteigertes Rechtsempfinden lässt ihn zum Räuber und Mörder werden und führt zu Unmenschlichkeit und Unrecht. Sein Rachefeldzug trifft das Volk, nicht die hohen Herrn, die das Recht hintertreiben. Kohlhaas ist am Schluss versöhnt mit dem Recht und sieht ein, dass er für seine Taten und für die Wiederherstellung der Gerechtigkeit mit dem Tod büßen muss.
Kleist verwendete eine äußerst knappe, präzise Sprache, fast die eines Gerichtsprotokolls. In verkürzten Sätzen, ohne jedes überflüssige Attribut, versuchte er dokumentarisch genau zu erzählen und wurde – nicht nur durch den „Kohlhaas" – zum Vorbild für Dichter des 20. Jahrhunderts wie Franz Kafka und Thomas Mann.

Die Verlobung in St. Domingo

Die Novelle erzählt von einem Ereignis, das sich während der Französischen Revolution abgespielt haben soll. Kleist verlegte es in die Zeit des Sklavenaufstandes auf Haiti, spanisch St. Domingo, im Jahr 1803, als sich die Neger zu den Herren der Insel machten und ihre ehemaligen weißen Unterdrücker kriegerisch verfolgten. Der frühere Sklave Congo Hoango macht mit einer Bande bewaffneter ehemaliger Negersklaven Jagd auf Weiße. In dem Hauptgebäude der Plantage, die er sich angeeignet hat, bleiben seine Gefährtin Babakan und deren Tochter zurück, die fast weißhäutige Toni. Sie soll als Lockvogel dienen und Weiße, die sich auf der Flucht befinden, dazu bewegen, so lange im Haus Unterschlupf zu suchen, bis Hoango sich ihrer bemächtigen und sie „in seiner unmenschlichen Rachsucht" töten könne.
Gustav, ein junger Schweizer, der sich mit seiner Familie auf der Flucht befindet, bittet eines Nachts um Unterkunft. Die beiden Frauen nehmen ihn auf um ihn Hoango auszuliefern. Im Gespräch über die schrecklichen Ereignisse auf der Insel sieht Gustav zu Recht die schlimme Behandlung der Sklaven als Ursache für den Aufstand und die Ausschreitungen. Doch berichtet er voll Abscheu von einer jungen Negerin, die ihren einstigen Herrn und Peiniger vorsätzlich mit Gelbfieber angesteckt habe um ihn und andere Weiße zu vernichten. Gustav erzählt dem jungen Mädchen von seiner Verlobten Mariane Congreve, die sich während der Französischen Revolution für ihn geopfert habe. Dabei gerät er in tiefe Rührung, der sich auch Toni nicht entziehen kann: „So übernahm sie, von manchen Seiten geweckt, ein menschliches Gefühl; sie folgte ihm mit einer plötzlichen Bewegung, fiel ihm um den Hals und mischte ihre Tränen mit den seinigen." In beiden jungen Menschen erwacht die Liebe. Kleist beschreibt die Liebesnacht mit einem Satz: „Was weiter folgt, brauchen wir nicht zu melden, weil es jeder, der an diese Stelle kommt, von selbst liest." Gustav will am nächsten Tag Babakan um ihre Zustimmung zur Verlobung bitten. Toni ist in einem schweren Konflikt: Entgegen den Absichten ihrer Mutter will sie den Geliebten und seine Angehörigen retten, darf sich aber der misstrauischen Babakan gegenüber nicht verraten. In der nächsten Nacht wacht sie bei Gustav:

> Aber ein tiefer Traum, von dem sie der Gegenstand zu sein schien, beschäftigte ihn: Wenigstens hörte sie zu wiederholten Malen von seinen glühenden, zitternden Lippen das geflüsterte Wort: Toni! Wehmut, die nicht zu beschreiben ist, ergriff sie; sie konnte sich nicht entschließen, ihn aus den Himmeln lieblicher Einbildung in die Tiefe einer gemeinen und elenden Wirklichkeit herabzureißen; und in der Gewissheit, dass er ja früh oder spät von selbst erwachen müsse, kniete sie an seinem Bette nieder und überdeckte seine teure Hand mit Küssen.

Im selben Moment kehrt Hoango unvermutet mit seiner Bande zurück und Toni muss Gustav, um Zeit zu gewinnen, binden und so Hoango ausliefern. Gustavs von Toni vorher bereits herbeigerufenen Angehörigen können aber zu ihm vordringen und ihn befreien. Ahnungslos über den wahren Ablauf der Ereignisse, schießt Gustav Toni nieder, da er sie für eine Verräterin hält. Seine Angehörigen klären ihn entsetzt über seinen furchtbaren Irrtum auf, Tonis letzte Worte sind: „Du hättest mir nicht misstrauen sollen!" Gustav erschießt sich neben der Leiche Tonis. Seine Angehörigen können sich nach Europa in Sicherheit bringen.

Tonis letzte Worte sind der Schlüsselsatz nicht nur der Novelle, als vielmehr dem Sinne nach des Gesamtwerkes Heinrich von Kleists. Sein Werk dreht sich fast ausschließlich um die Gegensätze: Vertrauen gegen Misstrauen und Gefühl gegen Erkenntnis. Ursache für dieses grundsätzliche Missverständnis ist weniger die Umwelt, die austauschbar ist, als vielmehr die Isolation und Vereinzelung des Menschen selbst. „Kleists Dichtung ist eine erste bürgerliche Dichtung der Krise", sagt der Literaturwissenschaftler Hans Mayer, einer Krise, die für Kleist mit dem Satz endete: „(...) die Wahrheit ist, dass mir auf Erden nicht zu helfen war. (...)"

Noch weniger Anerkennung als Heinrich von Kleist erfuhr der Dichter Friedrich Hölderlin in seiner Zeit. Schiller und Goethe äußerten sich eher zurückhaltend, obwohl beide persönlichen Kontakt mit ihm hatten. Die Wiederentdeckung Hölderlins im 20. Jahrhundert geht zum einen vom Kreis um Stefan George aus,

Franz Karl Hiemer schuf mit diesem Pastellbild 1792 die bekannteste Darstellung von Friedrich Hölderlin. Der 22-Jährige soll aber nach der Meinung seiner Schwester nur wenig Ähnlichkeit mit dem Gemälde gehabt haben.

zum anderen sorgte insbesondere Norbert von Hellingrath für die Anerkennung Hölderlins, als er 1910 erstmals dessen Pindar-Übertragungen herausgab und 1915 eine Dissertation über den verkannten Dichter schrieb.

3. Friedrich Hölderlin

1770 Johann Christian Friedrich Hölderlin wird in Lauffen am Neckar geboren. Bereits zwei Jahre nach der Geburt stirbt sein Vater an einem Schlaganfall. Nur sieben Jahre später stirbt auch Hölderlins Stiefvater am neuen Wohnsitz in Nürtingen, sodass Mutter und Sohn vom Zinsertrag des Vermögens leben müssen. Hölderlin wird sein Leben lang von den Zuwendungen der Mutter abhängig bleiben.

1788 Hölderlin tritt in das Tübinger Stift ein, das vom Herzog Karl Eugen scharf überwacht wird. Weil der junge Student einem Tübinger Bürger den Hut vom Kopf schlägt, erhält er eine Karzerstrafe. Seine Mutter bittet er wiederholt, das Theologiestudium abbrechen zu dürfen. Hölderlin ist von den Idealen der Französischen Revolution begeistert und gehört zu einem Kreis junger Studenten (Schelling, Hegel und andere), die sich mehr Freiheit an der Universität und in den deutschen Fürstentümern erhoffen.

1792 Hölderlin schreibt Oden, Lieder und Hymnen. Der Briefroman „Hyperion" nimmt erste Konturen an. Auf Empfehlung Schillers tritt er bei Charlotte von Kalb 1793 eine Hauslehrerstelle an, die aber schon bald wieder gekündigt wird.

1796 Bei der Frankfurter Bankiersfamilie Gontard findet er erneut eine Anstellung als Erzieher. Mit Susette Gontard, der Mutter seines Zöglings, geht er eine Liebesbeziehung ein. Bald kommt es zum Eklat, Hölderlin muss Frankfurt verlassen, trifft sich aber noch heimlich mit Susette und widmet ihr auch zahlreiche Gedichte, in denen er sie als „Diotima" bezeichnet.
In den folgenden Jahren erscheinen die beiden Bände des „Hyperion", Hölderlin beendet außerdem die Pindar-Übertragungen.
1800 Nachdem der Versuch eine eigene Zeitschrift zu gründen scheitert und zunächst auch keine andere Anstellung zu finden ist, kehrt Hölderlin mittellos und mit angegriffener Gesundheit nach Nürtingen zurück.
1802 In Bordeaux ist Hölderlin Hauslehrer in der Familie des Konsuls Daniel Meyer. Durch die politischen Gegebenheiten jener Jahre seiner großen Freiheitshoffnungen beraubt, zieht sich Hölderlin immer mehr vom politischen Tagesgeschehen zurück. Die Lebenskrise des Dichters vertieft sich, als Susette Gontard stirbt und Hölderlins Mutter in einem Reisekoffer deren Briefe findet. Nachdem Hölderlin alle Bewohner des Hauses in Raserei zur Tür hinausgejagt hat, wird er von der Familie als Wahnsinniger behandelt.
1806 Der psychisch kranke Hölderlin wird gewaltsam in eine Tübinger Klinik eingeliefert. Ein Jahr später nimmt ihn der Tübinger Schreinermeister Ernst Zimmer in Pflege. Durch dessen liebevolle Behandlung bessert sich Hölderlins Befinden spürbar, seine Krampfanfälle werden immer seltener. Er lebt einige Jahrzehnte in einem halbrunden Turmzimmer mit Blick auf den Neckar, empfängt viele Besucher und verfasst auch etliche Gedichte.
1837 Sechs Jahre vor seinem Tod legt sich Hölderlin verschiedene Rätselnamen zu; er unterschreibt mit „Buonarotti", später nur noch mit „Scardanelli".
1843 Kurz nach der Entstehung seiner beiden letzten Gedichte „Der Frühling" und „Die Aussicht" stirbt Hölderlin.

Susette Gontard

Der Dichter Hölderlin gilt als einer der größten Kenner der antiken Mythologie und steht insofern der Klassik nahe. Der Briefroman „Hyperion" wie auch das Drama „Der Tod des Empedokles" zeugen von der Begeisterung des Dichters für das antike Griechenland.
In seiner Lyrik werden die Spuren seines eigenen Lebens deutlicher, so auch in dem Gedicht „Hälfte des Lebens".

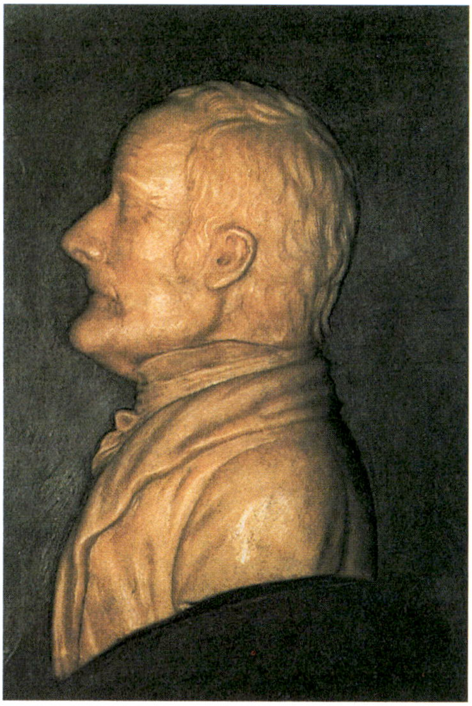

Das Wachsrelief von W. Neubert zeigt Hölderlin einige Jahre vor seinem Tod.

Hälfte des Lebens

Mit gelben Birnen hänget
Und voll mit wilden Rosen
Das Land in den See,
Ihr holden Schwäne,
Und trunken von Küssen
Tunkt ihr das Haupt
Ins heilignüchterne Wasser.

Weh mir, wo nehm ich, wenn
Es Winter ist, die Blumen, und wo
Den Sonnenschein,
Und Schatten der Erde?
Die Mauern stehn
Sprachlos und kalt, im Winde
Klirren die Fahnen.

Ort und Zeit, die in dem Gedicht beschrieben werden, konnten ziemlich genau bestimmt werden. Im Sommer 1796 flüchteten Susette Gontard, Marie Rötzer, die Erzieherin der Töchter, Hölderlin und sein Zögling Henry Gontard vor den Kriegswirren aus Frankfurt nach Kassel. Die ersten Verse des Gedichts beschreiben eine heute noch sichtbare Stelle am Kasseler See. Obwohl das Glück dieser kurzen Zeit in der ersten Strophe deutlich wird, markiert das Gedicht eine Lebenskrise des Dichters. Der Sommerstrophe des Glücks steht als andere Hälfte des Lebens die Winterstrophe gegenüber. Bis ins Sprachlich-Stilistische hinein hat Hölderlin den Gegensatz der Strophen geformt: In der Sommerstrophe überwiegt das Verbindende, viele Substantive werden durch Adjektive geschmückt, die ganze Strophe besteht aus einem einzigen Satz. Ganz anders dagegen die Winterstrophe: Zwei schroff gegenübergestellte Sätze und Wörter, die Erstarrung und Kälte assoziieren. Das Ich steht am Beginn der zweiten Strophe und sucht nach der verloren gegangenen Harmonie.

Der Autor Peter Härtling setzte 1976 dem lange Zeit verkannten Genie mit einem sehr einfühlsamen Roman ein Denkmal. Er bezeichnet sein Buch nicht als Biografie, sondern als eine „Annäherung“ an Hölderlin, den er „nur aus seinen Gedichten, Briefen, aus seiner Prosa, aus vielen anderen Zeugnissen“ und von seinen Bildnissen kennt.

Über Hölderlins letzte Jahrzehnte beim Schreinermeister Zimmer schreibt er:

Alte Fotografie von Tübingen mit Blick auf den Hölderlinturm

Die Familie nimmt Hölderlin auf. In den ersten Jahren wechseln die heftigen, ihn tief erschöpfenden Anfälle mit Phasen einer kalten und einsilbigen Ruhe. Zimmer schafft ein Klavier an, auf dem Hölderlin viel spielt. Da er niemandem etwas antut, ganz mit sich selbst beschäftigt ist, darf er im Haus und vor dem Haus frei umhergehen, aber die vielen Besucher führt man nach einem erprobten Ritual stets in das runde Zimmer. Viele kommen: Conz und Haug, Uhland, Kerner und Schwab. In den späteren Jahren Mörike, Waiblinger und Gustav Schwabs Sohn, Christoph Theodor, zu dem Hölderlin besonderes Vertrauen fasst. Nie empfängt er die Betrachter seines Wahnsinns sitzend. Er hat sich eine Szene zurechtgelegt, steht, den einen Arm gestützt auf ein halbhohes Wandschränkchen, nachlässig und aufmerksam, und lässt nichts zu als den Austausch von Höflichkeiten. In den späteren Jahren erzählt er mitunter, oder er liest aus seinem Hyperion vor. Bittet man ihn aber um ein Gedicht, so schreibt er rasch einen Vierzeiler, jene Strophen des Herrn Scardanelli, die aus einer rätselhaften Mechanik entstehen, schön und unfassbar, Spieluhrenverse – wie die für Zimmer:

Die Linien des Lebens sind verschieden,
Wie Wege sind, und wie der Berge Grenzen.
Was hier wir sind, kann dort ein Gott ergänzen
Mit Harmonien und ewigem Lohn und Frieden.

Ein weiterer wichtiger Schriftsteller zu Beginn des 19. Jahrhunderts ist der in Franken geborene Jean Paul. Humor, abschweifende Exkurse, beißende Satire und eine Fülle von Details kennzeichnen seine ausschließlich epischen Werke. Obwohl dies die Lektüre seiner Bücher nicht gerade leicht macht, wurde Jean Paul zu seiner Zeit mehr gelesen als Goethe und Schiller.

4. Jean Paul

1763 Johann Paul Friedrich Richter wird in Wunsiedel im Fichtelgebirge geboren, wo sein Vater Schulmeister und Organist ist.

1781 Nach dem Besuch des Gymnasiums in Hof beginnt er ein Theologiestudium in Leipzig, bricht dieses aber schon bald wieder ab und unternimmt erste schriftstellerische Versuche. Vor seinen Gläubigern muss er zurück nach Hof flüchten. In den nächsten Jahren verdient er seinen Unterhalt als Hofmeister.

1793 Die Erzählung „Das Leben des vergnügten Schulmeisterlein Maria Wuz in Auenthal“ als Anhang zu dem Roman „Die unsichtbare Loge“ ist für den Dichter der erste große Erfolg. Von nun an bezeichnet er sich in Anlehnung an Jean-Jacques Rousseau als Jean Paul.

1796 Nach der Vollendung des Romans „Hesperus“ ist Jean Paul oft zu Besuch bei Goethe und Schiller in Weimar und beginnt mit der Arbeit am „Titan“.

Das Geburtshaus Jean Pauls in Wunsiedel

Der 36-jährige Jean Paul auf einem Gemälde von H. Pfenninger

Jean-Paul-Denkmal in Bayreuth

1801 Nach mehreren Verlobungen, die wieder gelöst wurden, heiratet er Karoline von Mayer. Zwei Jahre später erscheint der letzte Band des „Titan".
1805 Das letzte größere Werk „Flegeljahre" wird veröffentlicht. Jean Paul wohnt mittlerweile in Bayreuth.
1809 Der Dichter erhält eine jährliche Rente von 1.000 Gulden.
1817 Im Sommer reist er nach Heidelberg, Mannheim und Frankfurt.
1825 Nach seiner Erblindung stirbt Jean Paul in Bayreuth.

Die folgende Geschichte entstand an einem Wendepunkt in der schriftstellerischen Entwicklung des Autors. Jean Paul legte seine geistige Grundhaltung, den Skeptizismus, ab und verabschiedete sich aus der „Essigfabrik" seiner Jugendsatiren.

Leben des vergnügten Schulmeisterlein Maria Wuz in Auenthal

Ein immer wieder in die Geschichte eingreifender Erzähler berichtet, wie Maria Wuz eines Abends auf sein Leben zurückblickt. Nach einer glücklichen Kindheit geht er auf eine strenge Schule, die Geistliche ausbildet. Nach dem Tod seines Vaters tritt er in dessen Fußstapfen als Lehrer und unterweist seine Schüler vor allem in praktischen Dingen wie zum Beispiel Holzhacken. Seine Bibliothek schreibt er sich selbst, weil sein Gehalt für die Anschaffung von Büchern nicht ausreicht. Inzwischen ist er auch mit Gustel verheiratet, die er als 15-Jährige kennen lernte. Der Lieblingstag im Leben des Maria Wuz ist der Sonntag, wenn er als Leiter des Kirchenchors singen kann und am Abend mit seiner Frau spazieren geht.
Der Erzähler wüsste gar nichts über Maria Wuz, wenn ihn nicht letztes Jahr Gustel zu ihrem kranken Mann gerufen hätte. Wuz hat mit 43 Jahren einen Schlaganfall erlitten, liegt bis zu seinem Tod im Bett, liest in seinen Büchern oder vergnügt sich mit Spielzeug aus seiner Kindheit.
Die „Idylle", wie Jean Paul seine Erzählung bezeichnet, erschien 1793 als Anhang zum Roman „Die unsichtbare Loge". Die äußere Handlung der Geschichte ist wie in fast allen Werken Jean Pauls nur zweitrangig. Die Figuren sind ihm wichtiger als die Handlung, weshalb seine Werke auch Charakterbeschreibungen genannt werden. Maria Wuz wird als skurriler Held, kleinbürgerlicher Pedant, Kauz und Sonderling beschrieben, dessen Geschichte eigentlich belanglos ist. Lesenswert ist der „Maria Wuz" insbesondere wegen der fast musikalischen Sprache, die überquillt von Metaphern und Bildern. Der allgegenwärtige Erzähler distanziert den Leser immer wieder durch liebevoll-ironische Kommentare vom zufriedenen Bewusstsein des Helden, so auch am Anfang der Idylle:

Wie war dein Leben und Sterben so sanft und meerstille, du vergnügtes Schulmeisterlein Wuz! Der stille laue Himmel eines Nachsommers ging nicht mit Gewölk, sondern mit Duft um dein Leben

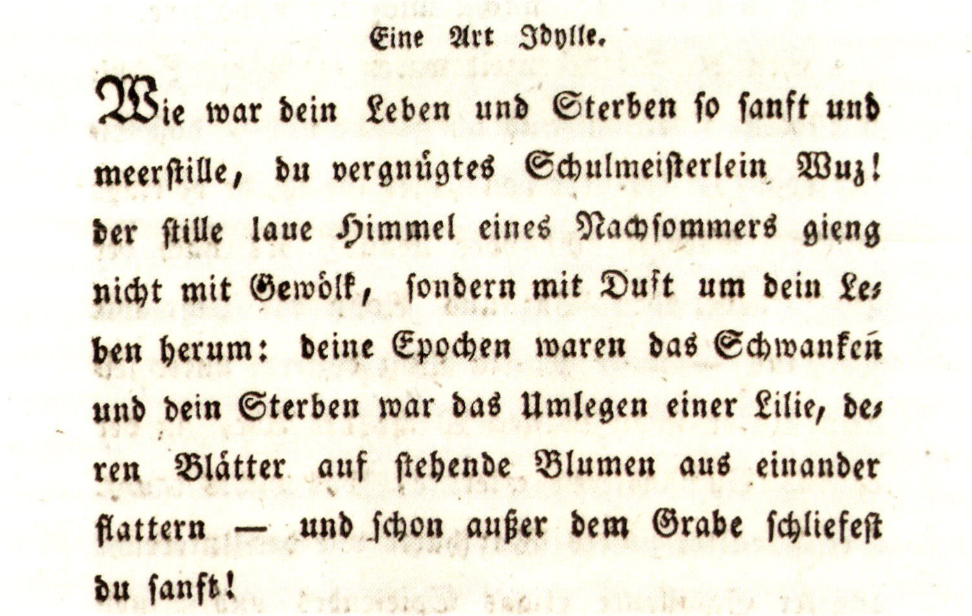
Eine Art Idylle.

Wie war dein Leben und Sterben so sanft und meerstille, du vergnügtes Schulmeisterlein Wuz! der stille laue Himmel eines Nachsommers gieng nicht mit Gewölk, sondern mit Duft um dein Leben herum: deine Epochen waren das Schwanken und dein Sterben war das Umlegen einer Lilie, deren Blätter auf stehende Blumen aus einander flattern — und schon außer dem Grabe schliefest du sanft!

Der ursprüngliche Anfang der Erzählung „Leben des vergnügten Schulmeisterlein Maria Wuz in Auenthal" von Jean Paul

herum: Deine Epochen waren das Schwanken und dein Sterben war das Umlegen einer Lilie, deren Blätter auf stehende Blumen auseinander flattern – und schon außer dem Grabe schliefest du sanft!

Die kolorierte Zeichnung von Jean Pauls Schwiegersohn Ernst Foerster zeigt den Dichter schreibend in seinem Garten.

Jetzt aber, meine Freunde, müssen vor allen Dingen die Stühle um den Ofen, der Schenktisch mit dem Trinkwasser an unsere Knie gerückt und die Vorhänge zugezogen und die Schlafmützen aufgesetzt werden (...).

Seit der Schwedenzeit waren die Wuze Schulmeister in Auenthal, und ich glaube nicht, dass Einer vom Pfarrer oder von seiner Gemeinde verklagt wurde. (...)

Schon in der Kindheit war er ein wenig kindisch. Denn es gibt zweierlei Kinderspiele, kindische und ernsthafte – die ernsthaften sind Nachahmungen der Erwachsenen, das Kaufmanns-Soldatens-Handwerkers-Spielen – die kindischen sind Nachäffungen der Tiere. Wuz war beim Spielen nie etwas anderes als ein Hase, eine Turteltaube oder das Junge derselben, ein Bär, ein Pferd oder gar der Wagen daran.

1792 schickte Jean Paul das Manuskript an Karl Philipp Moritz nach Berlin, mit der Bitte sich für eine Veröffentlichung des Werkes einzusetzen. Moritz reagierte voller Begeisterung: „Der Wuz Geschichte verfasst hat, ist nicht sterblich." Er gewann den Berliner Verleger Matzdorff für die Veröffentlichung, die Jean Paul mit einem Schlag berühmt machte.

Weitsch, Bildnis Alexander von Humboldt

Arbeitsvorschläge

1. Inwiefern betätigte sich Kleist als politischer Autor?
2. Begründe, warum Kleists Dichtung als Ausdruck einer ersten krisenhaften Entwicklung des Bürgertums bezeichnet werden kann.
3. Zeige, wie sich die beiden Strophen von Hölderlins Gedicht „Hälfte des Lebens" inhaltlich, sprachlich und stilistisch voneinander unterscheiden.
4. Stelle eine Verbindung von Hölderlins Biografie zu seinem Gedicht „Hälfte des Lebens" her.
5. Inwiefern handelt es sich bei der Erzählung „Leben des vergnügten Schulmeisterlein Maria Wuz in Auenthal" um eine Idylle?

Zusammenfassung

Die drei Autoren Heinrich von Kleist, Friedrich Hölderlin und Jean Paul veröffentlichten ihre Hauptwerke in der Zeit zwischen 1790 und 1810, lassen sich aber nicht eindeutig einer Epoche zuordnen. Strömungen von der Aufklärung über die Empfindsamkeit bis hin zur Klassik und Romantik fließen in ihre Werke ein. Zumindest Kleist und Hölderlin standen während ihres Lebens deutlich im Schatten von Goethe und Schiller, oft wurden ihre Dichtungen erst ein Jahrhundert später etwas bekannter.

Wichtige Begriffe:
Novelle – Idylle

Geschichtlicher Hintergrund

1805	Napoleon ist nach der Dreikaiserschlacht bei Austerlitz Herr über Kontinentaleuropa
1808/1809	Erste Volkserhebungen gegen die Franzosen in Spanien und in Österreich; Aufstand der Tiroler unter Andreas Hofer
1812	Russlandfeldzug Napoleons
1813–1815	Befreiungskriege und Absetzung Napoleons

Autoren und Werke

JOHANN PETER HEBEL (1760–1826)
Schatzkästlein des rheinischen Hausfreundes

JEAN PAUL (1763–1825)
Leben des vergnügten Schulmeisterlein Maria Wuz in Auenthal
Hesperus
Leben des Quintus Fixlein
Flegeljahre

JOHANN CHRISTIAN FRIEDRICH HÖLDERLIN (1770–1843)
Hyperion
Der Tod des Empedokles
Gedichte: Diotima, Hälfte des Lebens

HEINRICH VON KLEIST (1777–1811)
Das Erdbeben in Chili
Michael Kohlhaas
Die Marquise von O.
Das Käthchen von Heilbronn
Die Verlobung in St. Domingo
Der zerbrochene Krug

Caspar David Friedrichs Gemälde aus dem Jahr 1822 zeigt mit dem Fenstermotiv ein für die Romantik typisches Bild menschlicher Sehnsucht.

1. Sehnsucht nach einer unerreichbaren Ferne

Ein kahler Raum mit nackten Wänden, auf der Fensterbank ein Tablett mit zwei Flaschen und einem Glas. Das einzig Lebendige auf unserem Bild (S. 145) ist eine Frau, die dem Betrachter den Rücken zukehrt. Das Gemälde, das Caspar David Friedrich 1822 gemalt hat, stellt seine Frau dar. Sie schaut aus dem Fenster ihrer Wohnung zur Pappelreihe am jenseitigen Elbeufer.

Gedankenverloren steht sie am Fenster und scheint alles um sich herum vergessen zu haben. Durch die Rückansicht kann sich der Betrachter gut in die Frau hineinversetzen, er nimmt an ihrem Hinaussehen teil. Aus dem nüchternen, trostlosen Raum, der einem Gefängnis gleicht, blickt man in eine abwechslungsreiche Ferne mit Fluss, Schiffen und Bäumen. Wie die Gestalt am Fenster zieht es den Betrachter hinaus in die freie Landschaft. Der Blick aus dem Fenster ist ein Bild menschlicher Sehnsucht und ein immer wiederkehrendes Motiv romantischer Dichtung. Joseph von Eichendorff beginnt sein Gedicht „Sehnsucht“ mit den Zeilen:

Es schienen so golden die Sterne,
Am Fenster ich einsam stand
Und hörte aus weiter Ferne
Ein Posthorn im stillen Land.
Das Herz mir im Leib entbrennte,
Da hab ich mir heimlich gedacht:
Ach, wer da mitreisen könnte
In der prächtigen Sommernacht!

Die Sehnsucht nach einer unerreichbaren Ferne entsprang zum einen den beengten Lebensverhältnissen. Einige Schriftsteller der Romantik führten ein Doppelleben. E. T. A. Hoffmann arbeitete tagsüber in dem ungeliebten Beruf eines Kammergerichtsrats, nachts zeichnete, komponierte und dichtete er.

Als einengend erwies sich auch die politische Situation. Die Frühromantiker, die Brüder Friedrich und August Wilhelm Schlegel, Ludwig Tieck und Novalis, der mit bürgerlichem Namen Friedrich Freiherr von Hardenberg hieß, trafen sich regelmäßig in Jena. Es herrschte Aufbruchsstimmung, man glaubte, dass die Menschenrechte der Französischen

Blücher überquert am 1.1.1814 mit der schlesischen Armee bei Kaub den Rhein.

Revolution auch in Deutschland Einzug halten würden. Die Besetzung Deutschlands durch die Franzosen und die Herrschaft Napoleons führten zwar zu Reformen nach französischem Vorbild, bedeuteten für die deutschen Fürstentümer aber auch den Verlust ihrer Eigenständigkeit. Die Befreiungskriege der Jahre 1813 bis 1815, in denen die Fremdherrschaft der Franzosen abgeschüttelt wurde, waren von nationaler Begeisterung getragen. Es entstand das deutsche Nationalgefühl und der Wunsch nach einem deutschen Einheitsstaat.

Als nach dem Sieg über Napoleon 1815 auf dem Wiener Kongress Verhältnisse wie vor 1789 wiederhergestellt werden sollten (Zeitalter der Restauration), stieß dies bei den Heidelberger Spätromantikern Clemens Brentano, Achim von Arnim, Jacob und Wilhelm Grimm, Joseph Freiherr von Eichendorff, Adelbert von Chamisso und E. T. A. Hoffmann auf Ablehnung. Vor allem die Enttäuschung über die ausbleibende deutsche Einigung war groß. Der Zwang der restaurativen Gesellschaft konnte zu tiefen Lebenskrisen führen. Die Nachtseiten der menschlichen Existenz standen oft im Mittelpunkt der Dichtung: Träume, verdrängte Ängste, Wünsche und Fantasien des Bürgers. Die Schauerromantik verfügte über ein noch größeres Arsenal: Geisterspuk, geheimnisvolle Ruinen, Mord, Doppelgängertum, Inzest, Satanismus und so weiter.

In einer Zeit politischer Instabilität suchten vor allem die Spätromantiker nach einem festen Halt. Man blickte zurück in die Vergangenheit und idealisierte das Mittelalter. Die mittelalterliche Frömmigkeit und die Einheit des Heiligen Römischen Reiches Deutscher Nation galten als vorbildlich. Die Minnelieder und das Nibelungenlied wurden wieder entdeckt, Volksgut gesammelt und veröffentlicht. Märchen und Volkslieder waren als ursprüngliche Poesie hoch geschätzt. Johann Gottfried Herder hatte bereits 1778 Volkslieder herausgegeben. Diese Sammlung wurde zum Vorbild für Achim von Arnim und Clemens Brentano, die unter dem Titel „Des Knaben Wunderhorn“ 1806 und

1806 und 1808 erschien die Erstausgabe der Gedicht- und Liedersammlung „Des Knaben Wunderhorn“ von Achim von Arnim und Clemens Brentano.

Fotos der Brüder Wilhelm (1858) und Jacob Grimm (um 1860)

1808 deutsche Volkslieder veröffentlichten. Jacob und Wilhelm Grimm gaben 1812 „Kinder- und Hausmärchen" und 1816 „Deutsche Sagen" heraus. Auf sprachlichem Gebiet waren sie Pioniere. 1819 erschien zum ersten Mal eine „Deutsche Grammatik", 1838 begannen sie das „Deutsche Wörterbuch", dessen insgesamt 32 Bände erst 1961 abgeschlossen wurden.

Eine bedeutende Rolle spielten in der Epoche der Romantik auch zahlreiche Schriftstellerinnen, die zum ersten Mal im literarischen Leben Anerkennung fanden. Sie standen im Mittelpunkt literarischer Kreise, die sich regelmäßig in Jena, Heidelberg und in Berlin trafen. Caroline Schlegel arbeitete an der programmatischen Zeitschrift „Athenäum" mit. Bettina Brentano, die später den Schriftsteller Achim von Arnim heiratete, erlangte Beachtung mit ihrem Roman „Dies Buch gehört dem König", in dem sie für sozial Schwächere Partei ergriff. Daneben darf man aber auch nicht vergessen, dass einige Frauen vergeblich versuchten aus den herrschenden Rollenvorstellungen auszubrechen. Dorothea Schlegel unterstützte ihren Mann Friedrich bei seinen schriftstellerischen Arbeiten, Sophie Tieck galt als begabte Dichterin, stand aber zeitlebens im Schatten ihres Bruders.

Bettina von Arnim, Dorothea und Caroline Schlegel

2. Grundlagen der romantischen Poesie

„Romantisch" leitet sich von den Begriffen „Roman" oder „Romanze" ab und meint das Wunderbare, Abenteuerliche, Sinnliche, Schaurige. Die Romantiker interessierten sich für die innere Natur des Menschen, seine Wünsche und Triebe. Nicht selten stehen Wahnsinn, Krankheit, Schwärmerei, Sinnlichkeit und Müßiggang im Mittelpunkt der Dichtung. Die Epoche kann damit als Gegenströmung zur Klassik gesehen werden.
Friedrich Schlegel bezeichnete 1798 in der Zeitschrift „Athenäum" die romantische Poesie als „**progressive Universalpoesie**". Mit diesem Begriff verweist Schlegel auf das Bestreben die Trennung zwischen einzelnen Formen und Gattungen zu überwinden und alles Poetische darstellbar zu machen. In vielen romantischen Dichtungen spielen andere Künste wie zum Beispiel Malerei und Musik eine große Rolle. In Ludwig Tiecks Roman „Franz Sternbalds Wanderungen" findet man Volks- und Wanderlieder genauso wie Betrachtungen zur Malerei Albrecht Dürers. Zum anderen ist romantische Poesie „progressiv": Sie entwickelt sich immer weiter, ist dynamisch und kann deshalb vom Dichter manchmal nicht zu einem Ende geführt werden. Solche unvollendet gebliebenen Werke bezeichnet man als **Fragmente**. Die Romane „Lucinde" von Friedrich Schlegel und „Heinrich von Ofterdingen" von Novalis sind typische Beispiele dafür.
Zu den vielseitigsten Autoren der Romantik gehört Ludwig Tieck. In den mehr als 40 Jahren seines Schaffens beeinflusste er entscheidend die Literatur seiner Zeit.

3. Ludwig Tieck

Der lesende Tieck auf einer Silhouette von Luise Duttenhofer

1773 Geburt in Berlin als Sohn eines Seilermeisters. Mit elf Jahren tritt er in das angesehene Friedrichswerder Gymnasium ein. Bereits als Knabe liest er viel, außerdem hat er eine ausgeprägte schauspielerische Begabung. Während seiner Schulzeit schreibt Tieck bereits über 25 Werke und arbeitet an verschiedenen Romanen seiner Lehrer mit.
1792 Tieck, hoch begabt und sensibel, begibt sich als Student nach Halle. Dem Theologiestudium widmet er sich kaum, sein ganzes Interesse gilt der Literatur. Der Dichter Wilhelm Heinrich Wackenroder wird zu seinem besten Freund.
1793 Die beiden Freunde wandern in den Harz, ins Fichtelgebirge, nach Bamberg und Nürnberg. Für den Stadtmenschen Tieck bedeutet dies ein überwältigendes Naturerlebnis und die erste Begegnung mit der mittelalterlichen Kunst Dürers.
1794 Tieck kehrt nach Berlin zurück, er entschließt sich Berufsschriftsteller zu werden. Zwei Jahre später erscheint sein düsterer romantischer Roman „William Lovell".
1797 Tieck wendet sich Stoffen des Volksmärchens zu. Mit dem „Blonden Eckbert" erscheint eine neue Gattung: die Märchennovelle.
1798 Nach dem Tod Wackenroders gewinnt er in den Brüdern Schlegel neue Freunde. Der unvollendete Roman „Franz Sternbalds Wanderungen" kommt heraus. Im selben Jahr heiratet er Amalie Alberti. Die ständigen Wohnungswechsel sowie eine Schaffenskrise Tiecks belasten die Ehe bald.
1800 Im Jenaer Kreis werden seine Vorleseabende zur Institution. Erste Gichtanfälle machen sich bemerkbar. Tieck übersetzt zahlreiche Werke

Ludwig Tieck im Jahr 1828

Shakespeares aus dem Englischen und Cervantes' „Don Quijote" aus dem Spanischen ins Deutsche. Mit seiner Familie zieht Tieck nach Dresden um. Die frühromantischen Kreise beginnen sich aufzulösen. Tieck erwägt wie andere Autoren einen Übertritt zum Katholizismus.
1802 Auf eine Einladung des Freundes Burgsdorff zieht die Familie Tieck nach Ziebingen bei Frankfurt an der Oder. Damit sind nicht nur die finanziellen Probleme gelöst, Tieck findet auch Anschluss an den adeligen Kreis der Familie Finckenstein. Gräfin Henriette von Finckenstein wird bis zu ihrem Tod seine Lebensgefährtin; Tiecks Ehe besteht nur mehr auf dem Papier.
1810 Nach einer mehrjährigen Italienreise mit seiner Schwester Sophie kehrt Tieck nach Ziebingen zurück.
1812 Die frühen Dichtungen erscheinen in dem Sammelwerk „Phantasus", sie werden durch eine Rahmenerzählung verbunden.
1819 Nach dem Tode des alten Grafen Finckenstein zieht Tieck mit seiner Familie und seiner Lebensgefährtin, die mit ihrem Vermögen für den Haushalt sorgt, nach Dresden.
1825 Tieck wird zum Dramaturgen des Hoftheaters ernannt, entwickelt aber seine Meisterschaft in einer neuen literarischen Gattung, der Taschenbuchnovelle: „Das Gemälde", „Der Hexen-Sabbath", „Der junge Tischlermeister" und „Des Lebens Überfluss" sind die bekanntesten Novellen, die in den nächsten Jahren erscheinen.
1837 Tiecks Frau Amalie stirbt, vier Jahre später seine Tochter Dorothea.
1842 König Friedrich Wilhelm IV. gewährt Tieck eine großzügige Jahrespension und eine Sommerwohnung in Sanssouci (Schloss in Potsdam).
1847 Tieck erleidet schwere Schlaganfälle und vereinsamt nach dem Tod der Gräfin Finckenstein zunehmend.
1849 Um seinen Bruder Friedrich zu unterstützen verkauft Tieck seine auf 36.000 Bände geschätzte Bibliothek, eine der größten privaten Sammlungen des 19. Jahrhunderts.
1853 Fast achtzigjährig stirbt Tieck nach zweijährigem Krankenlager in Berlin.

Ludwig Tieck machte sich nicht nur einen Namen als Übersetzer und glänzender Vorleser, er war auch der produktivste Schriftsteller der gesamten romantischen Bewegung. Seine Märchennovelle „Der blonde Eckbert" ist eine der bekanntesten Dichtungen der Frühromantik und gehört zu den am meisten erforschten Werken der deutschen Literatur.

Der blonde Eckbert

Der vierzigjährige Ritter Eckbert lebt in seinem Schloss im Harz. Genauso wie seine Frau Bertha genießt er das einsame Leben, das nur unterbrochen wird durch gelegentliche Besuche des Freundes Philipp Walther aus Franken, der in der Nähe der Burg Kräuter und Steine sammelt. Bei einem Besuch Walthers fordert Eckbert seine Frau auf ihm ihre Jugend zu erzählen.
Sie wuchs bei einem armen Hirten und dessen Frau auf, konnte durch ihre Ungeschicktheit den Haushalt nicht unterstützen und zog sich so den Zorn ihres Vaters zu. Mit acht Jahren hielt sie es nicht mehr aus und lief fort. Über Wälder gelangte sie ins Gebirge, bis der Weg ganz aufhörte. Hungernd und voller Angst schleppte sie sich weiter, bis sie an einem Wasserfall eine alte Frau erblickte. Diese nahm sie in ihre kleine Hütte mit. Außer einem kleinen Hund, an dessen Namen sie sich nicht mehr erinnern könne, befand sich noch ein Vogel in dem Raum, der oft folgende Strophe sang: „Waldeinsamkeit / Die mich erfreut, / So morgen wie heut / In ewger Zeit, / O wie mich freut / Waldeinsamkeit." Die junge Bertha lernte nicht nur spinnen und lesen,

sie versorgte auch den Haushalt, wenn die alte Frau nicht zu Hause war.
Mit zwölf Jahren erfuhr Bertha das Geheimnis des singenden Vogels: Dieser legte jeden Tag ein Ei, in dem sich ein Edelstein befand. Die alte Frau blieb nun manchmal monatelang weg. Fantasien einer Heirat mit einem schönen Ritter und die Anziehungskraft der Edelsteine bewirkten bei der 14-jährigen Bertha den Entschluss mit dem Vogel die Hütte zu verlassen und den hinderlichen Hund zurückzulassen. Sie verkaufte einige Edelsteine, gelangte in ihr Dorf, erfuhr dort aber zu ihrem Entsetzen, dass ihre Eltern bereits drei Jahre tot waren. In einer Stadt mietete sie sich ein Haus und lebte anfangs recht zufrieden, bis der Vogel ein neues Lied zu singen begann: „Waldeinsamkeit / Wie liegst du weit! / O Dir gereut / Einst mit der Zeit. / Ach einzge Freud / Waldeinsamkeit!" Bertha erkannte ihr unrechtes Verhalten, konnte den Vogel aber nicht mehr sehen, erdrosselte ihn und begrub ihn schließlich im Garten. Später lernte sie den jungen Ritter Eckbert kennen und heiratete ihn.
Nach Beendigung der Jugendgeschichte sagt Walther der Gastgeberin, dass er sich sehr gut vorstellen könne, wie sie den kleinen Hund mit dem Namen „Strohmi" fütterte. Noch am selben Abend bereut Eckbert fast, dass er seine Frau aufgefordert hat, gegenüber Walther so offen zu sein. Er befürchtet, dass dieser die Edelsteine stehlen könnte. In der Tat ist Walther nach diesem Abend auch weniger oft zu Gast in der Burg.
Am nächsten Morgen ist Bertha krank. Sie leidet wegen der Tatsache, dass Walther unerklärlicherweise den Namen des Hundes wusste. Nachdem sich der Zustand seiner Frau von Tag zu Tag verschlechtert, wünscht Eckbert seinem Freund den Tod.
An einem stürmischen Wintertag geht er, um sich abzulenken, auf die Jagd. Er findet zwar kein Wild, entdeckt aber Walther, der Moos von den Bäumen sammelt, legt seine Armbrust an und ermordet ihn. Nach seiner Rückkehr findet er seine Frau tot.
Die vergangenen Ereignisse quälen Eckbert. Wieder benötigt er Ablenkung, die er auf Festen in der nächsten Stadt findet. Er lernt den Ritter Hugo kennen, verspürt erneut den Drang ganz offen zu sein und erzählt deshalb seine und Berthas Geschichte. Wieder stellt sich Argwohn ein. Er bemerkt, dass Hugo mit einem alten Ritter vertraulich redet, und glaubt schließlich, Walther in ihm zu sehen.
Halb wahnsinnig vor Entsetzen findet er kaum noch Schlaf und entschließt sich deshalb, eine Reise zu unternehmen. Mit seinem Pferd verirrt er sich in dieselbe Gegend wie vorher Bertha in ihrer Kindheit, er glaubt ein Bellen zu hören und vernimmt folgendes Lied: „Waldeinsamkeit / Mich wieder freut, / Mir geschieht kein Leid, / Hier wohnt kein Neid / Von neuem mich freut / Waldeinsamkeit." Die alte Frau erscheint, fordert von ihm den Hund, den Vogel und die Edelsteine. Sie erklärt ihm, dass das Unrecht sich selbst bestrafe und dass niemand anders als sie Walther und Hugo gewesen sei. Bertha sei Eckberts eigene Schwester gewesen, die Tochter seines Vaters, der sie bei einem Hirten erziehen lassen musste, weil sie ein uneheliches Kind war. Eckbert, der in seiner Kindheit den Vater davon erzählen hörte, verkraftet diesen Vorfall nicht mehr. Wahnsinnig geworden bricht er zusammen und stirbt.

Eine düstere romantische Märchennovelle

In dieser Erzählung verarbeitet Tieck eigene Erlebnisse. Seine Mutter hatte den Kindern oft die Geschichte einer alten unheimlichen Frau erzählt, die im Dorf häufig nach ihrem Hund rief: „Strameh! Strameh! Strameh!" Die Felsenlandschaft des Harzes hatte der Dichter bei einer Wanderung mit Wackenroder kennen gelernt.
Der Text besteht aus zwei Teilen: Im Mittelpunkt steht die Erzählung der Kindheit Berthas, die verbunden wird mit der Rahmenhandlung um den Ritter Eckbert.
Berthas Geschichte hört sich wie ein fantastisches Märchen an: Ein Vogel singt Lieder und legt Eier, in denen sich Edelsteine befinden. Die alte Frau behauptet, sie sei selbst Walther und Hugo gewesen. Berthas Flucht

Ein Vorleseabend bei Ludwig Tieck, der als glänzender Leser weit über die romantischen Zirkel hinaus bekannt war. Auf dem Bild sieht man unter anderem Friedrich Wilhelm Schelling, Joseph von Eichendorff und Bettina von Arnim als Zuhörer.

aus dem armen Elternhaus und ihre Ankunft bei der alten Frau ähnelt stark dem ersten Teil des Märchens von „Hänsel und Gretel". Ludwig Tieck muss auch das Volksmärchen vom „Wundervogel" gekannt haben, so deutlich sind die Bezüge dazu:

Ein kleines Mädchen wird durch Armut aus dem Haus ihrer Eltern vertrieben. In einem Wald wird sie von einer alten Frau freundlich aufgenommen. Sie lernt bei ihr spinnen und beten, dafür muss sie ihren Vogel warten und ihren Hund pflegen. Später zeigt ihr die Alte, dass der Vogel jeden Morgen ein Ei aus Edelstein legt. Darüber wird ihre Begierde wach; sie macht sich mit dem Wundervogel heimlich davon. Als sie wieder in ihr Dorf kommt, sind ihre Eltern gestorben. Sie zieht in eine große Stadt und wird wegen ihres Reichtums und ihrer Schönheit viel umworben. Zuletzt heiratet sie den Ritter, der ihr am besten gefällt, und folgt ihm auf seine Burg.

Der Märchenteil von Tiecks Erzählung gleicht eher einer Schilderung des Paradieses, so singt auch der Vogel: „Mir geschieht kein Leid, / Hier wohnt kein Neid."
Die erlebte Außenwelt um den Ritter Eckbert ist ganz anders: Misstrauen, Habgier, Mord und Wahnsinn werden geschildert.
Der Leser ist wohl zunächst irritiert davon, wie Realistisches und Fantastisches abwechseln. Doch Ludwig Tieck fordert dies in seinem Artikel „Die ächte Novelle":

Die Novelle sollte sich dadurch aus allen andern Aufgaben hervorheben, dass sie einen großen oder kleinern Vorfall ins hellste Licht stelle, der, so leicht er sich ereignen kann, doch wunderbar, vielleicht einzig ist. (...) Bizarr, eigensinnig, fantastisch, leicht witzig, (...) tragisch wie komisch, tiefsinnig und neckisch, alle diese Farben und Charaktere lässt die ächte Novelle zu.

„Der blonde Eckbert" wird wegen der Verbindung von Realität und Fantasie als **Märchennovelle** bezeichnet. Eine Novelle (italienisch Neuigkeit) ist eine kurze Prosaerzählung mit

einer „unerhörten Begebenheit" (Goethe), die aber im Gegensatz zum Märchen realitätsnah ist. Ludwig Tiecks Erzählung unterscheidet sich deshalb deutlich von den stärker realistisch ausgeprägten Novellen des 19. Jahrhunderts. Besonders wichtig für das Verständnis eines Textes sind die Stellen, in denen sich der Schriftsteller selbst kommentierend zu Wort meldet. Im „Blonden Eckbert" sind mehrere solcher **auktorialen Eingriffe** vorhanden. Kurz bevor die junge Bertha die Edelsteine entwendet, heißt es: „Es ist ein Unglück für den Menschen, dass er seinen Verstand nur darum bekömmt, um die Unschuld seiner Seele zu verlieren." Nach der Erzählung Berthas, als Walther unerklärlicherweise den Namen des Hundes nannte, schaltet sich der Autor wieder ein: „Wenn die Seele erst einmal zum Argwohn gespannt ist, so trifft sie auch in allen Kleinigkeiten Bestätigungen an. (...) Denn das ist die Natur des Menschen, eine unselige Habsucht."
Anhand dieser Aussagen wird deutlich, dass im Gegensatz zur Literatur der Aufklärungszeit in der Romantik Verstand und Vernunft des Menschen eher negativ gesehen werden. Argwohn und Habgier sind die bestimmenden Motive in Tiecks Märchennovelle.
Das Ergebnis aller Handlungen ist das Ende der menschlichen Gemeinschaftsbeziehungen. Eckbert und seine Frau werden bereits zu Beginn der Erzählung als Menschen geschildert, die in einsamer Gegend leben und kaum Kontakte zur Außenwelt haben. Am Ende stirbt Eckbert allein im Wahnsinn.
Dass die bereits Ende des 18. Jahrhunderts geschriebene Märchennovelle zur romantischen Epoche gehört, ist unumstritten. Wunderbares und Schauriges bilden den Rahmen, Wahnsinn, Mord und Inzest sind typische Motive der Schauerromantik. Tieck schildert die Natur sehr ausführlich, die Handlung spielt im Mittelalter. Die Forderung Friedrich Schlegels, dass romantische Poesie „Universalpoesie" sein soll, wird im „Blonden Eckbert" verwirklicht. Die Gattungen Märchen und Novelle vermischen sich, Lieder werden in den Prosatext aufgenommen.

4. Joseph von Eichendorff

1788 Eichendorff wird auf Schloss Lubowitz in Oberschlesien geboren. Der junge „Seppel", wie ihn die Eltern nennen, ist von den vielen Festen und Musikabenden auf dem Schloss stark beeindruckt.
1800 Joseph beginnt regelmäßig Tagebuch zu führen. Stets drängt es ihn nach draußen, den Tieren gilt seine große Liebe. Noch als Student trägt er bei Ausgängen eine kleine harmlose Schlange in der Brusttasche mit sich, was oft zu Überraschungen führt. Joseph hat in seiner Jugend einen ausgeprägten Humor, was man etlichen Tagebucheintragungen entnehmen kann:
„5.4.1801 Der Kaplan im Hasengarten in Teich gefallen.
24.4.1801 Wieder retourniert, und auf der Rückreise ein sonderbares Wasserabenteuer ritterlich bestanden, nämlich mich mitsamt dem Pferd ins Wasser gelegt, ha, ha, ha!"
Im selben Jahr wird Joseph in das katholische Gymnasium nach Breslau geschickt. Der Musikunterricht ist das Einzige, was ihn interessiert.
1805 Eichendorff geht nach Halle an die Universität und studiert dort Jura und Philosophie. Die Universität von Halle ist zu dieser Zeit eine häufig besuchte Universität. Viele Studenten lehnen alles Berechenbare und Berufsnützliche ab und verachten deshalb nach diesen Grundsätzen lebende Bürger, die sie als Philister bezeichnen. Eine Harzreise in den Ferien ist Eichendorffs erste und zugleich letzte Fußwanderung. Es ist erstaunlich, dass der Dichter des „Taugenichts" außer in den Schul- und Studienjahren weder gesungen noch musiziert noch Wanderungen gemacht hat. Auch hat er den deutschen Sprachraum nicht verlassen.
1808 Eichendorff beendet das Studium, allerdings ohne Abschluss. Die Standespflicht fordert etwas anderes: eine Bildungs-, auch Cavaliersreise genannt. Aufgrund der Vermögensverhältnisse der Eltern fällt diese aber recht bescheiden aus.
1810 Auf den Gütern der Eltern findet Eichendorff kein Auskommen mehr. Man beschließt, dass der Sohn die juristische Referendarprüfung ablegen soll um in einem bürgerlichen Beruf seinen Lebensunterhalt zu verdienen. Der Abschied Eichendorffs von Lubowitz ist endgültig.
1812 Nach anderthalb Jahre langem Lernen und Hungern besteht Eichendorff in Wien die Referen-

Schloss Lubowitz. Anonymer Stich

darprüfung mit Auszeichnung. Manchmal reicht es monatelang nicht zum Mittagessen, wohl aber zu drei bis vier Theaterbesuchen pro Woche. In dieser Zeit schreibt Eichendorff sein erstes bekanntes Werk, den Roman „Ahnung und Gegenwart".

1813 In den Befreiungskriegen ist er Soldat.

1815 Eichendorff heiratet gegen den Willen seiner Mutter die aus armer Familie stammende Luise von Larisch.

1819 Die Novelle „Das Marmorbild" erscheint.

1821 Von nun an beginnt eine Kette beruflicher Misserfolge. Nach Referendarjahren in Breslau wird Eichendorff mit seiner Frau und den vier Kindern als Regierungsrat nach Danzig versetzt. Der Beruf ist schlecht bezahlt und für den Dichter unattraktiv. Eichendorff ertrinkt im Aktenstaub der Kanzleien. Die Öffentlichkeit meidet er immer häufiger. Mehrmals versucht er ein Universitätsamt in dem geliebten Fach Geschichte zu bekommen, immer ohne Erfolg.

Der 44-jährige Dichter Joseph von Eichendorff

Er verbrennt von Zeit zu Zeit fast alle seine Papiere, sodass über seine letzten Lebensjahrzehnte kaum mehr etwas bekannt ist.

1826 Eichendorff beendet die Novelle „Aus dem Leben eines Taugenichts". Sie ist eines der am meisten gelesenen Werke der Romantik und enthält zahlreiche Gedichte, die Eichendorffs Ruf als Lyriker begründen.

1832 Als Katholik kann Eichendorff im Kultusministerium des protestantischen Preußens keine Karriere machen.

1837 Die Novelle „Das Schloss Dürande" wird veröffentlicht.

1844 Infolge des schlechten Gesundheitszustandes und des Streites mit seinen Vorgesetzten scheidet er aus dem Staatsdienst aus. In den dreizehn Jahren bis zu seinem Tod weilt er, immer in Geldnot, an den verschiedensten Orten. Er dichtet nur mehr wenig. „Ein Dichter müsse wissen, wann er aufzuhören habe", schreibt er. Eines seiner letzten Gedichte fasst seine große Jugend und die folgenden farblosen, drückenden Jahre anschaulich zusammen:

Dank

Mein Gott, dir sag ich Dank,
Dass du die Jugend mir bis über alle Wipfel
In Morgenrot getaucht und Klang,
Und auf des Lebens Gipfel,
Bevor der Tag geendet,
Vom Herzen unbewacht
Den falschen Glanz gewendet,
Dass ich nicht taumle ruhmgeblendet,
Da nun herein die Nacht
Dunkelt in ernster Pracht.

1857 Zwei Jahre nach dem Tod seiner geliebten Frau stirbt Eichendorff, fast siebzig Jahre alt.

Eine frühe Fotografie zeigt Eichendorff 1857 kurz vor seinem Tod.

Aus dem Leben eines Taugenichts

Nach seinem Roman „Ahnung und Gegenwart" und der Novelle „Das Marmorbild" veröffentlichte Eichendorff 1826 die Novelle „Aus dem Leben eines Taugenichts", die trotz anfänglicher Ablehnung durch die Kritik zum berühmtesten Werk der deutschen Romantik wurde. Ein Müllersohn wird von seinem Vater wegen seiner Faulheit „Taugenichts" geschimpft und in die Welt hinausgeschickt. Der fröhliche junge Mann zieht singend und Geige spielend los und wird bald von zwei Damen auf einer Kutsche zu einem Schloss an der Donau mitgenommen. Dort arbeitet er als Gärtnergehilfe und später als Zolleinnehmer. Er ist in die Jüngere der Damen, die „liebe, gnädige Frau", wie er sie nach Art eines Minnesängers nennt, unglücklich verliebt und macht sich deshalb, von Fernweh getrieben, an einem schönen Sommertag auf den Weg nach Italien. Eines Nachts trifft er auf zwei Maler, Leonhard und Guido, und schließt sich ihnen an. In Oberitalien sind die beiden plötzlich verschwunden, haben ihm aber die Kutsche und einen Beutel mit Geld hinterlassen, sodass er seine Reise fortsetzt. Er gelangt auf ein altes Schloss, wo man schon auf ihn gewartet hat und wo es ihm sehr gut ergeht. Ein Brief erreicht ihn, in dem ihn eine Aurelie, die er für die Geliebte hält, auffordert, er solle zurückkehren. Er flieht vom Schloss und gelangt nach Rom. Dort erfährt er, dass die Gräfin sich hier aufhalte. Nach mehreren Verwicklungen muss er feststellen, dass seine Angebetete längst wieder in Deutschland ist, und entschließt sich zur Rückkehr. Auf dem Schloss an der Donau trifft er wieder Leonhard, der sich als Graf entpuppt, und Guido, der niemand anderer ist als Flora, die Tochter der Gräfin. Leonhard hatte sich in Flora verliebt und sie nach Italien entführt, „bis das Geschrei wegen der Herzen vorüber wäre (...)". Ohne es zu wissen war der Taugenichts zur Abschüttelung der Verfolger missbraucht worden. Er trifft nun seine „liebe, gnädige Frau" wieder, die ein von der Gräfin aufgenommenes Waisenkind ist, und einer Heirat zwischen den beiden steht nichts mehr im Wege:

Sie lächelte still und sah mich recht vergnügt und freundlich an, und von fern schallte immerfort die Musik herüber, und Leuchtkugeln flogen vom Schloss durch die stille Nacht über die Gärten, und die Donau rauschte dazwischen herauf – und es war alles, alles gut!

In diesen Schlusszeilen des Taugenichts offenbart sich ein gut Teil der Eichendorff'schen Romantik: Liebe, Musik, Mondnächte, Schlösser in sommerlichen Gärten. Das eindringliche „und es war alles, alles gut!" beschwört märchenhaft eine heile Welt und wohl zu Recht wurde die Erzählung eines „der ewigen Märchenbücher der Menschheit" genannt (Eugen Roth). Diese romantische Verzauberung bewirkt bis heute, dass Eichendorffs trotz Verwirrungen und Verwicklungen schlichte Erzählung als Inbegriff der Romantik gilt. Vor allem in den eingestreuten Liedtexten verdichtet sich die romantische Verzauberung: „Wem Gott will rechte Gunst erweisen" wurde das Lied schlechthin für naturverbundene, jugendselige Wanderlust. Sehnsucht nach der Ferne, vor allem dem Süden, aber auch Heimweh und die Beschwörung der schönen, alten Zeit sind die **Leitmotive** dieses Werkes.

Der Taugenichts ist ein Sonntagskind, das sich in der Welt nicht zurechtfindet und dem doch alles in den Schoß fällt. Hinter dem Erleben dieser märchenhaften Welt versteckt sich Eichendorffs Kritik an der Gesellschaft: Den habgierigen Spießbürgern mit Schlafmütze, Pantoffeln und Rechnungsbuch zeigt der Taugenichts, wie eng und beschränkt ihre Welt ist. Weit entfernt von Besitzdenken und Nützlichkeitserwägungen ist er völlig kompromisslos: Zur Verwunderung seiner Umgebung reißt er aus seinem Garten Nutzpflanzen wie Gemüse und Kartoffeln heraus um erlesene Blumen anbauen zu können. Es geht ihm nicht um das Nützliche, Zweckmäßige, sondern allein um das Schöne. Und so gibt er sein behagliches Leben als Zolleinnehmer auf und zieht singend und musizierend in die Welt, einem ersehnten, aber doch unbekannten Glück hinterher, von dem er erst spät merkt, dass es zu Hause auf ihn gewartet hat.

Eichendorff ist nicht nur aufgrund des „Taugenichts" bekannt geworden, sondern auch wegen seiner vielen Gedichte, die den Dichter unsterblich machten. „Der frohe Wandersmann", „Sehnsucht", „Das zerbrochene Ringlein", „Die zwei Gesellen" und „Schläft ein Lied in allen Dingen" sind in jeder Eichendorff-Sammlung enthalten.

Das Gedicht „Mondnacht" gehört zu den schönsten Werken der deutschen Literatur.

Mondnacht

Es war, als hätt der Himmel
Die Erde still geküsst,
Dass sie im Blütenschimmer
Von ihm nun träumen müsst.

Die Luft ging durch die Felder,
Die Ähren wogten sacht,
Es rauschten leis die Wälder,
So sternklar war die Nacht.

Und meine Seele spannte
Weit ihre Flügel aus,
Flog durch die stillen Lande,
Als flöge sie nach Haus.

1837 wurde dieses Gedicht zum ersten Mal veröffentlicht. Drei Jahre später entstand die berühmte Vertonung durch Robert Schumann. Bei einem Musikabend im Hause Schumann soll Eichendorff zu dessen Frau Clara in seiner bescheidenen Art gesagt ha-

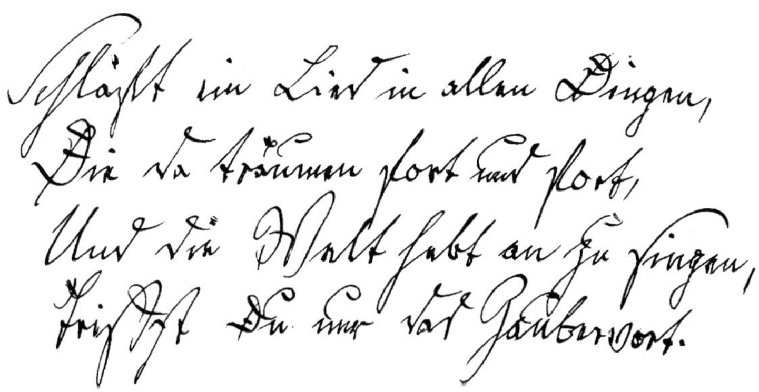
Schläft ein Lied in allen Dingen,
Die da träumen fort und fort,
Und die Welt hebt an zu singen,
Triffst Du nur das Zauberwort.

Eine Originalschrift des Vierzeilers „Schläft ein Lied in allen Dingen" von Joseph von Eichendorff

Caspar David Friedrich, Mann und Frau den Mond betrachtend

ben, dass „Robert erst seinen Liedern Leben gegeben hätte".

Eichendorff verwendet eine Strophenform, wie sie beim **Volkslied** zu finden ist: Einfache Vierzeiler mit Kreuzreim (abab) ergeben einen gleichmäßigen Rhythmus. Inhaltlich spricht das Gedicht für sich. Wer im Frühjahr oder im Sommer eine Mondnacht erlebt hat, kann sich gut in die dargestellte Stimmung hineinversetzen.

Dennoch soll auf einige interessante Details aufmerksam gemacht werden. Auffällig ist der Konjunktiv in der ersten Strophe, er wird im letzten Vers des Gedichtes wieder aufgenommen. Die Verbindung von Himmel und Erde ist also nicht Wirklichkeit, sondern nur eine Möglichkeit, ein Traum, wie es im vierten Vers heißt, oder mit den Worten der Romantiker: Was bleibt, ist Sehnsucht.

Die zweite Strophe dagegen beschreibt die Realität. Gerade an dieser scheinbar so leicht wirkenden, eingängigen Strophe hat Eichendorff am längsten gearbeitet, wie man an den zahlreichen Fassungen und Korrekturen in seinem Manuskript sehen kann.

Die letzte Strophe bringt die für die Romantik charakteristische Wendung in das Innere des Menschen. „Seele" und „nach Haus" sind religiöse Symbole. Nur vordergründig ist an die Heimkehr des Dichters in die verlorene schlesische Heimat in Lubowitz gedacht. Heimkehr bedeutet vielmehr Sehnsucht nach Geborgenheit, zurück an den Ursprung, heim zu Gott.

5. E. T. A. Hoffmann

1776 Am 24. Januar wird Ernst Theodor Wilhelm Hoffmann in Königsberg, Ostpreußen geboren. Nach der Scheidung seiner Eltern verbringt er mit der nervenkranken Mutter im Hause seines Onkels eine recht traurige Jugend.
1792 Nach dem Gymnasium beginnt er an der Universität Königsberg, an der damals Immanuel Kant lehrte, ein Jurastudium. Daneben ist Hoffmann als Musiklehrer tätig und geht mit einer Schülerin, einer verheirateten Frau, eine Liebesbeziehung ein, die ihn sehr lange belastet. Neben der Musik beschäftigt er sich mit der Malerei und beginnt Romane zu schreiben.
1800 Hoffmann schließt sein Studium mit Auszeichnung ab und wird als Assessor nach Posen versetzt, einer erst seit der zweiten polnischen Teilung preußischen Stadt.
1801 Hoffmann lernt die Polin Marianna (Mischa) Rorer-Trzcinska kennen, die er 1802 heiratet. Gleichzeitig wird er Regierungsrat in Posen. Wegen seiner Karikaturen, die einen General verspotten, wird er strafversetzt. Hoffmann versucht immer wieder seine literarischen Werke zu veröffentlichen – zunächst ohne Erfolg. In diesen Jahren beginnt er ein Tagebuch, das über weite Strecken wie ein Selbstgespräch wirkt und in dem das Motiv des Doppelgängers bereits anklingt.
1804 Neben seiner juristischen Tätigkeit beschäftigt sich Hoffmann vorwiegend mit der Musik, aus Verehrung für Mozart ersetzt er seinen dritten Vornamen durch A(madeus). Er arbeitet nun in Warschau, wo er die „Musikalische Gesellschaft" mitbegründet.
1806 tritt er erstmals als Dirigent öffentlich auf. Im gleichen Jahr bricht nach der Niederlage bei Jena und Auerstedt der Staat Preußen zusammen. Hoffmann verweigert den Eid auf die Franzosen und hat keine Einkünfte mehr. In diesen Jahren erlebt er mit seiner Frau Krankheit und bitterste Not, seine Tochter stirbt mit zwei Jahren.
1808–1812 Hoffmann wird am Bamberger Theater Kapellmeister.
Nach dem baldigen Bankrott des Theaters bleibt er Bühnenarchitekt und Kulissenmaler und bringt sich als Musikkritiker und mit Gesangsunterricht durch. Dabei verliebt er sich unglücklich in seine 15-jährige Schülerin Julia Marc.
1813 Hoffmann arbeitet nun als Dirigent in Dresden. Als er sich mit dem Direktor der Schauspielergesellschaft überwirft, wird ihm kurzfristig gekündigt.
1814 Die „Fantasiestücke in Callots Manier" (Callot: berühmter Kupferstecher des 17. Jahrhunderts) erscheinen. Gesundheitlich schwer angeschlagen und fast mittellos beginnt Hoffmann mit dem Ro-

Ein Selbstbildnis des Schriftstellers E. T. A. Hoffmann

man „Die Elixiere des Teufels". Im selben Jahr wird er wieder in den preußischen Staatsdienst aufgenommen und zieht nach Berlin um.
1816 Hoffmann ist in Berliner Kreisen bald sehr bekannt:
„(...) Was konnte der Mann nicht alles! (...) – Bücher schreiben, die ganz Deutschland von sich reden machten, auf dem Piano fantasieren, Opern komponieren, Karikaturen zeichnen, Witz sprudeln, wie er den Mund öffnete. (...)"
Hoffmanns Oper „Undine" wird mit sehr großem Erfolg im Königlichen Schauspielhaus aufgeführt, bis ein Brand die Dekorationen vernichtet. Neben diesen Tätigkeiten geht Hoffmann seinem Beruf als Jurist nach, er gilt als besonders fähig. Eine angeklagte Schriftstellerin beschreibt ihn beim Verhör:
„Mit zwei wunderkleinen zarten Händchen und einer Gestalt von regelmäßigstem Knochenbau, mit seinen zwei Funkelaugen, deren Augäpfel so unbeweglich waren, dass gewiss niemand erfahren hat, ob diese Augen groß oder klein, mit seinen feinen Lippen, die man niemals lächeln sah, glich Hoffmann einem gespenstischem Wesen. (...) Hoffmann war von innen und außen ein Wesen für sich, wie man noch nie eins gesehen."
1817 Die „Nachtstücke" erscheinen. In der Weinstube „Luther und Wegner", seinem Stammlokal, zecht Hoffmann in geselliger Runde, literarisch verarbeitet werden daraus „Die Serapionsbrüder".
1818 Hoffmann erkrankt schwer, in seinen Fie-

E. T. A. Hoffmann beim Zechen in seinem Stammlokal, der Weinstube „Luther und Wegner". Der Dichter schickte die selbst angefertigte Zeichnung 1818 an einen Freund.

berträumen kommt ihm die Idee zu dem Märchen „Klein Zaches genannt Zinnober".

1820 Die Novelle „Das Fräulein von Scuderi" wird zum außerordentlichen Erfolg. Die „Lebensansichten des Katers Murr" erscheinen. Mit der nun einsetzenden Restauration wird politisch vieles schwieriger, Hoffmann protestiert gegen die Verhaftung des Turnvaters Jahn.

1822 Hoffmann karikiert in seinem letzten Werk „Meister Floh" den Polizeidirektor Kamptz. Deswegen wird gegen ihn ein Disziplinarverfahren eingeleitet.

Hoffmann stirbt am 25. Juni an einer fortschreitenden Lähmung, die man mit Hautverbrennungen zu kurieren versucht. Bis zuletzt tapfer und voller Selbstironie fragt er einen Besucher, ob dieser den Bratengeruch nicht wahrnehme.

Das Fräulein von Scuderi

Von all seinen Werken erreichte „Das Fräulein von Scuderi" zu Hoffmanns Lebzeiten den größten Erfolg. Die Lektüre einer Chronik aus dem Frankreich zur Zeit Ludwigs XIV. brachte den Dichter auf die Idee zu dieser Erzählung. Pariser Nachtschwärmer hatten beim König die Bitte eingereicht die nächtlichen Straßen sicherer zu machen, denn die Gefahr war groß, auf dem Weg zu einem Rendezvous Räubern in die Hände zu fallen. Das alte Fräulein von Scuderi habe aber dazu erklärt: „Ein Liebender, der die Diebe fürchtet, ist der Liebe nicht würdig." Auf diesem Satz baute Hoffmann seine Erzählung auf.

Immer wieder werden in Paris in der Nacht Adelige auf dem Weg zu ihren Geliebten überfallen und des Schmuckes beraubt, den sie für ihre Damen mit sich führen.

Die Täter können trotz aller Bemühungen nicht gefasst werden. Die Adeligen bitten nun den König für ihre Sicherheit zu sorgen. Ludwig XIV. wendet sich an das Fräulein von Scuderi um Rat. Die alte Dame, die als Dichterin bei Hofe lebt, äußert im Scherz den oben erwähnten Satz. Sie denkt nicht daran, dass sie damit die Verbrecher indirekt verteidigt, und ahnt nicht, dass sie bald in geheimnisvolle Mordfälle verwickelt sein wird. Ein junger Mann erscheint und überreicht ihr eine Schatulle mit wunderbarem Schmuck und einem Zettel mit ihrem Ausspruch und dem Dank der „Unsichtbaren". An der feinen Machart der Juwelen erkennt man Cardillac, den berühmtesten Goldschmied von Paris, als den Schöpfer und holt ihn herbei. Der erzählt, der Schmuck sei aus seiner Werkstatt verschwunden, er bittet aber das Fräulein ihn als Geschenk anzunehmen. Bald darauf taucht wieder der Überbringer der Schatulle mit einem Schreiben auf, sie möge den Schmuck unbedingt innerhalb zweier Tage dem Goldschmied zurückgeben. Verspätet trifft die Scuderi beim Haus Cardillacs ein und findet den Meister ermordet auf. Cardillacs Gehilfe Brusson wird der Tat verdächtigt, zumal nach seiner Verhaftung die nächtlichen Morde schlagartig aufhören. Madelon, die Tochter Cardillacs, die Verlobte Brussons, ist aber von dessen Unschuld überzeugt. Sie bittet die Scuderi um Hilfe. Brusson deckt nun dem Fräulein gegenüber die Wahrheit auf, die er Madelon zuliebe bisher verschwiegen habe. Cardillac selbst sei der Mörder seiner Kunden, er, Brusson, habe ihn einmal dabei beobachtet. Getrieben von einem Dämon seinen kunstvollen Schmuck nach dem Verkauf wieder an sich zu bringen, habe er die neuen Besitzer ermordet. Cardillac habe geglaubt diesen teuflischen Trieb überwunden zu haben, als er der Dichterin den Schmuck überließ. Brusson aber merkte, wie die dunklen Mächte wieder über den Meister die Oberhand gewannen und warnte die Scu-

Illustration zu E. T. A. Hoffmanns „Das Fräulein von Scuderi"

deri, die nun in Todesgefahr war. Doch zuvor sei Cardillac bei einem nächtlichen Anschlag tödlich verwundet worden, er, Brusson, habe ihn nach Hause gebracht. Durch den Offizier, der Cardillac in Notwehr tötete, stellt sich die Aussage Brussons als wahr heraus. Die Scuderi bewirkt mit Madelons Hilfe beim König einen Freispruch Brussons.

„Das Fräulein von Scuderi" ist ein Vorläufer der **Kriminalgeschichte**. Dementsprechend wird durch die Verzögerung der Handlung die Spannung aufgebaut, ebenso ist die Auflösung nur mittels Logik möglich. Cardillacs Wahnsinn wird nicht als fantastisch-romantisches Element, sondern als im höchsten Maße krankhaft dargestellt. Hoffmann war in seiner Bamberger Zeit mit einem Nervenarzt befreundet, dürfte also über psychische Erkrankungen gut informiert gewesen sein.

Cardillac ist krank, er wird, wie er sagt, von einem bösen Dämon beherrscht. Wie es dazu kam, erzählt er seinem Gesellen und Mitwisser Brusson:

Von meiner Mutter erzählte man mir eine wunderliche Geschichte. Als die mit mir im ersten Monat schwanger ging, schaute sie mit andern Weibern einem glänzenden Hoffest zu, das in Trianon gegeben wurde. Da fiel ihr Blick auf einen Kavalier in spanischer Kleidung mit einer blitzenden Juwelenkette um den Hals, von der sie die Augen gar nicht mehr abwenden konnte. Ihr ganzes Wesen war Begierde nach den funkelnden Steinen, die ihr ein überirdisches Gut dünkten. Derselbe Kavalier hatte vor mehreren Jahren, als meine Mutter noch nicht verheiratet, ihrer Tugend nachgestellt, war aber mit Abscheu zurückgewiesen worden. Meine Mutter erkannte ihn wieder, aber jetzt war es ihr, als sei er im Glanz der strahlenden Diamanten ein Wesen höherer Art, der Inbegriff aller Schönheit. Der Kavalier bemerkte die sehnsuchtsvollen, feurigen Blicke meiner Mutter. Er glaubte jetzt, glücklicher zu sein als vormals. Er wusste sich ihr zu nähern, noch mehr, sie von ihren Bekannten fort an einen einsamen Ort zu locken. Dort schloss er sie brünstig in seine Arme, meine Mutter fasste nach der schönen Kette, aber in demselben Augenblick sank er nieder und riss meine Mutter mit sich zu Boden. Sei es, dass ihn der Schlag plötzlich getroffen, oder aus einer anderen Ursache; genug, er war tot. Vergebens war das Bemühen meiner Mutter, sich den im Todeskampf erstarrten Armen des Leichnams zu entwinden. Die hohlen Augen, deren Sehkraft erloschen, auf sie gerichtet, wälzte der Tote sich mit ihr auf dem Boden. Ihr gellendes Hilfsgeschrei drang endlich bis zu in der Ferne Vorübergehenden, die herbeieilten und sie retteten aus den Armen des grausigen Liebhabers. Das Entsetzen warf meine Mutter auf ein schweres Krankenlager. (...) Aber die Schrecken jenes fürchterlichen Augenblicks hatten mich getroffen. Mein böser Stern war aufgegangen und hatte den Funken hinabgeschossen, der in mir eine der seltsamsten und verderblichsten Leidenschaften entzündet.

Wegen seiner unstillbaren Leidenschaft nach Gold und Edelsteinen wird Cardillac Goldschmied und bald ein Genie in dieser Kunst. Ist aber der Schmuck fertig und wird abgeholt, hört der Meister innere Stimmen und verfällt in tiefe Niedergeschlagenheit, die er nur dadurch überwinden kann, dass er „seinen" Schmuck den Besitzern stiehlt. Bald aber entwickelt sich eine starke Aggression gegenüber seinen Kunden, er tötet in der Nacht auf der Straße einen von ihnen und –

„Dies getan, fühlte ich eine Ruhe, eine Zufriedenheit in meiner Seele, wie sonst niemals. Das Gespenst war verschwunden, die Stimme des Satans schwieg. Nun wusste ich, was mein böser Stern wollte, ich musst ihm nachgeben oder untergehen!"

Mit seiner psychologischen Sicht des Menschen, seiner scharfen Beobachtungsgabe und Ironie, seinem Blick für die Nachtseiten des Lebens wurde „Gespensterhoffmann", wie ihn Zeitgenossen nannten, zu einem der wichtigsten Wegbereiter der Literatur des 19. und 20. Jahrhunderts.

Gerade die großen Dichter des Auslands, ob es nun der Engländer Lord Byron, die Franzosen Balzac und Baudelaire oder die Russen Gogol und Dostojewski und vor allem der Amerikaner Edgar Allan Poe waren, sie alle empfingen eine entscheidende Beeinflussung von diesem genialen Juristen, Maler, Komponisten und Dichter. Nicht nur in Frankreich, von wo aus die auf seinen Werken basierende Oper „Hoffmanns Erzählungen" des Komponisten Jacques Offenbach zum Welterfolg wurde, wurde Hoffmann zum Inbegriff für die tiefgründige Romantik.

Franz Ludwig Catel, Innenraum mit Bildnis Schinkels

Arbeitsvorschläge

1. Erkläre Herkunft und Bedeutung des Wortes „Romantik".
2. Inwiefern sind die Gemälde von Caspar David Friedrich romantisch? Warum sieht man die Personen seiner Bilder fast nie von vorne?
3. „In einer Zeit politischer Instabilität suchten die Romantiker nach einem festen Halt im Leben." Erläutere diese Aussage.
4. Suche Märchenhaftes und Realistisches im „Blonden Eckbert".
5. Formuliere eine dir sinnvoll erscheinende Hauptaussage dieser Märchennovelle. Ziehe dabei die auktorialen Eingriffe des Autors hinzu.
6. Wer wurde am Anfang des 19. Jahrhunderts als Philister bezeichnet?
7. Inwiefern klingt im „Taugenichts" Gesellschaftskritik an?
8. Warum kann sich der Goldschmied Cardillac nicht von seinen Kunstwerken trennen?
9. Inwiefern ist „Das Fräulein von Scuderi" ein Vorläufer der Kriminalgeschichte?

Zusammenfassung

Als Romantik bezeichnet man eine Epoche, die in Deutschland gegen Ende des 18. Jahrhunderts begann und bis weit in die 30er-Jahre des 19. Jahrhunderts reichte. Als „Universalpoesie" (Schlegel) ist sie deshalb nicht nur in der Literatur, sondern auch in der Philosophie, Malerei und in der Musik in ganz Europa gegenwärtig.

Der wichtigste Unterschied zur fast zeitgleichen Klassik ist der „Gang" in das Innere des Menschen. Sehnsucht, Traum, Unbewusstes, Sinnliches und Dämonisches spielen in der Romantik eine entscheidende Rolle. In der Volksdichtung glaubt man die wahre Poesie gefunden zu haben. Deshalb werden Märchen, Volkslieder und Sagen wieder entdeckt und gesammelt.

Besonders ausdrucksstark ist die Lyrik. In den Gedichten zeigt sich am deutlichsten das romantische Lebensgefühl, die Sehnsucht des Menschen nach einer engen Verbindung mit der Natur.

Wichtige Begriffe:
Progressive Universalpoesie – Fragment – Märchennovelle – Auktorialer Eingriff – Leitmotiv – Volkslied – Kriminalgeschichte

Geschichtlicher Hintergrund

1793–1794	Schreckensherrschaft der Jakobiner in Frankreich
1804	Kaiserkrönung Napoleons
1806	Zusammenbruch Preußens
1813–1815	Befreiungskriege
1815	Neuordnung Europas auf dem Wiener Kongress; Beginn der Restauration

Autoren und Werke

DOROTHEA SCHLEGEL (1763–1839)
Florentin

CAROLINE SCHLEGEL (1763–1809)/
AUGUST WILHELM SCHLEGEL (1767–1845)
Die Gemählde

FRIEDRICH SCHLEGEL (1772–1829)
Lucinde

NOVALIS (1772–1801)
Heinrich von Ofterdingen

LUDWIG TIECK (1773–1853)
Geschichte des Herrn William Lovell
Der blonde Eckbert

E. T. A. HOFFMANN (1776–1822)
Die Elixiere des Teufels
Das Fräulein von Scudéri
Die Lebensansichten des Katers Murr

FRIEDRICH DE LA MOTTE-FOUQUÉ (1777–1843)
Undine

CLEMENS BRENTANO (1778–1842)/
ACHIM VON ARNIM (1781–1831)
Des Knaben Wunderhorn

ADELBERT VON CHAMISSO (1781–1838)
Peter Schlemihls wundersame Geschichte

BETTINA VON ARNIM (1785–1859)
Clemens Brentanos Frühlingskranz
Dies Buch gehört dem König

JOSEPH VON EICHENDORFF (1788–1857)
Ahnung und Gegenwart
Aus dem Leben eines Taugenichts

WILHELM HAUFF (1802–1827)
Der kleine Muck

Biedermeier und Junges Deutschland

Die um 1835 entstandene anonyme Lithographie ist eine Karikatur auf die Karlsbader Beschlüsse. An der Wand hängen die Gesetze des Denkerclubs: „Schweigen ist das erste Gesetz dieser gelehrten Gesellschaft. – Auf dass kein Mitglied in Versuchung geraten möge, seiner Zunge freien Lauf zu lassen, so werden beim Eintritt Maulkörbe ausgeteilt. – Der Gegenstand, welcher in jeweiliger Sitzung durch ein reifes Nachdenken gründlich erörtert werden soll, befindet sich auf einer Tafel mit großen Buchstaben deutlich geschrieben."

1. Das Zeitalter der Restauration

Erinnerung aus Krähwinkels Schreckenstagen

Wir, Bürgermeister und Senat,
wir haben folgendes Mandat
stadtväterlichst an alle Klassen
der treuen Bürgerschaft erlassen:

„Ausländer, Fremde sind es meist,
die unter uns gesät den Geist
der Rebellion. Dergleichen Sünder,
gottlob! sind selten Landeskinder.

Auch Gottesleugner sind es meist;
wer sich von seinem Gotte reißt,
wird endlich auch abtrünnig werden
von seinen irdischen Behörden.

Der Obrigkeit gehorchen ist
die erste Pflicht für Jud und Christ.
Es schließe jeder seine Bude,
sobald es dunkelt, Christ und Jude.

Wo ihrer drei beisammenstehn,
da soll man auseinander gehn.
Des Nachts soll niemand auf den Gassen
sich ohne Leuchte sehen lassen.

Es liefre seine Waffen aus
ein jeder in dem Gildenhaus;
auch Munition von jeder Sorte
wird deponiert am selben Orte.

Wer auf der Straße räsoniert,
wird unverzüglich füsiliert;
das Räsonieren durch Gebärden
soll gleichfalls hart bestrafet werden.

Vertrauet eurem Magistrat,
der fromm und liebend schützt den Staat
durch huldreich hochwohlweises Walten;
euch ziemt es, stets das Maul zu halten."

Heinrich Heine

Kein Gedicht umschreibt besser die Zustände der Zeit von etwa 1815 bis 1848 als die 1853 entstandene Satire von Heinrich Heine. In Form einer Verordnung der (erfundenen) Stadt Krähwinkel karikiert er den Obrigkeitsstaat der Restauration. Schon allein der Name ist eine Verspottung der engen, kleinkarierten Verhältnisse in Deutschland. Ein derartiges Mandat wurde durch Ausrufer der Bevölkerung verkündet.

Gemäß der „Heiligen Allianz", des Bündnisses von Thron und Altar, das alle Fürsten Europas geschlossen hatten um ihre rückwärts gewandten Ziele zu erreichen, gelten Freigeister ohne Religion als politisch gefährlich. Um alles Revolutionäre von vornherein im Keim zu ersticken dürfen die Bürger nicht einmal zu dritt miteinander reden. Die Waffen, die man in den Befreiungskriegen bereitwillig ans Volk verteilt hatte, müssen wieder abgegeben werden. Denn die Volksbewaffnung gefährdet das Militär und damit die Macht der Fürsten. Die Brutalität der Obrigkeit wird satirisch demaskiert, als vom Erschießen, dem Füsilieren all derer die Rede ist, die räsonieren, die schimpfen. Sogar die Gebärde wird zur tödlichen Gefahr. Vollends entlarvt wird die Obrigkeit in der Sprache der letzten Strophe: Der

Als Illustration zu dem Gedicht „Deutscher Nationalreichtum" wurden um 1848 in einer Münchener Zeitschrift die Scherenschnitt-Karikaturen mit dem Titel „Leuchtkugeln" veröffentlicht.

Magistrat waltet „huldreich" und „hochwohlweise", die Untertanen aber haben „stets das Maul zu halten".

Fürst Metternich (1773–1859) war der mächtigste Politiker im Deutschen Bund, der die Herrschaftsansprüche der Fürsten verteidigte.

Die Befreiungskriege, der Aufstand gegen die Herrschaft Napoleons, waren nur möglich geworden, weil sich während der Fremdherrschaft durch die Franzosen die Völker Europas ihrer Identität bewusst geworden waren. Auch wenn Johann Gottfried Herder meinte: „Von allen Arten des Stolzes ist Nationalstolz der dümmste", verdrängte in der frühen Romantik der Nationalgedanke die Vorstellung vom Weltbürgertum aus Aufklärung und Klassik. Angeregt durch den Freiheitskampf der Spanier und Tiroler und durch die Schwäche Napoleons nach seiner Niederlage in Russland, kam es zur Erhebung Preußens 1813. Mithilfe der nationalen Begeisterung und mit der Opferbereitschaft Zehntausender gelang es, die Herrschaft der Franzosen abzuschütteln.

Auf dem Wiener Kongress 1815 gingen die Fürsten an die Neuordnung Europas. Österreichs Staatskanzler Fürst Metternich, der diese Epoche entscheidend prägte, lehnte alle nationalen und freiheitlichen, alle liberalen Bestrebungen ab, weil er die Macht der Fürsten dadurch gefährdet sah. Die politischen Verhältnisse vor der Französischen Revolution von 1789 sollten wiederhergestellt werden, in Europa begann die Epoche der Restauration.

Tief enttäuscht merkten die Bürger, die für die deutsche Einigung und für die Idee der Freiheit gekämpft hatten, dass alle Versprechungen nun nicht mehr gelten sollten.

War das Wartburgfest der studentischen Burschenschaften 1817, als man gegen den Obrigkeitsstaat demonstrierte, Metternich bereits in hohem Grade verdächtig, so bot der politische Mord an dem russischen Staatsrat Kotzebue durch einen Einzeltäter Anlass zu brutalem Durchgreifen. Mit den Karlsbader Beschlüssen 1819 wurde jegliche politische Betätigung im Sinne liberaler und nationaler Gedanken sehr gefährlich. Wer sich diesen Ideen anschloss, galt als Demagoge, als Volksverführer, und wurde verfolgt, eingesperrt oder ins Exil ins Ausland getrieben. Jedes Druckerzeugnis musste vor dem Verkauf der Obrigkeit vorgelegt werden, es herrschte strengste Zensur.

Aus diesen Verhältnissen heraus leiteten sich zwei Verhaltensmuster ab: einmal die Hinwendung zur resignierenden Verinnerlichung, zu Literatur und Musik, fern jeglicher Politik. „Politisch Lied, ein garstig Lied" hieß es schon in Goethes „Faust". Aus dieser Haltung heraus erwuchs die Epoche des Biedermeier, ge-

„Die Auferstehung der Zensur", eine Lithographie aus dem Jahr 1832

nannt nach einer Sammlung von Spottgedichten Ludwig Eichrodts auf alles biedere Althergebrachte mit dem Titel: „Gedichte des schwäbischen Schulmeisters Gottlieb Biedermaier". Zum anderen förderten aber gerade Ereignisse wie die Julirevolution 1830 in Frankreich die Bereitschaft die politische Auseinandersetzung verstärkt aufzunehmen. Diese kämpferische Einstellung – auch in der Literatur – wird als Junges Deutschland oder nach der Zeit vor der Märzrevolution 1848 als Vormärz bezeichnet.

2. Das Biedermeier

Nach all den Jahren des Krieges und der Unruhen verwundert es nicht, dass die Sehnsucht nach innerem Frieden und einem zwar einfachen, aber gemütlichen Leben bei vielen Menschen groß war.
Gerade mit dem Begriff „Biedermeier" verbindet man heute die Vorstellung von schönen, bequemen Möbeln.
Obwohl zeitgleich mit der Romantik, wurde im Gegensatz zu dieser in der Literatur des Biedermeier alles Verwirrende, Dämonische und Leidenschaftliche ausgespart. Dargestellt wurden die Verbundenheit zu Heimat und Religion, Ordnung, Familiensinn und bescheidenes Glück. Aus dieser mitunter etwas kleinkariert wirkenden Idylle ragen die Werke der großen Dichter dieser Epoche hervor: des schwäbischen Pfarrers Eduard Mörike und der Österreicher Franz Grillparzer und Adalbert Stifter. Überhaupt war Wien, die Metropole des jungen Kaiserreichs Österreich, die entscheidende Theaterstadt zu dieser Zeit im deutschsprachigen Raum. Franz Grillparzer schrieb hier seine großen Dramen wie „König Ottokars Glück und Ende", „Des Meeres und der Liebe Wellen" und „Der Traum ein Leben". Daneben wurde durch Ferdinand Raimund und Johann Nestroy die alte Tradition des Wiener Volkstheaters erneuert. Das Volksstück, zurückgehend auf barocke Traditionen, wird durch die beiden zu einer bis heute oft gespielten Gattung. Raimunds Zaubermär-

Biedermeierzimmer in der ersten Hälfte des 19. Jahrhunderts, Möblierung aus Schlössern des bayerischen Königs

Die Dichter Franz Grillparzer, Adalbert Stifter und Eduard Mörike (von links oben nach rechts unten)

chen „Der Bauer als Millionär" oder „Der Verschwender" haben einen glücklichen Ausgang und mahnen den Zuschauer zur Zufriedenheit. Dadurch und durch die Suche der Helden nach dem kleinen Glück erweisen sich diese Volksstücke als geradezu typisch für den Geist der Biedermeierzeit.
In Norddeutschland entstand zu dieser Zeit das Werk von Annette von Droste-Hülshoff, die in ihren Gedichten und Erzählungen den Einbruch des Magischen und Unheimlichen in die von Menschen geordnete Welt zeigt.

3. Annette von Droste-Hülshoff

1797 wird Annette von Droste-Hülshoff auf dem Wasserschloss ihrer Familie in der Nähe von Münster in Westfalen geboren. Sie wächst in der Welt des westfälischen Landadels auf. Familienbesuche in der weitläufigen Verwandtschaft, das Erleben der einsamen Landschaft Westfalens mit seinen Mooren und Wäldern bestimmen ihre Jugend. Selbstverständlich erhält sie als Adelige eine gediegene Ausbildung durch Hauslehrer. Trotz ihres Standes reißt der Kontakt zu den einfachen Leuten nie ab, deren Bräuche und Gespenstergeschichten in die späteren Erzählungen der Droste eingehen. Bereits in den Gedichten der 16-Jährigen klingt ihr Selbstverständnis, ihr Wunsch nach Emanzipation an: „Fesseln will man uns am eig'nen Herde, Unsere Sehnsucht nennt man Wahn und Traum, Und das Herz, dieses kleine Klümpchen Erde, Hat doch für die ganze Schöpfung Raum!"
1813 Annette von Droste-Hülshoff lernt die Brüder Grimm kennen, sie hilft ihnen auf der Suche nach Volksmärchen. In den folgenden Jahren hält sie sich oft im Kreise ihrer großen Verwandtschaft auf. Unter den vielen jungen Leuten herrscht eine recht vergnügte, ausgelassene Stimmung: „Komme bald", drängt einer einen Freund, „denn du weißt, nirgends küsst's sich so gut wie in den Treibhäusern von Bökendorf und Hülshoff!" Die Droste lernt zwei junge Männer kennen, sie steht gefühlsmäßig zwischen den beiden, die ihr Vertrauen missbrauchen. In der ganzen Familie wird schließlich von den Fehltritten der unmoralischen und gewissenlosen Annette geklatscht.

Annette von Droste-Hülshoff im Jahr 1838, Gemälde von J. Sprick

1826 Erst 1825 ist die große Enttäuschung einigermaßen überwunden, eine Reise nach Köln zu Freunden gibt der Droste neuen Lebensmut. Auch nimmt sie Verbindung mit literarischen Kreisen auf. Doch schon 1826 gibt es wieder einen großen Einschnitt in ihrem Leben, der Vater stirbt. Annette bezieht mit ihrer Mutter den Witwensitz Rüschhaus, wo sie zurückgezogen lebt.
1829 Annette von Droste-Hülshoff erkrankt schwer an Lungentuberkulose, sie wird nie wieder völlig gesund. In diesen Jahren entstehen verschiedene Verserzählungen wie „Das Hospiz auf dem großen Sankt Bernhard", „Des Arztes Vermächtnis" und „Die Schlacht im Loener Bruch".

Die Wasserburg Hülshoff bei Münster

1835 Durch die Heirat ihrer Schwester Jenny mit dem Freiherrn von Laßberg, einem begeisterten Sammler mittelhochdeutscher Handschriften, ergeben sich für die Droste neue Wohnmöglichkeiten, zuerst Schloss Eppishausen in der Schweiz und dann Schloss Meersburg am Bodensee, wo ihre bedeutendsten Werke entstehen. In diesen Jahren wird erstmals ein Buch mit ihren Gedichten herausgegeben, mit nur 74 verkauften Exemplaren ein mäßiger Erfolg. Im Alter von über 40 Jahren ist die Droste eine ziemlich unbekannte Dichterin, weit davon entfernt, von ihrer Arbeit leben zu können. Noch ist ihr Leben weitgehend ereignislos: Besuche bei Kranken, einsame Wanderungen und Spukgeschichten, die sie den Kindern aus der Nachbarschaft von Rüschhaus erzählt. Ein Treffen mit literarisch Interessierten wird schon zum Höhepunkt eines ganzen Monats. In diesen Jahren wird der religiöse, sehr eindringliche Gedichtzyklus „Das geistliche Jahr" abgeschlossen, aber nicht veröffentlicht.
1837 Annette von Droste-Hülshoff lernt Levin Schücking kennen. Diese Beziehung gibt ihrem Schaffen neuen Auftrieb, und sie beginnt mit der Novelle „Die Judenbuche", die sie 1841 abschließt.

Der 20-DM-Schein der ehemaligen Währung der Bundesrepublik Deutschland mit dem Porträt Annette von Droste-Hülshoffs zeigt auf der Rückseite die Buche als Symbol ihres Hauptwerks und das Schreibutensil der Schriftstellerin.

1841 Levin Schücking wird auf Betreiben der Droste Bibliothekar auf Schloss Meersburg, sie will mit dem Freund dort eng zusammenarbeiten. In sechs Monaten entstehen 54 Balladen, die zu den besten der deutschen Literatur gehören, darunter „Der Knabe im Moor". Als Schücking Meersburg verlässt, leidet die Dichterin entsetzlich, erst recht, als er 1843 heiratet.

1844 Endlich wird Annette von Droste-Hülshoff als Dichterin anerkannt, ihre Gedichte erscheinen, sie wird berühmt. Doch ihr Gesundheitszustand wird immer schlechter, sie kann kaum noch arbeiten. Aus ihrer Liebe zu Schücking wird tiefe Abneigung. Resigniert erlebt sie noch die Märzrevolution von 1848, die sie entschieden ablehnt.
1848 Am 24. Mai 1848 stirbt Annette von Droste-Hülshoff und wird in Meersburg am Bodensee begraben.

Die Judenbuche

Die wichtigsten Elemente im Leben der Annette von Droste-Hülshoff sind die Familie, ihr katholischer Glaube und ihre Heimat Westfalen. Im Jahr 1837 entschließt sie sich eine realistische Heimatgeschichte zu schreiben. Der Stoff dazu begleitet sie seit ihrer Kindheit. Es geht um einen Kriminalfall aus dem Jahr 1782, bei dem ein Knecht einen jüdischen Händler erschlug. Auf der Flucht geriet er in algerische Sklaverei, von wo aus er ein Gesuch an seinen Landesherrn schickte, man möge ihn freikaufen. Annettes Großvater war in den Fall verwickelt, da er als hoher Beamter am Hofe des Bischofs das Gesuch ablehnte. Der Täter kehrte 1807, von den Franzosen befreit, in sein Dorf zurück. Dort blieb er ein Ausgestoßener, obwohl der Mord verjährt war, und erhängte sich in der Nähe des Baumes, den die Judengemeinde mit einer Verfluchung gekennzeichnet hatte. In ihrer „Kriminalgeschichte", wie die Dichterin ihr Werk nennt – der Titel „Die Judenbuche" stammt von einem Zeitungsredakteur –, stellte sie exakt den Vorgang nach.
„Dies alles hat sich wirklich zugetragen; ich kann nichts davon oder dazu tun."
Dabei interessierte sie sich aber nicht so sehr für den Mord, als vielmehr für die Vorgeschichte des Täters und die psychologischen Hintergründe.

1738 wird in dem westfälischen Dorf B. Friedrich Mergel als einziges Kind eines Kleinhäuslers geboren. Der Vater ist ein Säufer, traktiert Friedrichs Mutter und stirbt unter rätselhaften Umständen in einer gespenstischen Dreikönigsnacht. Simon, ein Onkel, nimmt sich des Jungen an und gibt ihm Arbeit. Simon Semmler geht dunklen Geschäften nach und steht offenbar in Kontakt mit einer skrupellosen Bande von Holzdieben, Blaukittel genannt. Bei ihm lebt ein verschüchterter Knabe, Johannes Niemand, als Schweinehirt, wie es scheint, ein unehelicher Sohn des Onkels. Friedrich wird zur rechten Hand des Onkels. Er wird bald wegen seiner Tapferkeit und seines „Hangs zum Großtun" bewundert und zugleich gefürchtet. Friedrich ist offensichtlich in die dunklen Geschäfte des Onkels verstrickt und lädt große, aber nicht nachweisbare Schuld auf sich, als er eines Nachts den Förster Brandis den Blaukitteln in die Arme treibt, die ihn töten. Vor Gericht erkennt er die Mordwaffe als Axt seines Onkels, schweigt aber. Friedrich, sehr selbstbewusst und auch finanziell auftrumpfend, blamiert sich auf einem Tanzfest im Oktober 1760, als der Jude Aaron, dem er zehn Taler schuldet, vor der Dorfgesellschaft von ihm das Geld eintreiben will. Danach ist Aaron verschwunden, bis er nach drei Tagen ermordet aufgefunden wird. Als Friedrich verhaftet werden soll, sind er und Johannes Niemand verschwunden. Die jüdische Gemeinde der Gegend kauft die Buche, unter der Aaron ermordet wurde, und versieht sie mit der Inschrift in hebräischer Sprache: „Wenn du dich diesem Orte nahest, so wird es dir ergehen, wie du mir getan hast." Ein halbes Jahr darauf wird bekannt, dass sich in der Nachbargegend ein Verbrecher kurz vor dem Selbstmord der Tat an Aaron bezichtigt hatte. Trotz dieser Entlastung bleiben Friedrich und Johannes spurlos verschwunden.
28 Jahre später gelangt am Heiligen Abend eine elende Gestalt ins Dorf und gibt sich als Johannes Niemand aus, der aus der türkischen Sklaverei kommt. Der Gutsherr, in dessen Gerichtsbarkeit der Fall Aaron lag, nimmt sich des Mannes an und beschäftigt ihn mit Botengängen. Im Herbst des darauf folgenden Jahres wird Johannes vermisst und schließlich an der Judenbuche erhängt aufgefunden. Durch eine Narbe am Hals wird der Tote als

Friedrich Mergel identifiziert, den an dem Baum sein Schicksal ereilte.

Die Novelle beginnt mit einem Prolog, einem Gedicht, in dem davor gewarnt wird, dass jemand aus geordneten Lebensumständen auf einen armen, elenden, von den Verhältnissen verführten Menschen den ersten Stein wirft. Diesem im Grunde recht modernen Hinweis auf die Bedeutung des Milieus für die Entwicklung des Menschen folgen zwei fast getrennte Erzählungen: die Geschichte über Friedrich Mergels Kindheit und Jugend und die über den Mord am Juden Aaron, über die Flucht Friedrichs, seine Heimkehr als Johannes Niemand und seinen Tod.

Ähnlich wie in E. T. A. Hoffmanns „Das Fräulein von Scuderi" der Goldschmied Cardillac schon vor seiner Geburt durch ein entsetzliches Erlebnis seiner Mutter psychisch Schaden erleidet, so ist Friedrich Mergel durch seinen Vater, einen brutalen Säufer, negativ geprägt. Die schlechten Eigenschaften des Jungen, seine Neigung zur Verwahrlosung wie seine plötzlich hervorbrechende Großmannssucht, sind Erbteile des Vaters, gegen die die Religiosität der Mutter nicht ankommt. Nicht die Frömmigkeit der Mutter, wohl aber ihre

Die Droste auf einer alten Fotografie gegen Ende ihres Lebens

Vorurteile gegen die Juden fallen bei dem Knaben auf fruchtbaren Boden, denn gerade von einem Juden bloßgestellt zu werden, löst später den Mord an Aaron aus.

Nachdem der Vater in einer gespenstischen Winternacht auf rätselhafte Weise im Brederholz ums Leben gekommen war, übernimmt der Onkel Simon Semmler die Erziehung des Knaben. Skrupellos testet er in der Nacht im Brederholz am Fundort der Leiche von Friedrichs Vater die seelische Belastbarkeit des Knaben und macht ihn nach und nach zu seinem Komplizen, der die Mutter hungern lässt, während er selbst vor der Dorfgemeinschaft mit Wohlstand glänzen will. Friedrichs ursprünglich stilles, verträumtes Wesen geht auf Johannes Niemand über, sein Spiegelbild.

Alle entscheidenden Ereignisse dieser Novelle finden im nächtlichen Wald statt, im Brederholz: der Tod des alten Mergel, der Waldfrevel der Blaukittel, die Morde am Förster Brandis und am Juden Aaron. Die Nacht wird darüber hinaus zum Symbol für die Blindheit der menschlichen Justiz: Weder werden die Morde aufgeklärt, noch die Blaukittel ertappt. Überhaupt ist die Novelle reich an wichtigen Symbolen. Die zerbrochene Flasche, mit der sich der Trinker Mergel das Gesicht zerschneidet, steht genauso für die Selbstzerstörung des Alten wie die silberne Uhr Friedrichs für dessen verderbliche Großmannssucht. Kurz bevor er sich aufhängt, sehen Kinder, wie Friedrich Mergel seinen Löffel entzweischneidet, Symbol seines Todestriebes. Vor allem aber die Buche wird zum **Dingsymbol**, zum Gegenstand von besonderer Bedeutung im Ablauf der Novelle. Inmitten eines abgeholzten Waldes stehend charakterisiert sie die vom Menschen geschändete Natur. Wie magnetisch angezogen, kreist Friedrich Mergel um das Brederholz, in dem die Buche steht, bis sich an ihm die Magie des Fluches vollzieht, den die Glaubensgenossen des ermordeten Aaron in den Stamm hieben.

Die Novelle in ihrer Mischung aus Realität, Übersinnlichem und Psychologie erlaubt keine einseitige Deutung. Ob man die Mahnung

Der Zug zur Burgruine bei Hambach 1832, an dem sich 30.000 Menschen beteiligten

des Neuen Testaments zum Verzeihen im Anfangsprolog, das alttestamentarische „Auge um Auge, Zahn um Zahn" im Fluch oder die auf das Heidentum zurückgehende Vorstellung von einem magischen Ort in den Vordergrund stellt, kein Deutungsversuch kann voll zufrieden stellen. Genauso rätselhaft ist sowohl die Identifizierung des toten Mergel anhand einer Narbe, von der nie die Rede war, als auch die Frage, wie sich der Krüppel ohne Leiter an der Buche erhängen konnte. Dieser Verhüllungseffekt wird durch die Erzähltechnik noch verstärkt: Während aller entscheidenden Ereignisse verweilt die Erzählung an einem anderen Punkt. So lenkt, zum Beispiel als der Förster erschlagen wird, die Droste die Erzählung ins Haus Mergel. Dadurch wird eine Steigerung der Spannung und eine größtmögliche Konzentration des Lesers erreicht.

4. Junges Deutschland

Die Julirevolution 1830 in Frankreich, die das Bürgertum zur entscheidenden Kraft im Staat machte, zeigte auch Auswirkungen in Deutschland. Auf Kundgebungen wurden freiheitliche Verfassungen und Deutschlands Einheit gefordert. Bedeutendste Demonstration dieser Art war das Fest auf der Hambacher Schlossruine im Mai 1832.

Die Fürsten reagierten wie üblich im Zeitalter der Restauration mit Unterdrückung: Rede- und Versammlungsfreiheit wurden aufgehoben, die Pressezensur verschärft. Hunderte von „Demagogen" wurden verhaftet. Doch der Freiheitsgedanke ließ sich nicht mehr unterdrücken. Als in Hannover die liberale Verfassung abgeschafft wurde, protestierten sieben Professoren der Göttinger Universität, unter ihnen die Gebrüder Grimm. „Die Göttinger Sieben" wurden in ganz Deutschland berühmt. Viele Schriftsteller arbeiteten an Zeitschriften mit und nahmen zu politischen Fragen Stellung. Viele wurden von der Obrigkeit verfolgt. Sie werden unter der Bezeichnung „Junges Deutschland" zusammengefasst. Heinrich Heine kann als eines ihrer Vorbilder angesehen werden: „Jetzt gilt es die höchsten Interessen des Lebens selbst, die Revolution tritt in die Literatur!", schrieb Heinrich Heine um 1830. Für ihn gab es – wie auch für andere Dichter – nur das Leben im Ausland, im Exil in Paris.

5. Heinrich Heine

1797 Harry Heine kommt als Sohn eines jüdischen Kaufmanns in Düsseldorf zur Welt. Erst beim Übertritt zum Christentum nimmt er den Vornamen Heinrich an.

1807 Mit neun Jahren kommt er in eine Klosterschule. Die französische Kultur ist in dieser Zeit dominierend. Fast ein Drittel des Unterrichts besteht aus französischer Grammatik und Literatur. Der Knabe Harry ist einerseits sehr empfindlich – jede Art von Lärm schmerzt ihn – andererseits ist er seinen Klassenkameraden wegen seines wilden, frühreifen Wesens überlegen. Gegen privaten Geigen- und Tanzunterricht wehrt er sich mit Erfolg: Die Spannungen zwischen dem Tanzlehrer und ihm werden so groß, dass der gereizte Junge den kleinen, dürren Lehrer aus dem Fenster wirft. Der fällt zwar weich auf einen Misthaufen, die Eltern des rabiaten Zöglings müssen aber Schmerzensgeld zahlen. Heinrich lernt die Nichte eines Scharfrichters kennen, die ihm viele alte Volkslieder vorsingt und ihn mit der Romantik vertraut macht.

1817 Heine tritt auf Wunsch seiner Eltern in das Bankgeschäft des Onkels Salomon in Hamburg ein. Zwei Jahre später gibt ihm der Onkel finanzielle Mittel zu einem eigenen Manufakturwarengeschäft. Anfang 1819 ist der völlig unbegabte Geschäftsmann Heine pleite. Wieder hilft der Onkel. Mit seiner Unterstützung soll Heine drei Jahre Jura studieren und sich dann als Anwalt niederlassen. Zwischen Onkel und Neffen entwickelt sich im Laufe der Jahre eine Art Hassliebe: Salomon Heine: „Hätte der dumme Junge was gelernt, so brauchte er nicht zu schreiben Bücher." Heinrich Heine: „Das Beste an ihm ist, dass er meinen Namen trägt."

1819 In Bonn und Göttingen studiert er Jura, am meisten ist er aber von den Vorlesungen des Ro-

Der Stich aus einem Stammbuch zeigt Studenten auf der Mensur (Zweikampf in einer Studentenverbindung). Heinrich Heine duellierte sich mehrmals in seinem Leben. 1821 musste er „wegen Übertretung der Duellgesetze" die Universität Göttingen verlassen.

mantikers August Wilhelm Schlegel beeindruckt. In Seminararbeiten zeigt sich bereits seine Anlage zur Satire. In Göttingen klagt Heine über inhaltsleere Vorlesungen der Professoren und über die scharfe Trennung zwischen den adeligen und bürgerlichen Studentenverbindungen und deren „Deutschtümelei". Wegen eines Streites mit einem Studenten kommt es fast zu einem Duell. Dies wird zwar verhindert, Heine muss aber für ein halbes Jahr die Universität verlassen.

1821 Heine kommt nach Berlin. Er trifft sich häufig im Salon der Rahel Levin, einer emanzipierten Jüdin, mit Humboldt, Hegel, Chamisso und Fouqué. Sein Verhältnis zu Deutschland ist gespalten, was in verschiedenen Äußerungen zum Ausdruck kommt: „O Deutschland! Land der Eichen und des Stumpfsinns! (...) Alles Deutsche wirkt auf mich wie ein Brechpulver. (...) In meiner Seele liegt zu sehr Liebe für Deutschland und Verehrung deutscher Herrlichkeit."

1824 Nach einer Wanderung im Herbst entsteht Heines erstes Hauptwerk: „Die Harzreise". Ein Jahr später schließt er sein juristisches Studium in Göttingen mehr schlecht als recht ab. Unentschlossen treibt er sich in der Welt herum. Hamburg, die Inseln Norderney und Helgoland, England und Italien sind seine Stationen.

1827 Die auf den Reisen geschriebenen Gedichte erscheinen im „Buch der Lieder". Sie erregen großes Aufsehen und Bewunderung.

1830 Heine lebt in Hamburg und besucht Helgoland.

1831 Am 1. Mai geht Heine für immer nach Paris, dem Mekka der Liberalen. Er arbeitet als Korrespondent der „Allgemeinen Zeitung" und französischer Journale.

1834 Heine lernt seine spätere Frau Mathilde kennen. Sie hat einen ausgeprägten Willen und eine stabile Gesundheit. Der Dichter erträgt ihre Launen mit Ironie, seine Eifersucht dagegen ist grenzenlos: Mathildes Papagei Cocotte tötet er mit Rattengift.

1835 Obwohl der Deutsche Bundestag Heines Bücher verbietet, kommt Heine finanziell über die Runden. Von der französischen Regierung erhält er eine Jahresrente, Mäzene wie Baron Rothschild sowie sein Onkel Salomon unterstützen ihn regelmäßig.

1843 Heine ist seit seiner Emigration zum ersten Mal wieder in Deutschland.

1844 Im Anschluss an seine Reise entsteht „Deutschland. Ein Wintermärchen". Im selben Jahr stirbt Heines Onkel Salomon, ohne dass er die seinem Neffen versprochene Rente in einem Testament festgehalten hat. Dies führt zu jahrelangem Erbschaftsstreit.

1848 Heine erkrankt an Rückenmarkschwindsucht. Sie ist nur der Endpunkt lebenslangen Lei-

Titelblatt der Erstausgabe „Buch der Lieder" von Heinrich Heine

Das Porträt Heinrich Heines entstand während einer Reise des Dichters von Hamburg nach Paris 1831.

dens. Bereits in seiner Jugend litt er unter quälenden Kopfschmerzen und Depressionen. In den ersten Jahren in Paris zeigten sich bereits Lähmungserscheinungen. Das gelähmte Augenlid musste er mit dem Finger heben um jemanden zu erkennen. Jetzt überwältigt ihn die Krankheit endgültig. Morphium wird zu seinem Halt, es lindert die schlimmsten Schmerzen. Die letzten acht Jahre verbringt Heine auf einem halben Dutzend aufeinander gelegter Matratzen, liebevoll von seiner Frau gepflegt. Am Anfang seines Leidens erhält er noch häufiger Besuch, später weiß kaum noch jemand seine Adresse.

1856 Im Alter von 59 Jahren stirbt Heine in Paris. Er wird seinem Wunsch gemäß auf dem Friedhof Montmartre begraben.

Heinrich Heine und seine Frau Mathilde

Die Harzreise

Heinrich Heines Prosadichtungen haben bei den Zeitgenossen zunächst mehr Aufsehen erregt als seine Gedichte. Die „Harzreise" erschien 1826 in einer Berliner Zeitschrift, allerdings stark verändert durch die preußische Zensur.

Heines Dichtung gehört zur Gattung der **Reisebilder**, die zwischen 1750 und 1850 sehr populär war. Im Zeitalter der Postkutsche war das Reisen zwar langsam und unbequem, dennoch fuhr man in den 20er- und 30er-Jahren des 19. Jahrhunderts häufig, um die Welt kennen zu lernen. Alle größeren Städte hatten bereits feste Verkehrsverbindungen, auch früher eher unzugängliche Gegenden, wie zum Beispiel der Harz, wurden touristisch erschlossen.

Heine schildert eine im Herbst 1824 unternommene Wanderung von Göttingen, wo er studierte, in den Harz. Sie führte ihn über Northeim, Osterode, Clausthal und Goslar auf den höchsten Berg des Harzes, den Brocken. Die Reisebeschreibung endet abrupt mit der Besteigung des Ilsensteins, sie ist also nur als Fragment erhalten. Auch wenn in der „Harzreise" Stadt- und Landschaftsbeschreibungen enthalten sind, handelt es sich keineswegs um einen modernen Reiseführer, der Sehenswürdigkeiten beschreibt. In Reisebildern der damaligen Zeit teilt ein Berichterstatter seine Beobachtungen in dichterisch ausgestalteter Weise mit um sein Publikum zu unterhalten oder auch zu politischer Urteilsfähigkeit zu erziehen. Neben schwärmerischen Naturschilderungen, die an die Romantik erinnern, verspottet Heine in der „Harzreise" vor allem das Spießbürgertum:

Die Stadt Göttingen, berühmt durch ihre Würste und Universität, gehört dem Könige von Hannover, und enthält 999 Feuerstellen, diverse Kirchen, eine Entbindungsanstalt, eine Sternwarte, einen Karzer (Studentengefängnis, die Verf.), eine Bibliothek und einen Ratskeller, wo das Bier sehr gut ist. (...) Die Stadt selbst ist schön und gefällt einem am besten, wenn man sie mit dem Rücken ansieht. (...) Im Allgemeinen werden die Bewohner Göttingens eingeteilt in Studenten, Professoren, Philister und Vieh; welche vier Stände doch nichts weniger als streng geschieden sind. Der Viehstand ist der bedeutendste. Die Namen aller Studenten und aller ordentlichen und unordentlichen Professoren hier herzuzählen, wäre zu weitläufig; auch sind mir in diesem Augenblick nicht alle Studentennamen im Gedächtnisse und unter den Professoren sind manche, die noch gar keinen Namen haben. Die Zahl der Göttinger Philister muss sehr groß sein, wie Sand, oder besser gesagt, wie Kot am Meer; wahrlich, wenn ich sie des Morgens, mit ihren schmutzigen Gesichtern und weißen Rechnungen, vor den Pforten des akademischen Gerichtes aufgepflanzt sah, so mochte ich kaum begreifen, wie Gott nur so viel Lumpenpack erschaffen konnte.

Das Haus auf dem Brocken im Harz mit der Turmwarte

Man kann sich gut vorstellen, dass sich die „Harzreise“ im Zeitalter der Restauration zu einem Skandal entwickelte. Einige Zeitgenossen fanden sich sogar in bissigen Porträts wieder. So wurde ein „schwarzer Makler, der in Hamburg mit seinem spitzbübischen Manufakturwarengesicht herumläuft“ einmal auf offener Straße handgreiflich um sich an Heine für die Bloßstellung zu rächen. Der engen Philisterwelt stellt Heine bewusst ein Bild der Freiheit und des Lebens gegenüber. Dies bedeutet aber nicht eine uneingeschränkte Verklärung der Landbevölkerung. An den Bergarbeitern in Clausthal zum Beispiel kritisiert er deren Untertanengeist. Sie „würden sich gern totschlagen lassen für den lieben, dicken Herzog und das ganze Haus Hannover“.

Der Höhepunkt der Harzreise ist die Besteigung des Brocken. Heine gibt seine Empfindungen durch einige Gedichte wieder, die später in das „Buch der Lieder“ aufgenommen werden. Auch auf dem Gipfel des Harzes verliert Heine seinen trockenen Witz nicht: Das herrliche Naturschauspiel eines Sonnenuntergangs veranlasst einen jungen Kaufmann zu der Bemerkung: „Wie ist doch die Natur im Allgemeinen so schön!“

Heinrich Heine war nicht der einzige Autor, dessen Bücher verboten wurden. Der Schriftsteller und Arzt Georg Büchner musste wegen seiner politischen Flugschrift „Der hessische Landbote“ ins Ausland fliehen.

Durch das Weender Tor verließ Heinrich Heine die Stadt Göttingen.

6. Georg Büchner

1813 Karl Georg Büchner wird als Sohn eines Arztes in Goddelau (Hessen) geboren. Drei Jahre später zieht die Familie wegen einer Versetzung des Vaters nach Darmstadt um.
1822 Nach Elementar-Unterricht bei seiner Mutter geht Georg in eine Privatschule.
1825 Im Frühjahr wechselt Georg auf ein Gymnasium in Darmstadt. Während der gesamten Schulzeit hält er immer wieder Reden in lateinischer Sprache.
1831 Nach Vorbereitungen im Labor des Vaters schreibt sich Büchner als Medizinstudent an der Straßburger Universität ein. Er wohnt bei einem Pfarrer, mit dessen Tochter Minna Jaeglé er sich später verlobt.
1833 Neben seinem Studium beschäftigt sich Büchner in Vorträgen mit den politischen Verhältnissen in Deutschland. An seine Eltern schreibt er zwar, dass er sich nicht selbst in „revolutionäre Kinderstreiche" einlassen werde, er aber dennoch eine gewaltsame Auseinandersetzung in Deutschland für nötig halte, damit die sozialen und politischen Probleme gelöst werden. Büchner kehrt nach Deutschland an die Universität in Gießen zurück, wo er nach Landesgesetzen sein Studium abschließen muss. Im November erkrankt er an einer Hirnhautentzündung.
1834 Büchner gründet in Gießen und Darmstadt die „Gesellschaft für Menschenrechte" und entwirft den „Hessischen Landboten". Sein Freund Minnigerode wird mit 158 gedruckten Exemplaren des Flugblattes verhaftet. Büchner selbst findet daheim seinen Schrank versiegelt und seine Papiere durchsucht. Er reist nach Offenbach und Frankfurt um seine Freunde zu warnen, kann aber die Verhaftung zahlreicher Mitglieder der „Gesellschaft für Menschenrechte" nicht verhindern. Der Versuch Minnigerode aus dem Gefängnis zu befreien scheitert.
1835 Am Anfang des Jahres wird Büchner von Untersuchungsrichtern in Offenbach verhört. Kurz vor einer zweiten gerichtlichen Vorladung flieht Büchner im März über die französische Grenze nach Straßburg. Wenige Tage später wird gegen ihn ein Steckbrief erlassen.
Trotz ständiger Bedrohung ist Büchner neben naturwissenschaftlichen Studien auch literarisch tätig. Das Drama „Dantons Tod" und die Novelle „Lenz" erscheinen noch im selben Jahr.
1836 Für ein Preisausschreiben des Cotta-Verlags schickt Büchner die Komödie „Leonce und Lena" nach Deutschland. Aufgrund der Untersuchung „Über das Nervensystem der Fische" erhält Büchner den Doktortitel in Zürich. Nach bestande-

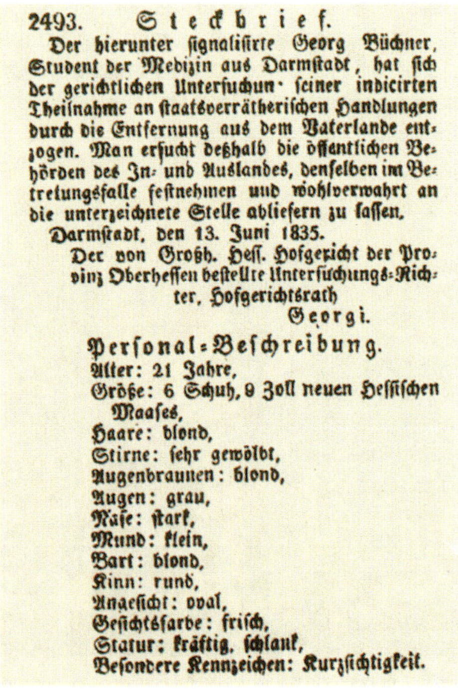

2493. Steckbrief.

Der hierunter signalisirte Georg Büchner, Student der Medizin aus Darmstadt, hat sich der gerichtlichen Untersuchun· seiner indicirten Theilnahme an staatsverrätherischen Handlungen durch die Entfernung aus dem Vaterlande entzogen. Man ersucht deßhalb die öffentlichen Behörden des In- und Auslandes, denselben im Betretungsfalle festnehmen und wohlverwahrt an die unterzeichnete Stelle abliefern zu lassen.

Darmstadt, den 13. Juni 1835.

Der von Großh. Hess. Hofgericht der Provinz Oberhessen bestellte Untersuchungs-Richter, Hofgerichtsrath
Georgi.

Personal-Beschreibung.

Alter: 21 Jahre,
Größe: 6 Schuh, 9 Zoll neuen Hessischen Maases,
Haare: blond,
Stirne: sehr gewölbt,
Augenbraunen: blond,
Augen: grau,
Nase: stark,
Mund: klein,
Bart: blond,
Kinn: rund,
Angesicht: oval,
Gesichtsfarbe: frisch,
Statur: kräftig, schlank,
Besondere Kennzeichen: Kurzsichtigkeit.

Der Steckbrief zur Ergreifung Georg Büchners

Georg Büchner

ner Probevorlesung „Über Schädelnerven“ erhält er die Befähigung an der Züricher Universität als Privatdozent zu lehren. Im September beginnt Büchner am „Woyzeck“ zu arbeiten. Bei seinem Tod steht das Schauspiel kurz vor dem Abschluss.

1837 Büchner erkrankt mit 24 Jahren plötzlich an einer tödlichen Typhusinfektion. Von Tag zu Tag verschlechtert sich sein Zustand. Am 19. Februar können die Ärzte nur noch seinen Tod feststellen.

Georg Büchners revolutionärste Schrift, der „Hessische Landbote“, war nur acht Seiten lang und hatte auch keine größere Auflage als 1.000 Exemplare. Warum musste Büchner wegen dieser kleinen, 1834 anonym gedruckten **Flugschrift** dennoch ins Ausland flüchten?

Bereits der Anfang der zusammen mit dem protestantischen Theologen Friedrich Weidig verfassten Schrift musste auf die Fürsten wie eine Ohrfeige wirken:

Friede den Hütten! Krieg den Palästen!

Im Jahr 1834 siehet es aus, als würde die Bibel Lügen gestraft. Es sieht aus, als hätte Gott die Bauern und Handwerker am 5ten Tage, und die Fürsten und Vornehmen am 6ten gemacht, und als hätte der Herr zu diesen gesagt: Herrschet über alles Getier, das auf Erden kriecht, und hätte die Bauern und Bürger zum Gewürm gezählt. Das Leben der Vornehmen ist ein langer Sonntag, sie wohnen in schönen Häusern, sie tragen zierliche Kleider, sie haben feiste Gesichter und reden eine eigne Sprache; das Volk aber liegt vor ihnen wie Dünger auf dem Acker. Der Bauer geht hinter dem Pflug, der Vornehme aber geht hinter ihm und dem Pflug und treibt ihn mit den Ochsen am Pflug, er nimmt das Korn und lässt ihm die Stoppeln.

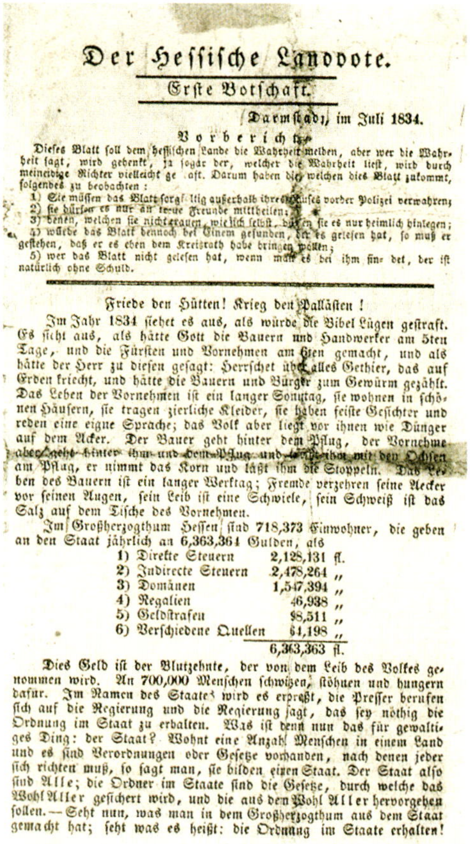

Der Hessische Landbote.

Erste Botschaft.

Darmstadt, im Juli 1834.

Vorbericht.

Dieses Blatt soll dem hessischen Lande die Wahrheit melden, aber wer die Wahrheit sagt, wird gehenkt, ja sogar der, welcher die Wahrheit liest, wird durch meineidige Richter vielleicht ge[...]aft. Darum haben die, welchen dies Blatt zukommt, folgendes zu beobachten:

1) Sie müssen das Blatt sorgfältig außerhalb ihres Hauses vor der Polizei verwahren;
2) sie dürfen es nur an treue Freunde mittheilen;
3) denen, welchen sie nicht trauen, wie sich selbst, dürfen sie es nur heimlich hinlegen;
4) würde das Blatt dennoch bei Einem gefunden, der es gelesen hat, so muß er gestehen, daß er es eben dem Kreisrath habe bringen wollen;
5) wer das Blatt nicht gelesen hat, wenn man es bei ihm findet, der ist natürlich ohne Schuld.

Friede den Hütten! Krieg den Pallästen!

Im Jahr 1834 siehet es aus, als würde die Bibel Lügen gestraft. Es sieht aus, als hätte Gott die Bauern und Handwerker am 5ten Tage, und die Fürsten und Vornehmen am 6ten gemacht, und als hätte der Herr zu diesen gesagt: Herrschet über alles Gethier, das auf Erden kriecht, und hätte die Bauern und Bürger zum Gewürm gezählt. Das Leben der Vornehmen ist ein langer Sonntag, sie wohnen in schönen Häusern, sie tragen zierliche Kleider, sie haben feiste Gesichter und reden eine eigne Sprache; das Volk aber liegt vor ihnen wie Dünger auf dem Acker. Der Bauer geht hinter dem Pflug, der Vornehme aber geht hinter ihm und dem Pflug und treibt ihn mit den Ochsen am Pflug, er nimmt das Korn und läßt ihm die Stoppeln. Das Leben des Bauern ist ein langer Werktag; Fremde verzehren seine Aecker vor seinen Augen, sein Leib ist eine Schwiele, sein Schweiß ist das Salz auf dem Tische des Vornehmen.

Im Großherzogthum Hessen sind 718,373 Einwohner, die geben an den Staat jährlich an 6,363,364 Gulden, als

1) Direkte Steuern	2,128,131	fl.
2) Indirecte Steuern	2,478,264	„
3) Domänen	1,547,394	„
4) Regalien	46,938	„
5) Geldstrafen	98,511	„
6) Verschiedene Quellen	64,198	„
	6,363,363	fl.

Dies Geld ist der Blutzehnte, der von dem Leib des Volkes genommen wird. An 700,000 Menschen schwitzen, stöhnen und hungern dafür. Im Namen des Staates wird es erpreßt, die Presser berufen sich auf die Regierung und die Regierung sagt, das sey nöthig die Ordnung im Staat zu erhalten. Was ist denn nun das für gewaltiges Ding: der Staat? Wohnt eine Anzahl Menschen in einem Land und es sind Verordnungen oder Gesetze vorhanden, nach denen jeder sich richten muß, so sagt man, sie bilden einen Staat. Der Staat also sind Alle; die Ordner im Staate sind die Gesetze, durch welche das Wohl Aller gesichert wird, und die aus dem Wohl Aller hervorgehen sollen. — Seht nun, was man in dem Großherzogthum aus dem Staat gemacht hat; seht was es heißt: die Ordnung im Staate erhalten!

Der Erstdruck der Flugschrift „Der Hessische Landbote“

Der einstige Kampfruf der französischen Revolutionsheere „Friede den Hütten! Krieg den Palästen!“ wird von Büchner und Weidig gezielt zum Kampf der hessischen Bauern gegen ihre Fürsten und Beamten eingesetzt. Auch die von den Fürsten gelenkte Justiz wird scharf angegriffen:

„Die Gerechtigkeit ist nur ein Mittel euch in Ordnung zu halten, damit man euch bequemer schinde. (…) Die meisten Richter sind der Regierung mit Haut und Haar verkauft. (…) Die Justiz ist in Deutschland die Hure der Fürsten.“

Die Obrigkeit reagierte in Deutschland entsprechend. In mehreren Prozessen wurde der „Landbote“ als „hochverräterische, revolutionäre Flugschrift“ bezeichnet, die einen „ganz besonders rücksichtslosen und gemeinen Ton“ aufweise, ein „Produkt des frechsten, zügellosesten Republikanismus“ sei und „geradezu zum Umsturz des Bestehenden auffordere“. Im April 1835 wurde Weidig aufgrund einer Denunziation im Großherzogtum Hessen verhaftet und zusammen mit anderen Oppositionellen ins Zuchthaus gesteckt. Büchner konnte sich kurz vorher ins französische Straßburg absetzen.

Erst im 20. Jahrhundert fand Georg Büchner ein breiteres Publikum. An seinen Dramen, besonders am „Woyzeck“, erkannte man, dass er seiner Zeit weit voraus war.

Woyzeck

42 Jahre nach dem Tod Georg Büchners, 1879, wurde das Drama zum ersten Mal aus dem Nachlass des Dichters veröffentlicht. Dies war eine fehlerhafte Ausgabe und erst in den 20er-Jahren dieses Jahrhunderts gelang eine zufriedenstellendere Fassung des Texts. Dennoch: Eine letzte Fassung wird nie herstellbar sein.

Im Exil wurde Büchner in einer medizinischen Zeitschrift auf den Fall des Leipziger Mörders Woyzeck aufmerksam. Der ehemalige Soldat, zur Tatzeit stellungsloser Gelegenheitsarbeiter, hatte 1821 wahrscheinlich aus Eifersucht seine Geliebte mit einer abgebrochenen Degenklinge niedergestochen. Obwohl die Zurechnungsfähigkeit des Täters durchaus umstritten war, wurde Woyzeck nach mehreren Verhören, Beobachtungen und Gutachten 1824 durch das Schwert öffentlich hingerichtet. Büchner hat viele Züge des authentischen Falls in sein Drama übernommen: Woyzeck ist ein einfacher Soldat in einer hessischen Garnisonsstadt. Er liebt die schöne und lebensfrohe Marie, die auch die Mutter seines unehelichen Kindes ist. Um finanziell für beide sorgen zu können stellt er sich für zwei Groschen täglich einem Arzt für medizinische Zwecke zur Verfügung. Dies schwächt seinen Gesundheitszustand aber empfindlich, denn der Doktor gibt ihm für einen medizinischen Versuch nur noch Erbsen zu essen. Darüber hinaus macht er ihn vor den Studenten lächerlich.

Woyzeck glaubt Stimmen in der Natur zu hören, die angeblich von Freimaurern (Geheimbund, über den in der Bevölkerung abergläubische Vorstellungen verbreitet waren) stammen und ihn verfolgen.

Eines Tages erfährt Woyzeck, dass ein Tambourmajor, der ihm körperlich und vom Rang her überlegen ist, seine Geliebte verführt haben soll. Bei einem Tanz beobachtet Woyzeck die beiden. Anschließend kämpft er mit dem Tambourmajor und unterliegt. Um sein

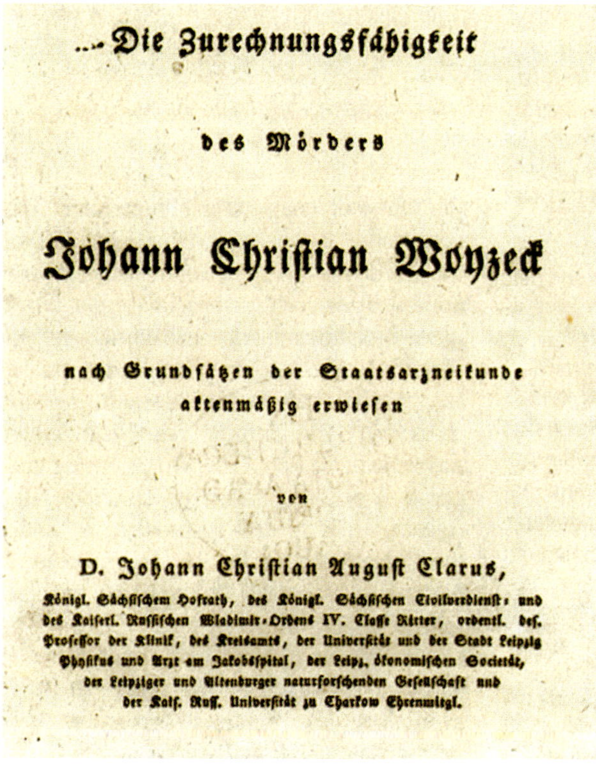

... Die Zurechnungsfähigkeit

des Mörders

Johann Christian Woyzeck

nach Grundsätzen der Staatsarzneikunde
aktenmäßig erwiesen

von

D. Johann Christian August Clarus,

Königl. Sächsischem Hofrath, des Königl. Sächsischen Civilverdienst- und des Kaiserl. Russischen Wladimir-Ordens IV. Classe Ritter, ordentl. öff. Professor der Klinik, des Kreisamts, der Universität und der Stadt Leipzig Physikus und Arzt am Jakobsspital, der Leipz. ökonomischen Societät, der Leipziger und Altenburger naturforschenden Gesellschaft und der Kais. Russ. Universität zu Charkow Ehrenmitgl.

Medizinisches Gutachten über die Zurechnungsfähigkeit von Woyzeck

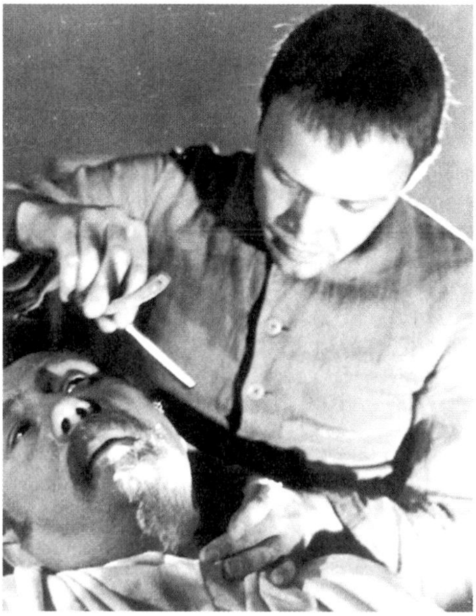

Szene aus dem „Wozzeck"-Film der DEFA, der 1947 nach Büchners Stück entstand

Liebstes betrogen sieht Woyzeck den Sinn seines Lebens zerstört. Bei einem Trödler kauft er ein Messer, lädt Marie zu einem Waldspaziergang ein und ersticht sie. In einem Gasthaus sieht ein Mädchen Blut an Woyzecks Händen und Kleidung. Daraufhin eilt Woyzeck in Panik zum Tatort zurück und wirft das Messer in einen nahe gelegenen Teich. Ob er möglicherweise auch selbst ertrinkt, ist aus den Handschriften nicht klar ersichtlich.

Woyzeck: Nicht Held, sondern Opfer der Gesellschaft

Büchner zeigt im Drama „Woyzeck" die Unterdrückung eines Menschen. Der Hauptmann macht sich über Woyzecks mangelnde Bildung lustig und bezeichnet ihn wegen seines unehelichen Kindes als unmoralisches Wesen. Vom Doktor wird Woyzeck nur als Versuchskaninchen für pseudowissenschaftliche Experimente benutzt und den Studenten in unwürdiger Weise vorgeführt. Der Tambourmajor verführt seine Geliebte Marie, verhöhnt Woyzeck und schlägt ihn nieder.

Alle drei genannten Personen haben eines gemeinsam: Sie gehören einem privilegierten Stand an und sind Woyzeck sozial, geistig und zum Teil auch körperlich überlegen. Woyzeck ist somit kein individueller Held wie in einem klassischen Drama, sondern genauso wie Marie eine Person der Unterschicht, ein Opfer der Ständegesellschaft. Das Schicksal Woyzecks, Maries und ihres Kindes wird in dem „Märchen von der Großmutter", einer Umkehrung des Sterntalermärchens der Brüder Grimm, veranschaulicht:

Es war eimal ein arm Kind und hat kei Vater und kei Mutter war Alles tot und war Niemand mehr auf der Welt. Alles tot, und es ist hingangen und hat greint Tag und Nacht. Und weil auf der Erd Niemand mehr war, wollt's in Himmel gehn, und der Mond guckt es so freundlich an und wie's endlich zum Mond kam, war's ein Stück faul Holz und da ist es zur Sonn gangen und wie's zur Sonn kam, war's ein verreckt Sonneblum und wie's zu den Sterne kam, warens klei golde Mück, die waren angesteckt wie der Neuntöter sie auf die Schlehe steckt und wie's wieder auf die Erd wollt, war die Erd ein umgestürzter Hafen und war ganz allein und da hat sich's hingesetzt und geweint und da sitzt es noch und ist ganz allein.

Dieses Anti-Märchen zeigt eine einsame und kalte Welt, in der es keine Hoffnung mehr gibt.

Weil Woyzeck der privilegierten Gesellschaft völlig unterlegen ist, kann er sich auch nicht an ihr rächen. Er ermordet Marie, die dem gleichen Stand angehört wie er. Der bedeutende Theaterkritiker Alfred Kerr schrieb 1921 anlässlich einer „Woyzeck"-Aufführung:

Ist Woyzeck ein Dramenheld? (...) Woyzeck wehrt sich nicht. Und als er sich doch wehrt, einmal: Da mordet er nicht den Tambourmajor: sondern die Geliebte. Nicht den Räuber, sondern die Geraubte. Nicht den Feind: sondern das eigene Herz.

Die neue Form des offenen Dramas

Das Stück „Woyzeck" führt zwar die Szenentechnik des Sturm-und-Drang-Theaters weiter, Büchner schafft aber dennoch eine für die erste Hälfte des 19. Jahrhunderts völlig neue Dramaturgie:

Szene aus dem „Woyzeck"-Film von Werner Herzog (1979), mit Klaus Kinski in der Titelrolle

- Er nimmt die Arbeitsweise der Realisten vorweg, indem er den Stoff einem authentischen Fall entnimmt.
- Ein Konflikt im klassischen Sinn ist nicht vorhanden. Woyzeck steht der Gesellschaft, die von Rangunterschieden bestimmt ist, wehrlos gegenüber.
- Die Personen sind keine mündigen Individuen, die über ihre Lage nachdenken könnten. Sie treten in der Regel nur als namenlose Vertreter verschiedener Stände auf. Die soziale Lebenslage bestimmt ihre Handlungsweisen.
- Den sozial in verschiedenen Ständen ge-

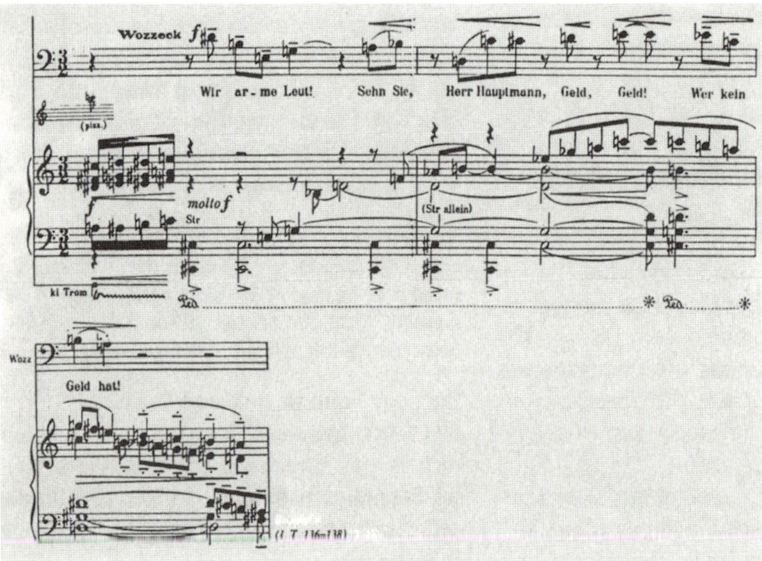

Auszug aus der Klavierfassung der Oper „Wozzeck" von Alban Berg, Leitmotiv über das Geld „Wir arme Leut"

bundenen Personen entspricht ihre Sprache. Diese reicht genauso wie in manchen Dramen der Sturm-und-Drang-Zeit von der Hochsprache der Gebildeten bis zum abgemilderten Dialekt.

- „Woyzeck“ enthält weder Akte noch der Reihe nach geordnete Szenen. Die Hauptfigur wird nur in einzelnen Momentaufnahmen gezeigt. Einen solchen Aufbau bezeichnet man als **offene Dramenform**.

„Woyzeck“ ist eines der meistgespielten Stücke der dramatischen Weltliteratur des 19. Jahrhunderts. Das Fragment markiert den Beginn des sozialen Dramas. Die Naturalisten wurden durch Büchners Werk ebenso angeregt wie Alban Berg, der 1923 die Oper „Wozzeck“ komponierte. Viele Dramatiker des 20. Jahrhunderts, insbesondere Bertolt Brecht und Max Frisch, verehrten Georg Büchner als ihr Vorbild.

Constantin Hansen, Die Schwestern des Künstlers

Arbeitsvorschläge

1. Welche Zustände im deutschen Obrigkeitsstaat kritisiert Heine in seinem Gedicht „Erinnerung aus Krähwinkels Schreckenstagen"?
2. In der Novelle „Die Judenbuche" bleiben wichtige Einzelheiten ungeklärt. Was bezweckte die Autorin damit?
3. Inwiefern ist die Buche ein Dingsymbol?
4. Aus welchen Gründen verließ Heine Deutschland?
5. Inwiefern ist Heines „Harzreise" eine Mischung aus romantischer Landschaftsbeschreibung und bissiger Satire?
6. Erläutere Ziel und Wirkung von Büchners Flugschrift „Der hessische Landbote".
7. Im „Woyzeck" verwendet Büchner eine völlig neue Dramaturgie. Suche Beispiele dafür.
8. Woyzeck ist ein Mensch, der von allen Seiten unterdrückt wird. Begründe diesen Satz.

Zusammenfassung

Der Zeitraum zwischen den Befreiungskriegen (1813–1815) und der Revolution von 1848 wurde durch die Restauration geprägt. Die Verschärfung der Pressezensur sowie die Unterdrückung liberaler Forderungen hatten auf die Literatur dieser Zeit großen Einfluss. Zwei wichtige literarische Richtungen entstanden:

- Mit dem Begriff „Biedermeier", ursprünglich nur ein Begriff aus einer satirischen Schrift und später auf die bürgerlich beschauliche Wohnkultur bezogen, bezeichnet man eine unpolitische Dichtung. Rückzug ins Private und konservative Vorstellungen von der „guten, alten Zeit" sind Kennzeichen dieser Zeit. Das Leben und die Werke der Schriftsteller Franz Grillparzer, Adalbert Stifter, Eduard Mörike und Annette von Droste-Hülshoff weisen zwar einige biedermeierliche Züge auf, ihre wichtigsten Dichtungen überragen aber diese Kulturepoche.
- Die Autoren des „Jungen Deutschland" setzen sich dagegen mit der politischen Situation auseinander. In der Ablehnung des absolutistischen Staates und der Forderung nach politischer Meinungsfreiheit sind sie sich einig. Die kritischen und zum Teil satirischen Äußerungen bringen die Autoren unweigerlich mit der Obrigkeit in Konflikt. Heinrich Heine verbrachte einen großen Teil seines Lebens im Ausland, seine Schriften wurden in Deutschland verboten. Georg Büchner wurde wegen seiner Flugschrift „Der hessische Landbote" sogar steckbrieflich gesucht. Als Dichter geriet er lange Zeit in Vergessenheit.

Wichtige Begriffe:
Dingsymbol – Reisebild – Flugschrift – Offene Dramenform

Geschichtlicher Hintergrund

1813–1815	Befreiungskriege
1815	Neuordnung Europas auf dem Wiener Kongress Beginn der Restauration
1819	Karlsbader Beschlüsse: Aufhebung der Pressefreiheit, Zensur
1809–1848	Fürst Metternich ist antiliberaler österreichischer Außenminister, dann Staatskanzler
1830	Julirevolution in Paris
1832	Hambacher Fest

Autoren und Werke

FRANZ GRILLPARZER (1791–1872)
Weh dem, der lügt
Der arme Spielmann

ANNETTE VON DROSTE-HÜLSHOFF (1797–1848)
Das geistliche Jahr
Die Judenbuche

HEINRICH HEINE (1797–1856)
Die Harzreise
Das Buch der Lieder
Deutschland. Ein Wintermärchen

HEINRICH HOFFMANN VON FALLERSLEBEN (1798–1874)
Unpolitische Lieder

EDUARD MÖRIKE (1804–1875)
Maler Nolten
Mozart auf der Reise nach Prag
Gedichte

ADALBERT STIFTER (1805–1868)
Brigitta
Bunte Steine
Der Nachsommer

GEORG BÜCHNER (1813–1837)
Der hessische Landbote
Dantons Tod
Lenz
Woyzeck

Adolph von Menzel (1815–1905) erreichte in seiner Malerei eine neue Wirklichkeitstreue. Das „Eisenwalzwerk" (Ausschnitt) ist zugleich auch ein Dokument der industriellen Revolution in Deutschland.

1. Das Zeitalter der großen Veränderungen

Bevölkerungsentwicklung in Deutschland:

1800:	24,5 Mio.	1850:	31,7 Mio.	1900:	50,6 Mio.
(In Europa:					
1800:	187 Mio.	1850:	266 Mio.	1900:	401 Mio.)

Durchschnittliche Lebenserwartung:

1800:	35 Jahre	1850:	41 Jahre	1900:	49 Jahre

Einwohnerzahlen:

im Jahr	1800	1850	1900
München:	30.000	110.000	500.000
Berlin:	172.000	419.000	1.889.000
Essen:	4.000	9.000	119.000

Wachstum des Sozialprodukts in Deutschland:
(Summe der Güter/Dienstleistungen der Volkswirtschaft pro Jahr)

1850	1875	1900
9,4 Mrd. Mark	17,7 Mrd. Mark	33,2 Mrd. Mark

Kohleförderung im Ruhrgebiet:

1800	1850	1910
177.000 t	1,7 Mio. t	90 Mio. t

Eisenbahnkilometer:

1840	1850	1870
549 km	5.822 km	18.560 km

Reisegeschwindigkeiten in Stunden:

Reisedauer von Berlin	um 1800 (Postkutsche)	um 1900 (Eisenbahn)
nach München	81	11
nach Frankfurt	64	9

Vor allem die zweite Hälfte des 19. Jahrhunderts war eine Zeit der großen Veränderungen. In wenigen Jahrzehnten wandelte sich Europa mehr als vorher in Jahrhunderten. Naturwissenschaft und Technik griffen massiv in das Leben der Menschen ein. Die moderne Zivilisation machte durch die Fortschritte in Medizin und Technik die Zunahme der Bevölkerung möglich, ballte aber zugleich die Massen in den Großstädten zusammen, wo sich die neuen Industriebetriebe befanden. Zugleich wurde der Gegensatz zwischen besitzlosem Proletariat und vermögendem Bürgertum immer größer. Althergebrachte Werte und Bindungen schienen überholt: Tradition, Religion, Großfamilie und die Gliederung der Bevölkerung nach Ständen verloren immer mehr an Bedeutung, ohne dass neue Werte an ihre Stelle traten. Die sich daraus ergebende Orientierungslosigkeit, die Bedrohung und das Ausgeliefertsein der menschlichen Existenz an das Schicksal wurden zum Inhalt der Literatur. Die Realisten waren bestrebt die Wirklichkeit sachlich und vorurteilsfrei darzustellen, vernachlässigten aber nicht die künstlerische Ausgestaltung eines Themas.

1835 wurde in Deutschland die erste Eisenbahnlinie eröffnet.

Fabriken verändern das Aussehen zahlreicher Städte, wie zum Beispiel in Essen zwischen 1822 und 1867.

Daher spricht man auch vom **poetischen Realismus**. Das Leben fotografisch abbilden zu wollen blieb der nächsten Epoche vorbehalten, dem Naturalismus.
Entscheidend geprägt wurde das Denken der Dichter durch zwei deutsche Philosophen: Arthur Schopenhauer (1788–1860) und Friedrich Nietzsche (1844–1900). Schopenhauers Vorstellung vom alles bestimmenden, blind voranschreitenden Weltprinzip, das er in seinem Hauptwerk „Die Welt als Wille und Vorstellung" beschreibt, beeinflusste Literatur und Philosophie bis ins 20. Jahrhundert hinein. Vor allem das Denken Friedrich Nietzsches empfing von ihm entscheidende Impulse. Er lehnte den bürgerlichen Bildungsbegriff ab sowie den damals vorherrschenden Historismus, die Vorstellung also, dass alle kulturellen Erscheinungen aus ihrer Geschichte heraus zu verstehen seien. Nietzsche propagierte den „freien Geist" und entwickelte daraus seine „Umwertung der Werte": Der „Sklavenmoral" des Christentums stellte er die „Herrenmoral", dem Jenseitsglauben die Bejahung des Diesseits entgegen. Beide Denker vermittelten eine pessimistische Sicht der menschlichen Existenz. Dies führte bei vielen Gebildeten zu Resignation und Verzichtdenken. Als wichtige Waffe im Kampf um das Dasein galt der Humor, der nach Theodor Fontane „das Darüberstehen, das heiter souveräne Spiel mit den Erscheinungen des Lebens zur Voraussetzung" hat. Die Erklärungen der Religion erschienen dem Realisten in dieser auseinander brechenden Zeit nicht mehr stichhaltig. Der Atheismus Ludwig Feuerbachs prägte eine ganze Generation von Dichtern, vor allem Gottfried Keller. An die Stelle der Religion als Heilslehre trat der Fortschrittsglaube moderner Naturwissenschaft: „Über den Ursprung der Arten durch natürliche Zuchtwahl" von Charles Darwin, „Über die Stellung des Menschen in der Natur" von T. H. Huxley und „Natürliche Schöpfungsgeschichte" von Ernst Haeckel sind Beispiele für Epoche machende wissenschaftliche Schriften dieser Zeit.
In der Literatur wollte man die fassbare Welt, die Sorgen und Nöte der Menschen nur schildern und beobachten, nicht aber beurteilen. Der Mensch stand im Mittelpunkt. In seinem Kampf gegen die Kräfte der Natur war er je-

Am Rande von Berlin entstanden bereits um 1870 Nothütten in den Elendsvierteln.

doch an das Sittengesetz gebunden: „Was ewig gleich bleiben muss, ist das Bestreben nach Humanität", schrieb Gottfried Keller.
Die Revolution von 1848 in Deutschland scheiterte. Die Kraft, die sie vorangetrieben hatte, das Bürgertum, erlangte nicht den erhofften politischen Einfluss. Dafür aber waren die geistigen Kräfte erwacht, fast alle bedeutenden Schriftsteller gehörten dem mittleren, auch dem kleinen Bürgertum an. Das Alltagsleben gewöhnlicher Menschen, nicht des Adels oder der Oberschicht, wurde dargestellt, daher spricht man auch vom **bürgerlichen Realismus**. Während Gottfried Keller sich vor allem auf die ländliche, bäuerliche Bevölkerung konzentrierte, stellte Theodor Fontane das großstädtische Bürgertum in den Vordergrund. Nach der deutschen Reichsgründung 1871, in der so genannten Gründerzeit, nahm infolge des neuen deutschen Selbstbewusstseins der historische Roman einen bedeutenden Aufschwung, Romane wie „Der Kampf um Rom" von Felix Dahn erreichten hohe Auflagen.

Die **Epik** hatte eine große Zeit, die Literatur des Realismus ist vor allem vom Roman und der Novelle geprägt. Beeinflusst wurde die deutschsprachige Literatur durch das Ausland, in erster Linie durch die Romane des Engländers Charles Dickens („Oliver Twist", „David Copperfield") und die des Franzosen Gustave Flaubert („Madame Bovary"). Die Dichtung des Realismus ist auch gekennzeichnet durch eine starke Beziehung zur Heimat. Theodor Storm setzte seiner Heimat an der Nordsee ebenso ein Denkmal wie die Schweizer Erzähler Jeremias Gotthelf, Conrad Ferdinand Meyer und Gottfried Keller dem eidgenössischen Wesen. Den führenden Vertretern des Realismus ist gemeinsam, dass sie ihrer Zeit skeptisch und reserviert gegenüberstanden. Die Distanz ist aber nicht damit zu begründen, dass sie am Althergebrachten festhalten wollten, sondern dass sie fühlten, ihrer Zeit voraus zu sein.
Im Bereich des Dramas sind nur die Werke von Friedrich Hebbel (zum Beispiel „Maria Magdalene", „Agnes Bernauer") bedeutsam.

2. Friedrich Hebbel

1813 Friedrich Hebbel wird als Sohn eines armen Maurers in Dithmarschen an der Nordsee geboren. Er erlebt eine albtraumartige Kindheit, von der er nie völlig loskommt. Der durch die Not völlig verbitterte Vater nennt die Kinder Wölfe, sie dürfen nicht einmal lachen. Nach dessen Tod wird der junge Hebbel vom Kirchspielvogt, einem Verwaltungsbeamten, als Schreiber übernommen und ausgenützt. Immerhin kann sich der Junge weiterbilden. 1829 wird sein erstes Gedicht veröffentlicht, man wird auf ihn aufmerksam.
1835 Hebbel geht nach Hamburg um das Gymnasium zu besuchen, was ihm Gönner ermöglichen. Auf diese Weise kann er auch drei Jahre in Heidelberg und München studieren. Eine Näherin, Elise Lensing, opfert aus Liebe alle ihre Ersparnisse, doch Hebbel lebt in diesen Jahren in bitterster Not. Er schreibt für Zeitungen und entwickelt Ideen für Dramen. Auf die Nachricht vom Tod seiner Mutter marschiert er mitten im Winter von München nach Hamburg.
1840 Mit dem Drama „Judith" wird Hebbel auf einen Schlag berühmt. Der dänische König gewährt ihm nun ein Stipendium für eine Bildungsreise nach Paris. Dort vollendet er sein bürgerliches Trauerspiel „Maria Magdalene". In diesem Drama verarbeitet er seine Erlebnisse in der Mün-

Friedrich Hebbel, Gemälde von Carl Rahl

chener Familie, bei der er während seines Studiums lebte, und setzt die Tradition des bürgerlichen Trauerspiels fort. Nach Reisen in Italien gelangt er völlig mittellos in Wien an.

1846 Hebbel heiratet die Schauspielerin Christine Enghaus und kann nun ohne finanzielle Sorgen an seinen Werken arbeiten. In diesen Jahren erscheinen die Dramen „Herodes und Mariamne", „Gyges und sein Ring" und vor allem „Agnes Bernauer". In diesem Drama schildert er den Untergang der Augsburger Baderstochter, deren Liebe zum Bayernherzog Albrecht aus Gründen der Staatsraison tödlich endet.

In dieser Zeit entstehen auch Erzählungen, Gedichte und Balladen, so im Oktober 1852 das berühmte Gedicht „Herbstbild".

1861 Hebbels größtes Werk, die Dramentrilogie „Die Nibelungen", wird uraufgeführt.

1863 Hebbel stirbt am 13. Dezember in Wien.

Maria Magdalene

Während Hebbel in München studierte, wohnte er bei einem Tischlermeister, dessen gutbürgerliche Familie durch die Verhaftung

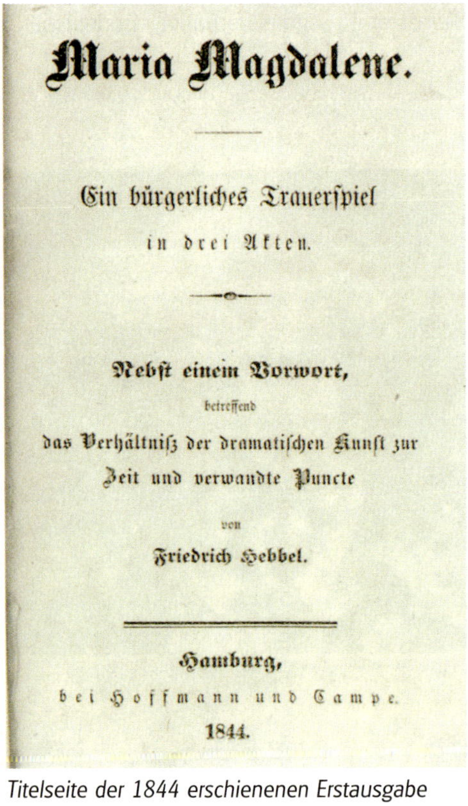
Maria Magdalene.

Ein bürgerliches Trauerspiel
in drei Akten.

Nebst einem Vorwort,
betreffend
das Verhältniß der dramatischen Kunst zur
Zeit und verwandte Puncte
von
Friedrich Hebbel.

Hamburg,
bei Hoffmann und Campe.
1844.

Titelseite der 1844 erschienenen Erstausgabe

des Sohnes in Verruf geriet. Hebbel, der in die Tochter des Tischlers verliebt war, musste miterleben, wie die Familie darunter litt. Dieser Vorfall bildete die Grundlage für ein bürgerliches Trauerspiel in drei Akten, das ursprünglich „Klara" heißen sollte. Aus werbewirksamen Gründen schlug der Verleger den zugkräftigeren Titel „Maria Magdalena" vor, nach der Sünderin aus dem Neuen Testament. Wegen eines Druckfehlers bei der Erstausgabe heißt des Werk bis heute „Maria Magdalene".

Im ersten Akt wird die gedrückte Stimmung im Haus des Tischlermeisters Anton gezeigt; zwar ist die Frau des Meisters wieder gesund, dennoch macht sie sich Sorgen um den leichtlebigen Sohn Karl. Während die Mutter die Kirche besucht, erscheint Klaras Verlobter Leonhard. Er will beim Vater um die Hand der Tochter anhalten. Klara hat sich mit ihm eingelassen, obwohl ihre alte Jugendliebe, ein Sekretär, zurückgekehrt ist und sie Leonhard nicht liebt. Dieser erzählt Klara, mit welch schäbigen Methoden er sich die Stelle eines Kassierers erschlichen hat. Klara erkennt nun ihre Situation: „O mein Gott, an diesen Menschen bin ich gekettet!" Leonhard erfährt von Meister Anton, dass dieser mit den 1.000 Talern, die sich Leonhard als Klaras Mitgift erhoffte, eine Dankesschuld beglichen hat. Plötzlich erscheinen Gerichtsdiener mit einem Durchsuchungsbefehl, denn Karl soll Juwelen gestohlen haben. Klaras Mutter stirbt nach ihrer Rückkehr aus der Kirche vor Schreck.

Zur gleichen Zeit trifft ein Brief von Leonhard ein, in dem er die Verlobung mit Klara löst.

Im zweiten Akt wird die grenzenlose Verbitterung Meister Antons gezeigt, dem die bürgerlichen Moral- und Ehrbegriffe über alles gehen. Er schwört Klara, dass er sich umbringen werde, wenn auch sie ihm Unehre machen würde. Klara ist vollkommen verzweifelt, ist sie doch bereits in anderen Umständen. Auch als sich die Unschuld Karls herausstellt, ändert das an Klaras aussichtsloser Lage nichts. Der Sekretär, ihr Jugendfreund, will sie heiraten. Sie gesteht ihm aber, dass sie ein Kind erwarte, und seine Reaktion ist typisch für die Ehrbegriffe dieser Zeit: „Darüber kann kein Mann weg!" Er fühlt

Die Fotografie zeigt Klara und Meister Anton in einer Aufführung am Wiener Burgtheater 1869.

sich aber in Klaras Schuld, weil sie ihm die Wahrheit gesagt hat, und beschließt, sich mit dem Verführer Leonhard zu duellieren.
Zu Beginn des dritten Aktes will Klara unter völliger Selbstaufgabe Leonhard zur Ehe überreden um ihren Vater vom Selbstmord abzuhalten. Doch Leonhard verhält sich skrupellos. Karl ist wieder zu Hause und will der familiären Enge entfliehen. Er möchte zur See fahren. Klara soll ihm vom Brunnen noch Wasser holen, er warnt sie vor einem locker sitzenden Brett, was sie als Wink des Schicksals versteht. Inzwischen erscheint der tödlich verwundete Sekretär, der Leonhard im Duell erschossen hat, und verlangt von Meister Anton, er solle Klara nicht verstoßen. Dem wird nun alles klar und er weigert sich. Die Ereignisse überstürzen sich, Klaras Leiche wird im Brunnen entdeckt. Meister Anton, auch in diesem tragischen Moment gefangen in seinen verknöcherten Moralvorstellungen, weist die Vorstellung vom Selbstmord seiner Tochter von sich und klagt sie zugleich an: „Sie hat mir nichts erspart – man hats gesehen!"

Wie sehr Hebbel in seinem Stück die Welt der sinnentleerten bürgerlichen Konvention entlarvt, zeigt Meister Antons letzter Satz auf: „Ich verstehe die Welt nicht mehr!"
Hebbel, geprägt von Hegels Philosophie des Tragischen, zeigt die Unfähigkeit von Menschen auf, ihr Gefangensein in einem alles beherrschenden System bürgerlicher Moralvorstellungen zu durchbrechen. Als Karl nur verdächtigt wird ein Dieb zu sein, setzt Meister Anton seine Tochter unter Druck:

Dein Bruder ist der schlechteste Sohn, werde du die beste Tochter! Wie ein nichtswürdiger Bankrottierer steh ich vor dem Angesicht der Welt ... (...) *(Mit schrecklicher Kälte)* Und ich will das Meinige dazu tun, ich will dir die Sache leichter machen als den Übrigen. In dem Augenblick, wo ich bemerke, dass man auf dich mit Fingern zeigt, werd ich – *(mit einer Bewegung an den Hals)* mich rasieren und dann, das schwör ich dir zu, rasier ich den ganzen Kerl weg; (...)

Mit dem Beginn der Industrialisierung und der Massenproduktion wurde das überkommene Handwerkertum stark in Mitleidenschaft gezogen. Wegen der Gefahr sozial abzusteigen wurden vielfach die Normen und Werte der bürgerlichen Gesellschaft besonders rigoros verinnerlicht, selbst um den Preis jeglicher Menschlichkeit.
„Maria Magdalene" ist Hebbels bekanntestes Drama und wird bis heute oft inszeniert. Ludwig Thoma hat vor dem Ersten Weltkrieg das Thema in seinem Volksstück „Magdalena" aufgegriffen, Franz Xaver Kroetz versuchte in unserer Zeit eine Neufassung des Stücks.
Hebbel machte sich nicht nur als Dramatiker einen Namen, auch seine Tagebücher und vor allem seine Gedichte nahmen Einfluss auf die Literatur des späten 19. Jahrhunderts.

Herbstbild

Dies ist ein Herbsttag, wie ich keinen sah!
Die Luft ist still, als atmete man kaum,
Und dennoch fallen raschelnd, fern und nah,
Die schönsten Früchte ab von jedem Baum.

O stört sie nicht, die Feier der Natur!
Dies ist die Lese, die sie selber hält,
Denn heute löst sich von den Zweigen nur,
Was vor dem milden Strahl der Sonne fällt.

Hebbel erlebte den Herbst 1852 in Wien, inmitten der Gärten und Weinberge wurde er zu diesem Gedicht angeregt. Trotz seiner Einfachheit wurde es berühmt, die erste Zeile geradezu zu einem geflügelten Wort. Geschildert wird der Moment der Überfülle und gleichzeitig der des Falles der Früchte, des Verfalls. Dies ist nicht von ungefähr ein barocker **Topos,** ein allgemein anerkannter Begriff, denn besonders Wien war noch im 19. Jahrhundert vom Barock geprägt. Der Umschwung vom Wachstum zum Verfall wird im klassischen fünffüßigen Jambus ausgedrückt, die Feierlichkeit unterstützt durch das dramatische, beschwörende „O stört sie nicht, die Feier der Natur". Das Wort „Lese" für Ernte hat die Bedeutung von einsammeln, fortnehmen. An diesem Herbsttag, „heute", fallen die Früchte nur durch die letzte Wärme der Sonne. Unausgesprochen bleibt, was morgen sein wird, der Gedanke an das Verfallen, das Dahingehen des Menschen drängt sich auf.

Nach einem beschwerlichen und aufreibenden Leben hat Hebbel erst im Jahre 1846 ein Heim und Sicherheit gefunden. Geprägt von Entbehrungen und Leid ist er von tiefem Pessimismus durchdrungen. Seine Vorstellung von einer allumfassenden Tragik des Lebens nährt sich von der Überzeugung, dass das Individuum, der Dichter beispielsweise, durch sein Aufbegehren eine Weiterentwicklung des Weltganzen ermöglicht. Der Preis dafür aber ist sein Untergang.

1852 ist Hebbel 39 Jahre, vielleicht ahnt er, dass ihm nur noch elf Jahre bleiben.

3. Gottfried Keller

1819 Gottfried Keller wird als Sohn eines selbstbewussten und bildungsbeflissenen Drechslermeisters in Zürich geboren.

1824 Infolge von Überarbeitung stirbt der Vater bereits mit 33 Jahren, was die Familie in finanzielle Bedrängnis bringt. Nach dem Besuch der Armenschule hat der junge Keller die Möglichkeit

1833 in die neu eröffnete Industrieschule überzutreten, wo er sich bald den Ruf einhandelt ein besonders aufsässiger Schüler zu sein.

1834 Gottfried Keller wird wegen eines Streiches, an dem er gar nicht beteiligt war, von der Schule verwiesen. Er weiß nun, dass nach der „Verhunzung" seiner Schulausbildung ihm nur noch die „verfluchte Autodidakterei" die nötige Bildung verleihen wird. Keller zieht nun zu seinem Onkel in ein Dorf nahe bei Zürich. Bereits während der Schulzeit hatte er Dramen verfasst, wobei er Schiller nachzuahmen versuchte. Auf dem Lande entdeckt er nun eine zweite Begabung, er will Maler werden. Bei verschiedenen Schweizer Kunstmalern erhält er eine mittelmäßige Ausbildung.

1840 Keller will in der Stadt der Künste, im München König Ludwigs I., seine Ausbildung beenden. Ausgestattet mit seinem Erbe begibt er sich nach München, wo er allerdings weniger in den Malerateliers als in den Bierkellern anzutreffen ist. Keller ist begeistert: „(...) Es herrscht ein aufgeregtes Leben auf den Straßen und Plätzen. Aus Kirchen und mächtigen Schenkhäusern erscholl Musik, (...) unter offenen Hausfluren saßen wohlgenährte Spießbürger hinter gebratenen Gänsen und mächtigen Krügen (...)."

Gottfried Keller versuchte sich auch als Maler. Diese Abbildung zeigt ein Aquarell des Schriftstellers aus dem Jahr 1837.

Bei seinen Schweizer Landsleuten ist er beliebt, ein tüchtiger Zecher, der trotz seiner schmächtigen Figur keiner Rauferei aus dem Wege geht. Doch bald ist er mittellos. Obwohl er versucht seine Bilder zu verkaufen, ändert sich seine verzweifelte finanzielle Situation nicht. Auch Bettelbriefe an die Mutter in Zürich wenden sein Schicksal nicht, nach einer Typhuserkrankung geht er 1842 nach Zürich zurück. Er hat nun sein Erbe durchgebracht und verbringt seine Zeit mit Lesen und Schreiben, die Malerei gibt er auf.

1843 Keller beginnt ein Tagebuch zu führen, die Grundlage für seinen späteren Entwicklungs- und Bildungsroman „Der grüne Heinrich". In diesem Jahr kann er erstmals Gedichte veröffentlichen, die auf ihn aufmerksam machen. Im folgenden Jahr erscheint der Zyklus „Einundzwanzig Liebeslieder", der nicht ahnen lässt, dass Keller zeitlebens mit Frauen Probleme hat und Junggeselle bleiben wird.

1848 Mit einem stattlichen Stipendium von 600 Gulden der Stadt Zürich begibt sich Keller zum Studium nach Heidelberg. Tief beeindruckt wird er von dem Philosophen Ludwig Feuerbach, dessen Atheismus seine Ablehnung der Konfessionen verstärkt. In diesen Jahren verarbeitet Keller seine Kindheits- und Jugenderlebnisse in dem Roman „Der grüne Heinrich".

1850 Keller lebt nun in Berlin und verkehrt in den dortigen literarischen Salons. Seine finanzielle Situation ist trotz der Honorare nicht günstig. Im folgenden Jahr schreibt Keller erstmals Novellen und Erzählungen, die später als erster Band der „Leute von Seldwyla" erscheinen.

1852 Er ist derart verschuldet, dass seine Mutter ihr Haus verkaufen und in eine Mietwohnung ziehen muss. In den folgenden Jahren verbessert sich seine finanzielle Situation nicht, obwohl sein Werk anerkannt wird. Einen Lehrstuhl an der Züricher Universität lehnt er ab. Wieder einmal unglücklich verliebt sucht er Trost im Alkohol und wird in Wirtshausschlägereien verwickelt.

Gottfried Keller während seines Aufenthalts in München. Die Zeichnung seines Freundes Salomon Hegi trägt das Datum 7.8.40.

Im zweiten Amtsjahr als Leiter der Staatskanzlei in Zürich (1863) entstand dieses Bildnis.

1855 Keller schließt in Berlin den „Grünen Heinrich" ab und geht nach Zürich zurück. Dort verbummelt er in finanzieller Verlegenheit einige Jahre und veröffentlicht politische Schriften. In den Jahren von 1856 bis 1874 wird der Novellenzyklus „Die Leute von Seldwyla" abgeschlossen, zu dem auch „Romeo und Julia auf dem Dorfe" gehört. Seldwyla ist der Fantasiename einer Stadt, in der Sein und Schein eine große Rolle spielen.

1861 Keller wird in eines der wichtigsten Ämter der Stadt Zürich gewählt. Er wird Erster Stadtschreiber, Leiter der Staatskanzlei. Grund dafür ist unter anderem seine patriotische Novelle „Das Fähnlein der sieben Aufrechten". Endlich ist er seine finanziellen Sorgen los. Er hat das Amt 15 Jahre inne und leistet Hervorragendes, auch wenn er von seinen Zechgelagen und Raufereien nicht lassen kann. Befreundet ist er in diesen Jahren mit dem Komponisten Richard Wagner und dem Dichter Conrad Ferdinand Meyer.

1877 Nach seinem Ausscheiden aus dem Amt des Stadtschreibers veröffentlicht Keller die „Züricher Novellen". In dieser Zeit befreundet er sich mit dem Schriftsteller Theodor Storm, der ihn anregt den „Grünen Heinrich" umzuschreiben. Die Neufassung erregt großes Aufsehen und begeistert die Literaturkritiker.

1884 Keller bekommt Besuch von dem Philosophen Friedrich Nietzsche, dessen Schwester den alternden Dichter so beschreibt: „Ich habe nie ein Gesicht gesehen, das durch Lächeln einen so voll-

Der Schriftsteller Gottfried Keller 1887, drei Jahre vor seinem Tod

kommen anderen Ausdruck erhalten hätte. Für gewöhnlich hatte Kellers Gesicht etwas Grämliches, Gleichgültiges, sodass man kaum begriff, dass ein Dichter von so ergötzlichen Erzählungen so aussehen konnte. Sobald er aber lächelte, blitzten die Augen voller Schelmerei und das ganze Gesicht nahm den Ausdruck einer geistvollen Schalkerei an."

1885 Der Roman „Martin Salander" entsteht, Keller schreibt sich seine pessimistische Sicht der Dinge von der Seele. Einzig die enge Freundschaft mit dem Maler Arnold Böcklin heitert ihn auf, mit dem er ausgiebige Zechtouren veranstaltet.

1889 Kellers 70. Geburtstag ist ein nationales Ereignis, doch seine Gesundheit verschlechtert sich zusehends, sein Lebenswille scheint zu erlöschen.

1890 Am 15. Juli 1890 stirbt Gottfried Keller. Sein Leichenbegängnis war das größte, das Zürich bis dahin gesehen hatte.

Romeo und Julia auf dem Dorfe

1856 erschien der erste Band der „Leute von Seldwyla", den Kellers berühmter Schweizer Dichterkollege Jeremias Gotthelf in der Augsburger „Allgemeinen Zeitung" über alle Maßen lobte. Gotthelf war der „Erfinder" der so genannten **Dorfgeschichten**, Erzählungen aus dem bäuerlichen Bereich, die damals sehr in Mode waren. Die zweite Novelle in dem Band „Die Leute von Seldwyla" war „Romeo und Julia auf dem Dorfe".
Neun Jahre vorher, am 3. September 1847, war in der Züricher Zeitung folgende Nachricht zu lesen:

Im Dorfe Altsellershausen bei Leipzig liebten sich ein Jüngling von neunzehn Jahren und ein Mädchen von siebzehn Jahren, beide Kinder armer Leute, die aber in tödlicher Feindschaft lebten und nicht in eine Vereinigung des Paares willigen wollten. Am 15. August begaben sich die Verliebten in eine Wirtschaft, wo sich arme Leute vergnügen, tanzten daselbst bis nachts ein Uhr und entfernten sich hierauf. Am Morgen fand man die Leichen beider Liebenden auf dem Felde liegen; sie hatten sich durch den Kopf geschossen.

Gottfried Keller griff den Stoff auf und benannte die Novelle nach dem Drama „Romeo und Julia" von Shakespeare, in dem zwei Liebende aus verfeindeten Veroneser Adelsfamilien einen tragischen Tod finden.
Die Botschaft Shakespeares ist, dass eine Liebe von solcher Größe und Vollkommenheit ihre Erfüllung auf Erden nicht finden kann und daher so enden muss. Dieses Motiv ist uralt, seit der Antike findet es sich in den Sagen der Völker.
Die Zeitungsnachricht regt nun Keller zu seiner Novelle an, wenige Tage später notiert er in sein Tagebuch: „Zwei stattliche sonnengebräunte Bauern pflügen mit starken Ochsen auf zwei Äckern, zwischen welchen ein dritter großer brach und verwildert liegt (...)." Keller stellt zwar die konkrete gesellschaftliche Situation dar, ihm geht es aber auch um die allgemeinen, immer gleich bleibenden Themen der Menschen: „Ewig sich gleich bleibt nur das, was rein und menschlich ist, und dies zur Geltung zu bringen, ist bekanntlich Aufgabe der Poesie (...)." Daher spricht man hier auch vom poetischen Realismus.

In einem Dorf bei Seldwyla leben zwei reiche Bauern, Manz und Marti, mit ihren Familien.

Zwischen ihren Äckern liegt ein unbebautes Feld, dessen Besitz nicht geklärt scheint. Die Bauern allerdings wissen, dass wohl der Schwarze Geiger, ein heimatloser, herumziehender Musikant, der rechtmäßige Besitzer ist. Das hindert sie aber nicht, jeweils von dem Feld eine Furche für sich wegzupflügen und Steine darauf zu häufen. Als der Acker von der Gemeinde versteigert wird, erwirbt ihn Manz, nachdem sich Marti noch ein gutes Stück angeeignet hat. Manz fordert von Marti die Rückgabe und es kommt zu einer Reihe von Prozessen, durch die beide schließlich wegen der Gerichts- und Anwaltskosten finanziell zugrunde gerichtet werden. Beide Familien sind sich todfeind, die beiden Kinder Sali und Vrenchen dürfen nicht mehr befreundet sein. Manz verliert seinen Hof und zieht nach Seldwyla, wo er eine verrufene Kneipe führt. Marti sitzt auf seinem ruinierten Hof und besorgt sich seine Nahrung durch Fischen im Fluss. Dort begegnet er Manz, es kommt zu einer wilden Rauferei, die Kinder der beiden können die Alten schließlich trennen. Dabei flammt die alte Freundschaft zwischen Sali und Vrenchen wieder auf und wird zur großen Liebe. Sali besucht Vrenchen und gemeinsam wandern sie über den Acker, der das Unglück der Familien auslöste. Marti überrascht die beiden, misshandelt Vrenchen, und Sali schlägt ihm aus Notwehr einen Stein an den Kopf. Darüber verliert Marti den Verstand und muss von Vrenchen ins Irrenhaus gebracht werden. Gleichzeitig muss sie den Hof verlassen, denn er wird verkauft.
Bevor Vrenchen irgendwo als Dienstmagd anfängt, wollen die beiden Liebenden den Tag noch gemeinsam verbringen. Sali treibt etwas Geld auf, sie kleiden sich wie Brautleute, lassen es sich in einem Wirtshaus gut gehen und begeben sich auf den Jahrmarkt. Da sie erkannt werden, suchen sie ein abgelegenes Wirtshaus auf, wo fahrendes Volk und sozial Verachtete Kirchweih feiern. Dort finden sie auch den Schwarzen Geiger, der sie in die Gesellschaft der Heimatlosen aufnimmt und zum Spaß verheiratet. Das Angebot mit diesen durch die Welt zu ziehen lehnen sie ab, denn sie können ihre angeborene bäuerliche Sesshaftigkeit nicht so ohne weiteres abstreifen. Nach einer durchtanzten Vollmondnacht gibt die ganze Gesellschaft hinter dem musizierenden Schwarzen Geiger Sali und Vrenchen das Hochzeitsgeleit zu ihrem Heimatdorf. Das Liebespaar bleibt am Fluss zurück und findet auf einem Heuschiff schließlich sein Brautbett. Das Schiff treibt den Strom hinunter und im Morgengrauen suchen die beiden eng umschlungen im Wasser den Tod.

„Unrecht Gut gedeiht nicht gut"

Die Bauern Manz und Marti eignen sich widerrechtlich Stück für Stück den mittleren Acker an, obwohl sie den rechtmäßigen Besitzer, den Schwarzen Geiger, kennen. Dieser forderte sie auf seinen Besitzanspruch zu bezeugen, was die Bauern ablehnten; er würde doch nur von dem Erlös „einen Monat lang sich besaufen". Außerdem hätte die Gemeinde dann einen Heimatlosen, einen Sozialfall, am Hals.
Ihre Habgier, fehlendes Rechtsempfinden und ihr Starrsinn treiben die Bauern in den Ruin und ihre Kinder letztlich in den Tod. Ohne Besitz ist Sali und Vrenchen die Welt der Bürger und Bauern versperrt. Zwar könnte Vrenchen als Bauernmagd Arbeit finden, Sali Soldat oder Knecht werden. Die Möglichkeit aber zu heiraten und eine Familie zu gründen ist aus finanziellen und moralischen Gründen ausgeschlossen. Für Besitzlose gibt es nur die Möglichkeit nach Art der Heimatlosen zusammenzuleben. Deren Moralauffassung aber lehnen beide ab. Darüber hinaus ist Sali an Vrenchens Vater schuldig geworden, da er ihn um den Verstand gebracht hat. Sie stehen also am Ende vor der Entscheidung sich entweder zu trennen oder gemeinsam in den Tod zu gehen. Die Frage nach Sein oder Nichtsein beantwortet sich von selbst: „Wir halten Hochzeit zu dieser Stunde und gehen dann aus der Welt." Insofern ist die Novelle typisch für den Realismus, als hier die Verknüpfung des Schicksals von Individuen mit der Gesellschaft zu einem tragischen Ausgang führt.

Das heißt, Sali und Vrenchen gehen unter, da sie an die Normen der Gesellschaft glauben, die ihnen in ihrer Besitzlosigkeit keine Chance gibt.
Obwohl Keller eine recht offene Vorstellung von der Novelle hatte und nicht unbedingt an die Notwendigkeit des einen wichtigen Motivs, in dem sich die Geschichte verdichtet, glaubte, ist es in dieser Novelle in der Person des Schwarzen Geigers vorhanden. Er wird zum Leitmotiv des ganzen Werkes, treibt die Handlung voran, erklärt durch seine Existenz das Geschehen. Sali und Vrenchen hängt er wie ein Gespenst an den Fersen. Als sich beide auf dem Unglücksacker treffen, ist er genauso zugegen wie in ihrer letzten Nacht. Auch der Acker ist von besonderer Bedeutung, ein Dingsymbol, Ursache für den Untergang der beiden Familien. Zu Beginn zeigt er Habsucht und Egoismus der beiden Bauern auf, ist Streitobjekt und Ort des ersten Rendezvous der Liebenden. In ihrer letzten Nacht wechseln sie auf ihm die Ringe, bevor sie sich zum Fluss auf ihr Brautbett und dann in den Tod begeben.
Keller lässt die Novelle mit einer Zeitungsnotiz enden:

Zwei junge Leute, die Kinder zweier blutarmen zugrunde gegangenen Familien, welche in unversöhnlicher Feindschaft lebten, hätten im Wasser den Tod gesucht, nachdem sie einen ganzen Nachmittag herzlich miteinander getanzt und sich belustigt auf einer Kirchweih. Es sei dies Ereignis vermutlich in Verbindung zu bringen mit einem Heuschiff aus jener Gegend, welches ohne Schiffleute in der Stadt gelandet sei, und man nehme an, die jungen Leute haben das Schiff entwendet um darauf ihre verzweifelte und gottverlassene Hochzeit zu halten, abermals ein Zeichen von der um sich greifenden Entsittlichung und Verwilderung der Leidenschaften.

Dieser Schluss erregte Ärger, man erkannte gerade in der Ironie der letzten Zeilen einen Angriff Kellers auf die Moral der Gesellschaft. Der Dichter blieb dabei:

Was die Verwilderung der Leidenschaft angeht, so betrachten wir diesen oder ähnliche Vorfälle, welche alle Tage im niederen Volke vorkommen, nur als weiteres Zeugnis, dass dieses allein es ist, welches die Flamme der kräftigen Empfindung und Leidenschaft nährt und wenigstens die Fähigkeit des Sterbens für eine Herzenssache aufbewahrt (...).

Neben Gottfried Keller und Jeremias Gotthelf ist Conrad Ferdinand Meyer der dritte bekannte deutschsprachige Schriftsteller des 19. Jahrhunderts aus der Schweiz.

4. Conrad Ferdinand Meyer

1825 Conrad Meyer wird in Zürich in eine alte, wohlhabende Patrizierfamilie hineingeboren. Den Vornamen Ferdinand legt er sich erst 1877 zu um nicht mit einem anderen Dichter gleichen Namens verwechselt zu werden.
1844 Nach dem Abitur immatrikuliert sich Meyer auf Wunsch seiner Mutter in Zürich als Jurastudent. Seine ganze Liebe gilt aber der Literatur. Er zieht sich vollkommen zurück, liest Unmengen an Büchern und hat fast nur noch zu seiner Schwester Betsy Kontakt. Exzessive nächtliche Schwimmpartien im Zürichsee und waghalsige Bergtouren fördern einen geistigen Zustand, der es ratsam erscheinen lässt, Meyer
1852 in eine psychiatrische Anstalt einzuweisen. Nach einem Jahr Behandlung fasst er wieder neuen Lebensmut. In Lausanne erhält er eine Stelle als Geschichtslehrer an einem Blindeninstitut.
1855 Nach Zürich zurückgekehrt verfasst Meyer seine erste Novelle mit dem Titel „Clara", die er jedoch nicht veröffentlicht. Etwas mehr Erfolg hat er mit der Übersetzung eines Geschichtswerkes, was ihm ein kleines Honorar einbringt.
1864 Der Schwester Betsy, die über Jahrzehnte hinaus Meyers Weggefährtin und Sekretärin ist, gelingt es, einige Balladen und Gedichte ihres Bruders in einem Verlag zu veröffentlichen. Allerdings muss Meyer einen Großteil der Druckkosten selbst übernehmen.
1871 Mit dem Gedichtzyklus „Huttens letzte Tage" gelingt Meyer der ersehnte Durchbruch als Schriftsteller. Zwei Jahre später veröffentlicht er die Novelle „Das Amulett", die in der Schweiz auf großes Interesse stößt.
1875 Nach zahlreichen enttäuschenden Liebschaften findet der bereits 50-jährige Meyer in Luise Ziegler die Frau seines Lebens. Kilchberg am Zürichsee wird der Wohnsitz der beiden.
1878 Die folgenden Jahre sind für den Dichter sehr schaffensreich: Nacheinander veröffentlicht er

Conrad Ferdinand Meyer auf einer Fotografie um 1860

die Novellen „Der Schuss von der Kanzel" (1878), „Der Heilige" (1880), „Die Hochzeit des Mönchs" (1884) und „Die Versuchung des Pescara" (1887). 1882 erscheint auch eine große Gedichtsammlung, die in den rasch folgenden Auflagen immer wieder erweitert wird.

1892 Meyers Gesundheit verschlechtert sich zusehends. Er leidet an Rheuma, Augenentzündung und Wahnvorstellungen. Nach einer psychiatrischen Behandlung kann er seine letzten Jahre im Kreise seiner Familie verbringen. Er ist jedoch nicht mehr in der Lage zu schreiben.

1898 In Kilchberg stirbt Meyer an einem Herzinfarkt.

Conrad Ferdinand Meyer konnte sich erst in späteren Lebensjahren als Schriftsteller durchsetzen. Erste Erfolge hatte er als Verfasser von Gedichten, deren bekanntestes wohl „Der römische Brunnen" ist. In über zwanzig Jahren hat er dieses Gedicht siebenmal überarbeitet, zuletzt 1882.

Der römische Brunnen (letzte Fassung)

Aufsteigt der Strahl und fallend gießt
Er voll der Marmorschale Rund,
Die, sich verschleiernd, überfließt
In einer zweiten Schale Grund;
Die zweite gibt, sie wird zu reich,
Der dritten wallend ihre Flut,
Und jede nimmt und gibt zugleich
Und strömt und ruht.

Der Dichter mit seiner Frau Luise und der Tochter Camilla

Das Arbeitszimmer in Kilchberg ist bis heute in der Originaleinrichtung belassen worden.

Besondere Vorliebe hatte Meyer für historische Stoffe, was in einem Briefwechsel aus dem Jahr 1881 deutlich wird:

Am liebsten vertiefe ich mich in vergangene Zeiten, deren Irrtümer ich leise ironisiere und die mir erlauben, das Ewig-Menschliche künstlerischer zu behandeln, als die brutale Aktualität zeitgenössischer Stoffe mir nicht gestatten würde.

In der 1873 veröffentlichten Novelle „Das Amulett" behandelt der Dichter die französischen Glaubenskriege des 16. Jahrhunderts, die in der Bartholomäusnacht 1572 ihren schrecklichen Höhepunkt fanden.

Das Amulett

Hans Schadau, der seine Eltern schon früh verloren hat, wird von seinem Onkel am Bieler See zum gläubigen Calvinisten erzogen. Von einem Fremden lässt er sich in der Fechtkunst ausbilden. Mit knapp 20 Jahren begibt er sich auf die Reise Richtung Paris um im Dienste des Admirals Coligny auf protestantischer Seite zu kämpfen. Auf dem Weg dorthin trifft er den Parlamentsrat Chatillon und die ihn begleitende Nichte des Admirals, Gasparde. Außerdem lernt er noch Wilhelm Boccard kennen, der auch in Paris in Kriegsdienst treten will, allerdings auf katholischer Seite. Dieser trägt seit seiner Kindheit ein Amulett mit einer Madonnenabbildung um den Hals, weil er auf wunderbare Weise in Einsiedeln von der Kinderlähmung geheilt wurde.

Durch die Vermittlung Chatillons wird Hans Schadau der Privatsekretär Colignys. Gleichzeitig entwickelt sich zwischen ihm und Gasparde eine tiefe Zuneigung. Als Schadau eines Nachts in Begleitung Boccards von einem katholischen Grafen beleidigt wird, kommt es zum Duell, das er nur deshalb überlebt, weil ihm Boccard vorher unbemerkt sein Amulett in die Brusttasche geschoben hat und die Degenklinge daran abprallt.

Dieser Vorfall verschlechtert zusehends das Verhältnis zwischen Katholiken und Protestanten. Nach einem Attentat lässt der schwer verwundete Coligny Hans Schadau und Gasparde trauen. Boccard kann seinen Freund schließlich überreden einen französischen

Hauptmann im Louvre zu besuchen, wo er scheinbar verhaftet, in Wirklichkeit aber nur in Sicherheit gebracht wird. Denn in der kommenden Nacht, der Bartholomäusnacht, kommt es zum Massenmord an den Protestanten in der Stadt.

Hans Schadau, halb wahnsinnig vor Angst um das Leben seiner Frau, eilt am nächsten Morgen mit Boccard zu ihr um sie zu retten. Auf der Flucht vor den Katholiken wird Boccard erschossen, Schadau und seine Frau erreichen aber das Stadttor, wo der Kommandant sich als der Fechtmeister aus früheren Zeiten entpuppt. Dieser stellt dem Paar Pferde und falsche Pässe zur Verfügung, sodass die Flucht zurück zum Gut des mittlerweile verstorbenen Onkels am Bieler See gelingt.

Hans Schadau als Antiheld

Das Amulett ist Conrad Ferdinand Meyers erste veröffentlichte Prosa. Intensiv befasste er sich mit dem Stoff bereits seit 1867 und auch später noch in den „Hugenottengedichten", zum Beispiel „Die Füße im Feuer".

Für sein gesamtes Prosawerk beansprucht Meyer eine Objektivität des behandelten historischen Stoffes: „Das Amulett ist eine rein objektiv gehaltene, nach dem Vorgange altitalienischer Meister knapp erzählte Novelle." Neben der geschickten Komposition und dem bewusst eingesetzten Zufall fällt die eigenwillige Figurengestaltung besonders auf.

Die Hauptperson Hans Schadau trägt im Gegensatz zur Hauptperson im traditionellen Bildungsroman alle Züge eines Antihelden. Impulsivität, Fanatismus, Verantwortungslosigkeit und Mangel an Reue sind seine wesentlichen Merkmale. Schon in der Jugend produziert er sich bei einer Hochzeit als Raufbold und muss auch deshalb seine Heimat verlassen. Beim tödlichen Duell mit dem Grafen ist Schadau im Gegensatz zu den ihm geistig überlegenen Chatillon und Coligny nicht klar, dass dadurch das Leben der Hugenotten in Paris aufs Äußerste bedroht ist. Obwohl Boccard ihm zweimal das Leben gerettet hat, zeigt sich Schadau auch Jahrzehnte später wenig geprägt von den früheren Ereignissen:

> Ich habe ihn in den Tod gezogen. Und doch, sosehr mich dies drückt, kann ich es nicht bereuen und müsste wohl heute im gleichen Falle wieder so handeln, wie ich es mit zwanzig Jahren tat.

François Dubois' Gemälde zeigt das ganze Ausmaß der Schrecken der Bartholomäusnacht.

Distanz zur Hauptfigur schafft Meyer durch eine feine Ironie, die sich unscheinbar, aber konstant durch die gesamte Novelle zieht. So kritisiert der Fechtmeister im ersten Teil der Novelle Schadaus Langsamkeit und Phlegma, was dieser trotz seines hitzigen Charakters in „eine gewisse angeborene Gelassenheit" umdeutet. Schadau träumt von großen Kämpfen an der Seite Colignys, aber er bringt es nur zu dessen Schreiber und in der Bartholomäusnacht befindet er sich in Schutzhaft. Mit Gasparde möchte er eine triumphale Brautfahrt feiern, stattdessen muss er Paris Hals über Kopf mit gefälschten Papieren und der Hilfe eines Mörders verlassen, der schon die Pferde gesattelt hat.
Trotz anerkennender Kritiken, die Meyers klare Sprache, meisterhafte Komposition und getreue Darstellung der Zeit würdigten, war der Erfolg der Novelle eher gering. Auch noch in der ersten Hälfte des 20. Jahrhunderts tauchte immer wieder der Vorwurf auf, dass es seinen Werken an unmittelbarer Lebendigkeit fehle und sie nicht realistisch genug seien.

5. Theodor Storm

1817 Theodor Storm kommt als erstes Kind eines Advokaten in Husum an der Nordsee auf die Welt. Seine Eltern schildert er folgendermaßen: „Was seltsamerweise meinem Vater ganz, aber ganz abgeht, ist der Humor. (...) Ein nahes Verhältnis fand während meiner Jugend zwischen mir und meinen Eltern nicht statt; ich entsinne mich nicht, dass ich derzeit jemals von ihnen umarmt oder gar geküsst worden." Theodor durchstreift als Kind gern die Husumer Heidelandschaft.
1837 Nach dem Besuch der Grundschule und des Gymnasiums in Lübeck studiert Storm in Kiel und Berlin Rechtswissenschaften. In Kiel schließt er Freundschaft mit Theodor und Tycho Mommsen, mit denen er den Gedichtband „Liederbuch dreier Freunde" herausgibt.
1842 Storm besteht das juristische Staatsexamen und gründet eine bürgerliche Existenz. Er wird Rechtsanwalt in Husum und heiratet 1846 Constanze Esmarch. Zwei Jahre später wird sein erster Sohn Hans geboren. Am Anfang ist Storm sein juristischer Beruf noch keine Last: „Mein richterlicher und poetischer Beruf sind meistens in gutem Einvernehmen gewesen, ja ich habe sogar oft als eine Erfrischung empfunden, aus der Welt der Fantasie in die praktische des reinen Verstandes einzukehren und umgekehrt."
1849 Die Novelle „Immensee" erscheint. Sie erreicht zu Lebzeiten ihres Autors 30 Auflagen. In der Folgezeit bestimmen immer stärker politische Ereignisse Storms Leben, weil seine Heimat unter dänischer Herrschaft steht. In der Auseinandersetzung mit Dänemark ergreift Storm öffentlich Partei für die schleswig-holsteinische Volksbewegung. Der dänischen Oberjustizbehörde verweigert er eine Loyalitätserklärung, woraufhin ihm diese die Zulassung als Rechtsanwalt entzieht.
1852 Storm geht nach Berlin um eine Anstellung zu bekommen. In der preußischen Staatsbürokratie erhält er erst nach einem halben Jahr eine Assessorstelle in Potsdam, die so schlecht bezahlt ist, dass er davon nicht einmal seine Miete begleichen kann. Obendrein schickt man ihm schon vor seinem Amtsantritt zahlreiche Prozessakten zur schnellen Bearbeitung privat ins Haus. Die materielle Unterstützung durch seine Eltern und die Aufnahme in Berliner Künstlerkreise helfen ihm über diese schwere Zeit hinweg. In Berlin lernt Storm Theodor Fontane und Joseph von Eichendorff kennen. Eduard Mörike, mit dem er seit 1850

Theodor Storm auf einem Foto ein Jahr vor seinem Tod

brieflich in Kontakt steht, besucht er in den folgenden Jahren in Stuttgart.

1856 Endlich erfolgt Storms eigentliche Anstellung, er wird als Kreisrichter nach Heiligenstadt versetzt. Sein Jahresgehalt ist am Anfang immer noch so niedrig, dass er seine vier Kinder nur mit Mühe versorgen kann.

1864 Nach dem Ende der dänischen Herrschaft über Schleswig-Holstein reicht Storm seine Entlassung aus preußischen Diensten ein, weil er die Stelle des Landvogts in Husum erhält.

1865 Storms Frau Constanze stirbt nach der Geburt des siebten Kindes. Ein Jahr später heiratet Storm Dorothea Jensen, seine frühere Geliebte. Zahlreiche Erzählungen werden veröffentlicht. In Husum steht Storm im Mittelpunkt des Kulturlebens. Er gründet einen Gesangsverein und hält zahlreiche Dichterlesungen.

1868 Die erste Ausgabe der gesammelten Schriften erscheint. Im kommenden Jahrzehnt ist Storm literarisch sehr produktiv. Die Novellen „Pole Poppenspäler" und „Aquis submersus" werden veröffentlicht.

1880 Wegen einer Erkrankung an Magenkrebs und um sich noch mehr der Dichtung widmen zu können, lässt sich Storm vorzeitig pensionieren und zieht mit seiner Familie aufs Land nach Hademarschen (Holstein). Kurz danach schreibt Storm die Novelle „Hans und Heinz Kirch".

1887 In Kiel und Husum finden zahlreiche Feiern zu Storms 70. Geburtstag statt. In den letzten Lebensjahren arbeitet er an seinem umfangreichsten Werk, dem „Schimmelreiter".

1888 Fünf Monate nach Beendigung seiner Arbeit am „Schimmelreiter" stirbt Storm.

Der Nachwelt ist Storm vor allem als Dichter zahlreicher Novellen bekannt, die in seiner schleswig-holsteinischen Heimat zwischen Heidelandschaft und Meer spielen. Seine Erzählungen wurden von einigen Kritikern als etwas rührselig und sentimental bezeichnet. Insbesondere Storms späte Novellen sind aber weit mehr als bloß idyllische Erzählungen, sie zeigen realistisch die zerstörerischen Kräfte des etwa um 1850 beginnenden Industriezeitalters.

Theodor Storm wusste sehr wohl, dass sich das bäuerliche Schleswig-Holstein auf die Dauer der industriellen Entwicklung nicht würde entziehen können. Im Februar 1888, wenige Monate vor seinem Tod, vollendete Theodor Storm trotz eines schweren Magenkrebsleidens seine wohl bekannteste Novelle, den „Schimmelreiter".

Der Schimmelreiter

Die eigentliche Novellenhandlung ist in einen doppelten Rahmen eingebunden. Der Dichter erzählt, dass er die nun folgende Geschichte als Kind in einer Zeitschrift gelesen habe. In dieser Zeitschrift berichtet der Verfasser, wie er um das Jahr 1830 auf einem Deich in Nordfriesland entlangritt, als ein Unwetter aufzog und er glaubte einen Schimmel samt Reiter zu sehen. Im Gasthaus erzählt man ihm, dies sei der Schimmelreiter gewesen und er solle sich dessen Geschichte vom Dorflehrer erzählen lassen:

Im 18. Jahrhundert lebte der hoch begabte Hauke Haien, dessen ganzes Interesse der Deichbaukunst galt und der schon als Kind behauptete, dass der vorhandene Deich nicht sicher sei. Beim Deichgrafen Tede Volkerts tritt er als Knecht in Dienst und sorgt bald für Verbesserungsmaßnahmen am Deich, argwöhnisch beäugt vom Großknecht Ole Peters. Zur Tochter des Deichgrafen, Elke Volkerts, entwickelt er eine starke Zuneigung und nach dem Tod des Deichgrafen gelingt es ihr durch geschickte Fürsprache dafür zu sorgen, dass Hauke der Nachfolger des verstorbenen

Szenenbild aus der Verfilmung von Storms „Schimmelreiter"

Deichgrafen wird. Nachdem er Elke geheiratet hat, investiert Hauke seine ganze Arbeitskraft in sein Amt, es gelingt ihm aber nur unter vielen Mühen, die trägen Dorfbewohner für seine Pläne zu gewinnen. Obendrein behauptet Ole Peters immer wieder, dass Hauke Haien nur aufgrund seiner Heirat das Amt erhalten habe.

Um neues Weideland zu gewinnen lässt Hauke mit äußerster Willensanstrengung in zweijähriger Arbeit einen gewaltigen Damm bauen. In dieser Zeit kauft er sich auch einen heruntergekommenen Schimmel, der sich allmählich als äußerst vitales Pferd entpuppt, nur ihn als Reiter duldet und schon bald für abergläubische Furcht in der Gegend sorgt. Im Privatleben bleibt Hauke das Glück versagt, denn als nach neun Jahren endlich das ersehnte Kind zur Welt kommt, müssen die Eltern erkennen, dass es geistig behindert ist. Hauke Haien, der gegenüber seinen Mitmenschen nicht immer frei von Verachtung war, vereinsamt allmählich. Nach einer schweren Krankheit ist es ihm nicht möglich, seinen Gegenspieler Ole Peters von der Notwendigkeit einer Generalüberholung des alten Dammes zu überzeugen. Dies führt schließlich zur Katastrophe: Bei einer gewaltigen Sturmflut bricht der alte Deich, Frau und Kind des Deichgrafen, die ihm zu Hilfe eilen wollten, kommen in den Fluten um. Voller Verzweiflung stürzt sich Hauke Haien daraufhin selbst mit seinem Schimmel in das tosende Wasser. Sein Lebenswerk, der so genannte Hauke-Haien-Deich, bleibt aber noch hundert Jahre bestehen.

„Der Schimmelreiter" gilt als Storms volkstümlichste Novelle, stark geprägt von der heimatlichen Landschaft des Dichters. In einem Brief äußert sich Storm über die Bedeutung der Landschaft in seinem Werk:

> Dagegen habe ich durch Örtlichkeiten starke Eindrücke empfangen; durch die Heide, die damals noch zwischen Husum und einem Dorf lag, (...) auch durch die Marsch, die sich dicht an die Stadt anschließt, und das Meer, namentlich durch den bei der Ebbe so großartigen Strand der Nordsee.

Den Stoff der Novelle hat Storm aus dem Artikel „Der gespenstige Reiter" entnommen, der in einer Literaturzeitschrift 1838 veröffentlicht worden war. Nach dieser Sage lebt der Reiter nach seinem Tod im Aberglauben des Volkes weiter. Bevor Storm mit der Niederschrift beginnen konnte, musste er einige Vorstudien erledigen, unter anderem über Techniken des Deichbaus.

Im Mittelpunkt der Novelle steht, wie in vielen anderen Werken des poetischen Realismus, der Kampf des Einzelnen gegen die Gesellschaft. Hauke Haien sorgt mit dem neuen Deichbau nicht nur für mehr Sicherheit für das ganze Dorf, er gewinnt dadurch auch neuen ertragreichen Boden, der der gesamten Kommune zugute kommt. Dennoch scheitert er schließlich am Widerstand der Dorfbewohner, die nicht nur neidvoll auf seinen Aufstieg zum Deichgrafen blicken, sondern auch die zusätzlichen Kosten für das Deichprojekt nie wirklich akzeptieren. Erschwert wird das Verhältnis Hauke Haiens zu seiner Umwelt sicherlich auch durch seinen unbändigen Ehrgeiz und seinen hochmütigen Charakter sowie durch den Aberglauben der Bevölkerung. Als Hauke Haien der Forderung, dass „etwas Lebigs" in den neuen Deich müsse, damit dieser Bestand habe, nicht nachkommt, schlägt ihm offener Hass entgegen. Am Ende der Novelle fasst der Erzähler den zentralen Konflikt noch einmal zusammen:

> Der Dank (....) ist, wie Sie gesehen haben, ausgeblieben; denn so ist es, Herr: Dem Sokrates gaben sie ein Gift zu trinken und unsern Herrn Christus schlugen sie an das Kreuz! Das geht in den letzten Zeiten nicht mehr so leicht; aber (...) einen tüchtigen Kerl, nur weil er uns um Kopfeslänge überwachsen war, zum Spuk und Nachtgespenst zu machen, das geht noch alle Tage.

Auch in formaler Hinsicht ist Theodor Storms letzte Novelle bemerkenswert. Die doppelte Rahmenkonstruktion rückt das Geschehen in weite Ferne und fördert die für den Dichter wichtige Verbindung von Unheimlichem und Realistischem. Eine bedrohliche Stimmung erreicht Storm durch zahlreiche Bilder und

Symbole: dunkle Vögel über dem Watt, die Angst des Kindes vor dem tückischen Wasser und das zentrale Dingsymbol des Schimmels, dessen Kauf alle Elemente eines Teufelspaktes aufweist (Verkäufer mit dämonischen Zügen und zweifelhafter Herkunft, Täuschung über den wahren Charakter der Ware).

6. Theodor Fontane

1819 Theodor Fontane wird in Neuruppin geboren. Seine Eltern führen eine Apotheke. Fontanes Vater lebt über seine Verhältnisse und verliert durch seine Spielleidenschaft ein Vermögen.

1832 Fontane geht auf das Gymnasium in Neuruppin, anschließend auf die Berliner Gewerbeschule. Er ist kein guter Schüler, schwänzt häufig den Unterricht und verbringt seine Zeit lieber in Cafés, wo er ersten Zugang zur Literatur findet.

1836 In der Berliner Apotheke „Zum weißen Schwan" beginnt er eine Lehre, die ihn nicht sehr begeistert. Viel lieber schreibt er Gedichte und kleinere Prosastücke.

1841 Fontane geht als Apothekergehilfe nach Leipzig. Diese Stadt verfügt über eine lebendige Presse, die einige seiner Gedichte veröffentlicht. Ein Versuch in Leipzig als Redakteur unterzukommen scheitert.

1844 Ein freiwilliges Militärjahr in Berlin bringt ihm einige Anregungen. In seiner Freizeit liest er zahlreiche Werke vorwiegend englischer Dichter, er wird auch in den literarischen Sonntagsverein „Tunnel über der Spree" aufgenommen. Vor allem seine Balladen (zum Beispiel „Archibald Douglas") finden dort großen Beifall.

1845 Fontane verlobt sich mit Emilie Rouanet und heiratet sie fünf Jahre später. Emilie zweifelt immer wieder an Fontanes literarischer Begabung, korrigiert ihm aber unermüdlich die vielen tausend Seiten seiner Manuskripte.

1848 Bei der Revolution von 1848 nimmt Fontane aktiv an den Barrikadenkämpfen in Berlin teil. Seinen Beruf als Apotheker gibt er auf und wird freier Schriftsteller.

1855 Die finanzielle Not zwingt Fontane nach einer festen Stellung Ausschau zu halten. Die

Theodor Fontane im Alter

„Preußische Zeitung" schickt ihn nach London um dort eine deutsch-englische Korrespondenz einzurichten. Ein Jahr später wird diese aber eingestellt.
1859 Fontane kehrt nach Berlin zurück und wird Redakteur der „Kreuzzeitung". Einen großen Teil seiner Freizeit verbringt er mit ausgedehnten Wanderungen in der Mark Brandenburg. Hierüber veröffentlicht er Reisefeuilletons und historische Aufsätze, die später in den „Wanderungen durch die Mark Brandenburg" zusammengefasst werden.
1870 Eine Auseinandersetzung mit dem Leiter der „Kreuzzeitung" führt zum Bruch. Fontane wird Theaterkritiker der „Vossischen Zeitung". Das Publikum liest seine in leichtem Plauderton gehaltenen Theaterbesprechungen gern.
1876 Der wohl wichtigste Abschnitt in Fontanes Leben beginnt. Aus dem gesellschaftlichen Berliner Leben zieht er sich zurück, gibt seine Stellung auf und verzichtet damit auch auf bürgerliche Sicherheit. Bis zu diesem Zeitpunkt hatte er noch keinen großen literarischen Ruhm erreicht. Doch jetzt – mit fast 60 Jahren – beginnt eine unermüdliche Schaffensperiode. Neben zahlreichen Romanen sind von ihm auch Tausende von Briefen und Tagebücher mit etwa 2.200 Seiten erhalten geblieben.
1878–1897 Als wichtigste Werke erscheinen in den folgenden Jahren: „Vor dem Sturm" (1878), „Grete Minde" (1880), „Schach von Wuthenow" (1883), „Unterm Birnbaum" (1885), „Irrungen Wirrungen" (1888), „Frau Jenny Treibel" (1893), „Effi Briest" (1894) und „Der Stechlin" (1897).
1898 Fontane stirbt im September.

Unter den Altersromanen Fontanes ragt ein Werk besonders heraus: „Effi Briest". Dieser Eheroman aus der Berliner Gesellschaft und dem märkischen Adel machte seinen Autor unsterblich, wurde zum Vorbild für berühmte Romanciers wie zum Beispiel Thomas Mann. „Effi Briest" ist einige Male verfilmt worden, 1974 von Rainer Werner Fassbinder.

Effi Briest

Auf Hohen-Cremmen wächst Effi, die Tochter des Ritterschaftsrats von Briest, auf. Ein Jugendfreund Frau von Briests, der 37-jährige Baron von Innstetten, hält um die Hand der 17-jährigen Tochter an. Wegen Innstettens Stellung als Landrat und seines Rufs als „Mann von Charakter und guten Sitten" sind sich die Eltern schnell über eine Verbindung einig. Effi heiratet Innstetten ohne ihn eigentlich zu lieben und geht mit ihm in seine Heimat nach Kessin in Hinterpommern. Innstetten zeigt sich gegenüber seiner Frau zwar immer rücksichtsvoll, ein guter Liebhaber ist er aber nicht. In dem gesellschaftlich uninteressanten Kessin beginnt sich Effi, die von ihrem Mann häufig allein gelassen wird, bald zu langweilen. Die Geburt der Tochter Annie lässt Effi zwar reifer werden, ändert an ihrer Einsamkeit aber wenig.

Eine Theateraufführung in Kessin, in der Effi Briest die Hauptrolle spielt, wird zum Wendepunkt. Das kleine Drama mit dem Titel „Ein Schritt vom Wege" weist auch auf ein beginnendes Verhältnis zwischen Effi und dem neuen Bezirkskommandanten, Major Crampas, hin. Bei einer Schlittenfahrt im „Schloon" (sandige Brachlandschaft) kommen sich die beiden näher. Das Verhältnis mit dem leichtsinnigen Mann währt aber nicht lange, die heimlichen Treffen sind Effis ehrlichem Charakter immer mehr zuwider. Die Beförderung Innstettens zum Ministerialrat und der damit verbundene Umzug nach Berlin ist für Effi eine gute Gelegenheit die Treffen mit Crampas zu beenden.

In Berlin verbringt die Familie einige harmonische Jahre, bis Innstetten eines Tages während

Eine Szene aus Rainer Werner Fassbinders Film „Effi Briest" aus dem Jahr 1974 mit Hanna Schygulla in der Titelrolle

der Abwesenheit seiner Frau zufällig ein Bündel Briefe entdeckt, die Crampas in Kessin an Effi geschrieben hat. Obwohl mittlerweile sechs Jahre vergangen sind und niemand von der früheren Beziehung weiß, fühlt sich Innstetten in seiner Ehre so stark verletzt, dass er Crampas zum Duell herausfordert. Er glaubt den gesellschaftlichen Normen so Folge leisten zu müssen. Der Major stirbt bei dieser Auseinandersetzung. Innstetten begnügt sich damit aber nicht, er lässt sich auch noch von Effi scheiden. Die kleine Annie wird ihm zugesprochen.

Effi lebt jetzt zusammen mit einer Dienerin allein in Berlin in einer bescheidenen Wohnung. Die Eltern verweigern ihr aus gesellschaftlicher Rücksichtnahme eine Zuflucht in Hohen-Cremmen, unterstützen sie aber finanziell. Baron Innstetten lebt ebenfalls einsam und freudlos dahin. Ihm bleibt nur das Bewusstsein, „dass es ein Glück gebe, dass er es gehabt, aber dass er es nicht mehr habe und nicht mehr haben könne". Auf wiederholtes Bitten wird Effi eine Begegnung mit der inzwischen zehnjährigen Annie gewährt. Effi erlebt eine große Enttäuschung, denn das Kind ist ihr entfremdet und verhält sich, vom Vater dazu angehalten, abweisend. Auf fast alle Vorschläge Effis antwortet Annie mit der stereotypen Phrase: „O gewiss, wenn ich darf." Effi, die wegen der Ereignisse der vergangenen Jahre bereits ein Nervenleiden hat, bricht nun völlig zusammen. Erst jetzt holen die Eltern die Todkranke auf Bitten des Arztes nach Hohen-Cremmen heim. Nach nur vorübergehender Besserung stirbt Effi dort.

Ein Gesellschaftsroman am Ende des 19. Jahrhunderts

Fontane schrieb seinen Roman von 1889 bis 1894. Als Quelle benutzte er eine Ehetragödie, die in den Achtzigerjahren Aufsehen erregt hatte: Der preußische Offizier Armand von Ardenne duelliert sich 1886 mit dem Düsseldorfer Amtsrichter Hartwich, dem er

Gutshof Briest bei Magdeburg

eine Affäre mit seiner Ehefrau Elisabeth unterstellt. Im Anschluss daran werden die Ardennes geschieden.
Fontane erzählt die Geschichte Effi Briests ohne Leidenschaft, fast im Plauderton. Auf eigene Kommentare oder eine Moralisierung des Geschehens verzichtet er nahezu, ein typisches Merkmal der Literatur des Realismus. Über 80 Prozent des Romans bestehen aus Gesprächen. Die Frage, wer denn eigentlich schuld sei am Tod Effis, überlässt der Autor dem Leser. Dennoch besteht kein Zweifel daran, dass Fontane den Ehren- und Sittenkodex des ausgehenden 19. Jahrhunderts für überholt hält. In einem Brief von 1895 äußert er sich zu seinem Roman „Effi Briest“:

> Ich bin schon ohnehin gegen totschießen, Mord, aus dem Affekt heraus, geht viel eher, aber nun gar totschießen wegen einer 7 Jahre zurückliegenden Courmacherei – an die sich in der Regel ein anständiger Ehemann mit Vergnügen erinnert – das wäre denn doch über den Spaß. Auch so geht Innstetten – der übrigens von allen Damen härter beurteilt wird, als er verdient – sehr ungern 'ran und wäre nicht der Ehrengötze, so lebte Crampas noch.

Den Schwerpunkt seines Romans legt Fontane auf die Gestaltung der Hauptpersonen. Durch ihre Gespräche und Handlungen zeichnet der Autor sehr genau deren Charakter und ihre Beziehung zur Gesellschaft.
Effi wird schon in Hohen-Cremmen als lebensfrohes Kind mit einem Hang zum Übermut geschildert. Schaukeln ist ihr Lieblingsspiel, ein feines Symbol für die Tendenz, sich vom Boden der gesellschaftlichen Realität zu lösen. Auch ist die 17-jährige Effi für die Ehe noch zu jung. Baron von Innstetten ist nicht nur aufgrund seines Alters eine Kontrastfigur zu Effi. Sein Ernst und seine Strenge deuten eher auf eine Vaterrolle, seine hohe soziale Stellung entspricht dem Stand des gehobenen Bürgertums. Alle wichtigen Handlungen trifft er in Übereinstimmung mit gesellschaftlichen Gepflogenheiten, so auch die Forderung nach einem Duell. Major Crampas ist der Gegenpol zum preußischen Bürokraten Innstetten. Er genießt den Augenblick, ist eher eine Spielernatur und auch bereit gesetzliche Ordnungen zu durchbrechen. Im Gegensatz zu Innstettens langen, sorgfältig gewählten Sätzen bedient sich Crampas gerne zahlreicher Sprichwörter, die seine Lebensphilosophie ausdrücken.
Effis Eltern verkörpern die preußisch-adelige Gesellschaft. Bei Frau von Briest dominiert stärker die gesellschaftliche Konvention. Sie ist maßgeblich an der Verheiratung Effis und später an deren Verstoßung beteiligt. Herr von Briest orientiert sich eher an seinen Gefühlen. Die Liebe zu den Kindern ist ihm wichtiger als die Ansprüche der Gesellschaft. Seine Frau kann er schließlich überzeugen Effi doch wieder zu Hause aufzunehmen. Ob er und seine Frau eine Mitschuld am Tod Effis haben, kann er nicht beantworten: „Das ist ein zu weites Feld.“
Neben der Gestaltung der Hauptpersonen spielt die Landschaftsschilderung eine wichtige Rolle. Für Fontane hat sie vor allem den Zweck „Stimmungen vorzubereiten oder zu steigern“. Das Elternhaus in Hohen-Cremmen wird als abgeschlossene, hufeisenförmige Anlage in hellem Sonnenschein gezeigt, gleichsam als Symbol für Effis Unbeschwertheit und Geborgenheit in ihrer Kindheit.
Ganz anders das Haus in Kessin, in dem Effi mit Innstetten wohnt: Es ist düster eingerichtet, ein Zimmer ist überhaupt nicht zugänglich. Von der Straße aus kann man direkt auf die Veranda sehen. Die ganze Atmosphäre wirkt auf Effi fremd und bedrohlich.
Ein wichtiges Dingsymbol ist der „Schloon“, eine sandige Brachlandschaft, in der man vor allem im Winter stecken bleiben oder gar versinken kann. In dieser Umgebung findet bei einer Schlittenfahrt Effis erste Begegnung mit Major Crampas statt. Der „Schloon“ verkündet also in doppeltem Sinne eine drohende Gefahr.

Fritz von Uhde, In der Sommerfrische

Arbeitsvorschläge

1. Inwiefern beginnt in Deutschland etwa ab 1840 eine Zeit des Umbruchs?
2. Die Autoren des „Realismus" entstammen dem Bürgertum. Begründe dies.
3. Wie ist die Einstellung der Dichter in dieser Zeit?
4. Warum sehen Sali und Vrenchen in der Novelle „Romeo und Julia auf dem Dorfe" keinen anderen Ausweg als den gemeinsamen Tod?
5. Conrad Ferdinand Meyer zeigt in seinen Werken eine Vorliebe für historische Stoffe. Was erreicht der Dichter damit? Erläutere dies anhand der Novelle „Das Amulett".

6. In der zweiten Hälfte des 19. Jahrhunderts finden in Deutschland große Veränderungen statt. Welche Hinweise darauf findet man in Theodor Storms Novelle „Der Schimmelreiter"?
7. Woran scheitert die Hauptperson in Storms Novelle „Der Schimmelreiter"?
8. Wer ist schuld am Tod Effi Briests? Erörtere diese Frage und nimm auch persönlich Stellung dazu.
9. Welche gesellschaftlichen Konventionen in dem Roman „Effi Briest" sind heutzutage überholt?
10. Welche Rolle spielt die Landschaft in Fontanes Alterswerk „Effi Briest"? Suche verschiedene Beispiele.
11. Erkläre, inwiefern der Schlusssatz von „Effi Briest" „Das ist ein zu weites Feld" typisch für den Realismus ist.

Zusammenfassung

Die Epoche des Realismus zeitlich genau einzugrenzen ist problematisch. Die beiden Eckdaten 1848 (Scheitern der bürgerlichen Revolution) und 1898 (Tod Fontanes) können eine Hilfe sein, die Werke von Büchner, Hebbel und Droste-Hülshoff zeigen aber bereits vor 1848 Merkmale des Realismus.
Die zweite Hälfte des 19. Jahrhunderts war einerseits geprägt durch einen wirtschaftlichen Aufschwung und Bevölkerungszuwachs, andererseits auch durch Verelendung eines Teils der Bevölkerung. Die gescheiterte Revolution von 1848 erschütterte das Selbstbewusstsein der Bürger und führte zu einer kritischen Betrachtung der neuen Zeit. In der Literatur kommt dies aber nur bedingt zum Ausdruck. Die Autoren beziehen ihre Stoffe zwar aus der Wirklichkeit, wandeln diese aber durch distanzierte, zum Teil auch humorvolle Betrachtungsweise und durch die Verwendung zahlreicher Symbole künstlerisch um. Die Literaturepoche wird deshalb auch als poetischer Realismus bezeichnet.
Das Grundthema der Literatur ist die Beziehung des Einzelnen zur Gesellschaft.
In der Epik fanden die Dichter ihr geeignetes Ausdrucksmittel. Novelle und Roman werden bevorzugt, das Drama spielt in dieser Zeit nur eine untergeordnete Rolle.

Wichtige Begriffe:
Bürgerlicher Realismus – Poetischer Realismus – Dorfgeschichte – Topos – Epik – Gesellschaftsroman

Geschichtlicher Hintergrund

1848/1849	Revolution in Deutschland scheitert
1862	Bismarck wird preußischer Ministerpräsident
1870/1871	Krieg gegen Frankreich Reichsgründung: Deutsches Kaiserreich Gründerzeit: stürmische Entwicklung Deutschlands auf wirtschaftlichem Gebiet
1878	Sozialistengesetz: Verfolgung der Sozialdemokraten durch Bismarck
1888	Regierungsantritt Kaiser Wilhelms II.
1890	Bismarcks Entlassung

Autoren und Werke

JEREMIAS GOTTHELF (1797–1854)
Die schwarze Spinne

FRIEDRICH HEBBEL (1813–1863)
Judith
Maria Magdalene
Gedichte

THEODOR STORM (1817–1888)
Immensee
Hans und Heinz Kirch
Der Schimmelreiter
Gedichte

GOTTFRIED KELLER (1819–1890)
Der grüne Heinrich
Novellenzyklus: Die Leute von Seldwyla
– Romeo und Julia auf dem Dorfe
– Kleider machen Leute

THEODOR FONTANE (1819–1898)
Vor dem Sturm
Irrungen Wirrungen
Frau Jenny Treibel
Effi Briest
Der Stechlin
Gedichte und Balladen

CONRAD FERDINAND MEYER (1825–1898)
Das Amulett
Der Heilige
Die Versuchung des Pescara
Gedichte und Balladen

WILHELM RAABE (1831–1910)
Die Chronik der Sperlingsgasse
Stopfkuchen

WILHELM BUSCH (1832–1908)
Max und Moritz
Fips, der Affe

Eine Arbeiterfamilie in Hamburg um 1900

1. Das Vorbild aus dem Ausland: Emile Zola

Emile Zola

Der berühmte französische Autor Emile Zola wurde 1840 in Paris geboren. Bereits früh beschäftigte er sich mit der Literatur, seinen Lebensunterhalt verdiente er bei der Zollbehörde. Seine ersten Romane waren nur sehr mäßige Erfolge. Das änderte sich, als der Dreißigjährige mit einer Romanreihe begann, „Die Rougon-Macquart", die Zola im Untertitel „Natur- und Sozialgeschichte einer Familie unter dem 2. Kaiserreich" nannte. Das Riesenwerk – Zola hatte sich von seinem großen Vorbild Honoré de Balzac und dessen 40-bändiger „Comédie humaine" anregen lassen – umfasste schließlich 20 Bände. Dargestellt wurde die Sitten- und Sozialgeschichte einer verfallenden Familie im Kaiserreich Napoleons III. Durch sie wurde Zola weltberühmt. Zola starb 1908.

Von Anfang an hatte der Autor mit der Staatsanwaltschaft zu kämpfen, die seine Experimentalromane wegen ihrer drastischen Schilderung der Arbeits- und Nachtwelt in Frankreich als zu „obszön" ansah. Bereits im Jahre 1877 schilderte Zola in aller Deutlichkeit in einem Roman mit dem Titel „Der Totschläger" das tagelange Delirium tremens (Säuferwahnsinn) eines Alkoholikers, das zum qualvollen Tod führte:

„Hat der Vater dieses Mannes getrunken?" „Ja, mein Herr, ein klein wenig, wie alle Welt ... Er ist ums Leben gekommen, als er an einem Sauftag von einem Dach heruntergepurzelt ist."

„Hat seine Mutter getrunken?"

„Freilich, mein Herr, wie alle Welt, Sie wissen ja, hier mal ein Schnäpschen, da mal ein Schnäpschen ... Oh, die Familie ist anständig! – Es war noch ein Bruder da, der sehr jung an Krämpfen gestorben ist."

Der Chefarzt sah sie mit seinem durchdringenden Blick an. Er versetzte mit seiner brutalen Stimme: „Sie, Sie trinken auch?"

Gervaise stotterte, verwahrte sich dagegen, legte Hand aufs Herz um ihr geheiligtes Wort zu geben.

„Sie trinken! Nehmen Sie sich in Acht, sehen Sie sich an, wohin das Trinken führt ... Über kurz oder lang werden Sie so sterben."

Coupeau klagte indessen mit dumpfer Stimme. Er schien viel mehr zu leiden als gestern. Seine abgerissenen Klagen ließen alle möglichen Schmerzen ahnen. Tausende von Nadeln stachen ihn. Überall hatte er etwas Drückendes auf der Haut: Über seine Schenkel kroch ein kaltes und feuchtes Tier und schlug ihm die Reißzähne tief ins Fleisch. Dann waren es andere Tiere, die sich an seine Schultern hefteten und ihm mit Krallenhieben den Rücken zerfleischten.

„Ich habe Durst, oh, ich habe Durst!", brummte er fortwährend.

(...) Darauf wollte ihm der Assistenzarzt auf ein Zeichen des Chefarztes hin Wasser geben ohne die Karaffe loszulassen.

Diesmal trank er den Schluck hinunter und brüllte, als habe er Feuer geschluckt.

„Das ist Branntwein, Himmelsakrament! Das ist Branntwein!"

Seit gestern war alles, was er trank, Branntwein. Das verdoppelte seinen Durst und er konnte nicht mehr trinken, weil ihn alles verbrannte. (...)

Und er war schweißgebadet, die Haare standen ihm zu Berge an der Stirn, er sah schrecklich aus, ging rückwärts und fuchtelte dabei heftig mit den Armen, wie um die grässliche Szene wegzuschieben. Er stieß zwei herzzerreißende Klageschreie aus, er fiel rücklings der Länge nach auf die Matratze, in der sich seine Fersen verfangen hatten.

„Herr Doktor, Herr Doktor, er ist tot!", sagte Gervaise mit gefalteten Händen.

Zola, der das unvorstellbare Leben in den Pariser Arbeiterbezirken mit all seinem Elend und seiner Grausamkeit in aller Deutlichkeit schilderte, wurde zum Wegbereiter des Naturalismus auch in Deutschland.

2. Industrialisierung und soziale Frage

In der ersten Hälfte des 19. Jahrhunderts nahm vor allem in England und später auch in Frankreich die Industrialisierung einen stürmischen Aufschwung. Deutschland konnte erst nach 1850 und besonders nach der Reichsgründung 1871 den Anschluss in seiner industriellen Entwicklung finden. Hier wie dort brachte der Übergang von der Agrar- zur Industriegesellschaft erhebliche soziale Probleme. Die starke Zunahme der Bevölkerung, die Abwanderung vieler Menschen in die Großstädte und die damit verbundene Arbeitsplatz- und Wohnungssuche führten zu starken sozialen Spannungen. Denn während das besitzende Bürgertum in dieser Gründerzeit durch den Bau und einträglichen Betrieb von Fabriken immer mehr Kapital anhäufte – auch dadurch, dass es das Überangebot an Arbeitskräften ausnützte –, lebten die Arbeiter in einem heute kaum mehr vorstellbaren Elend. Zwar wurde die Kinderarbeit 1853 in Preußen verboten, doch Arbeitszeiten bis zu 16 Stunden und das Fehlen jeglicher sozialer Absicherung (Renten-, Kranken-, Arbeitslosenversicherung) machten das Leben hart und entbehrungsreich. 1883 wurde erstmals in Deutschland eine Krankenversicherung eingeführt.

Das Großbürgertum, die Bourgeoisie, blickte meist voll Misstrauen aus Angst vor Revolutionen und auch abschätzig auf die ungebildeten Arbeitermassen und orientierte sich an der herrschenden Schicht, dem Adel. Allmählich jedoch konnte sich die Arbeiterschaft in Gewerkschaften organisieren. Unter Bismarck wurde der Anfang in der Sozialgesetzgebung gemacht. Die Lebensumstände aber waren noch um 1900 aus heutiger Sicht unerträglich:

(...) In den meisten deutschen Großstädten wohnt (...) die Hälfte oder annähernd die Hälfte aller Menschen in Wohnungen, die nicht mehr als ein Zimmer umfassen. (...)
„Übervölkert" nennt die Statistik eine Wohnung, wenn 6 Personen und mehr in 1 Zimmer, 11 Personen und mehr in 2 Zimmern hausen. (...)

Krankheiten, Unterernährung, Verwahrlosung und Alkoholismus in weiten Teilen der Bevölkerung waren unter diesen Bedingungen an der Tagesordnung. Das Bürgertum wollte von all dem nichts wissen, das Elend galt als von den Arbeitern selbst verschuldet.

Auch die Literatur übersah zunächst die Verelendung eines Großteils der Bevölkerung. Erst mit der gnadenlosen Schilderung des Elends durch den Franzosen Emile Zola änderte sich die Situation. Der Einfluss des Auslandes auf die deutsche Literatur war im Naturalismus groß: Neben den skandinavischen Dramatikern Henrik Ibsen und August Strindberg wirkten vor allem die großen russischen Realisten Leo Tolstoi und Feodor M. Dostojewski mit ihren Romanen auf die deutschen Naturalisten.

Alles, was die Literatur bis zu diesem Zeitpunkt prägte, religiöse, künstlerische und geistige Faktoren, galt nun für den Naturalisten nicht mehr. Es zählte nur noch die unbestechliche, präzise Abbildung der Wirklichkeit, wie sie eine Erfindung des 19. Jahrhunderts möglich machte: die Fotografie. Ein Vordenker dieser neuen Literaturepoche, Arno Holz, brachte es auf die Formel: Kunst = Natur – X. Die Darstellung der Natur würde erreicht, wenn X möglichst klein, also gleich Null wäre. Ein Kunstwerk galt als umso gelungener, je mehr es mit der Natur übereinstimmte.

Bisher war die Literatur dieser Zeit auch davon geprägt, dass alte Stoffe wieder aufgegriffen und neu bearbeitet wurden. Im Gegensatz dazu mieteten sich nun die jungen Dichter in den Elendsquartieren der Arbeiter ein und studierten deren Lebensverhältnisse. Dabei wurden bereits zwei neue grundlegende Erkenntnisse der modernen Naturwissenschaften mit eingebracht: die Abstammungs- und die Vererbungslehre.

Die wissenschaftlichen Erkenntnisse des Engländers Charles Darwin hierüber revolutionierten nicht nur die Naturwissenschaften des 19. Jahrhunderts, sondern nahmen auch entscheidenden Einfluss auf die Geisteswissenschaften. Der Mensch galt nun als Produkt der Vererbung und der Umwelteinflüsse, des Milieus. Dadurch – so glaubte man – würden sein Handeln und sein Willen bestimmt. Die Naturalisten waren der Meinung, dass Triebe den Menschen steuerten, sie seien angeboren und nicht lenkbar. Sogar das Denken als Funktion des Gehirns hielt man für materiell bedingt, die Annahme ideeller Vorstellungen des Menschen wie Glaube, Liebe und Hoffnung lehnte man ab. Wurde im Realismus der Mensch im Kampf mit der Materie gezeigt, so galt er jetzt als ihr Produkt.

Die Lehre Darwins von den Entwicklungsgesetzlichkeiten übertrug man auch auf den gesellschaftlichen Bereich. Dieser Sozialdarwinismus lehrt die Überlegenheit der Durchsetzungsfähigsten, die sich in Auseinandersetzungen über schwächere Mitglieder der Gesellschaft an die Spitze setzen, eine Vorstellung, gegen die sich das Gesellschaftsdrama des Naturalismus entschieden verwahrte.

3. Gerhart Hauptmann

1862 Gerhart Hauptmann wird in Obersalzbrunn (Schlesien) als viertes Kind eines Hotelbesitzers geboren.

1868 tritt er in die Dorfschule, einige Jahre später in die Realschule in Breslau ein.

1878 Hauptmann beginnt mit einer praktischen Ausbildung als Landwirt. Der anstrengenden körperlichen Arbeit ist er auf die Dauer nicht gewachsen. Erste Gedichte entstehen.

1879 Mit der Gutsmagd Anna Grundmann hat er ein Liebeserlebnis.

1880 Hauptmann besucht die Bildhauerklasse in Breslau. Weil Erfolge ausbleiben, verlässt er die Kunstschule zwei Jahre später.

1883 In Rom versucht er sich erneut als Bildhauer. Im selben Jahr erkrankt er schwer an Typhus.

1885 Hauptmann heiratet Marie Thienemann. Das Ehepaar zieht nach Erkner bei Berlin in eine Baum- und Seenlandschaft: „Ich habe vier Jahre in Erkner gewohnt, und zwar für mich grundlegende Jahre. Mit der märkischen Landschaft aufs Innigste verbunden, schrieb ich dort ‚Bahnwärter Thiel' und mein erstes Drama ‚Vor Sonnenaufgang'. Die vier Jahre sind sozusagen die vier Ecksteine für mein Werk geworden."

Ab 1887 arbeitet Hauptmann wie eine „Dampfmaschine". Fast jedes Jahr erscheint ein Werk.

1889 Mit dem Drama „Vor Sonnenaufgang" gelingt endlich der Durchbruch.

1891 Hauptmann reist in das Eulengebirge zu den Webern. Sein ein Jahr später entstandenes Drama „Die Weber" darf unter Wilhelm II. jahrelang nicht aufgeführt werden.

Die Villa in Erkner, in der Hauptmann seit 1885 lebte, ist heute ein Museum.

1893 Die Komödie „Der Biberpelz" wird veröffentlicht.

1894 Zum ersten Mal reist Hauptmann nach Amerika.

1901 In Agnetendorf im Riesengebirge kauft sich der mittlerweile sehr populäre Dichter eine Villa.

1904 Hauptmann lässt sich von seiner Frau scheiden und heiratet im selben Jahr noch Margarete Marschalk.

1905 Der Ehrendoktor der Universität Oxford wird ihm verliehen.

1912 Hauptmann erhält den Nobelpreis „vor allem als Anerkennung für sein fruchtbares und vielseitiges Wirken im Bereich der dramatischen Dich-

Gerhart Hauptmann im Jahr 1896

Der Wiesenstein, Gerhart Hauptmanns Besitz in Agnetendorf, wo er 1901 einzog

tung". Seine Werke werden in mehr als dreißig Sprachen übersetzt.

1914 Ab diesem Jahr hat er wechselnde Wohnsitze in Berlin, Agnetendorf, auf der Insel Hiddensee und in Oberitalien.

1933 Nach Hitlers Machtergreifung bleibt Hauptmann in Deutschland: „Ich gehe nicht ins Ausland, da ich ein alter Mann bin und, an meine Heimat gebunden, nur hier schaffen kann."

1944 In Dresden wird Hauptmann Zeuge der totalen Zerstörung der Stadt.

1946 Zwei Tage vor der verordneten Vertreibung stirbt Hauptmann in Agnetendorf. Die Beisetzung findet auf Hiddensee statt. Seinem letzten Wunsch entsprechend wird das Neue Testament mit in sein Grab gelegt.

Bahnwärter Thiel

Die Novelle ist in drei Abschnitte gegliedert: Im ersten Teil wird in knapper Form ein Überblick über die Lebensumstände Thiels gegeben: Der Bahnwärter ist ein gläubiger Mensch, der seinen Dienst äußerst pflichtbewusst erfüllt. Er heiratet Minna, die jedoch bei der Geburt seines Sohnes Tobias stirbt. Nach Verlauf eines Jahres heiratet Thiel die Kuhmagd Lene, die ihn bald – auch erotisch – beherrscht. Dem zunehmenden Druck Lenes entflieht Thiel in eine Traumwelt. In seinem Wärterhäuschen pflegt er eine fast religiöse, geistige Verbindung mit seiner verstorbenen Frau. Seine ganze Liebe wendet er seinem Sohn Tobias zu. Nach der Geburt eines weiteren Sohnes wird Tobias von seiner Stiefmutter immer mehr vernachlässigt und geplagt.

„Was, du unbarmherziger, herzloser Schuft! soll sich das elende Wurm die Plautze ausschreien vor Hunger? – wie? – na, wart nur, wart, ich will dich lehren aufpassen! – du sollst dran denken." Einige Augenblicke blieb es still; dann hörte man ein Geräusch, wie wenn Kleidungsstücke ausgeklopft würden; unmittelbar darauf entlud sich ein neues Hagelwetter von Schimpfworten.
„Du erbärmlicher Grünschnabel", scholl es im schnellsten Tempo herunter, „meinst du, ich sollte mein leibliches Kind wegen solch einem Jammerlappen, wie du bist, verhungern lassen?" – „Halt's Maul!", schrie es, als ein leises Wimmern hörbar wurde, „oder du sollst eine Portion kriegen, an der du acht Tage zu fressen hast."
Das Wimmern verstummte nicht.

Im zweiten Teil bahnt sich die Katastrophe an. Thiel bekommt vom Bahnmeister ein Stück Land in der Nähe des Bahndammes, das seine Frau bald bearbeiten wird. Als Thiel eines Tages sein Butterbrot vergessen hat, kehrt er nach Hause zurück und muss miterleben, wie Lene seinen Sohn misshandelt.

Im dritten und ausführlichsten Teil überstürzen sich dann die Ereignisse. In einer Vision sieht Thiel seine erste Frau mit einem blutigen Bündel auf dem Arm. Sie flieht, ohne ihn zu beachten, die Gleise der Bahnstrecke entlang, verfolgt von einem heranbrausenden Zug. Diese Vorausschau erfüllt sich. Als Lene den Acker des Bahnwärterhäuschens umgräbt, der der Familie zur Bewirtschaftung überlassen ist, achtet sie kurzzeitig nicht auf Tobias. Dieser gerät unter einen Zug und stirbt. Thiels Geist verwirrt sich nun endgültig. Nachts erschlägt er Lene und das kleine Kind mit einem Beil. Der Dienst tuende Wärter findet ihn am nächsten Morgen an den Gleisen sitzend, die Pudelmütze des kleines Tobias streichelnd.

Thiel wird schließlich vom Berliner Untersuchungsgefängnis ins Irrenhaus gebracht.

Der „Bahnwärter Thiel" wurde zum ersten Mal in der naturalistischen Zeitschrift „Die Gesellschaft" 1888 veröffentlicht. Über die Entstehung seiner Novelle berichtet Hauptmann selbst:

In Erkner nahm ich mein altes Leben mit Wanderungen und Beobachtungen aller Art wieder auf. Ich machte mich mit den kleinen Leuten bekannt, Förstern, Fischern und Bahnwärtern, betrachtete eine Waschfrau, ein Spitalmütterchen eingehend und mit der gleichen Liebe, als wenn sie eine Trägerin von Szepter und Krone gewesen wäre. Ich unterhielt mich mit den Arbeitern einer nahen chemischen Fabrik über ihre Leiden, Freuden und Hoffnungen und fand hier, in nächster Nähe Berlins, besonders auf den einsamen Dörfern, ein Menschenwesen, das sich seit einem halben Jahrtausend und länger unverändert erhalten hatte.

In seinem ersten bekannten Werk verwendet Hauptmann noch zahlreiche traditionelle Novellenmerkmale:

- Die Handlung hat einen ausgeprägten Höhe- beziehungsweise Wendepunkt: Der Tod von Tobias ist gleichzeitig der Beginn für den Verfall von Thiel.
- Hauptmann verwendet zahlreiche Symbole: Das entscheidende „Dingsymbol" ist die Eisenbahnstrecke, Arbeitsstätte Thiels und gefahrvoller Ort zugleich.

Dennoch enthält der „Bahnwärter Thiel" bereits wichtige naturalistische Elemente:

- Eine sozial niedrig gestellte Person steht im Mittelpunkt der Handlung.
- In einem bestimmten Milieu und durch das Einwirken bestimmter Ereignisse ist der Verfall eines Menschen vorherbestimmt.
- Das Vorbeifahren eines Zuges wird in der Bewegung und in den Geräuschen mit der Genauigkeit des **Sekundenstils** beschrieben:

Ein dunkler Punkt am Horizonte, da wo die Geleise sich trafen, vergrößerte sich. Von Sekunde zu Sekunde wachsend, schien er doch auf einer Stelle zu stehen. Plötzlich bekam er Bewegung und näherte sich. Durch die Geleise ging ein Vibrieren und Summen, ein rhythmisches Geklirr, ein dumpfes Getöse, das, lauter und lauter werdend, zuletzt den Hufschlägen eines heranbrausenden Reitergeschwaders nicht unähnlich war. Ein Keuchen und Brausen schwoll stoßweise fernher durch die Luft. Dann plötzlich zerriss die Stille. Ein rasendes Tosen und Toben erfüllte den Raum, die Geleise bogen sich, die Erde zitterte – ein starker Luftdruck – eine Wolke von Staub, Dampf und Qualm, und das schwarze, schnaubende Ungetüm war vorüber. So wie sie anwuchsen, starben nach und nach die Geräusche. Der Dunst verzog sich. Zum Punkte eingeschrumpft, schwand der Zug in der Ferne, und das alte heil'ge Schweigen schlug über dem Waldwinkel zusammen.

- Die wenigen Äußerungen Thiels, in denen er meist nur stammelt oder gestikuliert, sind ebenfalls ein naturalistisches Kennzeichen:

„Du, Minna" – seine Stimme wurde weinerlich, wie die eines kleinen Kindes. „Du, Minna, hörst du? – gib ihn wieder – ich will ..." Er tastete in der Luft, wie um jemand festzuhalten. „Weibchen – ja – und da will ich sie ... und da will ich sie auch schlagen – braun und blau – auch schlagen – und da will ich mit dem Beil – siehst du? – Küchenbeil – mit dem Küchenbeil will ich sie schlagen, und da wird sie verrecken."

Nach seinem frühen Prosawerk „Bahnwärter Thiel" wendete sich Gerhart Hauptmann vermehrt dem Theater zu. „Vor Sonnenaufgang", „Der Biberpelz" und vor allem „Die Weber" gehören zu seinen bekanntesten Stücken.

Die Weber

In einer Textilfabrik verdiente 1847 ein Taglöhner wöchentlich 774 Pfennige (umgerechnet nach der kleinsten Einheit damaliger Währung).

Das Existenzminimum einer vierköpfigen Familie betrug zur selben Zeit: für Wohnung, sieben Brote, Hirse, Grütze, Kartoffeln, zwei Stückchen Butter, Fett, Heizung und Beleuchtung, Kleidung, Steuern und Abgaben: 959 Pfennige.

Das waren die Löhne, die in der Industrie gezahlt wurden. Die Verhältnisse in der bisherigen Textilproduktion, die weitgehend auf der Arbeit von Heimwebern beruhte, waren noch niedriger. Dies war der Hintergrund für Hauptmanns bekanntestes Drama „Die Weber", das zwei Jahre nach Erscheinen der Erzählung „Bahnwärter Thiel" in Berlin uraufgeführt wurde.

Nachdem seit Lessing die Bühnenfiguren in der Regel dem Bürgertum entstammten, erschien nun auf der Bühne der vierte Stand, die Arbeiterschaft.

Dem Drama liegt der historische Weberaufstand des Jahres 1844 in Hauptmanns schlesischer Heimat zugrunde. Der Großvater des Dichters kämpfte dabei mit, um der Ausbeutung ein Ende zu machen. 50 Jahre später stellte der Enkel auf seinen Studienreisen fest, dass sich am Elend der Weber nicht viel geändert hatte.

1. Akt :

Heimweber liefern ihre Arbeit beim Fabrikanten Dreißiger ab. (Im historischen Weberaufstand hieß der Fabrikant Zwanziger.) Bei Fehlern wird selbst der Hungerlohn noch gekürzt. Der Expedient Pfeifer, ein Angestellter des Fabrikanten, lässt nicht mit sich reden. Dreißiger jammert über seine Sorgen. Er ist aber bereit noch zweihundert Webern Arbeit zu geben, das heißt sie bei einem um 20 % reduzierten Lohn auszubeuten.

2. Akt:

Man sitzt in der elenden Hütte der Weberfamilie Baumert zusammen und spricht über die Sorgen. Moritz Jäger, ein entlassener Soldat, erzählt vom Leben der Reichen in den Städten.

(...) *Der alte Baumert, kauend:* Vor zwee Jahren war ich's letzte Mal zum Abendmahle. Gleich dernach verkooft ich a Gottstischrock. Dad'rvon kooften m'r a Stickl Schweinernes. Seitdem da hab ich kee Fleesch nimehr gessen bis heut Abend.

Jäger: Mir brauchen o erscht kee Fleesch, fer uns essen's de Fabrikanten. Dj waten im Fette rum bis hieher. Wer das ni gloobt, der brauch ock nuntergehn nach Bielau und nach Peterschwalde. Da kann ma sei Wunder sehn: immer e

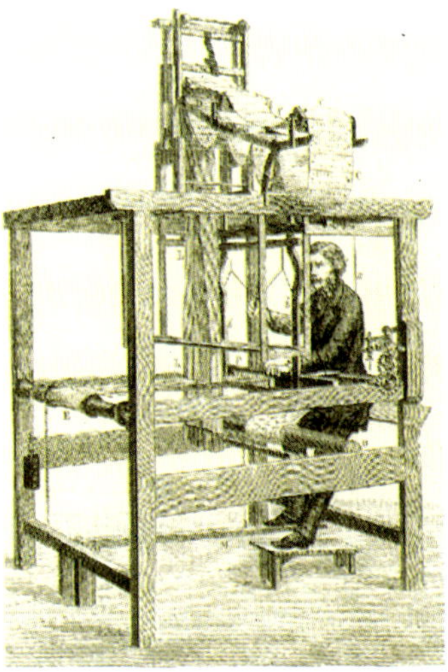

Im 19. Jahrhundert wurden die Heimweber durch die mechanischen Webstühle verdrängt.

Fabrikantenschloss hinterm andern. Immer e Palast hintern andern. Mit Spiegelscheiben und Türmeln und eisernen Zäunen. Nee, nee da spiert keener nischt von schlechten Zeiten. Da langt's uf Gebratnes und Gebacknes, uf Eklipaschen und Kutschen, uf Guvernanten und wer weeß was. Die sticht d'r Haber aso sehr! Die wissen gar nich, was se schnell anstell'n vor Reechturn und lebermut.

Ansorge: In a alten Zeiten da war das ganz a ander Ding. Da ließen de Fabrikanten a Weber mitleben. Heute da bringen se alles alleene durch. Das kommt aber daher, sprech ich: D'r hohe Stand gloobt nimehr a keen Herrgott und keen Teiwel ooch nich. Da wissen se nischt von Geboten und Strafen. Da stehl'n se uns halt a letzten Bissen Brot und schwächen und untergraben uns das bissl Nahrung, wo se kenn'n. Von den Leuten kommt's ganze Unglicke. Wenn unsere Fabrikanten und wär'n gute Menschen, da wär'n ooch fer uns keene schlechten Zeiten sein. (...)

3. Akt:

In der Wirtsstube von Peterswaldau sprechen verschiedene Leute über die Situation der Weber, einige bezweifeln die große Not. Die Weber kommen schließlich selbst zu Wort und ziehen, das von der Obrigkeit verbotene Weberlied singend, zu dem Haus des Fabrikanten Dreißiger.

4. Akt:

Dreißiger hat Gäste: Hauslehrer Weinhold hat Verständnis für die Weber und wird prompt entlassen. Pastor Kittelhaus tritt für die bestehende Ordnung ein. Pfeifer hat Moritz Jäger festnehmen lassen, kurz darauf stürmen die Weber das Haus.

Pfeifer (stürzt herein): Herr Dreißicher, am Hintertor stehn o schonn Leute. De Haustier hält keene drei Minuten mehr. D'r Wittig Schmied haut mit an Feerdeeimer drauf nei wi a Unsinniger. (*Von unten Gebrüll lauter und deutlicher:* Expedient Feifer soll rauskommen! – Expedient Feifer soll rauskommen!)

Frau Dreißiger (rennt davon, wie gejagt, ihr nach Frau Kittelhaus. Beide ab).

Pfeifer (horcht auf, wechselt die Farbe, versteht den Ruf und ist im nächsten Moment von wahnsinniger Angst erfasst. Das Folgende weint, wimmert, bettelt, winselt er in rasender Schnelligkeit durcheinander. Dabei überhäuft er Dreißiger mit kindischen Liebkosungen, streichelt ihm Wangen und Arme, küsst seine Hände und umklammert ihn schließlich wie ein Ertrinkender, ihn dadurch hemmend und fesselnd und nicht mehr loslassend): Ach liebster, scheenster, allergnädigster Herr Dreißicher, lassen Se mich nich zuricke, ich hab Ihn immer treu gedient: Ich hab ooch de Leute immer gutt behandelt. Mehr Lohn wie festgesetzt war, konnt ich'n doch nich geben. Verlassen Se mich nich, se machen mich

Der Weberzug, eine Radierung von Käthe Kollwitz aus dem Jahr 1897

1848 erschien eine Karikatur in den „Fliegenden Blättern" mit dem Titel „Das Elend in Schlesien. Hunger und Verzweiflung – Offizielle Abhülfe".

kalt. Wenn se mich finden, schlagen se mich tot. Ach Gott im Himmel, ach Gott im Himmel! Meine Frau, meine Kinder ...

Dreißiger (indem er abgeht, vergeblich bemüht sich von Pfeifer loszumachen): Lassen Sie mich doch wenigstens los, Mensch! Das wird sich ja finden; das wird sich ja alles finden. *(Ab mit Pfeifer)*

(Einige Sekunden bleibt der Raum leer. Im Salon zerklirren Fenster. Ein starker Krach durchschallt das Haus, hierauf brausendes Hurra, danach Stille. Einige Sekunden vergehen, dann hört man leises und vorsichtiges Trappen die Stufen zum ersten Stock empor, dazu nüchterne und schüchterne Ausrufe:) Links! – Oben nuf! – Pscht! – Langsam! langsam! – Schipp ock nich! – Hilf schirjen! – Praatz, hab ich a Ding! – Macht fort, ihr Wirgebänder! – Mir gehn zur Hochzeit! – Geh du nei! – O heh du!

Der Pastor wird misshandelt, die Einrichtung des Hauses zerschlagen, aber die Herrschaften können fliehen. Die Weber wollen nun die mechanischen Webstühle, ihre große Konkurrenz, in Langenbielau zerschlagen.

5. Akt:

Dort, im Haus des frommen Webers Hilse, wird vom Aufstand erzählt. Hilse lehnt den Aufstand als Gotteslästerung ab. Man hört Militär einrücken. Von allen verlassen, stirbt Hilse an seinem Webstuhl durch eine verirrte Kugel.

Die Weber sprechen in ihrem schlesischen Dialekt, in ihrer Alltagssprache. Sie ist gekennzeichnet durch bruchstückhafte Sätze, doppelte Verneinungen und Satzfetzen, in denen die Aufgewühltheit der Menschen mitschwingt. Das elende Milieu, in dem die Menschen leben, wird auf drastische Weise lebendig: Der alte Baumert isst Hundefleisch. Die Vererbungslehre, die bereits bei Zola Einzug in die Literatur gehalten hat, findet sich auch hier: Der Knabe August ist aufgrund seiner Erbanlagen geistig behindert.

In den fünf Akten des Stückes wird versucht die Wirklichkeit wahrheitsgetreu wiederzugeben. Jeder Akt setzt neu an einem anderen Schauplatz mit anderen Personen ein. Dieses **Zustandsdrama** zeigt das Elend der Weber. Auf der Bühne geschieht wenig, die sozialen Verhältnisse, der sich zuspitzende Konflikt werden durch erzählerische (epische) Elemente dargestellt. Helden gibt es in diesem Stück nicht. Darauf angesprochen entgegnet Hauptmann: „Heldlos erscheint euch das Stück? Wie denn? Durch sämtliche Akte, wachsend ein riesiges Maß, schreitet als Heldin die Not."

Die Weber sind nicht Handelnde, sondern Getriebene. Hauptmann wollte kein sozialrevolutionäres Drama schreiben, denn darin sah er eine „Herabwürdigung der Kunst". Durch die naturalistische Situationsschilderung ist im Drama ein Appell an das Publikum enthalten Ausbeutung zu verhindern. In den „Webern" wird nicht zur Revolution aufgerufen, auch wenn die Obrigkeit im wilhelminischen Deutschland fürchtete das Stück könne zu Klassenhass führen. Deshalb wurden auch Aufführungen verhindert und die Zensur versuchte die Wirkung des Dramas einzuschränken. Kaiser Wilhelm II. kündigte seine Loge im Deutschen Theater in Berlin wegen der „demoralisierenden Tendenz" des Stückes.
Das Drama zeigt die Grenzen des Naturalismus auf: Neben der aufrüttelnden Darstellung der sozialen Wirklichkeit ist kein Platz für Ansätze das Problem zu lösen. Bestenfalls Mitleid wird beim Zuschauer ausgelöst, von direkter Kritik an den bestehenden Verhältnissen ist nicht die Rede. Erst im 20. Jahrhundert ruft Bert Brecht in seinem epischen Theater den Zuschauer zum Handeln auf.

Bereits 1893 überwindet Gerhart Hauptmann mit seinem Traumspiel „Hanneles Himmelfahrt" die engen Grenzen des Naturalismus. Fantasien und Träume kehren in die Dichtung zurück, außerdem verwendet Hauptmann die von den Naturalisten abgelehnte Reimsprache.
Drei Jahre vorher erregte ein weiterer Schriftsteller Aufsehen in Deutschland, der ebenfalls als Überwinder des Naturalismus gilt: Frank Wedekind.

4. Frank Wedekind

1864 Frank Wedekind wird in Hannover geboren, verbringt seine Kindheit aber im Schweizer Kanton Aargau. Sein Vater, ein Arzt mit liberal-demokratischer Gesinnung, hatte aus Enttäuschung über das Scheitern der Revolution von 1848 Preußen verlassen.
1884 Nach dem Abitur weigert sich Wedekind das von seinem Vater geforderte Jurastudium aufzunehmen. Wegen seiner heimlichen Schriftstellerei kommt es mehrfach zu Auseinandersetzungen mit seinem Vater.
1886 Als Journalist und Reklamechef für Suppenwürze schlägt sich Wedekind durch, bis sein Vater zwei Jahre später stirbt und ihm eine Erbschaft von 20.000 Francs hinterlässt. Wedekind widmet sich verstärkt der Literatur und genießt in vollen Zügen das Leben in den Großstädten Berlin, München, London und vor allem in Paris.
1890 In der dramatischen Kunst erlangt der junge Dichter seine größten Erfolge. Die Stücke „Frühlings Erwachen" (1890/91) und die mit dem Titel „Lulu" (1892–1901) zusammengefassten Werke „Der Erdgeist" und „Die Büchse der Pandora" erregen in Deutschland beträchtliches Aufsehen.
1895 Wedekind ist zum zweiten Mal fast völlig mittellos, weil seine Schauspiele vom bürgerlichen Publikum abgelehnt werden und außerdem immer wieder Aufführungen verboten werden.
1900 Einige Gedichte für die satirische Zeitschrift „Simplicissimus" bringen ihm nur ein Honorar von zwei Mark fünfzig und obendrein einen Majestätsbeleidigungsprozess mit anschließender halbjähriger Festungshaft. Aus der Haft entlassen tritt er auf der Bühne der „Elf Scharfrichter" in München auf und schreckt mit seinen schaurigen Lautenliedern (zum Beispiel „Ich hab meine Tante geschlachtet") erneut das Bürgertum auf. 1906 heiratet Wedekind die Schauspielerin Mathilde (Tilly) Newes, die auch oft mit ihm in seinen Stücken spielt.
1918 Wedekind stirbt mit 54 Jahren.

Wedekind mit Gitarre im Jahr 1901, als er auf der Brettlbühne der „Elf Scharfrichter" in München auftrat.

Frühlings Erwachen

1890 schrieb der 26-jährige Frank Wedekind sein erstes Buch und ließ es in Zürich auf eigene Kosten drucken. 1891 wurde die Kindertragödie „Frühlings Erwachen" mit einem unscheinbaren Titelblatt, auf der eine Frühlingswiese mit Blumen, Bäumen und Schwalben zu sehen ist, veröffentlicht.

Wedekind greift in dem Schauspiel das Schicksal dreier Jugendlicher auf: Die 14-jährige Wendla Bergmann möchte von ihrer Mutter aufgeklärt werden, erhält aber von ihr nur die Antwort, dass man einen Mann, „mit dem man verheiratet ist, so sehr von ganzem Herzen lieben muss, wie – wie sich's nicht sagen lässt". Von ihrem Schulkameraden Melchior Gabor wird Wendla schwanger und stirbt an einer von ihrer Mutter veranlassten Abtreibung. Melchiors Mutter folgt im Gegensatz zu Frau Bergmann liberalen Erziehungsvorstellungen. Sie nimmt auch dann ihren Sohn in Schutz, als dieser wegen einer Schrift mit dem Titel „Der Beischlaf", die für seinen schüchternen und von Zwangsvorstellungen gequälten Freund Moritz Stiefel gedacht war, von der Schule verwiesen werden soll. Die Lektüre verstört Moritz Stiefel mehr als sie ihn beruhigt; außerdem hat er Angst, den Ansprüchen seines Vaters nicht gerecht zu werden. Weil er befürchtet das Klassenziel nicht zu erreichen, nimmt er sich aus Verzweiflung das Leben. Nach diesem Ereignis und der Entdeckung, dass Melchior tatsächlich Wendla verführt hat, ist es mit der Toleranz der Eltern dann doch vorbei. Melchior Gabor muss in eine Erziehungsanstalt.

In der letzten etwas gespenstischen Szene des Stücks begegnen sich der aus der Anstalt geflohene Melchior und der tote Moritz, der seinen Kopf unterm Arm hält, an Wendlas Grab. Gerade als Melchior voller Verzweiflung an Selbstmord denkt, erscheint „der vermummte Herr", eine Symbolgestalt für das unzerstörbare Leben, und zieht Melchior von den Gräbern fort.

Jugendliche als Opfer einer falschen Erziehung

Die Inschrift auf dem Grabstein für Wendla Bergmann entlarvt die Moral einer Gesellschaft um die Jahrhundertwende, denn die 14-Jährige starb nicht an der Bleichsucht, sondern an der Abtreibung, die die Mutter aus Furcht vor Schande veranlasst hatte. Auch Moritz Stiefel ist ein Opfer der wilhelminischen Erziehung. Unter dem Leistungsdruck des Vaters und der Schule zerbricht er. Die Namen der Lehrer des Gymnasiums sprechen für sich: Rektor Sonnenstich, Hungersnot, Knochenbruch, Affenschmalz, Knüppeldick, Zungenschlag und Fliegentod.

Der eigentliche Skandal des Werkes für die damalige Zeit liegt aber darin, dass Wedekind auf die Bühne brachte, was streng tabuisiert war: Homoerotik, Masturbation und Beischlaf. So wurde die Kindertragödie als „reine Pornografie" zensiert, obwohl Wedekind nur „die Erscheinungen der Pubertät bei der heranwachsenden Jugend poetisch gestalten wollte um denselben wenn möglich bei Erziehern, Eltern und Lehrern zu einer humaneren rationelleren Beurteilung zu verhelfen." In Deutschland wurde „Frühlings Erwachen" erst 1906 an den Berliner Kammerspielen unter der Regie von Max Reinhardt in einer zensierten Fassung uraufgeführt. 1923 ließ die Polizei in New York das Theatergebäude unter dem Vorwand der Feuergefahr räumen. Immer wieder wurden die Szenen beanstandet, in denen sich Schüler auf den Mund küssen oder um die Wette masturbieren. Erst in den 60er-Jahren konnte das Stück in Köln, München und Bremen (Regie: Peter Zadek) ungekürzt gezeigt werden.

Hans Thoma, Mutter und Schwester des Künstlers, in der Bibel lesend

Arbeitsvorschläge

1. Suche in dem Ausschnitt aus „Der Totschläger" von Emile Zola Merkmale des Naturalismus.
2. Erkläre die Formel: Kunst = Natur – X.
3. Vergleiche Realismus und Naturalismus.
4. Begründe, inwiefern die Novelle „Bahnwärter Thiel" ein naturalistisches Werk ist.
5. Was versteht man unter „Sekundenstil"?
6. Warum lässt Hauptmann die Weber im Dialekt sprechen?
7. Inwiefern ist Hauptmanns Schauspiel „Die Weber" ein Zustandsdrama?

Zusammenfassung

Der Naturalismus ist eine kurze Literaturepoche, die ihren Höhepunkt in den Jahren 1888 bis 1893 hat. Die deutschen Autoren wurden von Frankreich (Zola), Skandinavien und Russland beeinflusst. Grundlage sind die Naturwissenschaften mit ihren genauen Beobachtungen. Wichtig sind die Milieutheorie sowie die Lehre von der Vererbung und den Trieben. Sie alle bestimmen den Menschen. Oft wurde dies am unteren Stand der Arbeiter gezeigt. Arno Holz führte den Naturalismus am konsequentesten durch. Der Künstler soll die Natur möglichst genau beobachten und darstellen. Die dazu geeigneten sprachlichen Mittel sind: Sekundenstil, Dialekt, Umgangssprache, verstümmelte Sätze und, im Drama, genaue Regieanweisungen.

Wichtige Begriffe:
Sekundenstil – Zustandsdrama

Geschichtlicher Hintergrund

1871 Deutsche Reichsgründung; Industrialisierung und wirtschaftlicher Aufschwung; Niedergang des Handwerks

1895 Etwa 40 % der wirtschaftlich aktiven Bevölkerung sind Industriearbeiter. Wohnungsnot, Mietskasernen, unzureichender Lohn, Verkümmerung des Familienlebens

Autoren und Werke

GERHART HAUPTMANN (1862–1946)
Bahnwärter Thiel
Vor Sonnenaufgang
Die Weber
Der Biberpelz
Die Ratten

ARNO HOLZ (1863–1929)/
JOHANNES SCHLAF (1862–1941)
Papa Hamlet

FRANK WEDEKIND (1864–1918)
Frühlings Erwachen
Lulu

LUDWIG THOMA (1867–1921)
Magdalena

Die Literatur zu Beginn des 20. Jahrhunderts

Den Maler Claude Monet interessiert in seinem Gemälde „Der Bahnhof Saint-Lazare“ (1877) weniger die moderne Verkehrstechnik als vielmehr das optische Spiel von Wasserdampf und Sonnenlicht.

1. Deutschland um die Jahrhundertwende

1890 war die Ära Bismarcks zu Ende gegangen. Unter der Führung des neuen Kaisers Wilhelm II. begann Deutschland die Politik einer Weltmacht zu führen. Das Streben nach Kolonien, der Bau einer mächtigen Kriegsflotte und der unberechenbare Kurs der deutschen Außenpolitik ließen das Deutsche Reich aber zunehmend in die Isolation geraten. Schließlich blieb als Bündnispartner nur noch der Vielvölkerstaat Österreich-Ungarn übrig. Die Krisen um Marokko zeigten, dass das im Krieg 1870/71 von Deutschland gedemütigte Frankreich in England einen zuverlässigen Bündnispartner bekommen hatte. Bereits 1894 hatte sich Frankreich mit Russland verbündet. In Deutschland sah man diese „Einkreisung" weniger als Ergebnis einer sprunghaften, vielfach unüberlegten Politik, sondern vielmehr als Folge von Neid des Auslands – vor allem Englands – gegenüber der mächtig aufblühenden deutschen Industrie. Unter dem Motto „Viel Feind – viel Ehr" und unter dem Eindruck der Kriege auf dem Balkan begann ein gewaltiges Wettrüsten sowohl auf Seiten Deutschlands und Österreich-Ungarns als auch der übrigen europäischen Mächte. Friedensbemühungen und die Versuche auf der Haager Friedenskonferenz 1907 eine Rüstungsbegrenzung herbeizuführen blieben ohne Erfolg. Der schwedische Industrielle Alfred Nobel stiftete den Friedensnobelpreis, die österreichische Schriftstellerin Berta von Suttner schrieb den aufrüttelnden Antikriegsroman „Die Waffen nieder". Doch große Teile der deutschen wie auch der europäischen Bevölkerung glaubten die politischen Probleme vor allem auf dem Balkan seien nur mit Gewalt zu lösen. Dies erklärt auch, wieso im August 1914 die Soldaten unter dem Jubel der Bevölkerung in den Krieg zogen.

„Wie sollen wir uns da die Hand geben?"

2. Gegenbewegungen zum Naturalismus

Während noch die breite Masse dem Patriotismus huldigte, zeigten sich in der Literatur schon lange dunkle Ahnungen und Stimmungen des Untergangs. In Wien entwickelte sich nun der **Impressionismus**, eine Gegenbewegung zum Naturalismus, der von Berlin seinen Ausgang genommen hatte. Dort, im Zentrum eines auseinander fallenden Vielvölkerstaates mit seinem Nationalitätenkampf, seinen Sprachstreitigkeiten und ungelösten sozialen Problemen, zeigte sich um die Jahrhundertwende verstärkt eine Endzeitstimmung. Melancholie, Perspektivlosigkeit, das Gefühl dem Leben nicht gewachsen zu sein prägten die jungen Literaten vor allem großbürgerlicher Herkunft. „Dekadenz" (französisch Verfall) aber auch „Fin de siècle" (französisch Ende des Jahrhunderts) wurden zu Schlüsselbegriffen: Das Bewusstsein einer verfeinerten, aber dem Untergang geweihten Kultur anzugehören verband die Künstler.

In der darstellenden Kunst und in der Architektur entwickelte sich eine ähnlich sensible, doch weit weniger pessimistische Sicht der Dinge: der „frühlingshafte" **Jugendstil**.

In Literatur und Philosophie galt ein geschlossenes Weltbild als längst zerbrochen, nun fiel auch der Glaube an eine einheitliche Wirklichkeit. Die Welt war nur noch – so schien es – durch den Eindruck des Augenblicks erfahrbar. Diese Weltsicht fand auch in der Kunst ihren Niederschlag. Um 1870 hatten französische Maler wie Monet, Manet oder Renoir eine neue Stilrichtung der modernen Kunst – den Impressionismus – entwickelt. Sie lösten unter den Eindrücken (Impressionen) in der freien Natur, in der sie oft malten, feste Formen in eine Fülle von Farbflecken auf. Diese Technik übernahm nun die Literatur. Nicht mehr in der fotografischen Abbildung der Wirklichkeit wie im Naturalismus sah man die Aufgabe, sondern in der Darstellung der Empfindungen der Seele. Viele dieser Einzelaufnahmen aneinander gereiht ergaben eine Momentaufnahme. Besonders deutlich wird dies in der Lyrik der Dichter Max Dauthendey und insbesondere Detlev von Liliencron:

Die Musik kommt

Klingling, bumbum und tschingdada.
Zieht im Triumph der Perserschah?
Und um die Ecke brausend brichts
Wie Tubaton des Weltgerichts,
Voran der Schellenträger. (...)

Im Bereich der Prosa wandte sich die Literatur entsprechend den Erkenntnissen des Wiener Nervenarztes Sigmund Freud der komplizierten Analyse psychischer Vorgänge im Menschen zu. So beschrieb der Wiener Arzt und Schriftsteller Arthur Schnitzler in seiner Erzählung „Leutnant Gustl" Gedanken und Gefühle eines jungen österreichischen Leutnants, der beschließt sich wegen einer Auseinandersetzung mit einem Bäckermeister umzubringen. Er hat den Bäcker provoziert, dieser nannte ihn einen dummen Buben, ein Duell ist unmöglich, da der Gegner nicht adelig ist. Die Ehre des Leutnants ist also verletzt, er will sich im Morgengrauen das Leben nehmen. Seine Gedanken, Reflexionen und Gefühle werden dem Leser im **inneren Monolog** mitgeteilt, einer Technik, die Schnitzler entwickelte. In einem gleichsam unaufhörlichen Selbstgespräch des Leutnants werden alle Gefühlsregungen und Überlegungen wie in einer Psychoanalyse seziert:

Arthur Schnitzler

(...) Also, hast's gehört, Gustl: – aus, aus, abgeschlossen mit dem Leben! Punktum und Streusand drauf! ... So, jetzt weiß ich's, die Geschichte ist ganz einfach ... So! Ich bin eigentlich ganz ruhig ... Das hab ich übrigens immer gewusst: wenn's einmal dazu kommt, werd ich ganz ruhig sein, ganz ruhig ... aber dass es so dazu kommt, das hab ich doch nicht gedacht ... dass ich mich umbringen muss, weil so ein ... Vielleicht hab ich ihn doch nicht recht verstanden ... am End hat er ganz was anderes gesagt ... Ich war ja ganz blöd von der Singerei und der Hitz ... vielleicht bin ich ganz verrückt gewesen und es ist alles gar nicht wahr? ... (...)

Schnitzler spürt in dieser Erzählung die Dekadenz und die Orientierungslosigkeit einer ganzen Offiziersgeneration auf und entlarvt sie. Dass alle Seelenpein des Leutnants wegen seines vermeintlichen Ehrverlusts umsonst war, weil sein Widersacher plötzlich eines natürlichen Todes stirbt, unterstreicht noch die Verlorenheit dieser Generation.
Die Schilderung des Hässlichen, des Milieus und der sozialen Probleme, wie sie der Naturalismus anstrebte, war nicht mehr gefragt. Als Hauptaufgabe der Kunst galt nun die Darstellung des Schönen. In der Literatur rückten Form und Sprache wieder in den Vordergrund. Der Dichter sah sich vor allem als Seher und Priester, der ausdrückt, was an Gedanken und Gefühlen in seiner Seele lebt. Den Sinn hinter den Dingen zu erfassen, über

die Erfahrung des Gegenständlichen hinauszugehen wird Bestreben einer literarischen Strömung, die als **Symbolismus** bezeichnet wird. Entscheidenden Einfluss erfuhr die deutsche Dichtkunst auch hier wieder aus Frankreich: Ohne Charles Baudelaire, Paul Verlaine und Stéphane Mallarmé wäre der Symbolismus nicht denkbar. Zu den bedeutendsten Vertretern in Deutschland gehören Stefan George, Hugo von Hofmannsthal, aber auch Rainer Maria Rilke.

Darüber hinaus gibt es Strömungen, die wegen ihrer Hinwendung zum Wunderbaren, Nichtalltäglichen, zum Fantastischen als **Neuromantik** bezeichnet werden. Die späteren Dichtungen Gerhart Hauptmanns sowie das Frühwerk Hermann Hesses können unter diesem Oberbegriff zusammengefasst werden.

3. Hermann Hesse

1877 In Calw am Schwarzwald wird Hermann Hesse als Sohn eines Missionars geboren. Über seine Kindheit sagt Hesse: „Ich war im allgemeinen intellektuell frühreif, begann auch sehr früh, mit etwa sechs Jahren, Verse zu machen. (...) Seit dem 12. Jahr war es mein Wunsch und Ziel, ein Dichter zu werden."

1890 In der Lateinschule in Göppingen bereitet sich Hesse auf das württembergische Landexamen vor. Dieses ist Voraussetzung für ein kostenloses Studium der evangelischen Theologie.

1892 Aus dem Seminar Maulbronn flieht er bereits nach sieben Monaten, weil er „entweder Dichter oder gar nichts werden will". Nach einem Selbstmordversuch und einem Aufenthalt in einer Nervenheilanstalt kommt Hermann aufs Gymnasium von Cannstatt. Auf seine Bitten hin nehmen ihn die Eltern nach elf Monaten von der Schule.

1895 In Tübingen absolviert Hesse eine vierjährige Buchhändler- und Antiquariatslehrzeit. In Basel wird er anschließend Buchhandelsgehilfe.

1904 Mit dem Roman „Peter Camenzind" beginnt Hesses eigentliche literarische Tätigkeit. Er heiratet die Schweizerin Maria Bernoulli und lebt mit ihr in Gaienhofen am Bodensee. Sein in den folgenden Jahren geschriebener Roman „Unterm Rad" gibt Einblicke in Hesses Jugendzeit.

1911 Mit seinem Freund, dem Maler Hans Sturzenegger, reist er nach Indien. „Die Lehren des alten Indien und der Chinesen haben ebensoviel Einfluß auf mich gehabt, wie das pietistisch gefärbte Christentum des Elternhauses."

1914 In der „Neuen Zürcher Zeitung" erscheinen zahlreiche Mahnrufe Hesses gegen die allgemeine Kriegsbegeisterung. Zahlreiche Freunde wenden sich deshalb von ihm ab.

In Calw wurde Hermann Hesse geboren. Er verbrachte dort von 1886 bis 1889 drei Schuljahre.

Hermann Hesse als 21-jähriger Buchhändlerlehrling in Tübingen

Hermann Hesse in der Zeit, als er „Das Glasperlenspiel" verfasste

In Montagnola beschäftigte sich Hermann Hesse in den Sommermonaten sehr viel mit der Malerei.

1919 Hermann Hesse trennt sich von seiner Familie und übersiedelt nach Montagnola am Luganer See. In den Sommermonaten malt er sehr viel. Ein Jahr später erscheint der Erzählband „Klingsors letzter Sommer".

1924 Hesse wird Schweizer Staatsbürger. Er heiratet in zweiter Ehe die Sängerin Ruth Wenger und lebt zeitweise in Zürich. Nach drei Jahren scheitert auch diese Ehe.

1927 Hesses wohl berühmtester Roman, „Der Steppenwolf", wird veröffentlicht. Seine Werke werden in zahlreiche Sprachen übersetzt.

1931 Die Kunsthistorikerin Ninon Dolbin wird Hesses dritte Ehefrau. In Montagnola baut ein Freund eine Villa und stellt sie ihm auf Lebenszeit zur Verfügung.

1943 Der Roman „Das Glasperlenspiel" erscheint.

1946 Hermann Hesse erhält den Nobelpreis für Literatur.

1962 Mit 85 Jahren stirbt Hesse in Montagnola. In den späten 60er-Jahren erlebt vor allem Amerika einen wahren Hesse-Boom. Der Roman „Unterm Rad" beispielsweise wird innerhalb von sechs Jahren 460.000-mal verkauft. Mitte der 70er-Jahre erlebt auch Deutschland eine Hesse-Renaissance.

Unterm Rad

Der in der „Neuen Zürcher Zeitung" 1904 vorab gedruckte Roman „Unterm Rad" wurde von der literarischen Kritik positiv aufgenommen. Völlig entsetzt waren dagegen die württembergischen Lehrer, denn in den Roman fließen nicht nur Hesses Kindheits- und Jugenderlebnisse ein, er ist auch eine Anklage gegen das Schulsystem zu Beginn des 20. Jahrhunderts. In der 1906 erschienenen Buchausgabe musste Hesse einige angriffslustige Formulierungen zurücknehmen.

Hans Giebenrath, ein hoch begabtes, sensibles Kind, wächst in einer kleinen Stadt im Schwarzwald auf. Sein Vater wird folgendermaßen charakterisiert:

Herr Joseph Giebenrath, Zwischenhändler und Agent, zeichnete sich durch keinerlei Vorzüge oder Eigenheiten vor seinen Mitbürgern aus. Er besaß gleich ihnen eine breite, gesunde Figur, eine leidliche kommerzielle Begabung, verbunden mit einer aufrichtigen, herzlichen Verehrung des Geldes, ferner ein kleines Wohnhaus mit Gärtchen, ein Familiengrab auf dem Friedhof, eine etwas aufgeklärte und fadenscheinig gewordene Kirchlichkeit, angemessenen Respekt vor Gott und der Obrigkeit und blinde Unterwürfigkeit gegen die ehernen Gebote der bürgerlichen Wohlanständigkeit. Er trank manchen Schoppen, war aber niemals betrunken. Er unternahm nebenher manche nicht einwandfreie Geschäfte, aber er führte sie nie über die Grenzen des formell Erlaubten hinaus. Er schimpfte ärmere Leute Hungerleider, reichere Leute Protzen. Er war Mitglied des Bürgervereins und beteiligte sich jeden Freitag am Kegelschieben im „Adler", ferner an jedem Backtag, sowie an den Voressen und Metzelsuppen. Er rauchte zur Arbeit billige Zigarren, nach Tisch und sonntags eine feinere Sorte.

Sein inneres Leben war das des Philisters. Was er etwa an Gemüt besaß, war längst staubig geworden und bestand aus wenig mehr als einem traditionellen, barschen Familiensinn, einem Stolz auf seinen eigenen Sohn und einer gelegentlichen Schenklaune gegen Arme. Seine geistigen Fähigkeiten gingen nicht über eine angeborene, streng abgegrenzte Schlauheit und Rechenkunst hinaus. Seine Lektüre beschränkte sich auf die Zeitung, und um seinen Bedarf an Kunstgenüssen zu decken, war die jährliche Liebhaberaufführung des Bürgervereins und zwischenhinein der Besuch eines Zirkus hinreichend.

Er hätte mit jedem beliebigen Nachbarn Namen und Wohnung vertauschen können, ohne daß irgend etwas anders geworden wäre. Auch das Tiefste seiner Seele, das schlummerlose Mißtrauen gegen jede überlegene Kraft und Persönlichkeit und die instinktive, aus Neid erwachsene Feindseligkeit gegen alles Unalltägliche, Freiere, Feinere, Geistige teilte er mit sämtlichen übrigen Hausvätern der Stadt.

Auf das Betreiben des Vaters, seiner Lehrer und anderer Bürger wird Hans als einziger Schüler der Kleinstadt zum württembergischen Landexamen angemeldet. Das Bestehen dieser Prüfung würde nicht nur das Ansehen seiner Heimatstadt heben, es wäre auch für die Familie finanziell interessant, weil es den Weg für ein kostenloses Lehrer- oder Theologiestudium im ehemaligen Kloster Maulbronn freimachen würde. Hans Giebenrath bereitet sich willig auf das Examen vor. Das tägliche Lernen lässt ihm fast keine Freizeit mehr, was ihn an den Rand des körperlichen und geistig-seelischen Zusammenbruchs bringt. Dennoch besteht er als Zweitbester das württembergische Landexamen.

In Maulbronn entwickelt sich Hans zunächst zu einem Musterschüler. Die Lehrer beobachten aber argwöhnisch seine Freundschaft mit Hermann Heilner, der Dichter werden will und ständig gegen die Schulordnung aufbegehrt. Bei einem Konflikt Heilners mit dem Leiter des Seminars hält Hans aus Angst nicht zu seinem Freund. Der plötzliche Tod eines Mit-

In dem Haus der Calwer Verlagsbuchhandlung lebte die Familie Hesse von 1886 bis 1889. „Unterm Rad", „Demian" und andere frühe Erzählungen Hesses spielen hier.

schülers und die beginnende Pubertät werden nun zum Wendepunkt für Hans Giebenraths Leben. Hermann und Hans söhnen sich aus, Hans' Leistungen lassen immer mehr nach. Der Direktor verbietet Hans den Umgang mit Heilner, der schließlich aus dem Seminar flieht. Hans kann den Verlust des Freundes nicht verkraften und bricht zusammen. Er wird zur Erholung nach Hause entlassen. Sein Zustand bessert sich aber nicht, sodass an eine Fortsetzung der Studien nicht zu denken ist. Der völlig enttäuschte Vater schickt Hans in eine Mechanikerlehre. Dort muss Hans viel Spott und Schadenfreude ertragen. An seiner unglücklichen ersten Liebe zerbricht er endgültig. Nach einem Trinkgelage mit anderen Lehrlingen stürzt er sich auf dem Weg nach Hause in einen Fluss und ertrinkt.

Herr Giebenrath hatte ausgiebig geschimpft, als sein Bub zum Nachtessen ausgeblieben war. Als es neun Uhr wurde und Hans noch immer nicht da war, legte er ein lang nicht mehr gebrauchtes, starkes Meerrohr bereit. Der Kerl meinte wohl, er sei der väterlichen Rute bereits entwachsen? Der konnte sich gratulieren, wenn er heimkam!
Um zehn Uhr verschloß er die Haustüre. Wenn der Herr Sohn nachtschwärmen wollte, konnte er ja sehen, wo er bliebe.
Trotzdem schlief er nicht, sondern wartete mit wachsendem Grimm von Stunde zu Stunde darauf, daß eine Hand die Klinke probiere und schüchtern die Glocke ziehe. Er stellte sich die Szene vor – der Herumtreiber konnte ja was erleben! Wahrscheinlich würde der Lausbub besoffen sein, aber er würde dann schon nüchtern werden, der Bengel, der Heimtücker, der elendige! Und wenn er ihm alle Knochen abeinander hauen mußte. Endlich bezwang ihn und seine Wut der Schlaf.
Zu derselben Zeit trieb der so bedrohte Hans schon kühl und still und langsam im dunklen Flusse talabwärts. Ekel, Scham und Leid waren von ihm genommen, auf seinen dunkel dahintreibenden, schmächtigen Körper schaute die kalte, bläuliche Herbstnacht herab, mit seinen Händen und Haaren und erblaßten Lippen spielte das schwarze Wasser. Niemand sah ihn, wenn nicht etwa der vor Tagesanbruch auf Jagd ziehende scheue Fischotter, der ihn listig beäugte und lautlos an ihm vorüberglitt. Niemand wußte auch, wie er ins Wasser geraten sei. Er war vielleicht verirrt und an einer abschüssigen Stelle ausgeglitten; er hatte vielleicht trinken wollen und das Gleichgewicht verloren. Vielleicht hatte der Anblick des schönen Wassers ihn gelockt, daß er sich darüber beugte, und da ihm Nacht und Mondblässe so voll Frieden und tiefer Rast entgegenblickten, trieb ihn Müdigkeit und Angst mit stillem Zwang in die Schatten des Todes. Am Tage fand man ihn und trug ihn heim. Der erschrockene Vater mußte seinen Stock beiseite tun und seinen angesammelten Grimm fahren lassen. Zwar weinte er nicht und ließ sich wenig merken, aber in der folgenden Nacht blieb er wieder wach und blickte zuweilen durch den Türspalt zu seinem stillgewordenen Kinde hinüber, das auf einem reinen Bette lag und noch immer mit der feinen Stirn und dem bleichen, klugen Gesicht so aussah, als wäre es etwas Besonderes und habe das eingeborne Recht, ein anderes Schicksal als andere zu haben. An Stirn und Händen war die Haut ein wenig bläulichrot abgeschürft, die hübschen Züge schlummerten, über den Augen lagen die weißen Lider, und der nicht ganz geschlossene Mund sah zufrieden und beinahe heiter aus. Es hatte das Ansehen, der Junge sei plötzlich in der Blüte gebrochen und aus einer freudigen Bahn gerissen, und auch der Vater erlag in seiner Müdigkeit und einsamen Trauer dieser lächelnden Täuschung.
Die Beerdigung zog eine große Zahl von Mitgängern und Neugierigen an. Wieder war Hans Giebenrath eine Berühmtheit geworden, für die sich jeder interessierte, und wieder nahmen die Lehrer, der Rektor und der Stadtpfarrer an seinem Schicksal teil. Sie erschienen sämtlich in Gehröcken und feierlichen Zylindern, begleiteten den Leichenzug und blieben am Grabe einen Augenblick stehen, untereinander flüsternd. Der Lateinlehrer sah besonders melancholisch aus, und der Rektor sagte leise zu ihm: „Ja, Herr Professor, aus dem hätte etwas werden können. Ist das nicht ein Elend, daß man gerade mit den Besten so oft Pech hat?"
Beim Vater und der alten Anna, die ununterbrochen heulte, blieb der Meister Flaig am Grabe zurück.
„Ja, so was ist herb, Herr Giebenrath", sagte er teilnehmend. „Ich habe den Buben auch lieb gehabt."
„Man begreift's nicht", seufzte Giebenrath. „Er ist so begabt gewesen, und alles ist ja auch gut gegangen, Schule, Examen – und dann auf einmal ein Unglück übers andere!" Der Schuhmacher deutete den durchs Kirchhoftor abziehenden Gehröcken nach.
„Dort laufen ein paar Herren", sagte er leise, „die haben auch mitgeholfen, ihn so weit zu bringen."
„Was?" fuhr der andere auf und starrte den Schuster zweifelnd und erschrocken an. „Ja, sackerlot, wieso denn?"

„Seien Sie ruhig, Herr Nachbar. Ich hab bloß die Schulmeister gemeint."
„Wieso? Wie denn?"
„Ach, nichts weiter. Und Sie und ich, wir haben vielleicht auch mancherlei an dem Buben versäumt, meinen Sie nicht?"
Über dem Städtchen war ein fröhlich blauer Himmel ausgespannt, im Tal glitzerte der Fluß, die Tannenberge blauten weich und sehnlich in die Weite. Der Schuhmacher lächelte traurig und nahm des Mannes Arm, der aus der Stille und seltsam schmerzlichen Gedankenfülle dieser Stunde zögernd und verlegen den Niederungen seines gewohnten Daseins entgegenschritt.

Hans Giebenrath ist ein typisches Beispiel für die Fremdbestimmung eines jungen Menschen. Das pietistisch geprägte Elternhaus und die Spießbürger der Kleinstadt, die sich durch Hans' anfängliche Erfolge geschmeichelt fühlen, sehen nur die Begabung ihres Zöglings. Auch in Maulbronn herrscht die pietistische Tradition vor. Der „natürliche Mensch" soll gebrochen werden um anschließend einen „geistigen Menschen" formen zu können. Nach den Neigungen des Jungen und seiner Belastbarkeit fragt keiner. Der stolze Vater erkennt auch nicht die ersten gesundheitlichen Alarmzeichen bei seinem Sohn. Als der zu Beginn durchaus willige Hans mit dem Einsetzen der Pubertät immer stärker aufbegehrt und schulisch scheitert, wenden sich sein Vater wie auch die ganze Stadt innerlich von ihm ab. Insofern ist der Roman auch eine Abrechnung mit jener kleinbürgerlichen Gesellschaft:

In der Geschichte und Gestalt des kleinen Giebenrath, zu dem als Mit- und Gegenspieler sein Freund Heilner gehört, wollte ich die Krise jener Entwicklungsjahre darstellen und mich von der Erinnerung an sie befreien, und um bei diesem Versuche das, was mir an Überlegenheit und Reife fehlte, zu ersetzen, spielte ich ein wenig den Ankläger und Kritiker jenen gegenüber, denen Giebenrath erliegt und denen ich selber beinahe erlegen wäre: der Schule, der Theologie, der Tradition und Autorität.

Hermann Hesse schildert nicht nur seine eigenen Erfahrungen, sondern auch das Scheitern seines jüngeren Bruders, der wie die Hauptperson des Romans den Vornamen Hans trug und Selbstmord beging. In einem Brief sagt Hesse: „Der ist auch, seit sie ihm in der Schule das Rückgrat gebrochen haben, immer unterm Rad geblieben."
So steht der Roman in der Tradition zahlreicher Schülerromane und -erzählungen, die die Missstände im Erziehungswesen des wilhelminischen Deutschlands anprangern, wie zum Beispiel Arno Holz' „Der erste Schultag" (1889), Rainer Maria Rilkes „Turnstunde" (1899) und Robert Musils „Die Verwirrungen des Zöglings Törleß" (1906).
Mit zwei Stilelementen wendet sich Hesse deutlich von der naturalistischen Schreibweise ab: Sehr eindrucksvoll beschreibt er die Natur, die dem gehetzten Hans Zuflucht und Geborgenheit vermittelt. Einzelne Personen des Romans aber werden in karikierender Weise dargestellt. In seinem kurz gefassten Lebenslauf von 1925 erläutert er ausführlicher seine Auffassung von Dichtung:

Sowohl die Dichtungen, die ich dichte, wie die Bildchen, die ich male, entsprechen nicht der Wirklichkeit. Wenn ich dichte, so vergesse ich häufig alle Anforderungen, welche gebildete Leser an ein richtiges Buch stellen, und vor allem fehlt mir in der Tat die Achtung vor der Wirklichkeit. (...) Die Wirklichkeit ist das, womit man unter gar keinen Umständen zufrieden sein, was man unter gar keinen Umständen anbeten und verehren darf, denn sie ist der Zufall, der Abfall des Lebens. (...) Ich gestehe, daß auch mein eigenes Leben mir sehr häufig genau wie ein Märchen vorkommt, oft sehe und fühle ich die Außenwelt mit meinem Innern in einem Zusammenhang und Einklang, den ich magisch nennen muß.

Um die Jahrhundertwende begann sich die Literatur unter dem Einfluss der Psychologie Sigmund Freuds auch verstärkt dem Seelenleben Heranwachsender zu widmen. Zahlreiche Romane über das Leben Jugendlicher an Schulen und in Internaten waren die Folge. Neben Hesses „Unterm Rad" ist der im selben Jahr erschienene Roman „Die Verwirrungen des Zöglings Törleß" des Österreichers Robert Musil wohl das bedeutendste literarische Werk dieser Thematik.

4. Robert Musil

1880 Robert Musil wird in Klagenfurt geboren. Er wird an österreichischen Militärschulen, die zum Offiziersberuf hinführen, ausgebildet.
1894–1897 besucht er die Militär-Oberrealschule von Mährisch-Weißkirchen, im Roman „Die Verwirrungen des Zöglings Törleß" „Konvikt zu W." genannt. Musil wendet sich vom Offiziersberuf ab und studiert an der technischen Hochschule in Stuttgart.
1902 Musil wird dort Universitätsassistent.
1903 Sein erster Roman „Die Verwirrungen des Zöglings Törleß" wird vollendet, erscheint aber erst 1906, da mehrere Verlage das Manuskript ablehnen. Obwohl als Wissenschaftler recht erfolgreich, wechselt Musil den Beruf. In Berlin beginnt er Philosophie und Psychologie zu studieren. Auch hier steht ihm eine Hochschulkarriere offen. Vom Erfolg des „Törleß" aber ermutigt, wählt er das Leben eines freien Schriftstellers.
1914–1918 Musil nimmt am Ersten Weltkrieg als österreichischer Offizier teil. In den Jahren danach veröffentlicht Musil verschiedene Erzählungen und Novellen, so
1924 „Drei Frauen". Vor allem aber beginnt er mit seinem Hauptwerk „Der Mann ohne Eigenschaften". Dieser unvollendete Roman, an dem Musil bis zu seinem Tod arbeitet, spielt in „Kakanien" (gemeint ist das 1918 untergegangene kaiserlich-königliche Österreich). Um diesen Roman vollenden zu können lebt Musil in recht bescheidenen Verhältnissen.
1933 emigriert er vor dem Nationalsozialismus nach Österreich und ab 1938 in die Schweiz.
1942 Musil stirbt völlig vereinsamt und verarmt in seinem Schweizer Exil. Von seinem Hauptwerk „Der Mann ohne Eigenschaften" war 1930 Band 1, 1933 Band 2 herausgekommen, 1943 erschien der unvollendete Teil, insgesamt 1.200 Seiten.

Robert Musil

Die Verwirrungen des Zöglings Törleß

Tief in der hintersten Provinz der alten Donaumonarchie befindet sich das berühmte Konvikt zu W., ein vornehmes Knabeninternat. Der junge Törleß, einziges Kind eines Hofrates aus Wien, soll dort zusammen mit anderen Jungen aus vornehmen Familien eine Ausbildung erhalten, die ihm jede Karriere im Staat öffnet. Der Abschied von den Eltern löst in dem sensiblen Jungen Empfindungen aus, die er für Heimweh hält, in Wirklichkeit sind es Erschütterungen der beginnenden Pubertät. Er befreundet sich mit älteren Kameraden, Beineberg und Reiting. Die Namen erinnern sehr an Musils ehemalige Schulkameraden. Was Dichtung und was Wahrheit ist, kann nicht nachgewiesen werden, auch wenn der Autor schreibt, im „Törleß" sei kein Wort erfunden.

Diese jungen Leute haben sich unter dem Dach des Internats einen verborgenen Schlupfwinkel eingerichtet. Reiting findet heraus, dass ein Mitschüler, Basini, Geld stiehlt, und erpresst diesen. Als geborener Intrigant ist er darauf aus, andere zu beherrschen und abhängig zu machen. Entgegen den Vorschlägen des jungen Törleß, den Dieb zu melden und von der Schule werfen zu lassen, entscheiden sich Reiting und auch Beineberg, Basini vollständig von sich abhängig zu machen, ihn zu quälen und sexuell zu missbrauchen. Törleß fühlt sich von dem zutiefst gedemütigten Basini manchmal sinnlich angezogen und dann wieder massiv abgestoßen. An einem Wo-

chenende, als die Peiniger Reiting und Beineberg verreist sind, kommt es zwischen Törleß und dem verzweifelten Basini zu einem ersten sexuellen Erlebnis.
Als Reiting und Beineberg den schlimm misshandelten Basini der ganzen Klasse ausliefern wollen, löst sich Törleß aus seiner Rolle als Beobachter, warnt Basini und rät ihm sich selbst beim Direktor wegen des Diebstahls anzuzeigen. Bei der näheren Untersuchung des Falls stellt sich heraus, dass Törleß verschwunden ist. Doch wird ihm die Flucht nicht als Mittäterschaft ausgelegt, können doch Reiting und Beineberg Basini als einzig Schuldigen hinstellen. Vom wahren Ausmaß der Affäre wird nichts bekannt und Basini strafweise von der Schule gewiesen. Törleß bittet seine Eltern ihn von dieser Schule zu nehmen. Seine Kameraden, vor allem Reiting und Beineberg, sind ihm gleichgültig geworden. Ein Entwicklungsprozess ist abgeschlossen. Törleß weiß nun:

Ich fürchte nichts mehr. Ich weiß: die Dinge sind die Dinge und werden es wohl immer bleiben; und ich werde sie wohl immer bald so, bald so ansehen. Bald mit den Augen des Verstandes, bald mit den anderen ... Und ich werde nicht mehr versuchen, dies miteinander zu vergleichen (...).

Im Jahr 1900 erschien Sigmund Freuds Frühwerk „Die Traumdeutung", 1903 schrieb Musil seine, wie er es nannte, psychologische Studie. Obwohl Musil Freuds Werk nicht kannte, sind die im „Törleß" enthaltenen psychologischen Kenntnisse ganz erstaunlich. Auch die Hellsichtigkeit, mit der Musil seine Hauptpersonen erfasst, mutet fast prophetisch an. Musil ahnt die sich anbahnende Katastrophe des Nationalsozialismus. Reiting wird als „Herrenmensch" dargestellt, der die Macht, über Schwächere willkürlich zu herrschen, als sein gutes Recht ansieht. Basini ist für ihn „Übungsmaterial". Beineberg analysiert Reitings Charakter:

Auch Reiting wird nicht von der Sache lassen, denn auch für ihn hat es einen besonderen Wert, einen Menschen ganz in seiner Hand zu haben und sich üben zu können, ihn wie ein Werkzeug zu behandeln.

Beineberg geht noch einen Schritt weiter, er ist bereit das Verbrechen als Ersatzreligion anzunehmen, Basini ist sein Studienmaterial:

Ich bin mir schuldig, täglich an ihm zu lernen, dass das bloße Menschsein gar nichts bedeutet, – eine bloße äffende, äußerliche Ähnlichkeit.

Musil schrieb später einmal: „Die Triebgrundlagen des Dritten Reiches habe ich bereits im ‚Törleß' vorweggenommen." Tatsächlich äußern sich ehemalige Häftlinge von Konzentrationslagern später ähnlich wie der gequälte und erniedrigte Basini über den sadistischen Quäler Beineberg:

Ja, er ist sehr freundlich zu mir. Meist muss ich mich ausziehen und ihm etwas aus Geschichtsbüchern vorlesen; von Rom und seinen Kaisern, von den Borgias, von Timur Chan ..., na du weißt schon, lauter solche blutige, große Sachen.

Die jugendlichen Verbrecher erweisen sich auch als Meister im Vertuschen. Als Basini sich dem Direktor stellt, gelingt es ihnen, Basini als den Übeltäter darzustellen:

Sie wälzten alle Schuld auf Basini, und die ganze Klasse bezeugte es Mann für Mann, dass Basini ein diebischer, nichtswürdiger Kerl sei, der den wohlmeinendsten Versuchen, ihn zu bessern, nur mit neuen Rückfällen antwortete.

Auch das weist auf die Welt von 1933 hin, als Gegner der Nationalsozialisten und Juden zur „Schutzhaft", das heißt angeblich zu ihrem eigenen Schutz vor der Volkswut (und auch zur „Besserung") in Konzentrationslager gesteckt wurden. Ebenso bietet sich ein Vergleich mit der Verdrängung der Schuld nach 1945 an.

Reiting beteuerte, dass sie ja einsähen, gefehlt zu haben, es aber nur deswegen getan hätten, weil ihnen ihr Mitleid sagte, man solle einen Kameraden nicht eher der Strafe ausliefern, als bis man alle Mittel gütlicher Belehrung erschöpft habe, und wieder schwur die ganze Klasse, dass Basinis Misshandlung (das Durchpeitschen Basinis mit

Zöglings-Schlafsaal der Militär-Oberrealschule in Mährisch-Weißkirchen (heute: Tschechische Republik), die Musil zwischen 1894 und 1897 besuchte

Florettklingen; die Verf.) nur ein Überschäumen war, weil Basini den ihn aus den edelsten Empfindungen Schonenden mit größtem, gemeinstem Hohne begegnet war.

Gegenüber der ebenfalls 1906 erschienenen Schulerzählung Hermann Hesses „Unterm Rad" endet der Roman nicht tragisch, im Gegenteil, Törleß bewältigt die Krise, in die ihn seelische Nöte und sexuelle Verwirrungen trieben.

Neben Robert Musil und Hermann Hesse setzte sich auch Rainer Maria Rilke in der Erzählung „Die Turnstunde" (endgültige Fassung 1902) kritisch mit dem Erziehungswesen im deutschsprachigen Raum auseinander.

5. Rainer Maria Rilke

1875 wird Rilke als Sohn eines Eisenbahnbeamten in Prag geboren.
1895 Nach einer Militärschulzeit, dem Besuch der Handelsakademie in Linz und selbstständigem Lernen schafft er die Abiturprüfung. In Prag, München und Berlin studiert er Kunst- und Literaturgeschichte. Außerdem arbeitet er an vielen Zeitschriften mit und verfasst erste Gedichte.
1897 Im Frühling begegnet Rilke Lou Andreas-Salomé, der Tochter eines russischen Generals. Die intelligente und gebildete Frau beeinflusst das Schaffen des jungen Dichters und unternimmt mit ihm zwei Reisen nach Russland.
1901 In der Künstlerkolonie Worpswede heiratet Rilke die Bildhauerin Clara Westhoff. Der erste Gedichtband „Das Buch der Bilder" entsteht 1902.
1903 Nach Auflösung der Ehe ist Rilke beständig auf Reisen. In Paris lernt er den Maler und Bildhauer Rodin kennen und wird sein Sekretär.
1907 Mit dem Lyrikband „Neue Gedichte" schafft er die neue Form der „Dinggedichte".
1910 Der autobiografische Roman „Die Aufzeichnungen des Malte Laurids Brigge" erscheint. Das in der Ich-Form geschriebene Werk wird auch als „Rilkes Werther" bezeichnet.
1911 Nach Vortragsreisen in einige europäische Länder begegnet Rilke der Fürstin Marie von Thurn und Taxis. Auf deren Schloss Duino am Golf von Triest ist er eine Zeit lang Gast. Dort dichtet er seine ersten Elegien (wehmütig klagende Trauergedichte). Weitere Reisen führen ihn nach Neapel, Ägypten, Venedig und Madrid.
1914 In Paris verliert er bei Ausbruch des Ersten Weltkriegs seine gesamte Habe. München wird sein neuer Wohnsitz. Dort erhält er seine Einberufung.
1916 Nach nur kurzem Militärdienst arbeitet er im Kriegsarchiv.

Die Fotografie aus dem Jahr 1910 zeigt das Schloss Duino am Golf von Triest in Italien.

1921 Rilke lebt fast nur noch in der Schweiz und wohnt im Schloss Muzot. Dort vollendet er die „Duineser Elegien".
1926 Rilke stirbt mit 51 Jahren in Valmont im Wallis an Leukämie.

Die Turnstunde

In einer Militärschule teilt ein junger Offizier seine Schüler zu Beginn des Turnunterrichts ihrem Können entsprechend in vier verschiedene Riegen ein. Karl Gruber, der allerschlechteste Turner der vierten Riege, befindet sich etwas oberhalb des Bodens an einer Kletterstange. Der die Aufsicht führende Unteroffizier Jastersky fordert ihn barsch auf entweder herunterzukommen oder hinaufzuklettern, ansonsten müsse er ihn beim Offizier melden. Ängstlich bewegt sich Karl immer weiter nach oben und erreicht schließlich auch das Stangenende, eine für ihn herausragende Leistung, weil er früher nie über das erste Drittel hinausgekommen war. Wieder unten angelangt, verkriecht er sich ohne ein Wort zu sagen in eine Nische. Nach einer Weile soll er erneut klettern, diesmal am Seil. Karl bricht zusammen und wird in eine Nebenkammer getragen, während der Unteroffizier ihn bei seinem Vorgesetzten als Simulant bezeichnet. Der Turnunterricht wird fortgesetzt. Allmählich dringt die Nachricht durch, dass sich der Regimentsarzt bei Karl befindet. Der Turnunterricht geht nur noch schleppend weiter und hört schließlich ganz auf. Am Ende der Stunde tritt ein Offizier aus der Kammer und sagt den in Reih und Glied angetretenen Schülern ohne erkennbare Gefühlsregung: „Euer Kamerad Gruber ist soeben gestorben! Herzschlag. Abmarsch!" Schweigend verlassen die Schüler die Turnhalle. Nur einer, der Karl noch gesehen hat, flüstert: „Ganz nackt ist er und eingefallen und ganz lang."
Vom 11. bis zum 16. Lebensjahr besuchte Rainer Maria Rilke die Militärschule in St. Pölten. Man nahm zwar Rücksicht auf den fleißigen und intelligenten Schüler – er durfte so-

In der Militärschule in St. Pölten war Rilke fünf Jahre.

gar seine ersten Gedichte vor der ganzen Klasse vortragen – insgesamt war aber die Kadettenerziehung alles andere als feinfühlig. Einem seiner Lehrer, der sich 1920 bei dem inzwischen berühmt gewordenen Zögling in Erinnerung bringen wollte, antwortete Rilke:

Ich hätte, glaube ich, mein Leben (...) nicht verwirklichen können, wenn ich nicht, durch Jahrzehnte, alle Erinnerungen an die fünf Jahre meiner Militärerziehung verleugnet und verdrängt hätte.

Abschließend stellt er fest, dass er die Schule als ein „Erschöpfter, körperlich und geistig Missbrauchter" verlassen habe.
Die Erzählung „Die Turnstunde" beschreibt diesen körperlichen und geistigen Missbrauch eines jungen Menschen. Karl Gruber ist hoffnungslos überfordert. Seine Angst und seine Hoffnung am Ende der Stange die Freiheit zu erreichen wirken auf den Leser beklemmend.

Er beachtet nicht die Aufregung des ohnehin gereizten Unteroffiziers, klettert und klettert, die Blicke immerfort aufwärts gerichtet, als hätte er einen Ausweg in der Decke des Saales entdeckt und strebte danach, ihn zu erreichen.

Insgesamt ist Rilkes Erzählung eine Abrechnung mit einer Erziehung, deren wesentliche Merkmale Drill und Angst sind und die auf die Bedürfnisse des einzelnen Schülers kaum Rücksicht nimmt.
Rainer Maria Rilke schrieb zwar einzelne Prosastücke – am bekanntesten ist sein autobiografischer Roman „Die Aufzeichnungen des Malte Laurids Brigge" – sein eigentliches Schaffen galt aber der Lyrik.
Durch seine Begegnung mit den Plastiken des französischen Bildhauers Rodin wandelte sich Rilkes Stil. Statt gefühlvoller Stimmungslyrik schrieb er jetzt **Dinggedichte**: Ein Mensch, ein Tier oder ein Gegenstand stehen dabei im Mittelpunkt und enthüllen ihr Wesen von sich aus, von innen her. Neben den Dinggedichten „Das Karussell", „Spanische Tänzerin", „Der Ball" und „Römische Fontäne" ist das 1903 entstandene Gedicht „Der Panther" am bekanntesten geworden. 1907 erschien es in der Sammlung „Neue Gedichte".

Rainer Maria Rilke, Radierung von Emil Orlik

Der Panther

Im Jardin des Plantes, Paris

Sein Blick ist vom Vorübergehn der Stäbe
so müd geworden, dass er nichts mehr hält.
Ihm ist, als ob es tausend Stäbe gäbe
und hinter tausend Stäben keine Welt.

Der weiche Gang geschmeidig starker Schritte,
der sich im allerkleinsten Kreise dreht,
ist wie ein Tanz von Kraft um eine Mitte,
in der betäubt ein großer Wille steht.

Nur manchmal schiebt der Vorhang der Pupille
sich lautlos auf –. Dann geht ein Bild hinein,
geht durch der Glieder angespannte Stille –
und hört im Herzen auf zu sein.

Zunächst wird ganz sachlich, fast wie in einem Protokoll, der Ort der Beobachtung genannt: ein Zoo in Paris. Der Autor versucht sich und den Leser gleich zu Beginn in die Sichtweise des Panthers zu versetzen. Er sieht die Lebensbedingungen des Tieres: Dem Panther wurde seine Freiheit genommen, er lebt in Gefangenschaft. Dreimal verwendet Rilke in der ersten Strophe das Wort „Stäbe". Das zweimal erwähnte „tausend Stä-

Ein Blick in das Atelier Rodins in Meudon

be" ist wohl Symbol dafür, dass das Tier aus seinem Gefängnis nicht ausbrechen kann.

Der äußeren Gefangenschaft des Panthers entspricht auch seine innere, die in der zweiten Strophe beschrieben wird. Rilke geht wieder vom äußeren Erscheinungsbild, diesmal dem Gang des Panthers, aus. Rein äußerlich hat der Panther noch seine Kraft. Er ist stark, geschmeidig und hat große Willenskraft. Doch das Raubtier ist „betäubt". Seine Kraft ist eingeschränkt, es ist wie gelähmt und sich seines eigentlichen Wesens nicht mehr bewusst.

Die letzte Strophe konzentriert sich wieder auf den Blick des Panthers, der leblos geworden ist. Auf äußere Eindrücke reagiert er nicht mehr. Im Herzen, also in seinem Innersten, hat er aufgehört etwas wahrzunehmen. Diese fehlende Reaktion zeigt sich auch formal in dem Gedicht. Der letzte Vers endet abrupt nach der vierten Hebung. Der Panther ist nicht seiner eigentlichen Bestimmung gemäß ein Raubtier in Freiheit, er wird vielmehr auf ein Schauobjekt in einem Tierpark reduziert.

Rilke schildert den Panther keineswegs als entseeltes Wesen. In manchen Passagen hat das Tier fast menschliche Züge (zum Beispiel „müder Blick", „betäubt", „ein großer Wille"). Rilke lässt die Assoziation Panther-Mensch zu, denn das Wort „Panther" verwendet er nur in der Überschrift.

Neben der inhaltlich exakten Beobachtung fällt auch der streng durchgehaltene Aufbau des Gedichts auf. Alle Strophen haben vier Verse, Kreuzreim (abab) und bis auf den letzten Vers fünfhebige Jamben. Betonte und unbetonte Versenden wechseln sich ab. Wie gut Form und Inhalt zusammenpassen, zeigt sich zum Beispiel im ersten Vers der zweiten Strophe. Die fünf jambischen Hebungen genau ausgesuchter Worte verdeutlichen beim lauten Lesen den geschmeidigen Gang des Tieres.

Rilke war in Prag geboren worden, einer Stadt, in der neben der tschechischen auch die deutsche Kultur blühte. In Prag, nicht in der Metropole Wien, erlebte Mozarts Oper „Don Giovanni" ihre triumphale Uraufführung. Eduard Mörike schrieb darüber seine Meisternovelle „Mozart auf der Reise nach Prag".

Neben den deutschsprachigen Österreichern fühlten sich die jüdischen Familien Prags in der deutschen Kultur heimisch. Um die Jahrhundertwende lebten und arbeiteten in Prag neben Rilke die Schriftsteller Franz Werfel, Max Brod, Leo Perutz und der Journalist Egon Erwin Kisch. Vor allem aber verbindet man mit der deutschsprachigen Literatur in Prag einen Namen: Franz Kafka.

Rilke auf dem Balkon des Schlosses Muzot in der Schweiz

6. Franz Kafka

Als „kafkaesk", also in der Art der Schilderungen Franz Kafkas, wird etwas bezeichnet, was dunkel, auf rätselvolle Weise bedrohlich, mit dem Verstande schwer nachvollziehbar erscheint. Wer war dieser Autor, der wie kein anderer Angst, Entwurzelung und Entfremdung des modernen Menschen darzustellen wusste?

Franz Kafka

1883 Franz Kafka wird in Prag als Sohn eines jüdischen Kaufmanns geboren. Schon als Kind leidet er unter dem tyrannischen und engstirnigen Vater. Später schreibt er in dem „Brief an den Vater": „Unverständlich war mir immer Deine vollständige Empfindungslosigkeit dafür, was für Leid und Schande Du mit Deinen Worten und Urteilen mir zufügen konntest."

1893 Er besucht das Deutsche Staatsgymnasium und beginnt

1901 mit dem Studium an der Prager Universität: zuerst Germanistik, dann – vom Vater erzwungen – Jura.

1902 Er lernt den Schriftsteller Max Brod kennen, der später Kafkas Nachlass verwaltet.

1906 Kafka schließt sein Studium mit dem Doktor juris ab.

1907 Er lebt in Prag, arbeitet in einer Versicherungsanstalt und muss in der Folge verschiedene Dienstreisen nach Nordböhmen machen.

1910 Kafka steht unter starken Spannungen; neben dem Konflikt mit dem Vater leidet er darunter, dass er – obwohl als Jude erzogen – den Glauben seiner Väter nicht mehr teilen kann. Er gehört der deutschsprachigen Minderheit an (sieben Prozent der Prager Bevölkerung), ist aber als Jude auch in dieser Gruppe Außenseiter.

Kafka beginnt ein Tagebuch zu führen, das erst 1951 von Max Brod veröffentlicht wird.

1911 Reisen mit Max Brod nach Zürich, Lugano, Mailand und Paris finden ihren Niederschlag in Reisetagebüchern.

1912 Kafka liest erstmals öffentlich aus seinem Werk „Das Urteil". Im selben Jahr entsteht „Die Verwandlung".

1913 Verschiedene Reisen nach Wien, Venedig und an den Gardasee. Kafka kehrt immer wieder nach Prag zurück, mit deren Altstadt ihn eine Art Hassliebe verbindet.

1914 Kafka verlobt sich mit Felice Bauer, löst aber die Verbindung bald wieder. Er wohnt noch bei seinen Eltern und zögert selbstständig zu leben. Kafka geht noch mehrere Verlöbnisse ein, die er jedoch wieder löst, weil er glaubt, wegen seiner Kindheitserlebnisse keine Ehe führen zu können. Er flüchtet immer wieder in das Alleinsein, lässt niemanden an sich heran. In diesem Jahr beginnt er mit der Arbeit an seinem berühmtesten Roman „Der Prozeß".

1915 Der deutsche Dichter Carl Sternheim übergibt den Fontane-Preis an Kafka.

1916 Kafka hält in München seine zweite öffentliche Lesung: „In der Strafkolonie".

1917 Nach Ausbruch einer Lungentuberkulose tritt er vorzeitig in den Ruhestand. Zweifellos haben die ungeheuren Spannungen, unter denen Kafka immer gestanden hat, seine Gesundheit untergraben.

1919 „Ein Landarzt" und „In der Strafkolonie" erscheinen.

1920 Kafka verbringt einen Krankenurlaub in Meran.

1922 „Das Schloß" entsteht. Wie bereits im Roman „Der Prozeß" werden Urerfahrungen wie Ausweglosigkeit und Angst des Menschen in den Mittelpunkt gestellt. Beide Romane bleiben unvollendet und werden 1925 beziehungsweise 1926 von Max Brod herausgegeben. Kafka selbst war gegen eine Veröffentlichung.

1924 Am 3. Juni stirbt Kafka 41-jährig in einem Sanatorium bei Wien und wird in Prag bestattet.

Die Totengasse in Prag

Die Verwandlung

Der Vertreter Gregor Samsa wacht eines Morgens als riesiges Ungeziefer in seinem Bett auf. Trotzdem glaubt er zunächst als Handlungsreisender seine Eltern und seine Schwester weiterhin versorgen zu können. Bald merkt er, der wie ein Mensch denkt und fühlt, dass er sich nicht mehr verständlich machen kann. Seine Verwandlung wird als ein Skandal angesehen und geheim gehalten. Die Familie wendet sich von ihm ab, allen voran der Vater. Die Mutter ist gesundheitlich nicht belastbar, nur die Schwester kümmert sich zunächst noch um ihn. Die Angehörigen, die sich bisher ohne Notwendigkeit wie Schmarotzer von Gregor versorgen ließen, müssen sich nun selbst um ihren Lebensunterhalt kümmern. Sie sehen Gregor bald nur noch als unnütz an und lassen ihn verwahrlosen. Nach einer Verletzung durch den Vater stirbt Gregor, der Käfer, an der Teilnahmslosigkeit und dem Abscheu der Familie, was von dieser mit großer Erleichterung aufgenommen wird. Nach Gregors Tod sieht die Familie optimistisch in die Zukunft.

Kafkas Erzähltechnik

Der Aufbau dieser Erzählung ist typisch für Kafkas Werk:

Der Anfang:
Mit einem Satz wird der Leser in eine „kafkaeske" Entfremdungssituation geführt: Gregor Samsa wacht auf und ist zum Ungeziefer geworden.

Erzählhaltung:
Das Ungeheuerliche wird in aller Präzision geschildert: Der verwandelte Gregor ist beispielsweise so breit, dass er nicht durch eine Türöffnung passt. Wie er das Problem löst, wird genauestens dargestellt. Das Unwirkliche wird mit dem Wirklichen vereint. Dadurch wird dem Unfassbaren, der totalen Entfremdung die Qualität des Alltäglichen gegeben und die Alptraumsituation des Lesers verstärkt.

Erzählperspektive:
Der Leser erfährt den Sachverhalt aus der Sicht Gregors. Dessen Gefühle und Überlegungen, vor allem aber dessen Entfremdung werden zu der des Lesers. Diese Entfremdung wird noch gesteigert, indem nie nach den Ursachen der bizarren Situation gefragt wird. Der Leser bleibt Rätsel ratend und hilflos zurück.

Ein Antimärchen?

Die Verwandlung eines Menschen in ein Tier ist im Märchen nichts Ungewöhnliches. Durch die Hilfe einer geliebten Person gelingt die Entzauberung und Rückverwandlung nach vielen Gefahren und Mühen. Gregor Samsa erlebt keine Rückverwandlung, denn seine Familie investiert keine Liebe und Kraft des Herzens in ihn. So unterbleibt die Entzauberung und damit ein märchenhafter Schluss. Aber „Die Verwandlung" ist mehr als ein Antimärchen. Sie ist auch eine Art Familiendrama, in das Kafka seine problematische Vater-Sohn-Beziehung einarbeitet. Auf den jungen Gregor wurde die Last des väterlichen Konkurses abgewälzt. Er muss für Versorgung und Schuldenbewältigung der Familie geradestehen, während diese sich in angeneh-

mem Nichtstun ergeht. Durch die Verwandlung wird die Situation ins Gegenteil verkehrt. Nun ist Gregor ein unnützer Parasit, während die Familie plötzlich durchaus in der Lage ist den Lebensunterhalt zu verdienen. Gregor hat seinen Beruf als Reisender sehr ungern ausgeübt, darüber hinaus fühlt er sich von der Familie ausgebeutet, obwohl er sich nie darüber Rechenschaft ablegt. Es baut sich ein Aggressionspotenzial auf, das in dem grauenhaft verwandelten Körper zum Ausdruck kommt. Es führt nicht nur zum Rückzug aus dem verhassten Geschäft, sondern auch aus allen menschlichen Lebensbereichen.
Auch Kafka hat unter dem ungeliebten Beruf eines Versicherungsjuristen gelitten, fühlte sich entfremdet, allerdings nicht wegen einer möglichen Unterdrückung und Ausbeutung, sondern weil ihn sein Brotberuf von seinem eigentlichen Lebensinhalt, dem Schreiben, abhielt. Der Leser erfährt nie, warum Gregor zum Ungeziefer wurde. Er muss sich selbst um eine Deutung bemühen. Das ist eine harte, aber lohnende Arbeit, die Kafka als 20-Jähriger so beschrieb: „Ein Buch muss die Axt sein für das gefrorene Meer in uns."

Während sich Franz Kafka noch mit dem ungeliebten Studium der Rechtswissenschaften abquält, hat ein anderer Schriftsteller nach vielen beruflichen Fehlschlägen endlich Erfolg: Heinrich Manns Roman „Professor Unrat" erlebt hohe Auflagen.

7. Heinrich Mann

1871 Heinrich Mann wird in Lübeck als Sohn einer reichen Kaufmannsfamilie geboren. Mit 14 Jahren verfasst er erste Erzählungen. Vier Jahre später verlässt er das Gymnasium um eine Buchhändlerlehre in Dresden zu beginnen.
1890 Im Fischer-Verlag in Berlin arbeitet er als Volontär. Gleichzeitig studiert er an der Universität. Nach einem Blutsturz ist er in Wiesbaden und Lausanne zur Kur.
1899 Bis zum Ersten Weltkrieg ist Heinrich Mann ohne festen Wohnsitz. Er lebt in München, in Berlin, in Italien und an der Côte d'Azur.
1905 Der Roman „Professor Unrat oder das Ende eines Tyrannen" macht Heinrich Mann über Deutschlands Grenzen hinaus bekannt. 1930 wird der Roman unter dem Titel „Der blaue Engel" verfilmt.
1914 Heinrich Mann heiratet die Prager Schauspielerin Maria Kanova, die er während einer Probe im Deutschen Theater in Berlin kennen gelernt hat. Mit ihr wohnt er in München bis zur Trennung 1928. Nach dem Erscheinen von Thomas Manns „Gedanken im Kriege" kommt es zwischen den Brüdern zum Bruch.
1916 Heinrich Manns Hauptwerk, „Der Untertan", erscheint, allerdings nur als Privatdruck in beschränkter Auflage. Zwei Jahre vorher war die Veröffentlichung in einer Münchner Zeitschrift wegen der politischen Situation abgebrochen worden.
1922 Heinrich und Thomas Mann versöhnen sich wieder.
1925 Auf der Suche nach Material für seinen späteren Roman über Heinrich IV. reist Heinrich Mann durch Südfrankreich.

Heinrich Manns Roman „Professor Unrat" wurde 1930 mit dem Titel „Der blaue Engel" mit Marlene Dietrich und Emil Jannings in den Hauptrollen verfilmt.

1933 Nach Hitlers Machtergreifung emigriert er nach Nizza. Die deutsche Staatsbürgerschaft wird ihm entzogen.
1940 Mit seiner zweiten Frau Nelly Kroeger flieht er über Spanien und Portugal in die USA. Santa Monica in Kalifornien wird sein Wohnsitz. Dort be-

Heinrich Mann mit seinem Bruder Thomas in den 20er-Jahren

geht seine Frau einige Jahre später Selbstmord.
1949 Heinrich Mann wird mit dem Nationalpreis der DDR gewürdigt.
1950 Heinrich Mann wird zum ersten Präsidenten der neu gegründeten Akademie der Künste in Berlin (Ost) berufen. Kurz vor der geplanten Rückkehr nach Deutschland stirbt er in Santa Monica.

Der Untertan

Der bekannte deutsche Regisseur Wolfgang Staudte verfilmte bereits ein Jahr nach Heinrich Manns Tod dessen Hauptwerk „Der Untertan". Dieser 1906 begonnene und erst zwei Monate vor dem Ersten Weltkrieg abgeschlossene Roman gehört zu einer Reihe von Büchern, die sich mit dem „Wilhelminismus" befassen. Zunächst nur in einem Privatdruck von zehn Exemplaren herausgegeben wurde „Der Untertan" nach dem Wegfall der Zensur in der Weimarer Republik zu einem sensationellen Erfolg.

In zahlreichen einzelnen Episoden erzählt Heinrich Mann in satirischer Weise den Aufstieg des Bürgers Diederich Heßling in der Provinzstadt Netzig vom Studenten zum Stadtverordneten und Generaldirektor einer Fabrik: Nach Kindheit und Schulzeit lebt Heßling als Student in Berlin. Im zweiten Semester tritt er der Studentenverbindung „Neuteutonia" bei, was seinem labilen Charakter aber nicht gerade förderlich ist. Im Hause des Fabrikanten Göppel, eines Geschäftsfreundes seines Vaters, lernt er dessen Tochter Agnes

Heinrich Mann in den 40er-Jahren im Exil in Los Angeles

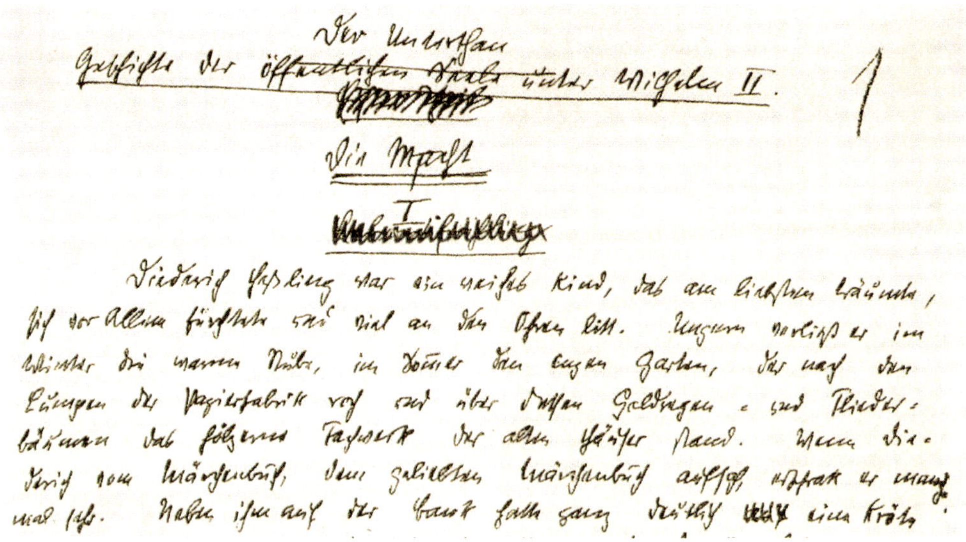

Der Untertan

Geschichte der öffentlichen Seele unter Wilhelm II.

Die Macht

I

Diederich Heßling war ein weiches Kind, das am liebsten träumte, sich vor Allem fürchtete und viel an den Ohren litt. Ungern verließ er im Winter die warme Stube, im Sommer den engen Garten, der nach den Lumpen der Papierfabrik roch und über dessen Goldregen- und Fliederbäumen das hölzerne Fachwerk der alten Häuser stand. Wenn Diederich vom Märchenbuch, dem geliebten Märchenbuch aufsah, erschrak er manchmal sehr. Neben ihm auf der Bank hatte ganz deutlich eine Kröte

Beginn des Manuskripts zum Roman „Der Untertan"

kennen. Sie wird seine Geliebte, doch als der Vater Heßling zu einer Heirat zwingen will, weist dieser ihm voller Hohn die Tür. Vom Militärdienst kann er sich nach einiger Zeit durch ein vorgetäuschtes Fußleiden drücken. An seiner Begeisterung für den Kaiser Wilhelm II. ändert dies aber nichts. Nach bestandener Doktorprüfung und dem Tode seines Vaters übernimmt er die Papierfabrik in Netzig. In der Firma tritt er als Herrscher auf, der keine Sozialdemokraten duldet. Ebenso tyrannisch gebärdet er sich in der Familie gegenüber seiner Mutter und seinen Schwestern Emmi und Magda.

Bald kommt es zum ersten Zwischenfall. Ein von Heßling entlassener Arbeiter rempelt einen Wachtposten an und wird von ihm daraufhin erschossen. Ein Aufstand flammt auf, wird aber schnell niedergeschlagen. Heßling und andere national Gesinnte feiern diesen Sieg mit einem Sektgelage. Dabei reizt Diederich den jüdischen Fabrikanten Lauer zu einer Majestätsbeleidigung. Im anschließenden Prozess wird Lauer zu sechs Monaten Gefängnis verurteilt, vor allem aufgrund der Zeugenaussage Heßlings.

Für die Firma hat Heßling eine neue Papierbereitungsmaschine bestellt, kann sie aber nicht bezahlen. Mit dem ansonsten gehassten Maschinenmeister Fischer, einem Sozialdemokraten, täuscht er einen Konstruktionsfehler vor, der die Lieferfirma zur Rücknahme der Maschine zwingt. Als Gegenleistung schließt Heßling mit Fischer bei der Stadtverordnetenwahl einen Kompromiss, sodass beide gewählt werden.

Auch im privaten Bereich erweist sich Heßling als geschickter Taktiker. Auf die reiche Erbin Guste Daimchen, die mit dem Rechtsanwalt Buck verlobt ist, hat er ein Auge geworfen. Heßling setzt mithilfe seiner Familie das Gerücht in Umlauf, dass der alte verstorbene Buck Gustes Vater gewesen sein soll, die Verlobten also nicht heiraten könnten, weil sie Halbgeschwister seien. Der Trick funktioniert, Heßling kann die reiche Guste heiraten. Die anschließende Hochzeitsreise interessiert Heßling aber nur so lange, bis er erfährt, dass der Kaiser sich in Rom aufhält. Sofort bricht er nach Italien auf und erfährt höchste Befriedigung, als er dem in einer Kutsche fahrenden Monarchen für einen kurzen Moment in die Augen sehen kann.

Wieder zurück in Netzig, plant er einen neuen Coup. Sein Fabrikgrundstück verkauft er an einen adeligen Strohmann um dort ein Kaiser-Wilhelm-Denkmal errichten zu können. Dafür wird ihm eine zum Verkauf anstehende

Papierfabrik in Gausenfeld zugespielt. Durch ein Börsenmanöver erhält Heßling die Aktienmehrheit, die Fabriken in Netzig und Gausenfeld fusionieren. Heßling ist nun am Ziel seiner Wünsche, er wird Generaldirektor.
Als Höhepunkt soll in Netzig bei einer glanzvollen Feier das Kaiserdenkmal eingeweiht werden. Heßling hält die Festrede. Doch dieses Ereignis fällt durch ein furchtbares Unwetter buchstäblich ins Wasser. Bei dem Gewitter löst sich die Menschenmenge nach und nach auf. Heßling bleibt allein bei der Kaiser-Wilhelm-Statue zurück.

Der historische Hintergrund des Romans
Um Heinrich Manns Auseinandersetzung mit der wilhelminischen Gesellschaft im „Untertan" besser verstehen zu können werfen wir einen kurzen Blick auf die politische und kulturelle Situation im deutschen Kaiserreich. Die erfolgreichen Unternehmer übernahmen die Ideologie des Adels: Nationalismus, Militarismus, Sozialistenfeindlichkeit und Imperialismus. Das Ordens- und Titelwesen wurde kultiviert, der Reserveoffizier verherrlicht. Durch die staatlichen Einrichtungen Militär, Justiz, Polizei, Schule und Universität übten die herrschenden Klassen ihre Macht aus. Heinrich Mann setzt sich mit diesen Institutionen insofern kritisch auseinander, als sie auf Heßlings Werdegang unmittelbar Einfluss ausüben.
Von entscheidender Bedeutung ist die Person des Kaisers Wilhelm II., der sich Heßling in seinem Leben immer stärker nähert. Zwar ist er bei der breiten Mehrheit seiner Untertanen recht beliebt; dennoch wird der junge Monarch in der Literatur und Karikatur eher als unreifer Mann mit einem – auf seinen verkrüppelten linken Arm zurückgeführten – starken Minderwertigkeitsgefühl beschrieben. Seine Unsicherheit verbarg er zum einen in der Uniform eines Gardehusaren, zum anderen in seinem lauten Wesen und dem „Säbelrasseln". Seine Vorliebe galt dem Heer und vor allem der Flotte. Der Repräsentation seiner Macht widmete er mehr Zeit als seinen Regierungsgeschäften. Er befand sich häufig auf Inlands- und Auslandsreisen und war bei Banketten, Truppenbesichtigungen, Paraden, Einweihungen öffentlicher Gebäude, Denkmalsenthüllungen gerne dabei. Berühmt und

Eine Szene aus „Der Untertan" in der Verfilmung von Wolfgang Staudte

berüchtigt zugleich waren seine zahlreichen Entgleisungen bei öffentlichen Reden im In- und Ausland.

Heßlings Doppelrolle als Untertan und Tyrann

In den ersten beiden Kapiteln schildert Heinrich Mann den Werdegang des Untertans. Heßling wird als „ein weiches Kind, das am liebsten träumte, sich vor allem fürchtete und viel an den Ohren litt" bezeichnet. Seinen Vater erlebt er als machtvollen Fabrikbesitzer mit „silbrigem Kaiserbart". Auch in der Familie führt dieser ein strenges Regiment, Prügel für den Sohn sind durchaus üblich.
Das Wechselspiel von Macht und Unterwerfung erfährt Heßling auch in der Schule und in der Studentenverbindung „Neuteutonia". Entscheidend für das Glück des Untertanen ist es, wenn er Teil einer Gruppe ist, die ihm Kraft und Sicherheit gibt sowie Denken und Eigenverantwortung abnimmt:

Er sah sich in einen großen Kreis von Menschen versetzt, deren keiner ihm etwas tat oder etwas anderes von ihm verlangte, als dass er trinke. (...) Ihm war, wenn es spät ward, als schwitze er mit ihnen allen aus demselben Körper. Er war untergegangen in der Korporation, die für ihn dachte und wollte. Und er war ein Mann, durfte sich selbst hoch achten und hatte eine Ehre, weil er dazugehörte!

Nach dem Tod seines Vaters übt Heßling endlich selbst Macht aus. Wie der Kaiser im Staat, so herrscht Diederich in der Fabrik und in der Familie. Nur in der Ehe mit Guste Daimchen kehrt sich in der Nacht das autoritäre Verhältnis um:

In einer unerhörten und wahnwitzigen Umkehrung aller Gesetze durfte Guste ihm befehlen: „Du sollst meine herrliche Gestalt anbeten!" – und dann, auf den Rücken gelagert, ließ er sich von ihr in den Bauch treten. (...) Ich bin die Herrin, du bist der Untertan."

Am nächsten Morgen ist Heßling aber sofort wieder Tyrann, der sich von Guste das Wirtschaftsbuch vorlegen lässt und sie in Gegenwart aller Dienstboten demütigt.

Der deutsche Kaiser Wilhelm II. ließ sich am liebsten in Uniform fotografieren.

Bei seinen Antrittsbesuchen in der Stadt Netzig zeigt sich ein weiteres Merkmal der Untertanenmentalität. Um gesellschaftliche Anerkennung zu erlangen passt sich Heßling rückhaltlos der politischen Meinung seines jeweiligen mächtigeren Gesprächspartners an. Dem alten Buck versichert er ein „durchaus liberal" denkender Mann zu sein. Im Gespräch mit dem Bürgermeister und dem Staatsanwalt zeigt er sich national und kaisertreu: „Mit dem alten freisinnigen Schlendrian müsse auch in Netzig aufgeräumt werden." Als Heßling merkt, dass sich die nationalen Kräfte in der Stadt Netzig durchsetzen, hält er als Zeuge in einem Majestätsbeleidigungsprozess eine flammende Rede zu Ehren des Kaisers.
Höhepunkte in Heßlings Leben sind die beiden Begegnungen mit dem Kaiser. Hier zeigt sich in komischer Weise deutlich das Verhältnis von Autorität und Untertan. Am Ende des ersten Kapitels blickt Heßling, in einem Tümpel liegend, auf den Kaiser. Bei seiner Hochzeitsreise hat er nichts Besseres zu tun, als dem Kaiser überallhin zu folgen und ihm zuzujubeln.

Der satirische Charakter des Romans zeigt sich darin, dass sich Heßling im Aussehen und vor allem in der Sprache immer mehr Kaiser Wilhelm II. angleicht. Insbesondere die **Montage** von Kaiserzitaten in die Reden Heßlings wirkt durch die Phrasenhaftigkeit entlarvend. Durch einen Vergleich der Antrittsrede Heßlings an seine Arbeiter mit der Rede Kaiser Wilhelms II. vor einer Abordnung streikender Bergleute (1889) wird dies deutlich:
Kaiser Wilhelm: „Denn für mich ist jeder Sozialdemokrat gleichbedeutend mit Reichs- und Vaterlandsfeind."
Heßling: „Sollte sich ein Zusammenhang irgendeines von euch mit sozialdemokratischen Kreisen herausstellen, so zerschneide ich zwischen ihm und mir das Tischtuch. Denn für mich ist jeder Sozialdemokrat gleichbedeutend mit Feind meines Betriebes und Vaterlandsfeind."
Ebenso komisch wirkt die Szene der Denkmalsenthüllung. Heßling kann seine Rede nicht beenden. Aus der Richtung, in der „das einfache Volk" steht, ist ein Gewitter aufgezogen, Symbol für den Untergang der wilhelminischen Gesellschaft. Die Naturgewalten scheinen direkt auf Heßlings Worte zu reagieren. Als er ausruft: „Darum kann es mit uns nie und nimmer das Ende mit Schrecken nehmen, das dem Kaiserreich unseres Erbfeindes vorbehalten war!", beginnt es zu blitzen und zu donnern. Auf Heßlings „donnernde Stimme" folgt ein Donnerschlag, die ersten Tropfen fallen, als er von der „Schlammflut der Demokratie" spricht. Ausgerechnet dann erhält Heßling seinen Wilhelmsorden, als sich das Fest in einem furchtbaren Platzregen auflöst. Der Untertan wird gerade in dem Augenblick erniedrigt, als er die höchste Auszeichnung der Gesellschaft erhält.
Heinrich Mann kehrt im „Untertan" die Regeln des traditionellen Entwicklungsromans um. Denn Schritt für Schritt wandelt sich Heßlings anfangs individueller Charakter in eine angepasste untertänige Rolle vor der jeweils herrschenden Autorität.
1914 wurde der Roman in der Münchner Zeitschrift „Zeit im Bild" zum ersten Mal veröffentlicht. Wegen seiner politischen Brisanz wendeten sich die Herausgeber aber schon bald an den Autor:

> Im gegenwärtigen Augenblick kann ein großes öffentliches Organ nicht in satirischer Form an deutschen Verhältnissen Kritik üben. (...) Ganz abgesehen davon dürften wir bei der geringsten direkten Anspielung politischer Natur, etwa auf die Person des Kaisers, die ärgsten Zensurschwierigkeiten bekommen.

Wenige Wochen später wurde der Erstabdruck eingestellt.
Nach dem Ersten Weltkrieg war aber der Erfolg des Romans nicht mehr aufzuhalten. Kurt Tucholsky lobte „den genialen Weitblick des Künstlers" und rühmte den Roman als „Anatomie-Atlas des Reichs". „Nichts, aber auch nichts, was in diesem Buche steht, sei übertrieben, sondern in Wahrheit eher noch schlimmer."

1871, im selben Jahr wie Heinrich Mann, wurde Christian Morgenstern geboren.

Szene aus der Staudte-Verfilmung

8. Christian Morgenstern

1871 Christian Morgenstern kommt in München als Sohn eines Kunstmalers zur Welt.
Nach Abschluss des Gymnasiums in Breslau beginnt er
1894 mit dem Studium der Kunstgeschichte und Archäologie in Berlin. Bereits im Jahr zuvor ist bei Morgenstern die Tuberkulose ausgebrochen, eine Krankheit, an der er sehr zu leiden hat und der er 43-jährig erliegt.
1895 Erste Gedichtbände erscheinen, dem Philosophen Friedrich Nietzsche gewidmet.
1897 Morgenstern arbeitet als Übersetzer von Strindberg und Ibsen und unternimmt zahlreiche Reisen und Kuren.
1909 Er gibt die Zeitschrift „Das Theater" heraus, bald darauf erscheinen seine seit 1895 gesammelten „Galgenlieder", die ihn berühmt machen. Er widmet sie „Dem Kind im Manne", eingedenk eines Satzes seines großen Lehrmeisters Nietzsche: „Im ächten Manne ist ein Kind versteckt: Das will spielen."
Morgenstern wendet sich der Anthroposophie (Weltanschauung, nach der der Mensch höhere seelische Fähigkeiten entwickeln und dadurch übersinnliche Fähigkeiten erlangen kann) Rudolf Steiners zu, dessen Erkenntnisweg vom Geistigen im Menschen zum Geistigen im Weltall seine letzten Werke entscheidend beeinflusste.
1910 Morgenstern heiratet. Im gleichen Jahr erscheinen die Gedichtsammlungen „Palmström" und „Einkehr".
1914 Am 31. März stirbt Christian Morgenstern auf Kur in Meran. Postum erscheinen 1916 sein Gedichtband „Palma Kunkel" und 1919 „Der Gingganz".

Zu seinen „Galgenliedern" schreibt Morgenstern 1913:

In jedem Menschen ist ein Kind verborgen, das heißt Bildnertrieb und will als liebstes Spiel- und Ernst-Zeug nicht das bis auf den letzten Rest nachgearbeitete Miniatür-Schiff, sondern die Walnussschale mit der Vogelfeder als Segelmast und dem Kieselstein als Kapitän. Das will auch in der Kunst mit-spielen, mit-schaffen dürfen und nicht so sehr bloß bewundernder Zuschauer sein. Denn dieses „Kind im Menschen" ist der unsterbliche Schöpfer in ihm (...).

Zu seiner 1910 erschienenen Gedichtsammlung „Palmström" gehört unter anderem auch das Gedicht „Die unmögliche Tatsache".

Christian Morgenstern

Die unmögliche Tatsache

Palmström, etwas schon an Jahren,
wird an einer Straßenbeuge
und von einem Kraftfahrzeuge
überfahren.

„Wie war" (spricht er, sich erhebend
und entschlossen weiterlebend)
„möglich, wie dieses Unglück, ja – :
dass es überhaupt geschah?

Ist die Staatskunst anzuklagen
in Bezug auf Kraftfahrwagen?
Gab die Polizeivorschrift
hier dem Fahrer freie Trift?

Oder war vielmehr verboten,
hier Lebendige zu Toten
umzuwandeln, – kurz und schlicht:
Durfte hier der Kutscher nicht –?"

Eingehüllt in feuchte Tücher,
prüft er die Gesetzesbücher
und ist alsobald im Klaren:
Wagen durften dort nicht fahren!

Und er kommt zu dem Ergebnis:
Nur ein Traum war das Erlebnis.
Weil, so schließt er messerscharf,
nicht sein kann, was nicht sein darf.

Zunächst wird über das Ereignis des Unfalls berichtet, dann stellt sich Palmström in bestem Beamtendeutsch (Beispiele: „in Bezug auf", „Oder war vielmehr") die Frage nach Schuld und Verantwortung.

Bald kommt ihm die Erkenntnis: Es durften dort keine Autos fahren. Und mit messerscharfer Logik folgt: Es hat keinen Unfall gegeben. Morgensterns Sprachwitz lässt sich über einen Menschen aus, bei dem die Wirklichkeit wegen seiner vorgefassten Meinung keine Chance hat. Was ist typisch für Morgensterns Werk, seine Nonsens-Verse? Im Gegensatz zu satirischen Versen beruhen Nonsens-Verse nicht auf Witz und Humor, sondern auf

- nicht zusammenpassenden („an einer Straßenbeuge und von einem Kraftfahrzeuge"),
- absurden („verboten, hier Lebendige zu Toten umzuwandeln")
- und auch scheinlogischen Aussagen („nicht sein kann, was nicht sein darf").

Morgensterns Kunst ist das Spiel mit der Sprache, er baut dadurch, dass er die Wortinhalte von der Realität loslöst, eine neue Wirklichkeit auf, beispielsweise in dem Gedicht vom Lattenzaun:

Der Lattenzaun

Es war einmal ein Lattenzaun,
mit Zwischenraum, hindurchzuschaun.

Ein Architekt, der dieses sah,
stand eines Abends plötzlich da –

und nahm den Zwischenraum heraus
und baute draus ein großes Haus.

Der Zaun indessen stand ganz dumm,
mit Latten ohne was herum.

Ein Anblick grässlich und gemein.
Drum zog ihn der Senat auch ein.

Der Architekt jedoch entfloh
nach Afri- od- Ameriko.

Franz Marc, Lesende Frau im Grünen

Arbeitsvorschläge

1. Erkläre die Begriffe „Dekadenz“ und „Fin de siècle“.
2. Was ist der innere Monolog?
3. Welche Elemente sind typisch für die Neuromantik?
4. Erkläre den Romantitel „Unterm Rad“ von Hermann Hesse.
5. Inwiefern empfand Hesse seinen Roman als Befreiung von seiner Kindheit?
6. Erläutere die Gründe für den Tod von Hans Giebenrath.
7. Inwiefern wendet sich Hesse von der naturalistischen Schreibweise ab?
8. Vergleiche die Hauptfiguren in Hesses „Unterm Rad“ und Musils „Die Verwirrungen des Zöglings Törleß“.
9. Rainer Maria Rilkes Erzählung „Die Turnstunde“ ist eine Abrechnung mit der Erziehung am Anfang des 20. Jahrhunderts. Begründe dies.
10. Welchen Einfluss hatte der Bildhauer Rodin auf Rilke?
11. Erkläre anhand des „Panthers“ den Begriff „Dinggedicht“.
12. Was bedeutet „kafkaesk“?
13. Erkläre das Phänomen der Entfremdung bei Kafka.
14. Inwiefern ist Heinrich Manns Roman „Der Untertan“ ein Spiegel der wilhelminischen Gesellschaft?
15. Nenne verschiedene Züge von Heßlings Untertanenmentalität.
16. Auf welche Weise wirkt Heinrich Manns Roman satirisch?

Zusammenfassung

Der Naturalismus konnte die Literaten mit seiner einseitigen Sichtweise von Dichtung schöpferisch auf die Dauer nicht befriedigen. So entstanden um die Wende zum 20. Jahrhundert zahlreiche neue literarische Strömungen:
Der Impressionismus war ursprünglich eine Bezeichnung für eine Gruppe französischer Maler, die 1874 ihre Bilder im Atelier eines Fotografen ausstellten. Der Begriff wurde dann auf entsprechende literarische Strömungen von etwa 1890 bis 1910 übertragen. Typisch für diese Richtung waren die Wiedergabe von Stimmungen, das Zurücktreten der Handlung und eine lautmalerische Sprache.
Ebenfalls seinen Ursprung in Frankreich hatte der Symbolismus. Im Gegensatz zu den Naturalisten ging es den Symbolisten nicht um die vordergründige Wiedergabe der Wirklichkeit, sie suchten nach den geheimnisvollen Zusammenhängen zwischen den Dingen. Stefan George galt als Wegbereiter, Rainer Maria Rilke näherte sich mit seinen Dinggedichten ebenfalls dem Symbolismus.

Die zwei genannten Stilrichtungen um die Jahrhundertwende, in denen in erster Linie die Lyrik dominierte, geben nur einen Teil der vielseitigen Dichtung in der wilhelminischen Zeit wieder. Die frühen Romane und Erzählungen von Hermann Hesse, Thomas Mann und Heinrich Mann nehmen ebenso eine Sonderstellung ein wie das epische Werk Franz Kafkas.

Wichtige Begriffe:
Innerer Monolog – Dinggedicht – Entfremdung – Montage

Geschichtlicher Hintergrund

1888	Wilhelm II. wird Kaiser
1890	Bismarcks Entlassung
1904/05	Russisch-Japanischer Krieg
1905/06	Erste Marokkokrise; Wettrüsten
1911	Zweite Marokkokrise
1912/13	Balkankriege
1914	Ausbruch des Ersten Weltkrieges
1917	Russische Revolution
1918	Zusammenbruch Deutschlands; Ende der Monarchie

Autoren und Werke

DETLEV VON LILIENCRON (1844–1909)
Gedichte

ARTHUR SCHNITZLER (1862–1931)
Leutnant Gustl

STEFAN GEORGE (1868–1933)
Gedichte

HEINRICH MANN (1871–1950)
Professor Unrat
Der Untertan

CHRISTIAN MORGENSTERN (1871–1914)
Galgenlieder

HUGO VON HOFMANNSTHAL (1874–1929)
Jedermann
Gedichte

RAINER MARIA RILKE (1875–1926)
Neue Gedichte
Die Aufzeichnungen des Malte Laurids Brigge
Die Turnstunde

HERMANN HESSE (1877–1962)
Peter Camenzind
Unterm Rad

ROBERT MUSIL (1880–1942)
Die Verwirrungen des Zöglings Törleß

FRANZ KAFKA (1883–1924)
Das Urteil
Die Verwandlung
Der Prozeß

Der norwegische Maler Edvard Munch schuf bereits gegen Ende des 19. Jahrhunderts expressionistische Gemälde. Das farbige Pastellbild „Der Schrei" entstand 1895.

1. Die Krise der bürgerlichen Gesellschaft

Die Literatur des Impressionismus war vor allem in Wien von Melancholie, Müdigkeit und Todesahnung gekennzeichnet. In der rasant wachsenden Großstadt Berlin jedoch empfand man anders: Auch hier erkannte man die Krise, sah die Katastrophe, den Untergang kommen. Aber die Künstler setzten auf Erneuerung, auf Wiedergeburt des Menschen und der Gesellschaft. Um 1910 schockierte die Generation der damals etwa 20-jährigen Dichter das Besitzbürgertum des wilhelminischen Kaiserreiches.

„Der Sturm" sorgte neben der Zeitschrift „Die Aktion" für die Verbreitung expressionistischen Gedankenguts. Die Titelseite dieser Ausgabe enthält eine Zeichnung von Oskar Kokoschka.

Jakob van Hoddis: Weltende

Dem Bürger fliegt vom spitzen Kopf der Hut,
In allen Lüften hallt es wie Geschrei,
Dachdecker stürzen ab und gehn entzwei
und an den Küsten – liest man – steigt die Flut.

Der Sturm ist da, die wilden Meere hupfen
An Land, um dicke Dämme zu zerdrücken.
Die meisten Menschen haben einen Schnupfen.
Die Eisenbahnen fallen von den Brücken.

Welche Wirkung dieses Gedicht bei der jungen Dichtergeneration damals erzielte, ist kaum vorstellbar. Für viele wurde es zum Marschlied, zur „Marseillaise der expressionistischen Rebellion" gegen die wilhelminische Gesellschaft. Aktueller Auslöser für das Entstehen des Gedichts war wohl die Untergangsstimmung, die der Halley'sche Komet bei seinem Auftauchen 1910 erzeugte. Was war an diesem Gedicht neu?
Im Gegensatz zum traditionellen Aufbau der zwei Strophen und dem einfachen Reimschema wird hier eine neue Technik angewendet, die später als Verfremdung bezeichnet wird. Unglücksfälle und Naturkatastrophen werden aneinander gereiht – ohne jede innere Beteiligung. Alles geschieht gleichzeitig und die Begriffe und Ereignisse passen nicht zueinander, Letztere sind teils katastrophal, teils banal. Das Ende der bürgerlichen Welt kündigt sich damit an, dass der Bürger sein Symbol, seinen Hut, verliert. In der distanzierten Schilderung des sich anbahnenden grotesken Chaos der bürgerlichen Welt ist deutlich die Ironie des Autors erkennbar.
Doch bleibt die Vorstellung des Expressionismus vom Untergang der bürgerlichen Gesellschaft nicht ohne Folgen. Neben die Visionen von Verfall und Weltende tritt der Glaube an die nötige Erneuerung, an die Wiedergeburt des Menschen im Geist der brüderlichen Liebe. Dieser vorwärts drängende Optimismus lässt sich zum Beispiel aus den Titeln von Zeitschriften und Anthologien (Sammlungen von Gedichten oder Prosastücken) dieser Zeit herauslesen: „Die Aktion", „Der Sturm", „Revolution", oder „Die Erhebung", „Der Anbruch" und vor allem „Menschheitsdämmerung" von Kurt Pinthus:

(...) Wenn in diesem Buche weder wahllos und ungesichtet die Stimmen der in unserer Zeit Dichtenden ertönen, noch die Dichtungen einer sich bewusst zusammenschließenden literarischen Gruppe oder Schule gesammelt sind, so soll dennoch

ein Gemeinsames die Dichter dieser Symphonie einen. Diese Gemeinsamkeit ist die Intensität und der Radikalismus des Gefühls, der Gesinnung, des Ausdrucks, der Form; und diese Intensität, dieser Radikalismus zwingt die Dichter wiederum zum Kampf gegen die Menschheit der zu Ende gehenden Epoche und zur sehnsüchtigen Vorbereitung und Forderung neuer, besserer Menschheit.
(...) Doch schon fühlten die gereizten und überempfindlichen Nerven und Seelen dieser Dichter deutlich auf der einen Seite das dumpfe Heranrücken der liebe- und freudeberaubten proletarischen Massen, von der anderen Seite den heranrollenden Zusammenbruch einer Menschheit, die ebenso hochmütig wie gleichgültig war. Aus der strotzenden Blüte der Zivilisation stank ihnen der Hauch des Verfalls entgegen, und ihre ahnenden Augen sahen bereits als Ruinen eine wesenlos aufgedunsene Kultur und eine ganz auf dem Mechanischen und Konventionellen aufgetürmte Menschheitsordnung. Ein ungeheurer Schmerz schwoll empor – (...)
Und immer wieder muss gesagt werden, dass die Qualität dieser Dichtung in ihrer Intensität beruht. Niemals in der Weltdichtung scholl so laut, zerreißend und aufrüttelnd Schrei, Sturz und Sehnsucht einer Zeit, wie aus dem wilden Zuge dieser Vorläufer und Märtyrer (...).

In diesem Vorwort der Anthologie von 1919 ist bereits alles Wesentliche über den Expressionismus gesagt: Intensität und Radikalität in der Darstellung der verhassten Gesellschaft, der proletarischen Massen und des Zusammenbruchs. So verwundert es nicht, dass die Dichter bei der Schilderung ihres inneren Erlebens, bei ihrem „Schrei" (vergleiche das Bild von Edvard Munch auf Seite 244) keinerlei Rücksicht auf althergebrachte Formen des Satzbaues, des Ausdrucks und des Versmaßes nehmen. Entsprechend sind Lyrik und Drama die Hauptgattungen des Expressionismus. Auch die Malerei, von der die Dichter maßgeblich beeinflusst waren, offenbarte den seelischen Eindruck des Künstlers. Intensive Farben und eine jeden Ausdruck übersteigernde Formgebung sollten bei Malern wie zum Beispiel Ernst Ludwig Kirchner, Erich Heckel und Emil Nolde elementare Erlebnisse der Wirklichkeit ermöglichen. Menschliche Grunderfahrungen wie Tod und Weltangst sind bevorzugte Themen in der darstellenden Kunst.
Dass sensible Dichter die Katastrophe des Ersten Weltkrieges bereits ahnten, beweist das 1912 erschienene Gedicht „Der Krieg" des jungen Georg Heym, der im selben Jahr verunglückt war.

2. Georg Heym

1887 Georg Heym wird in Hirschberg, Schlesien, als Sohn eines Staatsanwalts geboren.
1900 Heym kommt nach Berlin und quält sich durch das wilhelminische Schulsystem. Auch mit seiner Familie hat er Probleme.
1907 Er beginnt mit einem Jurastudium, das er
1911 abschließt.
Der Gedichtband „Der ewige Tag" erscheint als einziges Werk zu Heyms Lebzeiten. Der Rechtsreferendar Heym wird bei Gericht entlassen.
1912 Er ertrinkt beim Schlittschuhlaufen, als er einen Freund zu retten versucht.
Im selben Jahr erscheint ein noch von Heym selbst vorbereiteter Gedichtband „Umbra vitae" (Schatten des Lebens).

Erst nach seinem Tode zeigt sich, wie produktiv Georg Heym war: Eine Novellensammlung, Versuche zu Dramen und über 600 Gedichte, darunter „Der Krieg" erscheinen als Nachlasspublikationen.

Der Krieg

Aufgestanden ist er, welcher lange schlief,
Aufgestanden unten aus Gewölben tief.
In der Dämmerung steht er, groß und unbekannt,
Und den Mond zerdrückt er in der schwarzen
Hand.

In den Abendlärm der Städte fällt es weit,
Frost und Schatten einer fremden Dunkelheit.
Und der Märkte runder Wirbel stockt zu Eis.
Es wird still. Sie sehn sich um. Und keiner weiß.

In den Gassen fasst es ihre Schultern leicht.
Eine Frage. Keine Antwort. Ein Gesicht erbleicht.
In der Ferne zittert ein Geläute dünn,
Und die Bärte zittern um ihr spitzes Kinn.

Auf den Bergen hebt er schon zu tanzen an,
Und er schreit: „Ihr Krieger alle, auf und an!"
Und es schallet, wenn das schwarze Haupt er
schwenkt,
Drum von tausend Schädeln laute Kette hängt.

Einem Turm gleich tritt er aus die letzte Glut,
Wo der Tag flieht, sind die Ströme schon voll
Blut.
Zahllos sind die Leichen schon im Schilf
gestreckt,
Von des Todes starken Vögeln weiß bedeckt.

In die Nacht er jagt das Feuer querfeldein,
Einen roten Hund mit wilder Mäuler Schrein.
Aus dem Dunkel springt der Nächte schwarze
Welt,
Von Vulkanen furchtbar ist ihr Rand erhellt.

Und mit tausend hohen Zipfelmützen weit
Sind die finstren Ebnen flackend überstreut,
Und was unten auf den Straßen wimmelnd flieht,
Stößt er in die Feuerwälder, wo die Flamme
brausend zieht.

Und die Flammen fressen brennend Wald um
Wald,
Gelbe Fledermäuse, zackig in das Laub gekrallt.
Seine Stange haut er wie ein Köhlerknecht
In die Bäume, dass das Feuer brause recht.

Eine große Stadt versank in gelbem Rauch,
Warf sich lautlos in des Abgrunds Bauch.
Aber riesig über glühnden Trümmern steht,
Der in wilde Himmel dreimal seine Fackel dreht

Über sturmzerfetzter Wolken Widerschein,
In des toten Dunkels kalten Wüstenein,
Dass er mit dem Brande weit die Nacht verdorr,
Pech und Schwefel träufet unten auf Gomorrh.

Georg Heym

Zwei Jahre nach dem Erscheinen des Gedichts, im August 1914, marschieren hunderttausende junger Menschen unter dem Jubel der Bevölkerung singend in den Krieg. Auf den Fotos der Eisenbahnwagen an die Front sind Inschriften erkennbar: „Auf in den Kampf, mich juckt die Säbelspitze!" und Ähnliches. Millionen Menschen wussten nicht, was ein Krieg mit modernen Mitteln der Vernichtung bedeutete. Hierin liegt die außergewöhnliche Bedeutung der Vision Georg Heyms von der Apokalypse (ursprünglich die Offenbarung des Apostels Johannes vom Weltuntergang) des Krieges.

Die Gedichtsammlung „Umbra vitae" von Georg Heym mit einem Holzschnitt von Ernst Ludwig Kirchner auf der Titelseite erschien erst nach dem Tod des Dichters.

In der ersten Strophe wird der Krieg personifiziert als unheimliche Gestalt, die aus der Tiefe auftaucht. Daraufhin werden die Ängste der Menschen dargestellt. Ab der vierten Strophe entfesselt sich der Krieg und in der zweiten Hälfte des Gedichts werden die Zahllosigkeit der Opfer, der Untergang einer großen Stadt und sogar der Feuerregen über dem biblischen Gomorrha drastisch dargestellt.
Eine Fülle ausdrucksstarker Bilder entsteht durch zahlreiche Metaphern, durch eine auffallende Farbsymbolik wird das Bedrohliche, Gefährliche unterstrichen.
Heym schreibt nicht über den Ersten Weltkrieg, seine Visionen blicken weit in die Zukunft. Die Zeilen „Eine große Stadt versank in gelbem Rauch" und „riesig über glühenden Trümmern" lassen den heutigen Leser an die Atombomben über Hiroshima und Nagasaki denken. Und wie gespenstisch mutet die Beschreibung einer vom modernen Krieg zerstörten, vielleicht verseuchten Landschaft an: „In des toten Dunkels kalte Wüstenein." Am Schluss klingen Heyms Kritik und typisch expressionistische Abneigung gegen die moderne Zivilisations- und Großstadtwelt an: „Pech und Feuer träufet unten auf Gomorrh."
Mit Georg Heym wird oft ein anderer bedeutender österreichischer Dichter des Expressionismus verglichen: Georg Trakl.

3. Georg Trakl

1887 Georg Trakl wird in Salzburg als Sohn eines wohlhabenden Eisenwarenhändlers geboren.
1905 Nach Abbruch des Gymnasiums wird Trakl Praktikant in einer Apotheke. Er hat Alkoholprobleme und nimmt auch Drogen.
1906 Erste Werke werden aufgeführt: „Totentag" und „Fata Morgana", Trakl wird Mitarbeiter bei einer Zeitung.
1908 Er beginnt mit einem Pharmaziestudium in Wien. Eine Sammlung von Gedichten entsteht.
1910 Trakls Vater stirbt, für die Familie stellen sich finanzielle Probleme ein.
1911 Nach dem Militärjahr in Wien arbeitet Trakl als Apotheker.
1912 Tätigkeit in Innsbruck als Militärapotheker. Trakl schreibt für die Zeitschrift „Der Brenner".
1913 Trakl wechselt fortlaufend seine Berufsvorstellungen und ist in finanziellen Nöten. Sein Gönner wird der Herausgeber des „Brenner", Ludwig von Ficker. Das erste Buch erscheint: „Gedichte".
1914 Trakl besucht seine Schwester Grete, die ihm sehr viel bedeutet. Sein letztes Werk entsteht: „Sebastian im Traum". Der Millionenerbe und spätere Philosoph Ludwig Wittgenstein lässt Trakl 20.000 Kronen, ein kleines Vermögen, zukommen. Trakl kann aber nichts mehr damit anfangen, da der Erste Weltkrieg beginnt und er an die Front muss. Im September erlebt er die Schlacht bei Grodek und muss ohne ärztliche Hilfe 90 Schwerverletzte, die ihn um die Beendigung ihrer Qualen anflehen, zwei Tage lang in einer Scheune versorgen. An dieser Aufgabe zerbricht der Dichter: Wegen eines Selbstmordversuches wird er in eine Heilanstalt eingewiesen. Dort nimmt er sich am 3. November 1914 mit einer Überdosis Kokain das Leben.

Georg Trakl

Der Herbst des Einsamen

Der dunkle Herbst kehrt ein voll Frucht und Fülle,
Vergilbter Glanz von schönen Sommertagen.
Ein reines Blau tritt aus verfallener Hülle;
Der Flug der Vögel tönt von alten Sagen.
Gekeltert ist der Wein, die milde Stille
Erfüllt von leiser Antwort dunkler Fragen.

Und hier und dort ein Kreuz auf ödem Hügel;
Im roten Wald verliert sich eine Herde.
Die Wolke wandert übern Weiherspiegel;
Es ruht des Landmanns ruhige Gebärde.
Sehr leise rührt des Abends blauer Flügel
Ein Dach von dürrem Stroh, die schwarze Erde.

Bald nisten Sterne in des Müden Brauen;
In kühle Stuben kehrt ein still Bescheiden
und Engel treten leise aus den blauen
Augen der Liebenden, die sanfter leiden.
Es rauscht das Rohr; anfällt ein knöchern Grauen,
Wenn schwarz der Tau tropft von den
kahlen Weiden.

Ein Herbstgedicht in drei Strophen, bestehend aus sechs fünfhebigen jambischen Versen mit dem Reimschema ababab, das eine Fülle von Herbstbildern enthält: reicher Erntesegen, Erinnerung an schöne Sommertage, blauer Himmel, sichtbar durch das sich lichtende Laub, Zugvögel, der junge Wein, Stille der Herbstlandschaft. Daneben stehen Bilder des Todes und Verfalls: Kreuze auf ödem Hügel, das knöcherne Grauen, die kahlen Weiden. Auch das Leise, kaum Hörbare hat einen hohen Stellenwert: „milde Stille", „leise Antwort", „ruht", „ruhige Gebärde", „sehr leise rührt", usw. Personen spielen ebenfalls eine Rolle: der Landmann, der Müde, die Liebenden und – nur am Titel erkennbar, gleichsam über allem schwebend – der Einsame. Das so genannte **lyrische Ich**, wie es in Hebbels „Herbstbild" auftaucht, fehlt dagegen, wie üblich bei Trakl.

Was ist das Besondere an diesem Gedicht? Zunächst wirkt es ganz alltäglich mit den leicht nachvollziehbaren, typischen Herbstbildern. Dann aber wird erkennbar, dass die Beziehungen zwischen Menschen und Dingen und auch den Dingen untereinander zerbrochen sind. Die Stille des Herbstabends löst Betroffenheit aus, sogar unheimliches Grauen. Insofern ist dieses Gedicht typisch für Trakl, auch seine Farbsymbolik, die oft irreale Farbbegriffe enthält, ist erkennbar. Farben und Sinneswahrnehmungen werden zu rätselhaften Begriffen: „Wenn schwarz der Tau tropft (...)." Ebenfalls kennzeichnend für Trakl und überhaupt für den Expressionismus ist die Verwendung von **Chiffren**, verschlüsselten, rätselhaften Zeichen, die sich nicht immer aus dem Textzusammenhang erschließen lassen. Gerade Trakl chiffriert Bilder derart, dass sie der unwissende Leser nicht auflösen kann. In vielen seiner Gedichte, wie auch in diesem, ist von Engeln die Rede. Hinter dieser Chiffre verbirgt Trakl seine jüngere Schwester Margarethe. Trakl trug schwer an seinem inzestuösen Verhältnis zu seiner Schwester. Man kann in diesen Chiffren Ansätze einer qualvollen Schuldbeichte sehen.

Zu den namhaftesten Lyrikern des Expressionismus zählt zweifelsohne der auch als Arzt in Berlin ansässige Gottfried Benn.

4. Gottfried Benn

1886 Gottfried Benn wird als Sohn eines Pfarrers in Mansfeld geboren. In Frankfurt an der Oder besucht er das Gymnasium und studiert anschließend einige Semester Theologie und Philologie in Marburg und Berlin.

1905 Benn wendet sich dem Medizinstudium zu, das er

1910 abschließt.

1912 Nach der Promotion arbeitet er als Arzt im Krankenhaus Charlottenburg. Im selben Jahr erscheint sein erster Gedichtband „Morgue und andere Gedichte", ein Jahr später wird der zweite Gedichtband „Söhne. Neue Gedichte" veröffentlicht.

1914 Bei Ausbruch des Krieges heiratet er Edith Osterloh, anschließend zieht er als Militärarzt ins Feld. Nach dem Krieg lässt er sich als Facharzt für Hautkrankheiten in Berlin nieder und führt dort seine Praxis bis 1935.

Dr. Gottfried Benn bei ärztlichen Studien im Jahr 1934

1922 Es erscheinen die „Gesammelten Schriften". Ende des Jahres stirbt Edith.
1932 In der Preußischen Akademie der Künste wird Benn Mitglied. Er sympathisiert anfänglich mit der nationalsozialistischen Ideologie.
1935 Nach dem Erscheinen der „Ausgewählten Gedichte" werden im „Völkischen Beobachter" schwere Angriffe gegen Benn erhoben. Diese führen schließlich zum Ausschluss aus der Reichsschrifttumskammer und 1938 zum Schreibverbot.
1945 Nach dem Krieg ist Benn wieder in Berlin als Arzt tätig. Seine zweite Frau Herta von Wedemeyer wird von sowjetischen Besatzungssoldaten umgebracht. Ein Jahr später heiratet Benn zum dritten Mal.
1948 Die „Statischen Gedichte" sind der Beginn seines umfangreichen Spätwerks.
1956 Gottfried Benn stirbt 70-jährig in Berlin.

Die Fotografie zeigt Gottfried Benn 1956 in seinem Arbeitszimmer.

1912 wurde Benn mit einem Schlag bekannt, als er die Gedichtsammlung „Morgue" veröffentlichte, die er nach einem Pariser Leichenschauhaus benannt hatte. Der Zyklus schockierte das bürgerliche Publikum, wurde aber im expressionistischen Umfeld begeistert aufgenommen. Zwei Jahre vorher erschien in der Zeitschrift „Die Grenzboten" folgendes Gedicht:

Gefilde der Unseligen

Satt bin ich meiner Inselsucht,
des toten Grüns, der stummen Herden;
ich will ein Ufer, eine Bucht,
ein Hafen schöner Schiffe werden.

Mein Strand will sich von Lebenden
mit warmem Fuß begangen fühlen;
die Quelle murrt in gebendem
Gelüste und will Kehlen kühlen.

Und alles will in fremdes Blut
aufsteigen und ertrunken treiben
in eines andern Lebensglut,
und nichts will in sich selber bleiben.

Benn ist getrieben von der Grundfrage jedes menschlichen Lebens: Werde ich glücklich, wenn ich mich von anderen Menschen abgrenze und absondere, oder drängt sich nicht alles in mir danach, mit anderen Menschen zu verschmelzen? Soll ich lieber ganz bei mir selbst oder ganz beim anderen sein?

Die Sehnsucht nach Glück, charakteristisch für die expressionistische Literatur, erfüllt auch das folgende Gedicht, das zunächst in der Zeitschrift „Das neue Pathos" (1913) veröffentlicht wurde und anschließend in Gottfried Benns zweite Gedichtsammlung „Söhne" aufgenommen wurde.

Hier ist kein Trost

Keiner wird mein Wegrand sein.
Laß deine Blüten nur verblühen.
Mein Weg flutet und geht allein.

Zwei Hände sind eine zu kleine Schale.
Ein Herz ist ein zu kleiner Hügel,
um dran zu ruhn.

Du, ich lebe immer am Strand
und unter dem Blütenfall des Meeres,
Ägypten liegt vor meinem Herzen,
Asien dämmert auf.

Mein einer Arm liegt immer im Feuer.
Mein Blut ist Asche. Ich schluchze immer
Vorbei an Brüsten und Gebeinen
den tyrrhenischen Inseln zu:

Dämmert ein Tal mit weißen Pappeln
ein Ilyssos mit Wiesenufern
Eden und Adam und eine Erde
aus Nihilismus und Musik.

Das Gedicht erschließt sich nicht leicht. Viele seiner Erlebnisse und Vorstellungen fasst der Dichter in einem Wort verschlüsselt zusammen. Solche Ausdrücke lösen im Leser ganz unterschiedliche Erinnerungen aus und können in ihm eine eigene Gedankenwelt heraufbeschwören. Diese Chiffren lassen sich nicht mit letzter Sicherheit entschlüsseln. Eine eindeutige Bedeutung ist auch gar nicht Benns Ziel. Ihm geht es um den Ausdruck, der im Leser vielfältige Vorstellungen auslöst und dennoch eine wichtige Botschaft vermittelt.

Die Wiedergeburt des Menschen, der neue Mensch, war gerade in den Werken eines der bedeutendsten Dichter des Expressionismus ein zentrales Thema: in den Dramen Georg Kaisers.

5. Georg Kaiser

1878 Am 25. November wird Georg Kaiser in Magdeburg als Sohn eines Kaufmannes geboren.
1894 Er verlässt das Gymnasium mit der Mittleren Reife, bricht eine Lehre als Buchhändler ab und macht eine kaufmännische Ausbildung.
1898 Er bricht aus seiner bürgerlichen Existenz aus und arbeitet als Kohlentrimmer auf einem Dampfer der Südamerikalinie.
1901 Kaiser kehrt nach Deutschland zurück und arbeitet als freier Schriftsteller.
1916 Sein erstes von insgesamt 70 Dramen erscheint: „Von morgens bis mitternachts".
1917 Mit seinem Drama „Die Bürger von Calais" gelingt ihm der literarische Durchbruch, Teil I der Gastrilogie („Die Koralle", „Gas I", „Gas II") folgt.
1920 Finanzielle Probleme verleiten Kaiser zu Unterschlagung und Betrug. Er wird zu einem Jahr Gefängnis verurteilt. In den folgenden Jahren ändert sich seine Situation, er wird zu einem der meistgespielten Dramatiker der Weimarer Republik.
1933 Bei der Uraufführung seines Dramas „Der Silbersee" provoziert die SA (Sturmabteilung, eine Kampftruppe der Nationalsozialisten) einen Theaterskandal. Von den Nationalsozialisten erhält der Dichter ein Publikations- und Aufführungsverbot.
1938 Georg Kaiser geht in die Schweiz ins Exil und muss sich unter großen finanziellen Schwierigkeiten durchbringen.
1945 Am 4. Juni stirbt Georg Kaiser in Ascona.

Georg Kaiser 1920

Die Bürger von Calais

Das „Bühnenspiel" „Die Bürger von Calais" war Georg Kaisers größter Erfolg. Grundlage für sein Stück war die Belagerung der französischen Stadt Calais durch die Engländer im Jahr 1347. Der bedeutende französische Bildhauer Auguste Rodin schuf 1884–1886 ein Bronzebildwerk „Die Bürger von Calais", von dem sich Kaiser inspirieren ließ. Im Jahr 1347, während des Hundertjährigen Krieges, lieferten sich sechs vornehme Bürger im Büßerhemd mit einem Strick um den Hals dem englischen König aus um ihre Stadt vor der Zerstörung zu bewahren.

Der erste Akt beginnt mit der Forderung des englischen Königs nach sechs Geiseln, wenn er die Stadt Calais verschonen solle.

Während der Hauptmann Duguesclins zum weiteren, aussichtslosen Kampf aufruft, rät der Ratsherr Eustache de Saint-Pierre zur Annahme der Bedingung und stellt sich als erste Geisel zur Verfügung. Dieses historische Beispiel für Opferbereitschaft um der Gemeinschaft willen ändert der Dichter in einem entscheidenden Punkt: Statt sechs Freiwilliger für den Opfergang melden sich sieben, keiner will zurücktreten. Entscheiden soll daher das Los.

Im zweiten Akt zeigt Kaiser, wie sich die Freiwilligen von ihren Angehörigen verabschieden um gemeinsam das Todeslos aus einer Schüssel zu ziehen. Es stellt sich jedoch heraus, dass Eustache nur blaue Kugeln in das Gefäß gegeben hat um die Entscheidung aufzuschieben. Er glaubt nämlich, bei der Entscheidung sich als Geisel zu melden sei persönliche Eitelkeit im Spiel gewesen. Frei solle sein, wer am nächsten Morgen als Letzter auf dem Marktplatz eintrifft.

Im dritten Akt warten die zukünftigen Geiseln auf Eustache de Saint Pierre. Unwillen, sogar der Ruf nach Lynchjustiz werden laut, glaubt man doch, Eustache wolle sich drücken, bis dessen blinder Vater den Leichnam seines Sohnes herbeibringen lässt. Eustache hat sich während der Nacht selbst getötet um den sechs Geiseln in ihrer Opfergemeinschaft vorauszugehen. Da erscheint ein Bote des englischen Königs, dem ein Sohn geboren wurde und der deswegen die Stadt freigibt. In der Schlussszene kniet der König von England ergriffen vor der Leiche Eustaches.

Der Aufbau des Bühnenspiels ist klassisch, die drei Einheiten sind gewahrt. Die Handlung verläuft linear in kausalem Zusammenhang, die Zeit der Handlung ist an den Ablauf auf der Bühne gebunden und dauert 24 Stunden, gewahrt bleibt auch die Einheit des Ortes: Stadthaus, Stadthalle und Platz vor dem Kirchenportal in Calais.

Die Sprache ist typisch für das expressionistische Theater: Wortwiederholungen, beschwörende Ausrufe, Vorliebe für Metaphern und Symbole in monologartigen, abgehackt aneinander gereihten Sätzen.

Der Vater von Eustache de Saint-Pierre (aus seinem unaufhörlich geheim redenden Munde Worte formend.) Bin ich ein Becher – der überfließt – *(Von dem Knaben vor die Sechs geleitet.)* Stehen sie beisammen?
(...) Schreitet hinaus – in das Licht – aus dieser Nacht. Die hohe Helle ist angebrochen – das Dunkel ist verstreut. Von allen Tiefen schießt das siebenmal silberne Leuchten – der ungeheure Tag der Tage ist draußen! – *(Eine Hand über die Bahre streckend.)* Er kündigte von ihm – und pries von ihm – und harrte mit frohem Übermute der Glocke, die zu einem Fest schwang – dann hob er den Becher mit seinen sicheren Händen vom Tisch und trank an ruhigen Lippen den Saft, der ihn verbrannte – (...) Ich komme aus dieser Nacht – und gehe in keine Nacht mehr. Meine Augen sind offen – ich schließe sie nicht mehr. Meine blinden Augen sind gut, um es nicht mehr zu verlieren: – ich habe den neuen Menschen gesehen – in dieser Nacht ist er geboren! (...)

Die Uraufführung erfolgte noch während des Ersten Weltkrieges, die pazifistische Grundhaltung des Werkes entsprach einem Bedürfnis vieler Zeitgenossen. Der Satz von Eustaches blindem Vater ist Deutung dieses Ideendramas und Programm des Expressionismus zugleich: „Ich habe den neuen Menschen gesehen – in dieser Nacht ist er geboren!" Nicht nur durch die Vision des neuen Menschen, auch durch seine Aufbruchsstimmung wurde das Werk zu einem Schlüsseldrama des Expressionismus.

Die Bürger von Calais, Bronzeplastik von Auguste Rodin, 1884–1886

Karl Schmidt-Rottluff, Bildnis Rosa Schapire

Arbeitsvorschläge

1. Erkläre mithilfe des Gedichts „Weltende“ den Begriff „Verfremdung“.
2. Welche Vorstellungen vertraten die Dichter des Expressionismus?
3. Welche Auswirkungen hat der Expressionismus auf die Sprache?
4. Welche Metaphern verwendet Georg Heym in seinem Gedicht „Der Krieg“?
5. Welche Bedeutung hat die Farbsymbolik?
6. Was sind Chiffren im expressionistischen Gedicht?
7. Inwiefern ist das Drama „Die Bürger von Calais“ ein typisch expressionistisches Werk?

Zusammenfassung

Zum ersten Mal tauchte der Begriff „Expressionismus“ 1911 anlässlich einer Ausstellung in Berlin auf, bei der die modernen französischen Künstler als „Expressionisten“ bezeichnet wurden. Ging es den Impressionisten um die Eindrücke aus der Außenwelt, so stand bei den Expressionisten der Ausdruck der Innenwelt im Mittelpunkt. Gemeinsam war den jungen Schriftstellern ein neues Gefühl: Sie forderten einen neuen Menschen, protestierten gegen das wilhelminische Bürgertum und ahnten die kommende Katastrophe voraus. Der Expressionismus (ca. 1910–1925) fand vor allem seinen Ausdruck in der Lyrik (Heym, Trakl, Stadler, Benn, Lasker-Schüler). Der Tod einzelner Dichter im Ersten Weltkrieg bedeutete einen tiefen Einschnitt. Die Sehnsucht nach einer besseren Welt äußerte sich auch in Zeitschriften: „Der Sturm“ (1910–1932), „Die Aktion“ (1911–1932), „Das neue Pathos“ (1913–1919) und andere.

Wichtige Begriffe:
Lyrisches Ich – Chiffre

Geschichtlicher Hintergrund

1905/11	Marokkokrisen
1912	Beginn der Balkankriege
1914	Ausbruch des Ersten Weltkrieges
1917	Russische Revolution; Sturz des Zaren
1918	Zusammenbruch Deutschlands; Ende der Monarchie
1919	Versailler Vertrag
1923	Höhepunkt der Inflation in Deutschland

Autoren und Werke

ELSE LASKER-SCHÜLER (1869–1945)
Hebräische Balladen

ERNST BARLACH (1870–1938)
Der tote Tag

GEORG KAISER (1878–1945)
Von morgens bis mitternachts
Die Bürger von Calais

ERNST STADLER (1883–1914)
Präludien
Der Aufbruch

GOTTFRIED BENN (1886–1956)
Morgue und andere Gedichte
Söhne. Neue Gedichte
Fleisch

GEORG TRAKL (1887–1914)
Gedichte
Sebastian im Traum

GEORG HEYM (1887–1912)
Der ewige Tag
Umbra vitae

ERNST TOLLER (1893–1939)
Die Wandlung

Die Literatur zur Zeit der Weimarer Republik

George Grosz karikiert in seinem Gemälde „Stützen der Gesellschaft" (1926) Presse, Militär, Kirche, Nationalisten und Parlamentarier.

1. Die Weimarer Jahre

1926 entsteht in Berlin ein Gemälde, das Aufsehen erregt: „Die Stützen der Gesellschaft". George Grosz, der Maler, karikiert in diesem Ölgemälde die Gesellschaft, die allgemein als staatstragend gilt. Im Vordergrund steht der Akademiker mit dem Hakenkreuz auf der Krawatte und den Symbolen alter Burschenherrlichkeit: Fechtdegen und Bierglas. Neben dem reaktionären Zeitungsredakteur trägt der Fabrikant die Standarte des kaiserlichen Deutschlands in der Faust. Gemeinsam ist den dreien, dass ihnen die Schädeldecke fehlt und – bis auf den einen Nachttopf tragenden Zeitungsmann – ihre Gedanken zu sehen sind. Ein Vertreter der konservativen Geistlichkeit und vor brennenden Häusern marschierende Reichswehroffiziere mit blankem Säbel und Pistole bilden den Hintergrund. Welche Zustände herrschten im ersten demokratischen deutschen Staat?
Als sich im Herbst 1918 die Niederlage des deutschen Heeres abzeichnete, drängte die Oberste Heeresleitung (OHL) die Diplomaten einen Frieden mit den Alliierten auszuhandeln. Doch bald geriet die politische Situation außer Kontrolle. Meuternde Matrosen bildeten zuerst in Kiel, dann in anderen Städten Arbeiter- und Soldatenräte, die nach russischem Vorbild die Macht an sich reißen wollten. Am 9. November 1918 wurde in Berlin die Abdankung Kaiser Wilhelms bekannt gegeben und die Republik ausgerufen. Als einzige große demokratische Partei übernahm die SPD unter ihrem Vorsitzenden Friedrich Ebert die politische Verantwortung. Die Politiker, deren Bedeutung während des Krieges durch die OHL fast völlig ausgeschaltet war, mussten nun den Waffenstillstandsvertrag unterzeichnen, der die bedingungslose Kapitulation Deutschlands beinhaltete. Für weite Kreise der deutschen Bevölkerung war dies ein ungeheurer Schock, denn bis zuletzt glaubte man an einen Sieg. Sehr bald bildete sich, von den hohen Militärs in die Welt gesetzt und von konservativen Kreisen wie Adel und Großbürgertum unterstützt, die so genannte Dolchstoßlegende heraus. Es wurde behauptet, das deutsche Heer sei nicht an der Front besiegt, sondern von Politikern der SPD und anderen demokratischen Parteien in der Heimat, den „Novemberverbrechern", verraten worden. Diese politische Lüge vergiftete nachhaltig das Leben der jungen deutschen Demokratie und wirkte sich bis zur Machtergreifung Hitlers 1933 aus. Überdies machten die äußerst harten Bedingungen des Friedens von Versailles dem Selbstwertgefühl der deutschen Nation sehr zu schaffen. All dies bewirkte, dass bei großen Teilen der Bevölkerung ein Lernprozess über die wahren Schrecken des Krieges ausblieb. Erich Maria Remarque ließ in dem Roman „Der Weg zurück", den er nach seinem Bestseller „Im Westen nichts Neues" schrieb, einen Schuldirektor vor den Schülern, ehemaligen Frontsoldaten, die folgende Rede halten:

„Besonders gedenken aber wollen wir der gefallenen Zöglinge unserer Anstalt, die freudig hinausgeeilt sind, um die Heimat zu schützen, und geblieben sind auf dem Felde der Ehre. Einundzwanzig Kameraden sind nicht mehr unter uns – einundzwanzig Kämpfer haben den ruhmreichen Tod der Waffen gefunden – einundzwanzig Helden ruhen in fremder Erde aus vom Klirren der Schlacht und schlummern den ewigen Schlaf unterm grünen Rasen (...)."

In diesem Geist, der den Krieg immer noch verherrlichte und jeglichen Pazifismus ablehnte, lebte ein Großteil der deutschen Bevölkerung. Nachdem diese Krisenjahre – Inflation, Besetzung des Ruhrgebietes durch die Franzosen, Hitlerputsch in München, Aufstände der Kommunisten – überstanden waren, begann die Zeit, die man stark übertreibend „Die goldenen Zwanziger" nannte. Berlin war eine Weltstadt der Kultur, die deutsche Wirtschaft blühte auf, Künste und Wissenschaft in Deutschland hatten Weltruf. Die neuen Medien Rundfunk, Schallplatte und Film entstanden. Auch der funktionale, sachliche Stil der neuen Architektur des Bauhauses,

einer Schule für Architektur in Dessau, prägte die künftige Entwicklung entscheidend. Entsprechend dazu verlief die Ausbildung der so genannten **Neuen Sachlichkeit** in der Literatur, als man sich von der Subjektivität des Expressionismus abwandte.
Doch mit dem „Schwarzen Freitag" an der New Yorker Börse, Ende Oktober 1929, begann die Weltwirtschaftskrise mit verheerenden Auswirkungen für Deutschland. Die Arbeitslosenzahl schnellte von 1,4 Mio. 1929 auf über 6 Mio. im Jahr 1932. Politische Radikalität von links und rechts griff um sich: Straßenschlachten und politische Morde waren an der Tagesordnung. Die NSDAP Hitlers wurde die größte Partei im Reichstag.
Während Heinrich Mann das wilhelminische Deutschland mit all seinen Untugenden wie Militarismus, Nationalismus und Obrigkeitsdenken kritisch darstellte, rechnete Erich Maria Remarque Jahre später mit der Zeit des Untergangs jener Epoche, dem Ersten Weltkrieg, ab. Nach der Machtergreifung Hitlers ereilte beide Autoren das gleiche Schicksal: Ihre Bücher gingen bei der Bücherverbrennung am 10. Mai 1933 in Flammen auf.

2. Erich Maria Remarque

1898 Erich Maria Remarque – eigentlich Erich Paul Remark – wird in Osnabrück geboren.
1915 Während des Ersten Weltkriegs tritt Remarque in ein katholisches Lehrerseminar ein.
1916 Meldung als Kriegsfreiwilliger.
1917 Nach einer Verwundung in Frankreich liegt er im Lazarett.
1919 Remarque unterrichtet als Volksschullehrer. Er veröffentlicht erste Arbeiten.
1922 Remarque schlägt sich in den verschiedensten Berufen durch, als Buchhalter, Kaufmann und Grabsteinverkäufer.
1924 Er wird Sportredakteur in Berlin.
1927 In sechs Wochen schreibt er den Roman „Im Westen nichts Neues", der 1929 erscheint.
1929 Der Antikriegsroman wird ein Weltbestseller und bald in Hollywood von Lewis Milestone verfilmt. Remarque arbeitet am Roman „Der Weg zurück".
1930 Störaktionen der NSDAP führen zu einem Aufführungsverbot des Filmes „Im Westen nichts Neues" in Deutschland.
1933 Remarque verlässt kurz vor der Machtübernahme Hitlers Deutschland und emigriert in die Schweiz. Am 10. Mai werden seine Bücher verbrannt. In der Folge lebt Remarque längere Zeit in Paris, seine Erlebnisse hält er 1945 im Roman „Arc de Triomphe" fest.
1937 Remarques Roman „Drei Kameraden" erscheint in den Niederlanden.
1938 Dem Autor wird die deutsche Staatsbürgerschaft entzogen.
1939 emigriert Remarque in die USA.
1943 Wegen „wehrkraftzersetzender" Äußerungen wird Remarques Schwester Elfriede in Deutschland hingerichtet.
1952 Der Roman über ein Konzentrationslager „Der Funke Leben" erscheint.

Erich Maria Remarque

1954 Remarque schließt seinen Roman „Zeit zu leben und Zeit zu sterben" ab.
1956 Der Autor schreibt seine Erlebnisse nach dem Ersten Weltkrieg in „Der schwarze Obelisk" nieder.
1961 Der Roman „Der Himmel kennt keine Günstlinge" erscheint.
1963 Emigrantenschicksale auf der Flucht aus Frankreich bilden den Hintergrund zu dem nun erscheinenden Roman „Die Nacht von Lissabon".
1970 Während der Arbeit an seinem letzten Roman „Schatten im Paradies" stirbt Remarque in seinem Haus in der Schweiz.

Im Westen nichts Neues

Remarque erzählt von einer Schulklasse, die von ihrem Klassenlehrer überredet wird sich freiwillig zum deutschen Heer als Frontsoldaten zu melden. Ihre Ideale verlieren die Rekruten bereits bei der Grundausbildung durch den Unteroffizier Himmelstoß, einen bösartigen Schinder. Nach diesem Grunderlebnis des wilhelminischen Drills erfahren sie gemeinsam alle Schrecken des modernen Krieges, die äußerst realistisch geschildert werden.

Das deutsche Heer erleidet schwere Verluste. Aus dem Trommelfeuer, vor dem sich der zur Front abkommandierte Himmelstoß drücken will, kehren von 150 Mann nur 32 zurück.

Nach diesen grausigen Eindrücken wird das vergleichsweise erholsame Etappenleben hinter der Front geschildert. Paul Bäumer, der Ich-Erzähler des Romans, verliebt sich in eine junge Französin. Ein Heimaturlaub entlarvt die Vorstellungen eines großen Teils des deutschen Volkes. Am Stammtisch wird schwadroniert und Eroberungspolitik betrieben:

Ich erkläre, dass jeder gern nach Hause möchte. Er lacht dröhnend: „Das glaube ich! Aber erst müsst ihr den Franzmann verkloppen! Rauchen Sie? Hier stecken Sie sich mal eine an. Ober, bringen Sie unserm jungen Krieger auch ein Bier." Leider habe ich die Zigarre genommen, deshalb muss ich bleiben. (...) Sie disputieren darüber, was wir annektieren sollen. Der Direktor mit der eisernen Uhrkette will am meisten haben: ganz Belgien, die Kohlegebiete Frankreichs und große Stücke von Russland. Er gibt genaue Gründe an, weshalb wir das haben müssen, und ist unbeugsam, bis die andern schließlich nachgeben. Dann beginnt er zu erläutern, wo in Frankreich der Durchbruch einsetzen müsse, und wendet sich zwischendurch zu mir: „Nun macht mal ein bisschen vorwärts da draußen mit eurem ewigen Stellungskrieg! Schmeißt die Kerle raus, dann gibt es auch Frieden!"

Im Wortschatz der oberen Gesellschaft spiegelt sich die unbedachte, saloppe Ausdrucksweise Kaiser Wilhelms II. vor dem Ersten Weltkrieg wider: „Franzmann", „verkloppen", „junger Krieger". Die Großmannssucht der staatstragenden Gesellschaft und ihr Bestreben sich große Teile Europas einzuverleiben werden vom Autor aufgedeckt.

Wilhelm Heise, Selbstbildnis am Basteltisch, ein Beispiel für die Malerei in der Neuen Sachlichkeit

In der Heimat hat man darüber hinaus noch die Vorstellung vom Krieg als großem Abenteuer. Was ein moderner Krieg an entsetzlicher Zerstörungskraft mit Dynamit und Giftgasangriffen mit sich bringt, bleibt den Menschen daheim verborgen. Und eben diese furchtbaren Erlebnisse kann und will der junge Bäumer nicht mitteilen, als seine Zuhörer von Heldentaten hören wollen. Paul Bäumer ist entwurzelt. Er gehört zu der „verlorenen Generation" (Ernest Hemingway), die durch den Krieg zerstört wurde.
Ihm wird klar: „Ich hätte nie auf Urlaub fahren sollen." Nach der Rückkehr zur Front trifft er überlebende Kameraden wie Albert, Katczinsky, genannt Kat, oder Haie Westhus wieder.

Eine Szene aus dem Film „Im Westen nichts Neues" von Lewis Milestone

Auf Patrouille sucht er bei einem Angriff der Franzosen in einem Granattrichter Schutz und verletzt dort einen Franzosen schwer. Viele Stunden muss er wegen des Trommelfeuers bei dem Sterbenden aushalten. Als der Franzose gestorben ist, leidet Paul Bäumer sehr.

Vergib mir, Kamerad! Wir sehen es immer zu spät. Warum sagt man uns nicht immer wieder, dass ihr ebenso arme Hunde seid wie wir, dass eure Mütter sich ebenso ängstigen wie unsere und dass wir die gleiche Furcht vor dem Tode haben und das gleiche Sterben und den gleichen Schmerz. Vergib mir, Kamerad, wie konntest du mein Feind sein. Wenn wir diese Waffen und diese Uniform fortwerfen, könntest du ebenso mein Bruder sein wie Kat und Albert. (...)

Nach diesem erschütternden Erlebnis wird Paul Bäumer verwundet und stellt im Lazarett inmitten grässlich Verwundeter fest: „Erst das Lazarett zeigt, was Krieg ist." Wieder an der Front findet er kaum einen seiner alten Kameraden wieder, fast alle sind gefallen. Im Sommer 1918 keimt in den Soldaten die Hoffnung auf Waffenstillstand und Frieden verstärkt auf. Die deutsche Armee steht auf aussichtslosem Posten gegenüber der alliierten Übermacht. Pauls väterlicher Freund Kat wird von einem Granatsplitter getötet. Von den sieben Schülern seiner Klasse ist Paul der einzige Überlebende. An einem Tag im Oktober fällt auch er. Für diesen Tag steht im Heeresbericht der lapidare Satz: „Im Westen nichts Neues".
Remarque schrieb seinen Roman in nur sechs Wochen nieder. Obwohl der Autor stets auf autobiografische Züge hinweist, dürften viele Erzählungen von Frontkameraden in den Roman eingeflossen sein. Zunächst wurde das Manuskript mit der Begründung abgelehnt, das Publikum sei an Derartigem nicht mehr interessiert. Dann aber entschloss sich ein Berliner Verlag zu einem Vorabdruck in der angesehenen „Vossischen Zeitung". Die Wirkung war ungeheuer: Nach 16 Monaten erreichte die Buchausgabe die Millionengrenze und der Roman wurde in 45 Sprachen übersetzt. Der Welterfolg ist damit zu erklären, dass sich die im Roman aufgeworfenen Fragen und Probleme nicht nur auf deutsche Verhältnisse beziehen, sondern eine allgemein menschliche Abrechnung mit dem Thema Krieg sind. Auch Remarque betonte, dass der Roman „weder Anklage noch Bekenntnis" sein solle. Doch rechtsgerichtete Kreise lehnten den Roman scharf ab, beinhaltete er doch ihrer Meinung nach „die Drachensaat

des Pazifismus". Erst recht steigerte sich die Ablehnung der Nationalsozialisten, als der Amerikaner Lewis Milestone den Roman ebenbürtig verfilmte und er aus dem Kunstwerk Buch ein Filmkunstwerk machte:

Ein Film der Selbstbesudelung. (...) Für Deserteure, Pazifisten, Deutschlandfeinde und Drückeberger ist es der Film der Filme. (...) Öffentliche Verfälschung der deutschen Soldatenseele. (...) Der Film weiß nichts von unserem herrlichen Vaterland. (...)
(Deutsche Zeitung 5.12.1930)

1933 wird der Roman sofort verboten. Nach dem Ende des Zweiten Weltkrieges sucht man vergeblich einen Autor, der Gräuel und Schrecken dieses Krieges so eindringlich darstellt wie Remarque in seinem klassischen Antikriegsroman.

Einer der wichtigsten Romane der Weimarer Zeit ist Alfred Döblins Hauptwerk „Berlin Alexanderplatz", der 1929 veröffentlicht wurde. Dieses Werk beleuchtet eindringlich die Verhältnisse in Berlin während der ausgehenden „goldenen Zwanzigerjahre".

3. Alfred Döblin

1878 wird Alfred Döblin in Stettin als Sohn eines jüdischen Kaufmanns geboren. Dieser verlässt Frau und fünf Kinder und setzt sich mit einem 20 Jahre jüngeren Mädchen nach Amerika ab. Der Familie bleibt nichts anderes übrig, als von der Unterstützung eines reichen Bruders der Mutter in Berlin zu leben.
1891 Bereits im Gymnasium beginnt Döblin mit ersten Schreibversuchen.
1902 Döblin studiert Medizin in Berlin. Der Psychiatrie gilt sein besonderes Interesse. In den kommenden Jahren schreibt er auch Erzählungen, die später unter dem Titel „Die Ermordung einer Butterblume" erscheinen.
1905 legt Döblin die ärztliche Prüfung ab, wird zunächst Assistent in einer Nervenheilanstalt bei Regensburg, kehrt dann aber nach Berlin zurück.
1910 Döblin gehört zu den Gründern der expressionistischen Zeitschrift „Der Sturm". Zwei Jahre später heiratet er die Medizinstudentin Erna Reiss.
1914 Während des Ersten Weltkriegs arbeitet Döblin als Militärarzt.
1921 In der Weimarer Republik kann er ein Theaterreferat übernehmen, das ihm ein kleines, aber gesichertes Einkommen bietet. Daneben hält er auch außerhalb Berlins zahlreiche Dichterlesungen. Mit Bertolt Brecht unterhält er freundschaftliche Beziehungen.
1928 wird Döblin in die „Preußische Akademie der Künste" gewählt.
1929 Der in diesem Jahr herausgebrachte Roman „Berlin Alexanderplatz" wird ein Welterfolg.
1933 Einen Tag nach dem Reichstagsbrand verlässt Döblin Deutschland. Über Zürich geht er nach Paris und wird französischer Staatsbürger. Nach der Besetzung Frankreichs durch deutsche Truppen flieht er über Madrid und Lissabon nach Amerika. In Hollywood kann er zumindest ein Jahr lang als Filmtexter arbeiten. Die Einkünfte aus literarischen Arbeiten gehen immer mehr zurück.

Alfred Döblin

1945 Döblin kehrt nach Deutschland zurück.
1949 wird er Vizepräsident der Mainzer Akademie für Wissenschaft und Literatur. Der literarische Erfolg aber bleibt immer mehr aus, denn die Öffentlichkeit nimmt ihn kaum noch zur Kenntnis.
1953 Döblin kehrt nach Paris zurück, wo sein Sohn Peter als Arzt arbeitet. Der gelähmte und fast blinde Dichter verbringt seine letzten Jahre zum größten Teil im Krankenhaus.
1957 Während eines Kuraufenthaltes im Schwarzwald stirbt Döblin.

Berlin Alexanderplatz

Der ehemalige Transportarbeiter Franz Biberkopf wird aus dem Gefängnis Tegel entlassen. Vier Jahre war er wegen Totschlags an seiner Geliebten inhaftiert gewesen. Jetzt ist er fest entschlossen ein anständiges Leben zu führen. Es dauert aber nicht lange, bis Biberkopf der erste Schicksalsschlag trifft. Der kleine Lüders, den er für einen Freund gehalten hat, drängt sich auf brutale Art in Biberkopfs Verhältnis mit einer Witwe. Darüber schwer enttäuscht, beginnt Franz, genauso wie früher, zu trinken. In dieser Situation lernt er Reinhold kennen. Er glaubt in dem hageren jungen Mann endlich einen richtigen Freund gefunden zu haben, liefert sich aber in Wahrheit nur einem skrupellosen Verbrecher aus. Reinhold „versorgt" Franz mit seinen ehemaligen Geliebten, erwartet aber von Biberkopf dafür die Mithilfe bei einem Einbruch. Auf der Heimfahrt wirft Reinhold seinen Kumpan aus dem fahrenden Auto, nachdem Biberkopf ihm wegen seiner Verbrechen Vorwürfe gemacht hat. Franz gerät unter die Räder eines nachfolgenden Fahrzeugs und verliert seinen rechten Arm. Kaum aus dem Krankenhaus entlassen zieht es ihn, fast magisch, wieder zu Reinhold. Er bittet darum, endgültig Mitglied in dessen Bande werden zu dürfen, und gerät dadurch ganz in die Hände dieses Verbrechers.

Schließlich findet Biberkopf in der Prostituierten Mieze einen letzten Halt, er wird ihr Geliebter und gleichzeitig ihr Zuhälter. Doch Reinhold raubt ihm die Geliebte, vergewaltigt und erwürgt sie. Den Verdacht lenkt er auf Franz. Nach einigen Wochen wird Biberkopf bei einer Polizeirazzia gestellt. Bei der Schießerei will Franz eigentlich sterben, wird aber nur von einem Gummiknüppel getroffen und landet in einer Irrenanstalt. Im Prozess kommt jedoch die Wahrheit ans Licht. Franz Biberkopf wird freigesprochen und findet eine Stelle als Hilfsportier in einer Fabrik. Endlich gelangt er zur Einsicht: „Man fängt nicht sein Leben mit guten Worten und Vorsätzen an, mit Erkennen und Verstehen fängt man es an und mit dem richtigen Nebenmann."

Die Geschichte vom Franz Biberkopf

Der 1929 veröffentlichte Roman war Döblins einziger wirklich großer Erfolg. Bis zum Jahr 1933 wurden 50.000 Bände verkauft. „Berlin Alexanderplatz" wurde auch verfilmt und be-

Der Alexanderplatz in Berlin 1935

reits nach wenigen Jahren in andere Sprachen übersetzt. Wie ist der Erfolg dieses Romans zu erklären? In erster Linie liegt es an der Auswahl des Stoffes und der völlig neuartigen Romantechnik. „Berlin Alexanderplatz“ ist der einzige bedeutende Großstadtroman der deutschen Literatur, nur vergleichbar mit John Dos Passos' New Yorker Roman „Manhattan Transfer“ (1927 in deutscher Sprache erschienen).

Döblin erzählt „Die Geschichte vom Franz Biberkopf“, wie es auch im Untertitel des Romans steht. Franz ist „ein Mann anfangs 30 mit gewaltigen Muskeln, 1,80 groß, fast zwei Zentner schwer, ein grober ungeschlachter Mann von abstoßendem Äußern“. Seine geistigen Qualitäten schätzt Biberkopf realistisch ein: „Viel Grips zum Nachdenken hast du nicht, bei uns Transportarbeitern steckt es mehr in den Muskeln und in den Knochen.“ Vom politischen Geschehen hat er wenig Ahnung, doch ist er anfällig für autoritäres Gedankengut, wie dies häufig bei Menschen mit geringem Selbstbewusstsein der Fall ist. Für „die Jungens vom Stahlhelm“ und ihre Anführer schwärmt er, er bekennt sogar „Hakenkreuzler“ zu sein, nur damit endlich „Ordnung ist, sonst kann man eben nicht arbeiten“. Kein Wunder, dass Biberkopf dem „kalt hassenden und berechnend planenden“ Verbrecher Reinhold ausgeliefert ist. Dieser zeigt in seinem Verhalten und in seiner Wirkung auf Franz eine auffallende Ähnlichkeit mit Adolf Hitler. Reinholds stramme Selbstdisziplin – er trinkt bezeichnenderweise nur Kaffee und Zitronenlimonade – entspricht ganz dem Verlangen Biberkopfs nach Ordnung.

Doch der eigentliche Gegenspieler von Franz Biberkopf ist die von Döblin sehr genau geschilderte Großstadt Berlin: Mietskasernen, Menschentrubel, Reklame, Schlachthausdunst, Jazzrhythmen, Zuhälter und Huren, Lichterglanz. In den 20er-Jahren hatte Groß-Berlin über 3,8 Mio. Einwohner. Mit seinen 878 Quadratkilometern war es zur zweitgrößten Stadt Europas geworden, von der Fläche her sogar größer als London oder New York. Es war der größte Verkehrsknotenpunkt Europas und mit insgesamt 147 Tageszeitungen (1928) die größte Zeitungsstadt der Welt. Den zahlreichen Verlockungen der Großstadt Berlin ist Franz auf die Dauer nicht gewachsen, obwohl er beschlossen hat „anständig zu sein“. Döblin hatte selbst ein zwiespältiges Verhältnis zu Berlin. Ihn begeisterte das „Völkergemisch“, die Großstadt verglich er mit einer „surrenden Dynamomaschine“. Doch das triste Leben in den Mietskasernen und die Kriminalität verlor er nicht aus dem Blick. 1931 schrieb Döblin rückblickend auf seine lange Tätigkeit als Facharzt für Nervenkrankheiten in Berlin:

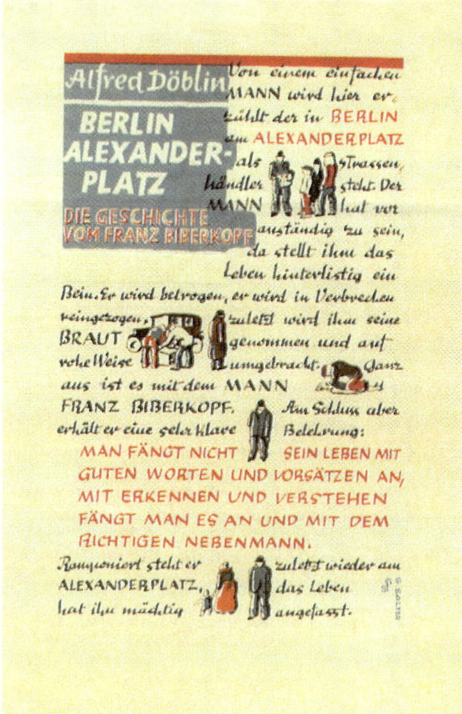

Schutzumschlag der Originalausgabe des Romans „Berlin Alexanderplatz“ von Alfred Döblin

Meine Patienten – ich wohne weit im Osten Berlins – gehören fast ausschließlich den Arbeiter- und kleinen Angestelltenkreisen an. Selten verirrt sich jemand aus den gehobenen Ständen zu mir. Und ich gestehe, nicht betrübt darüber zu sein. Es waren morbide, brüchige Menschen, eine Arbeiterschaft, die den Kassenarzt nicht als ihr zugehörig fühlte. (...) Ich habe diese Zeit nicht als Zuschauer verbracht, sondern als einer, der hier arbeitet und sich durchschlug; mein größter Lehrer ist dieses kleine Leben gewesen, waren die Fabrikmauern und diese Straßen und diese Menschen, zu denen ich selbst gehöre.

Eine neue Romantechnik

Um die zahlreichen Eindrücke einer Großstadt wiederzugeben und die inneren Vorgänge in Franz Biberkopf zu verdeutlichen verwendet Döblin neue Techniken, die bisher aus dem Filmbereich bekannt waren:

Orientierungshilfen:
Damit der Leser bei den zahlreichen Einzelheiten nicht den Überblick verliert, helfen ihm ein Vorwort, verschiedene Resümees und Kommentare. Am Anfang eines Kapitels wird meist ein Schicksalsschlag im Leben des Franz Biberkopf angekündigt, am Ende des Buches erklärt ein Schlusskommentar, woran die Hauptperson gescheitert ist.

Rückblenden durch innere Monologe:
Franz Biberkopf erinnert sich immer wieder an seine Haftstrafe. So weckt zum Beispiel eine schmale, kaum beleuchtete Straße Gedanken an die düstere Atmosphäre des Zuchthauses.

Die Technik der Montage:
In Anlehnung an den Filmschnitt und die Filmcollage werden mehrere zeitlich und räumlich getrennte Vorgänge so aneinander gefügt, dass der Eindruck entsteht, sie würden gleichzeitig ablaufen. Dieses Verfahren eignet sich hervorragend dazu, das Leben einer Großstadt zu zeigen. Es ermöglicht aber auch, Vorgänge zu kommentieren. Döblin fügt in expressionistischer Sichtweise der Wirklichkeit oft übergangslos amtliche Verlautbarungen, Statistiken, Sensationsmeldungen der Presse, Börsen- und Polizeiberichte, Briefe, Reklame, Wetterinformationen, medizinische Erklärungen, Zitate klassischer Dichter oder aus der Trivialliteratur, Schlagertexte und Bibelzitate aneinander.

Der Rosenthaler Platz unterhält sich.
Wechselndes, mehr freundliches Wetter, ein Grad unter Null. Für Deutschland breitet sich ein Tiefdruckgebiet aus, das in seinem ganzen Bereich dem bishe-

Döblin auf einer Fotografie 1929

rigen Wetter ein Ende bereitet hat. (...) Tagsüber dürfte die Temperatur niedriger liegen als bisher. Wetteraussichten für Berlin und weitere Umgebung. Die Elektrische Nr. 68 fährt über den Rosenthaler Platz, Wittenau (...) Lichtenberg, Irrenanstalt Herzberge. Die drei Berliner Verkehrsunternehmen, Straßenbahn, Hoch- und Untergrundbahn, Omnibus, bilden eine Tarifgemeinschaft. Der Fahrschein für Erwachsene kostet 20 Pfennig, der Schülerfahrschein 10 Pfennig. Fahrpreisermäßigungen erhalten Kinder bis zum vollendeten 14. Lebensjahr. (...)Während der Wintermonate darf die Vordertür nicht zum Ein- und Aussteigen geöffnet werden. (...)Diverse Fruchtbranntweine zu Engrospreisen, Dr. Bergell, Rechtsanwalt und Notar, Lukutate, das indische Verjüngungsmittel der Elefanten, Fromms Akt, der beste Gummischwamm, wozu braucht man die vielen Gummischwämme. (...)
Die Invalidenstraße wälzt sich linksherum ab. Es geht nach dem Stettiner Bahnhof, wo die Züge von der Ostsee ankommen: Sie sind ja so berußt – ja hier staubts. – Guten Tag, auf Wiedersehn. – Hat der Herr was zu tragen, 50 Pfennig. – Sie haben sich aber gut erholt. – Ach die braune Farbe vergeht bald. – Woher die Leute bloß das viele Geld zu verreisen haben. – In einem kleinen Hotel da in einer finsteren Straße hat sich gestern früh ein Liebespaar erschossen, ein Kellner aus Dresden und eine verheiratete Frau, die sich aber anders eingeschrieben haben.

4. Hans Fallada

1893 Hans Fallada, eigentlich Rudolf Ditzen, wird als Sohn eines Richters in Greifswald geboren.
1908 Der junge Fallada überlebt nur knapp einen schweren Radunfall und muss Monate im Krankenhaus zubringen. Er wird zum Außenseiter. Wegen der strengen und verständnislosen Erziehung verschlechtert sich überdies Falladas Verhältnis zu seinen Eltern. Nachdem ein Selbstmordversuch des Jungen verhindert wird, beginnt sein Leidensweg durch verschiedene Sanatorien. Einziger Trost ist die Lektüre der Weltliteratur. Fallada beginnt zu schreiben.
1911 In dieser Zeit beurteilt ein Lehrer den Jungen: „(...) gewann ich von Ditzen den Eindruck eines außerordentlich begabten jungen Menschen, der es wahrscheinlich weit gebracht hätte, wenn er nicht überreizt gewesen wäre." Mit einem Freund, einer ähnlichen Natur wie er selbst, schließt Fallada einen Vertrag, dass beide ein Drama verfassen, es einem Dichter zur „Prüfung" vorlegen sollten und der „Unterlegene" Selbstmord verüben müsse. Beide einigen sich schließlich auf ein Duell, bei dem Fallada seinen Freund erschießt und anschließend einen Selbstmordversuch unternimmt.

Döblin hatte mit dem Medium Film einige Erfahrung. Am Drehbuch zur Verfilmung von „Berlin Alexanderplatz" wirkte er mit, später arbeitete er im amerikanischen Exil auch eine Zeit lang für Hollywood. Am meisten beeinflusste ihn aber der 1927 uraufgeführte Dokumentarfilm „Berlin – Symphonie einer Großstadt" von Walter Ruttmann, über den im Programmheft Folgendes zu lesen war:

Der mächtige Rhythmus der Arbeit, der rauschende Hymnus des Vergnügens, der Verzweiflungsschrei des Elends und das Donnern der steinigen Straßen (...) wurde vereinigt zur Symphonie der Großstadt.

Dieses Zitat könnte auch als Leitmotiv über seinem Roman stehen.

Drei Jahre nach Döblin hat ein Mann, den man fast als gescheiterte Existenz bezeichnen kann, einen literarischen Welterfolg. Hans Fallada hat den krisengeschüttelten letzten Jahren der Weimarer Republik mit dem Roman „Kleiner Mann – was nun?" ein Denkmal gesetzt. Als Schauplatz wählte er wie Döblin die Millionenstadt Berlin.

Hans Fallada vor dem Duell 1911

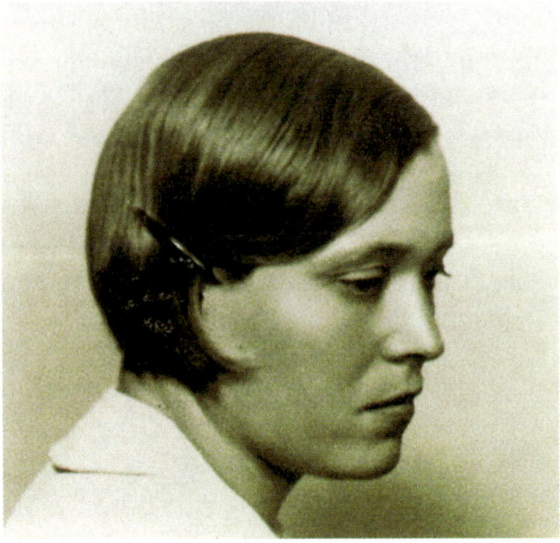

Anna Issel, Falladas Ehefrau

Wegen verminderter Zurechnungsfähigkeit kommt er für zwei Jahre in eine geschlossene Anstalt. Kaum entlassen, wird er von Morphium abhängig, das er „seinen kleinen Tod" nennt. Für den Rest seines Lebens wird Fallada von Drogen und Alkohol abhängig sein und so Selbstmord auf Raten begehen.

1913 Fallada betätigt sich in den nächsten Jahren in der Landwirtschaft auf verschiedenen Gütern. Während des Ersten Weltkrieges wird er nicht eingezogen, gerät jedoch in die Kreise von Schiebern und Waffenhändlern.

1918 Der Roman „Der junge Goedeschal" erscheint, ist aber nur ein mäßiger Erfolg. Fallada arbeitet wieder auf verschiedenen Gütern, dabei unterschlägt er mehrmals Geld, wofür er zu drei Monaten, später

1926 zu zweieinhalb Jahren Gefängnis verurteilt wird.

1928 Nach seiner Entlassung heiratet Fallada Anna Issel, die als „Lämmchen" in sein Werk einging. Die Verbindung mit der lebenstüchtigen Anna gibt seinem Leben neuen Halt. Er wird in Neumünster Redakteur, und es gelingt ihm, seine Suchtprobleme in den produktiven Prozess des Schreibens umzuwandeln, er wird geradezu schreibsüchtig. Bis zu 500 Seiten Papier verbraucht er pro Tag, wenn er an seinen Romanen arbeitet.

1931 Der Roman „Bauern, Bonzen und Bomben" erscheint und wird ein größerer Erfolg. Fallada verarbeitet darin seine Erlebnisse als Redakteur in Neumünster.

1932 Der Roman „Kleiner Mann – was nun?" wird veröffentlicht und ein Welterfolg. In kaum einem Werk der Weimarer Zeit wird die Atmosphäre dieser Krisenjahre anschaulicher dargestellt.

1933 Fallada gelangt zu Reichtum, hat aber Schwierigkeiten mit Geld umzugehen. Außerdem gerät er wegen einer falschen Beschuldigung mit den Nationalsozialisten in Konflikt. Er kommt ins Gefängnis. Später greift er in dem Roman „Wer einmal aus dem Blechnapf frißt" die Problematik des entlassenen Sträflings auf, der nach dem gescheiterten Versuch ein bürgerliches Leben zu führen wieder straffällig wird. Fallada lebt nun mit Frau und zwei Kindern auf einem Bauernhof in Carwitz, Mecklenburg.

Dort schreibt er in nur 23 Tagen den 526-seitigen Roman „Wir hatten mal ein Kind", dann „Wolf unter Wölfen" und „Der eiserne Gustav".

1944 Fallada lernt die morphiumsüchtige Ursula Losch kennen, lässt sich scheiden und geht mit seiner neuen Frau allmählich durch den Konsum von Drogen und Alkohol zugrunde. In dieser Zeit entstehen die Romane „Der Trinker" und „Jeder stirbt für sich allein".

1947 Durch Drogen und Krankheit gesundheitlich ruiniert, stirbt Fallada am 5. Februar.

Kleiner Mann – was nun?

Pinneberg, ein junger Verkäufer, erfährt, dass seine Freundin Emma, genannt Lämmchen, ein Kind erwartet. Obwohl sie fast mittellos sind, heiraten sie und beziehen eine armselige Wohnung in der kleinen Stadt. Trotz größter Sparsamkeit reicht es nur für das

Fallada in Carwitz auf dem Bootssteg

Allernötigste. Pinneberg wird schließlich arbeitslos, weil sein Chef, der ihn gern als Schwiegersohn gesehen hätte, ihm kündigt. Pinneberg und Lämmchen ziehen nun nach Berlin, wo sie bei seiner Mutter unterkommen. Diese betreibt einen Salon, in dem Schieber und Falschspieler verkehren. Jachmann, der Liebhaber der Mutter, verschafft Pinneberg eine Stellung als Verkäufer in einem Kaufhaus. Dort herrscht unerbittlicher Leistungszwang. Wer ein bestimmtes Monatssoll nicht erreicht, wird ermahnt und beim dritten Mal entlassen. Pinneberg und Lämmchen finden eine eigene, kleine Wohnung und bald wird Murkel geboren. Die Idylle der kleinen Familie ist nur von kurzer Dauer, denn Pinneberg wird durch seinen Berufsstress und durch Intrigen seiner Kollegen nervlich zermürbt. Obwohl ihm Jachmann und Heilbutt, der erste Verkäufer, beistehen, wird er entlassen. Die Wohnung ist nicht mehr zu halten und die drei ziehen in ein kleines Gartenhäuschen vor der Stadt. Pinneberg bekommt ein sehr dürftiges Arbeitslosengeld und Lämmchen flickt und näht für die Nachbarschaft. Pinnebergs Selbstwertgefühl wird durch den Eindruck nur einer von vielen Arbeitslosen zu sein geschwächt. Er sinkt ins Bodenlose, als ihn ein Polizist wegen seines verwahrlosten Äußeren vom Schaufenster eines Delikatessengeschäfts verjagt:
„O Lämmchen, was haben sie mit mir gemacht ... Die Polizei ... heruntergestoßen haben sie mich vom Bürgersteig ... weggejagt haben sie mich ... wie kann ich noch einen Menschen ansehen ...?“ Erst Lämmchens Liebe richtet ihn wieder auf: „Aber du kannst mich doch ansehen! Immer und immer! Du bist doch bei mir, wir sind doch beisammen ...“ Wie es allerdings weitergehen soll, bleibt offen und mündet in den Buchtitel: „Kleiner Mann – was nun?“

Ein Roman über das Leben am Ende der Weimarer Republik

Falladas Roman erschien 1932 und wurde auf Anhieb ein Riesenerfolg. Der Grund hierfür ist leicht erkennbar: Millionen Leser konnten sich in dieser Geschichte vom hoffnungsvollen Anfang und vom tiefen Fall in die deprimierende Arbeitslosigkeit wieder erkennen. Denn der Autor beschreibt detailliert und authentisch wie kaum ein anderer die Umstände eines kleinbürgerlichen Lebens zu Beginn der 30er-Jahre. Dazu kommt noch, dass Fallada – wie auch in seinen anderen Romanen – aus seiner Sympathie für die kleinen Leute und ihre Nöte keinen Hehl macht. Die Unterdrückung und Demütigung der Angestellten durch die Firma wird ungeschminkt dargestellt. Als Pinneberg sich wegen einer Erkrankung seines kleinen Sohnes verspätet, wird er abgekanzelt:

> Ihr Privatleben ist für das Haus Mandel ohne Interesse. (...) Die Firma ermöglicht erst Ihr Privatleben, Herr! Erst kommt die Firma, noch mal die Firma, zum dritten Mal die Firma, und dann können Sie machen, was Sie wollen. Sie leben von uns, Herr, wir haben Ihnen die Sorge um Ihren Lebensunterhalt abgenommen, verstehen Sie das! Sie sind ja auch Ultimo pünktlich hier unten zum Gehaltsempfang.

Die Angst vor Arbeitslosigkeit und dem gesellschaftlichen Abstieg zieht sich wie ein roter Faden durch den Roman. Sechs Millionen Arbeitslose in den Jahren der Weltwirtschaftskrise beweisen eindringlich, wie real diese Angst war. Pinneberg allerdings analysiert die Situation nicht politisch – Kommunisten und Nazis gelten ihm gleichermaßen als Stänkerer und Randalierer –, sondern flüchtet sich in die Idylle seiner kleinen Familie. Gerade die Romantik dieses ständig bedrohten Familienglücks verhalf dem Roman zu seinem großen Erfolg. Die Botschaft für Millionen war einfach: Mit Liebe und Zusammenhalten steht man jedes Unglück durch. Deshalb verlaufen auch die beiden Handlungsstränge des Romans gegenläufig: Während Pinnebergs berufliche Laufbahn immer abschüssiger wird, bleibt seine Liebe zu Lämmchen und seinem Sohn Murkel beständig. In der drastischen Schilderung eines Arbeitslosenschicksals wird Pinnebergs Lebensgeschichte zur Zeitgeschichte:

(...) Und plötzlich begreift Pinneberg alles, angesichts dieses Schupos, dieser ordentlichen Leute, dieser blanken Scheibe begreift er, daß er draußen ist, daß er hier nicht mehr hergehört, daß man ihn zu Recht wegjagt: ausgerutscht, versunken, erledigt. (...)

Warum Fallada das Lebensgefühl von Millionen Arbeitslosen so genau trifft, beschreibt er selbst:

Erinnert sich noch jemand an die düsteren Julitage des Jahres 1931? (...) Jeden Tag konnten wir wieder ausziehen müssen, mit zwei Handkoffern und unserem Sohn Ulrich, (...) genannt Murkel (...). In einer Gemüsehandlung erfuhr Suse, daß wir schon einen Namen hatten, ich hieß nur „Der arme Arbeitslose mit Kind". Was lag in einer solchen Situation näher, als ein Buch zu schreiben des Titels: „Kleiner Mann – was nun?" An den Nachmittagen und Abenden, in den bedrücktesten Tagen meines Lebens schrieb ich dieses Buch. (...) Und doch sind wir glücklich gewesen, auch in diesen Tagen (...) ein Glanz lag auf diesen Tagen, Sternenlicht.

Ein Zeitgenosse Falladas war der Autor Lion Feuchtwanger. Aber im Gegensatz zu Fallada war Feuchtwanger ein Analytiker des Zeitgeschehens. Während Fallada völlig unpolitisch dem Leben der Kleinbürger ein Denkmal setzt, geht der Münchener Autor Lion Feuchtwanger dem politischen Geschehen seiner Zeit auf den Grund.

5. Lion Feuchtwanger

1884 wird Lion Feuchtwanger in München als Sohn eines Fabrikanten jüdischen Glaubens geboren.
1903 Nach dem Besuch des Gymnasiums beginnt Feuchtwanger Germanistik zu studieren und Stücke zu verfassen. Darüber hinaus betätigt er sich als Literaturkritiker und arbeitet für verschiedene Zeitungen.
1912 Feuchtwanger heiratet Marta Löffler (gest. 1987). Beide durchwandern Südeuropa und Nordafrika. Zu Beginn des Ersten Weltkrieges ist Feuchtwanger einer der wenigen, die sich der nationalen Kriegsbegeisterung entziehen: „Es wühlte mich auf, dass in dem allgemeinen Irrsinn ringsum so wenige vernünftig blieben." Zu seinen Bekannten gehören Heinrich Mann und Frank Wedekind.
1919 Lion Feuchtwanger lernt Bertolt Brecht kennen und stellt sein Drama „Die Kriegsgefangenen" fertig. In diesen Jahren arbeitet er an einigen Dramen und an dem Roman „Jud Süß", der jedoch erst 1925 ein internationaler Erfolg wird. Die Nationalsozialisten werden aus dem Stoff später einen berüchtigten Hetzfilm gegen die Juden machen. Der historische Roman „Die hässliche Herzogin Margarete Maultasch" entsteht.
1925 Feuchtwanger siedelt nach Berlin über und schließt
1930 den Roman „Erfolg. Drei Jahre Geschichte einer Provinz" ab.
1933 Während der Machtergreifung befindet sich Feuchtwanger in den USA. Später lässt er sich in Südfrankreich in Sanary-sur-Mer nieder. Von den Nationalsozialisten wird sein Besitz in Deutschland beschlagnahmt, er selbst ausgebürgert. Im Gegensatz zu anderen Emigranten, wie zum Beispiel Joseph Roth, ist Feuchtwanger aber sehr vermögend. Der Roman „Die Geschwister Oppenheim" und die Josephus-Trilogie, drei Romane über die Geschichte des jüdischen Volkes, werden abgeschlossen.

Ein Jugendbildnis Lion Feuchtwangers

1937 Er reist in die UdSSR und begegnet Stalin.
1940 Der Roman „Exil" wird fertig gestellt. Feuchtwanger wird in ein Lager gebracht und ist in größter Gefahr nach Deutschland ausgeliefert zu werden.
Seine Frau kann ihn befreien und flieht mit ihm über Spanien und Portugal in die USA. Die Geschichte der Flucht ist nachzulesen in: „Der Teufel in Frankreich. Ein Erlebnisbericht".

1942 Gemeinsam mit Brecht arbeitet er an dem Drama „Die Geschichte der Simone Machard".
1943 Feuchtwanger ist in den USA ein viel gelesener Autor, viel bekannter als zum Beispiel Heinrich Mann. Deshalb kann er sich eine Villa in Pacific Palisades, Kalifornien, leisten, für einen Emigranten eine sehr komfortable Behausung: 20 Zimmer, 11.000 zum Teil äußerst kostbare Bücher. Die Feuchtwangers führen ein geselliges Leben: Die Brüder Thomas und Heinrich Mann, Bert Brecht, Franz Werfel, Albert Einstein und Charlie Chaplin gehören zu den häufigen Besuchern.
1951 „Goya", ein Roman über den berühmten spanischen Maler, wird abgeschlossen. In diesen Jahren entstehen noch weitere historische Romane, zum Beispiel „Die Jüdin von Toledo".
1957 Feuchtwanger erhält den Kulturpreis seiner Heimatstadt München.
1958 Er stirbt am 21. Dezember in Los Angeles.

Neben der Josephus-Trilogie gehören weitere drei Romane als Zyklus „Der Wartesaal" thematisch zusammen: „Erfolg", erschienen 1930, „Die Geschwister Oppenheim", 1933 in den Niederlanden herausgegeben, und „Exil" aus dem Jahr 1940. Feuchtwanger beschreibt darin „Den Wiedereinbruch der Barbarei in Deutschland und ihren zeitweiligen Sieg über die Vernunft".

Lion Feuchtwanger mit Arnold Zweig in Sanary-sur-Mer 1937/38

Erfolg. Drei Jahre Geschichte einer Provinz

Feuchtwanger selbst fasst den Inhalt des Romans so zusammen: „Eine Frau liebt einen Mann. Sie kämpft um den Mann, den sie liebt. Er wird aus politischen Gründen zu einer Kerkerstrafe verurteilt – die Geschichte spielt in München im Jahre 1922 – obwohl er unschuldig ist."

Lion Feuchtwanger im französischen Internierungslager von Les Milles 1940

Der Kunsthistoriker und Vizedirektor der Staatlichen Gemäldesammlungen hat Bilder erworben, die konservativen Kräften nicht gefallen. Er zieht sich deren Feindschaft zu und man verwickelt ihn in einen Meineidsprozess, in dem er zu zwei Jahren Zuchthaus verurteilt wird.
Johanna Krain, seine Freundin, kämpft für seine Freilassung. Sie versucht alle Personen in Bayern, die in Politik, Wirtschaft und Gesellschaft Rang und Namen haben, für ihr Vorhaben einzuspannen. Aber alle Bemühungen bleiben ergebnislos:

Äußere Mächte, die nichts mit dem Mann zu tun haben, entscheiden sein Schicksal für ihn. Ein Amerikaner, der Millionen in Russland investierte, unternimmt eine Erholungsreise, um sich von den Verhältnissen in Bayern zu überzeugen, fliegt quer durch Europa nach München, hält Umschau, bleibt eine Woche. Eines Abends besucht er ein Theater, in dem eine Revue gespielt wird. Die Revue ist belanglos; ein Lied darin findet jedoch das Gefallen des Millionärs und führt zu dessen Bekanntschaft mit dem Komponisten, der ein Freund der Frau des Gefangenen ist. Ehe der Millionär Bayern verlässt, leiht er der Regierung Geld (es sind die Jahre der Inflation, man war auf Dollars angewiesen; die Verf.), jedoch unter der Bedingung, dass der Mann in Freiheit gesetzt werde. Als der Tag seiner Freilassung naht, findet man ihn tot in seiner Zelle.

„Erfolg" ist ein Gesellschaftsroman, fast alle Schichten der bayerischen Bevölkerung werden wie in einem Brennglas eingefangen. „Als moderner deutscher Romanschriftsteller habe ich an einem Helden oder an einer Heldin kein Interesse. Ich wählte für diesen Roman Gruppen von Charakteren und nicht Einzelindividuen. (...) Das Land Bayern ist der eigentliche Held meines Romanes."
In dem Kapitel „Bayrische Lebensläufe" werden Personen aus verschiedenen Ständen satirisch und ironisch dargestellt:

Ignaz Mooshuber, Ökonom in Rainmochingen, wurde geboren ebenda als Sohn der Ökonomenseheleute Michael und Maria Mooshuber. Er besuchte 7 Jahre die Schule in Rainmochingen, lernte lesen, auch einiges schreiben. Er diente beim Militär, übernahm dann den kleinen väterlichen Bauernhof. Er besaß in der Blütezeit seiner Jahre 4 Pferde, 2 Pflüge, 1 Frau, 4 eheliche, 3 uneheliche Kinder, 1 Bibel, 1 Katechismus, 1 Christkatholischen Bauernkalender, 3 Heiligenbilder, 1 Öldruck, darstellend den König Ludwig II., 1 Fotografie, darstellend ihn selber beim Militär, 1 Zentrifuge zur Butterbereitung, 7 Schweine, einige Schlingen und Fallen fürs Wild, 1 Sparkassenbuch, 3 Truhen gefüllt mit Inflationsbanknoten, 23 Nähmaschinen, die er erworben hatte, um einiges von diesem Inflationsgeld in Sachwerten anzulegen, 2 Fahrräder, 1 Grammophon. Er verfügte über ein Vokabular von 612 Worten. Er ließ sich durchschnittlich 23-mal im Jahr in eine Rauferei ein. (...)
Er wurde neunmal verwundet, davon 3-mal durch Messer in Privathäusern, 2-mal durch Kugeln im Krieg, 4-mal durch zerbrechende Maßkrüge im Wirtshaus. Er nahm 9-mal im Jahr ein Fußbad, 2-mal ein Vollbad. Er trank 2137 Liter Wasser und 47812 Liter Bier. Er schwor 17 Eide, darunter 9 bewusst falsche, wobei er 3 Finger der linken Hand einbog, was ihn der landläufigen Meinung zufolge der Verantwortung Gott und den Menschen gegenüber enthob. Er hatte 3 dunkle Stunden. Die erste, als er während des Krieges erfuhr, dass das Bier infolge Materialmangels verdünnt werden sollte, die zweite, als er verurteilt wurde, für den Unterhalt des unehelich erzeugten Kindes Balthasar Anzinger aufzukommen, die dritte, als er den Tod spürte. (...)

Lion Feuchtwanger in den Fünfzigerjahren

Daneben handelt es sich bei dem Werk um einen **Schlüsselroman**. Man versteht darunter einen Roman, in dem tatsächliche Personen und Ereignisse unter anderen Namen und Bezeichnungen geführt, aber doch vom Leser identifiziert werden können. Nur so ist er in der Lage die Anspielungen zu verstehen. In „Erfolg" finden unter falschem Namen viele Personen der Zeitgeschichte Eingang: Ludwig Thoma und Ludwig Ganghofer als die Dichter Matthäi und Pfisterer, Karl Valentin als der Komiker Hierl, Bert Brecht als der Ingenieur Pröckl, Generalstaatskommissar Gustav von Kahr als der Minister Franz Flaucher, General Ludendorff als der General Vesemann und schließlich Adolf Hitler als Rupert Kutzner von den „Wahrhaft Deutschen". Und darin liegt die große Bedeutung dieses Werks. Es ist der einzige größere deutsche Roman, der sich mit dem Aufstieg Hitlers in den frühen Jahren des Nationalsozialismus befasst:

> Der prächtige Schall Rupert Kutzners, seine bewegte Mimik, riss sie mit. Sie vergaßen, dass ihre paar Wertpapiere wertlos waren, die Versorgung ihres Alters gefährdet. Wie dieser Mann es verstand, ihren Träumen Worte zu geben. Wie seine Hände groß durch die Luft fegten, gewaltig aufs Pult schlugen, sich markig reckten, wohl auch ironisch Bemerkungen imitierten, mit denen die schlichteren Witzblätter jener Zeit Juden charakterisierten. Glückselig hingen sie an seinen Gesten (...).

Feuchtwanger entlarvt nicht nur Hitler, sondern auch seine Sympathisanten, die Mitläufer, den Kleinbürger, alle, die sich von einer Führerfigur Aufstieg aus ihrer Mittelmäßigkeit erwarten. Und wegen dieser Entlarvung ist Feuchtwanger den Nationalsozialisten besonders verhasst. Sein Name steht auf der ersten Ausbürgerungsliste, seine Romane werden „als jüdischer Giftstoff" am 10. Mai 1933 verbrannt.

Daneben ist der Roman – ähnlich Döblins „Berlin Alexanderplatz" – ein Beispiel für den modernen Roman in Deutschland. Entsprechend der so genannten „Neuen Sachlichkeit" der Nachkriegsliteratur enthält der Roman Dokumentation und Montage, Statistiken zur Gesellschaft und viel Psychologisches. Feuchtwanger selbst schreibt:

> Ich versuchte, auch die Technik des Romans zu erneuern, indem ich bewusst auf den Roman Mittel des Films anwandte (Gleichzeitigkeit, Belichtung des gleichen Menschen oder des gleichen Ereignisses von verschiedenen Seiten her), Mittel, die man bisher auf diesem Gebiet nicht verwandt hat.

Daneben bleibt aber der Roman wegen der traditionellen Erzählkunst des Autors, seiner feinen Ironie und wegen der scharfen Analyse der Zeitgeschichte ein ausgesprochenes Lesevergnügen. Es verbindet sich mit der Hochachtung für einen Mann, über dessen Roman „Erfolg" sein Freund Thomas Mann sagte:

> Wie sonderbar leichtsinnig handelt doch einer in solchem Fall. Er weiß genau: kommt das, was ich da verhöhne, zur Macht, so bricht mir mein Werk den Hals. Wissentlich gräbt er sich den Boden ab – aus Übermut kaum. Er muss es – es ist der Auftrag des Geistes, der keine Selbstschonung duldet und alle Furcht niederhält.

6. Thomas Mann

1875 In Lübeck kommt Thomas Mann als zweiter Sohn eines Großkaufmanns und Senators zur Welt.

1891 Nach dem Tod des Vaters wird die Firma aufgelöst. Zwei Jahre später verlässt Thomas Mann das Gymnasium mit der mittleren Reife und geht nach München, wo er für kurze Zeit als Volontär bei einer Feuerversicherungsgesellschaft arbeitet.

1895 In diesem Jahr beginnt Thomas Mann mit literarischen Arbeiten. Er schreibt Beiträge für Zeitschriften, entwirft erste Novellen und arbeitet bereits an seinem ersten großen Roman, den „Buddenbrooks".

1901 Mit seinem Bruder Heinrich verbringt er zwei Jahre in Italien. Nach kurzem Militärdienst in Deutschland veröffentlicht er den zweibändigen Roman „Buddenbrooks, Verfall einer Familie". Der Roman macht den 26-jährigen Autor berühmt. In den folgenden Jahren erscheinen auch erste Novellen, darunter „Tristan" und „Tonio Kröger".

1905 Thomas Mann heiratet Katharina Pringsheim, mit der er sechs Kinder haben wird.

1912 Nach der Veröffentlichung der Novelle „Der Tod in Venedig" beschäftigt sich Thomas Mann mit

Thomas Mann mit seiner Frau

seinem zweiten großen Roman, dem „Zauberberg".
1914 Das gerade fertig gestellte Haus im Münchener Stadtteil Bogenhausen wird für Thomas Mann neuer Wohnsitz bis zur Emigration.
1924 Der Roman „Der Zauberberg" wird veröffentlicht.
1929 Thomas Mann erhält die höchste Auszeichnung für einen Schriftsteller, den Nobelpreis für Literatur, für seinen Roman „Buddenbrooks".

Von 1914 bis zur Emigration lebte Thomas Mann in einer Villa im Münchener Stadtteil Bogenhausen.

1930 Die Novelle „Mario und der Zauberer" kündigt das kommende Unheil an. Nach Hitlers Machtergreifung verlässt Thomas Mann seine Heimat. Zunächst lebt er in Küsnacht bei Zürich.
1938 siedelt er in die USA über. Aufgrund einer Gastprofessur und zahlreicher Radiobeiträge hat er ein geregeltes Einkommen. In der Emigration wird außerdem seine Romantrilogie „Joseph und seine Brüder" veröffentlicht.
1947 Der große Roman „Doktor Faustus" erscheint.
1949 Thomas Mann ist zum ersten Mal seit 16 Jahren wieder in Deutschland. Er hält sowohl in Frankfurt am Main als auch in Weimar seine „Ansprache zum Goethe-Jahr 1949". Der Besuch wird überschattet vom Freitod seines Sohnes Klaus.
1952 Thomas Mann kehrt endgültig aus Kalifornien nach Europa zurück. Die Schweiz gibt ihm eine Niederlassungsbewilligung.
1954 Der heitere Roman „Die Bekenntnisse des Hochstaplers Felix Krull" erscheint.
1955 Thomas Mann stirbt mit 80 Jahren im Kantonspital in Zürich.

Die Fotografie von Thomas Mann entstand 1950, fünf Jahre vor seinem Tod.

Mit seinen großen Romanen erreichte Thomas Mann bereits in jungen Jahren internationalen Ruf als Schriftsteller. In den „Buddenbrooks" schildert er den Verfall eines hanseatischen Geschlechts im 19. Jahrhundert. Der 1924 erschienene Roman „Der Zauberberg" beschreibt die Atmosphäre in einer

Schweizer Lungenheilanstalt. In zahlreichen Gesprächen werden Zeitfragen erörtert.
Gegen Ende der Weimarer Republik, 1930, erschien die Erzählung „Mario und der Zauberer". Auch darin analysiert Thomas Mann seine Zeit. Beunruhigende Ereignisse weisen auf die kommende Diktatur hin.

Mario und der Zauberer

Die Erzählung beruht auf einem Ferienaufenthalt von Thomas Manns eigener Familie im Italien des Jahres 1926, der in einer Aufführung des Zauberers Cipolla seinen traurigen Höhepunkt fand.
Im ersten Teil der Erzählung schildert der Autor das Milieu in dem Badeort Torre di Venere am Tyrrhenischen Meer. Mitte August ist noch Hochsaison, doch Urlaubsstimmung will nicht aufkommen. Der Familie wird im Hotel die Veranda als Speisesaal verwehrt, mit der Begründung, dass diese nur für Stammgäste verfügbar sei. Außerdem beschwert sich eine Dame bei der Direktion über den abklingenden Keuchhusten der Kinder. Trotz einer beruhigenden Diagnose durch einen Arzt wird die Familie genötigt das Hotel zu verlassen und in eine benachbarte Pension umzuziehen. Immer wieder wird betont, dass es wohl besser gewesen wäre, wenn die Familie die Heimreise angetreten hätte, denn der einzige Lichtblick ist Mario, ein Kellner in einem Café, den vor allem die Kinder sehr mögen. Im weiteren Verlauf des Urlaubs gibt ein Ereignis am Strand erneut Anlass über eine Abreise nachzudenken. Die achtjährige Tochter läuft einige Meter nackt herum um ihren Badeanzug im Meer vom Sand reinigen zu können. Die Strandgäste reagieren unerwartet empört. Die öffentliche Moral sei verletzt worden, die Urlauber hätten die Gastfreundschaft Italiens missbraucht. Die Familie muss schließlich eine kleine Geldstrafe bezahlen, entschließt sich aber den Urlaub nicht abzubrechen.
Einige Tage später kündigt sich in Torre di Venere ein Zauberkünstler namens Cipolla an, dessen Vorführung die beiden Kinder der Familie unbedingt sehen wollen. Schon das Erscheinen des Zauberers verheißt Unheil. Eine gekrümmte Figur, stechende Augen, ein kleiner, schwarzer Schnurrbart, sein ernstes Benehmen und vor allem seine Reitpeitsche mit Klauengriff, die er während der Vorführung immer wieder durch die Luft sausen lässt, erzeugen eine angespannte Stimmung. Nach einigen Zahlen- und Kartentricks entpuppt sich Cipolla immer mehr als Hypnotiseur, der seine Macht dazu einsetzt, einzelnen Zuschauern den Willen zu nehmen. So bringt er zum Beispiel einen kerngesunden Fischer dazu, sich vor Schmerzen zu krümmen. Andere Leute lässt er auf der Bühne tanzen oder er entführt eine Dame trotz lauter Proteste ihres Ehemanns. Zum Höhepunkt der Vorstellung sucht er sich als Opfer den freundlichen und melancholisch wirkenden Kellner Mario. Cipolla errät nicht nur dessen Liebeskummer, sondern macht dem armen Kellner auch glaubhaft, er selbst sei seine Geliebte Silvestra. Er versetzt ihn so in Trance, dass Mario ihn unter dem Applaus des Publikums auf die Wange küsst. Doch Mario verkraftet den

Thomas und Katja Mann vor dem zerstörten „Buddenbrook"-Haus, Lübeck, 1953

Missbrauch seiner Gefühle nicht. Als er in die Realität zurückkehrt, erschießt er Cipolla. Während der Kellner von den Zuschauern entwaffnet wird, verlässt die Familie die Aufführung.

Ankündigung der Diktatur

Wie Thomas Mann die erlebten Ereignisse künstlerisch umgeformt hat, beschreibt er in einem Brief aus dem Jahr 1930:

> Da es Sie interessiert: Der „Zauberkünstler" war da und benahm sich genau, wie ich es geschildert habe. Erfunden ist nur der letale (tödliche; die Verf.) Ausgang: In Wirklichkeit lief Mario nach dem Kuss in komischer Beschämung weg und war am nächsten Tage, als er uns wieder den Tee servierte, höchst vergnügt und voll sachlicher Anerkennung für die Arbeit Cipollas. Es ging eben im Leben weniger leidenschaftlich zu, als nachher bei mir. (...) Die Schüsse aber sind nicht einmal meine Erfindung: Als ich von dem Abend hier erzählte, sagte meine älteste Tochter: „Ich hätte mich nicht gewundert, wenn er ihn niedergeschossen hätte." Erst von diesem Augenblick war das Erlebte eine Novelle.

An welchen Merkmalen erkennt man die Novelle? Die „unerhörte Begebenheit" liegt in der Erschießung des Zauberkünstlers durch Mario. Der von Ludwig Tieck beschriebene „Wendepunkt" der Novelle setzt nach der Pause im zweiten Teil der Vorstellung ein, als sich Cipolla seinem Opfer Mario widmet.
Darüber hinaus hat die Novelle „Mario und der Zauberer" aber vor allem einen „entschieden moralisch-politischen Sinn", wie Thomas Mann 1941 schreibt:

> Der europäische Faschismus war damals im Heraufziehen, seine Atmosphäre lernte ich bei dem Besuch in Italien, der die Erzählung zeitigte, kennen, und die Tendenz der Novelle gegen menschliche Entwürdigung und Willenszwang ist denn auch in der vorhitlerisch, nationalistisch-faschistischen Sphäre Deutschlands klar genug empfunden worden, sodass in diesen Kreisen die Erzählung heftig abgelehnt wurde.

Das Verhältnis von Führer und Volk verdichtet der Autor in der Beziehung zwischen Cipolla und dem Publikum. Passiv-duldend stehen die Zuschauer im Bann einer starken Persönlichkeit. Sogar der etwas distanzierte Erzähler ist trotz eines „widerspenstigen Gefühls für das eigentümlich Entehrende" fasziniert von der Selbstsicherheit des Gauklers. Im Laufe der Vorstellung kommen den Zuschauern Distanz, Kritik, Freiheit und Würde immer mehr abhanden. Durch seine hypnotischen Kräfte hat Cipolla mit Mario ein leichtes Spiel. Er erspürt instinktiv dessen Liebeskummer und gibt vor ihm helfen zu wollen. In Wahrheit kompensiert er jedoch nur sein Minderwertigkeitsgefühl aufgrund seiner Gestalt. Dazu bedient er sich ständig seiner Peitsche. Die Äußerungen Cipollas ähneln auffallend nationalsozialistischem Gedankengut:

> Die Fähigkeit, sich seiner selbst zu entäußern, zum Werkzeug zu werden, im unbedingtesten und vollkommensten Sinne zu gehorchen, sei nur die Kehrseite jener anderen, zu wollen und zu befehlen; es sei ein und dieselbe Fähigkeit; Befehlen und Gehorchen, sie bildeten zusammen nur ein Prinzip, eine unauflösliche Einheit; wer zu gehorchen wisse, der wisse auch zu befehlen, und ebenso umgekehrt; der eine Gedanke sei in dem anderen einbegriffen; wie Volk und Führer ineinander einbegriffen seien.

Thomas Mann äußerte 1947, dass er bei der Entstehung von „Mario und der Zauberer" eigentlich nicht glaubte, dass „Cipolla in Deutschland möglich sei" und dass dies „eine patriotische Überschätzung seiner Nation" gewesen sei.

Nicht nur in verschiedenen literarischen Werken der Weimarer Zeit kündigte sich die Diktatur an. Siegfried Kracauer beschreibt in seinem Buch „Von Caligari bis Hitler", dass dasselbe Phänomen im Film auftaucht. Die ständige Wiederkehr der Motive Tyrannei, Chaos und Gewalt weisen seiner Meinung nach auf den Faschismus und den Nationalsozialismus hin. Die Figur des Cipolla erinnert keineswegs zufällig an den Helden eines zehn Jahre zuvor entstandenen Drehbuchs – an einen Schaubudenbesitzer namens Caligari, der im 18. Jahrhundert durch Norditalien zog und sein Opfer Cesare in der Hypnose zahllose Morde begehen ließ. Aus dem Drehbuch wurde der berühmte Film „Das Cabinet des Dr. Caligari".

7. Joachim Ringelnatz

1883 Hans Bötticher wird am 7. August als Sohn eines Schriftstellers in Sachsen geboren.
1901 Nach der mittleren Reife wird er Schiffsjunge und macht zwischendurch eine kaufmännische Lehre.
1909 Bötticher tritt in München im legendären Künstlerlokal „Simplicissimus" der Kathi Kobus auf.
1910 Sein erster Gedichtband erscheint. Bötticher ist in den Jahren vor dem Ersten Weltkrieg als Bibliothekar tätig.
1917 Hans Bötticher wird Leutnant zur See und Kommandant eines Minensuchbootes.
1919 Er nimmt den Künstlernamen Joachim Ringelnatz an.
1920 Heirat mit „Muschelkalk", wie er seine Frau Lona nennt.
Eines seiner Gedichte schließt:

Das ist nun kein richtiger Scherz.
Ich bin auch nicht richtig froh.
Ich habe auch kein richtiges Herz.
Ich bin nur ein kleiner, unanständiger Schalk
Mein richtiges Herz. Das ist anderwärts, irgendwo
Im Muschelkalk.

Ringelnatz tritt in den bekannten Kabaretts der Weimarer Republik auf, so auf der Kleinkunstbühne „Schall und Rauch" des Hans von Wolzogen. In diesem Jahr entsteht sein bekanntestes Werk „Kuttel Daddeldu oder das schlüpfrige Leid", Held ist der Seemann Kuttel Daddeldu:

Eine Bark lief ein in Le Haver,
Von Sidnee kommend, nachts elf Uhr drei.
Es roch nach Himbeeressig am Kai,
Und nach Hundekadaver.

Kuttel Daddeldu ging an Land.
Die Rü Albani war ihm bekannt.
Er kannte nahezu alle Hafenplätze. (...)

In den folgenden Jahren erscheinen Erinnerungsbücher: „Als Mariner im Krieg", und „Mein Leben bis zum Kriege". Ringelnatz arbeitet als Maler, schreibt und illustriert Kinderbücher.
1929 Er unternimmt mit dem Flugzeug Reisen nach Paris und London, daraus entsteht der Band „Flugzeuggedanken".
Ringelnatz siedelt nach Berlin um, weil er sich von den Münchener Kritikern schlecht behandelt fühlt.
1933 Zu seinem 50. Geburtstag gibt Ringelnatz die Auswahl „103 Gedichte" heraus.
Ein Jahr darauf, am 17. November 1934, stirbt Joachim Ringelnatz in Berlin an Tuberkulose.

Schutzumschlag zu „Flugzeuggedanken"

Joachim Ringelnatz

Es bildete sich ein Gemisch

Es bildete sich ein Gemisch
von Stachelschwein und Tintenfisch.
Die Wissenschaft, die teilt es ein
in Stachelfisch und Tintenschwein.
Der Fisch bewohnt den Ozean.
Gefährlich ist es, ihm zu nahn.
Das Tintenschwein trifft man in Büchern,
an Fingerspitzen, Taschentüchern.
Es ist – das liegt ja auf der Hand –
dem Igelschwein noch sehr verwandt.

Ringelnatz spielt mit der Sprache – darin ist er verwandt mit Christian Morgenstern, den er allerdings nicht kannte. Er tauscht die Bestandteile zusammengesetzter Substantive aus und lässt Fantasiegebilde entstehen. Obwohl die Sprache des Gedichts sich nüchtern und sachlich gibt, schimmert Ironie durch über die Wissenschaft, die alles einordnen möchte. Die Lust an der fantasievollen Wortverdrehung wird fortgeführt, welchem Leser wird beim „Igelschwein" nicht die Assoziation „Schweinigel" kommen?
Auch für dieses Gedicht gilt, was der erste deutsche Bundespräsident Theodor Heuss über Joachim Ringelnatz schrieb: „Sein eigentliches künstlerisches Element war die Sprachfantastik, das erfinderische Spiel des Wortes, das er mit handwerklichem Sinn für Farbe und Kraft behandelte (...)."

Edward Hopper, Parkett, 2. Reihe rechts

Arbeitsvorschläge

1. Inwiefern ist „Im Westen nichts Neues" ein klassischer Antikriegsroman?
2. Charakterisiere die Hauptperson in Alfred Döblins Roman „Berlin Alexanderplatz".
3. Warum gelingt es Franz Biberkopf nicht, trotz bester Vorsätze „anständig zu sein"?
4. Inwiefern verwendet Döblin in seinem Roman eine neue Technik?
5. Wie stellt Fallada in „Kleiner Mann – was nun?" die Situation der Berufstätigen zur Zeit der Weimarer Republik dar?
6. Inwiefern ist Feuchtwangers „Erfolg" ein Gesellschaftsroman?
7. Was ist ein Schlüsselroman?
8. Welche Technik verwendet Feuchtwanger für seinen Roman?
9. Wie verhalten sich reales und fiktives Geschehen in Thomas Manns Novelle „Mario und der Zauberer" zueinander?
10. Welche Ereignisse schaffen in dem Badeort eine bedrohliche Atmosphäre?
11. Analysiere das Verhalten und den Charakter des Zauberers Cipolla.
12. In der Weimarer Republik beeinflussten zum ersten Mal neue Medien die Literatur. Erläutere diesen Sachverhalt an Beispielen.

Zusammenfassung

Die Weimarer Republik war literarisch eine höchst widerspruchsvolle Zeit mit verschiedensten Strömungen wie zum Beispiel Expressionismus und Neue Sachlichkeit. Neu waren in der Weimarer Republik die beiden Medien Film und Rundfunk. Die Schriftsteller reagierten unterschiedlich auf diese Entwicklung. Alfred Döblin zum Beispiel nutzte die veränderte Situation: Zu seinem Roman „Berlin Alexanderplatz" schrieb er selbst eine Funkfassung. Autoren wie zum Beispiel Feuchtwanger und Döblin übernahmen auch Techniken aus dem Medium Film (Schnitt, Montage). Zur selben Zeit vollzog sich eine höchst turbulente politische Entwicklung: Der Mythos der „goldenen Zwanzigerjahre" war allenfalls zwischen 1924 und 1929 in einer Phase relativer Stabilität erkennbar. Die Weltwirtschaftskrise 1929 und radikale Strömungen von links und rechts erschütterten die Republik. Die Gefahr einer nationalsozialistischen Machtergreifung wurde auch in der Literatur und im Film spürbar.

Wichtige Begriffe:
Neue Sachlichkeit – Montagetechnik – Schlüsselroman

Geschichtlicher Hintergrund

1918	Zusammenbruch des Deutschen Reiches; Abdankung des Kaisers, Ausrufung der Republik; Zerfall des Vielvölkerstaates Österreich-Ungarn
1919	Versailler Friedensvertrag
1923	Hitlerputsch in München; Inflation
1924–1929	Die so genannten „goldenen Zwanzigerjahre"
1929	Beginn der Weltwirtschaftskrise: Millionen Arbeitslose
1932	Erfolge der radikalen Parteien KPD und NSDAP bei den Wahlen
1933	Hitler wird am 30. Januar Reichskanzler

Autoren und Werke

THOMAS MANN (1875–1955)
Buddenbrooks
Tonio Kröger
Tristan
Der Zauberberg
Joseph und seine Brüder
Mario und der Zauberer
Bekenntnisse des Hochstaplers Felix Krull

ALFRED DÖBLIN (1878–1957)
Die Ermordung einer Butterblume
Berlin Alexanderplatz

HANS CAROSSA (1878–1956)
Eine Kindheit

JOACHIM RINGELNATZ (1883–1934)
Turngedichte
Kuttel Daddeldu

LION FEUCHTWANGER (1884–1958)
Jud Süß
Erfolg
Die Geschwister Oppenheim
Exil

FRANZ WERFEL (1890–1945)
Jacobowsky und der Oberst
Das Lied der Bernadette

HANS FALLADA (1893–1947)
Kleiner Mann – was nun?
Wer einmal aus dem Blechnapf frißt
Der eiserne Gustav

ERICH MARIA REMARQUE (1898–1970)
Im Westen nichts Neues
Der Funke Leben
Zeit zu leben und Zeit zu sterben
Die Nacht von Lissabon

ÖDÖN VON HORVÁTH (1901–1938)
Geschichten aus dem Wiener Wald

Die deutsche Literatur im Exil

Zahlreiche deutsche Schriftsteller verließen nach der Machtergreifung Hitlers 1933 auf zum Teil beschwerlichen Wegen Deutschland.

1. Die deutsche Literatur nach der Machtergreifung Hitlers

Am 10. Mai 1933 loderten in ganz Deutschland Scheiterhaufen mit Büchern von Autoren, die jüdischer Herkunft waren oder als Gegner Hitlers galten. Unter dem Motto „Wider den undeutschen Geist" gingen allein in Berlin 20.000 Bücher in Flammen auf, von Propagandaminister Goebbels als „Unrat und Schmutz jüdischer Asphaltliteraten" bezeichnet. Die Werke von rund 250 Autoren wurden verbrannt.

Viele waren nach der Machtergreifung Hitlers am 30. Januar 1933 aus Deutschland geflohen. Mancher, wie der Theaterkritiker Alfred Kerr, wurde gewarnt und konnte so einer Verhaftung durch die Gestapo entgehen. Dennoch wurden viele regimekritische Autoren in Konzentrationslager gebracht. Dem Pazifisten Carl von Ossietzky zum Beispiel, seit 1933 im Konzentrationslager, wurde 1936 der Friedensnobelpreis verliehen. Die nationalsozialistischen Machthaber ließen ihn aber die Auszeichnung nicht annehmen. Ossietzky starb 1938 an den in der Haft erlittenen Misshandlungen. Erich Mühsam war 1934 im Konzentrationslager Oranienburg von der SS ermordet worden. Andere Autoren, die in Deutschland blieben, erhielten häufig Arbeits- und Schreibverbot. Erich Kästner zum Beispiel durfte anfänglich unpolitische Bücher im Ausland publizieren. 1942 wurde er mit einem totalen Schreibverbot belegt. Dennoch gelang es einigen, ihre Werke zu veröffentlichen. Man spricht von der „Inneren Emigration" dieser Schriftsteller, zu denen auch Ricarda Huch, Ernst Wiechert und Werner Bergengruen gehören. Bevorzugt behandelt wurden religiöse und historische Stoffe, die nicht selten verschlüsselte Angriffe auf den Nationalsozialismus enthielten. Doch auch dies war sehr gefährlich. Der heute fast unbekannte Schriftsteller Friedrich Reck-Malleczewen bezahlte seine Abneigung gegenüber dem Nationalsozialismus mit dem Tode im Konzentrationslager Dachau.

Am 10. Mai 1933 wurden viele Werke bekannter deutscher Schriftsteller von den Nationalsozialisten verbrannt.

Die meisten der anerkannten deutschsprachigen Schriftsteller aber, fast 2.000 Personen, gingen ins Exil:

Walter Benjamin	Frankreich, Selbstmord 1940
Bertolt Brecht	Dänemark, Schweden, USA
Lion Feuchtwanger	Frankreich, USA
Oskar Maria Graf	Tschechoslowakei, USA
Walter Hasenclever	Frankreich, Selbstmord 1940
Hans Henny Jahnn	Dänemark
Alfred Kerr	Schweiz, Frankreich, Großbritannien
Heinrich Mann	Frankreich, USA
Thomas Mann	Schweiz, USA
Robert Musil	Schweiz
Erich Maria Remarque	Schweiz, Frankreich, USA
Joseph Roth	Frankreich
Nelly Sachs	Schweden
Anna Seghers	Frankreich, Mexiko
Ernst Toller	Schweiz, Frankreich, Großbritannien, USA, Selbstmord 1939
Kurt Tucholsky	Schweden 1929, ausgebürgert 1933, Selbstmord 1935
Franz Werfel	Frankreich, USA
Carl Zuckmayer	Schweiz, USA
Arnold Zweig	Tschechoslowakei, Frankreich, Palästina
Stefan Zweig	Großbritannien, Brasilien, Selbstmord 1942

Manche glaubten, dass die Emigration nur von kurzer Dauer sei, da das deutsche Volk die nationalsozialistische Herrschaft bald abschütteln werde. Die meisten lebten ohne geregeltes Einkommen, oft überhaupt ohne Verdienstmöglichkeiten, immer in Angst vor Ausweisung und deutschen Agenten. Auch verhielten sich Regierungen und Bevölkerung oft genug fremdenfeindlich gegenüber den „Asylanten". Judith Kerr, die als kleines Mädchen ihren Vater ins Exil nach Paris begleitete, beschrieb in ihrem Jugendbuch „Als Hitler das rosa Kaninchen stahl" die verzweifelte Situation der Emigranten. Als die Familie Kerr wieder einmal in Geldschwierigkeiten steckte und die Miete nicht bezahlen konnte, äußerte sich die Pariser Hausmeisterin so:

„Ha", sagte die Concièrge, „Hitler wusste, was er tat, als er sich Leute wie Sie vom Halse schaffte."
„Raus!", schrie Papa und schob die Concièrge auf die Wohnungstür zu.
Als sie ging, hörte Anna sie noch sagen: „Die Regierung ist verrückt, dass sie Sie in unser Land lässt."

Nach Kriegsbeginn 1939 wurden deutsche Emigranten in französischen Lagern interniert und konnten sich oft nur unter Lebensgefahr über die spanische Grenze nach Portugal und von da in die USA retten. Der bedeutende Schriftsteller Franz Werfel gelobte über die Marienerscheinungen in Lourdes bei den Pyrenäen einen Roman zu schreiben, wenn er je lebend aus Frankreich herauskäme. „Das Lied der Bernadette" erschien in den USA und wurde ein Welterfolg.

Schriftsteller wie Walter Benjamin oder Walter Hasenclever verzweifelten in den Internierungslagern oder auf der Flucht und endeten durch Selbstmord. Tragisch für viele Autoren war es, dass sie und ihre Werke nach 1945 in Deutschland vergessen blieben, obwohl sie ihre ganze berufliche Existenz und zum Teil auch ihr Leben dem Widerstand gegen den Nationalsozialismus geopfert hatten.

Berühmte Autoren wie Thomas Mann bekämpften auch vom Ausland aus die verhasste Diktatur. Bereits 1938 veröffentlichte Thomas Mann zur Aberkennung seiner Ehrendoktorwürde durch die Universität Bonn einen weltweit beachteten offenen Brief:

(...) Wohin haben sie (die Nationalsozialisten; die Verf.) in noch nicht vier Jahren Deutschland gebracht? Ruiniert, seelisch und physisch ausgesogen von einer Kriegsaufrüstung, mit der es die ganze Welt bedroht, die ganze Welt aufhält und an der Erfüllung ihrer eigentlichen Aufgaben, ungeheurer und dringender Aufgaben des Friedens, hindert; geliebt von niemandem, mit Angst und kalter Abneigung beachtet von allen, steht es am Rande der wirtschaftlichen Katastrophe (...).

Erste Station auf der Flucht aus Deutschland war ab 1933 für viele Schriftsteller Österreich. So fand Carl Zuckmayer in einem Haus im Salzburgischen, das die Familie 1926 erworben hatte, vorübergehend ein neues Zuhause. Mit der gewaltsamen Aneignung Österreichs 1938 durch Hitler hatte der Nationalsozialismus die vor der Verfolgung geflohenen Dichter eingeholt. Zuckmayer emigrierte in die Schweiz, wurde 1939 aus Deutschland ausgebürgert und übersiedelte in die USA.

Auch für viele bedeutende österreichische Autoren, wie zum Beispiel Hermann Broch, Stefan Zweig, Ödön von Horváth und Robert Musil begann nun die Zeit der Emigration. Manch einer, wie der jüdische Kulturphilosoph, Schauspieler und Theaterkritiker Egon Friedell setzte seinem Leben ein Ende.

Wichtigste Stadt für die meisten Emigranten wurde nun Paris. Einer der Schriftsteller, die fast mittellos dort lebten, war der aus dem ehemals österreichischen Galizien stammende Joseph Roth.

Nachdem er bereits sehr früh in seinen Romanen auf die Gefahren des Faschismus hingewiesen hatte, war er nun in den harten Jahren seines Emigrantendaseins resigniert, müde und todkrank. In dieser ausweglosen Situation beschwor er in seinen Werken die Vergangenheit, glorifizierte die zusammengebrochene Monarchie, das alte Österreich also, voller Wehmut.

2. Joseph Roth

1894 Moses Joseph Roth wird in Brody, im österreichischen Galizien (heute Ukraine) als Sohn eines jüdischen Getreidehändlers geboren. Nach dem Besuch des Gymnasiums siedelt er 1913 nach Wien über und studiert dort an der Universität Germanistik.

Während des Ersten Weltkrieges schreibt er für Wiener Zeitungen und leistet seinen Militärdienst ab.

1919 Roth bekommt eine Anstellung als Journalist und veröffentlicht Reiseberichte.

1920 Er verlegt seinen Wohnsitz nach Berlin und arbeitet für verschiedene große Zeitungen.

1922 Roth heiratet Friederike Reichler, die 1940 als Geisteskranke im Rahmen der Euthanasie von den Nationalsozialisten ermordet wird. Roth arbeitet zu dieser Zeit an seinem ersten Roman „Das Spinnennetz", in dem er die politischen Wirren und das Aufkommen des Nationalsozialismus beschreibt. Er ist nun ein bekannter Journalist und ein unermüdlicher Arbeiter. Neben vielen Publikationen für die bedeutendsten Berliner Zeitungen entsteht ein neuer Roman: „Hotel Savoy", in dem es um einen Kriegsheimkehrer geht. Roth selbst lebt sein Leben lang nur in Hotels, niemals hat er irgendwo einen festen Wohnsitz.

Joseph Roth 1926 in Paris

1925 Roth ist in Frankreich unterwegs und verfasst für die Frankfurter Zeitung Reiseberichte.

1927 Er lernt den Schriftsteller Stefan Zweig ken-

Roths Frau Friederike Reichler im Jahr 1922

nen. Es entstehen der Essayband „Juden auf Wanderschaft" und der Roman „Zipper und sein Vater".
1928 Roths Frau Friederike erkrankt unheilbar an Schizophrenie (Bewusstseinsspaltung). Roth hat zunehmend mit Alkoholproblemen zu kämpfen.
1930 Der Roman „Hiob" erscheint, in dem Roth sich von der zeitkritischen Sicht der Nachkriegsjahre, der „Neuen Sachlichkeit", abwendet. Es geht um das Schicksal einer jüdischen Familie im

Die Zeichnung von Bil Spira zeigt Joseph Roth am Caféhaustisch (1938).

Osten, die nach Amerika auswandert. Mendel Singer, der Held des Romans, erlebt wie der biblische Hiob schwere Schicksalsschläge.
1932 Roths berühmtester Roman „Radetzkymarsch", ein wehmütiger Rückblick auf die untergegangene Donaumonarchie, wird ein Erfolg.
1933 Als Jude und Sozialist, der schon frühzeitig gegen den Nationalsozialismus gekämpft hat, muss Roth nach der Machtergreifung Hitlers nach Frankreich fliehen. Finanziell und seelisch durch die Erkrankung seiner Frau bereits sehr angespannt, leidet Roth besonders am Verbot seiner Bücher in Deutschland. Im Februar 1933 schreibt er Stefan Zweig: „Inzwischen wird es Ihnen klar sein, dass wir großen Katastrophen zutreiben. Abgesehen von den privaten – unsere literarische und materielle Existenz ist ja vernichtet – führt das Ganze zum neuen Krieg. (...) Machen Sie sich keine Illusionen. Die Hölle regiert." Die Jahre des Exils waren für Roth sehr hart. Seine finanziellen Sorgen betäubte er mit unermüdlicher Arbeit und Alkohol.
1937 Der Roman „Das falsche Gewicht" wird fertig gestellt. Der Dichter erzählt von seiner Heimat Galizien, ihrer Ferne und Verlorenheit, in der die Kraft des Gesetzes und der Ordnung nicht mehr gilt. Roth arbeitet im Café Tournon, sein Tisch wird Sammelpunkt für deutsche und österreichische Emigranten.
1938 Die gewaltsame Aneignung Österreichs durch Hitler war für Roth ein schwerer Schlag, war er doch zu einem glühenden österreichischen Monarchisten geworden. In Altösterreichs Milieu spielen auch seine letzten Romane „Kapuzinergruft" und „Die Geschichte von der 1002. Nacht".
1939 Roths Gesundheit ist wegen seiner Trunksucht ruiniert. Kurz vor seinem Tod schreibt er: „Hier sitze ich am Wanderstab. Die Füße sind wund, das Herz ist müde, die Augen sind trocken. Das Elend hockt sich neben mich, wird immer sanfter und größer, der Schmerz bleibt stehen, wird gewaltig und gütig, der Schrecken schmettert heran und kann nicht mehr schrecken."
Als er vom Selbstmord des Dichters Ernst Toller erfährt, bricht Joseph Roth zusammen und stirbt an alkoholbedingtem Delirium und einer Lungenentzündung am 27. Mai 1939.

Nach dem Krieg war Roths Werk in Deutschland zunächst völlig vergessen, erst 1956 erschien eine Gesamtausgabe seiner Romane. Nur allmählich wurden die Erzählungen eines Schriftstellers wieder gelesen, der nach Meinung des Literaturwissenschaftlers Peter Wapnewski „die reinste deutsche Prosa in der ersten Hälfte des zwanzigsten Jahrhunderts" schrieb.

Das falsche Gewicht

In Galizien, der an das zaristische Russland angrenzenden östlichsten Provinz der Donaumonarchie, erhält der mährische Unteroffizier Anselm Eibenschütz eine Beamtenstelle als Eichmeister. Er ist für die richtigen Gewichte der kleinen, meist jüdischen Händler dieser Region verantwortlich. Eibenschütz wäre gern Unteroffizier geblieben, aber das Drängen seiner Frau führte dazu, dass er seine „Heimat", das Militär, verließ. Seinen Dienst als Zivilist in dieser weltabgewandten Gegend empfindet er als Verbannung, er selbst sieht sich als entwurzelten Heimatlosen. Eibenschütz übt sein Amt gewissenhaft und pflichtbewusst aus, doch seine vom Soldatentum geprägte Ehrfurcht vor Recht und Ordnung des Staates wird von der Bevölkerung, die in tiefer Armut lebt, nicht geteilt. Bald ist Eibenschütz verhasst und bekommt anonyme Drohbriefe. Die Feindseligkeit der Umwelt vergrößert seine durch den Austritt aus der Armee hervorgerufene Vereinsamung noch zusätzlich. Auch von seiner Frau, die er für seine Lage verantwortlich macht, entfremdet er sich. Sie betrügt ihn bald mit seinem Schreiber. Nachdem Eibenschütz den Ehebruch entdeckt hat, begegnet ihm in der verrufenen Grenzspelunke des Verbrechers Jadlowker die verführerische Zigeunerin Euphemia, der der Eichmeister völlig verfällt. Doch auch sie ist gebunden, sie liebt den Kastanienbrater Sameschkin, der im Winter bei ihr lebt. Aus Kummer beginnt Eibenschütz zu trinken. Mitten im Winter bricht eine furchtbare Choleraepidemie aus. Viele Leute sterben, unter ihnen die Frau des Eichmeisters und ihr uneheliches Kind. Eibenschütz, der sich nach dem Tode sehnt, bleibt von der Seuche verschont, verliert aber vollkommen den Überblick in seinem Leben.

Nur noch von seinem soldatischen Pflichtgefühl gehalten und angetrieben von einem unerbittlichen Polizisten geht Eibenschütz noch härter gegen die falschen Gewichte der kleinen Händler vor. Schließlich wird er von dem Verbrecher Jadlowker erschlagen, den er für zwei Jahre ins Zuchthaus gebracht hatte.

Eine verlorene Welt

Mit dem Roman „Das falsche Gewicht" gelang dem verzweifelten und bereits schwer kranken Roth noch einmal ein Meisterwerk. Im Gegensatz zu früheren Romanen wie „Das Spinnennetz" ist hier das aktuelle politische Geschehen nicht enthalten. Der Autor, längst von seinem verzweifelten Kampf gegen den Nationalsozialismus ermüdet und ohne Hoffnung und Illusionen, wendet sich dem Land seiner Kindheit, Galizien, zu. Das ist auch der Grund für eine bemerkenswert dichte Atmosphäre, für die Ausgestaltung der seelischen wie der geografischen Landschaft. Hierher, in den letzten Winkel der untergehenden Donaumonarchie, reicht nicht der starke Arm von Recht und Gesetz. Alle Normen von Ordnung passen hier nicht. Für die bitterarme Bevölkerung besteht die Notwendigkeit, auch mit illegalen Mitteln – wie falschen Gewichten – ein vielfach erbärmliches Leben durchzustehen. Deshalb muss Eibenschütz scheitern. Das Chaos ist stärker als er, der nur durch seinen Armeedienst in sein Leben Ordnung gebracht hat. Ohne dieses Korsett, das ihn bisher hielt, hat er in dieser verlorenen

„Das falsche Gewicht" wurde 1974 von Bernhard Wicki verfilmt. Szene mit Helmut Qualtinger als Eibenschütz

Region keine Chance. Sein Gegenspieler, Leibusch Jadlowker, eine Verbrechernatur, verkörpert die Mentalität des Grenzlandes.

Nach der Meinung Jadlowkers hatte jeder Mensch nicht nur eine schwache, sondern auch eine verbrecherische Stelle. Er konnte überhaupt nicht glauben – und wie hätte er auch anders leben können! –, dass irgendein Mensch in der Welt anders dachte und empfand als er, Jadlowker. Er war überzeugt, dass alle Menschen, die ehrlich lebten, verlogen waren (...).

Angesichts der Erfolge Hitlers lebt Roth unter erbärmlichen Verhältnissen im Exil in Paris und muss sich fragen: „Wer regiert eigentlich die Welt?" Genau diese Frage legt er dem verzweifelten Eibenschütz in den Mund, beantwortet sie aber nicht. Nachdem Jadlowker Eibenschütz den Schädel eingeschlagen hat, hat der Sterbende eine Vision. Er steht als kleiner Händler mit unzähligen falschen Gewichten vor Gott, dem großen Eichmeister, der fast wie der weise Jude Mendel Singer aussieht, den Eibenschütz angezeigt hat. Eibenschütz erlebt nun die Situation, die er vielen kleinen Händlern bereitet hat, und macht auch deren Angst vor dem Gesetz durch. Der große Eichmeister aber erklärt:

Alle deine Gewichte sind falsch, und alle sind dennoch richtig. Wir werden dich also nicht anzeigen! Wir glauben, dass alle deine Gewichte richtig sind. Ich bin der Große Eichmeister.

Eibenschütz weiß, dass er mit seinem Streben nach der irdischen Gerechtigkeit des Staates moralische Schuld auf sich geladen hat, indem er Menschen in Not hart bestrafen ließ. Nun erlebt er im Sterben, dass die jenseitige Gerechtigkeit anders aussieht. Gegenüber dem berühmten russischen Schriftsteller Ilja Ehrenburg stellte Roth die letzten Worte Eibenschützs so dar: „Freilich sind meine Gewichte leichter als vorgeschrieben. Aber so ist es bei allen: Anders kann man in unserer Stadt nicht leben." Die Antwort des großen Eichmeisters, Gottes also, sei gewesen: „Genaue Waagen gibt es überhaupt nicht."
Joseph Roth stand sein Leben lang auf der Seite der Schwachen, der Verlierer und Verfolgten. Er wusste, dass man an die Menschen keine allzu großen Anforderungen stellen durfte. Ihre Schwäche und Gebrochenheit, ihre Hilflosigkeit, die Roth in seinen Werken darstellte, macht sie so menschlich. Nicht zuletzt ist der Roman „Das falsche Gewicht", von Bernhard Wicki meisterhaft verfilmt, ein bleibendes Zeugnis für die jüdischen „Shtetl", die fast ausschließlich von Juden bewohnten Kleinstädte in Osteuropa, die im Holocaust des Nationalsozialismus untergegangen sind.
Ein anderer Vertreter altösterreichischer Kultur war Stefan Zweig. Wie Roth war er Jude, Humanist und Weltbürger. Beide gingen an der Entwurzelung durch das Exil zugrunde.

3. Stefan Zweig

1881 Stefan Zweig wird in Wien geboren. Die wichtigsten Merkmale seiner Herkunft und seines Werdegangs nennt er selbst in seiner Autobiografie „Die Welt von gestern. Erinnerungen eines Europäers": Österreicher, Jude, Schriftsteller, Humanist und Pazifist.
1899 Nach dem Abitur arbeitet er an der „Neuen Freien Presse" und beginnt Germanistik und Romanistik zu studieren.
1901 Der erste Gedichtband „Silberne Saiten" wird veröffentlicht.
1904 Stefan Zweig promoviert zum Doktor der Philosophie an der Wiener Universität. In den Jahren bis zum Ersten Weltkrieg reist er in ganz Europa und auch nach Nordamerika, Kuba und Panama.
1911 In dem von Stefan Zweig mitbegründeten Insel-Verlag erscheinen seine ersten Novellensammlungen „Erstes Erlebnis" und „Vier Geschichten aus Kinderland". Neben fiktiver Prosa schreibt er auch immer wieder Essays (kürzere, stilistisch ausgefeilte Texte aus dem kulturellen und gesellschaftlichen Bereich) und vor allem Biografien, zum Beispiel über Dostojewski, Maria Stuart, Erasmus von Rotterdam.
1914 Weil er für den Kriegsdienst untauglich ist, wird er in das Archiv des Kriegsministeriums einberufen.
1916 In Salzburg kauft sich Stefan Zweig eine Villa am Kapuzinerberg, in die er 1919 einzieht. Salzburg wird bis zur Emigration seine Heimat.
1920 Zweigs Novellen „Angst" und „Zwang" er-

Stefan Zweig 1924

Stefan Zweigs Haus in Salzburg

scheinen. Im selben Jahr heiratet er Friderike von Winternitz.

1927 Eines der populärsten Werke Zweigs, „Sternstunden der Menschheit“, wird veröffentlicht. Nach vier Jahren erreicht es bereits eine Auflage von 300.000.

1934 Ein Jahr nach der Bücherverbrennung in Deutschland wird das Haus des weltbekannten Pazifisten Zweig von der Polizei durchsucht.

1936 Bei seiner zweiten Südamerikareise wird er in Rio de Janeiro begeistert empfangen. Er ist zu Besuch beim brasilianischen Präsidenten, besichtigt Fabriken und Plantagen und hält Vorträge zugunsten der deutschen Flüchtlinge.

1938 Zweig löst seinen Salzburger Haushalt auf, er zieht zunächst nach London, hält aber auch Vorträge in Südamerika.

1940 Stefan Zweig nimmt Abschied vom zerstörten Europa. Zusammen mit seiner zweiten Frau lässt er sich in Petropolis nahe bei Rio de Janeiro nieder.

1941 Die auf einem Überseedampfer spielende „Schachnovelle“ erscheint.

1942 In tiefer Depression begeht der Dichter zusammen mit seiner Frau Selbstmord. Es war sicherlich keine Kurzschlusshandlung. Der Dichter befand sich in einem der schönsten Länder, die sich ein Exilant vorstellen konnte, er wurde dort geehrt und geachtet, seine geistige Heimat aber blieb das alte Europa. 1942 war das Jahr der Kriegstriumphe Hitlers, zu seinen Freunden und Lesern hatte Zweig keinen Kontakt mehr. Die Trauer über das Verlorene war zu groß. In seinem Abschiedsbrief an das gastliche Land Brasilien schrieb er: „So halte ich es für besser, rechtzeitig und in aufrechter Haltung ein Leben abzuschließen, dem geistige Arbeit immer die lauterste Freude und persönliche Freiheit das höchste Glück dieser Erde gewesen.“

Stefan Zweig mit seiner Frau in Petropolis

In Zweigs Erzählungen stehen immer wieder seelische Konflikte einzelner Menschen im Mittelpunkt. Der Einfluss von Sigmund Freuds Psychoanalyse ist unverkennbar. Die im brasilianischen Exil entstandene und 1941, ein Jahr vor seinem Tod, veröffentlichte „Schachnovelle" ist Zweigs letzte Erzählung, zugleich aber auch sein größter Erfolg. Bis heute wurde die Novelle über eine Million Male verkauft.

Schachnovelle

Auf einem Dampfer, der zwischen New York und Buenos Aires unterwegs ist, befindet sich unter den zahlreichen Passagieren auch der Schachweltmeister Mirko Czentovic, eine geldgierige und humorlose Person. Der Ich-Erzähler, der nicht näher bezeichnet wird, möchte auf der zwölftägigen Fahrt den sonderbaren Charakter des Weltmeisters näher kennen lernen.
Selbst nur ein mäßiger Schachspieler, findet er in dem reichen Tiefbauingenieur McConnor einen idealen Partner um an Czentovic heranzukommen. Für einen Einsatz von 250 Dollar wird mit dem Weltmeister eine Simultanpartie vereinbart. Die erste Partie geht verloren, gegen ein gleiches Honorar wird ein zweites Mal gekämpft. Gerade, als McConnor einen scheinbar besonders günstigen Zug ausführen will, hindert ihn ein unbekannter Passagier erregt daran. Dieser führt auch die Partie selbst zu Ende und erreicht ein Remis. Der Weltmeister bietet eine dritte Partie an, was aber der Unbekannte, für alle Gäste unverständlich, ablehnt.
In einem längeren Gespräch mit dem geheimnisvollen Fremden erfährt der Ich-Erzähler den Grund: Dr. B. – so wird der Unbekannte bezeichnet – hatte in den 30er-Jahren in Österreich eine Anwaltspraxis, die auch klösterliches Vermögen vor den Nationalsozialisten aus Deutschland rettete. Nach der gewaltsamen Aneignung Österreichs durch die Nationalsozialisten wurde Dr. B. von der Gestapo verhaftet, die von ihm Informationen über die Transaktionen erpressen wollte. Er wurde zur psychischen Sonderbehandlung monatelang in ein Hotel in Isolationshaft gesteckt. Völlig ohne menschlichen Kontakt drohte Dr. B. in dem kahlen Zimmer zusammenzubrechen, als er zufällig vor einem Verhör ein Buch mit 150 Schachmeisterpartien fand. Gierig nach geistiger Nahrung lernte er die Partien auswendig, bis er sie blind nachspielen konnte. Als dies zu eintönig wurde, begann er neue Partien zu erfinden und in einer Art Schizophrenie gegen sich selbst zu spielen, was ihn aber immer aggressiver gegen sich selbst machte und schließlich zu einem totalen Zusammenbruch führte. Nach einer Behandlung in einem Krankenhaus konnte ein wohlwollender Arzt die Entlassung des Patienten erreichen, unter der Bedingung, dass Dr. B. das Land verließ.
Nach dieser Erzählung ist Dr. B. doch bereit, eine Partie mit dem Weltmeister zu spielen. Ihn interessiert, ob er in der Lage ist auf einem wirklichen Schachbrett eine Partie mit eigenen Ideen zu spielen. Dr. B. gewinnt zwar gegen Czentovic, doch der Leser bemerkt bald, dass sich sein schizophrenes Schachfieber wieder einstellt. Vergeblich warnt der Ich-Erzähler Dr. B. vor einer weiteren Partie. Die reale Situation verschwindet immer mehr, Dr. B. beginnt wieder wie in der Haft gegen sich selbst zu spielen. Nur durch eine Bemerkung des Ich-Erzählers kann er in die Realität zurückfinden, woraufhin er die Partie sofort abbricht und verschwindet. Die Erinnerung an seine Isolationshaft ist offenbar so stark, dass er nie wieder eine Schachpartie spielen kann.

Aufbau und Erzählperspektive

Die Vorgänge auf dem Passagierdampfer werden in fünf Abschnitte gegliedert:

1. Tag: Abfahrt in New York; Informationen über Czentovic
2. Tag: Vergebliche Kontaktaufnahme des Erzählers mit dem Weltmeister
3. Tag: McConnors Vereinbarung einer Simultanpartie
4. Tag: Verlust der ersten Partie; rettender Eingriff durch einen Fremden in der zweiten Partie; Leidensgeschichte des Dr. B.

5. Tag: Niederlage des Weltmeisters in der dritten Partie;
Abbruch der vierten Partie durch Dr. B.

Die Einteilung der Novelle lässt bereits einen dramenähnlichen Aufbau vermuten. Wie in der Exposition eines klassischen Dramas werden im ersten Teil bis auf den Unbekannten alle wichtigen Personen vorgestellt. In einem Einschub wird die Vorgeschichte des Weltmeisters erläutert. Neben dem dramatischen Aufbau weist die Erzählung inhaltlich alle Novellenmerkmale auf: Die unter besonderen Bedingungen stattfindende Auseinandersetzung zwischen Czentovic und Dr. B. kann man als „unerhörte Begebenheit" bezeichnen. Die Novelle weist zwei deutliche Wendepunkte auf: zum einen den plötzlichen Eingriff des Unbekannten in die zweite Partie, zum anderen der unerwartete Abbruch der letzten Partie. Das Schachspiel selbst ist das entscheidende Dingsymbol der Novelle.
Die eigentliche Konfrontation findet nicht, wie der Leser anfangs vermutet, zwischen der Gruppe um McConnor und dem Weltmeister statt, sondern zwischen Dr. B. und Czentovic. An den charakterlichen Gegensätzen der Hauptpersonen wird dies deutlich:
Czentovic wird als einseitig begabter Sonderling gezeigt. Immer wieder erwähnt der Autor dessen Unfähigkeit blind zu spielen, worüber sich sogar seine Großmeisterkollegen amüsieren. Er ähnelt in seinem Auftreten eher einer kalten, gefühllosen Maschine. Nur die Geldgier treibt den Weltmeister aus der Reserve. Arrogant behandelt er seine Gegner:

(...) verdrießlich wirkte eigentlich auf uns alle nur die präpotente (österreichisch für überheblich; die Verf.) Art, mit der Czentovic es uns allzu deutlich fühlen ließ, dass er uns mit der linken Hand erledigte. Er warf jedes Mal nur einen scheinbar flüchtigen Blick auf das Brett, sah an uns so lässig vorbei, als ob wir selbst tote Holzfiguren wären, und diese impertinente Geste erinnerte unwillkürlich an die, mit der man einem räudigen Hund abgewendeten Blicks einen Brocken zuwirft.

Szenenbild aus der Verfilmung der „Schachnovelle" mit Curd Jürgens

Der Fremde steht in krassem Gegensatz zu dieser Erscheinung. Er will nicht auffallen und entschuldigt sich sogar nach seinem Eingreifen in der zweiten Partie für seine vermeintliche Aufdringlichkeit. Er besitzt eine starke Vorstellungskraft, die sich in seiner ausgeprägten Fähigkeit des Blindspielens äußert. Die Umwelt nimmt er viel bewusster wahr als Czentovic. Der Gegensatz zwischen den Hauptpersonen wird auch in ihrer Einstellung zum Schachspiel deutlich. Für beide ist es mehr als nur ein Spiel. Czentovic demonstriert damit seine Überlegenheit gegenüber der Umwelt, für Dr. B. ist es Symbol seiner Widerstandskraft in der Einzelhaft und zugleich eine Prüfung, ob er von seinen quälenden Erinnerungen freikommt. Der Ich-Erzähler – nicht mit Stefan Zweig gleichzusetzen – ist keinesfalls ein neutraler Beobachter, er charakterisiert vielmehr die Personen. Er lässt sich nicht nur vom dramatischen Schachkampf mitreißen, ihn interessieren als Einzigen unter allen Passagieren auch die Hintergründe des Handelns der beiden Schachspieler.

Aufdeckung nationalsozialistischen Terrors

Der Bezug der Erzählung zur aktuellen Zeitgeschichte ist klar erkennbar. In der Erzählung des Dr. B., der genauso wie Stefan Zweig vor den Nationalsozialisten fliehen musste, finden sich deutliche Hinweise auf die Machtergreifung Hitlers: „Als dann Hitler in Deutschland ans Ruder kam" oder „noch am selben Abend, da Schuschnigg seine Abdankung bekannt gab, und einen Tag, ehe Hitler in Wien einzog".

Im Mittelpunkt der Erzählung von Dr. B. steht die Schilderung der Einzelhaft. Sie ist nicht nur ein Dokument der Foltermethoden der Nationalsozialisten, sondern zeigt auch, dass man ein solch grauenvolles Erlebnis nicht vergessen kann.

Ein eigenes Zimmer in einem Hotel – nicht wahr, das klingt an sich äußerst human? Aber Sie dürfen mir glauben, dass man uns keineswegs eine humanere, sondern nur eine raffiniertere Methode zudachte, wenn man uns „Prominente" nicht zu zwanzig in eine eiskalte Baracke stopfte, sondern in einem leidlich geheizten und separaten Hotelzimmer behauste. Denn die Pression, mit der man uns das benötigte „Material" abzwingen wollte, sollte auf subtilere Weise funktionieren als durch rohe Prügel oder körperliche Folterung: durch die denkbar raffinierteste Isolierung. Man tat uns nichts – man stellte uns nur in das vollkommene Nichts, denn bekanntlich erzeugt kein Ding auf Erden einen solchen Druck auf die menschliche Seele wie das Nichts. Indem man uns jeden Einzelnen in ein völliges Vakuum sperrte, in ein Zimmer, das hermetisch von der Außenwelt abgeschlossen war, sollte, statt von außen durch Prügel und Kälte, jener Druck von innen erzeugt werden, der uns schließlich die Lippen aufsprengte. Auf den ersten Blick sah das mir angewiesene Zimmer durchaus nicht unbehaglich aus. Es hatte eine Tür, ein Bett, einen Sessel, eine Waschschüssel, ein vergittertes Fenster. Aber die Tür blieb Tag und Nacht verschlossen, auf dem Tisch durfte kein Buch, keine Zeitung, kein Blatt Papier, kein Bleistift liegen, das Fenster starrte eine Feuermauer an; rings um mein Ich und selbst an meinem eigenen Körper war das vollkommene Nichts konstruiert. Man hatte mir jeden Gegenstand abgenommen, die Uhr, damit ich nicht wisse um die Zeit, den Bleistift, dass ich nicht etwa schreiben könne, das Messer, damit ich mir nicht die Adern öffnen könne; selbst die kleinste Betäubung wie eine Zigarette wurde mir versagt. Nie sah ich außer dem Wärter, der kein Wort sprechen und auf keine Frage antworten durfte, ein menschliches Gesicht, nie hörte ich eine menschliche Stimme; Auge, Ohr, alle Sinne bekamen von morgens bis nachts und von nachts bis morgens nicht die geringste Nahrung, man blieb mit sich, mit seinem Körper und den vier oder fünf stummen Gegenständen Tisch, Bett, Fenster, Waschschüssel rettungslos allein; man lebte wie ein Taucher unter der Glasglocke im schwarzen Ozean dieses Schweigens und wie ein Taucher sogar, der schon ahnt, dass das Seil nach der Außenwelt abgerissen ist und er nie zurückgeholt werden wird aus der lautlosen Tiefe. Es gab nichts zu tun, nichts zu hören, nichts zu sehen, überall und ununterbrochen war um einen das Nichts, die völlig raumlose und zeitlose Leere. Man ging auf und ab, und mit einem gingen die Gedanken auf und ab, auf und ab, immer wieder. Aber selbst Gedanken, so substanzlos sie scheinen, brauchen einen Stützpunkt, sonst beginnen sie zu rotieren und sinnlos um sich selbst zu kreisen, auch sie ertragen nicht das Nichts. Man wartete auf etwas, von morgens bis abends, und es geschah nichts. Man wartete wieder und wieder. Es geschah nichts. Man wartete, wartete, wartete, man dachte, dachte, man dachte, bis einem die Schläfen schmerzten. Nichts geschah. Man blieb allein. Allein. Allein.

Anders als Stefan Zweig war Oskar Maria Graf robust genug die Leiden des Exils zu überstehen. So wie Stefan Zweig den brutalen Terror des Nationalsozialismus nach der Machtübernahme schildert, so beschreibt Graf eindringlich das Aufkommen des Nationalsozialismus im bayerischen Oberland.

4. Oskar Maria Graf

1894 Oskar Graf wird als neuntes von elf Kindern des Bäckermeisters Max Graf in Berg am Starnberger See geboren.
1906 Nach dem Tod des Vaters beginnt unter dem herrschsüchtigen älteren Bruder eine harte Zeit für Oskar, der als Bäckerlehrling arbeitet. Er hat das harte Leben der Familie später in dem 1946 in Deutschland erschienenen Roman „Das Leben meiner Mutter" dargestellt.
1911 Graf flieht nach München, wo er literarisch tätig wird und sich mit Gelegenheitsarbeit durchschlägt. In den Jahren vor dem Ersten Weltkrieg findet er Zugang zur Schwabinger Kunstszene und fühlt sich dem Expressionismus verpflichtet. Dort lernt er Erich Mühsam kennen.
1916 Im Ersten Weltkrieg wird Graf als „dienstuntauglich" aus der Armee entlassen.
1917 Er nimmt aus Verehrung Rilkes den Vornamen Maria an. Oskar Maria Graf heiratet Karoline Bretting, die Tochter Annemarie wird 1918 geboren. Während der Revolution steht der Sozialist Graf aufseiten der Bayerischen Räterepublik und wird nach der Niederschlagung der Revolution verhaftet. Durch Vermittlung Rilkes kommt er frei.
1925 Graf veröffentlicht seine ersten erfolgreichen Romane: „Die Heimsuchung" und „Die Chronik von Flechting". Mit der Autobiografie „Wir sind Gefangene" vergrößert sich sein literarischer Ruhm. „Das Bayrische Dekameron" wird ein Verkaufserfolg.
1931 Der Roman „Bolwieser. Roman eines Ehemannes" erscheint, in dem Graf die Revolutionsjahre in Bayern aufarbeitet.
1933 Graf geht mit seiner Lebensgefährtin Mirjam Sachs in die Emigration nach Österreich. Als er von der Bücherverbrennung im Mai 1933 erfährt und hört, dass er als bodenständiger Autor mit Ausnahme seines Buches „Wir sind Gefangene" von der nationalsozialistischen Schrifttumskammer geradezu empfohlen wird, schreibt er den berühmten offenen Brief: „Verbrennt mich!"

„(...) Und die Vertreter dieses barbarischen Nationalismus, der mit Deutschsein nichts, aber auch rein gar nichts zu tun hat, unterstehen sich, mich als einen ihrer ‚Geistigen' zu beanspruchen, mich auf die so genannte ‚weiße Liste' zu setzen, die vor dem Weltgewissen nur eine schwarze Liste sein kann! Diese Unehre habe ich nicht verdient! Nach meinem ganzen Leben und nach meinem ganzen Schreiben habe ich das Recht, zu verlangen, dass meine Bücher der reinen Flamme des Scheiterhaufens überantwortet werden und nicht in die blutigen Hände und die verdorbenen Hirne der braunen Mordbanden gelangen. Verbrennt die Werke des deutschen Geistes! Er selber wird unauslöschlich sein wie eure Schmach!
Alle anständigen Zeitungen werden um Abdruck dieses Protestes ersucht. Oskar Maria Graf."

Georg Schrimpf porträtierte 1918 seinen Freund Oskar Maria Graf.

1934 Übersiedelung nach Brünn in der Tschechoslowakei. Reise in die Sowjetunion.
1937 Der Roman „Anton Sittinger. Ein satirischer Roman" wird in London veröffentlicht.

1938 Graf übersiedelt nach New York, wo er Zeit seines Lebens Schwierigkeiten mit der englischen Sprache hat. Er sammelt deutsche Emigranten um sich und gründet einen berühmten Stammtisch.

Bertolt Brecht und Oskar Maria Graf am Stammtisch im Exil in New York

1944 Der Roman „Unruhe um einen Friedfertigen" wird abgeschlossen. Auch nach Kriegsende bleibt Graf in New York.
1958 Erste Europareise seit seinem Exil, unter anderem nach München und Berg.
Noch dreimal reist Graf nach Europa, wird vielfach geehrt, kehrt aber immer wieder nach New York zurück. Die Bundesbürger beurteilt Graf kritisch:

Oskar Maria Graf

„Es ist ein großer Hang zum Überdecken und Vergessen da. Das wird bei jeder Unterhaltung deutlich. Diese Haltung entspricht dem Gehabe von Neureichen. Man redet nicht gern davon, wo man herkommt, man kennt nur ein Bestreben: im Geschäft zu bleiben, nach keiner Seite anzustoßen und doch gleichzeitig von den Ellenbogen Gebrauch zu machen."
Nach dem Tod seiner Frau Mirjam heiratet er 1962 Gisela Blauner.
1966 Ein Freundeskreis will Graf in die alte Heimat holen, doch dazu kommt es nicht mehr: Graf wird schwer krank und stirbt am 28. Juni 1967. Seine Urne wird 1968 auf dem Münchener Friedhof Bogenhausen beigesetzt.

Eines der bedeutendsten Werke Grafs und eines seiner letzten war der im Exil entstandene Roman „Unruhe um einen Friedfertigen". Darin geht es um den Schuster Kraus, der nichts weiter will, als in Frieden mit sich und seiner Umwelt zu leben. Wegen seiner jüdischen Herkunft wird er zu einem jener Opfer, über die Graf 1945 in einer deutschen Zeitung schreibt: „Ich wünschte nur eines, all diese Opfer in meinen Büchern so lebendig zu machen, dass keiner sie je wieder vergisst, dass noch Kinder und Kindeskinder davon erzählen."

Unruhe um einen Friedfertigen

Der Schuster Kraus lässt sich mit seiner kränkelnden Frau und einem kleinen Sohn vor dem Ersten Weltkrieg in dem kleinen oberbayerischen Dorf Auffing nieder. Es heißt, er stamme irgendwoher aus Osteuropa. Kraus versucht so unauffällig und zurückgezogen wie möglich zu leben. Trotzdem ist die Familie im Dorf bald wegen des fleißigen Schusters anerkannt. Der Sohn allerdings gerät auf die schiefe Bahn und verschwindet nach Amerika. Kraus wird bald Witwer und zieht sich noch mehr als vorher aus dem Alltagsleben zurück. Er geht seiner Arbeit nach und will mit seinen Mitmenschen in Frieden leben. Mit alledem, was von oben, also von den staatlichen Ämtern her, in das Leben der einfachen Menschen eingreift, will er nichts zu tun haben. Er bezeichnet es mit einem Kunstwort „A-bopa", worunter er alles versteht, „was einem rechtschaffenen Mann das Leben verbittern kann. (...) Mit einem Wort, die ganzen Widerwärtigkeiten vom Staat, von den Ämtern, vom Gericht und der Polizei."

Für dieses einfache, zurückgezogene Leben bildet die Geschichte des ersten Drittels des 20. Jahrhunderts den Hintergrund: Das Leben vor 1914, der Erste Weltkrieg und seine Folgen, die Zeit der Räterepublik, das Elend der Inflationsjahre und der aufkommende Nationalsozialismus in einem oberbayerischen Dorf werden detailgetreu nachgezeichnet.
Der Schuster Kraus ist schon ein alter Mann, da holt ihn seine eigene Lebensgeschichte ein. Der Sohn in Amerika, von dem er außer einer Geldforderung jahrzehntelang nichts gehört hatte, stirbt und hinterlässt dem Vater ein riesiges Vermögen. Kraus hatte in den Inflationsjahren die Reste des Familienvermögens verkauft um dem Sohn in den USA zu helfen. Auf diese Weise erfährt ein Fremder, dass Kraus ein Jude war, was dieser zu verheimlichen versuchte um nicht als Außenseiter zu gelten. Er hatte den Familienschmuck in jungen Jahren bei einer Judenverfolgung, einem Pogrom, im russischen Odessa unter der Leiche seiner Mutter, die von Antisemiten erschlagen worden war, retten können. Dieses Pogrom war der Grund für das unauffällige, zurückgezogene Leben des Julius Kraus gewesen. Damit ist es für den Erben von einer Million Dollar vorbei. Obwohl er die Erbschaft verschenkt, ist er nun in zweifacher Hinsicht im Visier der an die Macht gekommenen Nationalsozialisten. Man will den Millionär Kraus um sein Geld bringen – dass er es verschenkt hat, will niemand glauben – und den Juden Kraus vernichten. Der alte Kraus ist verloren. Obwohl todkrank, wird er von den Nationalsozialisten erschlagen. Das „A-bopa", das Unheil des entfesselten Unrechtsstaates, verschlingt nun alle, die versucht hatten gegen den Nationalsozialismus Widerstand zu leisten. Der letzte Satz des Romans lautet: „Vielleicht war der Tod zur rechten Zeit zum Kraus gekommen."

Die große Vergeblichkeit

So überschrieb Graf den letzten Teil seines Buches. „Mach dich nicht mausig, dann frisst dich keine Katz'", lässt er den Schuster Kraus sagen. Doch alles bleibt vergeblich, Kraus muss zur Erkenntnis gelangen: „Unsereinem geht auch alles schief. Alles!" Graf hat einen meisterlichen Blick für das Leben der kleinen Leute, denen er sich zeitlebens zurechnete. Auch in seinem Exil, in den Straßenschluchten New Yorks, gilt, was Graf am Ende seines Lebens schreibt: „Ich bin draußen in der Emigration – in Sowjetrussland wie in Amerika – immer daheim geblieben." Und diese Nähe zu seiner Heimat bewirkt, dass er die Menschen seines Romanes, wie Thomas Mann feststellte, „dichterisch leben lässt wie keiner".
Das Phänomen, dass in Deutschland nach Jahrhunderten des Obrigkeitsstaates die Weimarer Demokratie scheiterte und das Land in die finsterste Diktatur zurückfiel, beschäftigt heute Historiker und Soziologen gleichermaßen. Für das Aufkommen des Nationalsozialismus in den Großstädten gibt es in der Literatur Zeugnisse, beispielsweise Lion Feuchtwangers „Erfolg" oder Joseph Roths „Spinnennetz". Wie aber dieser Prozess in der Provinz bei der in althergebrachten Strukturen lebenden Landbevölkerung ablief, wurde außer in dem Roman „Unruhe um einen Friedfertigen" kaum literarisch aufgearbeitet.
Am Anfang der Schwierigkeiten, die der Erste Weltkrieg nach sich zieht und die im Nationalsozialismus enden, steht der Heingeiger Silvan, ein Bauernsohn, der auch nach dem Krieg das Töten nicht lassen kann und in den Freikorps dabei hilft „Russen und Polacken" zu vertreiben. Wieder daheim schließt er sich mit den übelsten Burschen zusammen, treibt seine Schwester in den Tod und entledigt sich eines Erpressers durch kaltblütigen Mord. Der Friede des Landlebens ist nach den Jahren der Inflation, die den Bauern Wohlstand brachte, die kleinen Leute aber ruinierte, ohnehin zerbrochen. „Die Politik" greift in den fiebrigen letzten Jahren der Weimarer Republik in das Landleben ein. Zettel werden an Hausmauern geklebt: „Deutscher! Der Jude ist

dein Verführer, dein Verhetzer, dein Verderber!" Und der Schuster Kraus, der dem Pogrom in Odessa entkommen war, murmelt: „Ja-ja, das frisst ganz langsam weiter. Keiner merkt was davon." Der Heingeiger Silvan setzt sich an die Spitze der SA-Trupps und sorgt dafür, dass der Schuster Kraus zu Tode kommt. Den Gegenspieler zu dem brutalen Mörder Silvan bildet der Allberger Ludwig, ein „Roter", also ein Sozialist. Seine Pläne Widerstandsgruppen gegen den Nationalsozialismus aufzubauen kommen trotz der Millionen, die ihm der Schuster Kraus schenkt, nicht zum Tragen. Der Schutz, den er dem Juden Kraus versprochen hat, wird unmöglich. Auch die Jesuiten aus dem benachbarten Kloster Weylarn versuchen vergeblich Kraus zu schützen. Wenigstens setzen sie sich über das Verbot der SA hinweg und beerdigen den ermordeten Kraus bei ihrer Stiftskirche.

Neben der scharfsinnigen Analyse der Zeitläufe sind die Naturschilderungen von eindringlicher Kraft. Weder das Auf und Ab im Gang der Natur noch das Leben der Menschen werden idealisiert, sondern mit großer Sprachgewalt erfasst und in Beziehung zueinander gebracht:

„Das laute Reden (der Revolutionäre 1919; die Verf.) blieb im feuchtkalten Nebel hängen und verflüchtete sich nach und nach." Oder: „Der Staat, die Regierung, kurz das ‚A-bopa' – das glich alles dem Schnee, der auch nur den Boden bedeckte, aber nicht tiefer ins innere Erdreich drang."

So wurde dem Leben im bayerischen Oberland während der ersten Hälfte unseres Jahrhunderts ein Zeugnis gesetzt, aufrichtig und wahr – aber wenig bekannt.

Ein anderer Autor, der wie Graf auch nach dem Krieg im Exil blieb, Lion Feuchtwanger, schrieb 1954:

> Gerne bekenne ich, dass mir das Werk Oskar Maria Grafs am Herzen liegt. Aus zwei Gründen. Es ist das starke Werk eines Dichters, und es ist das Werk eines „hoch"-deutschen, eines bayerischen Dichters. Mir aber, dem Münchner, ist das Bayerische lieb und vertraut, und ich spüre auf jeder Seite die Verwandtschaft zwischen seiner Sprache und der meinen.

Ähnlich realistisch und heimatverbunden wie Graf beschrieb eine andere große deutsche Erzählerin den Terror des Nationalsozialismus in ihrer Heimat, dem Rheinland, obwohl sie zu dieser Zeit im Exil in Mexiko lebte.

5. Anna Seghers

1900 Am 19. November wird Anna Seghers – eigentlich Netty Reiling – als Tochter eines Antiquitätenhändlers in Mainz geboren. Sie studiert Philologie, Geschichte und Kunstgeschichte in Köln und Heidelberg und erwirbt 1924 den Doktortitel in Kunstgeschichte. Von einem niederländischen Maler des 16. Jahrhunderts, Jan Seghers, übernimmt sie den Namen.

1926 Sie heiratet den ungarischen Schriftsteller Laszlo Radvanyi und hat mit ihm zwei Kinder.

1928 Anna Seghers tritt auf der Suche nach Solidarität – die in allen ihren Romanen eine große Rolle spielt – der KPD bei. Für ihr erstes Werk, die Erzählung „Der Aufstand der Fischer von St. Barbara", erhält sie den Kleist-Preis.

1933 Sie wird nach dem Machtantritt Hitlers verhaftet, doch gelingt ihr mit Familie die Flucht nach Frankreich. Von Marseille flüchtet sie über Spanien

1941 nach Mexiko. Dort entsteht ihr wohl berühmtester Roman „Das siebte Kreuz", in dem sie Terror in den Konzentrationslagern des National-

Anna Seghers 1942 in Mexiko

Anna Seghers' Hauptwerk erreichte bereits über 30 Auflagen.

sozialismus den Menschen weltweit bewusst macht. 1944 wird dieser Roman in Hollywood von Fred Zinnemann verfilmt. Anna Seghers bekämpft in Mexiko mit anderen Schriftstellern den Nationalsozialismus, indem sie die Zeitung „Freies Deutschland" herausgibt.

1947 kehrt sie nach Europa zurück und siedelt – entsprechend ihrer kommunistischen Parteizugehörigkeit – nach Ostdeutschland über. Dort gilt sie neben dem früheren expressionistischen Dichter Johannes R. Becher, der Kulturminister wird, und Bert Brecht als kulturpolitische Leitfigur.

1952 Anna Seghers wird Präsidentin des Schriftstellerverbandes der DDR.

1983 Anna Seghers stirbt in Berlin (Ost).

Das siebte Kreuz

Der Roman beginnt damit, dass im Jahre 1937 aus dem Konzentrationslager Westhofen – der Name steht auch für Dachau, Buchenwald, Sachsenhausen und andere Lager – sieben Häftlinge entfliehen. Der Lagerkommandant lässt aus sieben Platanenbäumen sieben Kreuze auf dem „Tanzplatz", dem Appellplatz des Lagers, errichten, den Querbalken in Schulterhöhe, um die Entflohenen nach ihrer Wiederverhaftung dort zu Tode zu quälen und die übrigen Häftlinge zu demoralisieren und abzuschrecken.

Vier der Häftlinge werden von der Gestapo in kurzer Zeit wieder eingefangen, einer stirbt auf der Flucht, ein weiterer stellt sich freiwillig. Der siebte, der Kommunist Georg Heisler, bleibt verschwunden und damit das siebte Kreuz leer. Dem Mechaniker Heisler gelingt mit viel Glück und durch den Mut hilfsbereiter Menschen auf gefährliche Weise die Flucht durch das Rheinland in die noch freien Niederlande.

Beeinflusst von der Montagetechnik des Amerikaners John Dos Passos untergliederte Anna Seghers ihr Hauptwerk in 127 Einzelabschnitte und sieben Kapitel, die die sieben entscheidenden Tage umfassen. Räumlich dreht sich der ganze Roman um drei Zentren: das Konzentrationslager Westhofen mit den SS-Führern Fahrenberg, Bunsen und Zillich und den Polizeikommissaren Overkampf und Fischer, den Bauernhof der Familie Marnet im Taunus mit Heislers ehemaligem Freund Franz Marnet und die Wohnungen von Heislers Schwiegervater Mettenheimer und dessen Tochter Elli, Heislers Frau. Daneben spie-

1978 wohnte Anna Seghers in Berlin-Adlershof.

Der Name des Konzentrationslagers Osthofen bei Mainz diente der Autorin als Anregung für das Lager Westhofen in ihrem Roman.

len noch weitere Orte eine Nebenrolle, wie zum Beispiel die Farbwerke Hoechst und das Dorf Westhofen. Das Rhein-Maingebiet wird mit größter Ortskenntnis und Intensität geschildert, man merkt deutlich, dass die Autorin in Mainz aufwuchs und die Gegend sehr gut kannte. Neben dem politischen Gewicht des Romans, das ihn zu einem der bedeutendsten Werke des deutschen Exils macht, ist die Schilderung der herbstlichen Landschaft wohl eine der intensivsten der deutschsprachigen Literatur des 20. Jahrhunderts:

Georg war inzwischen aus seinem Schuppen herausgekrochen, bevor er jemand in die Gefahr gebracht hatte, ihn zu entdecken. Er war so elend, dass es ihm sinnlos vorkam, Fuß vor Fuß zu setzen. Aber der Schwung des neuen Tages, gewaltiger als die Schrecken der Nacht je sein mögen, reißt jeden mit, der bis dahin gewartet hat. Um seine Beine schlug ihm das nasse Spargelkraut. Ein Wind kam auf, so leicht, dass er nur ein wenig den Nebel zersprühte. Georg, wenn er auch vor Nebel nichts sah, spürte den neuen Tag, der über ihn wegstrich und über alles. Bald begannen die kleinen Beeren im Spargelkraut in der tief stehenden Sonne zu glänzen. Georg glaubte zuerst, es sei auch die Sonne, die hinter dem dunstigen Ufer schimmerte, bis er im Näherkommen das Feuer gewahrte, das auf der Landzunge brannte. (...)

Die Landschaft und die unberührte Natur sind ebenso die Gegenpole zur unmenschlichen Welt des Nationalsozialismus wie die Bauernhofidylle bei Marnets zur Hölle des Konzentrationslagers Westhofen, in dem der SS-Mann Zillich den ehemaligen Abgeordneten Wallau, nun Konzentrationslager-Häftling, erschlägt:

Wallau saß blutüberströmt gegen die Wand. Zillich sah von der Tür ruhig zu ihm hin. Etwas Licht über Zillichs Schulter, dieses winzige, blaue Herbsteck, belehrte Wallau zum letzten Mal, dass das Gefüge der Welt festhielt und festhalten würde, für welche Kämpfe auch immer. Zillich stand einen Augenblick starr da. Noch nie hatte ihm jemand mit so viel Ruhe entgegengesehen, so viel Ebenbürtigkeit.
Das ist der Tod, dachte Wallau. Zillich zog langsam die Tür hinter sich zu.
Es war sechs Uhr nachmittags. Sonst war niemand dabei. Aber schon am Montag früh lief ein Zettel um in den Opelner Werken bei Mannheim, wo Wallau in alten Zeiten Betriebsrat war: Unser ehemaliger Betriebsrat, der Abgeordnete Ernst Wallau,

ist am Samstag sechs Uhr in Westhofen erschlagen worden. Dieser Mord wird am Tage des Gerichts schwer zu Buche stehen.

Nicht nur Georg Heisler bleibt Sieger in dieser mörderischen Menschenjagd, auch die anderen sechs zu Tode gequälten Konzentrationslager-Insassen bleiben – wie Wallau – Sieger, keinem kann trotz aller Foltern seine Menschenwürde und Persönlichkeit genommen werden.

Wir fühlten alle, wie tief und furchtbar die äußeren Mächte in den Menschen hineingreifen können, bis in sein Innerstes, aber wir fühlten auch, dass es im Innersten etwas gab, was unangreifbar war und unverletzbar.

Anna Seghers schrieb ihren Roman 1941 in Mexiko im Exil. Sie hatte das Leben in

Für die erste deutschsprachige Buchausgabe von „Das siebte Kreuz" im Verlag El libro libre (Mexiko 1942) gestaltete Leopoldo Méndez den Titelholzschnitt.

Deutschland im Jahre 1937 nicht mehr am eigenen Leib erfahren müssen. Der Roman ist also erfunden, muss aber als mögliche Realität verstanden werden, man spricht von fiktionaler Authentizität. Das bedeutet, dass das Geschehen im Roman in jeder Hinsicht so dargestellt ist, wie es wirklich hätte sein können und – wie zahlreiche Augenzeugen bestätigen – auch tatsächlich war.
Was es bedeutete, im Nationalsozialismus zu leben und andere politische Vorstellungen zu haben, zeigt der Roman in aller Deutlichkeit auf. Wem konnte man trauen, wer war ein Spitzel? Diese Fragen beschäftigten unaufhörlich nicht nur einen hilfsbedürftigen flüchtigen Konzentrationslager-Insassen, sondern jeden, der eine eigene Meinung hatte. Dazu kam die Unsicherheit, ob man von Freunden Hilfe erbitten konnte, im Wissen, sie und ihre Familien bei Entdeckung dem Konzentrationslager auszuliefern. Und das ist die Botschaft des Romans: Solidarität der Unterdrückten verhindert den völligen Sieg der Unterdrücker, des nationalsozialistischen Terrorregimes. Dass es im deutschen Volk Menschen gab, die bereit waren, wie die Geschwister Scholl und ihre Mitstudenten, der Kreisauer Kreis, die Offiziere des 20. Juli 1944 und auch viele Unbekannte, ihr Leben zu riskieren, davon handelt dieser Roman. Vielleicht waren es gerade die vielen unbekannten Bürger eines besseren Deutschland, deren passiver Widerstand den bekannten Widerstandskämpfern dabei half, aktiv gegen die nationalsozialistische Herrschaft zu kämpfen. Nicht umsonst widmete Anna Seghers ihren Roman „den toten und lebenden Antifaschisten Deutschlands".
Wie Anna Seghers verbringt auch Carl Zuckmayer seine Jugend in Mainz. Auch er verlässt 1933 Deutschland, zieht nach Österreich und geht 1938 ins Exil, wo er – fern der Heimat – die Ereignisse in Deutschland so aufarbeitet, als sei er unmittelbar dort.

6. Carl Zuckmayer

1896 Carl Zuckmayer wird am 27. Dezember in Nackenheim am Rhein als Sohn eines kleinen Fabrikanten geboren. Nachdem die Familie nach Mainz übergesiedelt ist, wird der junge Zuckmayer durch das Leben in der alten, katholisch geprägten Bischofsstadt stark beeinflusst. Während seiner Schulzeit am humanistischen Gymnasium entstehen nach den Vorbildern Rainer Maria Rilke und Thomas Mann Gedichte und Kurzgeschichten. Später zählt er Georg Büchner, Gerhart Hauptmann, Bertolt Brecht, aber auch die Expressionisten Georg Heym, Walter Hasenclever sowie Georg Trakl und Franz Kafka zu seinen literarischen Vorbildern.

1914 Obwohl der junge Zuckmayer noch kurz vor Kriegsausbruch beteuert hatte auf keinen Fall in den Krieg zu ziehen, meldet er sich nun – unter dem Eindruck der Emotionen, die durch die Kriegserklärung bei der ganzen Nation ausgelöst worden waren – als Freiwilliger.

In seiner Autobiografie „Als wär's ein Stück von mir" hat er die Atmosphäre des August 1914 später sehr eindringlich geschildert. Die Erfahrung des Ersten Weltkrieges wird für den jungen Leutnant eine ihn fürs ganze Leben prägende Grunderfahrung. Nicht nur, dass er Menschen aus allen deutschen Regionen mit ihren Dialekten kennen lernt, er verarbeitet den Schrecken des Fronterlebnisses, indem er engagiert für die Zeitschrift „Aktion" im Glauben an „die Internationale aller befreiten Völker" zu schreiben beginnt. Bei Kriegsende wird Zuckmayer Mitglied des Arbeiter- und Soldatenrates in Mainz.

1919 Als Student der Philosophie arbeitet er an der Zeitschrift „Das Tribunal" mit, das Carlo Mierendorff herausgibt, der später im Konzentrationslager umkommt. Zuckmayers erstes Drama „Kreuzweg" ist ein Misserfolg, der junge Autor arbeitet am Theater als Dramaturg.

1924 Gemeinsam mit Bertolt Brecht ist er als Dramaturg am Deutschen Theater in Berlin tätig. Im Jahr darauf heiratet er Alice von Herdan und erzielt im selben Jahr mit seiner Komödie „Der fröhliche Weinberg" einen großen Erfolg. Er erhält den Kleist-Preis.

1927 Uraufführung des Schauspiels „Schinderhannes" in Berlin. Im Jahr darauf schließt Zuckmayer das Stück „Katharina Knie" aus dem Zirkusmilieu ab. Am Ende der Zwanzigerjahre ist „Zuck", wie er in den Berliner Kreisen genannt wird, einer der bedeutendsten deutschen Dramatiker, ausgezeichnet mit dem Büchner-Preis. Für den berühmten Film „Der blaue Engel" mit Marlene Dietrich nach dem Roman von Heinrich Mann verfasst er das Drehbuch.

Der junge Carl Zuckmayer

1931 Mit dem Erfolg des Dramas „Der Hauptmann von Köpenick" steht Zuckmayer im Zenit seines Ruhms. Als Hitler an die Macht kommt, siedelt er nach Österreich über, wo die Familie bereits 1926 im Salzburger Land, in Henndorf am Wallersee, ein Haus gekauft hat.

1938 Durch den Einmarsch Hitlers in Österreich verliert Zuckmayer seine neue Heimat, die er in seiner Autobiografie „Als wär's ein Stück von mir" liebevoll schildert, und emigriert in die Schweiz, von da ein Jahr später in die USA. Dort arbeitet er als Drehbuchautor in Hollywood und lässt sich ab 1941 in den einsamen Bergen Vermonts als Farmer nieder.

1942 Im Spätherbst beginnt Zuckmayer sein Drama „Des Teufels General".

1946 Es wird in Zürich uraufgeführt. Im Jahr zuvor hatte Zuckmayer seine gemütvolle Erzählung aus dem Salzburger Land „Der Seelenbräu" in Stockholm erscheinen lassen. Zuckmayer lebt nun abwechselnd in den USA und in Deutschland.

1949 Das Drama „Barbara Blomberg" wird uraufgeführt.

1958 Zuckmayer übersiedelt nach Saas-Fee im Schweizer Kanton Wallis, nachdem er in der Bundesrepublik Deutschland viele Ehrungen, wie zum Beispiel den Goethe-Preis der Stadt Frankfurt erhalten hatte. Im darauf folgenden Jahr vollendet er seine Erzählung „Die Fastnachtsbeichte".

1977 Carl Zuckmayer stirbt am 18. Januar in Saas-Fee.

Carl Zuckmayer im Jahr 1971

Bereits 1941 konnte man in den amerikanischen Zeitungen vom Tod Ernst Udets, eines berühmten Jagdfliegers aus dem Ersten Weltkrieg, lesen. Udet wurde im Nationalsozialismus Generalluftzeugmeister und stürzte beim Ausprobieren einer neuen Maschine ab. Vermutlich beging Udet wegen seiner Differenzen mit der nationalsozialistischen Führung Selbstmord. Dieser Ernst Udet hatte sich von seinem Freund Zuckmayer bei dessen letztem Besuch in Deutschland verabschiedet, wie „Zuck" es in seiner Autobiografie „Als wär's ein Stück von mir" beschreibt:

„Schüttle den Staub dieses Landes von deinen Schuhen, geh in die Welt und komm nie wieder. Hier gibt es keine Menschenwürde mehr." „Und du?", fragte ich.
„Ich", sagte er leichthin, fast beiläufig, „bin der Luftfahrt verfallen. Ich kann da nicht mehr raus. Aber eines Tages wird uns alle der Teufel holen."

Jetzt in Amerika war Zuckmayer klar: „Was in Wirklichkeit vorgegangen war, wusste ich nicht und es kümmerte mich nicht. Die Tragödie stand mir vor Augen – lückenlos."
In drei Wochen, wie in Trance, schreibt Zuckmayer den ersten und den letzten Akt. 1945 vollendet der Dichter das Drama. Obwohl im fernen Vermont entstanden, beschreibt das Stück die deutsche Kriegsrealität so eindringlich, dass der Dichter Alexander Lernet-Holenia Zuckmayer nach dem Lesen des Manuskripts schrieb: „Du bist nie fort gewesen."

Des Teufels General

Der General der Flieger, Harras, hat sich aus beruflicher Leidenschaft von den Nationalsozialisten für ihre Ziele einspannen lassen, obwohl er ihr Gegner ist. Auf einer von ihm arrangierten Party in einem Berliner Nachtlokal tauchen die staatstragenden Gestalten auf: der linientreue nationalsozialistische Kulturleiter Doktor Schmidt-Lausitz, der gläubige Nationalsozialist Oberst Eilers, der opportunistische Waffenfabrikant von Mohrungen und dessen Tochter, das BDM-Mädchen „Pützchen" (der BDM, Bund Deutscher Mädel, war eine nationalsozialistische Organisation), mit der sich der junge Leutnant Hartmann verlobt glaubt. Weitere wichtige Personen sind die Operettensängerin Olivia Geiß, die ihren jüdischen Freunden hilft ins Ausland zu gelangen und Oderbruch, ein Freund von Harras, der als Chefingenieur für Jagdflugzeuge zuständig ist, die von einer rätselhaften Absturzserie betroffen sind. Im Lauf des Abends stellt sich heraus, dass die Tochter Mohrungens die Verlobung mit Hartmann gelöst hat, weil dieser wegen der fehlenden Papiere einer Urgroßmutter keinen ausreichenden Ariernachweis erbringen kann. Dem verzweifelten Hartmann zeigt Harras drastisch den Rassenwahn des Nationalsozialismus auf:

Harras (hat sich auf die Lippen gebissen, brummt vor sich hin): So so. Daran liegt's. Da läuft so ein armer Junge mit einer unbestimmbaren Urgroßmutter herum. *(In aufsteigender Wut)* Na, und was wissen sie denn über die Seitensprünge der Frau Ururgroßmutter? Die hat doch sicher keinen Ariernachweis verlangt. Oder – sind Sie womöglich gar ein Abkömmling von jenem Kreuzritter Hartmann, der in Jerusalem in eine Weinfirma eingeheiratet hat?

Hartmann (sachlich): So weit greift die Rassenforschung nicht zurück, Herr General.

Harras: Muss sie aber! Muss sie! Wenn schon – denn schon! Denken Sie doch – was kann da nicht alles vorgekommen sein in einer alten Familie. Vom Rhein – noch dazu. Vom Rhein. Von der großen Völkermühle. Von der Kelter Europas! *(Ruhiger.)* Und jetzt stellen Sie sich doch mal Ihre Ahnenreihe vor – seit Christi Geburt. Da war ein römischer Feldhauptmann, ein schwarzer Kerl, braun wie ne reife Olive, der hat einem blonden Mädchen Latein beigebracht. Und dann kam ein jüdischer Gewürzhändler in die Familie, das war ein ernster Mensch, der ist noch vor der Heirat Christ geworden und hat die katholische Haustradition begründet – Und dann kam ein griechischer Arzt dazu, oder ein keltischer Legionär, ein Graubündner Landsknecht, ein schwedischer Reiter, ein Soldat Napoleons, ein desertierter Kosak, ein Schwarzwälder Flözer, ein wandernder Müllerbursch vom Elsass, ein dicker Schiffer aus Holland, ein Magyar, ein Pandur, ein Offizier aus Wien, ein französischer Schauspieler, ein böhmischer Musikant – das hat alles am Rhein gelebt, gerauft, gesoffen und gesungen und Kinder gezeugt – und – und der Goethe, der kam aus demselben Topf, und der Beethoven, und der Gutenberg, und der Matthias Grünewald, und – ach was, schau im Lexikon nach. Es waren die Besten, mein Lieber! Die Besten der Welt! Und warum? Weil sich die Völker dort vermischt haben. Vermischt – wie die Wasser aus Quellen und Bächen und Flüssen, damit sie zu einem, großen, lebendigen Strom zusammenrinnen. Vom Rhein – das heißt: vom Abendland. Das ist natürlicher Adel. Das ist Rasse. Seien Sie stolz darauf, Hartmann – und hängen Sie die Papiere Ihrer Großmutter in den Abtritt. Prost.

Harras verachtet die Nationalsozialisten und macht keinen Hehl daraus. Wegen seiner wichtigen Stellung konnte er sich bislang vor der Geheimen Staatspolizei (Gestapo) sicher fühlen, aber die Absturzserie von nagelneuen Jagdflugzeugen gefährdet seine Position. Er wird von der Gestapo abgeholt und bekommt eine zehntägige Galgenfrist die ungeklärte Sabotage an den Flugzeugen aufzuklären. Harras muss die Schuldigen finden um selbst überleben zu können. Schließlich entdeckt Harras in seinem besten Freund, dem Chefingenieur Oderbruch, den Verursacher der Sabotageakte, denen mittlerweile auch der Fliegeroberst Eilers durch einen Absturz zum Opfer gefallen ist.

Harras: Und warum trefft ihr uns – aus dem Dunkel, aus dem Hinterhalt? Warum trefft ihr uns – anstatt des Feindes?

Oderbruch: Der Feind – ist unfassbar. Er steht überall – mitten in unsrem Volk – mitten in unseren Reihen. Wir selbst haben uns ihm ausgeliefert, damals, als der alte Marschall starb. Jetzt bleibt uns nur noch eins: Wir müssen die Waffe zerbrechen, mit der er siegen kann – auch wenn es uns selber trifft. Denn wenn er siegt, Harras – wenn Hitler diesen Krieg gewinnt – dann ist Deutschland verloren. Dann ist die Welt verloren.

Zuckmayer stellt den zentralen Konflikt der deutschen Militärs dar, die sich dem Widerstand angeschlossen hatten. Sie alle hatten beim Tod des alten Reichspräsidenten, des ehemaligen Generalfeldmarschalls Hindenburg auf die Person Adolf Hitlers einen Eid geschworen, an den sich viele gebunden glaubten. Ein weiteres seelisches Konfliktpotenzial lag darin, dass die Widerstandskämpfer die Niederlage Deutschlands, den Sieg der Alliierten herbeisehnen mussten um den Nationalsozialismus loszuwerden. Dass durch ihre Sabotageakte deutsche Soldaten – wie im Stück Oberst Eilers – umkamen, erhöhte die menschliche Tragödie im deutschen Widerstand. Harras sieht sich außerstande bei der Widerstandsgruppe mitzumachen, für ihn ist es zu spät: „Wer auf Erden des Teufels General wurde und ihm die Bahn gebombt hat – der muss ihm auch Quartier in der Hölle machen." Er nimmt die Verantwortung auf sich und entzieht sich der Verfolgung durch die Gestapo, indem er mit einem fabrikneuen Jagdflugzeug aufsteigt. Dass er dabei wegen der Sabotageakte umkommen wird, ist ihm bewusst. Die nationalsozialistischen Machthaber ordnen für Harras ein Staatsbegräbnis an. Das Drama „Des Teufels General" war auf Anhieb ein sehr großer Erfolg. Dennoch war es schon 1947 umstritten, weil die Kraftnatur des Fliegergenerals Harras über die Schuld des Mitläufertums hinwegtäuschen konnte. Um solch eine Verharmlosung auszuschließen schrieb Zuckmayer den Schluss mehrmals um. Schließlich zog er es 1963 von der Bühne zurück, da er glaubte:

(...) Es wäre allzu leicht, im positiven oder negativen Sinne, das Stück heute als „Entschuldigung" eines gewissen Mitmachertyps misszuverstehen. Sein Inhalt ist jedoch die tragische Situation, und schließlich die tragische Entscheidung, von unbescholtenen Menschen, die gezwungen sind oder sich, wie Harras, aus Leichtsinn dazu hergegeben haben, einer ihnen verhassten Gewaltherrschaft zu dienen.

Zwar erlebte Zuckmayer im Gegensatz zu anderen, ebenfalls vom Nationalsozialismus vertriebenen Schriftstellern wie Feuchtwanger oder Graf, in Deutschland nach 1945 große Erfolge. Dennoch blieb er wegen der in seinen Augen ungenügenden Vergangenheitsbewältigung seiner Heimat gegenüber distanziert. Er sei zurückgekehrt, aber nicht heimgekehrt, so äußerte sich Zuckmayer 1946. Aus diesem Grund nahm er auch die Schweizer Staatsbürgerschaft an.

Zwei Jahre später kehrte ein weiterer bekannter Schriftsteller aus dem Exil zurück – Bertolt Brecht. Anders als Zuckmayer entschied er sich für Ostdeutschland als neue Heimat, was seiner politischen Einstellung eher entsprach.

7. Bertolt Brecht

1898 Bertolt Brecht kommt in Augsburg zur Welt. Die Familie ist wohlhabend, sein Vater wird später Direktor einer Papierfabrik.

1916 In der Gymnasialzeit ist er bereits literarisch tätig, nach einem pazifistischen Schulaufsatz droht ihm allerdings die Schulentlassung.

1917 Während des Ersten Weltkriegs kann er nur ein Notabitur ablegen, weil er als Kriegsdiensthelfer in einer Schreibstube und später in einem Augsburger Seuchenlazarett eingesetzt wird.

1919 Nach Beendigung des Krieges nimmt Brecht zwar sein vorher begonnenes Medizinstudium wieder auf, sein ganzes Interesse gilt aber dem Theater. „Baal" und „Trommeln in der Nacht" sind seine ersten Stücke. Für letzteres Werk wird ihm 1922 der Kleist-Preis verliehen.

1923 Brechts Karriere am Theater beginnt. Zunächst wird er Dramaturg an den Münchener Kammerspielen, ein Jahr später ist er bereits Regieassistent bei Max Reinhardt am Deutschen Theater in Berlin. Dort lernt er auch seine spätere Frau Helene Weigel kennen. Seine Stücke werden immer häufiger aufgeführt. In den 20er-Jahren beschäftigt sich Brecht eingehend mit dem Kommunismus, er wird aber nie Mitglied der Kommunistischen Partei.

1928 entsteht Brechts erfolgreichstes Werk, die „Dreigroschenoper", das noch im selben Jahr im Theater am Schiffbauerdamm in Berlin unter Mitwirkung so berühmter Schauspieler wie Oskar Homolka, Peter Lorre, Helene Weigel und Lotte Lenya uraufgeführt wird.

1933 Zu Beginn der 30er-Jahre bekommt Brecht immer mehr Ärger mit der Zensur. Der Film „Kuhle Wampe", für den er das Drehbuch verfasste, wird 1932 von der Filmprüfstelle verboten. 1933 unterbricht die Polizei die Aufführung der „Maßnahme", das Stück „Die Heilige Johanna der Schlachthöfe" kommt gar nicht erst ins Theater. Einen Tag nach dem Reichstagsbrand verlässt Brecht mit seiner Familie Deutschland. Er flieht über Prag, Wien, Zürich und Paris nach Dänemark, wo er sich schließlich in einem Bauernhaus an der Küste niederlässt. Währenddessen verbrennen die Nationalsozialisten öffentlich seine Bücher. Trotz schwieriger Lebensbe-

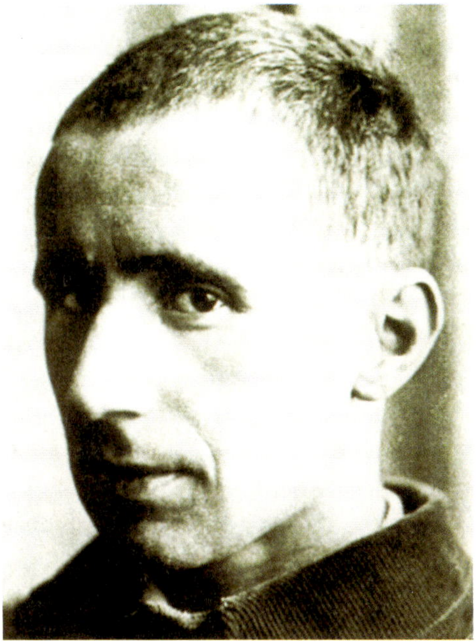

Bertolt Brecht, 1930 fotografiert

dingungen im Exil entstehen einige der wichtigsten Theaterstücke Bertolt Brechts: „Furcht und Elend des Dritten Reiches“ (1935/38), „Das Leben des Galilei“ (1938/39), „Der gute Mensch von Sezuan“ (1938/39), „Mutter Courage und ihre Kinder“ (1939), „Herr Puntila und sein Knecht Matti“ (1940).

1941 Brecht lebt mittlerweile in Finnland. Als die Deutschen einmarschieren, fährt er mit dem Sibirienexpress über Moskau nach Wladiwostok. Von dort aus gelangt er schließlich nach Santa Monica bei Hollywood. Viele Bekannte aus der Berliner Theaterzeit trifft er dort wieder, zu seinen engeren Freunden gehört Charlie Chaplin. In Zürich und New York werden zahlreiche Stücke Brechts uraufgeführt.

1948 Nach dem Ende des Zweiten Weltkriegs geht Brecht nach Berlin (Ost), wo er die Generalintendanz des Deutschen Theaters übernimmt. Ein Jahr später gründet er mit seiner Frau Helene Weigel das Berliner Ensemble.

1954 Das Berliner Ensemble gewinnt auf dem Festival de Paris mit der Aufführung der „Mutter Courage“ den ersten Preis, ein Jahr später mit dem „Kaukasischen Kreidekreis“ (1944/45 entstanden) einen weiteren Preis. Das Jahr markiert den Beginn einer umfangreichen Brecht-Ausgabe, in der neben den Theaterstücken auch kleinere Prosawerke und zahlreiche berühmte Gedichte aufgenommen werden.

1956 stirbt Brecht infolge eines Herzinfarkts.

Seit den 30er-Jahren entwickelte Brecht eine dramaturgische Theorie, die er das **epische Theater** nannte. Seiner Meinung nach bietet das traditionelle bürgerliche Theater dem Zuschauer nur Genuss, weil es ihm erlaubt, sich in Personen und Handlungen einzufühlen. Brecht möchte aber eine Veränderung der gesellschaftlichen Zustände erreichen, deshalb muss der Zuschauer ständig zum Nachdenken veranlasst werden, ja sogar selbst Lösungen suchen. Als Mittel dazu dienen Brecht die **Verfremdungseffekte**, die den Zuschauer aus seinen vertrauten Sehgewohnheiten lösen sollen.

In seinen Schriften zum Theater stellt Brecht das traditionelle aristotelische Theater seinem neuen epischen Theater gegenüber.

Bertolt Brecht hat vor allem mit seinen Theaterstücken die deutsche Literatur im 20. Jahrhundert entscheidend beeinflusst. Auch wenn manche Kritiker ihm seine marxistische Grundhaltung vorwerfen, die meisten seiner Dramen sind weit mehr als sozialistische Lehrstücke.

Brechts neuartige Dramaturgie soll exemplarisch am Stück „Der gute Mensch von Sezuan“ aufgezeigt werden. Dieses Theaterstück entstand im Exil. Die Uraufführung fand 1943 in Zürich statt, in der Bundesrepublik

Dramatische Form des Theaters	**Epische Form des Theaters**
Handelnd	Erzählend
Verwickelt den Zuschauer in eine Bühnenaktion	Macht den Zuschauer zum Betrachter, aber weckt seine Aktivität
Verbraucht seine Aktivität	
Ermöglicht ihm Gefühle	Erzwingt von ihm Entscheidungen
Der Zuschauer wird in das Bühnengeschehen hineinversetzt	Er wird dem Geschehen auf der Bühne gegenübergesetzt
Der Zuschauer steht mittendrin, erlebt mit	Der Zuschauer steht gegenüber, studiert
Der Mensch wird als bekannt vorausgesetzt	Der Mensch ist Gegenstand der Untersuchung
Spannung auf den Ausgang	Spannung auf den Gang
Eine Szene für die andere	Jede Szene für sich
Wachstum	Montage
Gefühl	Ratio

Deutschland wurde es erstmals 1952 aufgeführt. Das Theaterstück spielt in der Provinz Sezuan, die aber „für alle Orte stand, an denen Menschen von Menschen ausgebeutet werden".

Der gute Mensch von Sezuan

Vorspiel:
Drei Götter kommen auf die Erde um einen guten Menschen zu finden. Der obdachlose Wasserverkäufer Wang sucht ein Nachtquartier für sie. Nur die Prostituierte Shen Te ist bereit die Götter aufzunehmen, wofür sie aber von ihnen eine kleine finanzielle Unterstützung erbittet. Sie erhält 1.000 Silberdollar, damit sie sich eine Existenz gründen und fortan ein guter Mensch sein kann. Shen Te kauft sich von dem Geld einen Tabakladen.

1. Szene: Ein kleiner Tabakladen
Statt der erhofften Kundschaft kommen nur Gläubiger, Bettler und schmarotzende Verwandte. Doch in ihrer Güte nimmt Shen Te diese Menschen auf, ruiniert sich dadurch aber finanziell.

2. Szene: Der Tabakladen
In ihrer Verzweiflung erfindet Shen Te den unnachgiebigen Vetter Shui Ta und schlüpft in dessen Maske. Sie übergibt die Schmarotzer der Polizei.

3. Szene: Abend im Stadtpark
Shen Te trifft den arbeitslosen Flieger Sun, hält ihn vom Selbstmord ab und verliebt sich in ihn.

4. Szene: Platz vor Shen Tes Tabakladen
Damit Sun eine Fliegerstelle antreten kann, gibt ihm Shen Te in ihrer Gutgläubigkeit 200 Silberdollar, die sie sich vorher geliehen hat. Weitere 300 Silberdollar soll der Vetter Shui Ta besorgen.

5. Szene: Der Tabakladen
Gegen jede Vernunft entscheidet sich Shen Te für eine Heirat mit Sun, der sich für sie aber nur wegen eines möglichen Geldgewinns interessiert.

Das alte Theater am Schiffbauerdamm in Berlin in den 30er-Jahren

6. Szene: Nebenzimmer eines billigen Restaurants in der Vorstadt
Bei der Hochzeit gilt Suns ganzes Interesse den 300 Silberdollar, die er aus dem Verkauf des Tabakladens erhalten soll. Weil Shen Te aber anwesend ist, kann der Vetter Shui Ta nicht erscheinen, sodass sich die Hochzeitsgesellschaft schließlich auflöst. Die 200 Silberdollar erhält Shen Te nicht zurück.

7. Szene: Hof hinter Shen Tes Tabakladen
Shen Te scheint völlig ruiniert zu sein, als der Barbier Shu Fu sie mit einem Blanko-Scheck zur Frau gewinnen will. In ihrer Verzweiflung – sie ist außerdem inzwischen schwanger – verwandelt sich Shen Te in den Vetter Shui Ta, zeichnet den Scheck mit 10.000 Silberdollar, gründet eine Tabakfabrik und beutet die Arbeiter dort aus.

8. Szene: Shui Tas Tabakfabrik
Der Flieger Sun muss in die Tabakfabrik eintreten, weil ihn der Vetter Shui Ta wegen des falschen Eheversprechens angezeigt hat. Schon bald aber arbeitet er sich zum Aufseher empor und treibt die Arbeiter erbarmungslos an.

„Der gute Mensch von Sezuan": eine Inszenierung des Berliner Ensembles

9. Szene: Shen Tes Tabakladen
Sun ist zum Geschäftsführer aufgestiegen. Als Shen Te immer seltener erscheint, entsteht das Gerücht, dass der Vetter Shui Ta sie beseitigt habe um in den Besitz der Firma zu kommen. Sun verständigt schließlich die Polizei, die Shui Ta wegen Mordverdachts festnimmt.

10. Szene: Gerichtslokal
Die drei Götter treten als Richter auf. Shen Te gibt sich zu erkennen und erklärt, dass die Verwandlung in ihren Vetter nötig war, weil gute Taten allein für sie nur den Ruin bedeutet hätten. Die Götter geben keine Antwort, sondern entfliehen auf einer Wolke und lassen Shen Te alleine zurück.

Kann der Mensch gut sein und zugleich menschenwürdig leben?

Brecht nennt sein Theaterstück eine **Parabel**: Anhand einer Geschichte soll eine Moral oder Lehre erläutert werden. Um welche Lehre es geht, erfährt der Zuschauer durch drei Götter: Zu ihnen war das Gerücht gedrungen, dass in der Welt, so wie sie beschaffen sei, kein Mensch zugleich gut sein und menschenwürdig leben könne. Die Götter haben den Auftrag dem Gerücht nachzugehen.

In den folgenden neun Szenen wird am Leidensweg Shen Tes die aufgeworfene Frage untersucht. Dabei macht Brecht den Zuschauern klar, dass es Shen Te zwar nicht am guten Willen fehlt, sie aber an den materiellen Verhältnissen scheitert. Gut sein bedeutet für Brecht eine karitative Aktivität. Diese leistet Shen Te auch, indem sie sich um hilfsbedürftige Mitmenschen kümmert, dabei aber finanziell zugrunde geht. Nur in der Rolle des hartherzigen und geschäftstüchtigen Vetters Shui Ta kann sie überleben. In Sezuan wird Shen Te zwar geliebt, geachtet wird aber nur derjenige, der geschäftlichen Erfolg hat. Auf Dauer kann Shen Te ihre Doppelrolle nicht durchhalten, deshalb wirft sie in der letzten Szene, in der Gericht über sie gehalten wird, den Göttern vor: „Etwas muß falsch sein an eurer Welt." Die Götter geben darauf keine Antwort. Sie beschwichtigen eher und wollen, dass die Welt so bleibt, wie sie ist. Damit entlarven sie sich aber als Parteigänger der Reichen und Herrschenden und rufen den Widerspruch des Zuschauers hervor.

Das Theaterstück endet offen und nicht wie in der klassischen Tragödie mit dem Untergang des Helden. Im Epilog wird dies deutlich, wenn der Zuschauer selbst in einer Art Hausaufgabe aufgefordert wird nach einem guten Schluss zu suchen:

Verehrtes Publikum, jetzt kein Verdruß:
Wir wissen wohl, das ist kein rechter Schluß.
Vorschwebte uns: die goldene Legende.
Unter der Hand nahm sie ein bitteres Ende.
Wir stehen selbst enttäuscht und sehn betroffen
Den Vorhang zu und alle Fragen offen.
Dabei sind wir doch auf Sie angewiesen
Daß Sie bei uns zu Haus sind und genießen.
Wir können es uns leider nicht verhehlen:
Wir sind bankrott, wenn Sie uns nicht empfehlen!
Vielleicht fiel uns aus lauter Furcht nichts ein.
Das kam schon vor. Was könnt die Lösung sein?
Wir konnten keine finden, nicht einmal für Geld.

Soll es ein andrer Mensch sein? Oder eine andre
Welt?
Vielleicht nur andere Götter? Oder keine?
Wir sind zerschmettert und nicht nur zum
Scheine!
Der einzige Ausweg wär aus diesem Ungemach:
Sie selber dächten auf der Stelle nach
Auf welche Weis dem guten Menschen man
Zu einem guten Ende helfen kann.
Verehrtes Publikum, los, such dir selbst den
Schluß!
Es muß ein guter da sein, muß, muß, muß!

Die epische Form des Theaters

Bertolt Brecht lehnt das klassische Theater ab, das die Welt so zeigt, wie sie ist. Der Klassenkampf soll auf der Bühne gezeigt werden, womit sie eine gesellschaftsändernde Funktion übernimmt. Der Zuschauer erhält deshalb eine neue Rolle: Er soll sich nicht in die Handlung hineinversetzen und miterleben, sondern selbst Entscheidungen treffen. Um die kritisch-distanzierte Betrachtungsweise des Zuschauers zu erreichen benutzt Brecht zahlreiche Verfremdungseffekte:

- Durch die Verwandlung Shen Tes auf offener Szene werden die Zuschauer zu Mitwissern. Im herkömmlichen Theater, das auf Spannung und Faszination aufgebaut ist, wäre eine solche Vorwegnahme der Pointe undenkbar.
- Songs unterbrechen die Bühnenhandlung und kommentieren das Geschehen.
- In Appellen an das Publikum fordern die Schauspieler die Zuschauer direkt auf die Verhältnisse in den Städten zu ändern.
- Manche Schauspieler stellen sich dem Publikum selbst vor. Gleich zu Beginn des Theaterstücks tritt Wang mit folgenden Worten vor die Zuschauer:

Ich bin Wasserverkäufer hier in der Hauptstadt von Sezuan. Mein Geschäft ist mühselig. Wenn es wenig Wasser gibt, muß ich weit danach laufen. Und gibt es viel, bin ich ohne Verdienst.

- Zeitlich weit zurückliegende Ereignisse werden dem Zuschauer nachträglich erzählt. So berichtet Shen Te zu Beginn der

„Der gute Mensch von Sezuan": eine Aufführung im Münchener Prinzregententheater (1989)

ersten Szene, dass sie sich mit dem Geld der Götter einen kleinen Tabakladen gekauft hat.

- Verfremdend wirken auch einige komisch-ironische Effekte. Die Götter werden eher als weltfremde denn als allwissende Wesen dargestellt. Als sie am Ende des Stückes auf einer rosa Wolke entschweben, wirkt dies wie im Märchen.
- Spruchbänder, Filme zwischen den Szenen und Verzicht auf allzu viele Requisiten im Bühnenbild sind weitere Möglichkeiten eine kritische Distanz des Zuschauers zum Geschehen herzustellen.

Von allen Stücken Brechts hat „Der gute Mensch von Sezuan“ die komplizierteste Entstehungsgeschichte. 1930 entstanden bereits fünf Szenen unter dem Titel „Die Ware Liebe“. Im dänischen und schwedischen Exil beendete Brecht 1939 die erste Fassung. Auch als er 1941 die letzten Gedichte geschrieben und das Werk mehrmals überarbeitet hatte, hielt er es nicht für beendet. 1942 schließlich legte er die Arbeit doch beiseite mit der Bemerkung: „Ohne das Ausprobieren durch eine Aufführung kann kein Stück fertiggestellt werden.“ In modernen Aufführungen der heutigen Zeit werden immer stärker die komödiantischen Elemente des Stückes, wie zum Beispiel die Hochzeitsszene, in den Vordergrund gestellt. Die neuere Literaturforschung fand dazu auch

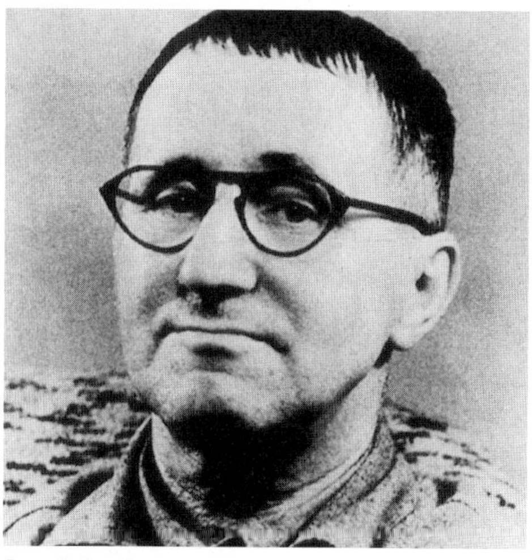

Bertolt Brecht

Hinweise bei Brecht selbst. Seiner Meinung nach kann man gegen überholte gesellschaftliche Verhältnisse oft nur noch mit den Mitteln der Komik vorgehen.

Die zahlreichen Lieder in allen seinen Theaterstücken weisen darauf hin, dass Bertolt Brecht auch auf dem Gebiet der Lyrik außerordentlich produktiv war. Allein zwischen 1927 und 1939 erschienen drei Bände mit Gedichten, Songs und Balladen. Lieder gegen Faschismus und Krieg finden sich darin ebenso wie einfühlsame Liebesgedichte.

Aus der Oper „Aufstieg und Fall der Stadt Mahagonny“ (1928/29) stammt eines seiner frühen Liebesgedichte. In ihm verbindet Brecht die Themen Liebe und Vergänglichkeit. Ein Mann und eine Frau tragen es im Wechselgesang vor. Das Gedicht ist reich an Bildern: Die Liebenden werden als fliegende Kraniche gezeigt, die vom Wind getragen werden. Die sie begleitenden Wolken sind ein Symbol für die Liebe: schwerelos, ohne Ziel treibend, ineinander verschlungen.

Die Liebenden

Seht jene Kraniche in großem Bogen!
Die Wolken, welche ihnen beigegeben
Zogen mit ihnen schon, als sie entflogen
Aus einem Leben in ein andres Leben.
In gleicher Höhe und mit gleicher Eile
Scheinen sie alle beide nur daneben.
Daß so der Kranich mit der Wolke teile
Den schönen Himmel, den sie kurz befliegen
Daß also keines länger hier verweile
Und keines andres sehe als das Wiegen
Des andern in dem Wind, den beide spüren
Die jetzt im Fluge beieinander liegen
So mag der Wind sie in das Nichts entführen
Wenn sie nur nicht vergehen und sich bleiben
So lange kann sie beide nichts berühren
So lange kann man sie von jedem Ort vertreiben
Wo Regen drohen oder Schüsse schallen.
So unter Sonn und Monds wenig verschiedenen
  Scheiben
Fliegen sie hin, einander ganz verfallen.
Wohin, ihr? – Nirgend hin. – Von wem davon? –
  Von allen.
Ihr fragt, wie lange sind sie schon beisammen?
Seit kurzem. – Und wann werden sie sich
  trennen? – Bald.
So scheint die Liebe Liebenden ein Halt.

10. Inwiefern stellt Zuckmayer in „Des Teufels General" einen zentralen Konflikt des deutschen Widerstands dar?
11. Warum zog der Autor das Stück 1963 von der Bühne zurück?
12. Inwiefern ist im Roman „Das siebte Kreuz" Montagetechnik erkennbar?
13. Worin unterscheidet sich das epische vom klassischen Theater?
14. Erläutere den Begriff „Verfremdungseffekte" anhand von Beispielen.
15. Untersuche Bedeutung und Funktion der einzelnen Songs im Theaterstück „Der gute Mensch von Sezuan".
16. Die Hauptperson Shen Te scheitert an den materiellen Verhältnissen. Begründe dies.

Henri Matisse, Lesendes Mädchen vor schwarzem Hintergrund

Arbeitsvorschläge

1. Erkläre den Begriff „Innere Emigration".
2. Inwiefern ist „Das falsche Gewicht" ein Roman über eine untergegangene Welt?
3. Deute die Vision des sterbenden Eibenschütz vom „Großen Eichmeister".
4. Inwiefern weist Stefan Zweigs „Schachnovelle" typische Merkmale einer Novelle auf?
5. Charakterisiere die Hauptpersonen der „Schachnovelle" Czentovic und Dr. B.
6. Warum ist Stefan Zweigs Novelle eine Anklage gegen den nationalsozialistischen Terror?
7. Erkläre die politische Bedeutung des Romans „Unruhe um einen Friedfertigen" von Oskar Maria Graf.
8. Graf äußerte in seinem New Yorker Exil, er sei immer daheim geblieben. Erkläre dies an seinem Roman.
9. Graf stand, wie viele andere Autoren, zum Beispiel Zuckmayer, Feuchtwanger, Heinrich und Thomas Mann, der neu geschaffenen Bundesrepublik Deutschland skeptisch gegenüber. Erkläre, warum.

Zusammenfassung

Das Jahr 1933 bedeutete für den gesamten Bereich der Kunst einen tiefen Einschnitt. Nach Hitlers Machtergreifung wurde die Kultur gleichgeschaltet und unterstand dem Propagandaminister Goebbels. Wer jüdischer Herkunft oder politischer Gegner war, durfte nicht schreiben, malen, komponieren, in Theatern und Filmen auftreten. Während des Nationalsozialismus wurden in Deutschland zahlreiche Bücher namhafter Autoren öffentlich verbrannt, ganze Stilrichtungen als „entartete Kunst" verächtlich gemacht.
Zahlreiche Künstler verließen Deutschland und gingen ins Exil nach Skandinavien, Frankreich, in die Schweiz, in die USA oder nach Südamerika. Manche Literaten konnten zwar dadurch ihr Leben retten, in der fremden Umgebung, oft genug finanziell schlecht gestellt, vereinsamten sie jedoch nicht selten. Einige Autoren gaben die Hoffnung ganz auf, jemals wieder nach Deutschland zurückkehren zu können, und begingen Selbstmord.
Andere Autoren – wie zum Beispiel Ricarda Huch, Ernst Wiechert, Werner Bergengruen – waren in

Deutschland zurückgeblieben oder mussten hier bleiben. Sie versuchten sich in einer Art „geistigen Opposition" gegen den Nationalsozialismus zu stellen. Diese Haltung wird als Innere Emigration bezeichnet. Nur wenige Werke durften erscheinen, nicht selten gerieten diese Künstler in Konflikt mit den Machthabern.

Wichtige Begriffe:
Erzählperspektive – Episches Theater – Verfremdungseffekte

Geschichtlicher Hintergrund

1933 Hitler wird am 30. Januar Reichskanzler; Bücherverbrennungen in ganz Deutschland
1938 Österreich wird dem Deutschen Reich angeschlossen; Münchener Abkommen: Deutschland bekommt sudetendeutsche Gebiete
1939 Gewaltsame Aneignung der Resttschechei durch Deutschland; am 1. September Überfall Deutschlands auf Polen; Beginn des Zweiten Weltkrieges
1940 Deutscher Überfall auf Dänemark und Norwegen; Einmarsch in Holland, Belgien, Luxemburg und Frankreich; Luftangriffe auf England
1941 Deutscher Angriff auf die Sowjetunion
1945 Bedingungslose Kapitulation Deutschlands

Autoren und Werke

RICARDA HUCH (1864–1947)
Der große Krieg in Deutschland
Die Romantik

STEFAN ZWEIG (1881–1942)
Angst
Zwang
Sternstunden der Menschheit
Schachnovelle

HERMANN BROCH (1886–1951)
Die Schlafwandler
Der Tod des Vergil

ERNST WIECHERT (1887–1950)
Das einfache Leben
Der Totenwald

ARNOLD ZWEIG (1887–1968)
Die Novellen um Claudia
Der Streit um den Sergeanten Grischa

WERNER BERGENGRUEN (1892–1964)
Der Großtyrann und das Gericht
Am Himmel wie auf Erden

OSKAR MARIA GRAF (1894–1967)
Die Heimsuchung
Wir sind Gefangene
Bolwieser
Anton Sittinger
Unruhe um einen Friedfertigen

JOSEPH ROTH (1894–1939)
Das Spinnennetz
Hotel Savoy
Hiob
Radetzkymarsch
Das falsche Gewicht

HANS HENNY JAHNN (1894–1959)
Perrudja
Fluss ohne Ufer

CARL ZUCKMAYER (1896–1977)
Schinderhannes
Der Hauptmann von Köpenick
Des Teufels General
Als wär's ein Stück von mir

BERTOLT BRECHT (1898–1956)
Baal
Trommeln in der Nacht
Die Dreigroschenoper
Die heilige Johanna der Schlachthöfe
Furcht und Elend des Dritten Reiches
Leben des Galilei
Der gute Mensch von Sezuan
Mutter Courage und ihre Kinder
Herr Puntila und sein Knecht Matti
Der kaukasische Kreidekreis

ERICH KÄSTNER (1899–1974)
Emil und die Detektive
Pünktchen und Anton
Fabian
Das fliegende Klassenzimmer

ANNA SEGHERS (1900–1983)
Der Aufstand der Fischer von St. Barbara
Das siebte Kreuz

Umgang mit dem Entsetzlichen

Pablo Picasso, Weinende Frau

1. Der Versuch eines Neubeginns

Am 8. Mai 1945 erfolgte die bedingungslose Kapitulation des Deutschen Reiches. Die Bilanz der Herrschaft Hitlers war entsetzlich: Fast 40 Millionen Menschen verloren im Zweiten Weltkrieg allein in Europa ihr Leben, davon waren 20 Millionen Bürger der Sowjetunion und 8,5 Millionen deutsche Soldaten und Zivilisten. Fast sechs Millionen Juden aus ganz Europa waren in deutschen Konzentrationslagern umgekommen. Deutschland lag in Trümmern, viele Städte waren, wie zum Beispiel Köln, bis zu 70 Prozent zerstört.
Dazu kam noch die Not der 14 Millionen Heimatvertriebenen aus den verlorenen Gebieten im Osten, die in den drei westlichen Besatzungszonen der Amerikaner, Engländer und Franzosen eine Bleibe suchten. Zwei Millionen Flüchtlinge überlebten die Vertreibung nicht. Neben der Wohnungsnot prägte der Hunger das Leben der Deutschen. Die Kriegsrationierung wurde beibehalten, nur knapp 1.000 Kalorien pro Tag wurden dem Bürger zugeteilt. Abgesehen von diesem Überlebenskampf beschäftigte die Menschen die Frage nach der Zukunft. Vielfach erst durch den Nürnberger Kriegsverbrecherprozess gegen die nationalsozialistischen Hauptangeklagten und weitere Prozesse gegen SS-Angehörige und Aufseher der Konzentrationslager wurden der Masse der Deutschen die entsetzlichen Untaten des Nationalsozialismus bewusst.
Die Entnazifizierung durch die Alliierten begann, ehemalige Mitglieder von NS-Organisationen mussten durch einen Fragebogen ihr Leben während der Zeit des Nationalsozialismus überprüfen lassen. Von den 3.660.648 überprüften Personen in der Bundesrepublik Deutschland galten 1667 als Hauptschuldige, 23.060 als Belastete, 150.425 als Minderbelastete, über eine Million als Mitläufer und 1,2 Millionen als Unbelastete. Es fragt sich jedoch, ob dieser Versuch einer Vergangenheitsbewältigung in genügend großem Maße zu einer Aufarbeitung der Vergangenheit geführt hat. Viele Deutsche sahen im Nationalsozialismus und seinen Folgen etwas, das

So wie hier die zerbombte Innenstadt Kölns sahen 1945 fast alle deutschen Großstädte aus.

über sie hereingebrochen war, ohne sich selbstkritisch zu fragen, was man hätte unternehmen können um dieses Verhängnis zu verhindern. Dementsprechend wandte man sich nun in der Literatur vielfach den Werken der christlich-konservativen Autoren zu, die in der Inneren Emigration überlebt hatten. Die Werke von Werner Bergengruen, Rudolf Alexander Schröder, Hans Carossa und Ernst Wiechert erlebten hohe Auflagen. Manche versuchten sich mit historischen Romanen und der Welt der humanistischen Geistesbildung, der Religion und der Natur über den harten grauen Alltag nach 1945 hinwegzuhelfen. Eine selbstkritische politische Analyse der jüngsten Vergangenheit war oft noch nicht gefragt. Diese unpolitische Grundhaltung ist auch die Ursache, weshalb die meisten deutschen Exilschriftsteller sich in der Bundesrepublik Deutschland nicht mehr einbürgern konnten. Sie verstanden den Nationalsozialismus als geschichtliche und politische Erscheinung, während ein Großteil der deutschen Bevölkerung nach vorne in die Zukunft blicken und nicht rückwärts gewandt die Vergangenheit aufarbeiten wollte. Das war ein Grund, weshalb prominente Autoren wie zum Beispiel Thomas Mann oder Carl Zuckmayer nicht zu bundesdeutschen, sondern zu Schweizer Bürgern wurden. Lion Feuchtwanger und Oskar Maria Graf im amerikanischen Exil erlebten ihre späte Renaissance in der Bundesrepublik Deutschland in den 70er-Jahren nicht mehr, und sozialistische Schriftsteller wie Anna Seghers oder Bert Brecht siedelten nach Ostdeutschland über. Dort wurden beide von dem sozialistischen System vereinnahmt und mit Staatspreisen geehrt. Brecht allerdings konnte sich mit dem totalitären Sozialismus nicht identifizieren. Zu dem Volksaufstand vom 17. Juni 1953, als die Bürger in der DDR erstmals seit ihrer Gründung am 7. Oktober 1949 freie Wahlen forderten, schrieb er ein Gedicht, das im Nachlass gefunden wurde:

Die Lösung

Nach dem Aufstand des 17. Juni
Ließ der Sekretär des Schriftstellerverbandes
In der Stalinallee Flugblätter verteilen
Auf denen zu lesen war, daß das Volk
Das Vertrauen der Regierung verscherzt habe
Und es nur durch verdoppelte Arbeit
Zurückerobern könne. Wäre es da
Nicht einfacher, die Regierung
Löste das Volk auf und
Wählte ein anderes?

Nach der Niederschlagung des Aufstandes durch sowjetische Panzer verschärfte sich die Unterdrückung. Immer mehr Menschen flohen vor der Unfreiheit in den Westen, bis die Führung der DDR unter Walter Ulbricht am 13. August 1961 mit dem Bau der Berliner Mauer begann. Zusätzlich grenzte sich die DDR unter dem Staatsratvorsitzenden Honecker ideologisch noch mehr von ihrem Feindbild, der „aggressiven und imperialistischen" Bundesrepublik Deutschland ab und ging von der Existenz zweier deutschen Staaten aus.

Bald nach dem Zusammenbruch Deutschlands 1945 hatte sich in den Westzonen neues literarisches Leben zu regen begonnen. Junge Menschen, geprägt von einer Jugend im Nationalsozialismus und dem entsetzlichen Fronterlebnis, begannen sich zu artikulieren. Hans Werner Richter (1908–1994), bedeutender Autor in der **Gruppe 47**, schrieb 1946 in „Der Ruf", einer von ihm mitherausgegebenen Zeitschrift, „Warum schweigt die junge Generation?"

(...) In Deutschland redet eine Generation, und in Deutschland schweigt eine Generation. Und während die eine sich immer mehr in das öffentliche Gespräch hineinflüchtet, während sie, gleichsam in eine Wolke von bußfertigem Weihrauch gehüllt, in die beruhigenden Schatten der Vergangenheit flieht, versinkt die andere immer mehr für das öffentliche Leben in ein düsteres, nebelhaftes Schweigen. (...) Der Mensch, der junge Mensch, der zwischen diesen beiden Kriegen aufgewachsen ist, der durch ein Inferno der Not, des Hasses, der Leidenschaft, der Begeisterung und des Rausches schritt, der Jahre der Einsamkeit und der geistigen Einengung auf den Kasernenhöfen ertrug und der schließlich durch die Hölle des Krieges, durch den Todestaumel der Front und durch die seelische Abgeschiedenheit der Gefangenenlager ging, er hat sich gewandelt. Er ist zutiefst in seinen seelischen Bindungen erschüttert worden. (...) Ja, diese Generation schweigt, (...) sie schweigt aus dem sicheren Gefühl heraus, dass die Diskrepanz jener älteren Generation, die aus ihrem olympischen Schweigen nach zwölf Jahren heraustrat, zu groß ist, um überbrückbar zu sein. (...)
Über das Erlebnis der Propagandafreiheit verfügt die junge Generation. Aus dem Erlebnis heraus schweigt die junge Generation. Mit dem Erlebnis der wirklichen Freiheit wird sie eines Tages zu reden und zu arbeiten beginnen.

Im September 1947 traf sich erstmals eine Gruppe junger Schriftsteller und Journalisten, die sich fortan „Gruppe 47" nannte und das literarische Leben in der jungen Bundesrepublik Deutschland in den nächsten 20 Jahren entscheidend prägte. Viele bekannte deutsche Schriftsteller der Nachkriegszeit begannen ihre Karriere mit dem Preis der Gruppe 47, den sie bei den Lesungen der Gruppe für ihre Arbeiten bekamen: Heinrich Böll, Ilse Aichinger, Ingeborg Bachmann, Martin Walser, Günter Grass. Die junge Generation hatte zu sprechen begonnen.

Einer der bedeutendsten dieser jungen Autoren hatte, als die Gruppe 47 entstand, nur noch ein Vierteljahr zu leben:

2. Wolfgang Borchert

1921 Am 20. Mai wird Wolfgang Borchert in Hamburg als Sohn eines Lehrers und einer Schriftstellerin geboren.
1938 Als Schüler veröffentlicht er die ersten Gedichte im „Hamburger Anzeiger" und beginnt nach dem Schulabschluss eine Buchhändlerausbildung. Gleichzeitig nimmt er Schauspielunterricht.
1940 Wegen politisch unerwünschter Gedichte wird Borchert von der Gestapo verhaftet und verhört. Im selben Jahr legt er die Schauspielprüfung ab.
1941 Nach kurzer Tätigkeit als Schauspieler wird Borchert an die Ostfront abkommandiert, wo er an Gelbsucht erkrankt.
1942 Unter dem Verdacht sich selbst eine Verwundung beigebracht zu haben wird Borchert verhaftet. Wegen Wehrkraftzersetzung soll er erschossen werden, wird aber freigesprochen. Doch aufgrund von Äußerungen „gegen Staat und Partei" bleibt er in Haft, die in „Frontbewährung" umgewandelt wird.
1943 Borcherts Gesundheit ist durch Gelbsucht und Fleckfieber in Russland schwer angeschlagen, deshalb liegt er in verschiedenen Lazaretten und soll als wehruntauglich entlassen werden. Einen Tag vor der Entlassung wird er wegen politischer Witze erneut verhaftet und für neun Monate eingesperrt. Zur nochmaligen „Frontbewährung" wird er schließlich entlassen und erlebt
1945 das Kriegsende bei Frankfurt am Main. Schwer krank schleppt er sich nach Hamburg, wo er zusammenbricht. Seine letzten zwei Lebensjahre ist Borchert ans Bett gefesselt.
1946 Trotz seiner Krankheit schreibt Borchert Prosastücke und schließt den Gedichtband „Laterne, Nacht und Sterne" ab.
1947 Innerhalb von acht Tagen schreibt der Schwerkranke sein berühmtestes Werk nieder: „Draußen vor der Tür". Als Hörspiel erlebt das Stück ungeheure Resonanz. Unter den Titeln „Die Hundeblume" und „An diesem Dienstag" veröffentlicht Borchert Erzählungen. Freunde ermöglichen ihm einen Krankenhausaufenthalt in der Schweiz, wo er am 20. November im Alter von nur 26 Jahren an einer Lebererkrankung stirbt. Einen Tag später kommt es zur Uraufführung seines Dramas „Draußen vor der Tür" in den Hamburger Kammerspielen.

Wolfgang Borchert im Jahr 1940

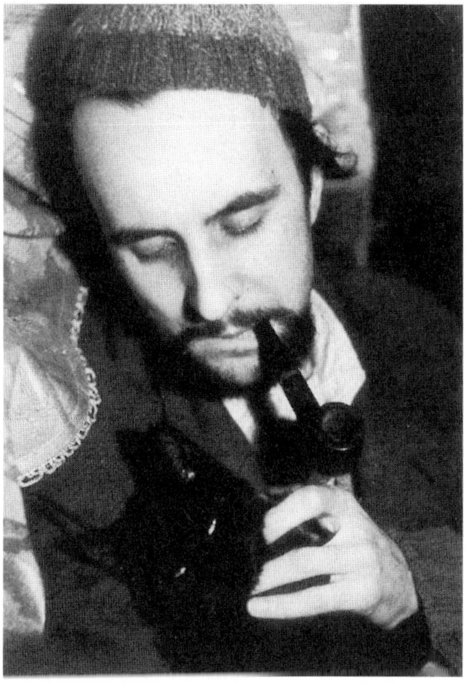

1946 ist Wolfgang Borchert deutlich durch seine Krankheit gezeichnet.

Borchert schrieb das berühmteste Werk der jungen, durch den Krieg sämtlicher Illusionen beraubten Generation. Diese Generation meldet sich mit Werken zu Wort, die man als **Trümmer-** und **Kahlschlagliteratur** bezeichnet.

Hörspiel

Draußen vor der Tür

Das Stück, das zuerst als Hörspiel gesendet wurde, beginnt mit der Heimkehr des Unteroffiziers Beckmann aus Krieg und russischer Gefangenschaft.

Ein Mann kommt nach Deutschland.
Er war lange weg, der Mann. Sehr lange. Vielleicht zu lange. Und er kommt ganz anders wieder, als er wegging. Äußerlich ist er ein naher Verwandter jener Gebilde, die auf den Feldern stehen, um die Vögel (und manchmal auch die Menschen) zu erschrecken. Innerlich – auch. Er hat tausend Tage draußen in der Kälte gewartet. Und als Eintrittsgeld musste er mit seiner Kniescheibe bezahlen. Und nachdem er nun tausend Nächte draußen in der Kälte gewartet hat, kommt er endlich doch noch nach Hause. (...)

Bei seiner Frau findet er einen anderen, deshalb beschließt Beckmann, verkrüppelt und seelisch am Ende, sich in der Elbe zu ertränken. Doch die Elbe, die in einem Traumerlebnis mit ihm spricht, wirft ihn mit seiner bizarren Gasmaskenbrille wieder an Land. Er soll versuchen sein Leben in den Griff zu bekommen. In dieser Situation meldet sich sein zweites Ich, der Andere, in ihm. Borchert gibt ihm keinen Namen, nennt ihn einfach „den Anderen". Dieser Andere ist es, der ihn immer wieder zum Weiterleben zwingt, obwohl er, Beckmann, gar nicht will. Doch am Schluss schweigt auch der Andere. Beckmann wird von allen verlassen, obwohl viele Menschen seinen Weg kreuzten, wie die junge Frau zum Beispiel, die ihn zu sich nimmt. Da kehrt ihr Mann zurück, beinamputiert, einer von den Soldaten, die unter Beckmanns Kommando standen, und Beckmann steht wieder draußen. Die Verantwortung für diese Soldaten will Beckmann nun dem Oberst „zurückgeben", der den Spähtrupp unter Beckmanns Führung losschickte, was elf Menschenleben kostete. Beckmann kann deshalb nicht mehr schlafen, er erzählt von einem fast expressionistischen Traum, in dem ein blutbefleckter General auf einem riesigen Xylophon aus Knochen spielt. Doch der Oberst lacht ihn aus: „(...) Werden Sie erst mal wieder ein Mensch!!!"

Der Direktor eines Kabaretts, bei dem Beckmann Arbeit sucht, schickt ihn weg: „Positiv! Positiv, mein Lieber! Denken Sie an Goethe! Denken Sie an Mozart! (...) Wer will denn heute etwas von der Wahrheit wissen? (...)"
Beckmann trifft seine Eltern nicht mehr in ihrer Wohnung an, eine Frau Kramer wohnt nun darin und eröffnet ihm, dass die alten Leute auf den Friedhof „umgezogen" seien, nachdem sie für ihren Selbstmord so viel Gas verbraucht hätten, „von dem Gas hätten wir einen ganzen Monat kochen können". Beckmann wendet sich wieder der Elbe zu, er sucht den Tod.
In einem erneuten Traumerlebnis trifft er einen weinerlichen alten Mann, den „lieben Gott", der über seine „armen, armen Kinder" jammert, und, in der Gestalt eines Straßenkehrers, den Tod. Auch andere Figuren erscheinen ihm, der Oberst, der Kabarettdirektor, Frau Kramer, Beckmanns Frau mit ihrem neuen Lebensgefährten und der Einbeinige, der aus Enttäuschung, dass er bei

Titelbild der Erstausgabe

seiner Frau Beckmann fand, Selbstmord verübt hat. Beckmann wacht auf und erkennt, dass er weiterleben muss, obwohl ihn keiner hört, ihn, den Verratenen.

(...) Wo ist denn der alte Mann,
der sich Gott nennt?
Warum redet er denn nicht!
Gebt doch Antwort!
Warum schweigt ihr denn? Warum?
Gibt denn keiner eine Antwort?
Gibt keiner Antwort???
Gibt denn keiner, keiner Antwort???

Borchert schrieb sein Stück als **Stationendrama**, das heißt, Einzelszenen werden in **offener Form** aneinander gereiht. Die offene Form ermöglicht im Gegensatz zur geschlossenen Form einen lockeren Aufbau mit häufigem Ortswechsel und einer größeren Zahl an Akteuren. Beckmann hat keinen Gegenspieler, er ist der Mittelpunkt des Dramas. Krieg und Nachkriegswelt werden durch sein Bewusstsein zum Ausdruck gebracht, die dadurch erreichte Subjektivität fördert die Identifikation des Zuschauers mit Beckmann. Schon nach der Sendung als Hörspiel erlebte das Werk eine ungeheure Resonanz. Sehr viele Menschen, gerade durch den Krieg aus der Bahn geworfene, erkannten sich in Beckmann wieder. Der Erfolg war groß, obwohl oder gerade weil rationale Erklärungen der historischen Ereignisse oder Analysen des politischen Geschehens völlig unterblieben. Auf diese Weise förderte das Werk – ohne dass Borchert dies ahnen konnte – die Vorstellung vieler Menschen von einem deutschen Verhängnis und verdrängte damit die Schuldfrage, wie es zur Katastrophe hatte kommen können.

Wichtigste Gattung der Nachkriegsliteratur wurde die **Kurzgeschichte**. Bücher konnten wegen Materialknappheit zunächst kaum gedruckt werden, die dünnen Zeitschriften und Zeitungen jedoch konnten Kurzgeschichten veröffentlichen. Auch macht sich der Einfluss der amerikanischen „Shortstory" bemerkbar, in der eine andere „lost generation", nämlich die der jungen amerikanischen Schriftsteller, nach dem Ersten Weltkrieg ihre kriegsbedingte pessimistische Weltanschauung ausdrückte. Der wohl bekannteste Vertreter dieser Literaturrichtung war Ernest Hemingway, der Literaturnobelpreisträger von 1954. Im Nachkriegsdeutschland zählt Wolfdietrich Schnurre zu den wichtigen Autoren von Kurzgeschichten.

In den Hamburger Kammerspielen wurde Borcherts Stück mit Hans Quest als Beckmann uraufgeführt.

Kriegsheimkehrer

3. Wolfdietrich Schnurre

1962 schrieb der Autor zu seinen Erzählungen „Ein Fall für Herrn Schmidt" ein autobiografisches Nachwort.

Wolfdietrich Schnurre

Ich bin 1920 in Frankfurt am Main geboren. Mein Erinnerungsvermögen setzt mit drei Jahren ein. Es hat aus dieser Zeit einen Teich festgehalten, in dem gelbe Trauerweidenblätter schwammen. (...) In Berlin kam ich 1928 ein zweites Mal auf die Welt. Wir wohnten ganz im Nordosten, in Weißensee, einem Arbeiterviertel. Es gab viel Mauersegler am Himmel und fast ständig politische Unruhen auf den Straßen. (...) Mein Vater sorgte dafür, dass auch die Natur nicht zu kurz kam. Abends fuhren wir manchmal im Bus auf die Rieselfelder hinaus und setzten uns an Stellen, wo wilder Schnittlauch wuchs, zum Abendbrot nieder. Sonntags wurde gewandert wie stets. In der Schorfheide, in der Dubrow, im Spreewald, im Kremmener Luch. Die Ferien verlebte ich in Forsthäusern. In einem hat ein österreichischer Millionär mich das Angeln gelehrt. Auch auf einem westpreußischen Gut war ich oft. In den endlosen Wäldern dort hat noch der Uhu gehaust. (...) Die Nazi-Ära war angebrochen inzwischen; die weltliche Schule gab es nicht mehr, und viele unserer Lehrer waren abgeholt worden. Ich ging aufs humanistische Gymnasium jetzt. Von Griechisch verstand ich nicht viel, aber was Humanismus ist, habe ich leidlich begriffen. Vorm Inneneingang des Gymnasiums stand unter der Sokratesbüste eine Kiste für Knochen und eine für gebrauchte Zahnpastatuben. (...) Wir waren umgezogen und wohnten jetzt in einer zu Unrecht verrufenen Gegend hinter der Jannowitzbrücke in einem möblierten Zimmer. Hier habe ich zu begreifen gelernt, was Großstadttraurigkeit ist. Immer mehr Jungen und Mädchen trugen jetzt Uniformen. Immer mehr zog ich mich vor allen zurück. Ich las Schopenhauer, Edgar Wallace und Thomas Mann, blieb sitzen im Gymnasium und befreundete mich mit einem katholischen Jungen, der Mönch werden wollte, aber dann Kriminalkommissar wurde. Wir besuchten fast sämtliche Klöster in Berlin und versuchten, aus den Patres herauszubekommen, ob sie ein Mittel gegen den grassierenden Ungeist wüssten. Ja, sie wussten eins; aber es war nicht das meine. Vor allem nicht, als ich am 9. November 1938 fassungslos vor den leer geplünderten Schaufenstern des Kaufhauses Israel in der Rathausstraße gestanden hatte, und am Abend hatte der Himmel vom Brand der Synagoge in der Oranienburger Straße wie ein Schmelztiegel geglüht. (...) Ein Jahr später zog man mich ein. Ich musste in Ostpreußen Flugplätze planieren. (...) Ich bin sechseinhalb Jahre Soldat gewesen. (...) Zuletzt war ich in der Strafkompanie. Man warf mir vor, ich hätte die Manneszucht untergraben. (...)
Während dieser letzten Kriegstage kam ich zum dritten Mal auf die Welt. Es war eine Zangengeburt: Die Freiheit zerrte, und der Krieg gab einen nicht frei. In Berlin wurde noch gekämpft. So wich ich aus nach Westfalen. Ich half in der Landwirtschaft; nachts, auf einer umgedrehten Krippe, die nach Häcksel und Pferdeschweiß roch, begann ich zu schreiben. Das heißt, es war mehr ein Beschwören. All das Elend, das Grauen, die Toten –: das ließ einen nicht los. (...) Auf überfüllten Güterzügen trampte ich zurück nach Berlin. Mein Vater lebte noch; aber Berlin schien im Sterben zu liegen. (...) Von nun an bestand mein Leben eigentlich nur noch aus Schreiben. Ich versuchte, aus der zertrümmerten Sprache wieder ein brauchbares Instrument zu machen, und immer wieder vor allem, mich mit der jüngsten Vergangenheit auseinander zu setzen. 1947 habe ich, mit einigen anderen jüngeren Autoren zusammen, die ebenfalls erst nach dem Krieg zu schreiben begonnen hatten, die Gruppe 47 begründet. (...) Ich lief viel in der Stadt herum und prägte mir ihre Gerüche, ihre Gesichter, ihre Sprache neu ein. Es war die Wiederbegegnung mit einer alten Vertrauten, von der man nie loskommen kann. Aber ich war nicht auf sie allein angewiesen, denn 1952 heiratete ich. Aus unserer Ehe sind elf Bücher hervorgegangen, keins denkbar ohne meine Frau, keins denkbar ohne Berlin. (...) Und während ich dieses hier schreibe, sehe ich auch meinen Vater wieder, den ich am 16. August

vorigen Jahres zum letzten Mal in Ostberlin besuchen konnte, wie er hinter der Kette aus schwer bewaffneten Volkspolizisten schluckend zurückbleiben musste.

Nach 1962 veröffentlichte Schnurre neben Hör- und Fernsehspielen die Erzählbände „Ich brauch dich", „Ich frag ja bloß – Großstadtkinderdialoge" und seine Autobiografie: „Der Schattenfotograf". 1983 erhielt Schnurre den Büchner-Preis, den bedeutendsten Literaturpreis Deutschlands. Wolfdietrich Schnurre starb 1989 in Kiel.

Steppenkopp

1958 schreibt Schnurre eine Kurzgeschichte über Heini, einen Jungen, der wegen seines Aussehens zur Zielscheibe der Gehässigkeiten seiner Mitschüler wird. Die Erzählung beginnt mit der atmosphärisch dichten Schilderung einer Schulstunde, in der die Jugendlichen einen Aufsatz schreiben müssen: „Wie beschäftige ich mich in meiner Freizeit?" Heini versinkt dabei in Träumen über sein „Reich", ein ausgedehntes Trümmergrundstück mit zerbombten Häusern in Berlin (Ost), ein Bereich, in den sich wegen der Gefährlichkeit niemand außer ihm hineinwagt.

(...) sah er still, groß, leer, majestätisch: sein Land. Die kahlen, mit rissigen Asphaltplacken bedeckten Höfe; die kühlen, bitter nach schimmligem Seegras duftenden Keller; die herumliegenden, weiß gerillten Kacheln; die ausgebrannten, dachlosen, tief mit Himmel gefüllten Häuser, in denen die Fenster keine Kreuze mehr hatten, und die schorfigen Mauern, die das bisschen rangewehte Erde in ihren Ritzen willig den Birkenkrüppeln zur Verfügung gestellt hatten, die jetzt mit ausgestreckten, unterernährten Blätterarmen und krampfig gekrümmten Wurzelfüßen versuchten, die Balance zu halten.

Heini wird durch den Lehrer aus seinen Träumen gerissen: „Wann hast du eigentlich geschrieben? (...) ich hab dich die ganze Zeit nur rumkucken und an deinem Federhalter knabbern sehn." Als Heini schweigt, nehmen seine Mitschüler dies zum Anlass über ihn „wegen Streiks" herzufallen. An dem hilflosen Junglehrer vorbei erkämpft sich Heini gegen die anderen den Weg aus der Klasse. Er läuft auf der Straße in die Arme eines Volkspolizisten, der starrt ihn an:

Es war das furchtbarste Kindergesicht, das er jemals gesehen hatte. Nein, es war kein Kindergesicht, es war ein Steppengesicht. Flach, fast nach innen gebogen; die fahlgraue Pergamenthaut über den vorgewölbten Backenhügeln beinah zum Zerreißen gespannt, und die Augenschlitze so schmal, als wären sie nachträglich in diesen armen, glatten, zeitlosen Kegelkopf mit der stumpfen, tierisch witternden Nase eingeritzt worden.

Heini ist ein Besatzungskind, ein Mischling, seine Mutter war von einem asiatischen Soldaten der Roten Armee beim Einmarsch in Berlin 1945 vergewaltigt worden. Heini ist ein unerwünschtes Kind, durch sein Aussehen ein Außenseiter. Von den Nachbarskindern, deren Eltern, selbst von seiner eigenen Mutter hat er Ablehnung erfahren. Sie schrie fast: „Warum kann ich ihn nicht lieb haben?"
Wie kaum ein zeitgenössischer Autor versteht es Schnurre, überzeugende Dialoge zu schreiben, das Sprechen der Menschen in allen Nuancen darzustellen. Die versteckte Zuneigung des aus dem Krieg heimgekehrten Stiefvaters, die im Gespräch zum Ausdruck kommt, kann Heini nicht mehr erreichen. Für ihn sind alle Menschen böse und feindlich. Nur in seinem Reich, in der Trümmerlandschaft bei den Wanderfalken und den Mauerseglern, ist das Kind zu Hause. Heini braucht die Menschen nicht mehr: „(...) nein, alle Bewohner seines Landes huldigten ihm, ihm, Heini und sonst niemand."
Schließlich umstellt die Jugendbande Heini in seinem Reich, der Leser erfährt nicht, wie die Geschichte endet: „Jetzt sah er sie alle; sie hatten Steine und zerbrochene Flaschen in den Händen und kamen langsam heran. Witternd hob er den Kopf, ob er die Falken nicht sähe. Der Himmel war leer."

Nur wenige Jahre nach dem Ende des Nationalsozialismus wird wieder Jagd auf Menschen gemacht. Diesmal von Kindern, deren Eltern zusahen, wie Juden aus ihren Wohnungen abgeholt und verschleppt wurden. Schnurre erzählt unsentimental, wie schnell

ein Pogrom gegen die entsteht, die „anders" aussehen, nicht „dazugehören", Außenseiter sind. Vielleicht erreicht er gerade dadurch die Betroffenheit, die den Leser zum Nachdenken anregt, gerade in den Zeiten, in denen sich Ausländerfeindlichkeit und Fremdenhass wieder zu regen beginnen.
Neben der Kurzgeschichte war das Gedicht eine der wichtigsten Gattungen der Nachkriegszeit. Günter Eich (1907–1972) veröffentlichte 1948 einen Band mit dem Titel „Abgelegene Gehöfte". Die darin enthaltenen Gedichte „Inventur" und „Latrine" sind typische Beispiele der Trümmerliteratur. Als erster Autor erhielt er den Preis der Gruppe 47.
Mit den Verbrechen im nationalsozialistischen Deutschland setzten sich vor allem die jüdischen Autoren Nelly Sachs (1891–1970) – sie erhielt 1966 den Nobelpreis für Literatur – und Paul Celan (1920–1970) auseinander.

4. Paul Celan

1920 In Czernowitz (Rumänien) wird Paul Celan, der eigentlich Paul Antschel heißt, als Sohn deutschsprachiger Juden geboren.
1938 Kurz vor Kriegsausbruch beginnt er in Tours (Frankreich) Medizin zu studieren, ein Jahr später kehrt er aber wieder nach Czernowitz zurück und studiert dort Romanistik.
1942 Seine Eltern werden von den Nationalsozialisten in ein Vernichtungslager deportiert und ermordet.
1944 Celan gerät selbst in ein rumänisches Arbeitslager. Nach Kriegsende arbeitet er als Übersetzer und Verlagslektor in Bukarest.
1948 In Paris studiert er Germanistik und wird französischer Staatsbürger. Die ersten Gedichte erscheinen in dem Band „Der Sand aus den Urnen". Celan schreibt trotz der französischen Staatsbürgerschaft ausschließlich in deutscher Sprache.
1952 Die Gedichtsammlung „Mohn und Gedächtnis" macht den Autor bei einem breiteren Publikum bekannt.
1959 Bis zu seinem Tod unterrichtet er deutsche Sprache und Literatur an der Universität Paris. Seit „Sprachgitter" wird die Aussage seiner Gedichte zunehmend verschlüsselter.
1960 Als wichtiger Lyriker der Nachkriegszeit erhält Celan den Büchner-Preis.
1969 Celan unternimmt eine Reise nach Israel. Ein Jahr später begeht er in Paris Selbstmord.

Paul Celan

Paul Celans Gedichte gelten als schwierig. Er selbst hielt sich mit Erklärungen zurück, bis auf einige wenige Äußerungen bei Preisverleihungen und beim Besuch des Hebräischen Schriftstellerverbandes in Tel Aviv 1969. Dort äußerte er sich über das Wesen eines Gedichts folgendermaßen:

Es ist einsam und unterwegs. Wer es schreibt, bleibt ihm mitgegeben. (...) Das Gedicht will zu einem Andern, es braucht dieses Andere, es braucht ein Gegenüber. Es sucht es auf, es spricht sich ihm zu. (...) Gedichte sind Begegnungen, (...) Daseinsentwürfe vielleicht, (...) auf der Suche nach sich selbst, eine Art Heimkehr.

Eine Begegnung mit seiner Mutter, die im Konzentrationslager umgebracht wurde, verarbeitete Celan in dem Gedicht „Espenbaum", das in der Sammlung „Mohn und Gedächtnis" 1952 veröffentlicht wurde.

Espenbaum

Espenbaum, dein Laub blickt weiß ins Dunkel.
Meiner Mutter Haar ward nimmer weiß.

Löwenzahn, so grün ist die Ukraine.
Meine blonde Mutter kam nicht heim.

Regenwolke, säumst du an den Brunnen?
Meine leise Mutter weint für alle.

Runder Stern, du schlingst die goldne Schleife.
Meiner Mutter Herz ward wund von Blei.

Eichne Tür, wer hob dich aus den Angeln?
Meine sanfte Mutter kann nicht kommen.

Die Wörter „Dunkel" und „aus den Angeln" weisen deutlich auf das persönliche Thema hin: der Mord an der Mutter. In der fünffachen Wiederholung von „meine Mutter" drückt sich das Leid des Dichters aus.
Auf den ersten Blick meint man, dass die zwei Verse jeder Strophe willkürlich miteinander verbunden wurden. Doch beim genaueren Hinsehen entdeckt man Verbindungen. In den ersten beiden Strophen beispielsweise sind es die Farben, in der dritten Strophe die Assoziation „Regen" – „Tränen". Die ganze Schöpfung wird zum Zeugen eines Verbrechens.

Auch wenn Celan in dem Gedicht „Espenbaum" in erster Linie vom Tod eines Menschen spricht, so verweist der Vers „Meine leise Mutter weint für alle" auf den Völkermord an den Juden. Bereits Anfang 1945 setzte sich der Dichter damit in seinem wohl bekanntesten Gedicht „Todesfuge" auseinander.

Todesfuge

Schwarze Milch der Frühe wir trinken sie abends
wir trinken sie mittags und morgens wir trinken sie nachts
wir trinken und trinken
wir schaufeln ein Grab in den Lüften da liegt man nicht eng
Ein Mann wohnt im Haus der spielt mit den Schlangen der schreibt
der schreibt wenn es dunkelt nach Deutschland dein goldenes Haar Margarete
er schreibt es und tritt vor das Haus und es blitzen die Sterne er pfeift seine Rüden herbei
er pfeift seine Juden hervor lässt schaufeln ein Grab in der Erde
er befiehlt uns spielt auf nun zum Tanz

Schwarze Milch der Frühe wir trinken dich nachts
wir trinken dich morgens und mittags wir trinken dich abends
wir trinken und trinken
Ein Mann wohnt im Haus der spielt mit den Schlangen der schreibt
der schreibt wenn es dunkelt nach Deutschland dein goldenes Haar Margarete
Dein aschenes Haar Sulamith wir schaufeln ein Grab in den Lüften da liegt man nicht eng

Er ruft stecht tiefer ins Erdreich ihr einen ihr andern singet und spielt
er greift nach dem Eisen im Gurt er schwingts seine Augen sind blau
stecht tiefer die Spaten ihr einen ihr andern spielt weiter zum Tanz auf

Schwarze Milch der Frühe wir trinken dich nachts
wir trinken dich mittags und morgens wir trinken dich abends
wir trinken und trinken
ein Mann wohnt im Haus dein goldenes Haar Margarete
dein aschenes Haar Sulamith er spielt mit den Schlangen

Er ruft spielt süßer den Tod der Tod ist ein Meister aus Deutschland
er ruft streicht dunkler die Geigen dann steigt ihr als Rauch in die Luft
dann habt ihr ein Grab in den Wolken da liegt man nicht eng

Schwarze Milch der Frühe wir trinken dich nachts
wir trinken dich mittags der Tod ist ein Meister aus Deutschland
wir trinken dich abends und morgens wir trinken und trinken
der Tod ist ein Meister aus Deutschland sein Auge ist blau

er trifft dich mit bleierner Kugel er trifft dich genau
ein Mann wohnt im Haus dein goldenes Haar Margarete
er hetzt seine Rüden auf uns er schenkt uns ein Grab in der Luft
er spielt mit den Schlangen und träumet der Tod ist ein Meister aus Deutschland

dein goldenes Haar Margarete
dein aschenes Haar Sulamith

Das Gedicht hört sich an wie eine „Symphonie des Grauens". Minutiös schildert Celan die Vorgänge in einem Konzentrationslager. Juden müssen ihr eigenes Grab schaufeln,

Gedenkraum für die Opfer von Krieg und Gewaltherrschaft in der Neuen Wache in Berlin mit einer Statue von Käthe Kollwitz

dann werden sie erschossen und verbrannt. Eine andere Gruppe muss dazu Musik spielen. So makaber es auch klingen mag, in den Konzentrationslagern gab es tatsächlich Lagerkapellen. In Buchenwald spielten ab 1938 zunächst Zigeuner mit Gitarren oder Harmonikas lustige Märsche, während abgehetzte Gefangene tote oder sterbende Kameraden ins Lager trugen. Auch bei Bestrafungen von Häftlingen musste diese Kapelle aufspielen. (Nach: Eugen Kogon, Der SS-Staat, S. 152f.)
Die Metapher „Schwarze Milch der Frühe" ist nicht leicht zu erklären. Wahrscheinlich ist es eine Anlehnung an ein Zitat aus dem Alten Testament. In den Klageliedern des Jeremia (4,7–8) heißt es: „Ihre Fürsten waren reiner denn Schnee und klarer denn Milch. (...) Nun ist ihre Gestalt so dunkel vor Schwärze."
In einer zweiten Handlung des Gedichts spielt der Kommandant die Hauptrolle. Er hetzt Hunde auf die Juden, schwingt die Peitsche. Die Verführung zum Bösen wird deutlich, wenn es heißt, er „spielt mit den Schlangen". Entscheidend ist aber die Doppelrolle des Kommandanten. Auf der einen Seite tötet er Menschen, gleichzeitig schreibt er auch Liebesbriefe an eine Margarete in Deutschland. Diese beiden Vorgänge stellt Celan mit dem Mittel der Fuge dar. Die Welt der Schergen und der Opfer werden miteinander verflochten und am Ende des Gedichts in äußerster sprachlicher Verdichtung zusammengeführt. Während an Margarete ein Liebesbrief geschrieben wird, stirbt die Jüdin Sulamith.
Von manchen Kritikern wurde der Einwand erhoben, durch die starke künstlerische Gestaltung eines Gedichts würde ein so furchtbares Geschehen wie die Ermordung eines ganzen Volkes verharmlost. Dem liegt aber ein Missverständnis des Satzes des Philosophen Theodor W. Adorno zugrunde: „Nach Auschwitz ein Gedicht zu schreiben, ist barbarisch." Dieser Satz bezieht sich nur auf stimmungsvolle Naturlyrik, die bis in die frühen 50er-Jahre vorherrschend war.
Mit den schrecklichen Ereignissen im Zweiten Weltkrieg befasste sich auch die Dichterin Marie Luise Kaschnitz.

5. Marie Luise Kaschnitz

1901 Marie Luise Kaschnitz wird in Karlsruhe geboren, wächst aber in Potsdam und Berlin auf, da ihr Vater als Offizier aus badischen in preußische Dienste übertritt. Nach Beendigung der Schule absolviert sie eine Buchhändlerlehre in Weimar und arbeitet anschließend bei verschiedenen Verlagen in München und Rom.
1925 heiratet sie den Archäologen Guido Kaschnitz von Weinberg. Mit ihm lebt sie in Rom, Königsberg, Marburg und Frankfurt, und beide sind außerdem viel auf Studienreisen im Mittelmeerraum unterwegs.
1947 Der erste Gedichtband erscheint. Marie Luise Kaschnitz verfasste zwar schon einzelne Gedichte und Romane vor 1945, doch erst nach dem Zweiten Weltkrieg beginnt sie kontinuierlich zu veröffentlichen.
1955 erhält sie den Büchner-Preis.
1958 Nach dem Tod ihres Mannes lebt sie in Bollschweil in Baden. In Frankfurt am Main ist sie seit 1960 Gastdozentin für Poetik, 1968 wird ihr die Ehrendoktorwürde verliehen.
1974 Marie Luise Kaschnitz stirbt in Rom.

Marie Luise Kaschnitz im Jahr 1966

Marie Luise Kaschnitz hinterließ ein umfangreiches Werk. Neben Hörspielen, Bühnenwerken und einfühlsamen Erzählungen wie zum Beispiel „Das dicke Kind" (1952) widmete sie sich vor allem der Lyrik. In dem 1957 geschriebenen Gedicht „Hiroshima" aus der Sammlung „Neue Gedichte" geht die Dichterin der Frage nach, was wohl mit dem Piloten geschehen ist, der am 6. August 1945 die erste Atombombe abwarf.

1945 bot Hiroshima nach dem Abwurf der Atombombe ein Bild der Verwüstung.

Hiroshima

Der den Tod auf Hiroshima warf
Ging ins Kloster, läutet dort die Glocken.
Der den Tod auf Hiroshima warf
Sprang vom Stuhl in die Schlinge, erwürgte sich.
Der den Tod auf Hiroshima warf
Fiel in Wahnsinn, wehrt Gespenster ab
Hunderttausend, die ihn angehen nächtlich,
Auferstandene aus Staub für ihn.

Nichts von alledem ist wahr.
Erst vor kurzem sah ich ihn
Im Garten seines Hauses vor der Stadt.
Die Hecken waren noch jung und die Rosenbüsche zierlich.
Das wächst nicht so schnell, daß sich einer verbergen könnte
Im Wald des Vergessens. Gut zu sehen war
Das nackte Vorstadthaus, die junge Frau
Die neben ihm stand im Blumenkleid
Das kleine Mädchen an ihrer Hand
Der Knabe, der auf seinem Rücken saß
Und über seinem Kopf die Peitsche schwang.
Sehr gut erkennbar war er selbst
Vierbeinig auf dem Grasplatz, das Gesicht
Verzerrt von Lachen, weil der Photograph
Hinter der Hecke stand, das Auge der Welt.

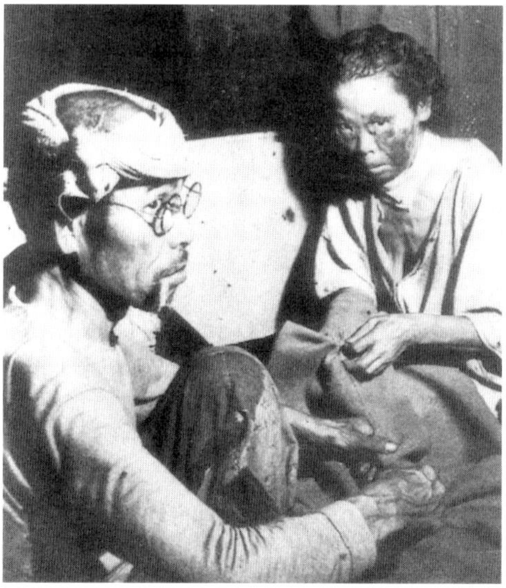
Verwundete nach dem Atombombenabwurf von Hiroshima

Das Gedicht beschreibt den Gegensatz zwischen den Vermutungen der Dichterin und der Realität. In der ersten Strophe denkt sie über drei mögliche Verhaltensweisen des Bomberpiloten nach: Ging er ins Kloster? Hat er Selbstmord begangen? Lebt er im Irrenhaus? Mit „Nichts von alledem ist wahr" erfährt der Leser das Gegenteil. Der Pilot führt ein ganz normales bürgerliches Leben in einem Vorstadthaus. Er ist verheiratet, hat zwei Kinder. Mit seinem Sohn spielt er auf dem Rasen. Doch obwohl der Abwurf der Bombe bereits über ein Jahrzehnt zurückliegt, wird die Öffentlichkeit – festgehalten in dem Bild „das Auge der Welt" – diesen Vorfall nicht vergessen. Daran können auch die Hecken und Büsche nichts ändern, hinter denen sich der Pilot vielleicht verbergen will.
Es ist interessant und erschreckend zugleich, dass der Pilot Paul Tibbets tatsächlich kein gebrochener Mann war oder ihn Gewissensbisse plagten. In einem Interview äußerte er sich zu seinem damaligen Einsatz folgendermaßen:

Ich würde es wieder tun. Ich müsste heucheln, wenn ich behauptete, ich empfände so etwas wie Reue. Ich habe nur einen Befehl von höherer Stelle ausgeführt. (...) In Hiroshima hat es schätzungsweise 20.000, höchstens 100.000 Tote gegeben. Bei einer Invasion hätten nach militärischen Voraussagen schon während der ersten 24 Stunden allein 100.000 amerikanische Soldaten ihr Leben lassen müssen. Wer mich heute kritisiert, der vergisst, dass wir im Krieg gegen einen unerbittlichen Feind lagen.

Es wäre jedoch einseitig, die Aussage des Gedichtes ausschließlich auf den Piloten zu beschränken. Der Satz „Ich habe nur einen Befehl von höherer Stelle ausgeführt" ist eine typische Rechtfertigung, die auch zahlreiche Verbrecher des Nationalsozialismus für sich in Anspruch nahmen.

6. Günter Grass

1927 Günter Grass wird am 16. Oktober in die deutsch-polnische Familie eines Kolonialwarenhändlers in Danzig geboren.
1944-45 Als Luftwaffenhelfer und Panzerschütze erlebt er das Ende des Zweiten Weltkriegs, wird verwundet und gerät in amerikanische Kriegsgefangenschaft, aus der er
1946 entlassen wird. Er schlägt sich als Arbeiter in der Landwirtschaft und in einem Kalibergwerk durch. Nach einem Praktikum als Steinmetz entschließt er sich
1948 zum Studium der Bildhauerei und Grafik in Düsseldorf. Neben dem Studium beginnt er zu schreiben: Kurzprosa, Erzählungen, v. a. Lyrik.
1954 Er heiratet Anna Schwarz, eine Balettstudentin. Ab
1955 wird er zu Tagungen der Gruppe 47 eingeladen.
1956 Grass zieht nach Paris und beginnt mit der Arbeit am Roman „Die Blechtrommel".
1960 Für „Die Blechtrommel" wird Grass von der Jury der Bremer Literaturpreis zuerkannt, doch der Senat verweigert seine Zustimmung, weil man den Roman wegen seiner Tabubrüche als zu provozierend empfindet. Neben Ablehnung dieser Art findet das Werk auch große Zustimmung. Grass kehrt nach Deutschland zurück und engagiert sich 1961 im Bundestagswahlkampf und auch später für die SPD. Die Novelle „Katz und Maus" erscheint.
1963 Abschluss der so genannten „Danziger Trilogie" („Die Blechtrommel", „Katz und Maus") bildet der Roman „Hundejahre". Das „deutsche Trauerspiel" „Die Plebejer proben den Aufstand", das sich mit der Rolle Brechts während des ostdeutschen Arbeiteraufstands am 17. Juni 1953 auseinander setzt, wird uraufgeführt.
1969 Der Roman „Örtlich betäubt" ist stark vom politischen Engagement des Dichters für die Politik Willi Brandts und der SPD geprägt.
1972 Über den Wahlkampf von 1969, der zum Sieg der SPD führt, berichtet er in dem Werk „Aus dem Tagebuch einer Schnecke". Danach zieht sich Grass aus der politischen Öffentlichkeit zurück und arbeitet an seinem Roman „Der Butt", der
1977 erscheint und zu einem weltweiten Erfolg wird. Das Werk beschäftigt sich in Anlehnung an das Märchen vom Fischer und seiner Frau mit der Frauenemanzipation. Grass wird von seiner Frau Anna geschieden und heiratet
1978 die Organistin Ute Grunert. Er veröffentlicht die Erzählung „Das Treffen in Telgte", ein fiktives Treffen deutscher Dichter der Barockzeit, bei dem man Parallelen zu Treffen der Gruppe 47 erkennen kann.
1980 „Kopfgeburten oder Die Deutschen sterben aus" verweist auf Grass' Engagement für die Friedensbewegung. In der darauf folgenden Schaffensperiode dominiert Lyrik in Verbindung mit Grafik.

Günter Grass

1986 Nach dem Erscheinen des Romans „Die Rättin" hält sich Grass zusammen mit seiner Frau für fünf Monate in Indien auf. Das Tagebuch dieser Zeit, „Zunge zeigen", ist geprägt vom Engagement für die Dritte Welt.
1990 Der Dichter wird ein aufmerksamer Beobachter der deutschen Vereinigung, die er in zahlreichen Aufsätzen und Reden kritisch begleitet. Der zunehmenden Ausländerfeindlichkeit und der seiner Meinung nach allzu unentschiedenen Haltung der Politik dazu tritt er
1992 in seiner „Rede vom Verlust" entgegen. Im selben Jahr verlässt er nach zehn Jahren die SPD aus Protest gegen deren Asylpolitik. Nach dem Brandanschlag von Mölln in unmittelbarer Nähe seines Wohnorts entsteht der Sonettzyklus „Novemberland".
1995 erscheint der Roman „Ein weites Feld".
1999 Zur Jahrtausendwende gibt der Dichter „Mein Jahrhundert" – eine Sammlung von 100 chronologisch geordneten Prosastücken heraus. Im gleichen Jahr wird Günter Grass – nach vielen Literaturpreisen und Ehrendoktorwürden – als neuntem deutschen Schriftsteller der Literatur-Nobelpreis für sein Gesamtwerk, besonders aber für „Die Blechtrommel" zuerkannt.
2002 In der Novelle „Im Krebsgang" erinnert Grass an die größte Schiffskatastrophe aller Zeiten, als der überladene Truppentransporter „Wilhelm Gust-

Günter Grass (West) und Stephan Hermlin (Ost) rauchen ihre Friedenspfeife. „Den Frieden erklären" hieß das Motto der „Zweiten Berliner Begegnung" (1983), auf der die beiden eine wichtige Rolle spielten.

loff" mit tausenden von Flüchtlingen an Bord am 30. Januar 1945 von einem sowjetischen Torpedo getroffen wurde und in der Ostsee versank.

Die Blechtrommel

Als „Insasse einer Heil- und Pflegeanstalt" entschließt sich der dreißigjährige, zwergwüchsige Oskar Matzerath seine Lebensgeschichte aufzuschreiben, so entsteht eine schonungslose Lebensbeichte aus der Froschperspektive des unterschätzten „Gnoms". Er beginnt mit der Wende zum 20. Jahrhundert, der Zeugung seiner Mutter auf einem Kartoffelacker, und setzt die Schwerpunkte entsprechend seinen eigenen Lebensdaten von 1927 bis in die Gegenwart, die 50er-Jahre. Gleichzeitig thematisiert er die Zeit der Niederschrift, 1952 bis 1954, in der sich Matzerath gegen die Nachkriegs-Reaktion wehrt.

Oskar Matzerath ist seit seiner Geburt ein aufmerksamer Beobachter seiner Umwelt: „Damit es sogleich gesagt sei: Ich gehörte zu den hellhörigen Säuglingen, deren geistige Entwicklung schon bei der Geburt abgeschlossen ist und sich fortan nur noch bestätigen muß. So unbeeinflußbar ich als Embryo nur auf mich gehört und mich im Fruchtwasser spiegelnd geachtet hatte, so kritisch lauschte ich den ersten spontanen Äußerungen der Eltern (...); noch mehr: was ich mit dem Ohr einfing, bewertete ich sogleich mit winzigstem Hirn und beschloß, nachdem ich alles Gehörte genug bedacht hatte, dieses und jenes zu tun, anderes gewiß zu lassen." Das, was Oskar sieht und hört, führt dazu, dass er mit drei Jahren nach einem absichtlich herbeigeführten Sturz von der Kellertreppe beschließt nicht mehr zu wachsen (er wird zunächst nicht größer als 94 Zentimeter, später bringt er es auf 1,23 Meter) und sich so der Welt der Erwachsenen im Kleinbürgermief der Stadt Danzig zu versagen. Oskar bleibt ein Mensch, „der es nicht nötig hatte, von Jahr zu Jahr größere Schuhe und Hosen zu tragen, nur um beweisen zu können, daß etwas im Wachsen sei." Ausdruck seiner Scheinkindlichkeit und seines Protests gegen die Erwachsenenwelt wird eine weiß-rote Blechtrommel, die er zum dritten Geburtstag bekommt und mit der er gegen die Unordnung

Umschlagentwurf von Günter Grass

der Welt antrommelt und schließlich sogar Nazi-Versammlungen sprengen wird. Als man ihm sein Instrument wegnehmen will, zeigt sich eine weitere Fähigkeit: Er kann mit einem hohen, schrillen Schrei „Glas (...) zersingen", womit er eine zweite Waffe besitzt, die Welt der Erwachsenen auf Distanz zu halten: „Und was ich mit meiner Trommel nicht klein bekam, tötete ich mit meiner Stimme."

Oskar ist am Tod seiner Mutter nicht unschuldig, erst recht nicht am Tod seiner beiden möglichen Väter. Während des Krieges ist er Chef einer Bande von Halbstarken, dann ist er in Gefahr als verkrüppelter Zwerg im Rahmen der Euthanasie umgebracht zu werden, gelangt aber durch seinen Lehrer, den Liliputaner Bebra als Künstler zum Fronttheater. Nach Kriegsende wird er in Westdeutschland Steinmetzgehilfe, Aktmodell, Trommler eines Jazztrios. Schließlich steht er als Angeklagter in einem Mordprozess vor Gericht und wird in eine Heil- und Pflegeanstalt eingewiesen.

„Die Blechtrommel" ist zwar kein historischer Roman im engen Sinn, dennoch ist die Familiengeschichte Oskars eng mit den politischen Geschehnissen der 30er-Jahre und des Zweiten Weltkriegs verknüpft. Für Grass ist Danzig, vor allem der Vorort Langfuhr, als Mikrokosmos ein Ort, wo sich das Aufkommen des Nationalsozialismus durch die ihn tragende Schicht des Kleinbürgertums besonders gut studieren lässt, auch begann in Danzig der Zweite Weltkrieg.

So erlebt Oskar den deutschen Angriff auf die polnische Post, aber das Sterben um ihn herum bedeutet ihm nichts: „(...) was ging mich Polen an!" Wichtig für ihn ist nur die unbeschädigte „weiß-rot gelackte Blechtrommel". An solchen Stellen wird sichtbar, was bei Erscheinen des Romans in der Adenauer-Ära neben der Darstellung von tabuisierten Bereichen vor allem für Empörung sorgte: Bürgerliche Tugend- und kirchlich geprägte Moralbegriffe fehlen dem Kind gebliebenen Oskar völlig, seine Haltung ist von Mitleidlosigkeit gekennzeichnet: „Was man nicht alles tut, wenn das Schicksal seinen Auftritt hat. Während mein mutmaßlicher Vater die Partei (das Nazi-Parteiabzeichen, Anm. d. Verf.) verschluckte und starb, zerdrückte ich, ohne es zu merken oder zu wollen, zwischen den Fingern eine Laus, die ich dem Kalmücken kurz zuvor abgefangen hatte." Kritiker ereiferten sich dementsprechend: „Wir haben es hier – und das ist von einer bravourösen Widerwärtigkeit – mit einer totalen Existenzkarikatur zu tun: mit einem nicht nur frohlockend auf sich genommenen, sondern vollbewusst herbeigeführten Kretinismus, mit einer wütenden Intelligenz, die sich unter schnarrendem Gelächter in einen Froschleib zurückzieht, jede Verantwortung von sich weisend, nur bereit, zu schnuppern und zu schmatzen, zu kecken und zu sabbern, auf eine Kindertrommel zu schlagen und Schaufensterscheiben oder Einmachgläser zerscherben zu lassen." (Günter Blöcker in: Frankfurter Allgemeine Zeitung v. 28.11.1959) Der Wert des Romans wurde jedoch schon bei seinem Erscheinen erkannt. So schrieb der Kritiker Joachim Kaiser 1959: „Der Roman muss verstanden werden als schneidend prägnanter Versuch, die Beziehungen zwischen Kleinbürgerei und den Abenteuern der Diktatur festzuhalten. (...) Damit nun keine Behaglichkeit entsteht, (...) schafft Oskars Deformation ständig jene böse Distanz, ohne die der Roman harmonisierend verfälschen würde." Das Dritte Reich wird durch die satirisch-groteske Perspektive entlarvt, zum Zeitpunkt der Veröffentlichung des Romans wirkte das gleichermaßen enthüllend wie befreiend.

Für die Leser zeigen sich Parallelen zu Grimmelshausens „Simplicissimus". Auch Oskars Welt ist negativ, sein Gitterbett in der Anstalt bedeutet für ihn „das endlich erreichte Ziel, mein Trost ist es und könnte mein Glaube werden". Doch während sich die Weltflucht im Barockroman aus religiösen Quellen speist, ist sie für Grass nur ein Element in seinem parodierenden und ironisierenden Spiel mit dem Formenreichtum des Bildungs- und Entwicklungsromans. Grass sieht sein Werk in der Tradition des so genannten „Pikaro- oder Schelmenromans", wobei sich die deutsche Bezeichnung „Schelm" als zu harmlos und die genaue Übersetzung des spanischen Begriffs „picaro" als „gemeiner Kerl von üblem Lebenswandel" gleichsam als prägnante Beschreibung des Gnoms Oskar erweist.

War der Roman bei seinem Erscheinen vom Inhalt her eine Herausforderung, so galt das auch für die Sprache: Sie ist von einer besonderen Rhythmik, die daher rührt, dass der Dichter beim Schreiben den Text mitspricht, bis er „mundgerecht" ist, sie ist unerhört plastisch und bewältigt die ausufernde Stofffülle trotz kompliziertem Satzbau mit müheloser Präzision: „Zugegeben: ich bin Insasse einer Heil- und Pflegeanstalt, mein Pfleger beobachtet mich, läßt mich kaum aus dem Auge; denn in der Tür ist ein Guckloch, und meines Pflegers Auge ist von jenem Braun, welches mich, den Blauäugigen, nicht durchschauen kann." So beginnt der Roman und in 46 Kapiteln entfaltet sich eine suggestive, sinnliche Sprache, die die Leser in einer Vielzahl von Bildern und Assoziationen oft drastisch und derb den groteskurrealistischen Gehalt dieser Zeitsatire nachempfinden lässt.

20 Jahre nach dem Erscheinen, 1979, wird der Roman von Volker Schlöndorff verfilmt und zu einem internationalen Erfolg mit höchsten Auszeichnungen (u .a. dem „Oskar" als bestem fremdsprachigen Film).

Herni Matisse, das Schweigen der Häuser

Arbeitsvorschläge

1. Welche Einstellung prägte die Schriftsteller der Inneren Emigration?
2. Warum hatten die Schriftsteller, die 1933 ins Exil gingen, nach 1945 Erfolg?
3. Welche Grundhaltung zeigten die Schriftsteller der Gruppe 47? (Vergleiche dazu Seite 307.)
4. Erkläre den Begriff „Trümmer- bzw. Kahlschlagliteratur".
5. Was ist ein Stationendrama?
6. Was bedeutet im Drama „offene Form"?
7. Warum war die Kurzgeschichte nach 1945 sehr beliebt?
8. Inwieweit verarbeitete Paul Celan persönliche Erfahrungen in seinen Gedichten?
9. Wie erreicht Marie Luise Kaschnitz mit dem Gedicht „Hiroshima" Betroffenheit?
10. Warum verursachte der Roman „Die Blechtrommel" bei seinem Erscheinen einen Skandal?

Zusammenfassung

Für die deutsche Bevölkerung bedeutete das Ende des Krieges einen tiefen Einschnitt. Man sprach von der „Stunde Null". „Trümmerliteratur" und „Poesie des Kahlschlags" sind die Bezeichnungen für die Literatur der frühen Nachkriegszeit, entstanden vor dem Hintergrund der zerbombten Städte. Papier war in dieser Zeit eine Kostbarkeit, was auch ein Grund dafür war, dass die aus dem Amerikanischen stammende Kurzgeschichte zur vorherrschenden Gattung wurde.

Neben den Autoren der Inneren Emigration und denen, die ins Exil gegangen waren, kam eine Gruppe junger Dichter, Angehörige jener enttäuschten, verratenen Generation, zu Wort. Hans Werner Richter gab zusammen mit Alfred Andersch 1946 in München die Zeitschrift „Der Ruf" heraus. Ein Jahr später versammelten sich die jungen Autoren zur Gruppe 47. Zu ihren ersten Autoren gehörten neben Richter und Andersch unter anderem Wolfdietrich Schnurre und Günter Eich. Im Laufe der Jahre gesellten sich auch Ilse Aichinger, Ingeborg Bachmann, Heinrich Böll, Paul Celan, Günter Grass, Wolfgang Hildesheimer, Siegfried Lenz, Martin Walser und andere dazu. All diese Autoren prägten ganz entscheidend das literarische Leben in den ersten Jahrzehnten der Bundesrepublik Deutschland.

Wichtige Begriffe:
Gruppe 47 – Trümmerliteratur – Stationendrama – Kurzgeschichte

Geschichtlicher Hintergrund

8.5.1945	Bedingungslose Kapitulation des Deutschen Reiches; später Einrichtung von vier Besatzungszonen; Beginn der Nürnberger Kriegsverbrecherprozesse
6.8.1945	Atombombenabwurf auf Hiroshima
1947	Hilfsprogramm der USA für Europa (Marshallplan)
20.6.1948	Währungsreform in den westlichen Besatzungszonen
23.5.1949	Gründung der Bundesrepublik Deutschland
7.10.1949	Gründung der DDR
17.6.1953	Volksaufstand in der DDR
1952	Unterzeichnung des Deutschlandvertrags
1955	Die Bundesrepublik Deutschland wird in die NATO aufgenommen

Autoren und Werke

GOTTFRIED BENN (1886–1956)
Statische Gedichte
Fragmente. Neue Gedichte

NELLY SACHS (1891–1970)
In den Wohnungen des Todes
Sternverdunkelung

MARIE LUISE KASCHNITZ (1901–1974)
Zukunftsmusik
Das dicke Kind und andere Erzählungen

GÜNTER EICH (1907–1972)
Abgelegene Gehöfte
Untergrundbahn
Die Mädchen aus Viterbo

WOLFDIETRICH SCHNURRE (1920–1989)
Steppenkopp
Ein Fall für Herrn Schmidt
Der Schattenfotograf

PAUL CELAN (1920–1970)
Der Sand aus den Urnen
Mohn und Gedächtnis
Sprachgitter

WOLFGANG BORCHERT (1921–1947)
Die Hundeblume
An diesem Dienstag
Draußen vor der Tür

ILSE AICHINGER (geb. 1921)
Die größere Hoffnung
Rede unter dem Galgen

GÜNTER GRASS (geb. 1927)
Die Blechtrommel
Katz und Maus

Auf dem Weg in die Wohlstandsgesellschaft

Duane Hanson, Supermarket Lady

1. Die Zeit des Wirtschaftswunders

Die ersten freien Wahlen in der Bundesrepublik Deutschland 1949 waren geprägt vom Streit der Parteien um die künftige wirtschaftliche Entwicklung. Während die SPD planwirtschaftliche Ideen vertrat, war ein großer Teil der CDU um Ludwig Erhard für die soziale Marktwirtschaft. Die Schlüsselbegriffe wirtschaftliche Freiheit und – vom Staat verbürgt – soziale Gerechtigkeit standen hinter diesem Konzept. Sosehr weite Teile der Bevölkerung wie auch der Gewerkschaften diesem Plan misstrauten, der bald einsetzende wirtschaftliche Aufschwung gab Ludwig Erhard Recht. Die soziale Marktwirtschaft verbunden mit der Währungsreform und der Aufbaufinanzierung durch die Amerikaner, dem Marshallplan, ermöglichte das so genannte „Wirtschaftswunder".

Hauptfaktoren für dieses Wirtschaftswunder waren die Arbeitskraft und der Leistungswille der Deutschen. Nach der furchtbaren Niederlage 1945 und den Hungerjahren verschaffte ihnen der materielle Erfolg nicht nur ein enormes Aufholen in allen Bereichen des täglichen Lebens, sondern auch ein neues Selbstbewusstsein. Gerade die Millionen Heimatvertriebenen setzten alles daran, mit Fleiß und Tüchtigkeit den Status der Besitzlosigkeit und der Entwurzelung loszuwerden. Mit 48,2 Stunden wöchentlicher Arbeitszeit im Jahr 1950 wurde nirgendwo in Europa so viel gearbeitet wie in der Bundesrepublik Deutschland. Was niemand für möglich gehalten hätte, geschah: In jenem Jahr wurde bereits wieder die Wirtschaftsproduktion des Vorkriegsstandes 1936/37 erreicht.

Die politische Entwicklung tat ein Übriges. Die Teilung Deutschlands, die sich mit der Währungsreform 1948 anbahnte, fand mit der Gründung der Bundesrepublik Deutschland am 23. Mai 1949 und der Proklamation der Deutschen Demokratischen Republik am 7. Oktober 1949 ihren vorläufigen Abschluss. Während im Osten Deutschlands der Lebensstandard unter anderem wegen der Reparationsleistungen an die Sowjetunion so nied-

Die Aufnahme in Hamburg zeigt neu errichtete Hochhäuser in der Zeit des Wiederaufbaus und des allmählich beginnenden Wirtschaftswunders.

rig blieb, dass bis 1958 Grundnahrungsmittel nur auf Lebensmittelkarten zu beziehen waren, gelang in der Bundesrepublik Deutschland ein zügiger Wiederaufbau. Die Bevölkerung setzte die Werte Ordnung, Fleiß, Tüchtigkeit und Zuverlässigkeit wie kaum jemals zuvor in die Tat um. Der Export von deutschen Waren stieg von acht Mrd. DM im Jahr 1950 auf 65 Mrd. DM im Jahr 1964. Symbol für diese Exportoffensive wurde der legendäre VW-Käfer. Mit ihrer unbestrittenen Tüchtigkeit gewannen die Deutschen weltweit einen Teil des Respekts zurück, den sie durch ihren politischen Wahn im Nationalsozialismus verloren hatten.

Als 1954 die deutsche Fußballmannschaft aus einer Außenseiterposition heraus in Bern Weltmeister wurde, erreichte das sich entwickelnde neue deutsche Selbstbewusstsein einen ersten Höhepunkt: Man war wieder wer.

Das „Wirtschaftswunder" prägte die Menschen: Konsum und Wohlstandsgesellschaft wurden zu Eckpfeilern des neuen bundesdeutschen Selbstverständnisses. „Hast du was, bist du was!": Der Werbeslogan einer großen deutschen Bank wurde zum allgemeinen Glaubensbekenntnis der Wirtschaftswunderjahre. Vorbildfunktion für die Deutschen hatte vor allem das „Land der unbegrenzten Möglichkeiten", die USA, deren Lebensstil, den „American way of life", man nachzuahmen suchte.

Kritiker, vor allem junge Leute, dachten darüber nach, ob die sich abzeichnende Übersättigung in dieser Welt des Materialismus nicht Gefahren mit sich brächte, vor allem bei der Aufarbeitung der jüngsten deutschen Vergangenheit. Nur wenige erkannten, dass viele Deutsche angesichts des beispiellosen wirtschaftlichen Erfolgs dazu neigten, ihre eigene Vergangenheit aus dem Bewusstsein zu verdrängen. Der Philosoph Karl Jaspers kam in seinem Mitte der Sechzigerjahre erschienenen Buch „Wohin treibt die Bundesrepublik?" zu diesem Ergebnis.

Eine Satire auf dieses bundesdeutsche Wirtschaftswunder schrieb Alfred Andersch mit seiner Kurzgeschichte „Mit dem Chef nach Chenonceaux".

2. Alfred Andersch

1914 Am 4. Februar wird Alfred Andersch in München geboren. Seiner Schulzeit setzt er in seiner Schulgeschichte „Der Vater eines Mörders" ein Denkmal. Er schildert den Unterricht von Oberstudiendirektor Himmler, dem Vater Heinrich Himmlers, der als Reichsführer der SS für den größten Massenmord der Geschichte mitverantwortlich wird.

1933 Andersch, der eine Buchhändlerlehre absolviert und sich 1929 der kommunistischen Partei angeschlossen hatte, wird in Dachau im Konzentrationslager inhaftiert. Nach der Entlassung drei Monate später vergräbt er sich in Beruf und Studien. Im Krieg wird er zur Wehrmacht eingezogen, aus der er 1944 desertiert. Dieses Erlebnis verarbeitet er in dem 1952 erscheinenden Roman „Die Kirschen der Freiheit".

1945 Nach Kriegsende gibt er mit Hans Werner Richter die Zeitschrift „Der Ruf" heraus. Andersch arbeitet als Schriftsteller, Kritiker und als Literaturredakteur beim Rundfunk. In seinen Romanen und Hörspielen setzt er sich mit der Zeit des Nationalsozialismus auseinander.

Alfred Andersch

1957 Auch in seinem neuen Roman „Sansibar oder der letzte Grund" wird diese Zeit aufgearbeitet, es wird das bekannteste Buch von Andersch. Übersiedelung nach Berzona im Tessin.
1960 „Die Rote" erscheint, danach „Efraim" und „Winterspelt".
1980 Andersch schließt die Erzählung „Der Vater eines Mörders" ab. Am 21. Februar 1980 stirbt er in seinem Domizil in der Schweiz.

Zeit seines Lebens war Andersch ein engagierter, zeitkritischer Erzähler. 1957 veröffentlicht er im Rahmen eines Erzählwettbewerbes der Süddeutschen Zeitung eine Kurzgeschichte, die unter 1.600 Einsendungen mit dem zweiten Preis ausgezeichnet wurde:

Mit dem Chef nach Chenonceaux

Kunstseidenfabrikant Schmitz, einer der millionenschweren Wirtschaftswunderkapitäne, befindet sich mit seinem Chauffeur Jeschke und dem Angestellten Doktor Honig, aus dessen Sicht die Geschichte erzählt wird, auf Besichtigungsreise in Frankreich mit einem „Dreikommazwo-Liter BMW". Schmitz bemängelt den vernachlässigten Zustand der Schlösser und Kathedralen und der Kunsthistoriker Doktor Honig merkt, dass nicht Jeschke der Diener, der Untergebene ist, sondern er, der Intellektuelle. Schmitz, „viele Jahre hindurch sorgfältig und nur vom Besten ernährt", weiß „alles besser" und dies schon wieder kaum zehn Jahre nach Kriegsende. Dabei ist er kenntnisreich und beschlagen in vielen Bereichen und teilweise sogar dem Kunsthistoriker überlegen, der sich in fachspezifischer Selbstgefälligkeit ergeht. Während Doktor Honig in den Bauwerken Manifestationen des Geistes sieht, sind sie für Schmitz – im Einklang mit seiner „Wirtschaftswundergesinnung" – nur Produkte volkswirtschaftlicher Leistung. Nachdem die Reisegesellschaft zwei Kathedralen und elf Schlösser „gemacht" hat, kommt es zum Zusammenstoß. Schmitz berichtet in Bourges dem erkrankten Honig von dem Großkapitalisten Jacques Cœur, dem größten Financier des 15. Jahrhunderts, und fügt hinzu: „(...) Es ist doch gut zu wissen, daß die heilige Johanna von irgendwem finanziert worden ist. (...) Immer muß es Leute geben, die Geld aufbringen, damit aus Ideen Wirklichkeit wird." Nun beschließt Honig, der sich in seinen Ansichten seinem Chef unterordnen musste, „sich für die zwei Kathedralen und elf Schlösser zu rächen".

„,Und für welche Ideen', fragte er scharf, ,bringen Sie Geld auf?'" Aber Schmitz unterläuft den Rache- und Entlarvungsversuch: „,Zeigen Sie mir eine heilige Johanna', sagte er, ,und ich finanziere sie.'" Damit offenbart sich, woran unbewusst der Millionär, ein Anbeter des Materiellen, leidet: Die große Idee, das Visionäre fehlt, das in die Zukunft weisen könnte. Es erweist sich wieder einmal, dass das Streben nach Gut und Geld nicht die innere Leere, das Fehlen einer geistigen Orientierung überdecken kann. Wie aussichtslos, ja tödlich, ein derartiges Vakuum sein kann, erschließen die Schlusszeilen:

Als sie die Kathedrale verließen, wartete bereits die Limousine, in deren schwarzem Lack man sich spiegeln konnte, ein mit schwach zitronenfarbenem Leder ausgeschlagener Sarg. Jeschke hatte ihn prachtvoll gewienert.

In kaum einer Erzählung wird die materielle Besessenheit und betäubende Geschäftigkeit, die blitzende Fassade und innere Leere des Wirtschaftswunderlandes Deutschland so entlarvt wie in dieser. Wie sehr diesem der ideelle Halt fehlt, fasst der Erzähler gegen Ende zusammen:

Aber es gab keine heilige Johanna mehr. Nirgends ließ sich auch nur der kleinste Fetzen eines Mythos entdecken, den Herr Schmitz hätte finanzieren können.

Ebenfalls 1957, dem Jahr, in dem Andersch nach Berzona im schweizerischen Tessin übersiedelte, gab er den Roman „Sansibar oder der letzte Grund" heraus, der zu seinem größten Erfolg werden sollte.

Sansibar oder der letzte Grund

Im Spätherbst des Jahres 1937 kommen in der kleinen Ostseestadt Rerik zufällig fünf

Szene aus der Verfilmung von Anderschs Roman „Sansibar oder der letzte Grund"

Menschen zusammen: Knudsen, der Fischer, sein Bootsjunge, Gregor, ein Funktionär der kommunistischen Partei, Judith, eine Hamburger Jüdin auf der Flucht und Pfarrer Helander. Gregor soll im Auftrag der Partei Bestandsaufnahme bei den Mitgliedern der längst verbotenen Partei machen. Alle bis auf Knudsen sind unter dem Druck „der Anderen", so werden im Buch die Nationalsozialisten bezeichnet, längst abgesprungen. Knudsen selbst hat auch innerlich mit der Partei gebrochen, wirft er ihr doch vor nichts bei der Machtergreifung „der Anderen" unternommen zu haben. Pfarrer Helander soll eine Holzstatue aus seiner Kirche ausliefern, die „die Anderen" als „entartete Kunst" ansehen und beschlagnahmen wollen. Er verhandelt deshalb mit dem Fischer Knudsen, damit dieser die Skulptur „Lesender Klosterschüler" – unschwer als ein Werk des berühmten expressionistischen Künstlers Ernst Barlach zu erkennen – nach Schweden schmuggelt. Knudsen, der befürchten muss, dass „die Anderen" seine Frau abholen lassen, weil sie „nur einen kleinen Tick" hat, lehnt ab. Judith, eine junge Hamburger Jüdin aus gutem Hause, sucht eine Fluchtmöglichkeit aus Deutschland. Am Vortag hat sich ihre kranke Mutter selbst vergiftet um die Tochter zur Flucht zu bewegen. Judith stellt fest, dass Rerik für sie eine Falle ist. Ihr Versuch auf einem kleinen schwedischen Dampfer zu fliehen schlägt fehl. Sie muss stündlich damit rechnen, an dem großen J in ihrem Pass als Jüdin identifiziert und verhaftet zu werden.

Gregor und Knudsen treffen sich in der großen alten Backsteinkirche mit den gewaltigen Türmen. Knudsen weigert sich für die Partei Kuriere außer Landes zu schmuggeln. Pfarrer Helander kommt hinzu und Gregor beauftragt Knudsen als Zeichen der Zusammenarbeit mit der Kirche die Holzfigur nach Schweden zu schmuggeln. Unklar bleibt, ob Knudsen sich darauf einlässt. Gregor trifft im nächtlichen Hafen auf Judith und beschließt, dafür zu sorgen, dass sie sich retten kann. Knudsen zögert das Auslaufen seines Kutters hinaus. Sein Schiffsjunge, dessen sehnlichster Wunsch es ist, aus Rerik wegzukommen, wartet auf dem Speicher, wohin er sich immer vor seiner Mutter zurückzieht, umgeben von seinen Atlanten und Büchern.

Er spürte, daß der Speicher nichts mehr für ihn war, er war nur ein Versteck, und ein Versteck war zu wenig, was man brauchte, das war ein Mississippi. Sich verstecken hatte keinen Sinn, nur Abhauen hatte einen Sinn, aber dazu gab es keine Möglichkeit. Er war bald sechzehn Jahre alt, und er hatte begriffen, daß er mit dem Speicher und mit den Büchern zu Ende war. (...)
Auf einmal fiel ihm der dritte Grund ein. Während er auf Rerik blickte, dachte er Sansibar, Herrgott nochmal, dachte er, Sansibar und Bengalen und Mississippi und Südpol. Man mußte Rerik verlassen, erstens, weil in Rerik nichts los war, zweitens, weil Rerik seinen Vater getötet hatte, und drittens, weil es Sansibar gab, Sansibar in der Ferne, Sansibar hinter der offenen See, Sansibar oder den letzten Grund.

Knudsen vereinbart mit Gregor einen nächtlichen Treffpunkt an der Küste, von wo aus er die Statue nach Schweden außer Landes bringen will. Nach einer dramatischen Auseinandersetzung nimmt Knudsen widerstrebend auch Judith mit an Bord, nachdem er feststellen musste, dass Gregor die bequeme Möglichkeit der Flucht ausschlägt. Pfarrer Helander, der durch eine Kriegsverletzung todkrank ist, schießt auf Angehörige der Gestapo, als sie ihn verhaften wollen, und wird dabei getötet. Der Junge, der in Schweden eine Landschaft vorfindet, wie er sie aus seinem Lieblingsroman „Huckleberry Finn" von Mark Twain kennt, kehrt nach diesem Abenteuer doch mit Knudsen nach Deutschland zurück.
Der Weg in die Freiheit ist das entscheidende Bindeglied für die fünf Hauptpersonen des Romans. Der Junge, dem das träumerische Ideal der Freiheit – vorgelebt in den Abenteuerromanen – zunächst Lebensideal war, entscheidet sich für das reale Leben, indem er zum wartenden Knudsen zurückkehrt. Knudsen wählt die Freiheit in der Verantwortung, als er einen bedrängten Menschen mitnimmt. Für Gregor wäre der Weg in die Freiheit nach Schweden sehr reizvoll gewesen, er kann aber nicht „kneifen", wie es Knudsen von ihm die ganze Zeit erwartet, nicht von seiner Aufgabe desertieren. Für Judith stellt sich die Entscheidung zu bleiben oder zu fliehen nicht. Nur durch die Flucht hat sie die Chance des Überlebens. Dennoch überlässt sie es Knudsen, sie nach Schweden in die Freiheit mitzunehmen. Für den todkranken Pfarrer Helander stellte sich die Freiheit der Entscheidung gleich zweimal: Er hätte durch seine schwere Erkrankung von seiner Rettungsaktion für die Skulptur, „das letzte Heiligtum seiner Kirche", zurücktreten und den Dingen ihren Lauf lassen können. Die andere Freiheit ist für ihn die des Selbstmords, die er in einem „Aufstand gegen Gott" in Erwägung zieht.
Andersch gelang es mit einfachen sprachlichen Mitteln, authentisch die Atmosphäre in einem herbstlichen deutschen Küstenstädtchen zwei Jahre vor Ausbruch des Zweiten Weltkrieges darzustellen. Noch mehr als diese dichte Schilderung überzeugt aber das Bekenntnis dieses Romans zur freien Entscheidung des Individuums gegenüber Fremdbestimmung durch mächtige Organisationen.

Ein weiterer Autor, der im gleichen Jahr wie Andersch in die Schweiz übersiedelte, ist Wolfgang Hildesheimer. Auch er beobachtete kritisch das bundesdeutsche Wirtschaftswunder und setzte sich damit in seinen Kurzgeschichten und Satiren auseinander.

3. Wolfgang Hildesheimer

1916 Hildesheimer wird in Hamburg geboren, wächst dort, in Berlin und Mannheim auf.
1933 wandert die Familie nach Palästina aus, wo Hildesheimer eine Tischlerlehre macht. Daneben hat er Privatunterricht in technischem Zeichnen, Möbelentwurf und Innenarchitektur.
1937 Hildesheimer studiert Bühnenbild, Kostüm- und Textilentwurf in London.
1940 In Tel Aviv unterrichtet er Englisch im British Council. Zeichnungen und Temperabilder zeigt er in ersten Ausstellungen.
1946 Bei den Nürnberger Kriegsverbrecherprozessen arbeitet er als Simultanübersetzer und ist bis 1949 Mitherausgeber der Prozessprotokolle.
1949 Vier Jahre lang lebt Hildesheimer in Ambach am Starnberger See. Kurzgeschichten für Zei-

Wolfgang Hildesheimer

tungen, Zeitschriften und Rundfunk erscheinen
1952 unter dem Titel „Lieblose Legenden".
1953 bis 1957 lebt Hildesheimer in München. In diesen Jahren widmet er sich vor allem dem Hörspiel.
1957 Poschiavo in Graubünden wird sein letzter Wohnsitz. Mit dem Monolog „Tynset" (1965), der Fortsetzung „Masante" (1973), dem biografischen Essay „Mozart" (1977) und dem Werk „Marbot" (1981) wird er einem breiteren Publikum bekannt.
1966 Hildesheimer erhält den Büchner-Preis.
1984 verkündet der Dichter, dass er von nun an nicht mehr schreiben werde, weil er keinen Sinn mehr darin sehe. „Die Erde geht ihrem sicheren Ende entgegen, der Schriftsteller hat den Bezug zu einer Realität verloren, die von wertfreier Wissenschaft bestimmt wird." Im letzten Jahrzehnt seines Lebens widmet sich Hildesheimer der Musik – bei zahlreichen Musikfesten hält er Eröffnungsreden, zum Beispiel 1980 in Salzburg – und insbesondere wieder der bildenden Kunst. Zwei Bände mit Collagen werden mit den Titeln „Endlich allein" und „In Erwartung der Nacht" Mitte der 80er-Jahre veröffentlicht. Daneben ist der Schriftsteller auch in mehreren Umweltschutzverbänden aktiv.
1991 Hildesheimer stirbt 74-jährig in Poschiavo.

In all seinen literarischen Werken befasst sich Hildesheimer mit einer Wirklichkeit, der mit Logik nicht mehr beizukommen ist. Die Aufgabe einer solchen „Literatur des Absurden" bestimmte er folgendermaßen: „Die Literatur des Absurden hat den Rezipienten immer wieder mit der Unverständlichkeit, der Fragwürdigkeit des Lebens zu konfrontieren."

Durchschlagenden Erfolg hatte der Dichter bereits 1952 mit seinem Erstlingswerk, den „Lieblosen Legenden", einer Sammlung absurd-grotesker Satiren.

Eine größere Anschaffung

Eines Abends saß ich im Dorfwirtshaus vor (genauer gesagt, hinter) einem Glas Bier, als ein Mann gewöhnlichen Aussehens sich neben mich setzte und mich mit gedämpft-vertraulicher Stimme fragte, ob ich eine Lokomotive kaufen wolle. Nun ist es zwar ziemlich leicht, mir etwas zu verkaufen, denn ich kann schlecht nein sagen, aber bei einer größeren Anschaffung dieser Art schien mir doch Vorsicht am Platze. Obgleich ich wenig von Lokomotiven verstehe, erkundigte ich mich nach Typ, Baujahr und Kolbenweite, um bei dem Mann den Anschein zu erwecken, als habe er es hier mit einem Experten zu tun, der nicht gewillt sei, die Katze im Sack zu kaufen. Ob ich ihm wirklich diesen Eindruck vermittelte, weiß ich nicht; jedenfalls gab er bereitwillig Auskunft und zeigte mir Ansichten, die das Objekt von vorn, von hinten und von den Seiten darstellten. Sie sah gut aus, diese Lokomotive, und ich bestellte sie, nachdem wir uns vorher über den Preis geeinigt hatten.

Eine Collage aus dem Jahr 1983 von Wolfgang Hildesheimer mit dem Titel „Die Vokale"

Denn sie war bereits gebraucht, und obgleich Lokomotiven sich bekanntlich nur sehr langsam abnützen, war ich nicht gewillt, den Katalogpreis zu zahlen. (...)

Bereits in der Nacht wird die Lokomotive geliefert und in die Garage gebracht. Einige Zeit später kommt der Vetter, ein Besserwisser und nur an Tatsachen interessierter Mensch, zu Besuch. Als er seinen Wagen in der Garage einstellen will, verschlägt es ihm die Sprache. Nach der Bemerkung des Ich-Erzählers, er habe erst vor kurzem mit der Lokomotive eine Nachbarin ins Krankenhaus zur Entbindung gefahren, wird der Vetter immer einsilbiger und verschwindet schließlich für immer.
Als in den Zeitungen berichtet wird, dass „den französischen Staatsbahnen eine Lokomotive abhanden gekommen" sei, wird der Erzähler misstrauischer: „Deshalb begegnete ich auch dem Verkäufer, als ich ihn kurz darauf im Dorfgasthaus sah, mit zurückhaltender Kühle. Bei dieser Gelegenheit wollte er mir einen Kran verkaufen, aber ich wollte mich in ein Geschäft mit ihm nicht mehr einlassen, und außerdem, was soll ich mit einem Kran?"

Wolfgang Hildesheimer setzt alle Merkmale einer Groteske virtuos ein:

- unmögliche Ereignisse:
  Ein Privatmann kauft eine Lokomotive und fährt damit in eine Klinik.
- merkwürdige Reaktionen:
  Am Ende der Kurzgeschichte entschließt sich der Erzähler keinen Kran zu kaufen, obwohl er sich vorher eine Lokomotive zugelegt hat.
- sprachliche Untertreibungen:
  „(...), aber bei einer größeren Anschaffung dieser Art schien mir doch Vorsicht am Platze."

Das unkritische Verhalten des Erzählers weist auch auf den Leser. Bereits 1952 geschrieben, als die Bundesrepublik Deutschland erst auf dem Weg zur Konsumgesellschaft war, macht diese Geschichte den Leser auf oftmals unkritisches Kaufverhalten aufmerksam.

Mit der Konsum- und Reklamewelt der Wirtschaftswunderjahre setzte sich 1956 eine junge österreichische Lyrikerin auseinander: Ingeborg Bachmann.

4. Ingeborg Bachmann

1926 Am 25. Juni 1926 wird Ingeborg Bachmann in Klagenfurt/Österreich geboren.
1945 Sie studiert Philosophie, Germanistik und Psychologie und promoviert 1950.
1953 Die Gedichtsammlung „Die gestundete Zeit" erscheint. Im selben Jahr erhält Ingeborg Bachmann den Preis der Gruppe 47. Sie lebt vier Jahre als freie Schriftstellerin in Italien, macht eine Reise in die USA und schreibt vor allem Hörspiele wie „Der gute Gott von Manhattan". Eine weitere Gedichtsammlung „Anrufung des großen Bären" entsteht. Neben dem Bremer Literaturpreis erhält sie den Hörspielpreis der Kriegsblinden.
1961 Ein Erzählband mit dem Titel „Das dreißigste Jahr" erscheint.
1964 Ingeborg Bachmann erhält den renommiertesten deutschen Literaturpreis, den Büchner-Preis.
1965 Rom wird ihr ständiger Wohnort. Hier entstehen der 1991 verfilmte Roman „Malina" und „Simultan, neue Erzählungen".
1973 Ingeborg Bachmann kommt am 17. Oktober 1973 in Rom bei einem Brand, verursacht durch Rauchen im Bett, ums Leben.

Ingeborg Bachmann

Reklame

Wohin aber gehen wir
ohne sorge sei ohne sorge
wenn es dunkel und wenn es kalt wird
sei ohne sorge
aber
mit musik
was sollen wir tun
heiter und mit musik
und denken
heiter
angesichts eines Endes
mit musik
und wohin tragen wir
am besten
unsre Fragen und den Schauer aller Jahre
in die Traumwäscherei ohne sorge sei ohne sorge
was aber geschieht
am besten
wenn Totenstille

eintritt

Eine Frage, die sich viele in den Jahren des Verdrängens nicht stellen wollten, wirft hier das Gedicht auf: Wohin gehen wir, was ist das Ziel des menschlichen Lebens? Auf diese und ähnliche existenziellen Fragen reagiert die Reklamesprache, wie es ihre Art ist: mit unentwegten Wiederholungen, platten Beschwörungen, vorgegaukelten Gefühlen, inhaltsleeren Superlativen. Auch die Traumwäscherei kann nicht die dunklen Flecken, „den Schauer aller Jahre" aus den Träumen lösen. Das Wort „Totenstille" freilich bringt diesen geschwätzigen Versuch einer Reklame-Gehirnwäsche zum Verstummen, gegenständlich gemacht durch die Leerzeile.
Ingeborg Bachmann komponierte die beiden Ebenen ihres Frage- und Antwortwechsels in 19 sich durch das Druckbild voneinander abhebenden Zeilen und erreichte dadurch eine besondere Eindringlichkeit. Angeregt durch den ungehemmten Materialismus und Konsumrausch des Wirtschaftswunders will die Lyrikerin den in der Scheinwelt der Reklame gefangenen Menschen dazu bringen, die Grundfragen des menschlichen Seins nicht zu vergessen.
Dieses „Memento mori" (vergleiche Barock), jeglichen Gedanken an die Endlichkeit des Menschen, will die Werbung verdrängen. Ihre Welt ist heiter, farbig, harmonisch und vor allem jung. Diese Scheinwirklichkeit und die anderen falschen, von den Medien aufgerichteten Leitbilder zu entlarven, war Anliegen der damals noch jungen Ingeborg Bachmann.

Eugen Gomringer

Neben traditioneller Lyrik wird in den 50er- und 60er-Jahren eine Richtung populär, die den Mitteilungscharakter der Sprache völlig neu einsetzt. Reim, Metrum, Vers und Syntax verschwinden. Diese Stilrichtung trägt den Namen **Konkrete Poesie**, den Eugen Gomringer in Anlehnung an die bildende Kunst 1955 prägte. Er definiert Konkrete Poesie als eine „ordnungseinheit (...), deren aufbau sich durch die zahl der worte und buchstaben und durch eine neue strukturelle methode bestimmt". Gomringer spricht deshalb auch nicht von Gedichten, sondern vielmehr von „Konstellationen". Eine inhaltliche Aussage wird dadurch erreicht, dass das sprachliche „konkrete" Material visuell dargestellt oder akustisch durch den Vortrag des Autors zum Ausdruck kommt. Ein bekanntes Beispiel für ein visuelles konkretes Gedicht ist folgendes von Eugen Gomringer:

schweigen schweigen schweigen
schweigen schweigen schweigen
schweigen   schweigen
schweigen schweigen schweigen
schweigen schweigen schweigen

Neben Eugen Gomringer experimentierten auch Franz Mon, Reinhard Döhl und Helmut Heissenbüttel mit der Sprache. Auch über den Kreis von Literaturwissenschaftlern hinaus bekannt wurde die Konkrete Poesie Ende der 60er-Jahre durch Ernst Jandl.

5. Ernst Jandl

1925 Als Sohn eines Bankbeamten wird Ernst Jandl in Wien geboren. Nach Abitur und Militärdienst gerät er
1945 kurzfristig in amerikanische Kriegsgefangenschaft, kehrt aber bald nach Wien zurück und studiert dort Germanistik und Anglistik.
1950 Jandl erhält eine Anstellung an einem Wiener Gymnasium.
1966 Erst in diesem Jahr gelingt Jandl, der bereits über ein Jahrzehnt literarisch tätig war, mit dem Lyrikband „Laut und Luise" der Durchbruch. In den folgenden Jahren verfasst er mit der Autorin Friederike Mayröcker einige Hörspiele.
1973 Der Gedichtband „dingfest" wird publiziert.
1983 Eine Sammlung autobiografisch geprägter Gedichte mit dem Titel „selbstporträt des schachspielers als trinkende uhr" erscheint. In den 80er-Jahren hält Jandl auch eine Vorlesung als Gastdozent für Poetik an der Frankfurter Universität.
2000 in Wien gestorben.

Ernst Jandl 1980 bei einer Lesung

Ernst Jandls Lyrik ist sehr vielseitig. Neben spielerischen Lautgedichten findet man auch „ernsthafte", zum Nachdenken herausfordernde Gedichte. Über seine Dichtkunst sagt Jandl selbst:

Ziel meiner Arbeit, heute wie früher, sind funktionierende, wirksame Gedichte, gesteuert, von welchem Material immer sie ausgehen und in welcher Form immer sie hervortreten, – gesteuert von dem, was in mir ist an Richtung und Neigung, an Freude und Zorn. Was ich will, sind Gedichte, die nicht kalt lassen.

lichtung

manche meinen
lechts und rinks
kann man nicht
velwechsern.
werch ein illtum!

ottos mops

ottos mops trotzt
otto: fort mops fort
ottos mops hopst fort
otto: soso

otto holt koks
otto holt obst
otto horcht
otto: mops mops
otto hofft

ottos mops klopft
otto: komm mops komm
ottos mops kommt
ottos mops kotzt
otto: ogottogott

Wesentliche Impulse bezog die deutschsprachige Literatur jener Zeit neben Österreich vor allem auch aus der Schweiz.
Schon ab 1933 wurde die Schweiz erstes Zufluchtsland für viele Emigranten, wie zum Beispiel Thomas Mann oder Alfred Kerr. In den Jahren der nationalsozialistischen Tyrannei waren Schweizer Theater, allen voran das Züricher Schauspielhaus, die einzigen deutschsprachigen Bühnen, die während des Krieges Werke von Brecht und Kaiser spielten. Auch nach 1945 blieb die überragende Stellung der Züricher Bühne erhalten, zum Beispiel fand hier die Uraufführung von Zuckmayers „Des Teufels General" statt. Mit den Autoren Max Frisch und Friedrich Dürrenmatt, die die deutschsprachige Literatur der Nachkriegszeit entscheidend prägten, steigerte sich die Bedeutung des Züricher Schauspielhauses noch. Frischs Kriegsdramen „Nun singen sie wieder" und „Als der Krieg zu Ende war" profitieren von der räumlichen Nähe und der gleichzeitigen geistigen Distanz zu Deutschland.
Zur gleichen Zeit wie Frischs erste dramatische Versuche wurde Dürrenmatts Wiedertäuferdrama „Es steht geschrieben" in Zürich uraufgeführt. In der Folgezeit setzten sich beide Autoren mit der modernen Konsum- und Wohlstandsgesellschaft auseinander, an der alle gewachsenen Traditionen zerbrechen und die den Menschen in eine Identitätskrise führt.

6. Friedrich Dürrenmatt

1921 Friedrich Dürrenmatt wird als Sohn eines Pfarrers in Konolfingen in der Schweiz geboren. Sektiererei und ein deutlicher Zug zum Krämertum bestimmen die Atmosphäre des Dorfes. Dürrenmatt bezeichnet diese Umgebung im Nachhinein als „gespenstische Idylle". Ein Dorfmaler fördert die Neigung des Jungen zur Malerei.
1941 Dürrenmatt besteht die Reifeprüfung, obwohl er in der Schule immer Schwierigkeiten hatte. In Zürich studiert er Philosophie, Naturwissenschaften und Germanistik ohne einen Abschluss zu machen. Zwei Jahre später entscheidet er sich Schriftsteller zu werden. Die ersten Jahre der Tätigkeit als freier Schriftsteller stehen im Zeichen finanzieller Unsicherheit.
1950 Um Geld zu verdienen schreibt er die Kriminalromane „Der Richter und sein Henker" und „Der Verdacht". Mit dem Theaterstück „Die Ehe des Herrn Mississippi" gelingt ihm der Durchbruch.
1952 Dürrenmatt erwirbt zusammen mit seiner Frau, der Schauspielerin Lotti Geißler, eine Villa in Neuchâtel.
1956 Mit den Stücken „Der Besuch der alten Dame" (1956), „Die Physiker" (1962) und Hörspielen wird Dürrenmatt international bekannt. Öffentliche Ehrungen auch außerhalb der Schweiz bleiben nicht aus. Zu seinem Heimatland hat er aber nach wie vor ein zwiespältiges Verhältnis.
1969 Die Verleihung des Großen Literaturpreises der Stadt Bern gerät zum Skandal: Dürrenmatt distanziert sich vom Kulturbetrieb der Schweiz und verteilt die 15.000 Franken Preisgeld an andere Schriftsteller. Im gleichen Jahr erleidet der Autor einen ersten Herzinfarkt.
1975 Die letzten Werke, vor allem „Der Sturz" (1971) bringen nicht mehr die gewohnte Anerkennung.

Friedrich Dürrenmatt im Jahr 1986

1988 Mit der Inszenierung der vierten Fassung seiner Komödie „Achterloo" nimmt Dürrenmatt Abschied von der Bühne. Ein Jahr später erscheint noch der in der Schweiz spielende Mafia-Roman „Durcheinandertal".
1990 Ende des Jahres stirbt Dürrenmatt.

Der Besuch der alten Dame

Am 29. Januar 1956 wird die „tragische Komödie in drei Akten" im Züricher Schauspielhaus mit Therese Giehse in der Hauptrolle uraufgeführt. Das Stück wird zum uneingeschränkten Publikumserfolg in jener Spielsaison sowie im folgenden Jahr und bringt den Durchbruch Dürrenmatts zum Bühnenautor von Weltruhm. Bereits 1964 entsteht in Hollywood eine Filmfassung mit dem Titel „The Visit". Regie führt der bekannte deutsche Regisseur Bernhard Wicki.

1. Akt
In einer Art Exposition wird das am Rande des Wirtschaftsbooms dahinsiechende Städtchen Güllen (Jauche?) gezeigt. Die Bewohner warten in freudiger Stimmung auf die Ankunft der reichsten Frau der Welt, Claire Zachanassian aus Amerika, und erhoffen sich von ihr eine Sanierung der maroden Gemeinde.
Schließlich ist Claire eine gebürtige Güllenerin, die vor 45 Jahren als Kläre Wäscher die Geliebte des Krämers Alfred Ill war, von ihm ein Kind erwartete, jedoch im Stich gelassen wurde. Ill hatte damals zwei junge Güllener Männer bestochen vor Gericht einen Meineid zu leisten, sodass die Vaterschaftsklage Kläres abgewiesen wurde. Moralisch in Misskredit geraten, verließ die Schwangere Güllen, wurde Prostituierte und heiratete schließlich den Multimillionär Zachanassian. Nach dessen Tod und sechs weiteren Heiraten kehrt sie als steinreiche Frau nach Güllen zurück. Gegen Ende des ersten Aktes schlägt die Handlung ins Groteske um: Claire Zachanassian ist bereit der Gemeinde eine Milliarde zu geben, aber nur unter der Bedingung, dass ihr ehemaliger Geliebter Alfred Ill getötet wird. Unter der Zustimmung der Bevölkerung lehnt der Bürgermeister diese Forderung entrüstet ab:

Der Bürgermeister: Noch sind wir in Europa, noch sind wir keine Heiden. Ich lehne im Namen der Stadt Güllen das Angebot ab. Im Namen der Menschlichkeit. Lieber bleiben wir arm denn blutbefleckt.

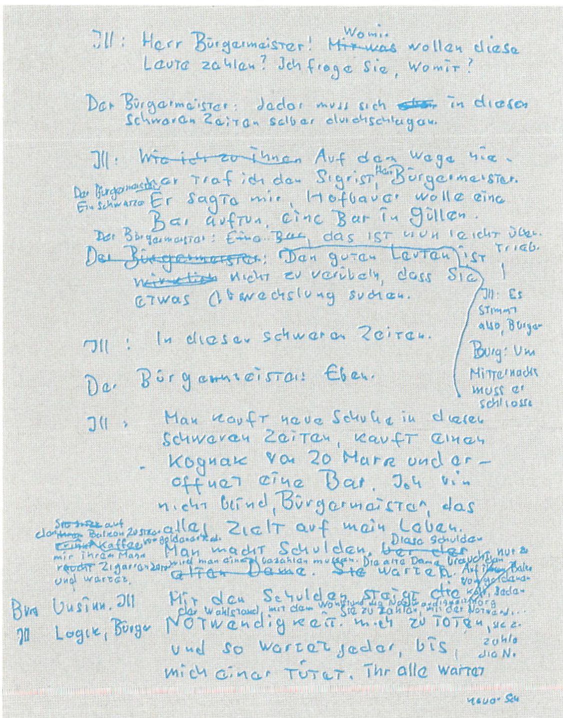

Ill: Herr Bürgermeister! Womit wollen diese Leute zahlen? Ich frage Sie, womit?

Der Bürgermeister: Jeder muss sich in diesen schweren Zeiten selber durchschlagen.

Ill: Auf dem Wege hier traf ich den Sigrist, Herr Bürgermeister. Er sagte mir, Hofbauer wolle eine Bar auftun, eine Bar in Güllen.

Der Bürgermeister: Den guten Leuten ist nicht zu verübeln, dass Sie etwas Abwechslung suchen.

Ill: In diesen schweren Zeiten.

Der Bürgermeister: Eben.

Ill: Man kauft neue Schuhe in diesen schweren Zeiten, kauft einen Kognak von 20 Mark und eröffnet eine Bar. Ich bin nicht blind, Bürgermeister, das alles zielt auf mein Leben.

Man macht Schulden, Sie warten.

Mit den Schulden steigt die Notwendigkeit, mich zu töten, und so wartet jeder, bis einer mich tötet. Ihr alle wartet

Eine Seite aus Friedrich Dürrenmatts Manuskript „Der Besuch der alten Dame"

Friedrich Dürrenmatt 1985 in seinem Arbeitszimmer

2. Akt

Schon bald beginnen die Güllener Bürger unter dem Eindruck der angebotenen Milliarde Schulden zu machen. Ill fühlt sich trotz Beteuerungen der Einwohner, dass sie nichts von ihm wollen, bedroht und kauft sich deshalb eine Waffe. Zu einer Flucht aus Güllen kann er sich nicht entschließen. Die Katastrophe kündigt sich in Ills Ausruf „Ich bin verloren" an.

3. Akt

Als die Verschuldung der Einwohner immer größer wird, erkennen sie, dass Ills Tod ihre einzige Rettung ist. Sein Tod wird gefordert, „nicht des Geldes – sondern der Gerechtigkeit wegen – und aus Gewissensnot". Ill selbst erkennt seine Schuld nach innerem Ringen an. Die Männer Güllens bringen Ill in einer Art Kollektivmord um und erhalten die Milliarde. Claire Zachanassian bekommt den Leichnam Ills, den sie in einem Mausoleum auf Capri beisetzen will. Zum Abschied besingen die Güllener dankbar ihren Wohlstand und bitten Gott darum, ihren Reichtum zu erhalten.

Einfall, Groteske und Parodie

„Der Besuch der alten Dame ist eine Geschichte, die sich irgendwo in Mitteleuropa in einer kleinen Stadt ereignet, geschrieben von einem, der sich von diesen Leuten durchaus nicht distanziert und der nicht so sicher ist, ob er anders handeln würde." So schreibt Friedrich Dürrenmatt in seiner Anmerkung zur Erstausgabe 1956.

Dürrenmatt zeigt eine Welt und keine Moral. Es geht um unsere Zeit, geprägt durch Wohlstand und wirtschaftlichen Fortschritt, aber auch um Armut und Ungerechtigkeit.
In seiner Schrift „Theaterprobleme" nennt er drei Gestaltungsmittel um unsere Zeit sprachlich-künstlerisch zu fassen: den Einfall, die Groteske und die Parodie.
Der Einfall ist die überraschende Handlung, hier hervorgerufen durch den Vorschlag der reichen Claire Zachanassian.
Wenn man die Groteske als ein lächerlich-grausiges Ineinander von eigentlich Unvereinbarem definiert, dann finden sich in Dürrenmatts Stück zahlreiche Beispiele. Bereits die Erscheinung Claires mit ihrem Gefolge ist grotesk:

Von rechts kommt Claire Zachanassian, zweiundsechzig, rothaarig, Perlenhalsband, riesige goldene Armringe, aufgedonnert, unmöglich, aber gerade dadurch wieder eine Dame von Welt, mit einer seltsamen Grazie, trotz allem Grotesken. Hinter ihr das Gefolge, der Butler Boby, etwa achtzig, mit schwarzer Brille, ihr Gatte VII (groß, schlank, schwarzer Schnurrbart) mit kompletter Angel-Ausrüstung.

Sie schließt ständig neue Ehen, die sofort wieder geschieden werden um dem nächsten Anwärter Platz zu machen. Grotesk wirkt auch die Familie Ills in der Erwartung seines baldigen Todes und des damit verbundenen Reichtums. Seine Frau hantiert in einem elegant renovierten Laden, verpflichtet neues Personal, hat Umbaupläne und sogar ein Bild ihres Mannes bestellt, denn „Alfred wird alt. Da weiß man nie, was passiert, und ist froh, eine Erinnerung zu haben." Sein ganzes Theaterstück bezeichnet Dürrenmatt als „tragische Komödie".

Auch das dritte Gestaltungsmittel, die Parodie, ist deutlich vorhanden. „Claire handelt", so Dürrenmatt in seinen Anmerkungen 1956, „wie eine Heldin der griechischen Tragödie", also „absolut, grausam, wie Medea etwa". Der Vorhang des Theatersaals im „Goldenen Apostel" trägt die Aufschrift „Ernst ist das Leben, heiter die Kunst", eine Parodie auf Schillers Prolog zu „Wallenstein".

Dürrenmatt zeigt eine Welt voller Korruption und Käuflichkeit. Die Versuchung eines materiellen Gewinns einerseits und das Schreckgespenst materieller Not andererseits sind zu groß. Um des Geldes willen ist der Mensch bereit Unmoral zu decken und seine Sittlichkeit zu verlieren. Anschaulich wird dies in der heuchlerischen Rede des Lehrers im dritten Akt:

Gemeinde von Güllen! Dies der bittere Tatbestand: Wir duldeten die Ungerechtigkeit. Ich erkenne nun durchaus die materielle Möglichkeit, die uns die Milliarde bietet; ich übersehe keineswegs, daß die Armut die Ursache von so viel Schlimmem, Bitterem ist, und dennoch: Es geht nicht um Geld – *(Riesenbeifall.)* – es geht nicht um Wohlstand und Wohlleben, nicht um Luxus, es geht darum, ob wir Gerechtigkeit verwirklichen wollen, und nicht nur sie, sondern auch all die Ideale, für die unsere Altvordern gelebt und gestritten hatten und für die sie gestorben sind, die den Wert unseres Abendlandes ausmachen! *(Riesenbeifall.)* Die Freiheit steht auf dem Spiel, wenn die Nächstenliebe verletzt, das Gebot, die Schwachen zu schützen, mißachtet, die Ehe beleidigt, ein Gericht getäuscht, eine junge Mutter ins Elend gestoßen wird. *(Pfuirufe.)* Mit unseren Idealen müssen wir nun eben in Gottes Namen Ernst machen, blutigen Ernst. *(Riesenbeifall.)*

Reichtum hat nur dann Sinn, wenn aus ihm Reichtum an Gnade entsteht: Begnadet wird aber nur, wer nach der Gnade hungert. Habt ihr diesen Hunger, Güllener, diesen Hunger des Geistes, und nicht nur den anderen, profanen, den Hunger des Leibes? Das ist die Frage, wie ich als Rektor des Gymnasiums ausrufen möchte. Nur wenn ihr das Böse nicht aushaltet, nur wenn ihr unter keinen Umständen in einer Welt der Ungerechtigkeit mehr leben könnt, dürft ihr die Milliarde der Frau Zachanassian annehmen und die Bedingung erfüllen, die mit dieser Stiftung verbunden ist. Dies, Güllener, bitte ich zu bedenken. *(Tosender Beifall.)*

„Der Besuch der alten Dame" wurde 1956 in Zürich mit Therese Giehse als Claire Zachanassian in der Hauptrolle uraufgeführt.

Mit dem Materialismus, der Fortschrittsgläubigkeit und der glitzernden Fassade des „American way of life" setzte sich ein anderer bekannter Schweizer Autor, Max Frisch, auseinander.

7. Max Frisch

1911 Max Frisch wird am 15. Mai in Zürich als Sohn eines Architekten geboren.
1924 Eintritt in ein Realgymnasium, wo er sich bereits für das Theater engagiert. Während der Schulzeit verfasst er das Drama „Stahl". Nach dem Abitur studiert er Germanistik und bringt erste Veröffentlichungen in Zeitungen.
1932 Der Vater stirbt, Frisch wird Journalist und unternimmt viele Auslandsreisen als Reporter.
1934 Seine Erlebnisse schreibt er in seinem ersten Roman „Jürg Reinhart" nieder.
1936 Frisch beginnt Architektur zu studieren. Selbstkritisch verbrennt er seinen Romanerstling „Jürg Reinhart" und seine Erzählung „Antwort aus der Stille". Frisch wird zwar zum Militärdienst einberufen, kann aber sein Architekturstudium abschließen. Er beginnt wieder zu schreiben, zunächst ein Tagebuch „Blätter aus dem Brotsack".
1942 Der junge Architekt gewinnt einen Wettbewerb, eröffnet ein eigenes Büro und heiratet die Architekturstudentin Constanze von Meyenburg. Eine Neufassung seines verbrannten Romans „Jürg Reinhart" entsteht mit dem Titel „J'adore ce qui me brûle oder Die Schwierigen".
1944 Der literarische Erfolg stellt sich ein: Frisch erhält den Dramenpreis der Emil-Welti-Stiftung.
1945 Vollendung eines Requiems „Nun singen sie wieder"; Frisch fasst seine Eindrücke einer Reise durch das zerstörte Deutschland in der Farce „Die chinesische Mauer" zusammen.
1948 Frisch trifft Brecht, der ihn in seinem dramatischen Werk entscheidend beeinflusst. Das Stück „Als der Krieg zu Ende war" hat Premiere.
1950 Als zentrales Werk wird „Tagebuch 1946–1949" veröffentlicht, in dem der Mensch und Autor Max Frisch sehr transparent wird. Die Grundzüge des nächsten Stücks „Graf Öderland" sind hier erkennbar. Frisch schreibt bei einem einjährigen Studienaufenthalt in den USA die Komödie „Don Juan oder Die Liebe zur Geometrie".
1954 Nach mehreren Stücken verfasst Frisch den Roman „Stiller",
1957 folgt der Roman „Homo faber". Frisch hat zu dieser Zeit sein Architekturbüro aufgegeben. 1959 wird Frisch von seiner Frau geschieden. Viele literarische Auszeichnungen dokumentieren seinen Erfolg, der in den nächsten Jahren durch Stücke wie „Biedermann und die Brandstifter", „Andorra" und den Roman „Mein Name sei Gantenbein" unaufhaltsam zunimmt.

Max Frisch

Griff zu bekommen sucht. Alles Gefühlsbetonte, jegliche Fantasie haben darin keinen Platz, er sieht die Dinge rein wissenschaftlich, für das, was menschliches „Erleben" heißt, fehlt ihm zunächst jedes Verständnis.

Fabers Verhältnis zu den Menschen ist vom Bedauern geprägt, dass sie eben nicht so sind wie die Maschinen, von denen er schwärmt, weil sie keine Ängste, Gefühle oder Wünsche haben. Der Roboter verdient für ihn daher höchste Bewunderung. Seine Mitmenschen schätzt er höchstens als Mitspieler, zum Beispiel beim Schach.

Über diesen Walter Faber bricht das Schicksal mit aller Wucht herein. Seine Geschichte holt ihn ein, zunächst, als er seinen alten Freund Joachim Henke in Guatemala erhängt auffindet, dann trifft er auf der Überfahrt nach Europa – ohne sie zu erkennen und überhaupt von ihrer Existenz zu ahnen – seine Tochter und verliebt sich in sie. Als er weiß, dass es die Tochter Hannas ist, seiner früheren Freundin, verdrängt er mithilfe der Wahrscheinlichkeitsrechnung die Möglichkeit, dass Sabeth sein eigenes Kind sein könnte. Schließlich ereilt ihn in Griechenland, dem Land der klassischen Tragödien, sein Geschick. Sabeth stirbt, nicht an einem harmlosen Schlangenbiss, sondern an einem Sturz, als sie vor dem nackt aus dem Wasser kommenden Faber zurückweicht. Instinktiv hat sie den Inzest erahnt, die fürchterliche Wahrheit, die ihr Leben ruinieren würde.

Plakat zur Verfilmung des Romans von Max Frisch (1991)

Diese Ereignisse schreibt er sich als „Erste Station" von der Seele. Der Bericht dient zunächst als Reinwaschung von jeder persönlichen Schuld. Faber versucht – offensichtlich für Hanna – die Tragik des Schicksals rational nachvollziehbar zu machen. Auf seiner Schreibmaschine, seiner „Hermes-Baby", verfasst er seine Aufzeichnungen, die mit ihren vielfachen Beschwörungen seine Lebenslüge zur Wahrheit machen sollen. Schreibmaschine wie Filmkamera waren für ihn, den Realisten, immer die Bollwerke gegen die unberechenbare Umwelt. Dass er allerdings überhaupt Rechenschaft über sich abgibt, zeigt, dass er sich bereits im ersten Teil zu verändern beginnt.

Der zweite und letzte Teil knüpft an den ersten an. Die Schreibmaschine, Symbol seiner Technikbegeisterung, ist Faber in einem Athener Krankenhaus abgenommen worden. Dort wartet er auf die Magenoperation. Zwar versteht er Hanna immer noch nicht und spricht von Nervosität, wenn er seine eigene Todesangst meint, aber langsam nähert er sich dem Zentrum seiner Lebenslüge. Schließlich kommt er im Angesicht des Todes zum Punkt der Erkenntnis über sein Leben.

1957, als der Roman erschien, zog er nicht nur begeisterte Zustimmung auf sich. Wegen der dort geschilderten ungeheuerlichen Zufälle erschien er vielen allzu sehr konstruiert. Doch 30 Jahre später, im Zeitalter des Ozonlochs, des Waldsterbens und des Treibhauseffektes, da der Fortschrittsglaube der Techniker hinter der Ratlosigkeit der Menschen verschwindet, erscheint „Homo faber" zeitlos aktuell. 1991 verfilmte der Regisseur Volker Schlöndorff diesen Roman.

Edward Hopper, Abteil C, Waggon 293

Arbeitsvorschläge

1. Beschreibe die wesentlichen Zeitumstände in der jungen Bundesrepublik Deutschland.
2. Inwiefern übt Alfred Andersch in seiner Erzählung „Mit dem Chef nach Chenonceaux" scharfe Kritik an diesen Verhältnissen?
3. Nenne Beispiele für das Groteske in der Kurzgeschichte „Eine größere Anschaffung" von Wolfgang Hildesheimer.
4. Fasse kurz den Inhalt des Gedichtes „Reklame" von Ingeborg Bachmann zusammen.
5. Wie heißen die drei wesentlichen Gestaltungsmittel für das Theater, die Friedrich Dürrenmatt fordert?
   Suche Beispiele dafür in dem Stück „Der Besuch der alten Dame".
6. Warum nennt Dürrenmatt sein Werk eine „tragische Komödie"?
7. Inwiefern sind an Walter Faber Züge des Gegenwartsmenschen erkennbar?

Zusammenfassung

In den 50er- und 60er-Jahren erlebte die Bundesrepublik Deutschland durch den Fleiß ihrer Bewohner und auch durch finanzielle Hilfe, dem Marshallplan, einen nicht für möglich gehaltenen wirtschaftlichen Aufschwung. Dies führte einerseits zu einem stärkeren Selbstbewusstsein, förderte aber auch andererseits Materialismus und Konsumdenken. Die satte Selbstzufriedenheit der Wirtschaftswunder-Gesellschaft und die oft fehlende Auseinandersetzung mit der Vergangenheit waren für viele Nachkriegsautoren Ansätze zur Kritik.
In Kurzgeschichten, Satiren, Grotesken und Romanen griffen Schriftsteller in unterschiedlicher Art und Weise konservative Strömungen an. Wichtige Impulse verdankt die deutsche Literatur vor allem den Schweizer Dramatikern Friedrich Dürrenmatt und Max Frisch, die dem Theater in den 50er- und 60er-Jahren zu einer neuen Blüte verhalfen.

Wichtige Begriffe:
Groteske – Parodie – Konkrete Poesie

Geschichtlicher Hintergrund

1949 Einführung der sozialen Marktwirtschaft in der Bundesrepublik Deutschland durch Ludwig Erhard
1955 Pariser Verträge: Die Bundesrepublik Deutschland wird souverän.

Autoren und Werke

PETER HUCHEL (1903–1981)
Chauseen Chauseen

MAX FRISCH (1911–1991)
Nun singen sie wieder
Tagebuch 1946–1949
Stiller
Homo faber
Andorra
Biedermann und die Brandstifter

ALFRED ANDERSCH (1914–1980)
Die Kirschen der Freiheit
Sansibar oder der letzte Grund
Die Rote
Der Vater eines Mörders

WOLFGANG HILDESHEIMER (1916–1991)
Lieblose Legenden
Tynset
Mozart
Marbot

HEINRICH BÖLL (1917–1985)
Nicht nur zur Weihnachtszeit
Haus ohne Hüter
Irisches Tagebuch
Billard um halbzehn
Ansichten eines Clowns

FRIEDRICH DÜRRENMATT (1921–1990)
Der Richter und sein Henker
Der Verdacht
Die Ehe des Herrn Mississippi
Der Besuch der alten Dame
Die Physiker

EUGEN GOMRINGER (geb. 1925)
Konstellationen

ERNST JANDL (geb. 1925)
Laut und Luise
Sprechblasen

SIEGFRIED LENZ (geb. 1926)
Es waren Habichte in der Luft
So zärtlich war Suleyken

INGEBORG BACHMANN (1926–1973)
Die gestundete Zeit
Anrufung des großen Bären
Der gute Gott von Manhattan
Das dreißigste Jahr

MARTIN WALSER (geb. 1927)
Ehen in Philippsburg
Halbzeit
Das Einhorn

GÜNTER GRASS (geb. 1927)
Hundejahre

HANS MAGNUS ENZENSBERGER (geb. 1929)
Verteidigung der Wölfe
Blindenschrift

Abkehr von der Leistungsgesellschaft

Hundertwasser, (224) DER GROSSE WEG, © 1994 Joram Harel, Wien

1. Ein neues Lebensgefühl entsteht: die Abkehr von der Leistungsgesellschaft

Am 15. Oktober 1963 endete eine Ära: Bundeskanzler Konrad Adenauer trat zurück. Sein Nachfolger wurde der bisherige Wirtschaftsminister Ludwig Erhard. Ab 1966 zeigten sich die ersten wirtschaftlichen Einbrüche: Die Zeit des Wirtschaftswunders schien vorbei zu sein. Als die FDP ihre Minister aus dem Kabinett Erhard zurückzog, war die erste große Regierungskrise der Bundesrepublik Deutschland perfekt: Ludwig Erhard trat zurück. Kurt Georg Kiesinger wurde neuer Bundeskanzler, indem er mit der SPD eine große Koalition einging. Damit hatte die Regierung aus CDU/CSU/SPD im Parlament eine Mehrheit von 446 Abgeordneten, während die Opposition der FDP nur über 50 Mandate verfügte. Zwar waren die wirtschaftlichen Probleme schnell behoben und es zeigten sich unter dem Vizekanzler und Außenminister Willy Brandt die Konturen einer neuen Außenpolitik dem Osten gegenüber, doch bei vielen jungen Leuten hatten die Zweifel an der demokratischen Ordnung der Bundesrepublik Deutschland zugenommen.

Nachdem sich in den USA bereits in den 50er-Jahren eine studentische Protestbewegung gegen Rassendiskriminierung und später gegen die Vietnampolitik der Regierung entwickelt hatte, griff diese ab 1965 auf die Bundesrepublik Deutschland über. Es bildete sich eine „Außerparlamentarische Opposition" (APO) heraus. Sie wandte sich gegen die Große Koalition, den Vietnamkrieg, gegen die „imperialistischen" USA, gegen die bürgerliche Gesellschaft („Trau keinem über 30!") und deren Moralvorstellungen.

Die Gesellschaft reagierte zunächst betroffen: Wie war es möglich geworden, dass alle bisherigen Leistungen des Wiederaufbaus, der Stolz auf den erreichten Lebensstandard und all die materiellen Güter von großen Teilen der Jugend abgelehnt wurden?

Tausende von Studenten gingen auf die Straße und demonstrierten. „Sit-ins", Besetzung

Demonstration in Berlin (West) 1968

von Hörsälen, endlose Diskussionen über die Ideen von Karl Marx und Mao Tse-tung gehörten zum studentischen Alltag. Zwei innenpolitische Streitpunkte spielten eine große Rolle, die so genannte Notstandsgesetzgebung und die Vergangenheitsbewältigung. Erstere sollte während äußerer Bedrohung und innerer Gefahren der Regierung besondere Vollmachten ermöglichen, was von vielen Bürgern als Einschränkung der Grundrechte und damit als Gefährdung der Demokratie angesehen wurde. Wie die meisten Deutschen zu ihrer Vergangenheit standen, zeigte der 1965 abgeschlossene Auschwitz-Prozess, dessen Urteile sehr umstritten waren. Zwei Drittel der Erwachsenen in Deutschland erklärten in einer Umfrage, man müsse nun endlich einen Schlussstrich unter die nationalsozialistische Vergangenheit ziehen. Ähnlich war zuvor die Diskussion um die Verlängerung der Verjährungsfrist für nationalsozialistische Verbrechen verlaufen. Das Gesetz, das eine weitere Verfolgung von nationalsozialistischen Verbrechen erst ermöglichte, wurde von vielen als „Nestbeschmutzung durch Deutsche" angesehen und führte zur Gründung einer rechtsradikalen Partei, der NPD, die 1966 in Hessen und Bayern zum Entsetzen des In- und Auslandes in die Landesparlamente gewählt wurde.
Die Jahre der Studentenbewegung hinterließen ihre Spuren in der bundesdeutschen Gesellschaft. Waren kommunistische Ideen vorher auch wegen der Konfrontation mit der DDR weitgehend ein Tabuthema, so fühlten sich nun viele junge Leute davon angezogen. Auch die Vorstellungen über Moral, über Autorität, sogar über das äußere Erscheinungsbild wandelten sich in der Gesellschaft. Allmählich legte sich die Entrüstung über das freie Sexualleben in den studentischen Kommunen, über antiautoritäre Kindererziehung, über lange Haare und bunte Hippie-Kleidung. Unter dem Motto „Unter den Talaren Muff von 1.000 Jahren" änderte sich auch einiges an den Universitäten, zu denen unter anderem durch das Bundesausbildungförderungsgesetz (BAFöG) immer mehr Studenten drängten. Historiker, Soziologen und vor allem auch Literaten begannen sich verstärkt der Vergangenheitsbewältigung zu stellen.
1968 erzielte ein Roman auf der Frankfurter Buchmesse wegen seines Titels großes Aufsehen: „Deutschstunde". Der Literaturkritiker Marcel Reich-Ranicki fragte Siegfried Lenz, den Autor:

Man war bisher der Ansicht, dass Romane, die während des Dritten Reiches spielen, in der Bundesrepublik kaum Erfolgschancen hätten. Glauben Sie, dass die „Deutschstunde" trotz oder dank ihrer Thematik erfolgreich wurde?

Lenz antwortete: Unmittelbar nach dem Krieg las man derartige Romane als Mitbetroffener, als selbst Beschädigter. Später änderte sich das Verhältnis vieler Leser zu einer Literatur, die darauf bestand, nicht zu vergessen. Man wollte sich nun nicht mehr von unliebsamen Erinnerungen belagern lassen, man vermied jede Art von störender Heimsuchung durch die Vergangenheit. Heute, scheint mir, zeigt man wieder eine größere Bereitschaft, diese Literatur zur Kenntnis zu nehmen.

2. Siegfried Lenz

1926 Siegfried Lenz wird im masurischen Lyck/ Ostpreußen geboren.
1943 Nach dem Notabitur wird er zur Marine eingezogen. Vor Kriegsende setzt er sich unter Lebensgefahr von der Truppe ab und gerät in englische Kriegsgefangenschaft.
1945 Lenz lebt in Hamburg und will Lehrer werden. Als er die Stelle eines Zeitungsredakteurs bekommt, gibt er das Studium auf.
1951 Lenz wird freier Schriftsteller. Sein Roman „Es waren Habichte in der Luft" wird ein Erfolg.
1955 Berühmt werden seine humorvollen Geschichten aus seiner Heimat: „So zärtlich war Suleyken". Es erscheinen unter anderem „Der Mann im Strom", „Das Feuerschiff", „Stadtgespräch".
1968 Lenz erzielt mit dem Roman „Deutschstunde" seinen größten Erfolg. Weitere Romane und Erzählungen sind „Ein Kriegsende", „Klangprobe" und „Das serbische Mädchen".
1999 Der Autor erhält den Goethe-Preis. Sein bislang letzter Roman, „Arnes Nachlaß", findet große Beachtung.

Siegfried Lenz

Umschlag der Taschenbuchausgabe

Deutschstunde

Der junge Siggi Jepsen sitzt zehn Jahre nach Kriegsende wegen Kunstdiebstahls für drei Jahre in einer Besserungsanstalt für schwer erziehbare Jugendliche. Er soll einen Aufsatz zum Thema „Die Freuden der Pflicht" schreiben, gibt aber nur leere Blätter ab. Deshalb kommt er in Einzelhaft. An diesem Punkt setzt die eigentliche Erzählung ein. Siggi setzt sich in monatelanger Arbeit mit seiner Jugendzeit während der Kriegsjahre in Schleswig-Holstein auseinander. Siggi erzählt, wie sein Vater, ein Polizist, während des Nationalsozialismus das Malverbot des als „entartet" geltenden Künstlers Max Ludwig Nansen rigoros überwacht, obwohl er mit diesem jahrzehntelang befreundet war. Um die Bilder vor dem von seinem Pflichtgefühl besessenen Vater zu retten bringt Siggi sie in Sicherheit. Auch nach dem Krieg geht der stumme, verbissene Kampf zwischen Vater und Sohn weiter, der schließlich zu Siggis Verhaftung führt. Als der alte Jepsen nach seiner Entnazifizierung wieder zum Polizeidienst antritt, nimmt Siggi aus einer Ausstellung ein Gemälde des Malers Nansen an sich, wird deshalb angezeigt und verurteilt.

Der Roman gliedert sich in 20 Kapitel, die aufgrund ihrer Selbstständigkeit fast wie aneinander gereihte Kurzgeschichten wirken. Die **Rahmenerzählung**, Siggis Inhaftierung, wirkt in die **Binnenerzählung**, die eigentliche Geschichte, hinein. Ebenso gibt es zwei Zeitebenen, die der Jugendlichen in der Besserungsanstalt im Jahr 1954 und die der erzählten Zeit ab 1943. Nicht nur deswegen ergibt sich eine anspruchsvolle Erzählstruktur, sondern auch dadurch, dass die Romanhandlung aus drei Perspektiven gesehen wird: Neben Siggi erzählen auch der Psychologiestudent Mackenroth und der Anstaltswächter Joswig. Dadurch soll dem Leser ein Höchstmaß an Objektivität vermittelt werden.

„Ich tue nur meine Pflicht."

Neben Siggi sind sein Vater und der Maler Nansen – der deutliche Züge des expressionistischen Malers Emil Nolde trägt – die Schlüsselfiguren dieses Romanes. Zwischen Letzteren spielt sich auch der entscheidende Konflikt ab: dem Maler, der sich verpflichtet fühlt, die Gesellschaft kritisch zu betrachten, und dem Polizisten, der seine Pflicht darin sieht, der Obrigkeit, die ihm Autorität ist und gibt, bedingungslos zu gehorchen. „Wo kämen wir hin, wenn wir uns bei allem fragten: und was kommt danach?": So umschreibt der Polizist nach Kriegsende seine völlig unreflektierte Handlungsweise. Nansen hingegen ist überzeugt: „Wenn wir zu etwas verpflichtet sind, dann dazu: vorauszusehen."

So arbeitet der Autor ein Stück nationalsozialistischer Vergangenheit auf. Dem Leser wird klar, wie der Holocaust möglich werden konnte, wenn Staatsdiener zu pflichtbesessenen Werkzeugen einer Diktatur wurden. „Is in Berlin verfügt worden, das genügt", weitere Überlegungen stellt der Polizist Jepsen nicht an. Auch der familiäre Hintergrund eines solchen Bürgers wird transparent. Der Epileptiker Addi, der Verlobte von Jepsens Tochter Hilke, darf das Haus nicht mehr betreten: „Wir brauchen keinen Kranken in der Familie." Auch behinderte Kinder werden abgelehnt: „Diese unwerten Geschöpfe! (...) Wenn sie noch krank wären, aber sie sind unwert, sie belasten uns alle."

Siggi sitzt in der Besserungsanstalt und es wird klar, dass er die Strafe stellvertretend für seinen Vater abbüßt. Seine ganze Generation leidet an den Taten, die die vorangegangene verschuldet hat. 1968 erschien der Roman, 1964 waren die ersten Strafprozesse über die Vernichtung der europäischen Juden eingeleitet worden. Der Roman arbeitet nicht nur deutsche Geschichte auf, er gibt auch ein Seelenbild der betroffenen Menschen und schildert ihren Lebensraum. In der Nachfolge Storms gibt Lenz ein eindringliches Bild der herben Schönheit des Landes an der Nordsee:

> Das Rauschen draußen im Watt, das war die Flut. Sie schäumte landwärts über die Sandbarren, die die Priele verschlossen, stieß in blasigen Zungen über das glatte Watt vor und füllte Tümpel und Rinnen; die Flut schwemmte Gras auf und Muschelschalen, sie spülte Hölzer frei, verwischte unsere Spuren, und drängend stieß sie im Norden bis ans Ufer und dann dicht ans Land, in schneller Umfassung, ein tongraues Gebiet abriegelnd, weiter bis zur Halbinsel.

Im selben Jahr wie die „Deutschstunde" erscheint ein Roman einer österreichischen Erzählerin, der erst viel später in Deutschland für Aufsehen sorgt: „Die Wand". Marlen Haushofer versucht nicht wie Lenz, die Geschichte aufzuarbeiten, sondern sie beschreibt eine (atomare?) Apokalypse, deren Tragweite erst richtig in den 80er-Jahren verstanden wird.

3. Marlen Haushofer

1920 Marlen Haushofer wird in Frauenstein/Oberösterreich als Tochter eines Revierförsters geboren.
1934 Für fünf Jahre besucht sie das Internat der Ursulinen in Linz, Schuljahre, die sie später in ihrem Roman „Eine Hand voll Leben" beschreibt.
1940 Studium der Germanistik in Wien.
1941 Heirat, in den nächsten Jahren werden zwei Söhne geboren.
1946 Von Marlen Haushofer erscheinen die ersten Kurzgeschichten,
1952 die Novelle „Das fünfte Jahr". Danach schreibt sie Hörspiele und Kinderbücher.
1963 Sie erhält für ihre Erzählung „Wir töten Stella" den angesehenen Arthur-Schnitzler-Preis und
1968 den Österreichischen Staatspreis für Literatur. Im selben Jahr erscheint „Die Wand".
1970 Marlen Haushofer stirbt an Knochenkrebs.

Die Wand

Eine allein stehende Frau um die 40 wird von einem befreundeten Ehepaar für drei Tage in eine einsame Jagdhütte eingeladen. Die Gastgeber fahren noch ins Dorf, kommen aber nicht mehr zurück. Als die namenlose Ich-Erzählerin sich am nächsten Morgen auf die Suche macht, stößt sie in der Schlucht auf

Marlen Haushofer

„etwas Unsichtbares, Glattes, Kühles, das mich am Weitergehen hinderte“. Eine gläserne Wand sperrt das Tal von der restlichen Welt ab, in der alles Leben abgestorben ist. Man kann von einer Stelle aus das nächste Gehöft sehen:

Ein Mann stand am Brunnen und hielt die rechte Hand gewölbt auf halbem Weg vom Wasserstrahl zum Gesicht. Ein reinlicher alter Mann. Seine Hosenträger baumelten wie Schlangen an ihm nieder, und die Ärmel des Hemdes hatte er aufgerollt. Aber er erreichte sein Gesicht nicht mit der Hand. Er bewegte sich überhaupt nicht.

Kein Kontakt mit der Außenwelt ist möglich, im Radio ist nur leises Summen zu hören. Von anderer Stelle ist das ganze Tal zu übersehen:

Vor dem Häuschen des Wagnermeisters saß eine Frau regungslos in der Sonne. Ich konnte ihr Gesicht nicht sehen, sie hielt den Kopf gesenkt und schien zu schlafen. (...) Wenn das der Tod war, so war er sehr rasch und sanft gekommen, auf eine fast liebevolle Weise. Vielleicht wäre es klüger gewesen, mit Hugo und Luise ins Dorf zu gehen.

Aber für die Erzählerin geht das Leben weiter, zusammen mit Luchs, dem Jagdhund, und einer zugelaufenen Kuh richtet sie ihr Leben, eine „Robinsonade“, ein. Eine Erklärung des Geschehens unterbleibt, was den Leser zu spekulativen Deutungsversuchen veranlasst. Ist die Erzählerin einzige Überlebende einer Atomkatastrophe? Die Welt draußen liegt in Todesstarre, ausgelöst von einer „idealen Waffe, sie hinterließ die Erde unversehrt und tötete nur Menschen und Tiere.“ Seit wir die Wirkung der Neutronenbombe kennen, wissen wir, wie prophetisch der Weitblick dieser pessimistischen Autorin war, die hier die Wirkung einer Waffe exakt beschreibt, die Anfang der 60er-Jahre noch unvorstellbar war.
Drei Jahre überlebt die Erzählerin auf diese Weise. Sie richtet sich ein, erlebt in Übereinstimmung mit den Tieren und der Natur die Aufhebung der Grenzen zwischen Mensch und Kreatur. Plötzlich taucht ein Mann auf, ein anderer Überlebender, abgerissen und gefährlich, der ihre Tiere tötet. Deshalb wird er von der Frau erschossen. Ihre Einsamkeit wird ohne den Hund grenzenlos. So entschließt sie sich im Winter in vier Monaten diesen Bericht zu schreiben. Er handelt nicht von der romantischen Vorstellung eines neuen Paradieses, sondern vom Untergang der Zivilisation. Die Wand ist nicht nur Metapher für eine atomare Katastrophe, sondern auch für die Auslöschung der Menschen, die aber erst durch deren Technologiebegeisterung möglich wurde.
Marlen Haushofer schrieb diesen Roman 1963, in einer Zeit, da die Fortschrittsgläubigkeit der Menschen nicht einmal vom drohenden Atomkrieg, ausgelöst durch die Kubakrise 1962, gebrochen wurde. Erst heutzutage wird dem Roman die gebührende Aufmerksamkeit geschenkt.
Die politische und gesellschaftliche Umbruchzeit ab Mitte der 60er-Jahre wurde mitgeprägt von den nun anlaufenden großen Prozessen gegen die nationalsozialistischen Verbrechen. Der Dramatiker Peter Weiss – als deutscher Jude dem Holocaust entkommen – versuchte in seinem Stück „Die Ermittlung“ das Unfassbare auf die Bühne zu bringen.

4. Peter Weiss

1916 Peter Weiss wird in der Nähe von Berlin geboren. Wegen des Berufes des Vaters – er ist Textilkaufmann – wechselt die Familie häufig den Wohnort, insbesondere ab 1933, da die jüdische Familie Weiss verfolgt wird. Sein Verhältnis zu den Eltern ist nicht spannungsfrei, der Autor bezeichnet sich als „peilend zwischen Aufruhr und Unterwerfung".
1934 Unfalltod der Schwester, von Weiss als „die entscheidende Umwälzung in meinem Leben" bezeichnet. Emigration nach England.
1936 Übersiedelung nach Prag, wo er an der Kunstakademie studiert.
1939 Emigration nach Schweden. Arbeit als Maler und Dokumentarfilmer und seit
1960 ausschließlich als Schriftsteller.
1964 Mit dem Drama „Die Verfolgung und Ermordung Jean Paul Marats dargestellt durch die Schauspielgruppe des Hospizes zu Charenton unter Anleitung des Herrn de Sade" wird Weiss über Nacht weltberühmt.
1965 Das Drama „Die Ermittlung" wird von 15 Theatern gleichzeitig uraufgeführt.
1982 Weiss stirbt am 10. Mai in Stockholm.

Peter Weiss

Die Ermittlung

Von September 1963 bis August 1965 fand in Frankfurt der „Auschwitz-Prozess" statt. Die Aussagen von über 300 Überlebenden über das Geschehen zwangen die Bevölkerung der Bundesrepublik Deutschland in einem bisher unbekannten Maße sich mit der schrecklichen eigenen Vergangenheit auseinander zu setzen.
Peter Weiss nahm an diesem Prozess als Zuschauer teil, er reiste nach Auschwitz, als das Gericht dort einen Lokaltermin abhielt. Als jüdischer Emigrant war er persönlich betroffen, für ihn waren das Verfahren, die Äußerungen der Angeklagten und die milden Urteile ein Schock, der seine Hinwendung zum Marxismus förderte. Aus seinen Notizen und aus Prozessberichten der Frankfurter Allgemeinen Zeitung (FAZ) stellte er das **dokumentarische Theaterstück** „Die Ermittlung" zusammen.
Weiss schreibt in seinen Notizen zum dokumentarischen Theater:

Das dokumentarische Theater ist ein Theater der Berichterstattung. Protokolle, Akten, Briefe, statistische Tabellen, Börsenmeldungen, Abschlussberichte von Bankunternehmen und Industriegesellschaften, Regierungserklärungen, Ansprachen, Interviews, Äußerungen bekannter Persönlichkeiten, Zeitungs- und Rundfunkreportagen, Fotos, Journal-

Unter der Regie von Erwin Piscator wurde „Die Ermittlung" von Peter Weiss am 19. Oktober 1965 an der Freien Volksbühne in Berlin uraufgeführt.

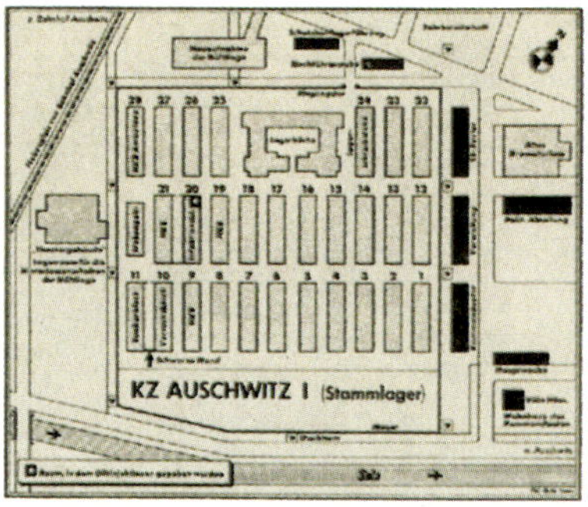

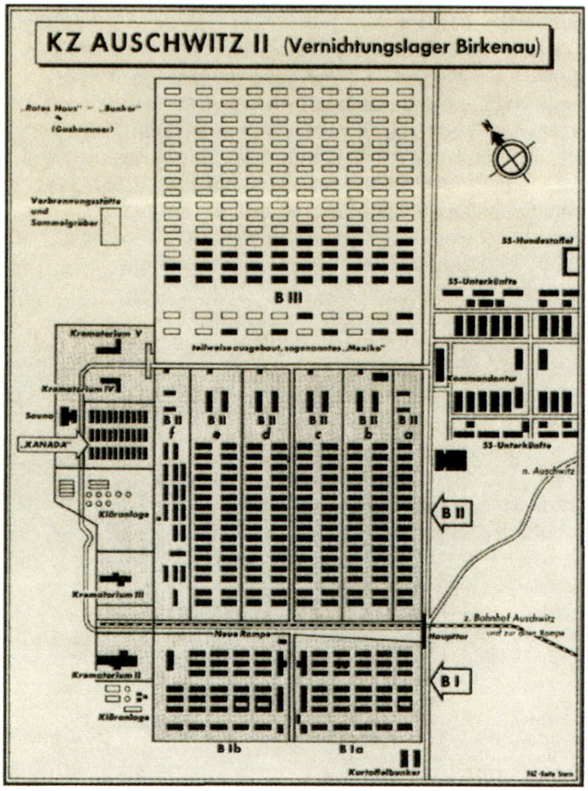

Pläne des Stamm- und Vernichtungslagers Auschwitz

filme und andere Zeugnisse der Gegenwart bilden die Grundlage der Aufführung. Das dokumentarische Theater enthält sich jeder Erfindung, es übernimmt authentisches Material und gibt dies, im Inhalt unverändert, in der Form bearbeitet, von der Bühne aus wieder.

Fast jedes Wort der „Ermittlung“ ist im Prozess tatsächlich gefallen. Die Materialfülle konzentrierte Weiss zu einem dreistündigen Theaterstück ohne jegliche Regieanweisung. Er nennt es „Oratorium“, ursprünglich eine musikalische Komposition für religiöse Stoffe. Dieser Gattung näherte Weiss sein Stück dadurch an, dass er die Texte leicht rhythmisiert und in elf dreifach unterteilte „Gesänge“ gliedert. Das Stück weist Parallelen zu Dantes „Göttlicher Komödie“ auf, wo in insgesamt 100 Gesängen Hölle, Fegefeuer und Paradies dargestellt werden.
Der 1. Gesang, der Gesang von der Rampe, berichtet in Teil I von der Einlieferung der Opfer aus der Sicht des Bahnhofspersonals, in Teil II aus Sicht der Opfer selbst und in Teil III aus Sicht der Angeklagten. Während die Zeugen keine Namen tragen und als anonyme „Sprachrohre“ reden, bleiben die Angeklagten nicht anonym. Dennoch stehen auch sie nur exemplarisch für das gesamte System.
Im 2. Gesang, im Gesang vom Lager, wird über die Zustände, die Unterbringung und die Behandlung der Häftlinge berichtet. Besonders von den Taten des äußerst brutalen Angeklagten Kaduk ist die Rede. Die Perspektiven werden öfters gewechselt, je nachdem, ob Zeugen oder Angeklagte das Wort haben.
Der 3. Gesang, der Gesang von der Schaukel, stellt die Verhör- und Foltermethoden der Politischen Abteilung dar, vor allem die des Angeklagten Boger.
Im 4. Gesang werden die seltenen Gelegenheiten geschildert, die das Überleben im Massenvernichtungslager Auschwitz ermöglichten.
Der 5. Gesang schildert ein Einzelschicksal,

das Ende des Mädchens Lili Tofler, das von Boger erschossen wurde.
Der 6. Gesang stellt ebenfalls ein Individuum heraus, den bildungsbeflissenen SS-Mann Stark, der über den Humanismus bei Goethe diskutiert und bei Vergasungen mitwirkt. In diesem Gesang wird die Frage nach den Motiven für solche Taten gestellt und es wird das nationalsozialistische System angeklagt.
In den Gesängen 7 bis 11 werden die Orte der Massenvernichtung geschildert:
Gesang 7, Gesang von der Schwarzen Wand, der Erschießungswand, an der 20.000 Menschen erschossen wurden.
Gesang 8, Gesang vom Phenol; durch Injektionen von Phenol wurden 30.000 Menschen ermordet.
Gesang 9, Gesang vom Bunkerblock, in dem die ersten Massentötungen mit Zyklon B vorgenommen wurden.
Gesang 10, Gesang vom Zyklon B, von dem für die Tötung von 2.000 Menschen 16 Pfundbüchsen zum Einzelpreis von 2,50 RM benötigt wurden.
Gesang 11, Gesang vom Feuerofen, in dessen 46 Verbrennungskammern in 24 Stunden 3.000 Menschen verbrannt wurden.
Am Ende des Oratoriums, dessen grauenhafte Einzelheiten den Gerichtsakten entstammen, hat der Angeklagte 1, der Adjutant des Lagerkommandanten, Mulka, das Schlusswort:

Heute
da unsere Nation sich wieder
zu einer führenden Stellung
emporgearbeitet hat
sollten wir uns mit anderen Dingen befassen
als mit Vorwürfen
die längst als verjährt
angesehen werden müssten

Laute Zustimmung vonseiten der Angeklagten.

Am 19. Oktober 1965 fand die Uraufführung statt. Entsprechend dem politischen Klima der 60er-Jahre verübelte man in der Bundesrepublik Deutschland dem Autor, dass er als Marxist die Rolle der deutschen Großindustrie bei der Vernichtung jüdischer Menschen betonte und der gegenwärtigen deutschen Gesellschaft unterstellte, sie sei zu den gleichen Taten wie im Nationalsozialismus fähig. Demgegenüber war Erwin Piscator, einer der bedeutendsten Regisseure der deutschsprachigen Bühne, der Meinung:

> Es ist eine Dramatik, die aus der Wirklichkeit – Geschichte schon oder noch Gegenwart – ein Kunstwerk destilliert, das den Erfordernissen eines Theaterstücks entspricht und seinem Inhalt nach einen Grad von Aktualität und politischer Brisanz erreicht, wie ihn die dramatische Literatur wohl kaum je zuvor innehatte.

In der Literatur versuchte man nicht nur den Holocaust stofflich zu verarbeiten, auch nach der Verantwortung des Wissenschaftlers für seine Forschung wurde gefragt. Dabei galt nach dem Abwurf der Atombomben über Hiroshima und Nagasaki der Nuklearforschung besonderes Interesse. Neben Friedrich Dürrenmatts „Die Physiker“ stellte vor allem Heinar Kipphardt die Frage nach der Verantwortung.

5. Heinar Kipphardt

1922 Heinar Kipphardt wird in Heidersdorf/Schlesien geboren. Von 1933 bis 1938 ist sein Vater Häftling im Konzentrationslager Buchenwald. Während des Zweiten Weltkrieges studiert Heinar Kipphardt Medizin und Psychiatrie.
1942 ist er Soldat an der Ostfront.
1949 wird er Arzt in Berlin (Ost). Fünf Jahre später gibt er den Arztberuf auf und wird Dramaturg am Deutschen Theater.
1953 Kipphardt wird mit dem Nationalpreis der DDR geehrt. Ende der Fünfzigerjahre kommt es zu Auseinandersetzungen mit der Kulturkommission der damaligen DDR, da diese immer mehr mit Verboten in den Spielplan eingreift.
1959 Kipphardt siedelt in die Bundesrepublik Deutschland über und wird 1969 Chefdramaturg an den Münchener Kammerspielen. In diesen Jahren entstehen das Drama „Der Hund des Generals“ und die Erzählungen „Die Ganovenfresse“.
1964 Das Dokumentarstück „In der Sache J. Robert Oppenheimer“ wird uraufgeführt.
1971 Aus politischen Gründen wird Kipphardt

als Chefdramaturg entlassen. Danach lebt er als freier Autor in der Nähe von München.
1981 Sein letztes Werk „Bruder Eichmann" erscheint.
1982 Heinar Kipphardt stirbt am 18. November in München.

Heinar Kipphardt

In der Sache J. Robert Oppenheimer

J. Robert Oppenheimer (1904–1967) war ein bedeutender amerikanischer Physiker. Unter seiner Leitung bauten Wissenschaftler im Zweiten Weltkrieg für die USA in Los Alamos die Atombombe. 1954, zur Zeit des Senators McCarthy, als sich in den USA eine fast hysterische Kommunistenfurcht ausbreitete, wurde Oppenheimer nach einer Verhandlung vor dem Sicherheitsausschuss der USA aus „Sicherheitsgründen im Hinblick auf seine zwar loyale, aber unrealistische Einstellung" entlassen.
Heinar Kipphardt verwendete für sein Dokumentarstück das Protokoll des Untersuchungsverfahrens im Umfang von 3.000 Seiten. Die Verhandlung vom 12. April bis zum 14. Mai 1954 reduzierte der Autor auf acht Szenen. Die szenische Darstellung zeigt ein Zimmer im Gebäude der Atomenergiekommission in Washington, in dem der Sicherheitsausschuss unter Vorsitz des ehemaligen Staatssekretärs Gordon Gray tagt.
Nach Abwurf der Atombombe über Hiroshima hatte Oppenheimer moralische Bedenken gegen die weitere atomare Aufrüstung geäußert und sich aus der Waffenentwicklung zurückgezogen. Dies wirft man ihm jetzt, da die Sowjetunion bei der Entwicklung der Wasserstoffbombe an der Spitze zu liegen scheint, als indirekte Unterstützung des Feindes und als Landesverrat vor. Das Verfahren läuft ab als Vernehmung von Oppenheimer selbst, von berühmten Physikern wie Edward Teller, Hans Bethe und Isaac Rabi und von zwei Geheimdienstleuten. Während Oppenheimer immer mehr einen Gewissenskonflikt erkennen lässt, wird der Aspekt der Verantwortung von seinen Physikerkollegen beiseite geschoben. Insgesamt jedoch bleibt die Untersuchung ohne eindeutiges Ergebnis, denn Verdachtsmomente werden von Entlastungsmaterial wieder aufgehoben. In der vorletzten Szene spricht der Anwalt des Ausschusses von Oppenheimers „Gedankenverrat". Oppenheimers Tragik liege in seinem grundsätzlichen Konflikt zwischen „den utopischen Idealen einer klassenlosen Gesellschaft" – eine Anspielung auf Oppenheimers frühere, dem Kommunismus nahe stehenden Ansich-

J. Robert Oppenheimer (rechts) mit Albert Einstein

ten – und der gewollten Loyalität seinem Land gegenüber. Am Schluss erklärt der Ausschussvorsitzende, dass sich Oppenheimer zwar keiner Illoyalität seinem Lande gegenüber schuldig gemacht habe, aber wegen charakterlicher Mängel keinen Anspruch mehr auf das bedingungslose Vertrauen der Regierung habe. Oppenheimer gilt fortan als verdächtig. Erst neun Jahre später wird er von Präsident Johnson rehabilitiert werden. In seinem Schlusswort geht Oppenheimer selbst auf den Vorwurf „Gedankenverrat" ein und gibt ihm einen anderen Sinn: Haben die Wissenschaftler nicht selbst den Geist der Wissenschaft verraten, als sie ihre „Forschungsarbeiten den Militärs überließen, ohne an die Folgen zu denken"? Haben die Wissenschaftler ihrer Regierung nicht zu große, zu ungeprüfte Loyalität bewiesen und der Wissenschaft gegenüber Illoyalität?
Oppenheimer selbst fühlt sich missbraucht: „Wir haben die besten Jahre unseres Lebens damit verbracht, immer perfektere Zerstörungsmittel zu finden."

Einer der wichtigsten deutschen Autoren ist der Nobelpreisträger Heinrich Böll, der neben seinen Büchern auch als Redner und Publizist hervortrat und dabei das politische Leben in Deutschland immer wieder kommentierte.

6. Heinrich Böll

1917 wird Heinrich Böll im katholisch geprägten Kleinbürgermilieu Kölns geboren. Sein Vater, ein Tischlermeister und Holzschnitzer, verliert durch eine Bürgschaft sein ganzes Vermögen.
1937 Nach dem Abitur beginnt Heinrich Böll eine Buchhändlerlehre. Nebenbei versucht er sich als Schriftsteller.
1939 Das Studium der Germanistik wird im Spätsommer jäh durch die Einberufung zur Wehrmacht unterbrochen. Als Soldat wird er an mehreren Fronten eingesetzt und mehrmals verwundet.
1942 heiratet er seine Jugendfreundin, die Lehrerin Annemarie Cech.
1947 Nach der Heimkehr aus französischer Gefangenschaft veröffentlicht er erste Kurzgeschichten. Vier Jahre später erhält er für die Erzählung „Die schwarzen Schafe" den Preis der Gruppe 47.
1952 Mit der Satire „Nicht nur zur Weihnachtszeit" beginnt Bölls schöpferischste Phase. In den 50er- und 60er-Jahren veröffentlicht er zahlreiche Erzählungen und Romane: „Haus ohne Hüter" (1954), „Irisches Tagebuch" (1957), „Doktor Murkes gesammeltes Schweigen und andere Satiren" (1958), „Billard um halbzehn" (1959), „Ansichten eines Clowns" (1963) und „Ende einer Dienstfahrt" (1966).
1970 Böll wird Präsident des PEN-Clubs, eines der wichtigsten Schriftstellerverbände.
1972 Sein in mehr als 30 Sprachen übersetztes Werk macht Böll im In- und Ausland wohl zum bekanntesten deutschen Schriftsteller seiner Zeit. Er erhält den Nobelpreis für Literatur.
1974 „Die verlorene Ehre der Katharina Blum" erscheint.
1985 Kurz nach der Veröffentlichung seines letzten Romans „Frauen vor Flusslandschaft" stirbt Heinrich Böll in Langenbroich in der Eifel.

1972 wurde Heinrich Böll durch den Kronprinzen Carl Gustav von Schweden der Nobelpreis für Literatur überreicht.

Heinrich Böll 1985 in seinem Arbeitszimmer

Heinrich Böll hinterließ ein umfangreiches Gesamtwerk, das in einer Auflage von über 30 Millionen Exemplaren vorliegt. Der Nationalsozialismus, die Kriegs- und Nachkriegszeit lieferten ihm den Stoff für seine ersten Erzählungen und Kurzgeschichten. In den 60er-Jahren setzte er sich in dem Roman „Ansichten eines Clowns" kritisch mit der Wohlstandsgesellschaft und einem falsch verstandenen Katholizismus auseinander. Von seinen späteren Werken erregte insbesondere die folgende, 1974 erschienene Erzählung Aufsehen.

Die verlorene Ehre der Katharina Blum

Die 27-jährige hübsche Haushälterin Katharina Blum, die nebenberuflich bei Empfängen und Festlichkeiten die Buffets besorgt, gerät im Fasching 1974 in den Verdacht dem von der Polizei gesuchten Radikalen Ludwig Götten geholfen zu haben, unbemerkt aus ihrer Wohnung zu entkommen. Die geschiedene Frau hatte den Bundeswehrdeserteur bei einer Party kennen gelernt und später mit in ihre Wohnung genommen ohne zu wissen, dass dieser von der Polizei gesucht wird. Katharina wird zur Zielscheibe der Klatschspalten einer Boulevardzeitung. Sie wird vom Reporter Tötges als „Kommunistenbraut" und „Räuberliebchen" beschimpft, man dichtet ihr zahlreiche Männerbekanntschaften an und ihr Freundeskreis wird als Verschwörerclique denunziert. Die Hetze gipfelt in anonymen Briefen und Anrufen. Katharina Blum weiß sich schließlich nicht mehr anders zu helfen, als in ihrer Verzweiflung Tötges zu erschießen. Im Vorspann schreibt Böll:

> Personen und Handlung dieser Erzählung sind frei erfunden. Sollten sich bei der Schilderung gewisser journalistischer Praktiken Ähnlichkeiten mit den Praktiken der „Bild"-Zeitung ergeben, so sind diese Ähnlichkeiten weder beabsichtigt noch zufällig, sondern unvermeidlich.

Der Vorspann beschreibt den unmittelbar aktuellen Anlass der Erzählung. Böll wendet sich gegen eine skrupellose Boulevardpresse, die einen einzelnen Menschen diffamieren kann, ohne dass dieser die Möglichkeit hat sich dagegen zu wehren. Terroristische Akte, wie

Umschlag der Taschenbuchausgabe

sie in den frühen 70er-Jahren von der Baader-Meinhof-Gruppe verübt wurden, rechtfertigen für Böll nicht eine Hetzjagd auf unschuldige Menschen. Im weitesten Sinne geht es in Bölls Buch um Gewalt, was im Untertitel „Wie Gewalt entstehen und wohin sie führen kann" deutlich wird. Sie äußert sich nicht nur in den Praktiken der Presse oder in der Kurzschlusshandlung der Katharina Blum, sondern auch in der Sprache, insbesondere des Reporters Tötges:

„,Na, Blümchen, was machen wir zwei denn jetzt?' Ich sagte kein Wort, wich ins Wohnzimmer zurück, und er kam mir nach und sagte: ,Was guckst du mich denn so entgeistert an, mein Blümelein – ich schlage vor, dass wir jetzt erst einmal bumsen.' Nun, inzwischen war ich bei meiner Handtasche, und er ging mir an die Kledage, und ich dachte: ,Bumsen, meinetwegen', und ich habe die Pistole rausgenommen und sofort auf ihn geschossen."

Bölls in 58 kurze Abschnitte gegliederte Erzählung, die Auszüge aus Zeitungen, Polizeiprotokollen, Aussagen der Beteiligten, Tonbandaufnahmen und Rückblenden enthält, war sehr erfolgreich. Bereits Ende 1974 waren – auch aufgrund einer groß aufgemachten Werbekampagne – 200.000 Exemplare verkauft. Ein Jahr später lief eine Verfilmung durch Volker Schlöndorff in den Kinos an.

Die ganze Nachkriegsgeschichte der Bundesrepublik Deutschland ist geprägt von ihrem schwierigen Verhältnis zum anderen deutschen Staat, zur ehemaligen DDR. Tausende werden aus den Gefängnissen des sozialistischen Zwangsstaates freigekauft.
Einer, der seine Erlebnisse im berüchtigtsten DDR-Zuchthaus niederschrieb, war im Hauptberuf Lehrer in einem kleinen niedersächsischen Dorf.

7. Walter Kempowski

1929 Walter Kempowski wird am 29. April als Sohn eines Reeders in Rostock geboren.
1944 Der Fünfzehnjährige wird wegen „politischer Unzuverlässigkeit" in eine Strafeinheit der Hitlerjugend eingewiesen. In den letzten Kriegsmonaten ist er Flakhelfer. Im April 1945 fällt der Vater.
1946 Er beginnt eine Druckerlehre, findet Arbeit in einem amerikanischen Versorgungsbetrieb.
1948 Als Kempowski nach Rostock zurückkehrt, wird er von russischen Soldaten verhaftet und mit seinem Bruder Robert wegen angeblicher Spionage zu 25 Jahren Haft verurteilt, die er im berüchtigten Zuchthaus Bautzen absitzen muss. Die Mutter erhält zehn Jahre Zwangsarbeit.
1956 Zwei Jahre nach Freilassung der Mutter kehrt Walter Kempowski nach acht Jahren Haft in die Bundesrepublik Deutschland zurück, eine Amnestie erspart ihm die restlichen 17 Jahre. Er holt das Abitur nach und studiert Pädagogik.
1960 Er arbeitet als Lehrer in einem niedersächsischen Dorf und verfasst eine Familienchronik.
1969 Seine Erlebnisse in Bautzen verarbeitet er in dem Haftbericht „Im Block".
1971 Der Roman „Tadellöser & Wolff", 1975 verfilmt, bringt den großen Erfolg.
1972 „Uns geht's ja noch gold" erscheint. Die Romane „Aus großer Zeit" (1978) und „Herzlich willkommen" (1984) schließen die „Deutsche Chronik" ab, seit 1979 arbeitet Kempowski als freier Schriftsteller.

Walter Kempowski

1993 stellt Kempowski in „Das Echolot. Ein kollektives Tagebuch" in Aufzeichnungen von Zeitgenossen Stalingrad und die Kriegswende dar, 1999 mit der Fortsetzung „Fuga Furiosa" das Kriegsende.
2002 geht es in dem Tagebuch „Alkor" aus dem Jahre 1989 um den Fall der Mauer.

Im Block

Zwölf Jahre lang arbeitete Kempowski nach seiner Entlassung aus dem Zuchthaus an seinem Erstling. 1969 wurde der Roman veröffentlicht. Kempowski hat eine Darstellungsform entwickelt, die er in seinen späteren Romanen perfektioniert. Alles, woran er sich genau erinnert, wird in Berichtform dargestellt, nichts wird gedeutet oder interpretiert. In den langen Jahren der Entstehung wurde ein System des Zettelkastens angelegt, bestehend aus Tagebuchnotizen, Erinnerungen von Mithäftlingen, Briefen, Gedichten, die, da aus dem Gedächtnis zitiert, zum Teil ungenau sind, und Milieuschilderungen. Diese Bruchstücke von Spontanerinnerungen und geeigneten Zufallsinformationen wurden gesammelt und so entstanden inhaltlich zusammengehörende Gruppen, die der Autor vielfach noch wie eine Collage umbildete. Aus diesen Notizensammlungen setzte sich das Buchmanuskript zusammen, wobei Abschnitte die einzelnen Zettel trennten. Dadurch wurde eine Wirklichkeitswiedergabe erreicht, die dem Leser die Verhaftung, die Verhöre durch sowjetische Offiziere, die acht Monate lange Untersuchungshaft und vor allem den großen Hunger der Gefangenen anschaulich nahe bringt:

> Der schönste Augenblick des Tages war das Kantenwählen. Wir legten die Portionen auf die Pritsche und knieten uns davor, beäugten sie von allen Seiten, nahmen sie wie Blumenschalen in die Hand. So bedächtig man wählte, immer fühlte man sich beschissen.
>
> Manfred war ein sogenannter Krümelkacker, er zerkrümelte sein Brot und trocknete es an der Sonne. Fachmännisch wendete er die Brocken wie Rosinen alle halbe Stunde um. (...)

Im Schnellverfahren zu 25 Jahren Haft verurteilt, wird Kempowski mit vielen anderen Häftlingen im Viehwagen nach Bautzen überstellt, wo Tausende von Gefangenen inhaftiert sind und qualvolle Enge herrscht.

Bildnotizen von Walter Kempowski

„Es wird immer wieder Platz", sagte Helm. Über zehntausend Häftlinge seien schon gestorben ... Abends horchten wir, ob wieder der Leichenkarren vorbeiklapperte.

Das Zuchthaus Bautzen ist zunächst unter sowjetischer, dann, nach der Gründung der DDR 1949, unter ostdeutscher Leitung. Zum Teil in Riesensälen mit 400 Häftlingen bei miserablen hygienischen Bedingungen und minimaler Kost spielt sich das Leben der Gefangenen ab. Kempowski macht in den acht Jahren seiner Haft die ganze Bandbreite eines Häftlingslebens durch, das geprägt ist von Essensvisionen und von Plänen für die Zeit nach der Haft. Auch das Streben sich weiterzubilden, Gedichte zu verfassen und in einem Gefangenenchor zu singen, helfen dabei, die lange Haftdauer zu überstehen. Kempowski erlebt auch die „Xer", Teilnehmer des „Tages X", des Aufstandes am 17. Juni 1953, die auf dem Rücken ein großes weißes X tragen. Allmählich aber bessern sich die Verhältnisse, man spürt, die Regierung der DDR will beweisen, wie tolerant sie ist. Die Häftlinge dürfen Pakete von Angehörigen erhalten, lesen und arbeiten.
In der Entlassungszelle ritzt Kempowski einen Gesamtkalender für acht Jahre in die Wand.

Acht Weihnachtsgänse. Achtmal Ferien an der See. Zwei Berufe hätte ich lernen können oder sechzehn Semester studieren.

Dennoch endet das Buch nicht mit Selbstmitleid. Als sich nach langen Jahren Mutter und Sohn in Hamburg weinend in den Armen liegen, kann es sich der Autor nicht verkneifen, einen Taxifahrer ironisch den Satz sagen zu lassen: „Das ist ja direkt erschütternd!"

8. Tendenzwende 1975

Für die Literatur ab Mitte der 70er-Jahre hat sich der Begriff „Tendenzwende" eingebürgert. Nach der Umbruchstimmung und der Revolutionseuphorie 1968, als sich einige Schriftsteller auch parteipolitisch engagierten, tritt jetzt wieder das Private in den Vordergrund. Es ist interessant, dass in den 70er-Jahren eine Reihe bekannter Schriftsteller verstärkt Tagebücher oder andere autobiografische Werke veröffentlicht.
Wichtige Autoren dieser literarischen Richtung sind die Deutschen Martin Walser und Rolf Dieter Brinkmann sowie der Österreicher Peter Handke.

9. Martin Walser

1927 Martin Walser wird in Wasserburg am Bodensee geboren.
1946 Nach Arbeits- und Militärdienst macht er in Lindau das Abitur und studiert in Regensburg und Tübingen Germanistik, Philosophie und Geschichte.
1950 Walser heiratet Katharina Neuner-Jehle. In den nächsten Jahren kommen vier Töchter zur Welt. Walser lebt bis 1956 in Stuttgart und arbeitet beim Süddeutschen Rundfunk und Fernsehen. Erste Erzählungen und Hörspiele erscheinen.
1957 Für den Roman „Ehen in Philippsburg" erhält er den Hermann-Hesse-Preis. Walser lebt jetzt als freier Schriftsteller mit seiner Familie in Friedrichshafen am Bodensee.
1960 In der Anselm-Kristlein-Trilogie mit den Bänden „Halbzeit" (1960), „Das Einhorn" (1966)

Martin Walser

und „Der Sturz" (1973) setzt Walser seine satirische Gesellschaftskritik fort. Daneben verfasst er auch zahlreiche Bühnenwerke, zum Beispiel „Eiche und Angora" (1962) und „Die Zimmerschlacht" (1967).

1971 In den 70er-Jahren unternimmt Walser Vortragsreisen in die USA, die UdSSR, nach England, Ungarn und Japan.

1978 Die Novelle „Ein fliehendes Pferd" wird veröffentlicht.

Martin Walser ist auch in den 80er- und 90er-Jahren sehr produktiv: „Das Schwanenhaus" (1980), „Brandung" (1985), „Dorle und Wolf" (1987), „Die Jagd" (1989), „Die Verteidigung der Kindheit" (1991), „Ohne einander" (1993) und „Ein springender Brunnen" (1998) erscheinen.

Der Autor lebt in Nußdorf am Bodensee.

Ein fliehendes Pferd

Das Ehepaar Halm verbringt seit elf Jahren seinen Urlaub am Bodensee. Helmut Halm, Lehrer in Stuttgart, trifft dort eines Tages seinen Jugendfreund Klaus Buch und dessen Frau. Halm, der in resignierter Zurückgezogenheit lebt, ist das genaue Gegenteil des vitalen Klaus Buch, der in den nächsten Tagen immer wieder zu gemeinsamen Aktivitäten drängt. So unternehmen die Ehepaare Segelfahrten, Wanderungen und gehen häufig zusammen zum Essen. Susanne Halm fühlt sich von der Sportlichkeit Klaus' angezogen, Helene Buch, die weitaus Jüngste von allen, wirkt auf Helmut anziehend. Die Rivalität der beiden Männer wird nur mühsam überspielt. Sie erreicht ihren Höhepunkt, als Klaus ein durchgehendes Pferd zum Stehen bringt, ihm Helmut Halm als Einziger aber nicht gratuliert. Bei einer gemeinsamen Segelfahrt der Männer kommt es zur Katastrophe: Während eines Sturms über dem Bodensee gerät Helmut Halm in Panik und stößt Klaus unbeabsichtigt über Bord.

Dieser Unfall zwingt die Zurückgebliebenen sich ihren Lebenslügen zu stellen. Helene Buch berichtet über den wahren Charakter ihres Mannes, der kaum noch Freunde hat und der am liebsten mit Helmut Halm, in den er seine letzten Hoffnungen gesetzt hatte, nach Übersee fliehen wollte. Das Ehepaar Halm erwacht aus seiner Lethargie, es unternimmt gemeinsam Radtouren und beschließt einmal woanders Urlaub zu machen. Die Novelle endet mit der überraschenden Rückkehr von Klaus Buch, der das Unwetter überlebt hat und wortlos mit seiner Frau weggeht.

Martin Walser bezeichnet seine Geschichte als Novelle. In der Tat finden sich zahlreiche klassische Novellenmerkmale: Die unerhörte Begebenheit ist das Unwetter, bei dem Klaus Buch fast im Bodensee ertrunken wäre. Entscheidendes Dingsymbol ist das fliehende Pferd, gleichsam eine Metapher für beide Männer. Helmut Halm kann es nicht ertragen, dass „in der Nachbarschaft und in der Schule die Kenntnis über ihn ständig zunimmt". Am liebsten ist es ihm, wenn er unerkannt weit weg von zu Hause tagelang lesen kann. Sogar vor seiner Frau flieht Helmut, indem er ihr seine wahren Gefühle und Gedanken vorenthält. Auch Klaus Buch ist ein Fliehender, allerdings ein aus der beruflichen Sphäre Flüchtender. Helmuts Fluchtweg geht nach innen, Klaus Buch dagegen sucht das äußere Leben in der Natur und in der sexuellen Befriedigung.

Umschlag

Wie bereits in der Anselm-Kristlein-Trilogie, die Walser in den Jahren 1960 bis 1973 schrieb, sind die Figuren dieser Novelle durchschnittliche Alltagstypen, die aber noch die Möglichkeit einer persönlichen Reifung in sich tragen. Wenn Helmut Halm sein Versprechen einlöst mit seiner Frau endlich einmal woanders Urlaub zu machen und ihr unterwegs alles zu erzählen, dann ist dies ein erster Schritt zu einer neuen, tieferen Bindung.
Auch formal hat die Novelle einen klaren Aufbau. Von der ersten Begegnung der Ehepaare bis zur Abreise der Halms vergehen genau fünf Tage. Die ersten drei Tage werden mit Segeln, Wandern, Essen und Trinken verbracht. Höhepunkt ist die Segelpartie der Männer am vierten Tag. Der letzte Tag bringt die abrupte Abreise der Halms.
Für das von ihm gegründete Sommertheater in Meersburg arbeitete Martin Walser 1985 die Novelle „Ein fliehendes Pferd“ zu einem Theaterstück um.

10. Peter Handke

1942 Handke wird in Griffen in Kärnten geboren und wächst in ärmlichen Verhältnissen auf.
1961 Nach dem Besuch eines katholisch-humanistischen Knabeninternats studiert er in Klagenfurt und Graz Jura.
1965 Der erste literarische Erfolg stellt sich ein, Handke bricht das Studium ab und wird freier Schriftsteller, was schon immer sein Wunsch war.
1966 Handke heiratet die Schauspielerin Libgart Schwarz. Schlagartig bekannt wird der Autor auf einer Zusammenkunft der Gruppe 47 in Princeton, wo er seinen Kollegen „Beschreibungsimpotenz“ vorwirft und die Kritiker der Unfähigkeit bezichtigt. Dagegen fand sein erster eigener Roman „Die Hornissen“ wenig Beifall. Mit dem Stück „Publikumsbeschimpfung“ revoltiert er gegen das „Theater, wie es ist“. In diesem „Sprechstück“ verzichtet er auf jede Handlung und lässt alle Formen mündlicher Äußerungen von Sprechern provokativ gegen das Publikum vortragen. Die Uraufführung in Frankfurt war die Überraschung des Experimentiertheaters und machte Handke auch in Theaterkreisen berühmt.
1967 In seinem später viel gespielten Stück „Kaspar“ verarbeitet Handke die historisch verbürgte Geschichte Kaspar Hausers.
1970 Nach der Erzählung „Die Angst des Tormanns beim Elfmeter“ hat Handke in den 70er-Jahren mit zahlreichen Prosawerken großen Erfolg: „Der kurze Brief zum langen Abschied“ (1972), „Wunschloses Unglück“ (1972), „Die linkshändige Frau“ (1976), „Langsame Heimkehr“ (1979).
1979 Nach der Trennung von seiner Frau zieht er mit der Tochter nach Salzburg.
Handke macht Ende der 80er-Jahre ausgedehnte Reisen und Wanderungen in Europa, Alaska, Japan.
1991 Handke erhält den Grillparzer-Preis.
2002 „Der Bildverlust“ ist das bisher letzte Werk des Autors, der in der Nähe von Paris lebt.

Peter Handke

Als besonders gelungen gelten die **autobiografischen Prosawerke** Handkes. In dem Roman „Der kurze Brief zum langen Abschied“ verarbeitet er die Trennung von seiner Frau. Das ausweglose Leben seiner Mutter, die 1971 Selbstmord verübte, schildert er in der Erzählung „Wunschloses Unglück“.

Wunschloses Unglück

Handkes Mutter wächst als viertes von fünf Kindern eines Kleinbauern in Kärnten auf. Seit der Kindheit ist ihr Leben vorherbestimmt. Bedürfnislosigkeit, Ordnung, Häuslichkeit und Sparen sind die Tugenden des kleinbäuerlich-katholischen Milieus. Ganz im Gegensatz dazu steht aber ihr eigenwilliger und lebensfroher Charakter. Mit 15 geht sie von zu Hause weg und arbeitet als Zimmermädchen und Küchenhilfe. Ein deutscher Soldat ist ihre große Liebe, doch dieser ist bereits verheiratet. Um dem aus dieser Verbindung geborenen Sohn einen Vater zu geben heiratet sie schließlich einen Unteroffizier und zieht mit diesem nach Berlin. Er erweist sich aber als Taugenichts und Trinker. Schon bald reichen die finanziellen Mittel nicht mehr aus um in der teuren Großstadt zu leben, sodass die Familie in das Elternhaus nach Kärnten zurückkehren muss. Aus den ärmlichen Verhältnissen gibt es für die Mutter keinen Ausweg mehr: Entsagung und schwere Krankheiten bestimmen ihr Dasein. Mit 51 Jahren nimmt sie sich das Leben. Die Erzählung beginnt mit dem Satz:

Unter der Rubrik „Vermischtes" stand in der Sonntagsausgabe der Kärntner „Volkszeitung" folgendes: „In der Nacht zum Samstag verübte eine 51jährige Hausfrau aus A. (Gemeinde G.) Selbstmord durch Einnehmen einer Überdosis Schlaftabletten."

Der Ich-Erzähler versucht dieser nüchternen, lapidaren Zeitungsnotiz ein persönliches Bild seiner Mutter entgegenzusetzen, allerdings durch eine distanzierte Berichterstattung. Erst gegen Ende löst sich der Erzählzusammenhang auf, weil der Autor vor der persönlichen Betroffenheit kapituliert.

Der Titel des Buches ist eine Verkehrung der Redensart „wunschlos glücklich". Er umschreibt sehr genau die Situation der Mutter,

Umschlag von „Wunschloses Unglück"

die zwar unglücklich ist, von der Umwelt jedoch so stark bestimmt wird, dass sogar jeglicher Wunsch nach Veränderung gestorben ist. Der einzige wirkliche Ausbruch aus ihrem Leben ist der Selbstmord.

Das persönliche Schicksal, wenn es sich überhaupt jemals als etwas Eigenes entwickelt hatte, wurde bis auf Traumreste entpersönlicht und ausgezehrt in den Riten der Religion, des Brauchtums und der guten Sitten, so daß von den Individuen kaum etwas Menschliches übrigblieb; „Individuum" war auch nur bekannt als ein Schimpfwort.

So wird uns im Gegensatz zu anderen Biografien kein außergewöhnlicher Held vorgestellt, sondern eine Frau, die Opfer ihrer Umgebung war und damit das Schicksal vieler Menschen aus kleinbäuerlichem Milieu teilte.

11. Rolf Dieter Brinkmann

1940 Rolf Dieter Brinkmann wird in Vechta geboren, besucht das Gymnasium und arbeitet kurze Zeit als Verwaltungsangestellter in Oldenburg.
1959 bis 1962 macht er in Essen eine Buchhändlerlehre, zieht dann nach Köln um, wo er ab
1963 Pädagogik an der Hochschule studiert. Schon bald entschließt er sich freier Schriftsteller zu werden. Um seinen Lebensunterhalt bestreiten zu können übersetzt er amerikanische Undergroundliteratur und gibt sie heraus.
1970 Der Roman „Keiner weiß mehr" erscheint.
1972 Brinkmann wohnt als Stipendiat in der Villa Massimo in Rom, wo er in Briefen, Collagen, Postkarten und Skizzen eine bedrückende Großstadtgegenwart beschreibt.
1975 Am 23. April stirbt Rolf Dieter Brinkmann bei einem Autounfall in London. Wenige Tage nach seinem Tod erscheint „Westwärts 1&2", eine Sammlung von Gedichten aus den Jahren 1970 bis 1974.
1999 erscheinen die „Briefe an Hartmut 1974–1975", die neue Einblicke in das Werk Brinkmanns geben.

Rolf Dieter Brinkmann betätigte sich auch als Übersetzer und Herausgeber von neuerer amerikanischer Literatur

Gegen Ende der 60er-Jahre vollzieht sich in der Lyrik ein Wandel. Nicht mehr Sozialkritik, sondern private Themen stehen im Mittelpunkt der Gedichte.
Diese Richtung bezeichnet man als **Neue Subjektivität**. Persönliche und alltägliche Erlebnisse werden in einfachen Worten und Sätzen ohne Reimzwang und schwierige Metaphern geschildert.
Rolf Dieter Brinkmann äußert sich dazu in einer Notiz vom Frühjahr 1968:

Ich denke, dass das Gedicht die geeignetste Form ist, spontan erfasste Vorgänge und Bewegungen, eine nur in einem Augenblick sich deutlich zeigende Empfindlichkeit konkret als snap-shot festzuhalten. (...) Es gibt kein anderes Material als das, was allen zugänglich ist und womit jeder alltäglich umgeht. (...) Ich gebe gerne zu, dass ich mich von der deutschsprachigen Lyrik nicht habe anregen lassen. Sie hat meinen Blick nur getrübt.

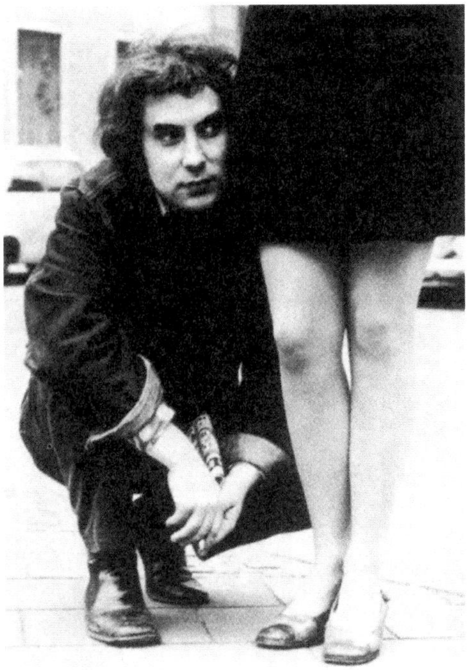

Rolf Dieter Brinkmann im Jahr 1969

In dem Gedicht auf Seite 362 beschreibt Brinkmann nur einen einzigen Augenblick, einen Schnappschuss. Das Gedicht ist einfach aufgebaut, Wortwahl und Satzbau bereiten keine Verständnisprobleme. Drei Sätze beschreiben einen kurzen Augenblick: Das Mädchen nähert sich, der wahrscheinlich männliche Beobachter nimmt es wahr, das Mädchen entfernt sich wieder. Auf den Betrachter wirkt es durch die schwarzen Strümpfe ohne Laufmaschen sehr sinnlich, insbesondere am Schluss des Gedichts. Im Moment des kürzesten Abstands zwischen den beiden kann der Beobachtende das Mädchen aber nur als Schatten wahrnehmen, eine eventuelle Begegnung ist Illusion.

Einfaches Bild

Ein Mädchen
in
schwarzen
Strümpfen
schön, wie
sie
herankommt
ohne Laufmaschen.
Ihr Schatten
auf
der Straße
ihr Schatten
an
der Mauer.
Schön, wie
sie
fortgeht
in schwarzen
Strümpfen
ohne
Laufmaschen
bis unter
den Rock.

12. Christa Wolf

1929 Christa Wolf wird in Landsberg an der Warthe im heutigen Polen geboren.
1945 Die Familie siedelt nach Mecklenburg über. Nach dem Abitur tritt Christa Wolf der SED bei und studiert Germanistik. In den Fünfzigerjahren arbeitet sie als Lektorin, Redakteurin, schließlich als Cheflektorin des Verlags Neues Leben. Von
1962 an arbeitet sie als freie Schriftstellerin.
1963 Die Erzählung „Der geteilte Himmel" wird ein großer Erfolg, sie wird mit dem Heinrich-Mann-Preis ausgezeichnet.
1969 Der Roman „Nachdenken über Christa T." darf in der DDR nicht gedruckt werden, er wird in der Bundesrepublik Deutschland veröffentlicht.
1980 Christa Wolf erhält den Büchner-Preis.
1983 Die Erzählung „Kassandra" erscheint, in dem am Beispiel der Seherin Kassandra Gedanken zur Frauenemanzipation dargestellt werden.
1987 Der Prosaband „Störfall. Nachrichten eines Tages" wird fertig gestellt.
1990 „Reden im Herbst. Texte zur Zeit" und die Erzählung „Was bleibt" erscheinen.
2001 Für „Leibhaftig", die Geschichte einer Krankheit, in der sich die Krise der Gesellschaft spiegelt, erhält sie den Deutschen Buchpreis.

Christa Wolf

Störfall. Nachrichten eines Tages

Hintergrund dieses Prosabandes ist das Reaktorunglück von Tschernobyl am 26. April 1986. In den Monaten Juni bis September des gleichen Jahres schrieb Christa Wolf ihre Betroffenheit über das Ereignis nieder. Dennoch ist „Störfall" kein Buch über Tschernobyl, sondern ein Bericht über einen Tagesablauf, durchsetzt mit Reflexionen der Erzählerin über das Ereignis:

(...) Nach welchen Gesetzen, wie schnell breitet sich Radioaktivität aus, günstigenfalls und ungünstigenfalls. Günstig für wen? Und nützte es denn den unmittelbar am Ort des Ausbruchs Wohnenden wenigstens, wenn sie sich, durch Winde begünstigt, verbreitete? (...)
Der Himmel ist an jenem Tag wolkenlos gewesen.

Ein Tag im Frühling, ideal für Gartenarbeiten. Während dieser Tätigkeiten grübelt die Erzählerin über die Betreiber dieser modernen Technik:

(...) Weil sie uns nun auch die Lust am Schnittsalat und am Spinat noch genommen haben.
Wer denn: sie.
Auf das Reststück unterm Apfelbaum kommt Gartenkresse. Sie „verlangt nach zarter Behandlung, damit die Vitamine A, C, D und E und das Jod weitestgehend erhalten bleiben". Plötzlich habe ich mich fragen müssen, ob die Betreiber jener Arten von Technik, deren höllische Gefährlichkeit in ihrem Wesen liegt, jemals in ihrem Leben winzigste Samenkörner, die einen an den Fingerspitzen kleben bleiben, in die Erde gesenkt haben, um sie später aufgehen zu sehen und über Wochen, Monate hin das Wachstum der Pflanzen zu verfolgen.

Neben diesen Reflexionen stehen Rückblenden, die völlig unvermutet in den Text eingebaut sind. Darin spricht die Erzählerin direkt ihren Bruder an, der an diesem Tag an einem Gehirntumor operiert wird. Diese beiden „Nachrichten eines Tages" laufen als zwei Erzählebenen nebeneinander und gehen auch ineinander über.

Die Sonne hat jetzt voll auf dem Haus gelegen und auf der Wiese zur Straße hin. Man hat sehen können, dies würde einer der schönsten Tage des Jahres. Er fehlt dir, Bruder. Womit deine Sinne auch beschäftigt sein mögen – diesen Tag nehmen sie nicht wahr. Dieser makellos blaue Himmel entgeht dir, dieses Sinnbild von Reinheit, auf dem sich heute die bangen Blicke von Millionen treffen. Deine Ärzte, nach dem säuberlichen hakenförmigen Schnitt über der rechten Augenbraue, nachdem sie alle Blutgefäße sorgfältig abgeklemmt, die Kopfhaut nach beiden Seiten so weit wie möglich auseinandergezogen haben, die Hirnmasse beiseitegeschoben und in Folie verpackt, konzentrieren sich vermutlich darauf, dem Kern des Übels so nahe wie möglich zu kommen, ohne die Hypophyse zu verletzen.

Diese detaillierten Beschreibungen über Operationstechniken und die teilweise fast idyllische Darstellung eines Frühlingstages ver-

Der Block IV des Kernkraftwerkes Tschernobyl wurde durch die Explosion 1986 völlig zerstört.

knüpft die Autorin mit Aspekten aus der Wissenschaftsentwicklung von der Kernenergie bis hin zu der geplanten Raketenabwehr im Weltall („Star Wars") der amerikanischen Reagan-Regierung. Hinter diesen Problemen mit der technischen Entwicklung steht für Christa Wolf die Frage nach der Ursache der menschlichen Aggressivität, die den Weltfrieden und das Leben gefährdet. Diese Frage wird fast zum Leitmotiv ihres Werkes, auch des Prosabandes „Störfall", der als Motto mit einem pessimistischen Satz von Carl Sagan beginnt: „Die Verbindung zwischen Töten und Erfinden hat uns nie verlassen. Beide entstammen dem Ackerbau und der Zivilisation."

13. Sarah Kirsch

1935 Sarah Kirsch, die eigentlich Ingrid Bernstein heißt, wird in Limlingerode im Harz geboren. Nach dem Abitur arbeitet sie zunächst in einer Zuckerfabrik, studiert aber dann in Halle Biologie.
1963 In Leipzig ist sie am Literaturinstitut drei Jahre lang tätig und wird anschließend freie Schriftstellerin.
1965 Mit ihrem Mann Rainer Kirsch veröffentlicht sie in „Gespräch mit dem Saurier" erste Gedichte. „Landaufenthalt" ist zwei Jahre später ihre erste selbstständige Gedichtsammlung.
1976 Nach der Unterzeichnung eines Protestbriefes gegen die Ausbürgerung Wolf Biermanns gerät sie mit der Kulturpolitik der DDR in Konflikt.

Sarah Kirsch

1977 Nach dem Ausschluss aus der SED stellt die Dichterin einen Ausreiseantrag und zieht mit ihrem Sohn nach Berlin (West). Ein Jahr später erhält sie ein Stipendium der Villa Massimo in Rom. Seitdem erscheinen zahlreiche Gedichtbände: „Wintergedichte" (1978), „La Pagerie" (1980), „Erdreich" (1982), „Katzenleben" (1984), „Irrstern" (1986) und „Schneewärme" (1989), „Erlkönigs Tochter" (1992), „Ich Crusoe" (1995).
1983 Sarah Kirsch lebt seit diesem Jahr in Tielenhemme in Schleswig-Holstein.
1996 erhält sie den Georg Büchner-Preis.
2000 Der Prosa und Gedichtband „Katzen sprangen am Rande und lachten" kommt heraus.

Sarah Kirsch war bis 1976 eine in der DDR geförderte und anerkannte Dichterin, die 1973 den Heinrich-Heine-Preis erhielt und auch in den Westen reisen durfte. Sie gilt zusammen mit den Schriftstellern Günter Kunert, Reiner Kunze, Volker Braun und Karl Mickel als Beispiel für eine neue lyrische Subjektivität. Ihre Gedichte kreisen um die Themen Natur, Landschaft und Tierwelt und geben auch Aufschluss über das Seelenleben der Dichterin. Ein Beispiel dafür ist das 1982 veröffentlichte Gedicht „Erdreich" aus der gleichnamigen Sammlung.

Erdreich

Nachrichten aus dem Leben der Raupen
Der Kuckuck stottert und die gebackenen Beete
Zerreißen sich wenn ich Gießkannen schleppe
Die mir überantworteten Gewächse verlausten
Gemüse
Hilflos betrachte, als ich vor Jahren
In meines Vaters Garten ging
Gab es die siebfachen Plagen
Höllisches Ungeziefer nicht und der Boden
Tat noch das Seine, der hier
Ist ein Aussteiger niederträchtig und faul
Ihn muß man bitten den Dung
Vorn und hinten einblasen sonst bringt er
Nicht maln Pfifferling vor was müssen die
Menschen
Das Erdreich beleidigt haben, mir erscheint
Siebenundzwanzig Rosenstöcke zu retten
Ein versprengter Engel den gelben Kanister
Über die stockfleckigen Flügel geschnallt
Der himmlische Daumen im
Gummihandschuh
Senkt das Ventil und es riecht
Für Stunden nach bitteren Mandeln.

Dieses Gedicht ist kein traditionelles Naturgedicht, es weist keinerlei idyllische Züge auf. Genau beobachtend beschreibt Sarah Kirsch Details in Geruch und Geschmack, in der Färbung und Stimmung. In einer kurzen Momentaufnahme vergleicht sie den Garten ihres Vaters mit ihrem eigenen Gemüsegarten. Das Gedicht liest sich wie eine Anklageschrift gegen die Menschen, die die Natur im Laufe der Zeit so stark misshandelt haben, dass sie kaum noch Ertrag bringt.
Die Dichterin verwendet poetische Stilmittel, die das Lesen erschweren. Die Sätze wirken stark verknappt, der Inhalt ist auf das Wesentliche reduziert. Zeichensetzung ist kaum vorhanden. Durch zahlreiche Enjambements – Satz- und Versende fallen nicht zusammen – variiert sie den Rhythmus des Gedichts und durchbricht das übliche Versmaß.
Sarah Kirschs Gedicht ist ein typisches Beispiel für das Krisenbewusstsein der Literatur in den 80er-Jahren. An die Stelle des Glaubens an den Fortschritt tritt die Betrachtung der vielfachen Gefährdungen des Lebens. Von gestörten Beziehungen des Menschen zur Natur handeln zahlreiche Gedichte Sarah Kirschs.

14. Herbert Rosendorfer

1934 Herbert Rosendorfer wird am 19. Februar in Bozen (Südtirol) geboren.
1939 Die Eltern siedeln, entsprechend den „Heim-ins-Reich"-Parolen der Nationalsozialisten, nach München über.
1943 Nach dem Tod des Vaters lebt der junge Rosendorfer vor allem in Kitzbühel beim Großvater.
1948 Rückkehr nach München, danach Abitur und Studium an der Akademie der Bildenden Künste. Ein Jahr später wechselt Rosendorfer zum Jurastudium über.
1966 Rosendorfer wird Amtsrichter in München.
1969 „Der Ruinenbaumeister" (Roman) erscheint.
1972 Es folgt der Roman „Deutsche Suite".
1976 Die Biografie „Der Prinz von Homburg" wird fertig gestellt.
1979 Der Roman „Das Messingherz" und im Jahr darauf „Ball bei Thod und andere Erzählungen" werden ein Erfolg.
1983 Die Romane „Die Frau seines Lebens und andere Geschichten" und vor allem „Ballmanns Leiden oder Lehrbuch für Konkursrecht", das einige Jahre später erscheint, zeigen Rosendorfers skurrile Erzählkunst.
1989 Der Roman „Die Nacht der Amazonen" wird veröffentlicht. Seit 1971 erhielt Rosendorfer zahlreiche Preise, 1985 zum Beispiel den Siegfried-Sommer-Literaturpreis.
1992 Rosendorfers Werk „Die Goldenen Heiligen oder Columbus entdeckt Europa" kommt heraus.
2001 Die Bildsatiren „Die Schönen des Waldes" und der satirische Roman „Kadon, Ehemaliger Gott" erscheinen. Lebt nach Beendigung seiner Tätigkeit als Richter in der Nähe von Bozen.

Herbert Rosendorfer

Die Nacht der Amazonen

In diesem Roman arbeitet Rosendorfer die Lebensgeschichte eines Mannes und die Ereignisse in München, der „Hauptstadt der Bewegung", vor und während des Nationalsozialismus auf.
Christian Weber, Pferdeknecht und Hausknecht in München, ist einer der ersten „Alten Kämpfer" Adolf Hitlers. Schon vor 1923 ist er bei Mordanschlägen gegen demokratische Parteien und Schlägereien gegen jüdische Mitbürger dabei. Die Rechtslastigkeit der Justiz und der latente Antisemitismus von Teilen des Besitzbürgertums werden in der oft satirischen Art Rosendorfers dargestellt:

„(...) manchmal stelle ich mir vor: Ich bin ein Chines."
„Was Sie nicht sagen." (...)
„Aber – Herr Dirrigl – aber: nie stelle ich mir vor, dass ich ein Jud wär. Das kommt überhaupt nicht in Frage. Da käme ich gar nicht auf die Idee. Ich vermute, Herr Dirrigl, ich vermute: überhaupt niemand würde gern Jude sein."

Nach der Machtergreifung Hitlers setzt sich Webers finanzieller und gesellschaftlicher Aufstieg steil fort: Für einen wie ihn, der zu den wenigen Duzfreunden des Führers gehört, ist seine kriminelle Vergangenheit, die sich in rund 150 Strafverfahren niederschlägt, kein Hinderungsgrund. Weber wird Münchener Ratsherr und Kreistagspräsident. Brutal und korrupt versteht er es, seine Position auszunutzen und lästige Geschäftskonkurrenten auszuschalten. Webers Fuhrunternehmen gedeihen glänzend dank des Monopols, das er sich widerrechtlich aneignet. Sein Rennstall, Weber ist ein Pferdenarr, umfasst zu Glanzzeiten 200 Pferde. Als Vorsitzender des Vereins Neue Kammerspiele e.V. gebraucht er gern Schauspielern gegenüber, die vom Sinn der „völkischen Erneuerung" nicht überzeugt sind, das Wort „Dachau" um sie einzuschüchtern. Die politische Einstellung der Bürger karikiert Rosendorfer in aller Schärfe:

„(...) Ja – sagen Sie, Herr Dirrigl, da sollen wir uns nicht wehren? Wo uns der Sieg gestohlen wurde?"
„Ich bin ganz Ihrer Meinung."
„Aber – ich muss Ihnen sagen: ich vertraue auf den Führer. Wissen Sie: wenn eine ganze Welt, und insbesondere der Jude, Sie verstehen: der Jude auf den Führer schimpft, dann muss allein schon deshalb an dem Mann was dran sein. (...)"

Drei Nächte der Amazonen veranstaltet Weber aus Anlass der Rennwochen in Riem, die er eingeführt hatte. 1937 wirken 2.800 Kostümierte im Nymphenburger Park mit, der von 1,2 Millionen (!) Kerzen beleuchtet wird. Vor 12.000 Gästen präsentieren sich neben Rokokogruppen fast nackte Amazonen zu Pferde. Im Krieg bereichert sich Weber weiter. Als in den letzten Kriegsjahren Treibstoffmangel herrscht und die deutschen Flugzeuge nicht mehr aufsteigen können, ist er noch bestens versorgt. Doch auch ihn vertreibt das nahende Kriegsende aus seinen fetten Pfründen. Obwohl er von der „Freiheitsaktion Bayern" verhaftet wird, die die Stadt München kampflos den Amerikanern übergeben wollte, kann er sich noch einmal absetzen. Doch amerikanische Soldaten holen ihn aus seinem Versteck auf seinem ergaunerten Gut Buchhof – unter dem Beifall der Bauern – und auf dem Weg nach Heilbronn, wo Weber interniert werden soll, verunglückt der LKW. Weber kommt ums Leben. Rosendorfer lässt nun in einer Art Epilog die Münchener Bürger zu Wort kommen, die – obwohl sie durch ihre wohlwollende Passivität den Nationalsozialismus geradezu förderten – „innerlich immer dagegen waren":

Ich glaube, Herr Dirrigl, dass – speziell in Bayern – überhaupt niemand dafür war. Niemand. Außer natürlich ein paar Bonzen: Fiehler, Giesler, Esser, Weber, und die auch nur, weil sie Vorteile daraus gezogen haben. Für anständige Menschen, Herr Dirrigl, speziell in Bayern, war der Nationalsozialismus von vorneherein suspekt.

Morris Louis, Beta Kappa

Arbeitsvorschläge

1. Stelle die Hintergründe für den politischen und gesellschaftlichen Wandel in den 60er-Jahren dar.
2. Inwiefern ist das Werk „Deutschstunde" von Siegfried Lenz ein sehr politischer Roman?
3. Welche Vorstellung von der Zukunft entwickelt Marlen Haushofer in ihrem Roman „Die Wand"?
4. 1965 erscheint das Drama „Die Ermittlung". Erkläre, warum das Werk gerade heute große Aktualität besitzt.
5. Wie wird von Heinar Kipphardt die Verantwortung der Wissenschaftler für ihr Tun gesehen?
6. Heinrich Bölls Werk „Die verlorene Ehre der Katharina Blum" trägt den Untertitel „Wie Gewalt entstehen und wohin sie führen kann". Welche Bedeutung hat dieser Satz für die Erzählung?
7. Welche Technik verwendet Walter Kempowski in seinen Romanen? Was wird damit erreicht?
8. Inwiefern ist Martin Walsers „Ein fliehendes Pferd" eine Novelle?
9. Worin unterscheidet sich Peter Handkes „Wunschloses Unglück" von herkömmlichen Biografien?
10. Erkläre den Begriff „Neue Subjektivität". Wie kommt diese Stilrichtung in der Lyrik von Sarah Kirsch und Rolf Dieter Brinkmann zum Ausdruck?
11. Inwiefern entlarvt Herbert Rosendorfer die politische Haltung von Bürgern während und nach der Zeit des Nationalsozialismus?

Zusammenfassung

Der Trennung von Kunst und Politik in den 50er-Jahren folgt in den 60er-Jahren die Politisierung der Literatur. Bildungspolitische Missstände, die Verabschiedung der Notstandsgesetze, die Aufarbeitung der Vergangenheit im Auschwitz-Prozess und das Eingreifen der Amerikaner in Vietnam veranlassten viele Literaten, gesellschaftspolitisches Engagement zu zeigen. Politische Lyrik, dokumentarisches Theater und gesellschaftskritische Romane beherrschten die 60er-Jahre bis in die beginnenden 70er-Jahre. Viele Schriftsteller, darunter Günter Grass, Siegfried Lenz, Heinrich Böll, Martin Walser, Günter Wallraff und Uwe Johnson äußerten sich neben ihrer literarischen Arbeit auch kritisch-publizistisch in der Öffentlichkeit, manche wirkten sogar aktiv in Parteien mit.

Ab Mitte der 70er-Jahre spricht man von einer Tendenzwende in der deutschen Literatur. Der unmittelbare politische Einsatz der Autoren lässt zwar nach, einige Schriftsteller setzen sich aber mit den Problemen der 80er-Jahre (Gefährdung des Friedens, Umweltzerstörung u.a.) auseinander. Jetzt treten wieder individuelle, private und alltägliche Themen in den Vordergrund, in der Lyrik spricht man deshalb von „Neuer Subjektivität".

Mit dem Fall der Berliner Mauer 1989 und der Wiedervereinigung 1990 endet die Epoche der Nachkriegsliteratur.

Wichtige Begriffe:
Rahmenerzählung – Dokumentarisches Theater – Autobiografie – Neue Subjektivität

Geschichtlicher Hintergrund

1957	Gründung der Europäischen Wirtschaftsgemeinschaft (EWG)
1961	Bau der Berliner Mauer
1962	Kuba-Krise: Höhepunkt des kalten Krieges
1963	Beginn des Auschwitz-Prozesses
1964	Militärisches Eingreifen der Amerikaner in Vietnam
1966	Große Koalition zwischen CDU/CSU und SPD
1967	Gründung der Europäischen Gemeinschaft
1968	Ende des Prager Frühlings in der ČSSR; Verabschiedung der Notstandsgesetze in der Bundesrepublik Deutschland; Außerparlamentarische Opposition (APO)
1969	Sozial-liberale Koalition unter Willy Brandt
1974	Helmut Schmidt wird Bundeskanzler
1982	Koalitionsregierung von CDU/CSU und FDP unter Helmut Kohl
1986	Reaktorunglück in Tschernobyl
1989	Fall der Berliner Mauer
1990	Deutsche Wiedervereinigung

Autoren und Werke

MAX FRISCH (1911–1991)
Triptychon
Montauk
Blaubart

STEFAN HEYM (1913–2001)
Collin
Ahasver
Schwarzenberg
Auf Sand gebaut

PETER WEISS (1916–1982)
Die Verfolgung und Ermordung Jean Paul Marats
Die Ermittlung

HEINRICH BÖLL (1917–1985)
Die verlorene Ehre der Katharina Blum
Frauen vor Flusslandschaft

MARLEN HAUSHOFER (1920–1970)
Eine Handvoll Leben
Das fünfte Jahr
Wir töten Stella
Die Wand

FRIEDRICH DÜRRENMATT (1921-1990)
Der Sturz
Achterloo

HEINAR KIPPHARDT (1922–1982)
In der Sache J. Robert Oppenheimer
Bruder Eichmann

CARL AMERY (geb. 1922)
Der Untergang der Stadt Passau
Die Wallfahrer

EUGEN GOMRINGER (geb. 1925)
worte sind schatten

ERNST JANDL (1925–2000)
selbstporträt des schachspielers als trinkende uhr

SIEGFRIED LENZ (geb. 1926)
Deutschstunde
Ein Kriegsende
Klangprobe
Heimatmuseum

MAX VON DER GRÜN (geb. 1926)
Irrlicht und Feuer
Stellenweise Glatteis

GÜNTER DE BRUYN (geb. 1926)
Buridans Esel
Zwischenbilanz. Eine Jugend in Berlin

MARTIN WALSER (geb. 1927)
Ein fliehendes Pferd
Die Verteidigung der Kindheit
Ein springender Brunnen

GÜNTER GRASS (geb. 1927)
Der Butt
Die Rättin

CHRISTA WOLF (geb. 1929)
Der geteilte Himmel
Nachdenken über Christa T.
Kassandra
Störfall
Was bleibt
Medea

WALTER KEMPOWSKI (geb. 1929)
Im Block
Tadellöser & Wolff
Uns geht's ja noch gold

HANS MAGNUS ENZENSBERGER (geb. 1929)
Das Verhör von Habana
Der Untergang der Titanic

GABRIELE WOHMANN (geb. 1932)
Ländliches Fest
Ausflug mit der Mutter

REINER KUNZE (geb. 1933)
Sensible Wege
Die wunderbaren Jahre

PETER HÄRTLING (geb. 1933)
Hölderlin
Waiblingers Augen

HERBERT ROSENDORFER (geb. 1934)
Der Ruinenbaumeister
Ballmanns Leiden oder Lehrbuch für Konkursrecht
Die Nacht der Amazonen

ULRICH PLENZDORF (geb. 1934)
Die neuen Leiden des jungen W.
Die Legende von Paul und Paula

UWE JOHNSON (1934–1984)
Mutmaßungen über Jakob
Jahrestage

SARAH KIRSCH (geb. 1935)
Gespräch mit dem Saurier
Landaufenthalt
Erdreich
Katzenleben
Schneewärme

JUREK BECKER (1937–1997)
Jakob der Lügner
Amanda herzlos

ROLF DIETER BRINKMANN (1940–1975)
Keiner weiß mehr
Westwärts 1&2
Rom, Blicke

GÜNTER WALLRAFF (geb. 1942)
13 unerwünschte Reportagen
Ganz unten

PETER HANDKE (geb. 1942)
Publikumsbeschimpfung
Die Angst des Tormanns beim Elfmeter
Wunschloses Unglück
Die linkshändige Frau
Mein Jahr in der Niemandsbucht
Der Bildverlust

CHRISTOPH HEIN (geb. 1944)
Horns Ende
Der Tangospieler

BOTHO STRAUSS (geb. 1944)
Der Hypochonder
Der Park
Wohnen Dämmern Lügen

ULLA HAHN (geb. 1946)
Freudenfeuer
Unerhörte Nähe

FRANZ XAVER KROETZ (geb. 1946)
Wildwechsel
Heimarbeit
Chiemgauer Geschichten
Mensch Meier

Rainer Fetting, Mauer/Mur, 1980

1. Der Fall der Mauer

„Gestern Nacht war das deutsche Volk das glücklichste Volk auf der Welt." So äußerte sich am 10. November 1989 Walter Momper, der damals regierende Bürgermeister von Berlin, sichtlich bewegt von den Ereignissen der vorangegangenen Nacht. Die Öffnung der deutsch-deutschen Grenze war der vorläufige Endpunkt einer Kette von Ereignissen, die ihren Anfang in der Sowjetunion genommen hatte.
Als 1985 Michail Gorbatschow Generalsekretär der KPdSU wurde, begann ein tief greifender Wandel, denn mit ihm wurde nicht nur die Abkehr von der sowjetischen hegemonialen Großmachtpolitik vollzogen (Ende der Breschnew-Doktrin). „Glasnost" (Öffentlichkeit) und „Perestrojka" (Umbau) wurden zu Grundsätzen politischen Handelns. Im Mittelpunkt stand die Demokratisierung des gesellschaftlichen Lebens verbunden mit der Einführung marktwirtschaftlicher Elemente wie leistungsorientierter Löhne und Wandel von Planwirtschaft zu Orientierung der Produktion an der Nachfrage. Das Reformfieber griff auf die Satellitenstaaten der Sowjetunion über, allen voran auf Ungarn, das am 2. Mai 1989 die Grenzhindernisse nach Österreich abbaute. Tausende Bürger der DDR strömten daraufhin nach Ungarn, um in den Westen zu fliehen, wurden jedoch wegen eines Reiseabkommens mit der DDR an der Grenze zurückgehalten. Die Situation verschärfte sich, als sich in den Botschaften der Bundesrepublik Deutschland in Prag und Warschau und in der Ständigen Vertretung in Berlin (Ost) Flüchtlinge sammelten. Sie alle hofften auf ein besseres Leben im Westen. Die meisten von ihnen waren zwischen 20 und 40 Jahre alt und hatten Kinder. Weder der Verlust von Freunden noch eine ungewisse Zukunft konnten sie davon abhalten, ihre Heimat zu verlassen. Am 11. September 1989 schließlich öffnete Ungarn die Grenze und 40.000 Menschen kamen auf diesem Weg in den Westen.

Ostberliner Bürger überqueren die Mauer in Richtung Westen

Eine Aufbruchstimmung erfasste den Osten Deutschlands. Mahnwachen, Friedensgebete und Podiumsdiskussionen waren an der Tagesordnung, der Ruf nach Demokratie wurde lauter. Bei den Feiern zum 40. Jahrestag der DDR mahnte der Gast Michail Gorbatschow zu grundlegenden Reformen und formulierte in einem Interview den berühmten Satz: „Wer zu spät kommt, den bestraft das Leben."
Auch die Angst vor dem Staatssicherheitsdienst konnte die Menschen nicht mehr davon abhalten, zu demonstrieren. Im Anschluss an das Montagsgebet in der Leipziger Nikolaikirche versammelten sich am 9. Oktober 70.000 Menschen, am darauf folgenden Montag waren es 150.000. Diesem Druck konnte das Politbüro nicht länger standhalten und Erich Honecker wurde am 17. Oktober aller Ämter enthoben – doch die Menschen demonstrierten weiter. Am 6. November gingen 500.000 Bürger in Leipzig auf die Straße. Am 9. November dann verkündete Ostberlins SED-Bezirkschef Günter Schabowski, ohne die Tragweite seiner Aussage zu erkennen, das neue Reisegesetz, das am folgenden Tag in Kraft treten sollte, vor der internationalen Presse: „Privatreisen nach dem Ausland können ohne Vorliegen von Voraussetzungen beantragt werden. Die Genehmigungen werden kurzfristig erteilt. (...) Das tritt nach meiner Kenntnis ... ist das sofort, unverzüglich." Um 20.00 Uhr brachte die „Tagesschau" die sensationelle Meldung: „Die DDR öffnet die Grenze." Daraufhin wuchs von Minute zu Minute die Zahl der Neugierigen an den Übergängen, und als in Sprechchören „Tor auf" gefordert wurde, sahen die Grenzbeamten keinen anderen Ausweg, als die Schlagbäume nach Westen zu öffnen. Die Mauer war gefallen.
Nachdem Michail Gorbatschow sein Einverständnis zur Vereinigung der beiden deutschen Staaten gegeben hatte, gestand er im Juli Deutschland zu, dass es noch 1990 die volle Souveränität erhalten sollte. Im Gegenzug erhielt der marode Sowjetstaat wirtschaftliche Hilfe. Die Siegermächte des Zweiten Weltkriegs zogen sich zurück und am 3. Oktober 1990 wurde feierlich die Einheit Deutschlands proklamiert. Dieser Tag markiert das Ende der Nachkriegszeit.
Auch auf europäischer Ebene vollzog sich ein rascher Wandel. 1993 bildeten die zwölf EG-Mitgliedsstaaten ein neues politisches Dach, die Europäische Union (EU). Im Vertrag von Maastricht wurden eine gemeinsame Außen- und Sicherheitspolitik (GASP) und eine europäische Wirtschafts- und Währungsunion festgehalten. Die Grenzkontrollen innerhalb der EU fielen weg, am 1. Januar 1999 trat die Europäische Währungsunion in Kraft und mit Beginn des Jahres 2002 wurde der Euro alleiniges Zahlungsmittel in vielen Staaten der EU.

Die euphorische Stimmung, die die Wende zu den 90er-Jahren bestimmt hatte, machte bald wieder einem Gefühl der Bedrohtheit Platz. Die fortschreitende Umweltzerstörung, die Entwicklung von immer raffinierteren Waffensystemen, Globalisierung, eine zunehmend labilere wirtschaftliche Lage, die explosionsartig zunehmende Informationsflut oder Anschläge von Terroristen sind nur wenige Schlagworte, die die Grundstimmung der Menschen am Übergang ins 21. Jahrhundert prägten. Der Terroranschlag auf das World Trade Center in New York am 11. September 2001 bestätigte das oft als Millenniumsängste belächelte Furchtpotenzial der Menschen auf nachgerade denkunmögliche Weise. Als Folge dieser Bedrohung auf vielen Ebenen steht der Zweifel an allumfassenden Ideologien, die versprechen, die Welt und das Leben des Einzelnen erklären zu können. Eine 1999 von der Zeitschrift „Focus" in Auftrag gegebene Umfrage ergab ein weitgehendes Verschwinden traditioneller christlicher Vorstellungen und dafür die Zunahme eines individualisierten Vagabundenglaubens. Mehr als die Hälfte der Gesamtbevölkerung sucht bei verschiedensten Schutzengeln Trost und Sicherheit. Maskottchen wie z. B. der Wackeldackel oder verschiedenste Heilsteine haben Hochkonjunktur. Nicht zu übersehen ist der Körperkult der Fitness- und Wellnesswelle. Welche Auswirkungen haben diese Entwicklungen für die Literatur?

Chestnut Hill von Robert Venturi als erstes architektonisches Beispiel der Postmoderne

2. Postmoderne und gesamtdeutsche Ansichten

Um die gängigen Darstellungsweisen zu erklären, zieht man den Begriff der Postmoderne heran. Er stammt aus der Architekturdiskussion und bezeichnet die Abkehr von einem reinen Funktionalismus und die Vermischung unterschiedlicher Stilrichtungen, ein Spiel mit Versatzstücken. In Deutschland entstanden in den 80er-Jahren eine Reihe von öffentlichen Gebäuden im postmodernen Design, z. B. die Neue Pinakothek in München oder die Erweiterung der Staatsgalerie in Stuttgart. „Anything goes" – alles ist möglich, alles ist erlaubt – könnte als Motto für eine postmoderne Darstellungsweise gelten.

In der Literatur rechnet man Werke zur Postmoderne, wenn folgende Elemente mehr oder weniger deutlich zum Tragen kommen:

- Die Grenze zwischen „hoher" und „niederer" Kunst und auch zwischen Realität und Fiktion ist fließend bzw. nicht mehr vorhanden.
- Literaturgattungen werden nicht selten vermischt. So können Texte beispielsweise sowohl Bildungsromane sein, als auch Historisches und Kriminalistisches beinhalten. In diesem Zusammenhang spricht man von **Mehrfachkodierung.**
- Viele Texte enthalten Anspielungen oder Zitate überwiegend aus der literarischen Tradition. Für die Leser kann das einen doppelten Genuss bringen: Sie werden auf der einen Ebene unterhalten, andererseits können „gebildete" Leser Freude daran haben, die literarischen, historischen, politischen oder gesellschaftlichen Anspielungen zu entdecken. Diese **Intertextualität** und Zitattechnik kennzeichnet auch Filme, z. B. „The Big Lebowski" oder den deutschen Kassenschlager „Der Schuh des Manitu".
- In Zeiten einer Ideologiekrise können die Autoren keine für alle verbindlichen Werte mehr darstellen. Es bleibt den Lesern überlassen, wie sie die Texte deuten und welche Schlüsse sie daraus ziehen. Der häufige Wechsel der Erzählperspektive und das Verwenden verschiedener Erzählebenen sollen die Leser ermuntern, ihre eigene Position zu finden.
- Bemerkenswert ist auch das Wahren einer gewissen Distanz vom Autor zum Inhalt seines Werkes. Deshalb verlegt er die Handlung häufig in die Vergangenheit oder er lässt sie an abgelegenen Orten spielen.

Dies kann man an Werken der Schriftsteller Umberto Eco, Christoph Ransmayr, Helmut Krausser und Patrick Süskind beobachten. Andere Autoren befassen sich mit der Wiedervereinigung oder machen das Leben in Ost- und Westdeutschland zum Inhalt ihrer Werke. Dabei spielen sowohl die Vergangenheit in der DDR als auch die 90er-Jahre eine zentrale Rolle. „Der Zimmerspringbrunnen" (1995) von Jens Sparschuh war ein beachtlicher Erfolg, ebenso „Hampels Fluchten" (2000) von Josef Kumpfmüller. Ingo Schulze und Thomas Brussig wurden zu bekannten Autoren aus dem Osten Deutschlands. Der Wunsch nach einem anspruchsvollen Wenderoman, der die Ereignisse von 1989 und seine Folgen verarbeitet, wurde bisher noch nicht erfüllt.

3. Christoph Ransmayr

1954 Christoph Ransmayr kommt in Wels/Oberösterreich zur Welt. Seine Kindheit verbringt er bei Gmunden im Salzkammergut. Ab
1972 studiert er Philosophie und Ethnologie an der Universität in Wien.
1978 Nach Beendigung des Studiums arbeitet Ransmayr als Kulturredakteur der Zeitschrift „Extrablatt" und schreibt als freier Mitarbeiter Reportagen und Essays für „Transatlantik", „Merian" und „Geo".
1984 „Die Schrecken des Eises und der Finsternis" ist das erste große Werk des jungen Schriftstellers.
1988 Der Roman „Die letzte Welt" erscheint und wird ein großer Erfolg. Ransmayr verbringt von nun an die Hälfte des Jahres auf Reisen, u. a. in Asien und Amerika.
1992 wird ihm der Große Literaturpreis der Bayerischen Akademie der Schönen Künste verliehen.
1995 veröffentlicht er den Roman „Morbus Kitahara", für den er den europäischen Literaturpreis „Prix Aristeion" erhält.
1997 erscheinen unter dem Titel „Der Weg nach Surabaya" Reportagen und kleine Prosa.
2001 „Die Unsichtbare. Tirade an drei Stränden" ist Ransmayrs bislang letztes Werk. Der Schriftsteller lebt in West Cork in Irland.

Christoph Ransmayr

Die Schrecken des Eises und der Finsternis

Ein historisches Ereignis dient Ransmayr als Grundlage für seinen Roman: Im Jahr 1872 bricht unter der Leitung von Carl Weyprecht und Julius Payer eine österreichisch-ungarische Expedition auf, den Nordpol, eines der letzten noch unerforschten Gebiete der Erde, zu erkunden. Das erhalten gebliebene Logbuch und die Berichte der beiden Leiter ermöglichen eine genaue Rekonstruktion dieser Expedition. Von Tromsö in Norwegen startet die „Admiral Tegetthoff" via Spitzbergen nach Norden. Doch auf Höhe des 77. Breitengrades friert das Schiff im Packeis fest und der 25 Mann starken Besatzung bleibt nichts anderes übrig, als während des langen lichtlosen Winters zusammen mit den Schlittenhunden auf dem Schiff auszuhalten. Die Zeit nutzen die Männer für wissenschaftliche Aufzeichnungen. Im folgenden Sommer kommen sie trotz unermüdlichen Einsatzes nicht frei, im Gegenteil, sie werden sogar noch weiter abgetrieben. Dies erweist sich zunächst als ein glücklicher Umstand, denn in einiger Entfernung sehen sie Festland. Zwei Schlittenexpeditionen starten, um das Gebiet zu vermessen, doch nur unter entsetzlichen Entbehrungen und bei großer Kälte gelingt es ihnen, die Arbeiten abzuschließen. Zu Ehren des Kaisers nennen sie den Archipel „Kaiser-Franz-Josef-Land". Mit dem restlichen Proviant brechen sie nach Süden auf und errei-

Nur unter größtem Einsatz gelingt ein Fortkommen im Packeis. Stahlstich von Julius Payer. Abbildung aus dem Werk: Die österreichisch-ungarische Nordpol-Expedition in den Jahren 1872–1874, Wien 1876

chen die Insel Novaja Semlja in der Barentssee, wo sie von einem Jäger gerettet und nach Norwegen zurückgebracht werden.
Parallel zu diesem Bericht wird die fiktive Geschichte des Josef Mazzini, Nachkomme eines Matrosen der „Admiral Tegetthoff", erzählt, der hundert Jahre später als Gast eines norwegischen Forschungsschiffes mitfährt, um die Chronik der Weyprecht-Payer-Expedition vor Ort zu rekonstruieren, da ihn das Studium der Quellen nicht mehr zufrieden stellen konnte. Der letzte Teil seiner Reise auf den Spuren der „Admiral Tegetthoff" bringt ihn nach Longyearbyen, doch wie hundert Jahre zuvor verhindert das Eis eine weitere Fahrt per Schiff. So macht sich Mazzini zu Fuß auf und verschwindet schließlich in den Eislandschaften Spitzbergens.

Hinterfragen der menschlichen Existenz am Rand der Welt

Christoph Ransmayr wählte als Stoff für seinen Roman eine eigentlich nutzlose Expedition, die außer der Kartierung des Franz-Josef-Landes nichts erbrachte. Das Durchfahren der so genannten Nordostpassage ist nur durch monatelanges Festsitzen im Eis möglich und weder touristisch noch wirtschaftlich von Nutzen. Mithilfe einer raffinierten Erzählperspektive nähern sich die Leser der Expedition. Tagebuchaufzeichnungen von Teilnehmern, Auszüge aus den Personalakten der Kommandanten, Hinweise für Touristen, Exkurse über die Nordostpassage und vergebliche Ziele von Expeditionen wechseln sich mit Aufzeichnungen von Mazzini ab. So übernimmt der Autor – immer distanziert – gleichzeitig die Rolle eines Berichterstatters und eines Suchenden, der auf den Spuren anderer Forscher wandelt.
Expeditionen waren bis weit in das 20. Jahrhundert hinein von dem Bestreben geprägt, nationale Größe darzustellen und sich in der Geschichte zu verewigen. Die Weyprecht-Payer-Fahrt war als Symbol der Stärke der k.u.k. Monarchie gedacht, doch die geographischen Namen, die man dem wüsten und unzugänglichen Franz-Josef-Land gegeben hat, wirken deplatziert (Insel Klagenfurt, Kap Grillparzer, Kap Tirol). So erscheint auch Josef Mazzini fehl am Platz, der mit der Gegenwart wenig anfangen kann.

Am Übergang zum 21. Jahrhundert, gibt es auf der Erdoberfläche kaum unerforschte Zonen mehr, keine wirkliche terra incognita, doch die „Lust an der Abenteuer-Literatur und an heroischen Katastrophen-Fahrten wächst" (Sigrid Löffler). Besonders die Abenteuer im Eis finden eine breite Lesergemeinde. Jon Krakauers „In eisige Höhen" (1996) stand monatelang ganz oben auf den Bestsellerlisten und auch diverse Bücher über Ernest Shackletons legendäre Expedition in die Antarktis verkaufen sich gut.
Was könnten Gründe für den Boom dieser Literatur und das ungebrochene Interesse an Abenteuer- und Kickerlebnissen sein? Der berühmteste Bergsteiger und Abenteurer unserer Zeit, Reinhold Messner, der mit Christoph Ransmayr befreundet ist, findet eine interessante Antwort:

Die Motivationen sind im Grunde nur schichtweise erkennbar. Typischerweise ist es Ehrgeiz, männlich oder weiblich. Wer möchte sich nicht Erfolge ans Revers heften? Unsere Ziele sind oft Fluchtpunkt der Eitelkeit, ob das nun der Everest ist oder der Südpol. Das alles hat auch mit einer anderen Flucht, einer Zivilisationsflucht zu tun. (...) Aber es gibt natürlich viel tiefere Schichten der Motivation. Wenn jemand so lange wie ich hinausgeht, liegt die Hauptmotivation nicht im Hinaufkommen oder im Erfolg, sondern im Zurückkommen. Nur dabei erlebe ich die wahre Erschütterung, beim Zurückkommen aus dieser menschenfeindlichen Welt in die Menschenwelt! Dieses Aufatmen ist so stark, dass wir bereit sind, das Leben einzusetzen, um es wieder zu bekommen.

Buchcover

„Die Schrecken des Eises und der Finsternis" bieten verschiedene Zugangsmöglichkeiten an. Manche Leser wollen vermutlich für ein paar Stunden ihrem Alltag in Richtung Polarkreis entfliehen. Der Autor schildert die extreme Situation im Eis sehr anschaulich und genau, obwohl er nie in dieser Region gewesen ist. Andere fasziniert der menschliche Überlebenswille und wohl auch die Tatsache, dass Menschen etwas möglich war, die nicht viel besser trainiert waren als der Durchschnitt der Bevölkerung. Auch eine Identifizierung oder kritische Auseinandersetzung mit der Person Mazzini bieten sich an.
Christoph Ransmayr und Rudi Palla, der einige Farbfotografien zur Originalausgabe beisteuerte, forderten in einer vermutlich fiktiven Rede dazu auf, „künftig behutsamer und authentischer von unseren Reisen" zu sprechen. „Gestützt auf das genaue Studium von Land- und Wetterkarten, von Filmen, Büchern, Gesprächsprotokollen, Korrespondenzen und schließlich auf ermüdende Gespräche mit Polarreisenden, habe ich versucht, Ihnen alle mir zur Verfügung stehenden Hinweise auf eine arktische Existenz vorzulegen."
Christoph Ransmayr gilt als ein Autor, dessen Werk Kennzeichen postmodernen Erzählens aufweist. Die vielfältigen Lesemöglichkeiten des Romans (Mehrfachkodierung), verstärkt durch ständigen Wechsel der Perspektive, die auffallende Zurückhaltung des Autors und eine gewisse Fortschrittsskepsis sind Hinweise dafür. Auch ein beliebtes Motiv der Postmoderne, das Verschwinden oder sich Auflösen einer Person, findet sich auf frappierende Weise in Ransmayrs erstem großen Roman.

4. Patrick Süskind

1949 wird Patrick Süskind in Ambach am Starnberger See geboren. In München und Aix-en-Provence studiert er Geschichte und schreibt Drehbücher.
1981 debütiert Süskind mit dem Ein-Personen-Stück „Der Kontrabaß", das seit der Uraufführung im Münchner Cuvilliéstheater zu den meistgespielten deutschen Stücken in ganz Europa zählt und auch in New York das Publikum begeistert.
1985 Mit dem Roman „Das Parfum" erntet der Schriftsteller bei den Kritikern Lobeshymnen und fasziniert ein großes Publikum. Für diesen Bestseller wird ihm zwei Jahre später der „World Fantasy Award for Best Novel" verliehen.
1987 erscheint der Roman „Die Taube".
1991 Die Erzählung „Die Geschichte von Herrn Sommer", die der Franzose Sempé illustrierte, ist ein weiteres Werk Süskinds. In den letzten Jahrzehnten verfasste Patrick Süskind nicht nur Romane und Erzählungen, er schrieb auch zusammen mit dem Regisseur Helmut Dietl Drehbücher zu den Fernsehserien „Monaco Franze" und „Kir Royal".
1995 Der Erzählband „Drei Geschichten" wird veröffentlicht.
1997 Süskind verfasst das Drehbuch zum Film „Rossini oder die mörderische Frage, wer mit wem schlief".
2001 Nach jahrelangem Zögern willigt der Schriftsteller in die Verfilmung seines Welterfolgs „Das Parfum" ein. Der Filmproduzent Bernd Eichinger erhält die Exklusivrechte. Patrick Süskind, der öffentliche Auftritte meidet und Literaturpreise ablehnt, lebt zurückgezogen in München, Paris und Südfrankreich.

Das Parfum

Im achtzehnten Jahrhundert lebte in Frankreich ein Mann, der zu den genialsten und abscheulichsten Gestalten dieser an genialen und abscheulichen Gestalten nicht armen Epoche gehörte. Seine Geschichte soll hier erzählt werden. Er hieß Jean-Baptiste Grenouille, und wenn sein Name im Gegensatz zu den Namen anderer genialer Scheusale, wie etwa de Sades, Saint-Justs, Fouchés, Bonapartes usw., heute in Vergessenheit geraten ist, so sicher nicht deshalb, weil Grenouille diesen berühmteren Finstermännern an Selbstüberhebung, Menschenverachtung, Immoralität, kurz an Gottlosigkeit nachgestanden hätte, sondern weil sich sein Genie und sein einziger Ehrgeiz auf ein Gebiet beschränkte, welches in der Geschichte keine Spuren hinterläßt: auf das flüchtige Reich der Gerüche.

Patrick Süskind

Mit diesen Worten beginnt „Die Geschichte eines Mörders", wie der Untertitel des Buches heißt. Grenouille, der 1738 in Paris geboren wurde, überlebt seine ersten Lebenstage, obwohl er von seiner Mutter auf einen Haufen Fischabfälle geworfen wurde, die für die Müllabfuhr bestimmt waren. Die Mutter endet als Kindsmörderin auf dem Schafott, ihr Sohn aber hat genug Lebenskraft, um unter schwierigsten Bedingungen zu überleben. Zwei außergewöhnliche Eigenschaften bestimmen seinen weiteren Lebensweg: Er selbst ist vollkommen geruchlos, aber in seiner Umwelt kann er alles erriechen. Grenouille bemerkt zunächst nur seine zweite Eigenschaft und erschließt sich durch seinen phänomenalen Geruchssinn die Großstadt Paris. Eines Tages nimmt er einen ganz einzigartigen Duft wahr, der von einem 15-jährigen Mädchen ausgeht. In völliger Ekstase ermordet er sie. Bei einem berühmten Pariser Parfumeur tritt er eine Lehre an, in der er lernt Düfte zu gewinnen und zu konservieren. Schließlich entscheidet er sich, in das südfranzösische Parfumzentrum Grasse zu gehen. Während der sieben Jahre dauernden Reise dorthin erkennt er seine eigene Geruchlosigkeit. In

Die Stadt Grasse in Südfrankreich, berühmt für ihre Parfümherstellung

Grasse angekommen schafft er einen Duft nach dem anderen, ist ständig auf der Suche nach neuen wunderbaren menschlichen Düften, tötet deshalb im Laufe der Zeit 25 der schönsten Frauen von Grasse und konserviert deren Duft.

Nach einigen Jahren aber wird er der Morde überführt und zum Tode verurteilt. Kurz vor der Hinrichtung betört er die Schaulustigen durch einen so wunderbaren Geruch, dass alle Anwesenden in einen ekstatischen Zustand verfallen und ihm zur Freiheit verhelfen. Grenouille kehrt in seine Geburtsstadt Paris zurück und verströmt in der Nacht auf einen Schlag sein gesamtes wertvolles Parfum. Die anwesenden Verbrecher und Prostituierten geraten in eine derartige Verzückung, dass sie Grenouille ermorden und aufessen.

Ein Bestseller mit postmodernen Merkmalen

Der Untertitel des Buches „Die Geschichte eines Mörders" verweist auf eine mögliche Lesart des Romans, die Kriminalgeschichte. Und in der Tat wird hier ein Verbrecher gezeigt, der insgesamt 26 Morde begeht, von denen nur der erste und der letzte ausführlicher dargestellt werden. Auch Elemente eines Bildungsromans sind erkennbar: Süskind entfaltet das Leben Grenouilles von der Geburt bis zum Tod, allerdings führt dies ganz und gar nicht zu einer Reifung des Charakters – noch am Wendepunkt seines Lebens eine Möglichkeit –, sondern endet in Selbstmord. Die vielen kulturgeschichtlichen Hintergründe aus dem 18. Jahrhundert deuten auf einen historischen Roman, Grenouilles Wanderung über die Auvergne und Montpellier nach Grasse zeigt Merkmale eines Reiseromans, und auch fantastisch-schaurige Elemente wie das Wunder bei der geplanten Hinrichtung Grenouilles werden dem Leser nicht vorenthalten. Diese verschiedenen Romantypen verbindet der Autor geschickt und versieht sie mit zahlreichen ironischen Betrachtungen. Daneben sind sicherlich auch die zahlreichen olfaktorischen (den Geruchssinn betreffenden) Einschübe für diejenigen reizvoll, die sich für die Herstellung von Parfüms interessieren.

Auffallend sind zahlreiche Zitate und Anspielungen auf verschiedenste Texte der deutschen Literatur, ein weiteres typisches Merkmal postmoderner Literatur. Bereits der Romanbeginn erinnert an Heinrich von Kleists „Michael Kohlhaas", der Protagonist ähnelt

mit seinem Buckel und dem verkrüppelten Fuß dem Glöckner von Notre Dame und der Kontrakt zwischen dem Parfumeur Baldini und Grenouille erinnert an den Pakt mit dem Teufel aus Goethes „Faust". Baldini, der nach Reichtum und gesellschaftlicher Anerkennung giert, weiß allerdings nicht, worauf er sich dabei einlässt.
Vielseitig ist die Gestaltung der Hauptperson. Im Mittelpunkt steht ein einsamer Sonderling, der keine Individualität – symbolisiert durch den fehlenden eigenen Geruch –, aber dennoch die ungeheure Macht besitzt andere Menschen beliebig zu beeinflussen. Nie in seinem Leben hat er Liebe erfahren und deshalb ist er auch nicht fähig Gefühle anderen Menschen gegenüber zu zeigen. Bereits der Name Grenouille (franz. Frosch) sagt etwas über die Person, die sich wie im Märchen vom Froschkönig verändern will, was aber nur scheinbar gelingt. „Alle hielten den Mann im blauen Rock für das schönste, attraktivste und vollkommenste Wesen, das sie sich denken konnten: (...) den jungen Mädchen als ein Märchenprinz, den Männern als ein ideales Abbild ihrer selbst." Am Ende erkennt der Protagonist aber, dass die Menschen nur sein Parfum, aber nicht ihn selbst lieben: „Und mochte er auch vor der Welt durch sein Parfum erscheinen als ein Gott – wenn er sich selbst nicht riechen konnte und deshalb niemals wüßte, wer er sei, so pfiff er drauf, auf die Welt, auf sich selbst, auf sein Parfum." Mehrmals wird Grenouille treffend mit einer Zecke verglichen, die lange auf ihre Chance wartet, um dann von einer anderen Person zu schmarotzen. Das endet für die Opfer meist tödlich. Neben den vielen Mädchen stirbt am Ende jedes Kapitels eine wichtige Person, die mit Grenouille zu tun gehabt hat, sei es Baldini, der Marquis de la Taillade-Espinasse oder Druot. Zu beachten ist, wie Uwe Wittstock, ein Kenner der neueren deutschen Literatur, bemerkt, dass Grenouille keine Lustmorde begeht, sondern den Tod seiner Opfer in Kauf nimmt, um an den gewünschten Rohstoff zu gelangen, den er für die Parfumherstellung benötigt. Deshalb sind seine Morde so erschreckend nüchtern erscheinende Arbeitsvorgänge.
„Das Parfum" wurde zu einem der größten Publikumserfolge des 20. Jahrhunderts, neben „Im Westen nichts Neues" der meistverkaufte deutschsprachige Roman. Dies liegt sicherlich auch an der Mischung aus trivialen Elementen (etwas Sex and Crime) und so genannter hoher Kunst. Nach Angaben des Verlages wurde das Buch mittlerweile in mehr als 30 Sprachen übersetzt, auf der Spiegel-Bestsellerliste hielt es sich neun Jahre.

5. Bernhard Schlink

1944 Bernhard Schlink wird am 7. Juli als Sohn eines Theologieprofessors in Bielefeld geboren, Schlink hat drei Geschwister und wächst in Heidelberg auf.
1975 schließt er sein Jurastudium in Heidelberg und Berlin mit der Promotion ab und arbeitet als wissenschaftlicher Assistent.
1981 erfolgt die Habilitation und Schlink wird Professor für Verfassungs- und Verwaltungsrecht in Bonn. Später lehrt er in Frankfurt und ab 1992 an der Humboldt-Universität in Berlin.
1987 „Selbs Justiz", Schlinks erster Kriminalroman, erscheint.
1988 Schlink wird Richter am Verfassungsgerichtshof für das Land Nordrhein-Westfalen. „Die gordische Schleife" erscheint, wofür Schlink 1990 den Glauser-Preis für deutschsprachige Kriminalliteratur erhält.
1993 ist er Gastprofessor an der Yeshiva-University in New York.
1992 erhält er den deutschen Krimipreis für den Roman „Selbs Betrug".
1995 Der Roman „Der Vorleser" wird ein großer Erfolg. Er wird mit vielen Preisen ausgezeichnet: Hans-Fallada-Preis der Stadt Münster, Grinzane Cavour, Italienischer Literaturpreis, Prix Laure Bataillon (alle 1997), Welt-Literaturpreis (erstmals verliehen, 1999). Der Roman wird ein Welterfolg (übersetzt in 27 Sprachen).
2000 Die Erzählungen „Liebesfluchten" werden veröffentlicht. Ehrengabe der Düsseldorfer Heinrich-Heine-Gesellschaft.

Der Vorleser

Bernhard Schlink

Erster Teil: Als Michael Berg, der Ich-Erzähler, sich auf der Straße übergeben muss, steht ihm Hanna Schmitz, eine um einiges ältere Frau, bei. Es stellt sich heraus, dass er Gelbsucht hat. Nach seiner Genesung geht er zu Frau Schmitz um sich bei ihr zu bedanken. Er fühlt sich von ihrem „sehr kräftigen und sehr weiblichen Körper“ angezogen. Es kommt zu einem Blickkontakt, der Erzähler stürzt aus der Wohnung, ärgert sich aber, dass er nicht souverän reagiert hat. Zurückblickend erkennt er, dass er Frau Schmitz' Gegenwart als „Einladung, im Inneren des Körpers die Welt zu vergessen“ empfunden hat. Nach einer Woche steht er wieder vor ihrer Tür, muss auf sie warten, da Frau Schmitz erst später von ihrer Schicht als Straßenbahnschaffnerin heimkommt. Als er ihr Kohle aus dem Keller holt, gerät der Kohlehaufen ins Rutschen, Michael ist völlig verdreckt. Frau Schmitz lässt ihm ein Bad ein und verführt ihn. Er verliebt sich in sie und merkt, wie er sich von seiner Familie entfernt und in einen neuen Lebensabschnitt eintaucht. Um sie jeden Tag sehen zu können geht er wieder in die Schule, schwänzt aber die letzte Stunde. Als er ihr das gesteht, wird sie wütend, und er verspricht ihr, es nicht mehr zu tun und sich in der Schule anzustrengen. Sie nimmt Anteil an dem, was er lernt, und es wird zur Gewohnheit, dass er ihr aus literarischen Werken vorliest. „Vorlesen, duschen, lieben und noch ein bisschen beieinander liegen – das wurde das Ritual unserer Treffen.“
Doch es kommt bald zu Unstimmigkeiten, z. B. als Michael während einer viertägigen gemeinsamen Radtour ihr eine Nachricht auf einem Zettel hinterlässt, findet er sie bei seiner Rückkehr „zitternd vor Wut, weiß im Gesicht“ vor, weil er doch nicht „einfach so gehen“ könne. Sie schlägt ihm mit einem Gürtel ins Gesicht und verzeiht ihm erst, als er die Schuld auf sich nimmt. Der Zettel ist nicht mehr zu finden, das Missverständnis nicht aufzuklären. Michael glaubt, der Streit habe ihr „Verhältnis zueinander inniger gemacht“. Nach jedem Streit spielt sie ihre Macht aus und liebt ihn erst wieder, wenn er „bedingungslos kapituliert“. So wird der Sommer zum „Gleitflug unserer Liebe“, es zeigt sich immer mehr, dass sie „keine gemeinsame Lebenswelt“ haben, dass ihrer Beziehung eine Basis fehlt.
Im folgenden Schuljahr kommt Michael in eine neue Klasse. Bald merkt er, dass er sich fast lieber mit seiner Clique im Schwimmbad trifft als mit Hanna. Es macht ihm zu schaffen, dass er seinen Freunden nichts von Hanna erzählen kann, auf der anderen Seite macht es ihn für seine Freunde interessant.
Hannas Leben hingegen – außerhalb ihrer Arbeit und ihrer Treffen mit ihm – bleibt für Michael ein Rätsel. Wenn er davon erfahren will, weicht sie aus. Auch scheint sie unter besonderem Druck zu stehen. Sie verschwindet von einem Tag auf den anderen und Michael lässt nichts unversucht um sie wiederzufinden. Er fühlt sich schuldig, erkennt „die Halbherzigkeit der letzten Monate“, sein Körper sehnt sich nach Hanna.

Schüler am Haupteingang des Konzentrationslagers Sachsenhausen am 27. Januar 1999

Zweiter Teil: Michael verdrängt die Erinnerung an Hanna und ist gleichzeitig in seinen Empfindungen abgestumpft. Seine Mitmenschen leiden unter seinem „großspurigen, überlegenen Gehabe" – er will sich nie wieder demütigen lassen und verspürt oft sogar Genugtuung, wenn er andere verletzt.
Jahre später sieht Michael Hanna im Gerichtssaal als Angeklagte in einem Prozess über KZ-Verbrechen wieder, an dem er mit seinem juristischen Seminar teilnimmt. Er ist wie betäubt – eine Betäubung, die er auch bei anderen Anwesenden wahrnimmt – und besucht die Verhandlung jeden Tag. Sie veranlasst ihn nicht nur zur Auseinandersetzung mit seiner Vergangenheit mit Hanna, sondern auch zum Nachdenken darüber, was seine „Generation der Nachlebenden eigentlich mit der Information über die Furchtbarkeiten der Vernichtung der Juden" anfangen könne.

Hanna war vom Herbst 1943 bis zum Frühjahr 1944 in Auschwitz sowie im Winter 1944/45 in einem Arbeitslager bei Krakau Aufsehrein. Sie hatte sich freiwillig zur SS gemeldet, obwohl sie bei der Firma Siemens als Vorarbeiterin hätte Karriere machen können. Es geht um zwei Anklagepunkte für Hanna und ihre vier Mitangeklagten, die auf dem Bericht zweier Überlebender, einer Mutter und einer Tochter, basieren: Zum einen wurden Häftlinge in dem Arbeitslager selektiert und nach Auschwitz zurückgeschickt um getötet zu werden. Zum anderen kamen, als Aufseherinnen und Häftlinge gegen Kriegsende nach Westen zogen, in einer Bombennacht hunderte von Frauen in einer verschlossenen, brennenden Kirche ums Leben; für die Aufseherinnen wäre es ein Leichtes gewesen, sie zu befreien.
Während der Verhandlung verhält sich Hanna

merkwürdig, sie bestreitet Punkte, die sie in der Anklageschrift hätte nachlesen können, verstrickt sich in Widersprüche, gibt auf der anderen Seite aber auch Dinge zu, die sie nicht zugeben müsste, und so wird es zur Strategie der Verteidiger der Mitangeklagten, Hanna mehr zu belasten um die anderen zu entlasten. Und eine besondere, ganz persönliche Selektion kommt noch zur Sprache: Hanna hatte Schützlinge unter den Häftlingen, die sie abends zu sich holte um sich von ihnen vorlesen zu lassen, bis sie ebenfalls zum Transport nach Auschwitz selektiert wurden. Hanna erscheint immer mehr als Hauptschuldige und es wird ihr die Abfassung eines Berichts aus den SS-Akten unterstellt. Ein Schriftvergleich könnte sie entlasten – doch sie verweigert ihn. Da fällt es Michael wie Schuppen von den Augen: Hanna kann nicht lesen und schreiben. Die Angst vor Aufdeckung ihres Analphabetentums hat sie zu Schritten veranlasst, die ihr fatales Schicksal ausgemacht haben. Der Versuch Michaels dem Vorsitzenden Richter Hannas „Lebenslüge" aufzudecken misslingt. Das Urteil für Hanna lautet lebenslänglich, die Mitangeklagten erhalten kürzere Freiheitsstrafen.

Dritter Teil: Im Winter nach dem Prozess wird Michael, obwohl er kaum soziale Kontakte pflegt, von einer Gruppe Studenten auf eine Skihütte eingeladen. Dort wird er schwer krank. Eine Mitstudentin, Gertrud, nimmt sich seiner an, sie heiraten, als Gertrud schwanger ist. Doch Michaels Ehe ist – wie seine späteren Beziehungen zu Frauen – durch die Erinnerung an Hanna belastet und nach fünf Jahren lassen Gertrud und Michael sich scheiden. Nach der Trennung von Gertrud beginnt Michael für Hanna Literatur auf Kassetten zu sprechen und sie ohne weiteren Kommentar ins Gefängnis zu schicken. Als er selbst zu schreiben anfängt, liest er seine eigenen Texte für Hanna auf Kassette und merkt dabei, ob am Manuskript noch Veränderungen vorzunehmen sind, Hanna wird für ihn „die Instanz, für die ich noch mal alle meine Kräfte, alle meine Kreativität, alle meine kritische Energie bündelte".

Im vierten Jahr ihres Kontaktes teilt ihm Hanna in einer handschriftlichen Notiz mit, dass sie begonnen habe, lesen und schreiben zu lernen. Michael ist stolz auf sie, schickt ihr aber weiterhin kommentarlos Kassetten, denn: „Mein Vorlesen war meine Art, zu ihr, mit ihr zu sprechen."

Nach 18 Jahren Haft soll Hanna entlassen werden. Da Michael der einzige Kontakt Hannas zur Außenwelt ist, bittet ihn die Gefängnisdirektorin Hanna vor der Freilassung zu besuchen und danach zu betreuen. Michael kümmert sich um Arbeit, Wohnung und ein Umfeld für Hanna. Den Besuch im Gefängnis schiebt er so lange wie möglich hinaus. Als er dann doch geht, ist er erschrocken über ihre Erscheinung: „Ich saß neben Hanna und roch eine alte Frau." Hanna erhängt sich am Tag ihrer Freilassung. In ihrem Testament beauftragt sie ihn, ihr erspartes Geld der Tochter zu geben, die den Brand in der Kirche überlebt hat.

Monate später fährt Michael nach New York, um der Tochter das Geld zu übergeben. Ihr gegenüber kann er erstmals ausführlich von seiner Beziehung zu Hanna sprechen. Das Geld soll einer jüdischen Vereinigung zur Unterstützung von Analphabeten gespendet werden.

Zehn Jahre danach, als er seine und Hannas Geschichte aufgeschrieben hat, glaubt er, nach intensiver Auseinandersetzung mit der Vergangenheit, seinen „Frieden mit ihr gemacht" zu haben.

Mit kaum mehr als 200 Seiten ist der Roman ein vielschichtiges Werk. Zum einen geht es um die ungewöhnliche und zerstörerische Beziehung zwischen einem 15-Jährigen und einer Frau, die seine Mutter sein könnte. Zum anderen ist die Aufarbeitung des Holocaust zentrales Thema. Über beidem und gleichsam als Ursache für die Verstrickung in Schuld steht das Problem des Analphabetismus – ein im Verhältnis zu den Konsequenzen banaler Grund.

Hannas Analphabetismus ist schuld an Problemen, die ihr „Jungchen" Michael Berg im späteren Leben hat. Sie gebraucht ihn als

Vorleser und ihre Isolation lässt sie ihn als Liebhaber „missbrauchen", ohne Rücksicht darauf zu nehmen, dass sie den Jungen derart prägen würde, dass er für den Rest seines Lebens Probleme haben würde, seine Beziehungen zu Frauen positiv zu gestalten. Das Ritual „Vorlesen, duschen, lieben und noch ein bisschen beieinander liegen" mündet in der fatalen Erkenntnis Michaels über seine Ehe, „dass es nicht stimmt, dass sie nicht stimmt, dass sie sich falsch anfasst und anfühlt, dass sie falsch riecht und schmeckt".

Hanna hätte sich auch nie als Aufseherin von der SS anwerben lassen, hätte sie Lesen und Schreiben beherrscht. Und so ist das lebenslange Bemühen diese peinliche Schmach zu verbergen der Schlüssel zum Verständnis des Romans. Bevor man ihr auf die Schliche kommt, flieht sie lieber, als dass sie ihren Makel zugeben oder beheben würde: im Krieg von der Werkbank bei Siemens zur SS, wo sie in einem Konzentrationslager als Herrin über Leben und Tod sich das gönnt, was schließlich auch Michaels Aufgabe sein wird: sich vorlesen zu lassen. Und als sie, die Straßenbahnschaffnerin, zur Fahrerin ausgebildet werden soll – was ohne Schreib- und Lesefähigkeit wohl kaum möglich ist – flieht sie wieder. Vor Gericht nimmt sie eher in Kauf als Hauptschuldige verurteilt zu werden als sich als Analphabetin entlarven zu lassen. Erst im Gefängnis hat die Flucht vor der vermeintlichen Schande ein Ende: Als ihr „Jungchen" Literaturkassetten schickt, bringt sie die Energie auf, sich mit deren Hilfe Lesen und Schreiben beizubringen.

Die Philosophin Hannah Arendt fand anlässlich des Prozesses gegen Adolf Eichmann, einen der Hauptorganisatoren des Holocaust, den umstrittenen Begriff von der „Banalität des Bösen". Arendt ist der Auffassung, dass Eichmann wie viele andere war und „dass diese vielen weder pervers noch sadistisch, sondern schrecklich und erschreckend normal waren und sind". Bernhard Schlinks Roman illustriert das Schlagwort auf seine Art: Aus Angst vor Aufdeckung eines peinlichen, aber nicht ungewöhnlichen (auch heute schätzt man die Zahl der Analphabeten in Deutschland auf vier Millionen) und behebbaren Makels wird Hanna zum Zahnrad in der Todesmaschinerie. Aus dem Opfer eines Unvermögens wird eine Täterin des Massenmords. Sie wird schuldig am Tod vieler Menschen.

Daneben ist der Roman eine Geschichte über den Umgang mit den Verbrechen des Dritten Reiches. „Aufarbeitung! Aufarbeitung der Vergangenheit! Wir Studenten des KZ-Seminars sahen uns als Avantgarde der Aufarbeitung. Wir rissen die Fenster auf ließen die Luft herein, den Wind, der endlich den Staub aufwirbelte, den die Gesellschaft über die Furchtbarkeiten der Vergangenheit hatte sinken lassen." Dieser forsche, selbstgerechte Drang der 68er-Generation, die Sünden der Elterngeneration aufzudecken, kehrt sich schnell ins Gegenteil, als Michael bewusst wird: „...wenn ich nicht schuldig war, weil der Verrat einer Verbrecherin nicht schuldig machen kann, war ich schuldig, weil ich eine Verbrecherin geliebt hatte."

Schlinks Roman war nicht nur in Deutschland ein Erfolg, er wurde in 27 Sprachen übersetzt und schaffte es in den USA sogar an die Spitze der Bestsellerliste der „New York Times". „The Reader" erreichte dort bis 1999 eine Auflage von 1,8 Millionen Exemplaren. Ein Welterfolg, der nicht nur auf den Inhalt, sondern auch auf Schlinks einfachen, knappen, teilweise lakonischen Stil zurückzuführen ist, der gerade in den angelsächsischen Ländern Tradition hat. Schlink erreicht mit seiner klaren Sprache ein hohes Maß an Authentizität, nicht wenige Leser glauben eine „wahre" erschütternde Geschichte über den Umgang mit dem Holocaust zu lesen. Der Autor meint dazu anlässlich der Verleihung des Fallada-Preises der Stadt Neumünster: „Was Menschen einander antun und einander schuldig bleiben können, wie sie, ohne Monster zu sein, die furchtbarsten Verbrechen begangen haben – diese Fragen sind für die nächste Generation nicht weniger drängend als für die erste und zweite."

6. Doris Gercke

1937 Doris Gercke wird als Kind einer Arbeiterfamilie in Greifswald geboren.
1959 Nach der Geburt ihres zweiten Kindes gibt sie den Beruf als Sachbearbeiterin auf.
1980 Sie macht das Begabtenabitur und studiert Jura. In dieser Zeit fängt sie an, Kriminalromane zu schreiben, in denen die Ermittlerin Bella Block die Hauptrolle spielt.
1988 Ihr erster Krimi „Weinschröter, du musst hängen", erscheint, der 1993 verfilmt und im ZDF ausgestrahlt wird.
1989 Doris Gercke wird mit der Mimi, dem deutschen Krimi-Oscar, für den besten Kriminalroman des Jahres ausgezeichnet. In diesem und den folgenden Jahren erscheinen u. a. die Romane „Der Krieg, die Pest, der Tod", „Kinderkorn" und „Ein Fall mit Liebe".
2000 Doris Gercke wird von der Autorengruppe deutschsprachiger Kriminalliteratur „Das Syndikat" für ihr Gesamtschaffen mit dem Ehrenglauser ausgezeichnet. Mit renommierten Krimiautoren wie Ingrid Noll, Gisbert Haefs und Robert Hültner schreibt sie gemeinsam den Kettenroman „Das Gipfeltreffen".

Doris Gercke

Weinschröter, du musst hängen

Im Anschluss an ein Dorffest, auf dem nicht wenig Alkohol geflossen ist, wird eine Frau vergewaltigt. In der Frau reift, wegen der Erniedrigung und des zu erwartenden Dorfklatsches, allmählich der Entschluss, dass sie die Täter umbringen muss.
Perspektivenwechsel: In einer Großstadt langweilt sich die erfolgreiche Polizeiermittlerin Bella Block wieder einmal bei der Montagsbesprechung, einer allwöchentlich von ihrem Chef Kohlau einberufenen Runde, in der es ihren männlichen Kollegen nur darum geht, sich vor ihrem Vorgesetzten zu profilieren. So ist sie ganz froh, dass ihr Chef sie nach Roosbach schickt, einem Dorf, in dem sie kürzlich ein kleines Haus geerbt hat. Dort soll sie sich um zwei mysteriöse Selbstmorde kümmern. Was als reine Routinesache erscheint, entpuppt sich als komplizierter Fall, denn unter der Oberfläche einer dörflichen Idylle entdeckt Bella Block immer mehr über die Verhältnisse im Ort: Da ist beispielsweise eine mittlerweile 80-jährige Frau, die vor einigen Jahrzehnten als Gemeindeschwester ins Dorf kam, eine Beziehung mit dem reichsten Landwirt hatte und seitdem von der Gemeinschaft geschnitten wird. Nicht viel besser ergeht es Frau Petersen und ihrer Schwester, zwei Frauen, die als Flüchtlinge ins Dorf gekommen waren, mit denen immer noch niemand etwas zu tun haben will.
Stück für Stück erkennt Bella Block die Vorfälle als Racheakte, und als schließlich auch noch der Dorfwirt bei einem Brand ums Leben kommt, ist für die Ermittlerin alles klar. Doch aus Sympathie für die Frau gibt sie ihre Ergebnisse nicht weiter, lässt die Täterin laufen und quittiert ihren Dienst. Das Ende des Buches ist identisch mit seinem Anfang. Die Stimme des Aufnahmegerätes erzählt die Eingangsszene.

Wenn man sich die drei gängigen Spielarten eines Kriminalromans **(Detektivgeschichte, Verbrechensgeschichte** und **Thriller)** vor Augen hält, dann handelt es sich bei „Weinschröter, du musst hängen" scheinbar um eine klassische Detektivgeschichte. Doch in diesem Roman ist vieles anders. Die Ermittlerin Bella Block ist nicht gerade, wie man sich eine Polizistin vorstellt: Sie ist geschieden, hat hin und wieder für kurze Zeit eine Männer-

Hannelore Hoger als Bella Block in einer der zahlreichen Verfilmungen

bekanntschaft und liebt Wodka auch in größeren Mengen. „Sie hatte nicht unbedingt etwas gegen Männer, aber viel gegen lächerliche oder ärgerliche Verhaltensweisen, weshalb ihre Freundschaften nie lange dauerten. Bei ihren männlichen Kollegen war sie nicht besonders beliebt." Dagegen haben es ihr die Gedichte ihres Großvaters Alexandr Blok, eines berühmten russischen Dichters, besonders angetan. Ihren Beruf sieht sie kritisch: „Sie war sich des unlösbaren Zusammenhangs zwischen der Gesellschaft, die sie durch ihre Arbeit schützte, und der von dieser Gesellschaft ständig neu produzierten Kriminalität bewusst." Unbestreitbar ist ihr beruflicher Erfolg, denn aufgrund ihrer Art zu arbeiten und ihrer Gründlichkeit sind ihre Ermittlungsergebnisse beeindruckend. Am ehesten könnte man Bella Block mit George Simenons Kommissar Maigret vergleichen, denn wie er löst sie ihre Fälle, indem sie intensiv in das jeweilige Milieu eintaucht und unterschwellige Stimmungen erspürt.

Darin liegt sicherlich eine der Stärken dieses Kriminalromans: Die Brüchigkeit der Dorfidylle und die alltägliche Gewalt gegen Frauen hinterlassen beim Leser einen nachhaltigen Eindruck. Über ihre Einschätzung des Kriminalromans sagte Doris Gercke in einer Zeitschrift: „Er muss Wirklichkeit einfangen. Ich mag diese konstruierten, unrealistischen Geschichten nicht, die mit witziger Sprache aufgepeppt werden. Für mich ist Krimi eine Kunstform. Kunst hat etwas mit Abbildung von Wirklichkeit und Wahrhaftigkeit zu tun. Je wahrhaftiger ein Krimi ist, desto besser finde ich ihn." Bemerkenswert ist auch, dass Opfer und Täterin ein und dieselbe Person sind: Das Opfer wird zum Täter. Mutig und konsequent verhält sich Bella Block. „Menschen wirklich zu helfen und Tätern eine neue Chance zu geben" ist die oberste Maxime ihres Berufsethos. Deshalb liefert sie die Gesetzesbrecherin nicht der Justiz aus. Für sie selbst gibt es damit in ihrem Beruf keine Zukunft mehr. Nach Abschluss des Berichts wird sie bei der Polizei ihr Entlassungsgesuch einreichen.

Auch vom Aufbau her hat „Weinschröter, du musst hängen" einiges zu bieten. Spannend und beklemmend zugleich ist die Eingangssequenz, in der keine Namen genannt werden. Nur durch genaues Lesen weiß man am

Ende, wer wirklich die Täterin war. Der Verlauf der Ermittlungen wird parallel zur Gedankenwelt der Straftäterin dargestellt, wodurch sich die Spannung kontinuierlich steigert. Die Parallelmontage ist eines der wichtigsten und wirksamsten Mittel moderner Kriminalromane (Henning Mankell: Die fünfte Frau, Philipp Kerr: Game over, Richard Preston: Cobra). Jedem Kapitel werden lustig-grausame Kinderreime vorangestellt, die eine zwiespältige Stimmung erzeugen. Der Titel ist einem Soldatenlied entnommen: „Weinschröter, du musst hangen, bist bei Nacht zum Weib gegangen." Bis Ende des 19. Jahrhunderts waren die Weinschröter (meist eine achtköpfige Gruppe) für den Transport von Weinfässern aus den Kellern auf Fuhrwerke und Schiffe zuständig.

7. Albert Ostermaier

Albert Ostermaier

1967 Albert Ostermaier wird in München geboren und wächst dort auf.
1995 wird seine erste Gedichtsammlung „Herz Vers Sagen" veröffentlicht.
1998 Ab jetzt erscheinen auch Theaterstücke: „Tatar Titus", „The Making Off. Radio Noir", „Death Valley Junction" und „Letzter Aufruf. Erreger".
1999 Die Gedichtsammlungen „Heartcore" (1999) und „Autokino" (2001) werden jeweils mit einer CD veröffentlicht. In diesen Produktionen treffen die lyrischen Szenen auf klassische Klänge, auf Pop und Techno.
2000 Albert Ostermaier schreibt auch für die Süddeutsche Zeitung. Das New Yorker Goethe-Institut zeigt eine Ausstellung Ostermaiers (zusammen mit der Fotografin Margarete Motrach).

Die Gedichte Albert Ostermaiers sind Momentaufnahmen der Gegenwart. Aus dem Band „Heartcore" stammt das folgende Gedicht:

the motel chronicles

lass uns einfach aufbrechen
überleg nicht lange & von
motel zu motel ziehen es
müssen die einsamsten
sein die irgendwo auf einer
landstrasse ins nirgends
wie perlen an einer
billigen kette mit
platz dazwischen für
landebahnen tankstellen &
shops deren besitzer vor
langeweile
permanent im kreis gehen
wenn wir uns von ihnen
die schlüssel holen & in
ihren blicken den wüsten
sand sehen der ihnen die
farbe aus den augen
getrieben hat den stoischen
blicken wenn wir ihnen
erzählen von der welt
da draussen in den
städten hinter der sonne
& dass das leben dort
tatsächlich wie in den
fernsehprogrammen ist
die sie nachts statt worten
wechseln während
ihre kaugummis wie
sprechblasen zerplatzen
das bier in den händen
einschläft & wir noch
immer wach auf unserem
bett liegen bei offener
tür durch den spiegel
zuschauen wie der mond
sich auf der kühlerhaube
sonnt & wartet dass
ein truck vorbeizieht &
ihn mitnimmt

Verlorenheit und Einsamkeit sprechen aus diesen Zeilen. Eine Person schlägt einer anderen vor, zu einer Reise aufzubrechen, die ähnlich einem Roadmovie aussehen und die beiden von Motel zu Motel führen soll. Die Leser bzw. Hörer begeben sich anschließend auf diese gedankliche Reise, die in die menschenleere Wüste führt. Orte, die eine Atmosphäre von Fremdheit und Anonymität vermitteln, werden genannt: Motels, Tankstellen, Shops und Landebahnen. Die wenigen Menschen dort verbringen ihr Leben in Langeweile, gehen „permanent im Kreis", haben einen ausdruckslosen Blick. Kaugummi kauen, Bier trinken und vor dem Fernseher sitzen scheinen ein bestimmender Bestandteil des Lebens zu sein. Die Reisenden können den dahinvegetierenden Menschen jedoch nur berichten, dass das Leben in den Städten „tatsächlich wie in den Fernsehprogrammen ist". Doch auch das Erleben der beiden Reisenden ist nur indirekt: Sie liegen wach auf dem Bett und sehen den Mond nur durch Spiegel und Motorhaube gebrochen. Jegliche Romantik fehlt, der Mond wartet darauf, von einem vorbeiziehenden Laster mitgenommen zu werden.

Keine sehr verlockende Fahrt wird den Lesern bzw. Hörern da ausgemalt: eine Reise in die Einsamkeit, nach Nirgendwo, ohne Chance auf wirkliche Verständigung, direktes Erleben. Die Sprache unterstreicht die Reise ins Nirgendwo: Weder Großschreibung noch Interpunktion gliedern den Gedankengang, der sich mit zahlreichen Enjambements durch das Gedicht zieht.

8. Thomas Brussig

1965 Thomas Brussig wird in Berlin (Ost) geboren.
1984 Nach dem Abitur arbeitet er in wechselnden Jobs, u. a. als Möbelträger, Tellerwäscher, Reiseleiter, Museumspförtner und zum Schluss als Portier im Palast-Hotel am Alexanderplatz. „Das Trinkgeld hat mich endlich meiner Geldsorgen enthoben und ich konnte nebenbei schreiben."
1989 Im November trägt Thomas Brussig das Manuskript von „Wasserfarben" zum Aufbau-Verlag. „Nie wieder habe ich so viele Manuskripte auf einem Haufen gesehen wie in diesem November 1989. Alle öffneten sie ihre Schubladen und trugen die Verschlusssachen der Vorwendejahre und -jahrzehnte zu den Lektoren."
1990 In Berlin beginnt er ein Soziologie-Studium, das er aber nicht abschließt.
1991 Der Roman „Wasserfarben" erscheint unter dem Pseudonym Cordt Berneburger.
1993 Thomas Brussig studiert Dramaturgie an der Filmhochschule Potsdam-Babelsberg. In seiner Bewerbungsmappe liegt der Stoff zu „Am kürzeren Ende der Sonnenallee". An der Filmhochschule trifft der Autor auch seine Lebensgefährtin Kirstin Ziller.
1995 Der Roman „Helden wie wir" bedeutet den Durchbruch. Das Buch wird zum Bestseller, als *der* Wenderoman gefeiert und findet den Weg auf diverse Schauspielbühnen. Auch eine Hörspielfassung entsteht. Nicht bitterernst, sondern satirisch-heiter erzählt Thomas Brussig vom Stasi-Offizier Klaus Uhltzscht, der die Mauer zu Fall gebracht hat.
1999 Ein ähnlich schillerndes DDR-Bild entwirft der Autor mit seinem Roman „Am kürzeren Ende der Sonnenallee". Im selben Jahr erfolgt die Premiere des Films. Thomas Brussig und der Regisseur Leander Haußmann erhalten dafür den Drehbuchpreis der Bundesregierung. Zum 10. Jahrestag des Mauerfalls am 9. November 1999 kommt der Film „Helden wie wir" ins Kino.
2000 Thomas Brussig wird der mit 10.000 DM dotierte Hans-Fallada-Preis der Stadt Neumünster verliehen. Der Schriftsteller arbeitet zusammen mit dem Regisseur Edgar Reitz an dem Filmprojekt „Heimat 2000".
2001 „Leben bis Männer", der Monolog eines Fußballtrainers aus der Provinz, ist das bisher letzte Werk des Autors.

Thomas Brussig

Am kürzeren Ende der Sonnenallee

Brussigs Schelmenroman liefert in Episoden, in denen Situationskomik, grelle Übertreibungen und skurrile Einfälle eine große Rolle spielen, eine DDR-Geschichte über das Lebensgefühl der Vorwendezeit. Originell ist die Wahl des Schauplatzes, der Sonnenallee, die sich allerdings nur zum kürzeren Teil in Ostberlin befindet, mit 379 als niedrigster Hausnummer; der übrige, längere Teil liegt in Westberlin. Wie es zu dieser merkwürdigen Aufteilung gekommen ist, davon erzählt das erste Kapitel „Churchills kalter Stumpen". Angeblich wollte Stalin 1945 auf der Konferenz in Potsdam unbedingt einen Teil der Sonnenallee wegen ihres schönen Namens haben. Diese Bemühungen waren zunächst vergeblich. Erst als Stalin dem britischen Premier geistesgegenwärtig Feuer für die erloschene Zigarre gab, verhalf Churchill dem russischen Diktator zu „einem Zipfel von sechzig Metern".

Im Mittelpunkt stehen der 17-jährige Micha Kuppisch und seine Freunde Wuschel, Mario und Brille, die sich allabendlich auf einem Spielplatz treffen. Im Schatten der Mauer erleben die Leser die Gefühle und Träume einer jugendlichen Sehnsuchtswelt, die im krassen Gegensatz zum System der DDR steht.

Micha hat sich in seine Mitschülerin Miriam verliebt, traut sich aber nicht, es ihr zu sagen. Das Problem wird dadurch verschärft, dass auch seine Freunde sich hoffnungslos in Mi-

Micha ist verliebt in Miriam

riam verliebt haben, sie selbst aber Westler bevorzugt, denn „die im Westen küssen ganz anders". Miriam verspricht zwar, es Micha irgendwann einmal zu zeigen, doch sie denkt gar nicht daran, dieses Versprechen bald einzulösen. „Dann hast du immer etwas, worauf du dich freuen kannst. Wenn du weißt, dass ich dich irgendwann küssen werde, wirst du nie traurig sein müssen."

Um seine Angebetete trotzdem für sich zu gewinnen, muss Micha sich mehr anstrengen. So nimmt er gemeinsam mit der Clique an einem Tanzkurs teil, den Miriam besucht, und versucht, sooft es geht, mit ihr zu tanzen. Als entscheidender Durchbruch erweist sich schließlich Miriams Wunsch, Michas Tagebuch zu lesen. Doch dieses existiert noch gar nicht, sodass Micha in einer einzigen Nacht sich seine Aufzeichnungen aus den Fingern saugen muss, wozu er sieben Tintenpatronen benötigt. Miriam befindet sich nach dem Besuch des Films „In 80 Tagen um die Welt" angesichts der Mauer in einer Depression, aus der Micha sie mit folgenden Worten befreit: „‚Ja, also', sagte Micha und räusperte sich, ‚ich lese jetzt mal vor: Liebes Tagebuch! Heute war ein wichtiger Tag, denn wir haben heute das ß gelernt. Jetzt lohnt es sich, mit dem Tagebuch anzufangen, weil ich jetzt endlich ein ganz wichtiges Wort schreiben kann, das ich bis jetzt immer nur denken konnte: SCHEIßE!' Miriam lächelte."

Eine weitere Geschichte handelt von Mario und seiner Freundin, einer Malerin, die ständig mit einem Buch von Sartre herumläuft. Beide wollen so viel Land kaufen, bis ein Territorium entsteht, das sich von der DDR unabhängig machen kann.

Erzählt wird auch Wuschels Suche nach dem Album „Exile on Main Street" von den Rolling Stones. Doch diese LP, als englische Pressung, originalverschweißt, kostet 50 Mark West. Als Wuschel sie nach vielen Mühen endlich in Händen hat, prallt ein Schuss an der Mauer von der Schallplatte ab, sie geht natürlich kaputt, aber sie rettet Wuschel das Leben, weil sie ein Doppelalbum war. Musik spielt für das Leben der Jugendlichen als Ausdrucksmittel für Gefühlszustände, Rebellion und Freiheit eine große Rolle. So wird ein Song ungeheuer aufgewertet, wenn er verboten ist.

Auch manche Erwachsene geraten in Szenen voller Komik. Der Westberliner Onkel Heinz schmuggelt unter Blut, Schweiß und Tränen Waren in den Osten und merkt gar nicht, dass es sich ausschließlich um erlaubte Produkte handelt. Michas Mutter findet einen West-Pass und versucht damit, Ostberlin zu verlassen. Als sie an der Grenze das Selbstbewusstsein der Besucher aus dem Westen erlebt, verliert sie den Mut und kehrt um, denn „zu einem Westler fehlt mehr als nur der Pass, die Schuhe, die Kleider und das Kukident".

Ein Friedensangebot an die DDR

In einem Interview mit dem Nachrichtenmagazin „Spiegel" erzählt Brussig, dass der Stoff zum Film bereits 1992/93 vorlag. Im Stil von Woody Allens „Radio Days" sollte eine liebevolle, nostalgische Komödie mit der Mauer als Leitmotiv gedreht werden. „Die DDR hatte einen Alltag, und darin stecken jede Menge guter, bislang vernachlässigter Geschichten." Sein Roman entstand im Anschluss an das Drehbuch zum gleichnamigen Film. In einer Danksagung an den Regisseur Leander Haußmann erwähnt der Autor, dass in sein Buch viele Ideen eingeflossen sind, die während der gemeinsamen Arbeit an dem

Drehbuch entstanden sind. Dem Roman merkt man die Vorlage an, da er aus einer Reihe von Episoden besteht, die durch die Hauptfiguren verbunden werden.
Zur Uraufführung als Theaterstück sagte Brussig, dass es „nicht darum gehen könne, zu zeigen, wie es wirklich war, sondern schlicht um einen ironisch-satirischen Blick auf Legendenbildung". Dennoch werden die Versuche eines Staates, seine Bürger in allen Lebensbereichen zu beeinflussen und zu lenken, mit bissiger Schärfe entlarvt und der Lächerlichkeit preisgegeben.
Im Schluss des Romans begegnet Brussig einer möglichen Kritik, er verharmlose die Gewaltherrschaft in der DDR. „Wer wirklich bewahren will, was geschehen ist, der darf sich nicht den Erinnerungen hingeben. (...) Der weiche Schleier der Nostalgie legt sich über alles, was mal scharf und schneidend empfunden wurde." Dennoch kam es anlässlich der Filmaufführung zu einer Strafanzeige durch die Hilfsorganisation für die Opfer politischer Gewalt „Help". Ein im Film gezeigter Tanz vor der Mauer stelle eine Beleidigung der Maueropfer dar. In einem offenen Brief an die Hilfsorganisation antwortet der Schriftsteller: „Die Beleidigung liegt außerhalb des Films. Sie besteht darin, dass sich kaum jemand für die Opfer politischer Gewalt in der DDR interessiert, sie besteht darin, dass es keine Reue gab und gibt, sondern nur allgemeines Schulterzucken von Menschen, die plötzlich keine Täter mehr gewesen sein wollen."
Brussig geht mit allen seinen Figuren sehr liebevoll um. Das unterscheidet das Buch vom Vorgänger „Helden wie wir", in dem er seine Wut über die nicht erfolgte emotionale Auseinandersetzung mit der DDR herausschrieb. Vier Jahre später ist der Autor versöhnlicher: „Im Sonnenallee-Stoff liegt etwas Krampflösendes, das über das Buch hinausgeht: ein Friedensangebot an die DDR-Vergangenheit."

Die Clique vom kürzeren Ende der Sonnenallee

Arnulf Rainer, Ohne Titel, 1988

Arbeitsvorschläge

1. Erläutere den Begriff „Mehrfachkodierung" anhand des Bestsellers „Das Parfum" von Patrick Süskind.
2. Charakterisiere die Hauptperson Jean-Baptiste Grenouille unter besonderer Berücksichtigung der in dem Buch verwendeten Tiervergleiche.
3. Warum sind Bücher über Expeditionen heutzutage so beliebt?
4. Was unterscheidet Doris Gerckes Kriminalroman „Weinschröter, du musst hängen" von herkömmlichen Krimis?
5. Stelle dar, inwiefern in Bernhard Schlinks „Der Vorleser" der Analphabetismus Hannas ihr Leben entscheidend prägt.
6. Suche in Thomas Brussigs Roman „Am kürzeren Ende der Sonnenallee" Satirisch-Ironisches über den Alltag in der ehemaligen DDR.

Zusammenfassung

Am Ausgang des 20. Jahrhunderts erfolgten tief greifende politische und gesellschaftliche Veränderungen: Wiedervereinigung Deutschlands, Auflösung der Sowjetunion, Maastrichter Vertrag, Einführung des Euro, Globalisierung, Ausweitung der Massenmedien. Bisher stabil geglaubte Ideologien und politische Blöcke gerieten in eine Krise, Pluralismus wurde zur neuen Devise. Das hat auch Auswirkungen auf die Literatur, die sich vielseitiger denn je zeigt. Gemäß des postmodernen Credos „Anything goes" erlauben viele Werke die unterschiedlichsten Lesarten (Mehrfachkodierung), die Autoren halten sich mit eigenen Wertungen eher zurück. Nicht selten spielt die Handlung in vergangenen Zeiten und an entlegenen Orten. Wie auch im Film werden Figuren, Handlungsmomente und Zitate aus früheren Werken eingebaut (Intertextualität). Am Übergang ins 21. Jahrhundert ist der Roman die dominierende Gattung. Ein weiterer Schwerpunkt ist bei vielen Schriftstellern die Auseinandersetzung mit der ehemaligen DDR und die Folgen, die die Wiedervereinigung 1990 mit sich gebracht hat.

Wichtige Begriffe:
Postmoderne – Mehrfachkodierung – Intertextualität – Verbrechensgeschichte – Detektivgeschichte – Wenderoman

Geschichtlicher Hintergrund

1989 Fall der Berliner Mauer
1990 Deutsche Wiedervereinigung
1993 Gründung der Europäischen Union (EU), Vertrag von Maastricht
1999 Beginn der Europäischen Währungsunion
2001 Terroranschlag auf das World Trade Center in New York
2002 Euro als Zahlungsmittel in vielen Ländern der EU

Autoren und Werke

GÜNTER GRASS (geb. 1927)
Ein weites Feld
Mein Jahrhundert

DORIS GERCKE (geb. 1937)
Weinschröter, du musst hängen
Kinderkorn

BRIGITTE KRONAUER (geb. 1940)
Frau Mühlenbeck im Gehäus
Berittener Bogenschütze

UWE TIMM (geb. 1940)
Die Entdeckung der Currywurst

MONIKA MARON (geb. 1941)
Animal Triste

STEN NADOLNY (geb. 1942)
Die Entdeckung der Langsamkeit

CHRISTOPH HEIN (geb. 1944)
Willenbrock

BERNHARD SCHLINK (geb. 1944)
Der Vorleser
Liebesfluchten

BODO KIRCHHOFF (geb. 1948)
Infanta
Gegen die Laufrichtung

PATRICK SÜSKIND (geb. 1949)
Der Kontrabaß
Das Parfum
Die Geschichte von Herrn Sommer

ROBERT HÜLTNER (geb. 1950)
Die Godin

RAINALD GOETZ (geb. 1954)
Rave
Dekonspiratione

CHRISTOPH RANSMAYR (geb. 1954)
Die Schrecken des Eises und der Finsternis
Die letzte Welt
Morbus Kitahara

JOSEF HASLINGER (geb. 1955)
Opernball

MATTHIAS POLITYCKI (geb. 1955)
Weiberroman

JENS SPARSCHUH (geb. 1955)
Der Zimmerspringbrunnen

BIRGIT VANDERBEKE (geb. 1956)
Alberta empfängt einen Liebhaber

JOSEF KUMPFMÜLLER (geb. 1961)
Hampels Fluchten

ROBERT SCHNEIDER (geb. 1961)
Schlafes Bruder

INGO SCHULZE (geb. 1962)
Simple Storys

THOMAS HETTCHE (geb. 1964)
Der Fall Arbogast

HELMUT KRAUSSER (geb. 1964)
Melodien oder Nachträge zum quecksilbernen Zeitalter

THOMAS BRUSSIG (geb. 1965)
Helden wie wir
Am kürzeren Ende der Sonnenallee

MARCEL BEYER (geb. 1965)
Flughunde
Spione

JOHN VON DÜFFEL (geb. 1966)
Vom Wasser

ALBERT OSTERMAIER (geb. 1967)
Herz Vers Sagen
Heartcore

JUDITH HERMANN (geb. 1970)
Sommerhaus, später

TERÉZIA MORA (geb. 1971)
Seltsame Materie

THOMAS GLAVINIC (geb. 1972)
Carl Haffners Liebe zum Unentschieden

ZOE JENNY (geb. 1974)
Das Blütenstaubzimmer

BENJAMIN VON STUCKRAD-BARRE (geb. 1975)
Soloalbum

Erklärung wichtiger literarischer Begriffe

Allegorie
In der Dichtung und Malerei bildhafte Darstellung eines abstrakten Begriffes.

Analytisches Drama
Dramatische Dichtung, in der die Ereignisse und deren Folgen, die vor dem Einsetzen der Bühnenhandlung geschehen sind, dem Zuschauer nach und nach aufgerollt werden.

Aphorismus
Meist aus nur einem Satz bestehender Gedankensplitter, der eine Erkenntnis, eine allgemeine Wahrheit in geistreicher Form formuliert.

Auf- und Abgesang
Gliederung der Strophe des Minnesangs entsprechend der Melodieführung. Die ersten vier Verse stehen im Kreuzreim (abab) und werden als Aufgesang bezeichnet. Daran schließt sich der kürzere Abgesang an, der freier gestaltet werden kann.

Autobiografie
Literarische Darstellung des aus der Rückschau betrachteten eigenen Lebens, wobei der geistig-seelische Entwicklungsprozess im Vordergrund steht.

Ballade
Im Deutschen etwa seit 1770 nachweisbar. Das Erzählgedicht vereinigt die drei Grundgattungen der Poesie: epische Erzählweise, dramatische Gestaltung und lyrische Stimmung. Man unterscheidet Volks- und Kunstballaden.

Blankvers (von englisch „blank verse" reimloser Vers)
Reimloser jambischer Vers, in der Regel mit fünf Hebungen. Aus England gelangte der Blankvers in die deutsche Dichtung und wurde zum gebräuchlichsten Vers des klassischen Dramas.

Briefroman
Roman, der überwiegend aus einer Folge von Briefen oder Tagebuchnotizen eines oder mehrerer fingierter Verfasser besteht.

Bürgerliches Trauerspiel
In Prosa geschriebene dramatische Gattung, die zur Zeit der Aufklärung im 18. Jahrhundert entstand und das Schicksal von Menschen bürgerlichen Standes gestaltete.

Chiffre
Verschlüsseltes, rätselhaftes Zeichen, das sich nicht immer aus dem Textzusammenhang erschließen lässt. Besonders beliebt sind Chiffren in der Lyrik des Expressionismus.

Detektivgeschichte
In einer Detektivgeschichte steht die Aufklärung eines Verbrechens im Mittelpunkt. Die Handlung setzt mit der Tat ein und der Ermittler hat u. a. die Aufgabe, die Vorgeschichte aufzuklären, Indizien zu sammeln, Zeugen zu befragen, Motive zu ergründen und den Tathergang zu rekonstruieren. Am Ende steht meistens die Lösung des Falles und die Überführung des Täters.

Dinggedicht
Ein besonderer Typus der Lyrik, bei dem ein Gegenstand (alltägliches Ding, Tier oder Pflanze) im Mittelpunkt steht und sein „Wesen" ohne besondere Einflussnahme des Autors von sich aus enthüllt. Dinggedichte stehen im Gegensatz zur beschreibenden Stimmungslyrik.

Dingsymbol
Gegenstand von zentraler Bedeutung in einer Ballade oder Novelle, wiederholt sich leitmotivisch an wichtigen Stellen des Textes.

Dokumentarisches Theater
Modernes Theater, das in erster Linie gesellschaftskritisch und politisch wirken will. Um größtmögliche Wirklichkeitswiedergabe zu erreichen wird dokumentarisches Material (zum Beispiel Presseberichte, Briefe, Fotos, Akten, Protokolle) verwendet.

Dorfgeschichte
Erzählgattung des 19. Jahrhunderts, in der das Dorf und seine Bewohner im Mittelpunkt der Handlung stehen und die einen Einblick in das bäuerliche Leben gibt. Kann sentimentale Heimatkunst oder kritische, realistische Dichtung sein.

Elegie
Wehmütig-klagende Gefühlslyrik, die bereits in der antiken Dichtkunst bekannt war.

Endreim
Im Gegensatz zum Stabreim Bezeichnung für die Verbindung von zwei oder mehr Versen durch Gleichklang von der letzten Hebung an.

Entwicklungs- oder Bildungsroman
Romanform, in der die geistige Entwicklung der Hauptperson in der Auseinandersetzung mit ihrer

Umwelt dargestellt wird. Wenn der Held seine Persönlichkeit entfaltet hat, ist meist das Idealbild des Dichters beziehungsweise seiner Epoche erreicht. Kann als Erziehungsroman oder psychologischer Roman gestaltet sein.

Epik
Neben der Lyrik und Dramatik eine der drei literarischen Grundgattungen. Sie bezeichnet jede Art erzählender Dichtung in Versen oder Prosa.

Episches Theater
Von Bertolt Brecht entwickelte Form des modernen Theaters, steht im Gegensatz zum klassischen aristotelischen Drama. Eine Veränderung der gesellschaftlichen Zustände im marxistischen Sinne soll erreicht werden. Ein wesentlicher Unterschied zum klassischen Theater liegt in der Rolle des Zuschauers, der durch eigens entwickelte Verfremdungseffekte in kritischer Distanz zur Handlung steht und am Schluss die im Drama aufgeworfenen Fragen selbst beantworten muss.

Epos
Längere Verserzählung, die nicht mündlich überliefert, sondern schriftlich aufgezeichnet und vorgelesen wurde. Sie besteht in der Regel aus gleichartig gebauten Versen oder Strophen. Im Zentrum steht meist eine bestimmte Person oder ein Leitgedanke.

Erlebnislyrik
Gedichte, in denen vor allem persönliche Erlebnisse des Dichters verarbeitet werden.

Erregendes Moment
Ereignis im Drama, das am Ende der Exposition den dramatischen Konflikt auslöst.

Erzählperspektive
Sichtweise, in der ein Prosatext geschrieben ist, zum Beispiel Ich- oder auktoriale Erzählsituation.

Essay
Kürzerer Prosatext aus dem Bereich der Wissenschaft, Geschichte oder Kultur, meist ohne systematische Gliederung, in dem der Verfasser bewusst seine Gedanken einbringt.

Exposition (von lateinisch „exponere" heraussetzen, darstellen)
Einleitender Teil eines Dramas, in dem die Hauptpersonen dargestellt werden und aus dem der dramatische Konflikt entspringt. Bei einem fünfaktigen Drama umfasst die Exposition in der Regel den ersten Akt.

Fabel
Kurze Erzählung mit lehrhafter Tendenz, in der Tiere menschliche Eigenschaften und Verhaltensweisen verkörpern.

Fiktion (von lateinisch „fictio" Einbildung, Unterstellung)
Grundelement der Dichtung. Erfundene Personen und Sachverhalte werden so dargestellt, als seien sie real.

Flugschrift
Kleinere, meist anonym verfasste Schrift, die auf möglichst rasche Verbreitung zielt. Weil die Zensur umgangen wird, ist sie ein beliebtes Mittel in der politischen Auseinandersetzung.

Fragment (von lateinisch „fragmentum" Bruchstück)
Bezeichnung für ein unvollendetes Werk. Die Frühromantiker verwendeten das Fragment bewusst als Ausdrucksmittel.

Gedankenlyrik (auch Ideenlyrik genannt)
Lyrische Dichtung, in der philosophische oder weltanschauliche Themen gestaltet werden.

Gesellschaftsroman
Roman, der auf eine breite und meist kritische Darstellung des politischen und historischen Gesellschaftslebens einer Epoche abzielt. Auch Zeitroman genannt.

Groteske
Dichtung, in der Komisches und Grausiges, Lächerliches und Schreckliches eng verbunden sind. Für viele moderne Autoren ist die Groteske die angemessene Darstellung der gegenwärtigen Welt.

Heldenlied
Episch-balladenhafte Dichtung, die von einem meist anonymen Verfasser stammt und zum mündlichen Vortrag bestimmt war. Die ältesten Heldenlieder stammen aus dem 4.–8. Jahrhundert. Sie berichten in einzelnen Episoden von tragischen Höhepunkten aus dem Leben adeliger Heldengestalten.

Hörspiel
Dramatische Literaturgattung, die sich auf akustische Gestaltungsmittel stützt (Stimmen, Geräusche, Musik) und ihre Entstehung der Erfindung des Rundfunks verdankt. Das erste Hörspiel wurde am 6.10.1923 in Glasgow gesendet.

Ideendrama
Schauspiel, in dem Handlung und Charaktere auf die Veranschaulichung eines Leitgedankens, einer

Idee oder Weltanschauung hin angelegt sind, zum Beispiel Freiheit, Toleranz, Opfer.

Idylle
Dichtung mit Schilderung eines friedvollen, glücklichen und bescheidenen Lebens in idealisierter Umgebung.

Innerer Monolog
Selbstgespräch, in dem eine fiktive Person dem Leser ihre Gedanken, Reflexionen und Gefühle mitteilt.
Erste literarische Versuche finden sich gegen Ende des 19. Jahrhunderts.

Intertextualität
Beziehungen zwischen verschiedenen Texten aus der literarischen Tradition werden hergestellt. Dabei baut der Autor in sein Werk Zitate und Anspielungen ein.

Ironie (von griechisch „eironeía" Verstellung)
Redeweise vor allem in den Gattungen Parodie und Satire, in der das Gegenteil des eigentlichen Wortlauts gemeint ist. Damit distanziert sich der Autor vom Gesagten.

Katharsis (griechisch Reinigung)
Begriff aus der Tragödientheorie des Aristoteles. Die Wirkung der Tragödie beruht auf der Erregung von Mitleid und Furcht, wodurch der Zuschauer gerade von diesen Affekten gereinigt wird. Lessing verstand unter dem Begriff Katharsis eher die Verwandlung der durch die Tragödie erregten Affekte in tugendhafte Fertigkeiten.

Komödie
Bühnenstück mit komischem oder heiterem Inhalt und glücklichem Ausgang. Wird meist mit dem Begriff Lustspiel synonym gebraucht.

Kriminalroman
Prosawerk, das ein Verbrechen, dessen Planung, Ausführung und Aufklärung zum Inhalt hat. Die literarische Qualität erstreckt sich von massenhaft verbreiteter Trivialliteratur bis hin zu philosophischen Dichtungen.

Kurzgeschichte
Prosadichtung, die in Anlehnung an die amerikanische „Shortstory" in Deutschland nach dem Zweiten Weltkrieg entstand. Kennzeichnend ist unter anderem ihr geringer Umfang, der offene Schluss, die straffe Komposition und vor allem das Herausstellen eines entscheidenden Moments im Leben eines Menschen.

Leitmotiv
Einprägsame, oft im gleichen Wortlaut wiederkehrende Aussage, die einer bestimmten Person, einem Gegenstand oder einem Sachverhalt zugeordnet wird und sie oder ihn charakterisiert.

Lyrisches Ich
In Gedichten erscheinendes Subjekt, das sich in der ersten Person nennt und mit dem Autor identisch sein kann, aber nicht identisch sein muss.

Mädchenlieder
Bezeichnung für eine Form des Minnesangs, in dem, im Gegensatz zum Ideal der „Hohen Minne", die Erfüllung der Liebe zwischen einem adeligen Herrn und einem einfachen Mädchen aus dem Volke dargestellt wird (so genannte „Niedere Minne").

Märchen
Kleinere Prosaerzählung von fantastisch-wunderbaren Begebenheiten aus freier Erfindung ohne zeitlich-räumliche Festlegung. Man unterscheidet Volks- und Kunstmärchen.

Mehrfachkodierung
Ein Text lässt sich nicht mehr genau einer Gattung zuordnen, sondern ist bewusst so angelegt, dass er auf vielfache Weise gelesen werden kann. In einigen Texten der Gegenwart kommt dies besonders zum Tragen, wenn beispielsweise ein Roman Verbrechensgeschichte, Entwicklungsroman, Schelmenroman und historischer Roman zugleich ist.

Metapher (von griechisch „metaphorá" Übertragung)
Eine sehr häufige rhetorische Figur bildhaften Sprechens, bei der die Wörter in übertragener, das heißt nicht in ihrer eigentlichen Bedeutung verwendet werden.

Minne
Der Begriff Minne bezeichnet die Beziehung zwischen dem Ritter beziehungsweise dem Sänger des Liedes und der von ihm verehrten, im Kreise der Hofgesellschaft persönlich anwesenden, verheirateten adeligen Dame (Hohe Minne). Das Minnelied wurde musikalisch gestaltet, Text und Melodie schuf der Minnesänger.

Montage
Bewusste Zusammenfügung von sprachlich, stilistisch und inhaltlich unterschiedlichen Textteilen. Der Begriff Montage stammt ursprünglich aus der Filmtechnik und bezeichnet die Verbindung von verschiedenen Filmeinstellungen durch einen Schnitt oder eine Blende.

Nibelungenstrophe
Hauptstrophe des deutschen Heldenepos, benannt nach dem Nibelungenlied um 1200. Jede Strophe besteht aus vier Langzeilen im Reimschema aabb. Den ersten Teil der Langzeile bezeichnet man als Anvers (vier Betonungen), den zweiten Teil als Abvers (drei Betonungen).

Novelle (von lateinisch „novus" neu)
Goethe bezeichnetet die Novelle als „eine sich ereignete unerhörte Begebenheit". Im Mittelpunkt dieser Prosaerzählung steht ein zentraler Konflikt, der die Handlung auf einen klar herausgearbeiteten Wendepunkt zusteuert. Weitere typische Merkmale sind bestimmte Vorausdeutungstechniken wie Leitmotive und Dingsymbole.
Novellen sind häufig zu einem Zyklus vereint, zum Beispiel „Die Leute von Seldwyla" (1856–1874) von Gottfried Keller.

Ode
Strophische Dichtung, die zur Musik vorgetragen wird, im Vergleich zum Lied aber festlicheren Charakter hat.

Offenes Drama
Dramenform, die im Gegensatz zur geschlossenen Form keinen streng gesetzmäßigen Aufbau zeigt. Es fehlt häufig die Einteilung in Akte und die Hauptfigur wird nur in einzelnen Momentaufnahmen gezeigt. Man spricht auch von einem Stationendrama.

Parabel (von griechisch „parabolé" Gleichnis)
Lehrhafte Erzählung, die eine sittliche Erkenntnis durch einen Vergleich aus einem anderen Vorstellungsbereich erhellt.

Parodie
Literarischer Text, der in satirischer oder polemischer Absicht ein bereits vorhandenes Werk mit gegenteiliger Absicht nachahmt.

Peripetie (von griechisch „peripéteia" Wendung)
Aristoteles bezeichnet in seiner Tragödientheorie damit das plötzliche Umschlagen der Handlung, die dann der Katastrophe zutreibt. Dem Helden wird die Möglichkeit zum freien Handeln entzogen. Im fünfaktigen Drama tritt die Peripetie meistens am Ende des dritten oder zu Beginn des vierten Aktes ein.

Rahmenerzählung
Erzählform, bei der eine oder mehrere Erzählungen (so genannte Binnenerzählungen) in eine sie umrahmende Erzählung eingebettet sind.

Reisebild
Natur- und Landesschilderung, die der Unterhaltung dienen kann, in der der Autor aber oft auch sein Publikum zu politischer Urteilsfähigkeit erziehen will.

Retardierendes Moment
Verzögerung im Handlungsablauf eines Dramas, in der Regel im vierten Akt. Die Spannung wird gesteigert, weil sich noch scheinbare Lösungsmöglichkeiten für den dramatischen Konflikt ergeben.

Roman
Längere, geschriebene Erzählung in Prosa.

Runen (von althochdeutsch „runa" Geheimnis)
Älteste Schrift der Germanen, die bis in das 2./3. Jahrhundert n. Chr. zurückreicht und im religiösen Bereich verwendet wurde. Die grafischen Zeichen wurden in Holz und Metall geritzt, daneben gab es auch Losrunen, die ausgeworfen und wieder eingesammelt wurden, um das Schicksal zu deuten.

Sage (von althochdeutsch „saga" Gesagtes)
Meist kurze, ursprünglich mündlich überlieferte Erzählung, die einen stärkeren Realitätsbezug als das Märchen besitzt, weil sie sich auf einen bestimmten Ort oder eine bestimmte historische Zeit bezieht. Von den eigentlichen Volkssagen sind die Götter- und Heldensagen zu unterscheiden.

Satire (von lateinisch „satura" mit Früchten gefüllte Schale)
In allen literarischen Gattungen mögliche Darstellungsform, in der durch Übertreibung, Ironie und Spott Kritik an Personen und Ereignissen geübt wird und dabei nicht selten menschliche Eigenschaften entlarvt werden.

Schelmenroman
Sonderform des Abenteuerromans, entstanden im 16. Jahrhundert in Spanien. Ein Schelm erzählt seine zahlreichen Abenteuer, in denen er sich im Dienst verschiedener Herren mit List durchs Leben schlägt.

Schlüsselroman
Literarisches Werk, in dem tatsächliche Personen und Ereignisse unter anderen Namen und Bezeichnungen geführt werden, aber doch vom Leser identifiziert werden können.

Sciencefiction (englisch wissenschaftliche Erzählung)
Romane, Erzählungen, Hörspiele, Comics und Fil-

Althochdeutsche Dichtung

Heliand. Übers. von Karl Simrock. Zit. nach Nürnberger, Helmuth: Geschichte der deutschen Literatur: Bayerischer Schulbuch-Verlag [24]1992
Hildebrandslied. In: Bertau, Karl: „Wélagà nu, wáltant gòt . . .". In: Streifzüge durch das Mittelalter. München: Beck 1990
Merseburger Zaubersprüche. Übers. von Karl Simrock. Zit. nach: Vogt, Friedrich/Koch, Max: Geschichte der deutschen Literatur. Band 1. Leipzig/Wien: Verlag des Bibliographischen Instituts 1910
Otfrid von Weißenburg: Evangelienharmonie. In: Brandt, Rüdiger (Hg.): Deutsche Literatur des Mittelalters. Arbeitstexte für den Unterricht. Stuttgart: Reclam 1986
Capelle, Wilhelm: Das alte Germanien. Berlin 1929
Salzer, Anselm/Tunk, Eduard von: Illustrierte Geschichte der deutschen Literatur. Köln: Zweiburgen o. J.
Vogt, Friedrich/Koch, Max: Geschichte der deutschen Literatur. Band. 1. Leipzig/Wien: Verlag des Bibliographischen Instituts 1910

Mittelhochdeutsche Dichtung

Das Nibelungenlied. Mittelhochdeutscher Text und Übertragung von Helmut Brackert. Frankfurt a. M.: Fischer 1970
Walther von der Vogelweide: Gedichte. Hg. u. übers. von P. Wapnewski. Frankfurt a. M.: Fischer [7]1971
Wolfram von Eschenbach: Parzival. Eine Auswahl. Hg. von Walther Hofstaetter. Stuttgart: Reclam 1990
Bumke, Joachim: Wolfram von Eschenbach: Stuttgart: Metzler [6]1991
Hahn, Gerhard: Walther von der Vogelweide. München: Artemis 1989
Halbach, Kurt Herbert: Walther von der Vogelweide. Stuttgart: Metzler [4]1983
Koch, Hans Jürgen (Hg.): Die deutsche Literatur. Ein Abriß in Text und Darstellung. Band 1: Mittelalter 1. Stuttgart: Reclam 1976
Kühn, Dieter: Der Parzival des Wolfram von Eschenbach. Frankfurt a. M.: Insel 1986
ders.: Neidhart aus dem Reuental. Frankfurt a. M.: Insel 1992
Schafarschik, Walter: Wolfram von Eschenbach. Salzburg: Andreas 1983

Vom späten Mittelalter zur Reformation

Luther, Martin: Sendbrief vom Dolmetschen. (EA: 1530) Hg. von Karl Bischoff. Tübingen: Niemeyer [2]1965
Sachs, Hans: Der fahrende Schüler im Paradies. (EA: 1550) In: Meistergesänge, Fastnachtsspiele, Schwänke. Stuttgart: Reclam 1987
Wernher der Gaertenere: Helmbrecht. (EA: 1250/80) Tübingen: Niemeyer [10]1993
Gebhardt. Handbuch der deutschen Geschichte. Hg. von Bruno Grundmann. 4 Bände. Stuttgart: Klett-Cotta 1970–1973
Hofmiller, Josef: Der Meier Helmbrecht. Paderborn: Schöningh 1958
Lohse, Bernhard: Martin Luther. Eine Einführung in sein Leben und sein Werk. München: Beck 1981

Barock

Grimmelshausen, Hans Jakob Christoffel von: Der abenteuerliche Simplicissimus. (EA: 1668) Stuttgart: Reclam 1974
ders.: Simplicius Simplicissimus. München: Deutscher Taschenbuch Verlag 1990
Gryphius, Andreas: Menschliches Elende. (EA: 1637) In: Gedichte. Hg. von A. Elschenbroich. Stuttgart: Reclam 1993
Günther, Johann Christian: Studentenlied/Abschiedsaria. (EA: 1724) In: Die Gedichte. Hg. von Franz Hackel. Frankfurt a. M.: Insel 1995
Arnold, Heinz Ludwig (Hg.): Andreas Gryphius. (= Text und Kritik. Zeitschrift für Literatur. Band 7/8). [2]1990
Barthel, Gustav: Barockkirchen in Altbayern, Schwaben und in der Schweiz. München/Berlin: Deutscher Kunstverlag [5]1971
Bircher, Martin (Hg.): Deutsche Schriftsteller im Porträt. Zeitalter des Barock. München: Beck 1979
Braudel, Fernand: Sozialgeschichte des 15.–18. Jahrhunderts. Der Alltag. München: Kindler 1985
Browning, Robert/Teuscher, Gerhart: Deutsche Lyrik des Barock 1618–1723. Stuttgart: Kröner 1980
Hohoff, Curt: Johann Jakob Christoph von Grimmelshausen. Reinbek: Rowohlt 1987 (= rororo Bildmonographie 267)
Huch, Ricarda: Der Dreißigjährige Krieg. Frankfurt a. M.: Insel 1974
Meid, Volker: Grimmelshausen. Epoche – Werk – Wirkung. München: Beck 1984
Pelster, Theodor: Vom Mittelalter zum Barock. München: Bayerischer Schulbuch-Verlag 1990
Schöne, Albrecht (Hg.): Die deutsche Literatur. Texte und Zeugnisse. Band 3: Das Zeitalter des Barock. München: Beck [3]1988.
Steinhagen, Harald: Deutsche Dichter des 17. Jahrhunderts. Berlin: Erich Schmidt 1984

Aufklärung

Gellert, Christian Fürchtegott: Fabeln und Erzählungen. (EA: 1746/48) Hanau: Dausien 1989
Kant, Immanuel: Was ist Aufklärung? (EA: 1783) In: Was ist Aufklärung? Beiträge aus der Berlinischen Monatsschrift. In Zusammenarbeit mit Michael Albrecht ausgewählt, eingeleitet und mit Anmerkungen versehen von Norbert Hinske. Darmstadt: Wissenschaftliche Buchgesellschaft 1973
Lessing, Gotthold Ephraim: Emilia Galotti. (EA: 1772) Stuttgart: Reclam 1980
ders.: Hamburgische Dramaturgie. (EA: 1767) München: Goldmann 1966
ders.: Nathan der Weise. (EA: 1779) Frankfurt a. M.: Suhrkamp/Insel 1984
Lichtenberg, Georg Christoph: Sudelbücher. (EA: 1800/06 in: Vermischte Schriften) Hg. von Franz H. Mautner. Frankfurt a. M.: Suhrkamp 1984
Barner, Wilfried u. a.: Lessing. Epoche – Werk – Wirkung. München: Beck 1987
Baschwitz, Kurt: Hexen und Hexenprozesse. Gütersloh: Bertelsmann 1980
Borries, Ernst und Erika von: Deutsche Literaturgeschichte. Band 2: Aufklärung und Empfindsamkeit, Sturm und Drang. München: Deutscher Taschenbuch Verlag 1991
Drews, Wolfgang: Gotthold Ephraim Lessing. Reinbek: Rowohlt 1989 (= rororo Bildmonographie 75)
Friedell, Egon: Dieses und Jenes. Aufsätze und Aphorismen. Zürich: Diogenes 1991
Glaser, Hermann u. a.: Wege der deutschen Literatur. Frankfurt a. M./Berlin/Wien: Ullstein 1972
Huizinga, Johan: Herbst des Mittelalters. Kröner: Stuttgart 1975
Pelster, Theodor: Aufklärung. München: Bayerischer Schulbuch-Verlag ³1992
Ritscher, Hans: Grundlagen und Gedanken zum Verständnis des Dramas „Nathan der Weise". Frankfurt a. M.: Diesterweg 1976
Schnierle, Herbert: G. E. Lessing. Salzburg: Andreas 1981

Sturm und Drang

Goethe, Johann Wolfgang: Götz von Berlichingen mit der eisernen Hand. (EA: 1773) Werke. Hamburger Ausgabe. Textkritisch durchgesehen und kommentiert von Erich Trunz. Band 4. München: Deutscher Taschenbuch Verlag 1988
ders.: Die Leiden des jungen Werthers. (EA: 1774) In: Werke. Hamburger Ausgabe. Textkritisch durchgesehen und kommentiert von Erich Trunz. Band 6. München: Deutscher Taschenbuch Verlag 1988
ders.: Willkommen und Abschied. (EA: 1789) In: Werke. Hamburger Ausgabe. Textkritisch durchgesehen und kommentiert von Erich Trunz. Band 1. München: Deutscher Taschenbuch Verlag 1988
Schiller, Friedrich von: Kabale und Liebe. (EA: 1784) Hollfeld: Bange 1994
ders.: Die Räuber. (EA: 1781) Reinbek: Rowohlt 1965
Boerner, Peter: Johann Wolfgang von Goethe. Reinbek: Rowohlt 1977 (= rororo Bildmonographie 100)
Burschell, Friedrich: Friedrich Schiller. Reinbek: Rowohlt 1982 (= rororo Bildmonographie 14)
Friedenthal, Richard: Goethe. Sein Leben und seine Zeit. München: Piper ⁸1993
Geschichte der Philosophie. Ideen, Lehren. Hg. von François Chatelet. Band 4: Die Aufklärung. Frankfurt a. M./Berlin/Wien: Ullstein 1974
Die Götzenburg zu Jagsthausen. Jagsthausen: Schloßmuseum o. J.
Helferich, Christoph: Geschichte der Philosophie. Stuttgart: Metzler 1985
Hinck, Walter: Sturm und Drang. Ein literaturwissenschaftliches Studienbuch. Königstein/Ts.: Athenäum 1978
Höllerer-März, Hilde u. a.: Goethe. 2 Bände. Salzburg: Andreas 1980
Ibel, Rudolf: Grundlagen und Gedanken zum Verständnis des Dramas: Götz von Berlichingen. Frankfurt a. M.: Diesterweg 1977
Kaschuge, Heidrun: Goethe Plenzdorf: Die (neuen) Leiden des jungen (W.) Werthers. Hollfeld: Beyer 1976
Koopmann, Helmut: Schiller. München: Artemis 1988
Liewerscheidt, Dieter: Die Dramen des jungen Schiller. München: Oldenbourg 1982
Martini, Fritz (Hg.): Klassische deutsche Dichtung. Band 1. Freiburg i. Brsg.: Herder 1962
Die Räuber. Von und nach Friedrich Schiller. Programmheft zur Aufführung im Prinzregententheater. München: Bayerisches Staatsschauspiel 1989

Klassik

Goethe, Johann Wolfgang: Faust. Der Tragödie Erster Teil. (EA: 1808) In: Werke. Hamburger Ausgabe. Textkritisch durchgesehen und kommentiert von Erich Trunz. Band 3. München: Deutscher Taschenbuch Verlag 1988
ders.: Faust. Der Tragödie Zweiter Teil. (EA: 1832) In: Werke. Hamburger Ausgabe. Textkritisch durchgesehen und kommentiert von Erich Trunz. Band 3. München: Deutscher Taschenbuch Verlag 1988
ders.: Iphigenie auf Tauris. (EA: 1787) In: Werke.

Hamburger Ausgabe. Textkritisch durchgesehen und kommentiert von Erich Trunz. Band 5. München: Deutscher Taschenbuch Verlag 1988
ders.: Der Schatzgräber. (EA: 1798) In: Werke. Hamburger Ausgabe. Textkritisch durchgesehen und kommentiert von Erich Trunz. Band 1. München: Deutscher Taschenbuch Verlag 1988
Plenzdorf, Ulrich: Die neuen Leiden des jungen W. (EA: 1972) Frankfurt a. M.: Suhrkamp 1981
Schiller, Friedrich: Maria Stuart. (EA: 1801) Stuttgart: Reclam 1981
ders.: Maria Stuart. Fernsehbearbeitung des Bayerischen Rundfunks. Familie und Schule. Heft 1. München 1989
Boerner, Peter: Johann Wolfgang von Goethe. Reinbek: Rowohlt 1977 (= rororo Bildmonographie 100)
Borries, Ernst und Erika von: Deutsche Literaturgeschichte. Band 3: Die Weimarer Klassik, Goethes Spätwerk. München: Deutscher Taschenbuch Verlag 1991
Burschell, Friedrich: Friedrich Schiller. Reinbek: Rowohlt 1982 (= rororo Bildmonographie 14)
Faust-Museum Knittlingen. Braunschweig: Westermann 1984
Forti, G. u. a.: Klassische Reiseziele. Herrsching: Atlantis 1989
Friedenthal, Richard: Goethe. Sein Leben und seine Zeit. München: Piper 81993
Hill, Roland: Der lange Weg zum Schafott. In: Süddeutsche Zeitung vom 7./8.2.1987
Höllerer-März, Hilde u. a.: Goethe. 2 Bände. Salzburg: Andreas 1980
Pelster, Theodor: Klassik. München: Bayerischer Schulbuch-Verlag 31992

Zwischen Klassik und Romantik

Hölderlin, Friedrich: Hälfte des Lebens (EA: 1805) In: Einhundert Gedichte. Hg. von Dietrich E. Sattler. Darmstadt: Luchterhand 1989
Jean Paul: Das Leben des vergnügten Schulmeisterleins Wuz in Auenthal. (EA: 1793) In: Deutsche Erzählungen des 18. Jahrhunderts. München: Deutscher Taschenbuch Verlag 1988
Kleist, Heinrich von: Michael Kohlhaas (EA: 1808/10) In: Gesamtausgabe. Hg. von K. F. Reinting. Wiesbaden: Löwit 1970
ders.: Die Verlobung in St. Domingo (EA: 1811) In: Gesamtausgabe. Hg. von K. F. Reinting. Wiesbaden: Löwit 1970
Bogdal, Klaus-Michael: Heinrich von Kleist. Michael Kohlhaas. München: Wilhelm Fink 1981
Härtling, Peter: Hölderlin. Darmstadt: Luchterhand 1976
Häussermann, Ulrich: Friedrich Hölderlin. Reinbek: Rowohlt 1961 (= rororo Bildmonographie 53)
Hohoff, Curt: Heinrich von Kleist. Reinbek: Rowohlt 1958 (= rororo Bildmonographie 1)
Krämer, Gebhard/Prottung, Hartmut: Friedrich Hölderlin. Salzburg: Andreas 1981
Ortheil, Hans-Josef: Jean Paul. Reinbek: Rowohlt 1984 (= rororo Bildmonographie 329)
Scholz, Ingeborg: Erläuterungen zu Heinrich von Kleist: Michael Kohlhaas, Robert Guiskard. Hollfeld: Bange 1982

Romantik

Eichendorff, Joseph von: Aus dem Leben eines Taugenichts. (EA: 1826) Frankfurt a. M.: Suhrkamp/Insel 1983
ders.: Mondnacht. (EA: 1837) In: Gedichte. Hg. Hartwig Schultz. Frankfurt a. M.: Insel 1987
Hoffmann, E.T.A.: Das Fräulein von Scuderi. (EA: 1820) Stuttgart: Reclam 1993
Tieck, Ludwig: Der blonde Eckbert. (EA: 1797) In: Meistererzählungen der deutschen Romantik. München: Deutscher Taschenbuch Verlag 1985
Böhmer, Otto A.: Von versunknen schönen Tagen. Ein Eichendorff-Lesebuch. München: Deutscher Taschenbuch Verlag 1987
Erzählungen und Novellen des 19. Jahrhunderts. Band 1: Interpretationen. Stuttgart: Reclam 1988
Heizmann, Bertold: Romantik. München: Bayerischer Schulbuch-Verlag 21992
Jensen, Jens Christian: Malerei der Romantik in Deutschland. Köln: DuMont 1985
Paulin, Roger: Ludwig Tieck. Stuttgart: Metzler 1987
Schmitt, Hans-Jürgen: Die deutsche Literatur. Ein Abriß in Text und Darstellung. Band 8: Romantik 1/Band 9: Romantik 2. Stuttgart: Reclam 1989
Steffen, Hans: Die deutsche Romantik. Poetik, Formen und Motive. Göttingen: Vandenhoeck und Ruprecht 41989
Stöcklein, Paul: Joseph von Eichendorff. Reinbek: Rowohlt 1990 (= rororo Bildmonographie 84)
Wittkopp-Menada: E. T. A. Hoffmann. Reinbek: Rowohlt 1966 (= rororo Bildmonographie 113)

Vom Biedermeier zum Jungen Deutschland

Büchner, Georg: Woyzeck. (EA: 1879) In: Woyzeck, Leonce und Lena. Stuttgart: Reclam 1980
ders.: Werke und Briefe. München: Deutscher Taschenbuch Verlag 1981
Droste Hülshoff, Annette von: Die Judenbuche. (EA: 1842) Frankfurt a. M.: Insel 1979

Heine, Heinrich: Die Harzreise. (EA: 1826) In: Sämtliche Schriften. Hg. von Klaus Briegleb. München/Wien: Hanser 1976
Berglar, Peter: Annette von Droste-Hülshoff. Reinbek: Rowohlt 1967 (= rororo Bildmonographie 130)
Bernhard, Marianne: Das Biedermeier. Kultur zwischen Wiener Kongress und Märzrevolution. Düsseldorf: Econ 1983
Brummack, Jürgen: Heinrich Heine. Epoche – Werk – Wirkung. München: Beck 1980
Marcuse, Ludwig: Heinrich Heine. Reinbek: Rowohlt 1990 (= rororo Bildmonographie 41)
Schnierle, Herbert: Georg Büchner. Salzburg: Andreas 1980
Schnierle, Herbert/Wetzel, Christoph: Heinrich Heine. Salzburg: Andreas 1980

Realismus

Busch, Wilhelm: Max und Moritz. (EA: 1865) In: Sämtliche Werke. Hg. von Rolf Hochhuth. 2 Bände. Gütersloh: Bertelsmann 1982
Fontane, Theodor: Effi Briest. (EA: 1894/95) Stuttgart: Reclam 1983
Hebbel, Friedrich: Herbstbild (EA: 1857 in: Gedichte) In: Werke. Hg. von Gerhard Fricke, Werner Keller, Karl Pörnbacher. 5 Bände. München: Hanser 1963–1967
ders.: Maria Magdalene. (EA: 1844) In: Werke. Hg. von Gerhard Fricke, Werner Keller, Karl Pörnbacher. 5 Bände. München: Hanser 1963–1967
Keller, Gottfried: Romeo und Julia auf dem Dorfe. (EA: 1856) Stuttgart: Reclam 1976
Meyer, Conrad Ferdinand: Das Amulett. (EA: 1873) Stuttgart: Reclam 1980
Storm, Theodor: Hans und Heinz Kirch. (EA: 1883) Stuttgart: Reclam 1976
ders.: Der Schimmelreiter. (EA: 1888) Stuttgart: Reclam 1982
Cowen, Roy C.: Der poetische Realismus. Kommentar zu einer Epoche. München: Winkler 1985
Deutsche Erzählungen des 19. Jahrhunderts. Von Kleist bis Hauptmann. München: Deutscher Taschenbuch Verlag 1982
Erzählungen und Novellen des 19. Jahrhunderts. Band 2: Interpretationen. Stuttgart: Reclam 1990
Nürnberger, Helmuth: Theodor Fontane. Reinbek: Rowohlt 1968 (= rororo Bildmonographie 145)
Schnierle, Herbert: Conrad Ferdinand Meyer. Salzburg: Andreas 1982
Uerscheln, Hermann: Realismus. München: Bayerischer Schulbuch-Verlag ²1992
Vinçon, Hartmut: Theodor Storm. Reinbek: Rowohlt 1972 (= rororo Bildmonographie 186)

Naturalismus

Hauptmann, Gerhart: Das Abenteuer meiner Jugend. Berlin: 1937
ders.: Bahnwärter Thiel. (EA: 1888) Stuttgart: Reclam 1993
ders.: Bahnwärter Thiel. Text und Materialien. Bearb. von Dieter Seiffert u. Georg Völker. Frankfurt a. M.: Cornelsen 1988
ders.: Die Weber. (EA: 1892) In: Das dramatische Werk. Berlin: Ullstein 1974
Wedekind, Frank: Frühlings Erwachen (EA: 1891) Stuttgart: Reclam 1971
ders.: Ich habe meine Tante geschlachtet. München: Langen/Müller 1967
ders.: Werke in drei Bänden. Berlin und Weimar 1969
Zola, Emile: Der Totschläger. Hg. von Rita Schober. Ins Deutsche übertragen von Gerhard Krüger. München: Winkler 1975. Alle Rechte bei Rütten & Loening, Berlin
Bernard, Marc: Emile Zola. Reinbek: Rowohlt 1959 (= rororo Bildmonographie 24)
Möbius, Hanno: Der Naturalismus. Heidelberg: Quelle und Meyer 1982
Schwab-Felisch, Hans: Gerhart Hauptmann. Die Weber. Dichtung und Wirklichkeit. Frankfurt a. M.: Ullstein 1982
Tank, Kurt Lothar: Gerhart Hauptmann. Reinbek: Rowohlt 1959 (= rororo Bildmonographie 27)

Die Literatur zu Beginn des 20. Jahrhunderts

Hesse, Hermann: Begegnungen mit Vergangenem. In: Gesammelte Werke. Band 10. Frankfurt a. M.: Suhrkamp 1953
ders.: Brief an Karl Eisenberg vom 25.11.1904. In: Gesammelte Werke. Band 1. Frankfurt a. M.: Suhrkamp 1970
ders.: Peter Camenzind. (EA: 1904) In: Gesammelte Werke. Frankfurt a. M.: Suhrkamp 1953
ders.: Unterm Rad. (EA: 1906) In: Die Romane und die großen Erzählungen. Frankfurt a. M.: Suhrkamp 1982*
Kafka, Franz: Brief an den Vater. Frankfurt a. M.: Fischer 1975
ders.: Sämtliche Erzählungen. Frankfurt a. M.: Fischer 1970
Liliencron, Detlev von: Die Musik kommt. In: Sämtliche Werke. Band 7: Kampf und Spiele. Berlin/Leipzig: Schuster & Loeffler 1911
Mann, Heinrich: Der Untertan. (EA: 1918) Frankfurt a. M.: Fischer 1991
Morgenstern, Christian: Die unmögliche Tatsache/Der Lattenzaun. (EA: 1910) In: Werke und

Briefe. Stuttgarter Ausgabe. 9 Bände. Stuttgart: Urachhaus 1988ff.
Musil, Robert: Die Verwirrungen des Zöglings Törleß. (EA: 1906) In: Gesammelte Werke in neun Bänden. Hg. von Adolf Frisé. Band 6: Prosa und Stücke. Reinbek: Rowohlt 1978
Rilke, Rainer Maria: Der Panther. (EA: 1907) In: Werke in drei Bänden. Band 1: Gedicht-Zyklen. Frankfurt a. M.: Insel 1966
ders.: Wladimir, der Wolkenmaler und andere Erzählungen. Frankfurt a. M.: Insel 1987
Schnitzler, Arthur: Leutnant Gustl. (EA: 1900) In: Das erzählende Werk. Band 2. Frankfurt a. M.: Fischer 1977
Tucholsky, Kurt: Gesammelte Werke. Band 2: 1925–1928. Reinbek: Rowohlt 1961
Guntau, Helmut: Robert Musil. In: Köpfe des 20. Jahrhunderts. Berlin: Colloquium 1967
Habersetzer, Karl Heinz: Deutsche Schriftsteller im Porträt. Band 6. München: Beck 1984
Holthusen, Hans Egon: Rainer Maria Rilke. Reinbek: Rowohlt 1958 (= rororo Bildmonographie 2)
Meurer, Reinhard: Gedichte des Expressionismus. München: Oldenbourg 1988
Michels, Volker: Hermann Hesse. Leben und Werk im Bild. Frankfurt a. M.: Insel 1990
Rinsum, Wolfgang und Annemarie: Interpretationen. Kurzprosa. München: Bayerischer Schulbuch-Verlag ^{3}1994
dies.: Interpretationen. Romane – Erzählungen. München: Bayerischer Schulbuch-Verlag ^{3}1991
Salzer, Anselm: Illustrierte Geschichte der deutschen Literatur. Band 5. Köln: Zweiburgen o. J.
Schröter, Klaus: Heinrich Mann. Reinbek: Rowohlt 1967 (= rororo Bildmonographie 125)
Schumacher, Günter: Moderne. München: Bayerischer Schulbuch-Verlag ^{3}1993

Expressionismus

Benn, Gottfried: Gefilde der Unseligen (EA: 1910) In: Gesammelte Werke in vier Bänden. Hg. von Dieter Wellershoff. Band 3: Gedichte. Stuttgart: Klett-Cotta ^{8}1992*
ders.: Hier ist kein Trost. (EA: 1913) In: Gesammelte Werke in vier Bänden. Hg. von Dieter Wellershoff. Band 3: Gedichte. Stuttgart: Klett-Cotta ^{8}1992*
Heym, Georg: Der Krieg (EA: 1912) In: Pinthus, Kurt (Hg.): Menschheitsdämmerung. Ein Dokument des Expressionismus. (EA: 1919) Hamburg: Rowohlt 1959
Hoddis, Jakob van: Weltende. (EA: 1911) In: Dichtungen und Briefe. Hg. von Regine Nötemann. Zürich: Arche 1987
Kaiser, Georg: Die Bürger von Calais. (EA: 1917) Bamberg: Bayerische Verlagsanstalt 1971
Trakl, Georg: Das dichterische Werk. München. Deutscher Taschenbuch Verlag 1972
Guntau, Helmut: Georg Trakl. In: Köpfe des 20. Jahrhunderts. Berlin: Colloquium 1975
Lennig, Walter: Gottfried Benn. Reinbek: Rowohlt 1962 (= rororo Bildmonographie 71)
Pinthus, Kurt (Hg.): Menschheitsdämmerung. Ein Dokument des Expressionismus. (EA: 1919) Hamburg: Rowohlt 1959
Vietta, Silvio/Kemper, Hans Georg: Expressionismus. München: Wilhelm Fink 1990

Die Literatur zur Zeit der Weimarer Republik

Döblin, Alfred: Berlin Alexanderplatz. (EA: 1929) Olten: Walther o. J.
Fallada, Hans: Kleiner Mann – was nun? (EA: 1932) Reinbek: Rowohlt 1987. © Aufbau-Verlag, Berlin u. Weimar*
Feuchtwanger, Lion: Erfolg. (EA: 1930) Band 1. Frankfurt a. M.: Fischer 1981. © Aufbau-Verlag, Berlin u. Weimar
Mann, Thomas: Tonio Kröger. (EA: 1903) Mario und der Zauberer. (EA: 1930) Frankfurt a. M.: Fischer 1988
Remarque, Erich Maria: Im Westen nichts Neues. Berlin: Ullstein 1929
Ringelnatz, Joachim: Kuttel Daddeldu. (EA: 1926) In: Das Gesamtwerk in sieben Bänden. Hg. von Walter Pape. Band 1: Gedichte. Berlin: K. H. Henssel 1984
ders.: Es bildete sich in Gemisch. (EA: 1912 in: Die Schnupftabaksdose.) In: Das Gesamtwerk in sieben Bänden. Hg. von Walter Pape. Band 1: Gedichte. Berlin: K. H. Henssel 1984
Arnold, Heinz Ludwig: Lion Feuchtwanger (= Text und Kritik. Zeitschrift für Literatur. Band 79/80). 1983
Günther, Herbert: Joachim Ringelnatz. Reinbek: Rowohlt 1964 (= rororo Bildmonographie 93)
Hüppauf, Bernd: Hans Fallada. „Kleiner Mann – was nun?" In: Der deutsche Roman im 20. Jahrhundert. Hg. von Manfred Brauneck. Bamberg: C. C. Buchner 1976
Manthey, Jürgen: Hans Fallada. Reinbek: Rowohlt 1963 (= rororo Bildmonographie 78)
Rüter, Hubert: Im Westen nichts Neues. Modellanalysen. Paderborn: Schöningh 1980
Sautermeister, Gert: Thomas Mann. Mario und der Zauberer. München: Wilhelm Fink 1981
Schröter, Klaus: Thomas Mann. Reinbek: Rowohlt 1991 (= rororo Bildmonographie 93)
Steinbach, Dietrich: Hans Fallada. „Kleiner Mann – was nun?" In: Deutsche Romane von Grim-

melshausen bis Walser. Band 1. Hg. von Jakob Lehmann. Königstein/Ts.: Scriptor 1982

Die deutsche Literatur im Exil

Brecht, Bertolt: Der gute Mensch von Sezuan. (EA: 1943) Frankfurt a. M.: Suhrkamp 1989*
ders.: Der gute Mensch von Sezuan. Programmheft der Aufführung im Prinzregententheater München. München: Bayerisches Staatsschauspiel 1989
ders.: Die Liebenden. (EA: 1928/29) In: Gedichte und Lieder. Berlin/Frankfurt a. M.: Suhrkamp 1984*
Ehrenburg, Ilja: Menschen, Jahre, Leben. Autobiographie. München: Kindler 1962
Graf, Oskar Maria: Unruhe um einen Friedfertigen. (EA: 1947) München: Deutscher Taschenbuch Verlag 1979
ders.: Verbrennt mich. In: Wiener Arbeiterzeitung. (EA: 1933) Zit. nach: Serke, Jürgen: Die verbrannten Dichter. Weinheim: Beltz & Gelberg 1978
Kerr, Judith: Als Hitler das rosa Kaninchen stahl. (EA: 1973) Ravensburg: Ravensburger Buchverlag ^{24}1994
Roth, Joseph: Das falsche Gewicht. Erzählungen. (EA: 1937) Berlin: Verlag der Nation o. J.
Seghers, Anna: Das siebte Kreuz. (EA: 1942) Berlin: Aufbau 1991
Zuckmayer, Carl: Als wär's ein Stück von mir. Horen der Freundschaft. Frankfurt a. M.: Fischer 1971
ders.: Des Teufels General. (EA: 1946) Frankfurt a. M.: Fischer 1981
Zweig, Stefan: Schachnovelle. (EA: 1941) Frankfurt a. M.: Fischer 1992
Bauer, Gerhard: Oskar Maria Graf. Gefangenschaft und Lebenslust. München: Süddeutscher Verlag 1987
Bronsen, David: Joseph Roth. Eine Biographie. Köln: Kiepenheuer & Witsch 1974
Hinderer, Walter: Literarische Profile. Deutsche Dichter von Grimmelshausen zu Brecht. Königstein/Ts.: Athenäum 1982
Kesting, Marianne: Bertolt Brecht. Reinbek: Rowohlt 1989 (= rororo Bildmonographie 37)
Koester, Rudolf: Joseph Roth. Berlin: Colloquium 1982
Prater, Donald A.: Stefan Zweig. Das Leben eines Ungeduldigen. München/Wien: Hanser 1981

Umgang mit dem Entsetzlichen

Borchert, Wolfgang: Draußen vor der Tür. (EA: 1947) Reinbek: Rowohlt 1975
Brecht, Bertolt: Die Lösung. (EA: 1954) In: Große kommentierte Berliner und Frankfurter Ausgabe. Band 12: Gedichte 2. Frankfurt a. M.: Suhrkamp 1988*
Celan, Paul: Espenbaum. (EA: 1952) In: Gesammelte Werke in fünf Bänden. Band 1: Gedichte I. Frankfurt a. M.: Suhrkamp 1983
ders.: Todesfuge. (EA: 1952) In: Gesammelte Werke in fünf Bänden. Band 3: Gedichte III. Frankfurt a. M.: Suhrkamp 1983
Grass, Günter: Die Blechtrommel. (E.A: 1959). Frankfurt a. M.: Fischer 1962*
Kaschnitz, Marie Luise: Hiroshima. In: Neue Gedichte. Hamburg: Claassen 1957*
Richter, Hans Werner: Warum schweigt die junge Generation? In: Der Ruf. Unabhängige Blätter der jungen Generation. München: Nymphenburger Verlagshandlung 1946
Schnurre, Wolfdietrich: Biografisches Nachwort. In: Ein Fall für Herrn Schmidt. Stuttgart: Reclam 1962
ders.: Steppenkopp. In: Ein Fall für Herrn Schmidt. Stuttgart: Reclam 1962
Tibbets, Vernon Scott: „Ich würde die Bombe wieder werfen!". In: Augsburger Allgemeine Zeitung 1981
Schnell, Ralf: Die Literatur der Bundesrepublik. Stuttgart: Metzler 1986

Auf dem Weg in die Wohlstandsgesellschaft

Andersch, Alfred: Mit dem Chef nach Chenonceaux. (EA: 1957) In: Meistererzählungen. Zürich: Diogenes 1992*
ders.: Sansibar oder der letzte Grund. (EA: 1957) Zürich: Diogenes 1970*
Bachmann, Ingeborg: Reklame. (EA: 1956) In: Werke. Hg. von Christine Koschel u. a. Band 1. München: Piper 1978
Dürrenmatt, Friedrich: Der Besuch der alten Dame. (EA: 1956) Zürich: Diogenes 1985*
Frisch, Max: Homo faber. (EA: 1957) Frankfurt a. M.: Suhrkamp 1981*
Gomringer, Eugen: schweigen. In: Worte sind Schatten. Reinbek: Rowohlt 1969
Hildesheimer, Wolfgang: Eine größere Anschaffung. (EA: 1952) In: Lieblose Legenden. Frankfurt a. M.: Suhrkamp 1989
ders.: Der Mensch wird die Erde verlassen. Ein Interview. In: Stern vom 12.4.1984
ders.: Über das absurde Theater. Eine Rede. In: Wer war Mozart? Becketts „Spiel". Über das absurde Theater. Frankfurt a. M.: Suhrkamp 1966
Jandl, Ernst: lichtung: In: Laut und Luise. Olten: Walter 1966
ders.: ottos mops. In: Gesammelte Werke. Band 1: Gedichte 1. Darmstadt/Neuwied: Luchterhand 1985

Goertz, Heinrich: Friedrich Dürrenmatt. Reinbek: Rowohlt 1987 (= rororo Bildmonographie 380)

Abkehr von der Leistungsgesellschaft

Böll, Heinrich: Die verlorene Ehre der Katharina Blum. (EA: 1974) München: Deutscher Taschenbuch Verlag 1976
Brinkmann, Rolf Dieter: Einfaches Bild. In: Was fraglich ist wofür. Gedichte. Köln: Kiepenheuer & Witsch 1967
Handke, Peter: Wunschloses Unglück. Frankfurt a. M.: Suhrkamp 1972*
Haushofer, Marlen: Die Wand. Hildesheim: Claassen 1968
Kempowski, Walter: Im Block. München: Goldmann 1992*
Kipphardt, Heinar: In der Sache J. Robert Oppenheimer. (EA: 1964) Frankfurt a. M.: Suhrkamp 1972
Kirsch Sarah: Erdreich. In: Erdreich. Gedichte. Stuttgart: Deutsche Verlagsanstalt 1982*
Lenz, Siegfried: Beziehungen. München: Deutscher Taschenbuch Verlag 1972
ders.: Deutschstunde. Hamburg: Hoffmann & Campe 1968
Rosendorfer, Herbert: Die Nacht der Amazonen. Köln: Kiepenheuer & Witsch 1989*
Walser, Martin: Ein fliehendes Pferd. Frankfurt a. M.: Suhrkamp 1978
Weiss, Peter: Die Ermittlung. (EA: 1965) Frankfurt a. M.: Suhrkamp 1991
ders.: Notizen zum dokumentarischen Theater „Die Ermittlung". In: Rapporte 2. Frankfurt a. M.: Suhrkamp 1971
Wolf, Christa: Störfall. Darmstadt/Neuwied: Luchterhand 1987*
Durzak, Manfred: Die deutsche Kurzgeschichte der Gegenwart. Stuttgart: Reclam [2]1983
Puknus, H.: Neue Literatur der Frauen. München: Beck o. J.
Schröter, Klaus: Heinrich Böll. Reinbek: Rowolt 1982 (= rororo Bildmonographie 310

Literatur der Gegenwart

Brussig, Thomas: Am kürzeren Ende der Sonnenallee. Berlin: Volk & Welt 1999
Gercke, Doris: Weinschröter, du musst hängen. Berlin: btb Verlag 1988
Ostermaier, Albert: Heartcore. Gedichte. Frankfurt a. M.: Suhrkamp 1999
Ransmayr, Christoph: Die Schrecken des Eises und der Finsternis. Wien: Edition Christian Brandstätter 1984
Schlink, Bernhard: Der Vorleser. Zürich: Diogenes 1995
Süskind, Patrick: Das Parfum. Zürich: Diogenes 1985*
Knopp, Guido: 100 Jahre. Die Bilder des Jahrhunderts. Müchen: Econ Verlag 1999
Kraft, Thomas: aufgerissen. Zur Literatur der 90er. München/Zürich: Piper 2000
Lange, Günter (Hg.): Deutsche Kriminalgeschichten der Gegenwart. Stuttgart: Reclam 1990
ders.: Kriminalgeschichten II. Arbeitstexte für den Unterricht. Stuttgart: Reclam 1998
Literaturen 12/2000: Die letzten Abenteuer. Friedrich Berlin Verlag
Nusser, Peter: Der Kriminalroman Stuttgart: Metzler 1992
Wittstock, Uwe (Hg.): Die Erfindung der Welt. Zum Werk von Christoph Ransmayr. Frankfurt/M.: Fischer Verlag 1997
ders.: Leselust. Wie unterhaltsam ist die neue deutsche Literatur? München: Luchterhand Literaturverlag 1995

EA = Erstausgabe
Texte, bei denen die Rechteinhaber der Anpassung an die neue Rechtschreibung nicht zugestimmt haben, sind mit * gekennzeichnet.

Register

Bildnachweis

Akademie der Künste, Berlin: 237, 267 o., 290, 291 u. (Foto Thomas Höpker), 293 – Archiv für Kunst und Geschichte, Berlin: Umschlag (2), 39, 43, 44 o., 46, 47, 48, 49, 52, 53, 57, 62, 63 li., 65, 70, 73, 77, 86, 104, 106, 110 o., 131, 139 u., 143 u., 144, 146, 147 o., 148, 149, 150, 154 u., 158, 165 o., 176 re., 197, 201, 203, 211 li., 213 re., 214, 215, 227, 239, 241, 245, 249, 251, 256, 268, 283 u. – Artothek, Peissenberg: 109 (© Städelsches Kunstinstitut, Frankfurt/M.), 205 (© Neue Pinakothek, München), 244 – AP/Michael Probst, Frankfurt: 318, 380 Jockel Finck, Staff – Atrium-Verlag, Zürich: 8 (Walter Trier) – Aufbau-Verlag, Berlin u. Weimar: 291 o. – Bayerische Staatsbibliothek, München: 29, 32, 60, 143 o., 220, 288 – Bayerischer Rundfunk, München: 128 – Bayerisches Staatsschauspiel, München: 101, 301 (Fotos Wilfried Hösl) – Beltz Verlag, Weinheim: 12.3 (Gulliver TB, 1998, Programm Beltz + Gelberg) – Berliner Ensemble GmbH, Berlin: 300 (Foto Percy Paukschta) – Bibliothèque Nationale de France, Paris: 30, 68 re. – Bilderberg Archiv, Hamburg: 338 (Andrej Reiser) – Wolfgang Borchert Archiv, Hamburg: 308 o. – Bruckmann Verlag, München: 232 o. – Brücke Museum, Berlin: 253 – Georg Büchner Gesellschaft, Marburg: 178 – Frieder Burda Stiftung, Baden-Baden: 390 – Carlsen Verlag, München: 12.2 (aus: Andreas Steinhöfel. Die Mitte der Welt; Einband Nina Rothfos) – CESA Diaarchiv, Cölbe: 54 – defd, Hamburg: 384 – Deutsche Bank, Frankfurt/M.: 168 Mitte – Deutsche Presse Agentur, Frankfurt/M.: 283 o. li., 353, 388, 389 – Deutscher Taschenbuch Verlag, München: 346 re. (die Umschlagillustration wurde von Celestino Piatti für den dtv-Band „Deutschstunde" von Siegfried Lenz gestaltet. © 1973) – Deutsches Museum, München: 185 o. – Deutsches Theatermuseum, München: 67, 75, 349 u. – Diogenes Verlag, Zürich: 334 (aus: Friedrich Dürrenmatt. DER BESUCH DER ALTEN DAME. Faksimile aus dem handschriftlichen Manuskript) – Domstift Merseburg: 18 – Eichendorff-Gesellschaft e.V., Ratingen: 154 o. – Peter W. Engelmeier, München: 136, 240, 327 – Hans Fallada Archiv, Feldberg: 263, 264 u. – f1 online: 386 – Förderverein Projekt Osthofen e. V., Osthofen: 292 (Stadtarchiv) – Freies Deutsches Hochstift, Frankfurter Goethe-Museum, Frankfurt/M.: 92 (Ursula Edelmann), 112, 116, 117 o. – Freiherrl. v. Berlichingen'sches Rentamt, Jagsthausen: 89 – Brigitte Friedrich, Köln: 361 u. – Fürstlich Fürstenbergische Hofbibliothek, Donaueschingen: 25 (Foto Goerlipp) – Fürstlich zu Waldburg-Wolfegg'sche Hauptverwaltung, Wolfegg: 41 – Germanisches Nationalmuseum, Nürnberg: 44 u. – Archiv Gerstenberg, Wietze: 42, 83, 176 li., 213 li. – Gesamthochschul-Bibliothek Kassel, Landesbibliothek und Murhardsche Bibliothek-Handschriftenabteilung, Kassel: 16 – Giraudon, Vanves: 219 (© Cosmopress) – Das Gleimhaus-Literaturmuseum, Halberstadt: 141 re. – Ines Gnettner, München: 114 – Goethe Museum, Düsseldorf: 82 – Jiři Gruša, Bonn: 234 – Hamburger Kunsthalle, Hamburg: 173 u. (Fotowerkstatt Elke Wallford) – Hamburger Theatersammlung, Rosemarie Clausen Archiv, Hamburg: 118, 119, 308 u., 310 o. – Joram Harel, Wien (© 1994): 343 – Gerhart Hauptmann Museum, Erkner: 210 – Hebbel Museum, Wesselburen: 188, 189 – Heinrich Heine Institut, Düsseldorf: 172, 174, 175 u. – Herzog August Bibliothek, Wolfenbüttel: 56, 58, 66 – Historia-Photo, Hamburg: 95 re., 135 o., 159, 198, 208, 211 li. – Hölderlin Gesellschaft, Tübingen: 140 – IBM Galleries of Science and Art, New York: 341 – Institut für Kommunikations-Planung, Salzburg: 282 o. re. – Interfoto, München: 179 o., 235, 247 o., 258, 340, 348, 361 o. – Karthographie und Grafik: 350 (© Sturm) – Walter Kempowski, Nartum: 356 – Keystone Pressedienst, Hamburg: 202, 310 u., 313, 317, 324 – Verlag Kiepenheuer & Witsch, Köln: 279 (© Leo Baeck Institute, N.Y.), 280 – Kindler Verlag, München: 261 – Kunstmuseum, Öffentliche Kunstsammlung, Basel: 252 (Foto Martin Bühler) – Kupferstichkabinett, Berlin: 102 – Landesbildstelle Rheinland, Düsseldorf: 175 o. – Landesbildstelle Westfalen, Münster: 168 u. – Ludwig Forum, Aachen: 323 – Thomas Mann Archiv, Zürich: 270 u. – Bildagentur Mauritius, Mittenwald: 76 (Vidler) – Albert Messerklinger, München: 37 – Foto Müller, Schlehdorf: 242 (Franz Marc Museum, Kochel am See) – Münchner Stadtmuseum, München: 166 – Musée Carnavalet, Paris: 133 – National Gallery of Art, Washington: 366 – Nationale Forschungs- und Gedenkstätten, Weimar: 90 – Norrköpings Konstmuseum, Norrköping: 15 – Österreichische Nationalbibliothek, Wien: 21, 38, 71, 78 Mitte und re., 152, 156, 230 – Friedrich Oetinger Verlag, Hamburg: 12.4 Schutzumschlag von Ilon Wikland – Isolde Ohlbaum, München: Umschlag (2), 10, 311, 325, 329 o., 331, 332, 337, 346 li., 349 o., 355, 357, 359, 362, 364, 365 – Werner Otto, Oberhausen: 28 – Peter Peitsch, Hamburg: 373, 379, 383 – Hans Peterson, Kopenhagen: 181 – Piper Verlag, München: 375 (aus: John Krakauer. In eisigen Höhen. Foto: N. Gillette/Adventure Photo/Bavaria) – Preußischer Kulturbesitz, Berlin: Umschlag (1), 63 re., 79, 84, 85, 87 o., 93, 94, 99, 107, 145, 147 u., 157, 161, 163, 165 u., 167 o. li. (Original im Freien Deutschen Hochstift, Frankfurter Goethe-Museum), 167 re. und u., 171, 183, 186, 187, 211 re., 254, 267 u., 270 Mitte, 299, 302, 306 – Winfried Rabanus, München: 103, 130 – Philipp Reclam Verlag, Stuttgart: 217 (aus: Frank Wedekind. Frühlingserwachen, S. 64), 238 (aus: Reclams Filmführer, 1993, S. 587) – Residenz Verlag, Salzburg u. Wien: 360 – Rijksmuseum-Stichting, Amsterdam: 117 u. – Ringier Dokumentationszentrum-Bild, Zürich: 335 – Rowohlt Verlag, Reinbek: 160, 273 o., 309 – Sauerländer Verlag, Aarau u. Frankfurt/M.: 12.1 – Schiller Nationalmuseum, Deutsches Literaturarchiv, Marbach: Umschlag (1), 95 li., 96, 97, 122, 123, 124, 127, 129, 138, 139 o., 222, 223 li., 224, 231, 248, 264 o., 271 – Schloßmuseum, Jagsthausen: 88 – Verlag Ferdinand Schöningh, Paderborn: 20 (aus: Zeiten und Menschen, Ausgabe C, Bd. 1, 1968, S. 185) – Staatliche Kunsthalle, Karlsruhe: 61, 218 – Staatliche Landesbildstelle Nordbayern, Bayreuth: 142 – Stadtarchiv Zürich: 336 (Foto E. Baur) – Stadtbibliothek, Trier: 22 – Stadtbildstelle Essen: 185 Mitte und u. – Städtische Galerie im Lenbachhaus, München: 257, 287 – Stiftung Weimarer Klassik, Weimar: 113, 121, 177 – Süddeutscher Verlag, München: Umschlag (7), 9 (Michael Mainka 5. 12. 2001), 68 li., 141 li., 168 o., 199, 221, 233, 236 u., 259, 285, 297, 315, 316 o., 330, 333, 344, 352, 354 o. – Suhrkamp Verlag, Frankfurt/M.: 223 re., (© 1994), 329 u. (© 1984), 358 – Thienemann Verlag, Stuttgart-Wien: 13, 14 – Jan Thorbecke Verlag, Sigmaringen: 155 (aus: Ansichten zu Eichendorff. Beiträge der Forschung 1958–1988, herausgegeben von Alfred Riemen, 1988) – The Toledo Museum of Art, Toledo/Ohio: 274 – Foto Trux, Rosenheim: 50 (© Kulturamt Rosenheim) – Ullstein Bilderdienst, Berlin: 80, 87 u., 135 u., 173 o., 192, 207, 236 o., 250, 260, 262, 266, 270 o., 273 u., 277, 281, 294, 295, 316 u., 319, 363, 370, 376, 377, 385 – Universal Edition, Wien: 180 u. (aus: Alban Berg. WOZZECK © Copyright 1926, 1954 by Universal Edition A. G., Wien) – Universität, Göttingen: 51 – Universität des Saarlandes, Robert Musil Gesellschaft, Saarbrücken: 229 – Universitätsbibliothek, Heidelberg: Umschlag (1), 23, 24, 33, 247 u. – VG Bild-Kunst, München: 253, 303 Succession H. Matisse, 305 Succession Picasso, 320, 321 Succession H. Matisse, 369 © 2002 Richard Wagner Gedenkstätte, Bayreuth: 31 – Westfälisches Amt für Denkmalpflege, Münster: 170 – Worpsweder Verlag, Lilienthal: 232 u. – Württembergische Landesbibliothek, Stuttgart: 36 (Foto Joachim Siener) – Zentralbibliothek, Zürich: 190, 191, 195, 196